韩国日本吟诵文献辑释

“十三五”国家重点图书出版规划项目

『中华诗文吟诵研究』丛书

叶嘉莹 主编
赵季 周晓靓 叶言材 著

天津出版传媒集团
天津教育出版社

图书在版编目（CIP）数据

韩国日本吟诵文献辑释 / 赵季，周晓靓，叶言材著
. -- 天津 : 天津教育出版社，2017.12
（中华诗文吟诵研究 / 叶嘉莹主编）
ISBN 978-7-5309-8111-5

Ⅰ. ①韩… Ⅱ. ①赵… ②周… ③叶… Ⅲ. ①汉诗－读书活动－概况－韩国②汉诗－读书活动－概况－日本
Ⅳ. ①G252.17

中国版本图书馆CIP数据核字（2017）第308217号

韩国日本吟诵文献辑释
HANGUO RIBEN YINSONG WENXIAN JISHI

出版人	刘志刚
作　　者	赵　季　周晓靓　叶言材
选题策划	王轶冰
责任编辑	谢　芳
装帧设计	郭亚非
出版发行	天津出版传媒集团 天津教育出版社 天津市和平区西康路35号　邮政编码　300051 http://www.tjeph.com.cn
经　　销	新华书店
印　　刷	天津市纳彩印刷有限公司
版　　次	2017年12月第1版
印　　次	2017年12月第1次印刷
规　　格	16开（787毫米×1092毫米）
字　　数	460千字
印　　张	35.5
定　　价	88.00元

總序

我一生以講授詩詞爲業。我以爲詩歌是有生命的，而且中國古典詩歌是以興發感動爲其主要之特質的，一方面，中國古典詩歌之生命，是伴隨著吟誦之傳統而成長起來的；另一方面，古典詩歌中的興發感動之特質，也是與吟誦之傳統密切結合在一起的，則中國吟誦之傳統的重要性自然可知。

中國詩歌的吟誦傳統原是與中國最古老的一部詩歌總集《詩經》一同開始的。《詩經》中的詩歌是可以合樂的，甚至還可以伴舞，不過合樂伴舞所需種種條件並不是任何場合都具備的。所以一般而言，在詩歌的教學方面所重視的，實在乃是背讀和吟誦的基本訓練。《周禮・春官・宗伯》下篇就曾有"大司樂……以樂語教國子，興、道、諷、誦、言、語"的記述。鄭玄箋注説"倍文曰諷，以聲節之曰誦"，這裏的"誦"就是吟誦。周代的詩歌教學之重視吟誦之訓練，原有爲"賦詩言志"的實用之目的。但這種對吟誦的重視，事實上卻對中國古典詩歌在形式方面所形成的重視頓挫韻律之特色，以及在本質方面所形成的重視興發感動之作用的特色，造成了極爲重大的影響。

吟誦在詩歌形式方面所造成的特色實在是與中國語言文字的特色密切相關的。中國語文是獨體單音的，以一種獨體單音的語文而尋求一種詩歌之語言的節奏感，自然就形成了一種對於詩句吟誦時之頓挫的重視。《詩經》之所以會形成以四言句爲主的體式，是因爲中國語文要想形成一種節奏感，其最簡短、最原始的一種可能的句式便是四言的體式。四言詩之節奏以二、二的頓挫爲主，而五言詩之節奏以二、三之頓挫爲主，則應是詩歌與散文在句式上分途劃境的開始。一般而言，散文的五字句往往是三、二的頓挫，詞和曲的五字句中，也可以有三、二甚至是一、四的頓挫，而唯有詩之五字句卻必須是二、三的頓挫。説明了詩歌之體式，其既不同於朗讀爲主的散文，也不同於歌唱爲主的詞曲，而是以吟誦爲主的一種特殊的性質。至於七言詩句之以四、三之頓挫爲主，則基本上乃是五言詩句的二、三之頓挫的延伸，所以七言詩句有時也可以再細分爲二、二、三之頓挫，卻決然不可以有三、四之頓挫。並且當文法上之結構與此種頓挫之結構發生了矛盾時，講解時雖可依文法之結構，但在吟誦時卻仍必須依頓挫之結構。

在押韻的方面，詩歌之體式的形成也同樣曾受有吟誦之習慣的影響。詞曲中往往有可以平仄通押的現象，《詩經》中亦有此現象，但《詩經》之時代，尚無所謂四聲之分别，自可置而不論。可是在五、七言詩中押韻的韻腳，卻必須是同一個聲調的韻字。即使可以换韻，卻決不可平仄通押。清朝著名聲韻學家江永説過："如後人詩餘歌曲，正以雜用四聲爲節奏，詩歌何獨不然？"（《古韻標準例言》）郭紹虞先生對此解釋説："四聲之應用於文詞韻腳的方面，實在另有其特殊的需要。這特殊的需要，即是由於吟誦的關係。"又説："歌韻可隨曲諧適，故無方易轉。"而"吟的韻須分析得嚴，故一定難移。"（《永明聲病説》）這也就證明了中國詩歌在押韻方面之所以不同於詞曲之四聲可以通押，實在也是因爲受了吟誦習慣之影響的緣故。

以上所討論的吟誦習慣對於中國古典詩歌在頓挫和押韻之形式方面的影響，可以説乃是全出於吟誦時口吻聲氣的自然需要而造成的結果。而中國古典詩歌在形式方面卻還有一項特色，則是由於把吟誦時聲吻的自然需求加以人工化了的結果，那就是近體詩之平仄的聲律方面的特色。漢代的司馬相如便曾説過"一經一緯，一宫一商”(《答盛覽問作賦》)。晉代陸機也提出過“暨音聲之迭代，若五色之相宣”(《文賦》)的説法。可見雖然古代的作者還並没有對四聲的認知，但這卻並未妨害他們對於聲調之抑揚長短的體會。對漢語四聲的認識，始於南北朝的齊梁時代，而齊梁時代之所以能夠産生對我們自己語言特色的這種反省，又是受到佛經梵文影響的結果。齊梁以後的詩人對於平仄四聲有了明白的反省和認知，於是在詩體方面便産生了所謂近體詩。這種格律的完成，雖然與以前出於口吻聲氣之自然的聲調之美，已有了很大的不同，但格律之完成之並非爲了配樂歌唱的需要，而是爲了吟咏誦讀的需要，這種關係乃是明白可見的。

在詩歌之興發感動作用之本質方面，吟誦的影響也是非常明顯的。首先我們該注意到的就是，當一個人内心有了某種激動之感情時，常不免會有一種想要用聲音來加以宣泄的生理上之本能的需要。《毛詩·大序》中所説的“詩者，志之所之也，在心爲志，發言爲詩。情動於中而形於言，言之不足故嗟嘆之，嗟嘆之不足故永歌之，永歌之不足，不知手之舞之，足之蹈之也”。這裏所説的固然是在詩歌可以合樂而歌舞的《詩經》時代的現象，可是當詩歌脱離了合樂而歌之時代，而進入到吟誦之時代以後，這種想要用聲音來加以宣泄情感的生理本能卻未曾改變。前不久我到會稽山參加一個活動，見到了莫言先生。我們談話的時候，他説他小的時候在老家念書，念著念著就想要大聲地念、拿著調子念，並没有人教他，他是很自然地就想要拿著調子念。但是當時他的老師不許他那樣念，説他是唱書而不是念書。我卻覺得莫言先生説他小時候想要拿著調子念書正是這自古而然的人的生理本能的體現，反而是他的老師不懂得吟誦，認爲只有一字一句地讀才是念書。

當詩歌進入到吟誦之時代的時候，中國的詩文論著中對於詩文與吟誦之音聲的關係，遂有了更進一步的認識。所謂“聲情相生”，使作者内心的情意伴隨著聲音一起涌出，然後纔落紙成爲文字，這正是中國古典詩歌何以特別富於直接地興發感動之力量的一個主要的原因。陸機在其《文賦》中就曾説:“若夫應感之會……思風發於胸臆，言泉流於唇齒……文徽徽以溢目，音泠泠而盈耳。”另外劉勰也曾在其《文心雕龍·神思》篇中説:“文之思也，其神遠矣。故寂然凝慮，思接千載；悄焉動容，視通萬里；吟咏之間，吐納珠玉之聲；眉睫之前，卷舒風雲之色。”又説:“然後使玄解之宰，尋聲律而定墨；獨照之匠，窺意象而運斤；此蓋馭文之首術，謀篇之大端。”所以中國古代詩人作詩總説“吟詩”或“咏詩”，正是因爲古人作詩時確實是常伴隨著吟咏出之的。而且古代的詩人不僅伴隨著吟咏來作詩，還更伴隨著吟咏來改詩。唐人“吟安一個字，捻斷數莖須”(盧延讓《苦吟》)，杜甫“陶冶性靈存底物，新詩改罷自長吟”(《解悶十二首》)，都證明了這一點。杜詩之語言的精美如其《秋興》八首之語音、節奏、語法、文法、形象和語彙各方面的變化運用之妙，卻實在並非出於頭腦的理性的思索安排，而是出於杜甫内心之感發與其吟誦中的聲調之感發相結合，形成的一種出自直感的選擇之能力。這正是吟誦在古典詩歌之創作中的一種妙用。

吟誦在讀者或聽者方面所可能形成的感發之妙用，中國前代的讀書人當然也早曾注意及之。俗語説“熟讀唐詩三百首，不會吟詩也會吟”，又説“書讀百遍，其義自見”，則吟誦對於讀者學習古代詩文之妙用已可概知。清代的曾國藩在談到朗誦和吟咏對於學習詩文的重要性時曾説:“非高聲朗誦則不能得其雄偉之概，非密咏恬吟則不能探其深遠之趣。”(《家訓·字諭紀澤》)大抵而言，高聲朗誦之時聲音佔主要之地位，因此讀者所得的主要是聲音方面所呈現的氣勢氣概，而在密咏恬吟之時則聲音之比重較輕，因此讀者遂得伴随着聲音更用沉思來體會作品中深遠之意味。可見吟誦乃是引發讀者對作品有直覺之感受和深入之瞭解的一種重要方式。而且吟誦還不只是能使吟誦者自己感發而已，有時還可以對聆聽吟誦的人也同樣造成一種感發。

在中國古典詩歌之傳統中，還有另外一項更爲微妙的感發作用。那就是孔子與弟子論詩時，以實例所顯示出來的，一種可以由讀詩人自由發揮聯想的感發作用。即如從《論語·學而》，“子貢曰:‘貧而無諂，富而無驕，何如？’子曰:‘可也。未若貧而樂，富而好禮者也。’子貢曰:‘《詩》云：如切如磋，如琢如磨，其斯之謂與？’子曰:‘賜也，始可與言詩已矣，告諸往而知來者。’”和《八佾》：“子夏問曰:‘巧笑倩兮，美目盼兮，素以爲絢兮，何謂也？’子曰:‘繪事後素。’曰:‘禮後乎？’子曰:‘起予者商也，始可與言詩已矣。’”所記載的兩段話可以看到孔子教弟子學詩時所重視的，原來乃是貴在從詩句中得到一種興發感動的作用，這也就形成了中國所謂“詩教”的一個重要的傳統。談到“詩教”，若依其廣義者而言，私意以爲本該是指由詩歌的興發感動之本質，對讀者所產生的一種興發感動之作用。我曾説“詩之爲用乃是要使讀詩者有一種生生不已的富於感發的不死的心靈”。而且這種感發還不僅只是一對一的感動而已，而是一可以生二,二可以生三，以至於無窮之衍生的延續。值得注意的是，這種古老的孔門詩教之觀念，乃正與西方近代的接受美學中的某些理論，有着不少暗合之處。其一是接受美學同樣也承認讀者在閱讀時可以有一種背離作品原意的自由的聯想；其二是接受美學也承認閱讀的過程就是一個再創造的過程，也就是讀者自身改變的過程。就詩歌而言，則熟讀吟誦實在乃是使這種興發感動之作用達到更好之發揮的一種必要之訓練，這種重要性乃是學詩和教詩之人所決然不可不知的。

關於熟讀朗誦在詩歌教學中的重要性以及聲音之感發在詩歌創作方面的重要性，西方文學理論對之也是極爲重視的。僅舉當代法國一位才華横溢的女學者克利斯特娃（Julia Kristeva）在其《詩歌語言的革命》（*Revolution in Poetic Language*）及其《語言之意欲》（*Desire in Language*）二書中所提出的一些説法爲例，克氏曾借用希臘文中的 chora 一詞來指稱詩歌創作的原動力，她以爲 chora 是一種最基本的動能，是由瞬息變異的發音律動所組成的；又以爲 chora 乃是不成爲符示而先於符示的一種作用，它是類似於發聲或動態的一種律動。克氏又曾舉引蘇聯詩人馬雅可夫斯基（Vldimir Mayakovsky）在其《詩是怎樣作成的》(*How Are Verses Made*）一書中的一段話，説“當我一個人擺着雙臂行走時，口中發出不成文字的喃喃之聲，於是而形成爲一種韻律，而韻律則是一切詩歌作品的基礎”。克氏所提出的 chora 一詞，雖看似十分新異，但事實上她對聲音之感發在詩歌創作中之重要性的體認，卻實在與中國古典詩論中“興”的觀念，以及中國古典詩歌在吟誦與寫作之實踐中的體認，有着不少暗合之處。

在討論了吟誦對詩歌形式及其興發感動之本質作用的諸般影響之後，我還是要説明吟誦的重要性。我之所以這樣強調詩歌吟誦的重要性，不僅是因爲唯有熟讀吟誦纔是學習深入瞭解舊詩語言的唯一方法，還因爲熟讀吟誦是養成對於古典詩詞微妙的感發和辨析的能力最直接有效的一種方法，而我則更希望透過詩歌的吟誦，使國民能自青少年時代就養成一種富於聯想與直感的心靈的品質和能力。下面我就將簡單談一談自己對這方面的一些粗淺的意見。

首先我想要説的是吟誦之訓練應自童幼之年齡開始。因爲童幼年之時的記憶力好，而且直感力強。兒童們有時是並不要求理解而就能夠背誦的，這對於韻文的背誦更是如此。如果在這時能教他們背誦一些他們雖不理解而卻具含深遠之意蘊且能朗朗上口的詩歌，這對他們實在並無困難，而這種背誦卻將是使他們終身受用不盡的。詩歌的感發所可能引生的乃是一種聯想的能力，而詩歌的吟誦所可能引生的則是一種直感的能力。如果這種訓練能自童幼年的時代開始，則這種聯想和直感的能力就能隨着學習者的年齡與他的生命之成長密切地結合在一起，因而得到終生受用不盡的好處，這無論對以後從事於文學或科學之研究的人都是有益的。

其次我想要説的是，不可以使詩歌之吟誦流爲樂曲之歌唱。吟誦實在應該乃是讀誦者以自己的感受用聲音對詩歌所做出的一種詮釋。每個人的感受不同，所做出的詮釋自然也應該有所不同，如果將之制定爲一個固定的曲調，則勢必形成對個人之感受的一種限制和扼殺，所以詩歌吟誦之決不可流爲唱歌是詩歌吟誦中的一項極爲重要的基本原則。此外，中國古典詩歌之吟誦也不應成爲一種表演。因爲中國古典詩歌之吟誦實在應該乃是一種重視個人直感的心靈活動的外現，其所重視的乃是個人之體會。吟誦之目的不是爲了吟給别人聽，而是爲了使自己的心靈與作品中詩人的心靈能借着吟誦的音聲達到一種更爲深微密切的交流和感應。

其實關於吟誦，我曾寫過專門的文章，也在不同的場合講過很多次，更曾通過不同的方式和渠道加以提倡和推廣。二〇一〇年底“中華吟誦的搶救、整理與研究”（負責理論研究）獲得國家社科基金重大招標項目立項，近年來課題組對各地傳統吟誦進行了深入調研，對古往今來的吟誦文獻、歷史等進行了多方面的梳理，並多次舉辦研討講座等活動，集思廣益，就如何更好地傳承中華吟誦在全國範圍内進行了廣泛徵詢與探討。如今，一些對吟誦進行理論研究的著作即將出版，所以我又從詩歌吟誦的古老傳統、吟誦在詩歌形式方面所造成的特色、吟誦對詩歌之興發感動作用之本質方面的影響、傳統吟誦的重要性以及傳統吟誦在傳承中所當注意的一些問題等方面做了相當的論述，並引用了古今中外很多人的理論來證明，作爲這一系列成果的序言。

最後，我要以我親身的體驗來説明吟誦乃是一定要從實踐做起的。我生長在北京一個古老的家庭中，我的父親、伯父和我的母親、伯母，他們都喜歡吟詩。我父親有時候大聲吟唱，像“大雪滿天地，胡爲仗劍游”，我伯父很少大聲地吟，而我母親跟我伯母則是很小聲地吟誦。家里並没有給我特别開過關於吟誦的課，可是我自己讀著詩就覺得應該有一個聲音就這么跑出來了。還不僅是詩，我讀古文也拿著調子念。而且我父親跟我伯父吟誦的聲調不相同，我和他們吟誦的聲調也不相同。因爲並没有一個死板的調子要我一定這樣念，而是我覺得就應該這樣念。不管是詩還是古文，我都習慣於大聲地念，自然而然地我就想要大聲念。當年許壽裳先生的兒子許世瑛先生租住在我們家的外院，他對我的吟誦有很深的印象，我的詩中寫“書聲曾動南鄰客”(《許詩英先生挽詩》)，説的就是這件事。懂得吟誦的話，不僅念古人的詩不是死記硬背，自己也就在吟誦之中掌握了平仄格律，學會了作詩。古人的詩跟著聲音跑出來了，自己的詩也跟著聲音跑出來了。所謂字從音出，字從韻出。詩不是從思想、從查字典來的，你可以一個字一個字地拼湊出合乎格律的平仄和押韻，但那只是喑啞無聲的詩，因爲你無法給詩以氣勢，給詩以韻味，給詩以興發感動的生命。還不只是吟誦，讀誦的時候也要把聲音的調子念出來。我念的時候覺得感情就是這樣的所以這樣念，有的人念詩的時候調子和感情不相配合，那就是故意、是造作，那並不是詩詞生命的本身。讀誦也要帶著自己真正的感受和感情，不是只拿個調子就可以了。聲音是詩歌生命的一部分，詩句是伴隨著聲音跑出來的，這是我自己親身的體驗。

葉嘉瑩

二〇一六年十月

目　録

凡例……………………………………………………… 004

韓國卷

吟誦……………………………………………………… 003
吟詠……………………………………………………… 009
吟哦……………………………………………………… 077
吟諷……………………………………………………… 105
吟弄……………………………………………………… 115
吟玩……………………………………………………… 128
吟味……………………………………………………… 132
吟詩……………………………………………………… 135
微吟……………………………………………………… 169
朗吟……………………………………………………… 177
豪吟……………………………………………………… 199
行吟……………………………………………………… 201
詠吟……………………………………………………… 212
謳吟……………………………………………………… 213
狂吟……………………………………………………… 217
獨吟……………………………………………………… 221
漫吟……………………………………………………… 223
悲吟……………………………………………………… 225
愁吟……………………………………………………… 229
苦吟……………………………………………………… 231

長吟 …… 251
高吟 …… 262
閑吟 …… 271
吟 …… 275
諷詠 …… 289

日本卷

吟誦 …… 303
吟詠 …… 340
吟哦 …… 417
吟諷 …… 444
吟弄 …… 453
吟玩 …… 454
吟味 …… 457
吟詩 …… 458
微吟 …… 473
朗吟 …… 481
豪吟 …… 486
行吟 …… 487
詠吟 …… 490
謳吟 …… 491
狂吟 …… 492
獨吟 …… 493
清吟 …… 494

漫吟…………………………………………………………………… 497
悲吟…………………………………………………………………… 500
愁吟…………………………………………………………………… 501
苦吟…………………………………………………………………… 503
長吟…………………………………………………………………… 520
高吟…………………………………………………………………… 523
閑吟…………………………………………………………………… 526
吟……………………………………………………………………… 530
諷詠…………………………………………………………………… 531

附録…………………………………………………………………… 551

·凡例·

一、本書搜集韓國、日本之吟誦文獻，旨在映現中國詩歌吟誦文化在海外之流傳狀況。

二、本書吟誦文獻均取自韓國、日本詩話，屬外文文獻整理。爲了眞實展現文獻的原始風貌，也爲了全書體例統一，便于讀者更好地閱讀與研究，探本究源，本書注釋部分的説明性文字仍以漢字繁體字呈現。

三、韓國、日本詩話文獻中或引用中國材料，亦一並存録，以見中外文化之交流融合。

四、吟誦文獻之排列，首以韓國卷、日本卷分列，次以關鍵詞分列，復次以詩話分列，同一詩話有多條内容者按原詩話先後次序排列。

五、底本有錯訛衍脱者於正文中徑改，出校記説明校改依據。其異文不妨文義者一仍其舊。

六、吟誦文獻所據詩話，簡介其底本版本及作者情況。

七、吟誦文獻涉及之韓國、日本重要詩人，簡介其概況。

八、吟誦文獻所涉及之中國詩人從略，僅將異稱注出本名。

九、爲簡明清晰，校記、底本簡介、詩人簡介、詩句出處統一編排校注碼。

十、底本原有之雙行夾注，改以小號字出之。

韓國卷

·吟 誦·

詩中文字可疑處甚多，如“怪來詩思清人骨，門對寒流雪滿山”之句①，世雖吟誦，皆未諳“怪來”之語。來者，語助辭，吕忠穆頤浩《退老堂》詩曰“悟來漁釣勝公侯”②。怪來、悟來，皆一種文字也。《霽湖詩話》③

①“怪來”二句：出韋應物《休假日訪王侍御不遇》。

②“悟來”句：出吕頤浩《退老堂次韻》。

③《霽湖詩話》：一卷，梁慶遇（1568—1638）撰，哈佛燕京圖書館木版《龍泉談寂記 · 霽湖詩話 · 恥齋日録》。梁慶遇字子漸，號霽湖，又點易齋。南原人。朝鮮宣祖丁酉文科，丙辰重試狀元，官至奉常寺僉正。著有《霽湖集》。

余思學詩之法，李杜絶高不可學。惟當多讀吟誦，慕其調響，思其氣力。五律則學王摩詰，七律則學劉長卿，五絶則學崔國輔，七絶則學李商隱，五言則學韋蘇州，七古則學岑嘉州。《壺谷詩話》①

①《壺谷詩話》：一卷，南龍翼（1628—1692）撰，韓國亞細亞文化社影印木版《詩話叢林》(以下簡稱《詩話叢林》本)。南龍翼，宜寧人，通政府使得朋子，銑從孫，孝温從六世孫，蔡聖龜壻。仁祖戊辰生，字雲卿，號壺谷。乙酉進士，戊子魁庭試，孝宗朝選湖堂。丙申，以副司直魁重試，陞堂上。中文臣庭試，歷三司、春坊，肅宗朝典文衡。爲文章操筆立就，筆亦妍好，名入詩壘筆苑。己巳，王子生纔逾年，進號，時以吏判入對，以太早不可力言。上屢問，言益勤。至群凶抉摘代撰教文以爲罪，被削黜。辛未配明川。立朝無敢言之節，故人頗短之，及是有直聲。是年卒於謫所，年六十四，官止輔國吏判。甲戌復官，英祖乙巳賜謚文憲，配

享肅宗廟庭。

釋妙靜，異僧也。今年九十餘，顔貌不衰，頭髮才覆額。無冬夏身衣薄衲，或經月不食不饑。遍遊諸山無定居，博通經史。世傳神解地理，未嘗爲人占山。有詩曰："青鸞驚叫鶴飛還，月出扶桑大樹間。午夜清光移白晝，碧桃花外露三山。"成琬以此詩托稱自作，言於壺谷南判書。南判書吟誦再三曰"此非汝所敢作，乃絶世警作"云。《水村漫録》[①]

①《水村漫録》：一卷，任埅（1640—1724）撰，《詩話叢林》本。任埅，字大仲，號水村，又號愚拙翁。豐川人。顯宗癸卯進士筮仕，肅宗己巳杜門，甲戌復仕，壬午以僉正登謁聖，年六十三，即陞通政，久任國子長。官止參贊，入耆社。景宗壬寅誣獄被謫咸從，甲辰移金川，是年卒於謫所，年八十五。有文章，所著有《天倪録》。謚文僖。

多識方言

余十八始入洛，見族夫務安公。公時未釋褐，方借見人新抄山谷詩。余從旁披玩。至《送秦少章從蘇翰林餘杭》詩末云："斑衣兒啼真自樂，從師學道也不惡。但使新年勝故年，即如常在郎罷前。"時余年少固陋，未解"郎罷"出處。公笑曰："汝不見《青箱雜記》乎？閩人謂父爲郎罷，謂子爲囝。故唐人顧况有《囝哀閩》曰：'郎罷别囝，吾悔生汝。囝别郎罷，心摧血下，隔地絶天，及至黄泉，不得在郎罷前。'時少章離親從坡學，故末語如是。"因曰：讀古人詩不博識方言也，多難解處。如陸魯望詩曰："方頭不會王門事，塵土空緇白苧衣。"杭浙方言，言人不通時宜者曰"方頭"。此類甚多。言人愚不省事曰"佁癡"，魏萬詩"吾方造我語，知我非佁癡"。言人聆言不省曰"耳邊風"，杜荀鶴詩"百歲有涯頭上雪，萬般無染耳邊風"。言寧可曰"奈何"，李白詩"奈何垂明月"，又"奈何垂流直上天"。言已是如此曰"隔是"，元稹詩"隔是身如夢，頻來不爲名”。冲寒饑粟起曰“噤”，韓退之《鬥雞》詩“磔毛各噤瘁”。日光微暖曰“温暾”，王建宫詞“新晴草色暖温暾”，白樂天詩“池水暖温暾”。遷居而鄰友治具過飲，曰“暖房”，又曰“暖屋”，王建宫詞“太儀前日暖房來”。女子及笄曰“上頭”，倡女初薦枕於人，亦曰上頭。花蕊《宫詞》“新賜雲鬟便上頭”。呼女子之賤者“丫頭”，劉賓客詩“花面丫頭十二三”。言人作事無據者曰“没巴鼻”，又曰“没雕當”，東坡詩：“有甚意頭求富貴，没些巴鼻使奸邪。”言紛紜不靖者曰“海紅花”，蓋海紅花，山茶之小者，開時最繁鬧，藉以爲喻，范石湖詩“曉風吹鬧海紅花”，蓋此意也。[①]終日吟誦古詩中，搜方言者迨三百餘言。其博識該洽，真可謂書廚矣。余近日《村居雅詠》中如“朝日温暾照陌桑，茜裙鵶髻上頭娘。墨尿立賣看花眼，紅杏西邊庯峭郎。”又：“客談春暖杏花壚，羞澀丫頭謾挾壺。稚囝爲供郎罷饌，盤渦擣蓼捉㛐隅。”用方言爲戲，而追想舊遊，洛社如空，可歎！古人詩所用，率多吳會方言，吳中以八月露下而雨謂之“淋露”，九月霜降而雲謂之“護霜”。竹坡周少隱用之曰：“雨細方淋露，雲疏欲護霜。”又如“勃姑、鵶舅”“槐花黄，舉子忙”“促織鳴，懶婦驚”，詩人皆搜之，而大抵多吳語[②]。《龜磵詩話》卷十三[③]

①“杭浙方言”至此出《西湖遊覽志餘》卷二十五。

②“吳中”以下出《梁谿漫志》卷七。

③《龜磵詩話》：二十七卷，南義采（朝鮮英祖時人）撰。韓國成均館大學圖書館寫本。義采，字文始，號龜磵主人。生平不詳。

秦少章云：郭功父過杭州，出詩一軸示東坡先生，自吟誦，聲振左右。既罷，謂坡曰：“祥正此詩幾分？”東坡曰：“十分來也。”祥正驚喜曰：“何謂？”坡曰：“七分來是讀，三分來是詩，豈不是十分耶？”《詩話類聚》卷下[①]

①《詩話類聚》：三卷（上卷佚），撰者佚名，《韓國詩話叢編》影印

抄本。該書全部抄自中國類書《古今事文類聚》，按仙、道士、僧等名目分列詩話及每則詩話標題亦與《古今事文類聚》同。其取名“類聚”蓋以此。

金三淵[①]遊金剛山得一句曰：“遙知萬二千峰月，應照山僧禮佛燈。”自以爲壓軸句，吟誦不已。行至一處，有一老髡困睡，三淵亦困憊，坐於其傍。良久，老髡欠身睡起，朗誦五絶一首曰：“老僧枕鉢囊，夢踏金剛路。蕭蕭落葉聲，驚起秋天暮。”三淵靜聽訝曰：“此必異僧也。”遂問曰：“我金剛山中得詩一結云‘遙知萬二千峰月，應照山僧禮佛燈’，此可謂壓軸句耶？”老髡笑曰：“此不過爲稍解吟詠者之語也。”三淵忿曰：“何故耶？”老髡曰：“應照之‘應’字有何意味耶？若以‘作’字改之，則其意之深且有味。比之‘照’字何如耶？”三淵始乃嘆服云爾。《青邱詩話拾遺稿》[②]

① 金三淵：金昌翕（1653—1722），字子益，號三淵。安東人。幼豪逸不羈，日與里中兒敖盪，踰十歲不上學。其母以爲言，其父曰：“兒自能文，勿憂也。”少時作洛誦樓於北麓，與少年講磨，因以爲號曰洛誦子。顯宗癸丑進士，肅宗丙子選書筵。官歷持卒、掌令、進善，官止執義，皆不就。早以文章鳴，見世故多端，遂無意於世，放浪山水間。愛清平、雪嶽之勝，結廬其上，自稱居士。經學亦臻高明，而自得靜中之效爲多。

②《青邱詩話拾遺稿》：又名《石史拾遺稿》，一卷，徐湄（1785—1850）撰。《韓國詩話叢編》影印抄本。湄，字竹海，號石史。達城人。撰有《湖海周旋録》及本書。

清古歙余金德水《熙朝新語》[①]：“秀水周青士貧，嗜學工詩，吟誦不輟。有郡丞行署與周爲鄰，書聲達朝不寐，恚甚，遣吏勾捉，將加撲抶。鄉先生聞之固請，始得免。肉食之鄙，一至於此，真堪絶倒。”《詩家點燈》卷四[②]

① 金：底本訛作“淦”，據《熙朝新語》題“古歙余金德水輯”改。

②《詩家點燈》：十一卷，李圭景（1788—1856）撰，《韓國詩話叢編》

影印本抄本。圭景，字伯揆，號五洲，又嘯雲，又洌陽居士。完山人。雅亭德懋之孫。著有《五洲衍文長箋散稿》及本書。

妓女紫洞仙才貌冠絶。宗室永川君酷嬖之，君嘗寵妓青郊月，既而移愛於洞仙。適往松都，有青郊驛紫仙洞，達城[①]徐居正以詩贈行曰："青郊楊柳傷心碧，紫洞煙霞滿意濃。"君大喜，嘗於衆中吟誦以自誇。張翰林寧奉使東國，每宴必目洞仙曰："真傾城姿也。"金天使湜遊於濟川亭，紅妓滿前，問曰："張翰林嘗稱貴國紫洞仙，誰也？"禮官誣指仙妓。金曰："非也。果此人，張公必不稱也。"禮官不敢隱，遽以馳馹索洞仙於永川第，金笑曰："此真其人也。"《東詩叢話》[②]

① 達城：徐居正（1420—1488），字剛中，號四佳亭，又亭亭亭。大邱人。世宗戊午生進俱中，甲子文科。文宗辛未選湖堂。世祖丁丑以弼善登重試，戊寅登文臣庭試，丙戌以參判登俊試、拔英試。典文衡。燕山入學時爲博士，成宗朝策佐理功三等，封達城府院君。侍經幄四十五年，主文二十六年取士者二十三榜。如金宗直、姜希孟、李承召皆不得爲文衡，人有言不宜久典文衡，居正曰："我遞，誰當此任？"文章富贍，尤長於館閣體，故文柄不歸於他手。能詩善書。所著有《東人詩話》《歷代年表》《輿地勝覽》《東國通鑒》《東文選》《五行總括》《筆苑雜記》《太平閑話》。官止左贊成。歷事四朝，并判六曹，五拜貳相。卒謚文忠。

②《東詩叢話》：一冊不分卷，撰者佚名，《韓國詩話叢編》影印抄本。書後作者跋云："歲己酉冬，閒居無事，漫閱東人雜書。其中可屬詩話者不拘年代卷次，隨見手寫，費了一個月，裒集一冊，名之曰《東詩叢話》。"

詩可學而能耶？杜工部稱爲詩聖，而猶云詩到夔州益工，是若可學而能也。江淹夢神人授五色筆，而藻思日長，則此非可學而能者也。蓋詩固有天才，而學而至於妙境，神韻自然流動，則若有造物相之者然，是以或稱有詩魔。余有一親知，生而質鈍，年至及冠，纔解通史，至於作句，不免蒙騃。嘗疾數日，忽作狂譫，不論經史詩集，無文不誦。試令製作，則呼韻輒應，皆成文理。余時往見，試呼“舟”字，即應曰：“梅花古閣兼栽竹，山水新屏或畫舟。”不亦異哉！其父母召巫醫，雜治數月而獲差，更無吟誦，依舊一蒙學也。無乃此人暫與詩魔相接而然歟？《古今詩話》①

①《古今詩話》：一卷，李遇駿（1801—1867）撰，韓國高麗大學所藏木版《夢游野談》卷三。李遇駿，初名有駿，號夢遊子。祖籍全州，漢陽出生，移居揚州。朝鮮太宗第二子後裔。著有《夢游野談》《燕行録》等。

·吟 詠·

《叢話》云：辛丑歲奉使關西，仍歷黄海，覆審邊邑農事。辛狀元季琚時爲黄海幕客，迓於黄州。自鳳山偕向安岳，渡延津，題一絶於亭上，屬季琚和之："蕭蕭蘆葦滿汀洲，卻恐前呵起白鷗。徙倚江亭空悵望，煙波渺渺晚山愁。"辛詩忘未記憶。歷黄、鳳、安、豐、殷、長、甕、海、延、白諸州，晝則聯鞍諧謔，夜則共榻同眠，名區勝景，吟詠酬唱甚多。明年，季琚入玉堂爲修撰，與予扈從箭串，以事俱被劾。未幾季琚得末疾，竟不起。予以詩哭之，有"箭串春風同扈駕，延津落日共題詩"之句。季琚雅有器局，志節異常，士林咸惜其不遠到。《謏聞瑣録》[①]

①《謏聞瑣録》：三卷，曹伸（1450—1528）撰，韓國國立圖書館寫本《大東野乘》。曹伸，字叔奮，號適庵。昌寧人，偉之庶弟。官至教官。七赴燕京，三往日本。能文章，所著有《百年録》《謏聞瑣録》等書。

刪後詩得吟詠性情之正，惟盛唐諸家。譬則鏡中之象，水中之月，無跡可求，意趣淵永，合於古者也。蘇東坡乃謂杜詩爲集大成，黄山谷又謂杜詩靈丹一粒。蓋工部之詩，派出厥祖審言公，主於忠君愛國，係一代治亂，詩之史也。得之天資學力概見。事蹟詩之經也，起承轉合渾然，精神氣脈自出一家，茲非合於古爲獨盛者乎？然累牘連篇，誦皆可愛。有模仿體格之難，近在元和亦既失真，已濫觴晚唐之俗習，況數百年之後乎？《詩法源流》一帙，計詩四十有三首，仲和楊君少遊蜀，得之工部裔孫舉。每一詩者一體格，起承轉合之間注釋甚明，足以該杜詩之全。玩辭索義，如親侍工部，受其指南者。首録傳與礪述范德機《正論》並《家數》《詩解》者，曲盡詩法源流，得杜體者也。夫以東坡、山谷號稱風騷冠冕，極愛杜詩，而動變唐風者，二公不能無罪，豈亦未見此要法耶？予侍先君，卒得是集於蜀，其間感慨淒惋，正夔州時所作。昔人謂杜詩自夔州後不假斧斤，蓋江山之助，非復憲章漢魏而取材於六朝時也，殆詩家之至寶歟？舊本字義模糊，且多魚魯。去歲夏，予被命河東，適安邑知縣鮮冕自肅寧以治繁調來。冕，蜀人也，稱是集在其鄉未廣厥傳，遂屬之校正，分予廩以壽之梓，與好詩者共。因識之。正德戊辰歲春二月既望，奉勑巡按山西等處監察御史麻城周廷徵謹書。《體意聲三字注解》引《詩法源流後序》[①]

①《體意聲三字注解》：一卷，尹春年（1514—1567）撰，《韓國詩話叢編》影印本。尹春年，字彦久，號滄海，又滄洲。坡平人。中宗甲午生員，癸卯登明經科。歷三司，明宗朝選湖堂。庚申，以文章宰相抄啓選廉謹吏。曉音律。聽尹元衡嗾殺元老，因此發身，驟躋宗伯，以歸道自處，浮薄之徒從之講學，嘗奬普雨。爲吏判，門無雜客，注擬之際必用清名之士，士類洽然，稱爲清論之人，實不知盡囿於籠絡之中。乙丑罷職歸鄉，熱中飲冷，發病死。

李延慶[①]，遁村七世孫。嘗中己卯賢良科，爲弘文館校理。賢良科罷，退居中原，不復應舉，亦無仕進之念，唯以吟詠漁釣爲事。動慕聖賢，以禮律己。鄉人高其德，呼爲“李校理”。丁未歲，權贊成赴貶，行到中原金灘江，去公家僅五里。適李晦齋自月城赴貶，亦抵於此。公聞二公之至，急來訪之。時物論洶洶，二公不敢相見。公先見晦齋，次見權公。隱几相對，言及時事，憤惋流涕。且曰：“主上幼沖，奸臣當國，以殺戮導之。不知國事終何如也？”又曰：“公有子弟及騶從。復古行橐蕭然，又無子弟從行者。千里長途，何以堪行？”言與淚俱下。明年，權公卒於謫所，旅櫬復過金灘，公乘肩輿持壺酒奠於公柩前，痛哭盡哀乃已。及葬，使人致賻物及挽詩。後晦齋喪還，則公已歿矣。《閑中筆録》[②]

①李延慶（1484—1548）：成宗甲辰生，字長吉，號灘叟，又龍灘。廣州人。昏朝坐其祖，被竄海島。中宗即位放還。丁卯進士，己卯以佐郎登賢良科，以學識幹度孝行志操爲薦目。與趙光祖爲友，因是罷科，官止校理。袞、貞等録上竄逐人姓名，上以御筆抹去李延慶三字曰："予知其人。勿竄。"退居忠州，與李耔棹舟相訪，漁釣自娱，泊如也。輓耔詩曰："城市風塵豈被身，鹿門高節正驚人。陰崖地下精靈在，應怪王良屑屑頻。"仁宗乙巳復科，除官不就。資高學邃，起居動作自中規度，色和言温，胸襟灑然。其學擺脱俗陋，卓然自立頹波之中，爲己卯完人。明宗戊申卒，年六十五。宣祖朝贈吏參、廣安君，加贈吏判，謚貞孝。

②《閑中筆録》一卷，鄭惟一（1533—1576）撰，《韓國文集叢刊》影印1799年刻本。鄭惟一，字子中，號文峰。東萊人。中宗癸巳生，李滉門人。明宗乙卯生員，戊午登明經科，選湖堂，歷翰林舍人，官止大司諫。宣祖丙子卒，年四十四。

高麗末，有一高士隱德不仕，卜居江上。死後，朝士數人訪其舊居，壁上有所題詩。剝落，只見一句："蕉鳴薄外知山雨，帆出峰頭見海風"。朝士吟詠久之，相謂曰："階下芭蕉，足知上句；'帆''見海風'，未也。"少選，前浦忽有一風帆轉出峰外，蓋從海口上也。《五山説林草藁》①

①《五山説林草藁》：一卷，車天輅（1556—1615）撰，《大東野乘》本。車天輅，字復元，號五山，又橘屋，又清妙居士。延安人，軾子。明宗丙辰生，宣祖丁丑登謁聖，丁酉開城教授登重試，官止奉常僉正。文章豪邁，自是宇宙間氣，每以不生鴨江以西爲恨。但蛟螭少而蚯蚓多，人甚輕鋭。丙戌以科場代述之罪竄明川，上惜其才，分命沿路善待之。北兵使待之甚厚，天輅怪問其由，兵使曰："辭朝之日，上下别教曰：'天輅文才可惜，予不能屈法而貸之。然而若至窮餓，豈不矜恤？'"天輅聞之，不覺南望痛哭。初，軾生子殷輅，七歲能屬文，與崔岦、李山海等俱號八才子，年十七未娶而死。葬之日，軾夢殷輅曰："兒當再爲大人之子。"其年

天輅生，貌類殷輅，及長，文辭富敏，一筆數千言，未嘗起草加點。常大言曰："寫我詩於萬里長城，城有竟而詩終不竭。"壬辰，李如松、麻貴之來，詞令劇繁，高文大册用李廷龜、崔岦，書檄記翰用車天輅、韓濩、權韠、金玄成。如松問："誰可作露布者？"皆曰："無逾天輅。"天輅召入，文成而進，如松曰："天下奇才。"天輅兄弟時有馬尚遠者，字而重，有詩名，中進士第一，時人目之曰"两車一馬"。末乃蝨附權奸，傅會時議，人皆憤之。光海乙卯卒，年六十。卒之日，日蝕於奎之分。

尹相公自新，尹公長源[①]之再從侄也。當壬寅年，相公年十四，長源公乃二十七，中司馬已六載。尹公一日挾《風》《騷》問於長源，額寢帽，出坐小軒，手弄瑶琴，口授其詩。俄而門有一鮮衣奴持刺請應門，而一官人衣冠容貌甚整麗。長源曰："此必誤也。豈有官人來門者？幸舍而他求。"其人曰"必欲謁尹進士"云。尹公時以童稚侍坐，乃言曰："人以潔己而來，不可絶也。"尹公乃命出笠與衣帶，請客入。其人磬折而拜，尹公但長揖而已。坐定，仍授其詩，相公辭以賓來，尹公不以爲意。有頃，其人離席而長跪曰："某有一事塵左右，囁嚅未敢，不知高明以爲如何也。"尹公曰："觀公狀貌類達官，有何事來叩寒生也？"其人斂容而言曰："張先生玉見爲南陽府伯，嘗有婢使能琴歌者五人，逐月送一人洛中，使之遊樂，盡月而返，又復如之。前月中，琴者到京，不佞偶與之邂逅，仍以鍾情，眷眷不忍别。請寬於張公，公不許。至請名卿大人書抵之，公又不許。乃曰'若得尹進士詩者，吾當竟歲借與'云，故不佞敢冒而來請。"乃出洒金紅花箋一幅，跪而進之曰："願明公不憚一揮手勞，以解飢渴望。不惟於不佞生死而肉骨，亦風流場一好事也。"長源笑曰："何不求他詩以爲我作而解之也？"其人曰："高明詩名伏一世，故張公必欲得之，他人詩豈足道哉？"長源乃令尹公持筆硯來。成川畫研，飾以朱匣，金錫裝之。狼尾筆一柄，瀛海仙丹一笏。長源眉目甚明瑩，方吟詠時，盱衡俯仰。手自研墨，令尹公展箋，遂書一律曰："寶鴨香銷罷，蘭堂煙散初。燈寒小屏暗，月上半簾疏。吐舌皆成妬，申盟更怕虛。郎君情似妾，何惜百年磲。"寫畢贈之，其人拜謝而去。無何，其人來謝曰："張使君得其詩大喜，遂不趣琴姬還矣。"使君仍用其韻折簡於尹公，兼致海味。尹公又作排律報之，往復不絶。一日，其人來請於尹公曰："某幸設薄具，且有聲樂，願公毋惜光臨，尹秀才亦願與偕也。"尹公諾之。翌日，同往其家。家在白岳下藏義洞，頗有園池之勝。盛供具以待，半酣，出其琴娘行酒。與席者閔校理起文，蓋其人之同好也。是日極懽，入夜而散。其人王孫，沃川守也。尹相公嘗謂余言如是。《五山說林草藁》

① 尹公長源：尹潔（？—1548），字長源，號醉夫。南原人。中宗丁酉進士，癸卯文科。歷湖堂修撰。有詩才，如"海闊孤舟千里暮，月明長笛數聲秋"之句，清絶逼古。性高潔，不混流俗。嘗往飲綾原尉具思顔家，醉中言多觸諱。至曰："每思安名世，涕淚沾衣。"思顔告於陳復昌，鞫之無實，狀極其慘毒，聞者哀之。潔付處，北道僚友送至東門，潔以詩爲别，而又有觸諱。復昌更告，還鞫至八次而死。官止吏曹正郎。尹潔與綾原尉具思顔爲蔥竹交，安名世之死，具有力焉。潔心哀之，一日與具飲於南山蠶頭，問曰："名世何罪而死？"因賦詩曰："三月長安百草香，漢江流水正洋洋。欲知聖代無窮意，看取王孫舞袖長。"具詣闕奏之，文定王后震怒，命棄市。潔之就囚也，道遇具，呼之曰："是何事歟？"具鞭馬避之，馬忽驚躍，遂墜即死。具之誣搆，自爲得計豈知死先於潔也。

葉夢得曰："詩本觸物寓興，吟詠性情。"而"世多役於組織雕鏤，故言語雖工，淡然無味，與人意了不相關"。此言是。《芝峰類說》卷九①

①《芝峰類說》三十卷，李晬光（1563—1628）撰，《韓國詩話叢編》影印本。李晬光，明宗癸亥生，字潤卿，號芝峰。全州人。五歲知讀書，聰敏強記。宣祖壬午進士，乙酉登别試，歷翰林、銓郎、副學、弘提、衡圈，官止吏判。壬辰爲慶尚防禦使趙儆從事，兵敗，奔問行朝，拜

校理兼備郎，俄拜宣諭御史。抵明川，得母所在處。叛民執兩王子及從行宰臣，睟光草檄文，曉以逆順禍福，莫不革心。以文章，他國人皆稱“李芝峰”而不名。三聘上國，與安南、琉球、暹羅諸國使相遇，丐詩文歸布其國。我人俘日本，随賈舶到交趾，有人示以詩曰：“爾知爾國李芝峰乎？此其詩也。”昏朝上疏，極論追崇之非。癸丑以後，斂跡不出，保全清節，足不到貴勢之門，身不入偏黨之目。性泊然無所嗜，不事交遊，雅操出塵，歷變不挫。博學多聞，有名當世，世稱金玉。平生不薰香不燃燭，不設宴會，不聽聲樂。仁祖反正初，以都承旨召還。所著有《採薪雜録》《讀書録解》《秉燭雜記》《警語雜篇》《剩説餘編》《芝峰類説》《昇平志》。戊辰卒，年六十六，以二子從功，贈領相，謚文簡。

虞世南詩：“垂肩軃袖大憨生。”李白詩：“爲問如何太瘦生，只爲從前作詩苦。”劉滄詩：“月高風定苦吟生。”按：崔浩愛吟詠，一日病起，友人戲曰：“子非病，乃苦吟詩瘦。”蓋用此也。“生”字，《語録》如“好生”“怎生”“甚生”之類，佛家言“太俗生”“可憐生”，亦同義。《芝峰類説》卷十

董越天使詩“江雨釀寒來樹杪，嶺雲分暝落巖阿”乃用王荊公“嶺雲分暝與黄昏”之句，且格律非甚高妙，而鄭湖陰[①]最喜此句，常吟詠稱譽云。未可知也。《芝峰類説》卷十二

① 鄭湖陰：鄭士龍（1491—1570），字雲卿，號湖陰。東萊人。中宗丙寅生員，己巳登别試，歷翰林舍人銓郎，選湖堂。丙子，以黄海都事魁重試，歷直學、副學。明宗朝典文衡。五迎華使，三赴天朝。詩又膾炙，名動中原。光弼嘗曰：“吾姪雖持己不慎，必不爲害人之事。”自少酷慕富貴，營屋致饒，富埒公侯，豪奢無比。性吝，不饋賓客，獨魚得江至，則必豐饌待之，人謂之“鄭家食客”。晚年與林億齡、申潛詩酒相從，享清福二十餘年。名入詩壘筆苑，官止領中樞。入耆社。宣祖辛未卒，年八十一。只有庶子。

《樹萱録》載隱君子元撰夜見吳王夫差，與唐諸詩人吟詠事。李翰林詩曰："芙蓉露冷紅壓枝，幽禽感秋花畔啼。玉人一去未回馬，樑間燕子三見歸。"張司業詩曰："緑頭鴨兒匝萍藻，採蓮女郎笑花老。"杜舍人詩曰："鼓鼙夜戰北窗風，霜葉沿階貼亂紅。"杜工部詩曰："紫領寬袍漉酒巾，江頭蕭散作閑人。"白少傅詩曰："不因霜葉辭林去，的當山翁未覺秋。"李賀詩曰："魚鱗甃空排嫩碧，露桂梢寒掛團壁。"句語皆警。《晴窗軟談》卷中①

①《晴窗軟談》：三卷，申欽（1566—1628）撰，寶蓮閣影印《象村集》本。申欽，字敬叔，號象村，又號玄翁。平山人。聰慧絶人。宣祖乙酉進士，丙戌文科，光海朝杜門退居春川昭陽江上。仁祖癸亥召以吏曹判書，典文衡，尋拜右相，至領議政。病卒，世子臨喪。配食仁祖廟廷，謚文貞。與李恒福等編撰《宜祖實録》，通曉象緯律法、算數醫卜，善文章，與李廷龜（月沙）、張維（谿谷）、李植（澤堂）並稱"月象谿澤"，爲朝鮮中期四大文章家之一，善書法。配享仁祖廟庭，奉享春川道浦書院。著有《象村稿》《晴窗軟談》今傳。

愛妾換馬事見《異聞録》，云酒徒鮑生以妓易外弟韋生紫叱撥，彼此吟詠。三更忽有長鬚者賦曰："彼美人兮如瓊之英，此良馬兮負駿之名。將有求於逐日，故何惜乎傾城。香暖深閨，未厭夭桃之色；風清廣陌，曾憐噴玉之聲。長跪而别，姿容休燿其金鈿；右牽而來，光彩頓生於玉勒。"紫衣者曰："步及庭砌，立當軒墀。望新恩懼，非吾偶也。戀舊主疑，借人乘之。香散緑窗，意已忘於結髮；汗流紅頰，愛無異於凝脂。買笑之恩既盡，賴有夢焉；據鞍之力尚存，猶希進也。"唐人張佑又有詩曰："粉閣香消華廐空，忍將行雨換追風。休憐柳葉雙眉緑，却愛桃花兩耳紅。侍宴永辭春色裏，趁朝休立漏聲中。恩勞未盡情先盡，暗泣長嘶二意同。"人因賦詩之美知其事，而不知其出處。《古樂府》中已有梁簡文愛妾換馬辭，注又曰："古辭，淮王作。"則非唐事矣。唐人好奇，假借其事逞己才以賦之。不然長髯、紫衣怪誕幽隱之説何其駿異哉？後人又不考而吟詠焉，訛以傳訛也。《詩文清話》卷三[①]

①《詩文清話》：三卷，撰者佚名，高麗大學圖書館藏本。此書雜抄中國《説郛》《升庵集》等多部書籍，以上述二書爲主。

趣不獨詩，文亦宜爾。六籍而外，吾又得六人焉。老莊有理趣，爲庖犧翼，至西晋而絶。左史有意趣，爲《春秋》翼，至前漢而絶。屈馬有情趣，爲風雅翼，至六朝而絶。人有恒言曰："唐詩晋字漢文章。"蓋各舉其盛也。然謂之各言其衰亦可也，何也？古人作文由充積之盛随感而發，故三代以前，記事纂言渾然不假繩墨，而自中矩度。班馬而下，始有意於鋪敘成章，其渾然之氣實鑒於此。古人之詩所以吟詠性情，非取妍於人也。自律體出，學者漸以聲偶爲務，氣格日趨於巧靡，此朱子所謂"有詠依聲之歎"也。若字學雖造自古人，而六書之義實天造地設。歷周以降，體或時變，而其意固在。江左諸子志於曠達，始減省点畫，以妍媚相誇，而六書之義荒矣。故曰可謂各言其衰也。《詩文清話》卷三

延興府院君夏日設宴於南山挹白堂，一時文章詞伯大會。東皋[①]崔岦亦與焉。酒闌，主人出華箋各置座前，要諸公吟詠。諸公勸崔先題，崔累辭不獲，遂援筆而成七言近體一首："避暑風流傾北海，衝泥車馬簇南山。身忘國舅衣冠右，具取家人鼎俎間。桂醞盞愁蕉葉脆，冰羞盤訝水晶頑。佳招只爲憐能賦，白首其如夢錦還。"五峰、月沙以下皆閣筆。以今觀之，東皋之作圓渾雄贍，固是佳作，而五峰諸公之才至於閣筆者何哉？蓋兩公皆具眼者，真知其善故耳。世之粗解押韻者，強次人韻，自以爲能，良可哂也。《終南叢志》[②]

① 東皋：崔岦（1539—1612），字立之，號東皋，改簡易。通川人，進士自陽子。中宗己亥生，朴洲門人。始以賤人爲李後白傔從，乃免役。

明宗辛酉魁明經科。歷典十州，一年再爲奏請副使。歷判决事、副總管，官止刑參。能文章，尤長於事大交隣文字，常帶槐院提調。與一時才子李山海、崔慶昌、宋翼弼、李純仁、河應臨、白光勳、尹卓然有“八文章”之稱。爲文簡古冠一世，自謂：“我乃天下文章，不可草草自奉，以荏飼牛而食之。”居必錦帳錦袍，待朝士甚輕。光海壬子卒，年七十四。

②《終南叢志》：一卷，金得臣（1604—1684）撰，《詩話叢林》本。金得臣，字子公，號柏谷，又龜石山人。安東人，緻子。宣祖甲辰生，仁祖壬午進士。華使出來時爲白衣從事。顯宗壬寅以前參奉登增廣，是時年已晚，自掌令已不仕，退卧槐江。以壽陞嘉善，官止同中樞，襲封豐安君，内外職一不就。讀書不至萬番則不止，嘗讀《伯夷傳》一億一萬八千番，故名其小齋曰“億萬齋”。以文章名世，尤工於詩。攻詩則雕鏤肝腎，如“落日下平沙，宿禽投遠樹。歸人欲騎驢，更怯前山雨”之詩，爲李植所稱賞。題畫詩曰，“古木寒煙裏，秋山白雨邊。暮江風浪起，漁子急回船”。肅宗即位甲子卒，年八十一。或云爲明火賊所害。

白洲[①]李明漢嘗於友人家逢澤堂[②]，飲酒談詩，誦其所作“滿載人間酒，懸帆大海中。長風九萬里，直到廣寒宫”之詩，以爲壯語。澤堂曰：“此乃兒曹語，老儒所不道。”白洲憮然。時主家盆菊盛開，白洲即吟曰：“風雨到君家，雨晴山日斜。今年秋色早，八月已黄花。”澤堂吟詠數三曰：“天章果起余矣。”天章即白洲字也。《終南叢志》

① 白洲：李明漢（1595—1645），字天章，號白洲。延安人，廷龜長子。年十六，中光海庚戌進士。二十二，丙辰文科，選入史局，湖堂。仁祖朝大提學、吏曹判書。父廷龜，子一相，皆秉文衡，三世大提學，世所稱焉。乙酉卒，謚文靖。

② 澤堂：李植（1584—1647），字汝固，號澤堂。德水人，左相荇玄孫。少弱疾，九歲遭倭亂，遷播南北，十二始從村學。己酉生員，光海庚戌文科，丁巳秋點馬海西，會廢母論起，即納官歸東谷。仁祖反正初除銓

郎，以連姻戚里，引嫌上疏辭，不許。以玉堂論西路危急，乞自守一壘，以爲聳勸將士，不報。乙丑，以承旨因求言上萬言疏，力陳時弊。丁卯之變，體察使李元翼請以贊畫使帶行陪分朝南下，自此朝中誣謗不測，乃疏陳自劾，仍言國朝以文華用人之失。庚午，以大司諫論追崇非古禮，責遞。冬，左降杆城縣監。乙亥，備局請依李好閔、李廷龜例，以承文院堂上例兼備局，使預知機密，以備撰述文字，仍充有司堂上，管一司文書。大司諫尹煌以植不力主戰劾之，植屢乞遞，不允。丙子，大提學從駕南漢，與時相爭論不合，凡所撰書檄皆以不中不用。上之出城也，在留後百官中聞關東大被屠掠，恐大夫人不保，遂申狀徑歸省問，尋至永春山中，老幼幸全。時相以逃去上奏，兩司將論以竄黜，有救解者，竟寢。壬午，清人以符合清陰規敗和事，竟未免遼柵之行。還拘灣上，臘月末脱歸。官至吏曹判書，贈領相，謚文靖。

苔川金地粹[①]，一號天臺山人，嘗與詩僧太能[②]相善。一日太能至，金贈詩曰："黄葉水西村，蒼苔秋掩門。山僧冒雨至，夜坐講玄言。"太能吟詠曰："首句近唐，三四涉宋。"金使太能誦其所作，太能誦一絶曰："夜深霜氣重，天遠雁聲高。寄宿西亭月，還山秋夢勞。"金曰："爾詩四句果皆唐。"稱賞不已。《終南叢志》

① 苔川：金地粹（1585—1639），字去非，號苔川。義城人，正郎齊閔孫。自號天臺山人。光海丙辰文科。廢母論起，地粹獻議立異，配富寧。仁祖癸亥，沈光世白於上，請陞六品以褒。歷弼善。以書狀如燕，清陰金尚憲爲上使，沿路酬唱，編之曰《朝天録》。官至府使。

② 太能：1562—1649，號逍遙，俗姓吳氏。潭陽人。朝鮮仁祖時代佛僧，逍遙門派開山之祖。於休静門下了悟禪旨，壬辰倭亂時加入僧軍。丙子胡亂時修築南漢山城西城。著有《逍遙集》。

余一日訪蔡湖洲[①]，方對酒有興，使人呼韻，要余同賦絶句。余曰："細菊纔寒雨，秋山欲暮煙。"湖洲再三吟詠曰："前頭宦路必亨

通矣。”未幾魁重科陞資。豈偶中歟？《壺谷詩話》

① 湖洲：蔡裕後（1599—1660），字伯昌，號湖洲。平康人，宣祖己亥生，光海乙卯生員，仁祖癸亥魁庭試，選湖堂，歷銓郎、副學，孝宗朝典文衡，爲顯宗入學博士。嘗與李元鎮泛舟，大醉沈水。李援之，氣定書一詩曰：“但恨酒杯淺，不愁江水深。舟中李膺在，肯使屈原沈？”官止吏判，謚文惠。

古人曰：“爲人而欲一世之皆好之，非正人也。爲文而欲一世之皆好之，非至文也。”信哉言乎！其不知者則毁不足怒，譽不足喜，不如其知之者之好之也。客有自金剛來，謁於張谿谷[①]。谿谷曰：“君今行，豈無一詩耶？”客以崔東皋杆城所製《觀日出》詩爲己作以瞞之。谿谷擊節吟詠良久曰：“此非君詩，是作必在八月十六七日也。”客大愕曰：“此詩本非警作，而又何知其八月十六七日所吟也？”谿谷曰：“古人於正秋多用‘玉宇’文字。又日欲出而月在西，乃十六七日也。第一句‘玉宇迢迢落月東’起得崔崒，‘蒼波萬頃忽翻紅’狀得恍惚，‘蜿蜿百怪皆含火’極幽遐詭怪之觀，‘捧出金輪黄道中’有高明廣大之狀，一語一字皆有萬斤之力。古今詠日出詩者皆莫能及。君從何得來乎？”客大驚服，遂吐實。谿谷曰：“非此老不能道此語。噫！向使東皋爲詩而必欲一世皆好之，則其能使谿谷敬服如此乎？若不知者之毁譽，何足爲喜怒哉？《小華詩評》[②]

① 谿谷：張維（1587—1638），字持國，號谿谷，又默所，又支離子，又癯髯子。德水人，雲翼子，朴崇元外孫，金尚容壻。宣祖丁亥生，尹根壽門人，又從金長生學。天資高邁，稟氣清秀，胸襟灑然，無一點塵累，符彩映人，目如明星。李恒福嘗曰：“張某文章德行，雖置於孔門，可以無愧於顔閔。”弱冠著《陰符經解》，多有獨得之見。丙午二十進士，光海己酉登增廣，歷翰林、銓郎。壬子獄，坐婚家累，罷官，屏居安山十二年。及仁祖反正，爲贊謀畫，策靖社功二等，封新豐君，選湖堂。甲子扈駕，用羈靮勞，陞嘉善。丁卯，隨駕入江都，還都，拜吏判，典文衡。羅萬甲

以讜直忤旨竄逐，維伸救，謫授羅州。追崇時，以憲長作典禮，投進不報。爲宗伯，不可違心，奉行抗疏，得遞。丙子從難於南漢，與李景稷、景奭同舍，三人約與同死。一夕，作絶命詞曰："平生忠孝志，此日恐全虧。年年春夜月，血灑杜鵑枝。"遂相對流涕。及還都，始知其母歿於江都。丁丑起，復拜右相，十八疏始許免。文章學識爲當時搢紳中上流，爲文以理勝爲主，但有莊佛之味。名入筆苑。戊寅卒，年五十二。卒之朝，長虹横亘寢房屋上。以孝宗國舅贈領相，進府院君。謚文忠。

②《小華詩評》：二卷，洪萬宗（1643—1725）撰，《韓國詩話叢編》影印抄本。按洪萬宗，字於海，號玄默子、夢軒、長洲。豐山人。遊鄭斗卿門，與金得臣、洪錫箕相交。肅宗元年進士及第，任副司正、參奉。六年，以副司正坐許堅事遭諫院彈劾流配。八年，放還。三十三年，持平金始煥彈以依仗權門、編《東國歷代總目》乃僭越之行，崔錫鼎護之，乃得免。後遷通正大夫僉知中樞府事。萬宗生長於文章世家，頗具文才，後乃辭官，治學修文，致力於歷史、地理、説話、歌謠、詩歌等之創作，特於詩評著力尤深。有《海東異蹟》《小華詩評》《旬五志》《詩評補遺》《東國歷代總目》《增補歷代總目》《詩話叢林》《東國樂譜》《蓂葉志諧》《東國地志略》等。

天使熊化於太平館閒坐賦詩，得一聯曰："白晝一花落，青天孤鳥飛。"自以爲有神助，館伴諸公和之者甚多，天使皆不掛眼。獨於李月沙廷龜[①]"清香凝燕座，虚閣敞翬飛"之句，始吟詠再三，曰："此有唐韻。"《小華詩評》

① 李月沙：李廷龜（1564—1635），字聖徵，號月沙。延安人。萬曆庚寅登第，大被宣廟所眷遇。戊戌陞亞卿，辛丑以禮曹判書，典文衡，在宰列凡四十年。廷龜氣度英爽，見識通明，平生無疾言遽色，常持大體，專務包容。爲文章，雖高文大冊，操筆立成，似不經意而出，輒膾炙人口。蓋其天才敏捷，人所不及。當昏朝爾瞻弄權之日，廢母之論方張，廷龜終不參庭請，臺論甚峻，出江外待命，而終能免於大禍。反正之後，恩遇益隆，遂

至大拜。至是卒，年七十二。廷龜九長春官，再典文衡，身登黄閣，兩子一壻，皆登顯秩，内外諸孫，幾數十人。及卒，上遣承旨致弔，世子亦以廷龜曾爲師傅，臨弔其家，世莫不榮之，然人或以模稜短之。

古今詩讖，如《詠珠詩》“夜來雙月滿，曙後一星孤”之類甚多，不可勝記。而洪監司命耉[1]兒時作一句云“花落天地紅”，鶴谷大夫人見而歎曰：“此兒必貴，然似當夭折。若曰‘花發天地紅’，則福禄無量，而‘落’字無遐福氣象，惜哉！”後公以平安監司戰死金化，時年四十二，卒應其讖。鶴谷大夫人即柳於于夢寅[2]之妹也，於于受業之時，從旁竊學，其文章絶世，然自以婦人不宜吟詠，故絶無所傳。唯“入洞穿春色，行橋踏水聲”一句傳於世。《小華詩評》

① 洪監司：洪命耉（1596—1637），字元老，號懶齋。南陽人。光海朝文科，丙子以平安監司入慈母山城，與柳琳入援。琳勸勿輕進，命耉拔劍斫地曰：“君父危，敢發此言！”至金化，猝遇清兵。麾下欲扶公避去，公笑曰：“我何往？走亦死，寧戰死。”遂遇害。謚忠烈。

② 柳於于：柳夢寅（1559—1623），字應天，號艮齋，又於于堂，又默好子。高興人。宣祖壬午進士，己丑魁增廣。繡衣而遍八域，玉節而二如京。歷副學藝，官止吏参。光海末年遯跡於山寺，文章名於世。性好荒誕，所著有《野談》，又作《孀婦詞》。癸亥反正後，題寶蓋山寺壁，其詞曰：“七十老孀婦，端居守空壺。傍人勸之嫁，善男顔如槿。慣讀女史詩，粗知妊姒訓。白首作春容，寧不愧脂粉。”仁祖癸亥，坐此詞拿鞫。掌鞫相臣問曰：“汝何爲謀逆？又何以亡命？”夢寅曰：“光海必亡，婦孺皆知。新主之有聖德，奴隷亦知。我豈有棄聖君復庸主之意哉？我非亡命，但往居西山耳。”相臣曰：“爾之西山之説，我亦解聽矣。使武王立箕子爲天子，夷齊猶當入西山耶？”夢寅默然良久曰：“我嘗作《孀婦詞》以見志，以此爲罪，則死無所辭。”相臣欲活之，勳臣曰：“不殺夢寅，則效尤而不欲立朝者必多。”竟論以逆律，君子冤之，年六十五。正祖甲寅復官，贈吏判，謚義貞。

自是之後，玉川[①]杜門不出，晝而做科文，宵而工詩律，每日使書童送余，以請考之。余欲其挑興，一一評論，題其品目，有曰曉星欲落，百舌間關；泛駕受鞭，不避險夷；薔薇多刺，愛花不鋤；卉鬟楚巫，嬋妍可觀；瘻木臃腫，自成文采；顧公啖蔗，漸入佳境等論。如是八十餘日，了無將進之工。乃細究其所詠詩軸，壹是用四字套爲程式。余恐其執泥而痼，一日題目曰："楚咻吳吟，不知易舌。"又以一聯詩戲題曰"風光未好開城府，熊犬全難九月山"以送之。日晚，玉川果至，問其詩意。余故諱不釋。至再三強問，然後余乃解之曰："古有不文者，爲京畿道伯。以吟詠欲瞞人，借人得'風光好'三字，巡到列邑，以邑名二字加其上。至開城府欲詠之，則爲六字也，乃曰：'此非吟詠之地。'遂閣筆而歸。又有爲文化縣監者，登九月山，命進筆硯，將欲吟詠，終日不成。臨暮，下吏請還，倅歎曰：'如此勝地，未得題詠，可惜。'吏一人知其不文，奏曰：'小人請代作。'倅以其草箋授之曰：'我有其得一句，汝須踵成可也。'吏見有'九月山中能遊遊'之句，問'能遊遊'三字之義，倅怒曰：'孰謂汝以熊字視能字乎？遊遊，即熊色貌也。'蓋見其黄熊而以遊字釋音，謂黄色者也。吏乃聯其外句曰：'文化城裏大光光。'倅問：'大光光，即何謂也？'吏對曰：'大，犬也；光光，犬聲也。'倅曰：'汝能詩者也。'吏曰：'小人請續結之。'倅曰：'諾。'吏曰：'案前即食能四足，小人何惜大一耳？'遂題壁而還。今子得四字套，如畿伯之有三字套也。又不知詩而強欲成之，如文倅之無恥。故吾引而諷之也。"玉川捧腹大噱曰："如此隱怪之説，老兄何處得聞，而嘲笑少弟無餘地耶？"《小華詩評》

① 玉川：趙德鄰（1658—1737），字宅仁，自號玉川。漢陽人。其進也雖以科甲，大臣有以嶺南賢者薦於上，英廟之所以眷待，有似乎林下招延。孝宗戊戌生，二十中進士，肅宗辛未闡大科，選入槐院，明年將行史局薦，因伯氏持憲公歿於京，扶櫬歸嶺外，邈然無仕宦意。以親老，暫赴濟源丞，俄移侍講院説書。甲戌爲禮曹佐郎，不赴。是後丁父艱，後又丁

母艱。戊子，除江原都事，爲探金剛、五臺之勝，起赴焉，至則被使檄董量田役。時觀察使宋挺奎飭部下列邑，率以正田改量爲高等。先生貽書，具陳地形民勢，盛言改等爲不便，仍請遞歸。方伯不聽，而已怨讟滋興，遂坐罷，乃歎曰："吾悔不用都事之言也。"自是，屢除黄海、忠清兩道都事，或赴或不赴。景宗甲辰始入弘文選，英宗乙巳除修撰。因辭疏，陳天災民怨。上優批，再疏，勉進君德，又陳輔導東宫之意。上又加獎諭，由弼善拜校理，又疏言旱乾水溢，獄犴滋豐，其所致之者必有由焉，則所以應之者亦必有説矣。上特賜嘉納之批。元年乙巳，上有求言之旨，先生適以弘文校理遷諫院司諫，遂上十條疏。當其時，朝廷之上泯泯棼棼，黨議肆行。窃不勝杞國憂天，瀉出肝血，以圖涓埃之效。而耑國柄者以其言之磨軋當局，乃反幻譯辭意，不湛滅不饜。因臺啓，命削版，繼以編配鍾城。士大夫愕然相視，惟饋贐如不及。鍾城在極北女真界，去家三千餘里。先生年幾七十，時天寒折綿，夷然就道，行一月半始到配。杜門静坐，日誦《羲易》一卦以爲課。丁未始蒙宥，除執義，在途移拜弘文應教。及至都下，又移司諫。留數日，呈病歸嶺外。自是連除校理、修撰、司諫、應教。疏陳時政闕遺，又言："北來移咨，死有餘恥，怱怺之口，上及陵廟。既往之誤，不可追補。方來之計，猶可自強。"上優批以答。戊申三月逆亂作，湖西賊殺帥臣。先生聞變，立趣馬奔詣安東府。當是時，嶺南賊又起下道，上下旨，特許加資，差嶺南上道號召使。激勸忠義，奠安南服。先生千里承命，灑泣草檄。辭旨悲憤，義理嚴正，於是一路忠義之士響應雲集。乃選將領，糾義旅。賊形軍情，旁午馳啓。巡至觀察營安竹，捷書至，下道賊次第授首，遂以罷兵。上聞先生書生也，一朝起以當軍旅。義形於色，謀合機宜。巡及慶州沿海而還，遂陳疏辭陞資。拜同副承旨，賜對從容，又命直宿銀臺。每入經筵，上輒欣聽講説。尋陞右副。居數月，呈病歸，除兵曹參議、參知，皆不赴。始就洛川上流居，以其地勢太高絶，居五六年，更卜召羅洞門，日逍遥其中。遠近學子至，隨其才誘掖，無復有當世志。丙辰秋，臺臣金漢喆因私憾，忽又提乙巳疏，遣辭絶悖。俄而兩司繼發，遂允絶島栫棘。豐原君趙公顯命上疏，以爲"十年事久之後，一事再罰，有關獄體，請拿問覈實”，於是拿命下。方緹騎之發送嶺外也，上召金吾郎立閤門外，傳宣曰：“趙德鄰非曰有罪，命拿者，欲令覈其實。勿搜家，勿枷。在途慎勿迫令生病也。”及就獄，先生時年七十九，神色不變。上覽其對，特召大臣臺諫諭之意，仍命書判付。若曰：“以文字而罪人，非王者之美政。一事而再投畀，亦刑政之顛錯。”亟令同義禁開獄門以出，又命史官趣之，繼以下“給米，賜馬，護送”之命。既出獄，都人士庶皆扶擁以賀，黨人又發啓，李公宗延以正言慨然停之。前發啓者駁李公，連其啓如前。上終不聽。丁巳，嶺南儒臣因辭疏訟師冤，上怒甚，命設鞫。有臺諫乘機言“嶺南事趙某皆主之，此疏宜無不知”，又攙及先生乙巳疏以眩之，於是有耽羅加棘之命。時當旱熱，朝暮馳不息，病發矣。馱至海倉之候風館，氣息如縷，猶扶坐手書遺命，遂斂手正身而逝。享年八十。

唐白香山作詩，令老婆解之，不和婆意，即去不用，蓋欲令人易曉也。由是觀之，凡爲吟詠者，不求淵深，不用隱怪，而但令句作柔軟，語意純便，雖懵學之士見而易解，方可謂之得詩情也。至若多引古文，好用愎字，佶倔迂曲，鬱紆堅剛，欲見其多文博識，不知其病根之隨入矣。夫詩言志也，如善辯者，悠揚反覆，灑解無難，而令人順於耳快於心焉。晋州有朴周易者，生來不讀他書，只誦《周易》一部，故有此號。其《咸安途中》詩曰：“偶到晋咸分地界，忽逢風雪滿天來。計程二日還三日，負債朝杯又夕盃。”辭意混然自成，雖能文莫及。《小華詩評》

東皋李相國少時作詩示湖陰曰：“吾詩可比古人乎？”湖陰曰：“雖不如古人，爲友人挽別之詞則有裕矣。”李公自是不復吟詠。余見其《明廟挽》有曰：“中夜催宣詔，蒼黄寢殿升。龍顔纔及睹，玉几已難憑。聖嗣由前定，宗祊遂有承。三朝猶不死，忍看禍相仍。”語甚痛切，殊非等閒操觚者可及，而猶且慊然自棄。今人粗解應俗文字，則妄擬古人，趯趯然自以爲足，可笑也已。《詩評補遺》[①]

①《詩評補遺》二卷，洪萬宗撰，《韓國詩話叢編》影印抄本。

成牛溪[①]素於古今詩句藻鑒甚明，鄭松江[②]得五言一絶，其詩曰："山雨夜鳴竹，草蟲秋近牀。流年那可住，白髪不禁長。"遂印於唐楮，示牛溪曰："此是古壁所塗，而但不知誰作也。"牛溪再三吟詠，曰："此必晚唐人詩。"松江笑曰："我欲試公，公果見瞞。"噫！知詩之難，難復難矣。《詩評補遺》

① 成牛溪：成渾（1535—1598），字浩源，號默庵。牛溪者，學者所稱。昌寧人。白仁傑門人。宣祖初舉遺逸，不起。天分甚高，德器早成。幼膺庭訓，私淑李滉，準則考亭。講明踐履，與李珥論四端七情氣先後説屢千萬言，多有先儒所未發。李珥嘗曰："若見解所到，吾差有長。操履敦確，吾所未及。"年十七参司馬兩初試，以病不赴覆試，遂葉舉子業。父病，再割股和藥以進。癸酉，李珥、具鳳齡、金宇顒等請復舊制，以未出身人爲臺官，乃拜渾爲持平，仍特除兵曹參知。教曰："與兵判同心同德。"歷吏議、吏參、大司憲，癸未爲參贊。每有恩命，出謝即歸。朴淳聞渾入城，喜曰："吾王不亦爲豪傑之主乎？密密結網，網得牛翁來矣。"李珥嘗薦於上曰："成渾才不足以經綸，而好善優於天下。"及珥被誣，渾上疏力辨。壬辰不赴難，以待罪之臣，難於自進。而上到臨津，問成渾家安在？李弘老指近岸村家曰："此時豈肯來謁乎？"上遂疑之。承旨李忠元請召渾，上曰："豈無召用之人乎？予不必召來也。"承世子召，赴成川，轉達大朝。弘老又曰："成渾來此，爲世子圖内禪也。"因諸臣請，連拜參贊大司憲，卜相。丁酉，人多勸赴，而與壬辰無異，終不變其素定。《詠草蟲》詩曰："草根風露冷侵身，勤苦聲聲夜向晨。感爾微蟲能盡職，白頭重愧最靈人。"有筆法，名入筆苑。戊戌卒，年六十四。後四年追奪，後二十年贈左相，加贈領相，謚文成，後改文簡。肅宗壬戌從祀文廟，己巳黜享，甲戌復享。

② 鄭松江：鄭澈（1536—1593），字季涵，號松江，又臨汀。迎日人。金麟厚門人，從奇大升、李珥、成渾遊。明宗辛酉進士，壬戌魁別試，

選湖堂，歷銓郎、舍人、典翰、直學。忠清耿介，氣岸豪爽，文章亦如其人。以峭直見忤於時輩，而愛君之誠出於天性。雖放逐休退之中，必形諸歌詞。少以清直著名，有驄馬御史之稱。善歌辭，作《關東别曲》《思美人曲》，一世傳誦。莅關東，爲訓民曲。趙憲爲全都，未幾澈爲監司。憲與李潑、金宇顒遊，信毁澈之説，即請去。澈請見曰："公與我素昧，何以知其凶險耶？留與共事，見其爲真小人，然後去未晚也。"憲不聽。澈介李珥、成渾，願與共事。既而交義日密，憲曰："始吾不明，幾失公矣。"嘗有宴會，满朝畢赴，獨李山海有故不至，作詩送之，款以"鵝翁"。澈曰："大監今日直發自家聲。"山海聞之大憾。宣祖癸未，金宇顒等以澈救李珥論劾，上曰："鄭某其心正，其行方，惟其舌直，故見憎於人。若其忠清節義，草木亦知。真所謂鵷班之鶚，殿上之猛虎也。若罪鄭澈，是朱雲可斬。"乙酉以後，退處南中。李珥被劾，澈出爲東伯，上疏修魯山君墓。己丑入相至左。汝立獄，多傳生意。崔永慶之入鞫獄，澈實營救，而反被鍛鍊之誚。及其再入，澈已不在委官，欲上疏救之未果，而東人猶以爲澈之所誣殺，以此流竄，不容於朝。至於身後，猶被追奪之典。李珥每稱其耿介之操，而猶以獨狹病之。解職在南平時有詩曰："掖垣南畔樹蒼蒼，歸夢迢迢上玉堂。杜宇一聲山竹裂，孤臣白髮此時長。"策光國功三等，平難功二等，封寅城府院君。辛卯，爲洪汝諄、李山海所誣，配明川，移晋州，乃改江界栫棘。壬辰倭變，因松京父老所奏宥還，爲三道體察使。李恒福曰："松江半醉時抵掌談論，望之若天上人。豈俗子輩所可彷彿耶？"金長生曰："好公者栗谷、河西、思庵、高峰、重峰諸賢也，惡之者山海、仁弘、汝立、自獻、爾瞻等也。"癸巳卒於江華寓舍，年五十八。甲午因權愉、金宇顒、鄭仁弘誣，追奪官爵，至有追刑之論而不售。仁祖癸亥復官，甲子賜謚文介，因金壽恒奏改文清。

車滄州雲輅[①]《浮碧樓》詩曰："浮碧層樓接絳河，朝天猶記石盤陀。雲橋利落抛金輦，霧窟消沈斷玉珂。半壁寒花爭錦繡，幾年芳草鬥綾羅。僧歸蕭寺客回棹，千古興亡愁奈何。"詞極遒緊。且如

《三月三日》詩：“老去真難養性靈，詩憐吟詠醉憐醒。三三又得纖纖雨，天意分明助踏青。”詩翁佳致，字字可見。《詩評補遺》

① 滄州：車雲輅（1559—？），字萬里，號滄洲。延安人，天輅弟。宣祖己卯生員，癸未魁謁聖。能詩文，文名亞於兄，時論比之眉山蘇氏。歷奉常僉正，官止弼善。兄弟俱録原從功。

玄翁[①]《江上録》云：余逐而東也，作詩有句曰：“孟德豈能容北海，幼安還欲老遼東。”未久，閲《東坡集》，乃坡翁全句也，喜其暗合，仍存而不改之云。所謂暗合者，雖語意酷似，似無字字相合之理。或意凡人看書，若眼目已慣，則後雖不能記誰氏作，而吟詠之際忽然流出，有若自己所出者然。玄翁此句亦出於不覺其自來而來耶？余嘗有《詠雪》一律，其頸聯曰：“寒光宇宙銀千里，霽色樓臺玉萬家。”後見《芝峰集》亦有此句，而但“江城”字與“樓臺”字有别。芝峰詩余曾所未睹，此句偶合，於是始信玄翁之暗合於坡作，亦無怪也。《詩評補遺》

① 玄翁：申欽之别號。

世人有二病焉。前輩文章大家，爲文不惜刪改。少陵、六一尤喜點竄，殆與其初作不牟。如少陵“桃花細逐楊花落，黄鳥時兼白鳥飛”，有得其初稿作“桃花欲共楊花語”，後乃更定如此。又得歐陽公《醉翁集》初稿云“滁州四面有山”等語累數十字，後以“環滁皆山也”五字改之。今之學力淺短者多有疵累，而反以不改爲高，不知者又從而稱道之。此一病也。且自古詩人吟詠之間，未曾容易。唐詩云“夜吟曉不休”，又云“兩句三年得”。或有手作敲推，或有閉門覓句。雖至小詩，必用意精深，況其長篇大作乎？今之堇通文理，而看古今人詩纔一兩過，便指點雌黄，曰某是某非者，豈非不量之甚乎？此又一病也。《詩評補遺》

《杜詩蘇註》之贗，朱子既明言之，而《文獻通考》陳氏說，及皇明楊升庵、錢牧齋集亦有所論矣。註中所引古人事跡說話，全是杜撰。明者只一見，便自了然。初不待考證而知其妄也。然後來爲類書者，往往不察，或反引以爲故實，誠可笑也。余嘗與舍弟輩觀《事文類聚》及他類書，所引故實，有可疑者，輒認之曰："此必杜詩蘇註語也。"就檢之，果然。蓋其語氣不難辨也。今見《芝峰類說》有云："杜詩'家書抵萬金'。按梁王筠'久在沙場，一日得家書，曰抵得萬金'，詩語全用此也。"又云："'知章騎馬似乘船'，按晋阮咸醉騎馬欹傾，人指而笑曰：'箇老子，騎馬如乘船行波浪中。'蓋用此意。"又云："李白詩'爲問如何太瘦生，總爲從前作詩苦'，按崔浩愛吟詠，一日病起，友人曰子非病，乃苦詩瘦。蓋用此也。"竊詳此三語似皆出《蘇注》，當檢。但《芝峰》引此三語，皆有按字，豈别自有所考耶？若只見於《蘇注》，則不當自爲考證語如此也。《農巖雜識》①

①《農巖雜識》：一卷，金昌協（1651—1708）撰，芸閣活字本《農巖集》卷三十四《雜識·外篇》。金昌協，字仲和，號農巖，又三洲。延安人，昌集弟，羅星斗外孫，李端相壻。孝宗辛卯生，孝宗己酉十九進士，肅宗壬戌魁增廣，歷銓郎、副學，典文衡，官止禮判。己巳，以前内職至大司成，外任清風府使。己巳以後，陞吏參，除松留，拜文衡至正卿，并不就。其辭疏，見者抆涕。肅宗必欲致之，不能得。少學於妻父，學業臻高明，文章甚端雅。天姿穎悟，進修不怠。宋時烈註朱子書未成，臨終託昌協卒業，是爲《朱子劄疑問目》十二卷。李滉、李珥論四端七情不合，昌協折衷成一説，是爲《四端七情説》一卷。戊子卒，年五十八。謚文簡。哲宗庚申命不祧。

郭自完字汝厚，玄風人。性疏闊，外似質朴而口訥，其中之聰明好文人所不及。一生以通博吟詠從事。家甚清寒，聚學徒課學，資生而終焉。嘗有《洞庭秋月》詩曰："碧天廖廓月輪明，楚岫風高

落葉聲。一帶澄江正如練，玉簫何處動詩情。"《昭代風謠附録詩話》①

①《昭代風謠附録詩話》：蔡彭胤（1669—1731）撰，《昭代風謠》排印本。蔡彭胤，字仲耆，號希菴，又恩窩。平康人，蔡裕後從孫。顯宗己酉生，肅宗丁卯進士，己巳登增廣，與兄明胤同榜，歷翰林，選湖堂。歷藝提，官止刑參。

耆之①失意，遊江南，聞鶯作詩曰："田家椹熟麥將稠，緑樹初聞黄栗留。似識洛陽花下客，殷勤百囀未曾休。"耆之有才不見用，流落天涯，羈遊旅泊之狀，了了然皆見於吟詠。《東國詩話彙成》卷五②

① 耆之：林椿（生卒年不詳），字耆之，西河人。高麗中期詩人。以文章鳴世，屢舉不第。鄭仲夫之亂，闔門遭禍，椿脱身僅免，卒窮夭而死。仁老集遺稿爲六卷，目曰《西河先生集》，行於世。

②《東國詩話彙成》：洪重寅（1677—1752）撰，二十二卷，藏書閣寫本《東國詩話彙成》。洪重寅，字亮卿，號花隱。豐山人，居忠州。肅宗癸巳增廣試進士。

文靖①嘗有詩云："松舟向晚繫苔矼，落日微風滿一江。詩興浩然收不得，更呼明月倚篷窗。"自注云："俞思廉赴官吕江，始至，有詩曰：'一葉舟中客，三年樓上人。'時人曰：'此罷歸詩也。'聞者笑之，今僕受賜歸田，計決矣！故於吟詠之間托興不淺，此未至而如在其間，與始至有三年之句者無以異，可笑之甚也。"《東國詩話彙成》卷六

① 文靖：李穡（1328—1396），字穎叔，號牧隱。韓山人，僉議贊成事穀子。忠肅王戊辰生，十四登成均試。恭愍王癸巳擢乙科，甲午中元朝制科，仕於元，爲翰林知製教。歷五年，以母病棄官歸。天資明敏，博覽群書，爲詩文操筆即書，略無凝滯，以勉集後學、興起斯文爲己任，學者皆仰慕，掌國文翰數十年，屢見稱中國。平生無疾言遽色，不露圭角，不治生產，雖至屢空，不以爲意，然志節不固、無大建白，學問不純、崇信

佛法，爲世所譏。自恭愍薨後，帝每徵執政，大臣皆畏懼不敢行。及穡爲首相，請自行，我太祖稱之曰："慷慨哉是翁！"以穡及李崇仁充賀正使、太宗爲書狀官。穡至京師，帝素聞穡名，禮過甚重。穡還，語人曰："今皇帝心，無所主之主也。我意帝必問此事，則帝不之問。帝之所問皆非我意。"時議譏之。始至帝引見之，見其貌不揚。曰："此翁堪畫。"禑之放江華也，穡以微服往省之。曹敏修欲立昌，密問於穡，穡曰："當立前王之子。"敏修藉此言遂立昌。穡與鄭夢周心同跡異。革命，放於韓山，作《胡不歸》詞曰："胡不歸，胡不歸，無不足方奚所疑？青山隱隱，方水鏡淨，我膝所屈惟釣磯。"嘗有詩曰："人情那似物無情，觸境年來漸不平。偶向東籬羞滿面，真黄花對僞淵明。"文章節氣爲東方名臣。恭讓己巳謫長湍，庚午付處咸昌。是年以彝初事逮清州獄，壬申貶黔陽，移驪興。革命後，流碧沙。太祖召見，穡長揖不拜。上下榻，待以賓禮，俄而侍講以次列進，上還陞榻，穡昂然而起曰："老夫無坐處。"上曰："願承一教。"穡曰："亡國之大夫不可以圖存，但當將此骸骨歸葬故山而已。"遂出。官止門下侍中、右文館大提學。本朝加進輔國，封韓山伯。丙子，暴卒於驪州清心樓下燕子灘，世傳其死黯黮難明云。謚文靖。

金清陰尚憲[①]題跋略曰："正治中，姜葵亭畜一屏，上寫蘭竹。靜庵[②]趙先生題五言絶句八首，其家寶傳。至萬曆壬辰，没於兵火。趙平澤守倫追記得七章而忘其一，先生曾孫婦柳孺人，聞而悵慕，計費損貲，命其子察訪松年，俾復舊觀云云。"又曰："當先生際遇之隆，群賢彙進，舉世同好，而'幽貞卒萎、高節衆猜'之句，遂發於吟詠，慨然有感物傷時之歎，豈見微知著，將有不可得而道者歟？舊畫尹彥直筆，今所作李澄云云。"《東國詩話彙成》卷十一

① 清陰：金尚憲（1570—1752），字叔度，號清陰，又石室山人，又西澗老人。安東人，尹根壽門人。庚寅進士，丙申登庭試，戊申以直講登重試。歷銓郎、舍人，光海朝選湖堂，歷典翰、直學副學。仁祖朝典文衡，歷吏判，選清白吏。性剛嚴方正，好直諫。與柳希奮爲姨兄弟，希奮被大

辟，尚憲持服往哭。有人止之，尚憲曰："生時雖絶，死後哭而服之不可已也。"有一公子造山亭用圓柱，聞尚憲爲都憲，即削而方之。殿閣用圓柱故也。甲子适亂，命起復，力辭。後以副學論事不合，退歸石室。因太廟災論追崇非禮。丙寅，以陳奏使赴京辨誣。丙子，大臣以下欲以世子爲質於虜營，尚憲切責領相金瑬。崔鳴吉草國書以示之，有"臣罪擢髮難數"等語，尚憲痛哭裂書，大罵鳴吉曰："先大夫儒者，公何忍爲此！"鳴吉起爲補其書曰："裂之者固不可無，補之者亦不當有耶？"尚憲見上泣曰："臣請先死。"裂書後不食者六日，解衣帶自經，李敬輿等在傍救解。上下城後，因歸安東鶴駕山，不復仕。戊寅，掌令柳碩、持平朴啓榮、李烓等啓請遠竄，答曰："金尚憲論罪太晚，置之無妨。"吏參李景奭伸救，上曰："不問其君，不哭其兄，果謂人倫乎？此時論尚憲，可謂鳳鳴朝陽也。"竟削職。庚辰入瀋陽拘囚，後疾劇，清人使出住義州。癸未復拘瀋館，乙酉還國。終始不屈，天下慕義，虜人亦不名。及還，隱居不出。丙戌拜左相，入耆社，爲世子進處士金集謝病歸。感孝宗恩遇，薦宋浚吉、宋時烈。此兩賢之立朝，明《春秋》大義，乃尚憲之力也。文章嚴重，節義卓越，嘗赴燕作詩，有"淡雲微雨小姑祠，菊秀蘭衰八月時"之句。後《王漁洋詩話》有曰："朝鮮使臣金尚憲詩'淡雲微雨小姑祠，菊秀蘭衰八月時'，乃評於其下曰'記得朝鮮使臣語，果然東國解聲詩'。"孝宗壬辰卒，年八十三。贈領相，謚文正，配享孝宗廟庭。

② 靜菴：趙光祖（1482—1519），字孝直，號靜菴。漢陽人，金宏弼門人。與終南守崇善正、朴祥、金世弼、申鏛、金絿、潘碩枰、安處順、朴世熹從遊。少從其父魚川任所，時金宏弼謫熙川，往學焉。與金湜卜居迷源，爲同老計，所植檜猶存。中宗庚午進狀，乙亥，以孝廉薦除造紙署司紙。是年登別試，選湖堂。歷典翰、副學，官止大司憲。執法平允，人皆感服。每出，市人羅伏馬前曰："吾上典至矣。"姿品高明，學問純粹，博學力行，爲東方理學之祖。遭際中廟，期回至治。每以崇道學、正人心、法聖賢、興至治反復開陳。感不世之遇，以致君經濟爲己任。流俗大臣多不悦。己卯，南衮、沈貞、洪景舟密啓，下獄賜死。因鄭光弼力救，减死

安置綾州。纔逾月，受後命。口吟曰：“愛君如愛父，天日照丹衷。”遂仰藥。未絶，府卒欲就縊之，光祖曰：“聖上欲保微臣首領，何敢如此？”益飲毒酒，血出七竅，年三十八。是日白虹繞日竟天，時有老嫗自山谷間哀哭而來曰：“賢人死，民必不得生矣。”仁宗乙巳復官，宣祖戊辰贈領相，己巳賜謚文正，光海庚戌從祀文廟。

松亭[①]受業於金大成湜，禍作之日，與諸生號哭於闕掖。自後常憤惋，不復舉業。有山人月澗求詩於公，公書一絶於軸曰：“松窗岑寂日西遲，世路風波不自知。一壑晴川鳴歷耳，蒲團坐到月明時。”澗欲求金冲庵詩，渡海入濟州，持柑子、壺酒往謁，袖詩軸以進。冲庵披閲，獨於此詩吟詠再三，乃問作者，澗對以姓名，歎賞不已，遂題二絶而還。其一曰：“文章當世定無前，挾貴還羞不下賢。蠱九才名知可鎮，會須謝也井觀天。”其見重於冲庵如此。《東國詩話彙成》卷十二

① 松亭：申命仁（1492—？），字榮仲，號龜峰，又龜阜，又松亭，又風流狂客。平山人，金湜門人。湜被死命，仁舁尸自嶺外上來，妻李氏迎往忠州斂棺權厝，述吊宋玉辭以明其志。中進士。中宗己卯禍作日，館學儒生千餘人會光化門外，命仁倡言曰：“坊里白徒皆能上書鳴冤，諸生日出而會，日中不草疏，何也？”遂秉筆起草，颯如風雨。疏上，爲門所拒。與李若水、朴光佑等排闥欄入，或脱巾，或被髪，號哭闕外，聲徹大内，令禁軍驅出。自此不復應舉。猶畏邪議，時入試場，終日行遊，探飲諸生之酒，大醉而出。因以遺落世事，與尹壽、睦世秤、柳夢弼、崔壽峸相從。贈僧詩曰：“松窗涔寂日西遲，世路風波不自知。一壑晴川鳴歷耳，蒲團坐到月明時。”

公[①]少時嘗作詩示湖陰曰：“吾詩可比古人否？”鄭曰：“雖不如古人，爲友人作别章，則有裕矣。”公自是不復吟詠。其屈強如此。《東國詩話彙成》卷十二

① 公：此指李浚慶（1499—1572），字原吉，號東皋，又紅蓮，又南堂，又養窩。廣州人。與李滉、成守琛、曹植爲道義交。少磊魄不群，儀貌雄偉，有名多士間。中宗壬午生員，辛卯登明經科。歷南牀、翰林、銓郎、直學。仁宗初言於人曰："宜早建儲貳以定人心。"芑、百齡忌，黜爲西伯。庚戌，爲芑、復昌所交搆，謫報恩，辛亥放。乙卯倭寇，爲湖南都巡察使。明宗戊午入相至領，選清白吏。致仕，賜几杖，入耆社。嘗與具壽聃論己卯黨人無罪。及爲相，曹植書警曰："願公上竦如松，無爲下蔓如藤。"丁卯，以領相受明宗顧命，迎立宣祖。出入將相，身佩國家安危二十年。罪僧普雨，黜元衡，伸冤枉，革廢政，可謂國朝名相。而性簡亢，不喜不附己者，故與士類携異。臨没一疏，言朋黨有漸，啓人主之疑，李珥以是斥之。又嘗以爲不如其兄，不喜儒學之士，至斥李滉爲"山禽野獸"云。李珥以"反覆小人遺劄眩惑"等語啓於上，左相洪暹曰："今若指以小人，雖在地下亦不服矣。"珥疏詆至曰"藏頭匿形，鬼談蜮説"，又曰"其言媢嫉之嚆矢，陰賊之赤幟"，又曰"古人將死，其言也善；今人將死，其言也惡"。吳祥聞之有詩曰："功在宗祊澤在民，能全終始獨斯人。不待百年公議定，是非何累地中身。"或曰與兄潤慶同有時望，但潤慶外和而内立，浚慶外毅而内怯。既無經濟之才，膠守舊轍，導上因循架漏，士林短之。白仁傑嘗薦李珥於浚慶，珥於經筵屢折浚慶之言，浚慶不悦，謂仁傑曰："爾之李珥，何其輕言乎！"壬申卒，年七十四。謚忠定，配享宣祖廟庭。

退溪[①]嘗與曹南冥[②]燕語，退溪曰："酒色人之所好，然酒猶易忍也，而色最難忍。康節詩曰'色能使人嗜'，亦言其難忍也。子於色何如也？"南冥笑曰"我於色是敗軍將，勿問可也。"退溪曰："余於少時欲忍而不能，中年以來頗忍之，不無定力故也。"時宋翼弼[③]亦在座，地卑而能文，翼弼曰："鯫生曾有所吟，願經大人之一斤。"因誦之曰："玉盤美酒全無影，雪頰微霞乍有痕。無影有痕皆樂意，樂能知戒要留恩。"用意甚切，退溪吟詠稱善，而南冥笑曰："合爲

敗軍將之戒也。"《東國詩話彙成》卷十四

① 退溪：李滉（1501—1570），字景浩，號退溪，又退陶，又陶叟，又清涼山人，又退陶晚隱。真城人。中宗戊子進士，甲午登明經科，選湖堂，歷翰林、舍人、典翰、副學。明宗朝典文衡，宣祖朝拜禮判，官止判中樞、左贊成，入耆社。天資粹美，才識穎悟。幼而喪考，自力爲學。己卯之後，雖爲親赴舉，而通顯非所樂。遭值乙巳，力求外補。兄瀣冤死後，决意退藏，專精性理之學，洞見大原。安貧約，味澹泊，利勢紛華視之若浮雲。拜官多不就，以應教乞補丹陽，有佳山水，暇遊吟詠。兄瀣爲方伯，换授豐基。知經筵趙士秀請留滉，上以手札諭曰："惟爾卓越清簡，間世文章，不貪功名，閒卧村巷，嘉其恬退之志，尚冀返洛之日。而誠乏求賢，不仕於朝，予心缺然，未忘於懷。予雖無周文之德，爾豈好富春之隱？斯速上來，以副懇求之意。"乙巳，李芑忌其名，奏削官爵，人多稱枉，芑還奏復爵。明宗嘉其恬退，屢加其階，以判府事入京都。民加額曰："退溪至矣。"上亦不名，呼以判府事。乞致仕，不許。滉見權奸執柄，尤無立朝之意。卜居於禮安之退溪，季年築室於陶山。上以《招賢不至歎》爲題，命近臣賦之，又命畫工摹其所居以進。滉集先賢所作之圖，補以己意，爲《聖學十圖》以進曰："吾之補國，只此而已。"十八歲有詩曰："露草夭夭繞水涯，野塘清活淨無沙。雲飛鳥過無相管，只怕時時燕蹴波。"可見學業之已成。白仁傑問趙光祖、李滉優劣於李珥，珥曰："姿質則靜庵勝似退溪，學問則退溪勝似靜庵。"朴淳曰："闡明正學，開導後生，使孔孟程朱之道焕然復明於吾東方，惟先生一人。"趙穆曰："癯然若不勝衣，而進退之志堅於金石，李文純是也。"李珥於五賢從祀之意，以爲"寒暄、一蠹不知其學之如何，晦齋多有疵議，若有靜、退二先生從享，則夫誰曰不可？"又曰："退溪自官尊之後，不復立朝。蓋亦自度其才不足經綸一世耶？"滉與徐敬德爲道義交，所著有《朱書節要》《啓蒙傳》《義理學通録》。善書，名入筆苑，又入儒林詩疊。宣祖庚午卒，年七十。嘗戒子寯勿用碑石，只以小石題其前曰"退陶晚隱真城李某之墓"。自誌銘曰："生而大癡，壯而多疾。中何嗜學，晚何叨爵。學求愈邈，爵辭愈縈。進行之跲，退藏之貞。

深慚國恩，亶畏聖言。如山嶷嶷，有水源源。婆娑初服，晚略衆訕。我懷伊阻，我佩誰玩。我思古人，實獲我心。寧知來世，不獲今兮。憂中有樂，樂中有憂。乘化歸盡，復何求兮。"贈領相，謚文純，配享宣祖廟庭，光海庚戌從祀文廟。

② 南冥：曹植（1501—1572），字楗仲，號南冥，又方丈山人。昌原人。常佩金鈴而唤惺，號曰惺惺子。與金大有、李希顔、裴紳、洪仁祐、成運從遊。豪勇不羈，以功名文章自期。好讀《左》、柳，爲文奇峭。二十五始爲古人爲己之學，刻意奮勵，勇往直前。永謝京居，居於金海舊庄。己卯士禍後不赴舉，入智異山，筑室以居，扁曰天山齋。少時舉業，見成守琛隱居北岳下，欣然好之，廢舉歸鄉云。以李彦迪薦授齋郎，不就。明宗朝連除主簿、丹城、司紙，皆辭以疾。承召引見，翌日謝歸。上疏曰："天意已失，人心已離。慈聖塞淵，不過深宫之一寡婦；殿下幼冲，只是先王之一孤嗣。天災之百千，人心之億萬，何以收之？"上怒其不遜，欲罪之。首相沈連源諫而得免。宣祖朝再徵，又辭，只陳時弊十事。除尚瑞判官、典籤，并不起。所著有《學記類編》。辛未後山木稼帝京，星官語本國行人曰："汝國高人，近將不利。"南師古曰："處士星無光。"兩言果驗。壬申卒，年七十二。其妾欲入訣，竟不許。臨終語弟子曰："以我爲處士則可矣。若目之以儒者，非其實也。"李珥曰："遯世獨立，志行峻潔，真一代之逸民。而第於學問之功無實得，所上疏章亦非經濟之策。門人推重，至謂道學君子，則誠過矣。雖然，近代處士終始完節，壁立千仞如南冥者無幾。"奇大升曰："曹植氣節磊落，可謂壁立千仞。"成運曰："斯人吾不敢與之爲友。"贈大司諫，以道德加贈領相，謚文貞。

③ 宋翼弼：1534—1599，字雲長，號龜峰，又玄繩，又睡隱。礪山人。七八歲有"山家茅屋月參差"之句。首與友善而推許者李山海、崔慶昌、白光勳、崔岦、李純仁、尹卓元、何應臨，時人號爲"八文章"。李珥、成渾投分相交，切磨甚篤。金長生、金集、鄭曄、徐渻、鄭弘溟、姜燦、許兩處士、金槃、宋爾昌皆出其門下，得以成就。金瑬亦有親炙之力。祀連，安瑭孽甥而妾婢所生。祀連家有釁累，不思覆蓋，身微寒，過自尊大，

人多嫉之。攻成渾、李珥者并攻翼弼。嗾安氏子孫起獄，以此亡命。山海附時輩，翼弼作詩譏之，大忤山海。趙憲疏辨李珥、成渾之誣，譏斥時輩，山海銜之。遂有飛語入内，上下於刑曹曰："私奴宋翼弼兄弟，蓄怨朝廷，期必生事。趙憲陳疏，無非此人指嗾，捉囚窮推。"翼弼遂自就理，與弟翰弼俱竄北邊，翼弼配熙川。癸巳宥還，洪慶臣每諫其兄可臣曰："何爲與宋某友乎？吾見宋某必辱之。"可臣笑曰："爾果辱宋某乎？必不能也。"其後慶臣見翼弼，至不覺降階迎拜曰："非我拜也，膝自屈也。"翼弼才學有餘而德器不足，與成渾、李珥言，亦多有壓倒底意。李珥曰："今之所以窮理者少，可與語此者惟宋雲長兄弟。"李之菡曰："玄黄方寸間，齊魯亶非迥。"申欽曰："天資甚高，文章亦妙。"李植曰："天姿透悟，部析精微。"徐起曰："欲知諸葛孔明，惟見宋龜峰可也。"仍曰："吾以爲孔明似龜峰翼弼。"詩調妙絶，如"柳深煙欲滴，池净鷺忘飛"者，可見天機自得之趣。宣祖己亥卒，年六十六。肅宗壬申贈持平，當宁庚戌贈奎章閣提學，謚文敬。

光海宫人之流落者[1]，至老皆誦"桃花李花杏花簇，南里北里西里春。不寒不熱好時節，半醉半醒無事人"之詩。人間何以每誦此詩？曰："光海王深喜此詩，常於上林賞春之日，必令姬吟詠以聽，故能久而不忘耳。"仍泣下。《東國詩話彙成》卷十五

① 光海：朝鮮王朝第十五代君李琿（1575—1641），1608—1623年在位，稱光海君。

蘇陽谷世讓[1]少時以剛腸自許，每曰："爲色所感者，非男子也。"聞松都娼真才名絶世，與諸友約曰："吾與此姬同宿三十日即當離絶，不復一毫繫念。過此限若更留一日，則汝輩以吾爲非人也。"行到松都見真，果名姝也。仍與交歡，限一月留住。明將離去，與真登南樓飲宴，真少無悵别之色。只請曰："與公相别，何可無一語！願呈拙句可乎？"蘇公許之。即書進一律曰："月下庭梧盡，

霜中野菊黄。樓高天一尺，人醉酒千觴。流水和琴冷，梅花入笛香。明朝相别後，情意碧波長。”蘇吟詠歎曰：“吾其非人哉。”爲之更留。《東國詩話彙成》卷二十一

① 陽谷：蘇世讓（1486–1562），字彦謙，號陽谷，又退休堂。晋州人，辛永禧門人。燕山朝甲子進士，乙丑文科。丙寅被繫於匿名書獄，不得赴殿試。中宗反正，録原從功。己巳又登别試，選湖堂，典文衡。爲李荇所稱許，屢言於上曰：“當爲主文之人，不可置在下位。”自通政至資憲，皆荇所請。乞養授洪州，未數朔，荇又言“文章之士不宜外”，出即命召。官止左贊成，判中樞。致仕入耆社，養清閑二十餘年，富貴無出其右。文章有名當世，筆法得松雪體，名入筆苑。嘗請復昭陵，辭氣慷慨，終至得準。明宗壬戌卒，年七十七，謚文靖。

吴道一[①]登顯廟癸丑科，而癖於吟詠。嘗語人曰：“今若設騷壇，則金斯百、金仲和爲都元帥，林德涵、崔汝和、宋質夫、李聖望之輩皆合中别、千總之任。而先鋒則非我伊誰？凡文各體，吾雖讓頭於數子，至如詩律之敏速，似有差長。當與敵國排陣爭衡，則先鋒突出兵前，振吾之威，奪彼之氣，不待元帥之謀猷而可以決勝取服。騷壇白戰亦猶是。小詩四韻，先倡即和，則不須長篇大作之相與掎角，而俾彼閣筆。”其所自許如此矣。嘗餞江界倅詩曰：“茲州出守豈疏君，快意繁華吏部云。自是一方防禦使，居然西塞大將軍。轅門雪色雙行戟，妓席榴花六幅裙。只恐近來吾輩厄，明珠薏苡也難分。”官至兵判，典文衡，而因一微事遽變初心，其是非不待百年而終矣。《左海裒談》[②]

① 吴道一：1645—1703，字貫之，號西坡。海州人。六歲，其兄呼韻三字，試令賦之，應口對曰：“規矩任圓方，日月分陰陽。國治在民安，君明繫臣良。”受業於妻父。顯宗癸丑登庭試，肅宗朝選湖堂，歷銓郎、副學、松留、東伯、圻伯，以嘉善典文衡，官止兵判。性豪逸不拘，能文章，與趙持謙、韓泰東爲少黨中峻論，而痛斥金益勳貪恣不法、竊位將任之罪。

燕使要見本國文士，以道一及林泳諸人命往焉。以玉堂請議，定恭靖大王廟號，以排擯宋時烈，補蔚珍。戊寅，右相崔錫鼎因臺啓罷相，李世白中批拜相，道一以不能優待大臣陳疏，斥補襄陽。壬午，以年前科場事，臺啓追發，付處林川，移長城。癸未卒於謫所，年五十九。丙戌復官，以子遂采從功，贈左贊成。

②《左海裒談》：二十二則，撰者佚名，《韓國詩話叢編》影印《暘葩談苑》本。

朴權，兵判朴遾之從孫也。公少時，夢乘從祖之軺軒，入於大司馬衙門，故心常自負爲兵判，無病而逝。此豈非前定之兆，呈於霄寐耶？公之壻金崇謙[1]之才夙成，吟詠甚富，其於移徙有“又從江湖去，山雲爾獨棲”之句，誦達於婦翁。婦翁奇之，而謂“有蕭索氣象”，甚切悶憂。未幾夭没，其言果驗。《左海裒談》

① 金崇謙：1682—1700，號觀復齋。安東人。有才有行且有志，而不幸短命。賦詩奇峻蒼古，不肯以章句小儒自命。卓爾不群，正直仁信。學書不帖帖行墨，精識好解。庚戌卒，年十九。

魚有鳳[1]受業於金農巖之門，魁於己卯進士。科獄之後，遂廢舉子業，蔭仕至二品職。農巖、三淵兄弟團聚於石室書院，相和聯句。夢窩[2]先唱曰：“春洲日暖杏花開，三隻漁船蕩槳回。”農巖繼吟曰：“泛泛波中雙又合，搖搖灘上去仍來。”三淵當次未足吟，有鳳曰：“侍生忘僭諸，賡以拙句。”寫云：“淵魚巧脱横江網，沙鳥翻過上岸杯。”圃陰寫曰：“數閲塤篪聲政□，吟詠小技莫相催。”三淵與稼齋俱苦澀，終未免閣筆而止。有鳳歸，語同門生曰：“三淵文章亦或有拖白之時也。”《左海裒談》

① 魚有鳳：1672—1744，字舜瑞，號杞園。咸從人，金昌協門人。肅宗己卯生狀，拜内侍教官，不就。後歷三邑，戊戌被儒選，授掌令，歷執義，間拜楊牧，皆不就。圻儒金弘錫疏後，上疏痛辨宋時烈、金昌協之誣。

歷贊善，官止右尹。英祖甲子卒，年七十三。

② 夢窩：金昌集（1648—1722），字汝成，號夢窩。安東人。少不甚知名，宋浚吉見而賞之曰："是郎有精神，當遠到也。"顯宗癸丑進士，肅宗甲子以工曹佐郎登庭試，丙戌入相至領，入耆社。景宗辛丑以先朝元老爲建儲首功，上疏乞骸。許施因左相李健命啓，批旨還收。是年臺啓峻發有曰"脅制君父，擅美威福"，巨濟圍籬安置。壬寅被拿後，有《備忘記》曰："先朝舊臣一時賜死，心有所不忍。近日傳旨還收，減死圍籬。"因臺啓旋寢，至星州受後命，就庭下四拜聽旨，又四拜揖金吾郎，問上體安否，從容就盡，年七十五。閔鎮遠貽書曰："死生之除，可無奉告，惟以先大爺臨命不亂，仰勉有四言詩：'死生常理，惟義之適。刀鋸衽席，奚避奚擇？惟公一生，只知有國。歸拜明陵，庶幾無怍。'"答曰："千里被逮，僇辱備至，反不如一死之爲榮。今到星山，始聞有後命，其亦幸矣，何待臺教而自勉於就死之地乎？臺適來在此處，可收吾骨，豈非幸耶？次四言回呈：'攀髯莫及，嗟我奚適。斷斷危忠，夷險不擇。報效曾蔑，一死殉國。先王鑒臨，實無愧怍。'"臨命賦詩六首，其一曰："燈火青熒問幾更，自然臨命意難平。隣鷄喔喔夜何短，城角嗚嗚天已明。吉語乍傳那復喜（因特教還寢賜死之命，又因泰耉等請對匆施），凶音繼至不須驚。泉臺此去從群弟，全勝人間獨苟生。"又曰："愛君如愛父，天日照丹衷（趙光祖臨命詩）。先生此句語，悲切古今同。"又次其父臨命韻曰："巖廊白髮惟忠赤，漫荷先朝特達知。"蓋傷先朝所題畫像贊之意也。命秦再奚圖像，仍題贊曰："特旨圖成，厥像惟肖。滿面和氣，怳如言笑。賢哉相國，惟德之卲。髮白心丹，望重廊廟。"上顧謂侍臣曰："皓鬚大臣常愛我，凡於闕內動作，不離左右矣。今番予作陵行，而未見此大臣之護從，老病不能起動之致耶？予心悵然。"侍臣面面相顧，莫知奏對。一鏡進奏他事，上不復問。皓鬚大臣，即昌集也。其賜死之命果主上處分，則豈有如是問也？英祖乙巳復官，不待狀，賜謚忠獻。丁未追削爵謚，庚申復官，辛酉復謚，正祖戊戌配享英祖廟庭。

權蒼雪[①]以修撰上京，至彈琴臺下馬，徘徊吟哦之際，有一人自西來，揖而前曰："公過古戰場欲作詩乎？"公曰："方構思而未就。"其人曰："吾稍解詩句。"公試以呼韻，其人應口對曰："獺水流不盡，千秋古戰場。將軍一時誤，士兵幾人亡。漠漠生春草，蒼蒼下夕陽。漁翁不愁思，送客棹歌長。"蒼雪吟詠再三，問其姓名，其人不言而去。《筆苑散語》編上第一[②]

① 蒼雪：權斗經（生卒年不詳），字天章，號蒼雪。安東人，忠定公橃五代孫，蔭補縣監。肅宗庚寅文科，修撰，與從兄斗寅俱有重名。

②《筆苑散語》：三卷，成涉（1718—1788）撰，《韓國詩話叢編》本。成涉，號僑窩。昌寧人，洛厓成起寅之子。今傳本書和《僑窩文稿外編》三卷。

余兒時，家大人與慶州孫持平名德升丈同游伽倻山海印寺，有吟詠一軸，今在家。先君嘗言："持平詩超出今時人，其中七絶一首，可與蓀谷《武陵橋詩》爭雄矣。"稱讚不已。有時諷誦，余聞之，故今記之，詩曰："白首奇游寶界中，青山斜日倚微風。武陵流水千秋白，三月深林躑躅红。"蓀谷[①]詩曰："中天笙鶴玉臺遥，千載孤雲事寂寥。明月洞門流水在，不知何處武陵橋。"以合視之，二詩真敵手，而皆有唐響矣。其他好詩多在軸中，而今不盡謄。《筆苑散語》編上第二

① 蓀谷：李達（1539—1612），字益之，號蓀谷，又東里。洪州人。文章甚高，與崔慶昌、白光勳共稱"三唐"。落拓不得志，以學官終。嘗爲儐使從事，慶昌爲靈光郡，達往遊焉。所眄妓欲買紫錦而無價，達乃題詩於裳曰："胡商賣錦江南市，朝日照之生紫煙。美人欲所爲裙帶，手探囊中無一錢。"慶昌曰："益之詩一字千金。"乃逐字直布三匹，以需其價。如"病客孤舟明月在，老僧深院落花多"之句，不易多得。

李姓人自京江已坐其船往忠衙，以其親查在官，几具甚盛。淵

翁[①]則韋布澹泊，狀貌野樸，與尋常鄉老無異。李不知爲誰某，甚忽之。每遇勝處，輒寓吟詠。篇軸成，弗意思得。淵翁從旁視之。至清心樓前，顧謂淵翁曰："如此勝地，不可無詠。尊亦能詩乎？"答曰："鄙人何能知詩。且敢與士夫聯賦？"李曰："人雖鄙微，詩何有鄙微乎？無爲羞澀，出興速成，以破無味。"淵翁曰："所教如此，竊欲肉談書進，幸願勿笑指教。"李復笑促書曰："吾當潤色之。"淵翁即書云："擊汰梨湖山四低，黄驪遠勢草萋萋。婆娑城影清樓北，神勒鐘聲白塔西。積水波沈神馬迹，二陵春入子規啼。翠翁牧老空文藻，如此風光未共携。"李大驚，細問其姓名，翁曰："山野之人，問亦何知？"仍不告而下。李到衙細傳其事，嚴問其狀貌，乃淵翁。其人大慚。《二旬録》卷下[②]

① 淵翁：金昌翕號三淵。

②《二旬録》：二卷，具樹勳（朝鮮英祖時人）撰，延世大學圖書館《稗林》本。具樹勳，綾城人，歷任水原府使、都總府都總管等，事蹟不詳。

元豐四年，劍南譙門一柱，忽爲迅雷所擊。黄冕中占成四句云："風雷昨夜破枯株，借問天工有意無。莫是神龍蹤跡困，放開頭角入天衢。"次年對策，爲魁天下。尋常吟詠亦可以觀氣象也。杜草堂詩曰："雷霆驅號令，星斗焕[①]文章。"雷者，天之號令也，草木得之以甲坼，蟄蟲得之以啓發。動萬物者，莫疾於雷也。爲人君，當體天健，發號施令，如雷斯厲，鼓動天下，然後破奸膽、析邪謀，而治道成矣。以舜禹之至寬仁，猶且殛四凶而誅防風以服天下，况世降俗薄奸僞日滋，人君不以嚴斷，有臨難乎爲治矣。朱子於壬子三月夜聞雷，感天地之雄威，欲時君之嚴斷，有詩曰："誰將神斧破頑陰，地裂山開鬼失林。我願君王法天造，早施雄斷答天心。"余於此詩亦有感焉。《龜磵詩話》卷一[②]

① 焕：底本訛作"唤"，據《文苑英華》卷三百十一改。

②《龜磵詩話》：二十七卷，南義采（朝鲜英祖时人）撰。義采，字文始，號龜磵主人。爵里事迹不詳。

梅之爲花，清絶孤特，冠卓群芳。而漢魏間詩人，絶無賞詠之者。至梁，何遜在揚州法曹時，見州廨有一樹梅，吟詠其下。詩曰："兔園標物序，驚時最是梅。銜霜當路發，映雪凝寒開。枝横却月觀，花繞凌風臺。朝洒長門泣，夕驅臨邛盃。應知早飄落，故逐上春來。"後在洛思梅，請再任。到府，花方盛開，彷徨終日。自是，梅爲詩人所賞詠。如杜草堂者，詠之曰："東閣官梅動詩興，還如何遜在揚州。"然則梅之未遭，未有甚於漢魏，而獨於何遜有知遇之感也。故楊誠齋序洮湖梅詩曰："楚人騷人，飲芳食菲，佩馨服葩。遠取杜若、江蘺而近捨梅，抑亦梅之未遇歟？南北諸子，何遜、陰鏗、蘇子卿，詩人風流，至此極矣。梅於是始一日以花聞天下云。"花之遇不遇，亦有時也歟！《龜磵詩話》卷六

永叔詩曰："五行居四時，維火盛南訛。炎焦凌木氣，橄欖得之多。"貢父詩曰："南珍富奇異，真物惟橄欖。青膚鏤瓊瑩，翠顆森菡萏。"按《嶺表録》："橄欖如栗，兩頭尖，青色，二月花，八九月熟，閩中重其味云。咀之香口，勝含雞舌香。子繁樹峻，不可梯緣。但刻其根寸許納鹽，一夕子皆自落。生食味酢，密藏乃甜美云。"蓋果之珍異也。貢父比之於幽人君子，其詩曰："苦爲幽人正，久見君子淡。甘懷彼包羞，日新此剛敢。"永叔比之於良藥忠言，其詩曰："良藥不甘口，厥功見沈痾。忠言初厭之，事至悔若何？"又王元之有詩曰："江東多果實，橄欖稱珍奇。北人將就食，食之先顰眉。良久有回味，始覺甘如飴。我今何所喻，喻彼君子辭。直道逆君耳，斥退投天涯。世亂思其言，噬臍焉能追？寄語採詩者，無棄橄欖詞。"詞意亦與歐劉二公同矣。餘柑與橄欖大同。劉彦冲詩："炎方橄欖佳，餘柑豈苗裔。風姿雖小殊，氣韻乃酷似。奇才用不專，雖

用何殊葉。端如效苦言，逆耳多嫌忌。葉果事何傷，違言德之累。悦口易逢知，感兹發長喟。”按，餘柑梭形，初入口酸澀，飲水乃甘，故彦冲有是喻，亦橄欖詞取譬之意也。古人於爲詩，雖吟詠一尋常花果，莫不有感寓規諷之意，此其所以爲難也。《龜磵詩話》卷六

虎之名號不一。楚人謂之於菟，以子文之所以得名也。游子明《畫虎》詩曰：“包家畫出真於菟，我尚不敢編其鬚。”又范石湖詩“飲溪有跡於菟過”。《風俗通》：“虎，本南陽李氏翁所化，故人呼爲李耳則喜，呼斑便怒。虎食物值耳即止，以觸其諱故也。”又南詔呼爲波羅，雲南呼爲羅羅。又天寶中，巴人伐太白廟前太松，有老人以神樹止之，不聽。老人乃登山呼“斑子”。俄而群虎出，噬巴人。又《傳奇》云：大中間，甯茵秀才於南山莊夜吟，有叩門者曰“南山斑寅將軍拜謁”，相與吟詠。明驗之，虎也。又《宣室志》：張鋋遇白額侯於巴西侯席上，明驗之，亦虎也。又裴觀察休訪善覺禪師，問：“有侍者否？”曰：“有兩個。”乃喚大空、小空，二虎自庵後出。師曰：“有客且去。”二虎咆哮而去。又太平興國間，德聰道人結廬於姑蘇東峰，有二虎爲之衛，名大青、小青，行則隨侍前。又《金樓子》曰：“寅日山中稱虞吏者，虎也。”虎之稱號多矣。《龜磵詩話》卷九

李白詩曰：“安得倚天劍，跨海斬長鯨”，又曰：“巨鼇莫戴三山去，我欲蓬萊頂上行。”讀太白此等句，令人氣湧如山，蓋太白平生志氣殆非庸碌人所可倫比。皮日休《李翰林》詩曰：“吾愛李太白，身是酒星魄。口吐天上文，跡作人間客。磥砢千丈林，澄澈萬尋碧。醉中草樂府，十幅筆一息。召見承明廬，天子親賜食。醉曾吐御牀，傲幾觸天澤。權臣妒逸才，心如斗筲窄。失恩出内署，海岳甘自適。刺謁戴接䍦，赴宴著穀屐。諸侯百步迎，明君九天憶。竟遭腐脅疾，醉魄歸八極。大鵬不可籠，大椿不可摘。蓬壺不可見，姑射不可識。

五岳爲辭鋒，四溟作胸臆。惜哉千萬年，此俊不可得。”此一篇是太白行狀。太白志氣如是也，故其發於吟詠者亦非庸碌人口氣。《龜磵詩話》卷十二

前輩顯達者多於童丱時以詩言志，氣象著見，如崔鉉之“萬里雲霄終一到，不知誰是解條人”詳見《鷹》，楊大年之“危樓高百尺，手可摘星辰”詳見《幼悟》，寇平仲之“只有天在上，更無山與齊”者是也。蓋古人志業發於吟詠，如薛奎《春》詩“千林如有喜，一氣自無私”，韓魏公《雪》詩“危石蓋深鹽虎伏，老枝擎重玉龍寒”，王文正梅詩“雪中不論和羹事，且向百花頭上開”者多矣。“詩可以觀”者信然。《龜磵詩話》卷十二

曹景宗少任俠豪放，每讀《穰苴樂毅傳》曰：“丈夫當如是。”後破魏將楊大眼於淮上。旋凱日，帝賜宴光華殿，帝與沈約賦詩，韻出“競”“病”字，景宗請賦，即號曰：“去時兒女悲，歸來簫鼓競。借問行路人，何如霍去病。”其豪俠氣味亦發見於吟詠間也。及貴，常謂人曰：“昔在鄉里，騎快馬如龍，與少年輩拓弓弦作霹靂聲，箭如餓鴟叫，逐獐鹿射之，飲其血，食其胃，覺耳後生風，鼻頭生火，此樂不知老之將至。今來揚州作貴人，行路不開車幔，如三日新婦。邑邑使人氣盡。”《龜磵詩話》卷十二

方處士干累舉不第，隱淪會稽，卜筑鏡湖，任情漁釣，適意吟詠。余嘗默會其景物風致，與鄭谷《贈蔡處士》詩所謂“旨趣陶山相，詩篇沈隱侯。小齋江色裏，籬柱繫漁舟”者政相合也。干與僧貫休、可朋爲友，討論書籍，放漫湖山，亦鄭谷詩所謂“世間書讀盡，僧外客來稀”者也。貫休贈干詩曰：“盛名與高隱，合近謝敷村。弟子已得桂，先生猶灌園。垂綸侵海介，拾句歷雲根。白日升天路，如君別有門。”謝敷亦吳中高隱，故云爾。而弟子謂李頻也。可朋贈

干詩曰："盛名傳出自皇州，一舉參差便縮頭。月裏豈無攀桂分，湖中剛愛釣魚休。童偷詩稿呈鄰叟，客乞書題謁郡侯。獨泛短舟何限景，波濤西接洞庭秋。"干詩多警句，如《閒居》詩："落葉憑風掃，秋粳任水舂。花朝連郭霧，雪夜隔湖鍾。"極有佳致。孫洽稱之云："其秀也仙藥於常華，其鳴也靈鼉於衆響。"以唇缺，有司不與科名，晚年遇醫補之，號"補唇先生"。《龜礀詩話》卷十二

古人云"淵明不以詩寫胸中之妙"，想此老胸襟自有無限妙藏，得子房博浪之椎，廣張子牙渭磯之釣，以若隈磊輪囷者，發之吟詠間，則必有怒猊抉石、饑鷹擊林底意思。而觀其詩，則大與其人異，如"往燕無遺影，來雁有餘聲"，"弱湍馳文魴，閒谷矯鳴鷗"，"鼓枻新秋月，臨流別友生"，"山氣日夕佳，飛鳥相與還"，"好雨從東來，微風與之俱"，皆平澹夷曠，發於天機，有"草堂春睡足，窗外日遲遲"之意，而獨《詠別軻》一篇露出本相，其曰"其人雖已没，千載有餘情"者，存諸中而發諸外也。《龜礀詩話》卷十四

祖元珍瑩與陳郡袁翻齊名，時人稱曰："京師楚楚袁與祖，洛陽翩翩祖與袁。"祖爲彭城王勰參軍，時尚書令王肅於省中詠《悲平城》詩云："悲平城，驅馬入雲中。陰山常晦雪，荒松多朔風。"彭城甚嗟其美，欲使肅更詠，乃失語云："王公吟詠，情性聲律殊佳，可更爲誦《悲彭城》。"肅戲彭城曰："何意《悲平城》，爲《悲彭城》也？"彭城有慚色。祖在座，即云："有所謂《悲彭城》，王公自未見耳。"肅曰："可爲誦之。"祖應聲云："悲彭城，楚歌四面起。屍積石梁亭，血流睢水裏。"肅嗟賞之。彭城大悦，肅退謂曰："卿定是神口，今日若不得卿，爲吳子所屈。"祖嘗曰："文章須自出機杼，成一家風骨。安可共人作生活也。"世以爲知言。《龜礀詩話》卷十四

夔峽道中有少陵詩一首，以"天"字爲韻，榜之梁間。有一監

司過之和其韻，大書其側。有人嘲之云："想君吟詠揮毫日，四顧無人膽似天。"過者無不笑之。廖凝好滑稽，裴説嘗經少陵墓，有詩以示凝，其末句曰："擬鑿孤墳破，重教大雅生。"凝覽而笑曰："吾謂足下詩人，乃是劫墓賊耳。"《龜磵詩話》卷十四

賈島初爲僧，還俗赴舉。一日於驢上作《李凝[①]幽居》詩曰："閒居少鄰並，草徑入荒園。鳥宿池邊樹，僧敲月下門。過橋分野色，移石動雲根。暫去還來此，幽期不負言。"第四句"敲"字，初欲著"推"字，鍊之未定，引手作敲、推勢。時退之權京尹，騎方出，島吟哦不覺，尚爲手勢未已，左右擁至尹前，島具對其狀，且云："神遊象外，不知回避。"退之立馬良久，曰："'敲'字佳"，遂並轡而歸，爲布衣交，又《摭言》云："元和中，元、白尚輕淺，島獨變格入僻，行坐寢食，不廢吟詠。嘗跨驢張蓋，横截天街，時秋風政厲，黄葉可掃，島忽吟曰'落葉滿長安'，杳不知身之所從也。因之唐突京兆尹劉栖楚，被繫一夕而釋。"島詩如"舊國别多日，故人無少年。空巢霜葉落，疏牖水螢穿"，"養雛成大鶴，種子作高松。白石通宵炙，寒泉盡日春"，"汀鷺冲潮起，船窗遇月虚。吳山侵越衆，隋柳入唐疏"等句，皆佳絶可喜。而《病蟬》一詩，爲當路所忌。李洞《賦得送賈島謫長江》詩曰："敲驢吟雪月，謫出國西門。……饑食山松子，誰知賈傅孫。"云云。方干寄詩曰："豈料多才子，空垂不第名。莫問吟詩苦，年年芳草生。"遂不見用而卒。程錡哭之曰："倚恃才難繼，昂藏貌不恭。騎驢衝大尹，奪卷忤宣宗。馳譽超先輩，居官下我儂。司倉舊曹署，一見一心忡。"龜磵子曰：昔賈誼以不世高才，又遭遇文皇，庶可以展其所蘊。而爲絳灌所短，賦鵩長沙，竟飲恨而卒。其孫島又如是，世皆悲之。然而誼才則大而量小，古人所謂"誰道君王薄賈生"者，誠悲矣。况島恃才不恭，坐如禪樓奪卷，驕傲莫甚，其不豪於世，宜矣。《龜磵詩話》卷十四

① 凝：底本訛作"嶷"，據《長江集》卷四改。

鄭谷以《鷓鴣》詩名，世稱“鄭鷓鴣”，嘗有《雪》詩云：“亂飄僧舍茶煙濕，密灑歌樓酒力微。江上晚來堪畫處，漁人披得一蓑歸。”時段贊善善畫，因採其詩爲圖，曲盡瀟灑之意，持以贈谷，谷爲詩謝之云：“贊善賢相後，家藏名畫多。留心於繪素，得意在煙波。興到同吟詠，功成更琢磨。愛余風雪句，幽絶寫漁蓑。”。《龜磵詩話》卷十四

王元之以神童名，太宗召拔擢右拾遺，賜緋及文犀帶寵之。真宗嘗遊禁中，見元之倚宫木，若吟詠者，使宫使探之，果預作《賞花釣魚詩》。明日百官赴宴，題出，乃《千葉石榴花》，百官皆失所擬，元之首進一絶云：“王母庭中親見栽，張騫偷得下天來。誰家巧婦殘針線，一撮生紅熨不開。”上稱賞，曰“神才”。元之本學白香山詩，在商州賦一絶云：“兩株桃杏映籬斜，妝點商州副使家。何事春風容不得，和鶯吹折數枝花。”其子嘉祐云：“老杜嘗有‘恰似春風相欺得，夜來吹折數枝花。’語頗相似，請更之。”元之忻然曰：“吾詩精湛，遂暗合子美耶？”乃更爲詩曰：“本與樂天爲後進，敢期杜甫是前身。”卒不易。《龜磵詩話》卷十四

張子野先創花月亭於秀州，吟詠其上，客謂子野：“人皆稱公爲‘張三中’，即‘心中事、眼中淚、意中人’也耶？”子野曰：“何不目之爲‘張三影’？”客不曉。子野曰：“‘雲破月來花弄影’，‘浮萍破處見山影’，‘隔牆送過秋千影’。此余平生所得意者也。”時應子和詩有云，“兩岸夕陽紅蠟炬”，“短橈風過落花紅”①。人謂子野爲“三影尚書”，子和爲“二紅秀才”②。子野初謁歐公，公迎謂曰：“好，‘雲破月來花弄影’，恨相見之晚也。”時子野以樂章擅名，宋子京祈奇其才，先爲往見，遣將命者曰：“尚書欲見‘雲破月來花弄影’郎中。”子野屏後呼曰：“‘紅杏枝頭春意鬧’尚書耶？”遂出

置酒盡歡。子京《玉樓春》詞有曰："東城漸覺風光好，縠皺波紋迎客棹。緑楊煙外曉寒輕，紅杏枝頭春意鬧。浮生長恨歡娱少[③]，肯愛千金輕一笑。爲君持酒勸斜陽，且向花間留晚照。"爲時膾炙，故子野以是稱之。前有"長笛一聲人倚樓"趙嘏，"春城無處不飛花"韓翃，後有"雲破月來花弄影"張子野，"紅杏枝外春意鬧"宋子京。皆文苑嘉話，詞林美對。《龜磵詩話》卷十四

① 橈：底本訛作"燒紅"，據《讀書紀數略》卷二十五改删。

② 二：底本訛作"三"，據《讀書紀數略》卷二十五改。

③ 娱：底本訛作"樂"，據《草堂詩餘》卷一改。

楊凝式有才自負，遇寺觀幽勝之地，吟詠忘歸，筆跡殆遍。馮維一題壁上曰："少卿真跡滿僧居，只恐鍾王也不如。爲報遠公須愛惜，此書書後更無書。"安鴻漸曰："端溪石硯宣城管，王屋松煙紫兔毛。更得孤卿老書札，人間無此五般高。"楊歷事梁、唐、晋、漢、周，以疾致仕居洛，書畫獨步一時，求字者紙軸堆疊。楊浩歎曰："無奈許多債主[①]，真尺二冤家也。"《龜磵詩話》卷十四

① 許：底本訛作"詩"，據《清異録·文用》改。

蔡彭胤字仲耆，號恩窩。自京還鄉，訪松谷[①]於良才郁墅。松谷以詩問答曰："君今何日還？"蔡曰："十五月當彎。"松谷："此言誰訂者？"答曰："前有青溪山。"其後蔡有故逾期而還，松谷曰："既失期，當以詩贖過，而後可許入座。仍以前約演成四韻。"蔡隨呼隨應，其一聯曰："白月何心生魄早，青山無恙莅盟還。"松谷歎其精敏。肅廟賜宴湖堂，諸臣於東湖酣宴，令禁隸搜席間詩以來，蔡詩曰："洋洋仙樂下天扉，童騃微臣荷聖私。平生不識君王面，一夢尋常繞玉墀。"蓋蔡此時通籍屬耳，未及近侍，故上亟下備忘曰："蔡彭胤愛君之誠溢於辭表。"特爲引見。及引對，使之舉顏諦視，一世榮之。後因落拓，晚年爲襄陽宰。景宗即阼之初，李相光佐入奏筵

中曰："蔡彭胤最蒙肅廟眷遇，至今沈滯下邑，誠甚可惜。"因誦其湖堂詩，上稱賞不已，以特旨除代言。六七年間，轉至貳卿、提學。前後恩眷，蓋緣一詩之力。監藍浦時，以例兼把總，戎服行列邑。有一邑宰請見其所吟詠，即以詩答之曰："今日試看腰下劍，使君胡索篋中詩。"喪偶痛甚，有鄰倅出示所蓄之姬，仍請贈詩，其句曰："造物向人偏厚薄，使君兼有我全無。"以承旨遞襄陽倅，入城之數日，即景廟因山也。都監亟差挽章，製述官俾於當日内製進，公援筆立就二十韻律詩曰："至馨中道屹，巨創五年仍。率土哀無禄，摹天力未能。青邱檀再降，玄德舜齊升。海潤重歌叶，天工代理凝。翼謨箴勿勿，心法聖承承。澣服躬先漢，居廬禮過滕。陰功運真宰，仁聞入黎烝。倡學三雍盛，憂農一扎登。斡旋雷乃發，揮霍日方澄。高拱規模遠，潛孚化澤蒸。連枝愛深篤，剪葉事仍徵。豫建承慈殿，相傳體孝陵。三宫洽愉惋，萬壽祝升恒。羸老須更願，雍熙不日騰。方秋驚雪下，是夜哭雲升。群望珪何及，重宸玉已憑。斂餘無副襚，書特有緼藤。付托鴻基奠，投遺聖烈增。白頭殘縷在，青邸侍書曾。永貞涓埃報，拚號痛不勝。"呈於都監。李光佐先到見之，趙相泰億繼至，李掩其職銜姓名曰："公每以詩鑒自許，此何人作也？"趙讀至"青丘檀再降"之句曰："此必蔡某也。檀君降生於戊辰，而大行誕降亦在戊辰。使事襯切而無痕露，非蔡，今世無能爲此者。"全篇讀之，歎賞不已。首爾大學本《海東詩話》②

① 松谷：趙復陽（1609—1671），字仲初，號松谷。豐壤人。光海己酉生，金尚憲門人。仁祖癸酉進士。乙亥，以太學生上疏請李珥、成渾從祀。丙子，與尹宣舉上疏，請斬羅德憲、李廓，以明大義。丁丑，以布衣入江都，見金慶徵、張紳，請以戰艦横截之。慶徵輩不能用其計。戊寅登庭試，歷翰林、銓郎、舍人、副學、輔養官。顯宗朝典文衡，肅宗入學時爲博士，官止吏判。爲翰林時有錦州之役，上疏極言不可助讎以攻父母，且言元孫不可入質。不報。筵白請金麟厚、姜沆、金德齡贈職褒奬，疏請召宋時烈、宋浚吉、李惟泰。辛亥卒，年六十三，謚文簡。

②《海東詩話》：首爾大學圖書館藏八十九張本。按韓國詩話以《海東詩話》爲名者計五種，本書系首爾大學圖書館藏八十九張本；該館另有二十三張本，係詩選；吳宗根教授藏本；國立圖書館本，據趙鍾業氏考證，係抄柳夢寅《於于野談》、南龍翼《壺谷詩話》、許筠《惺叟詩話》等三種詩話，似無理由看作爲《海東詩話》；高麗大學藏金某氏撰本。另國立圖書館藏《海東諸家詩話》，與本書（首爾大學圖書館藏八十九張本）前半部系抄自同一祖本。

藥泉[①]南相公庶從弟從萬妻自少能詩，至老猶吟詠，南相厚待之。南相末年有別室將產，公入內看檢藥湯事時適過，庶嫂來，公曰："嫂近亦能詩否？"對曰："有命安敢不勉。"公曰："嫂能呼韻即賦，當以綿布幾匹償之。"即呼"盡""散"二字，蓋偶呼，元非一韻也。即對曰："藥泉老相國，雖云筋力盡。行年七十三，親煮佛手散。"蓋諷公老而產育也。公亟稱之，如約厚遺云。首爾大學本《海東詩話》

① 藥泉：南九萬（1629—1711），字雲路，號藥泉，又美齋。宜寧人。仁祖己巳生，宋浚吉門人。孝宗辛卯進士，丙申登別試，歷三司銓郎、舍人。肅宗乙卯，以大司成論救宋時烈，典文衡。甲子入相至領，入耆社。起寒素，以材識清要薦選，先於時望。剛直好義，自小官以敢言名，及居相位，犯顏論事。能文章，有經濟才。戊辰，以領相救朴世采，遠竄靈巖。己巳竄江陵，甲戌復拜領相。致仕，御賜詩有"體國誠深惟奉法，憂時力瘁自忘身"之句。辛巳，有怨者請竄配牙山。少有清名而晚怵禍福，緩討希載而貸死，出於經法之外，雖慕九萬者莫不疑焉。及有丁酉七月事建儲，而人始以爲不可及。名入筆苑。辛卯卒，年八十三，謚文忠，配享肅宗廟庭。清議以得罪於仁顯后，有請黜廟享之議。

李秉淵[①]以蔭府使陞堂，字一源，號槎川。嘗有《江行二首》詩曰："我有竹西暮訪詩，只堪吟詠豆川湄。白鷗蹴破玻瓈色，江上桃花出數枝。”其二曰：“月落雞鳴舟欲行，驪州東指曉雲生。主人送客沙頭立，楊柳依依一宿情。”又“岸上遠牛雲漠漠，路邊雙佛雨瀟瀟”，“白髮無官是，黄花不飲非”之句，爲世膾炙。《錦城大君賜謚宴》詩：“人人可作首陽山，忠愍嘻嘻骨肉間。逆順向來天地怒，哀榮今日鬼神潸。祥麟一角搜巢在，銀河餘波滌洗頒。不是竹橋藏血處，清泠灘上未應還。”《題關王廟》詩曰：“寥落城南廟，斜陽獨閉門。千秋赤兔馬，不復汗中原。”又：“野雀窺金胄，山蛛落繡衣。猶聞風雨響，中夜廟中歸。”嘗因赴燕使臣之行，録其詩一卷，付之譯官，使示海内具眼者，得其批評而還。譯官之燕，尋問當今第一人，咸推山東魏廷喜。魏方在燕都，以其卷示之，魏加批評，有褒有貶，稱賞之語多帶微意。其中李之“鳥飛元氣中”一句，魏亟稱之。魏之所作別録一篇，托以歸示李，亦爲評抹而歸之。李一一嗟服。其最所稱魏之警句“月白烏鵲樹，天空蟋蟀階”。贈金奉事萬綵詩：“蒼然鬢髮木纓長，誰識前朝太廟郎？夢裏南風吹大漠，月籠山下荷鋤忙。”《詩家諸話隨録》②

① 李秉淵：1671—1751，字一源，號槎川。韓山人。顯宗辛亥生，肅宗己卯司馬，官止右尹。能於詩，詩萬餘首。金昌翕後一人。嘗愛金崇謙如子侄，及其葬也，喪車不動，莫不怪之。有一人曰：“李槎川無一詩故也。”乃告於秉淵，秉淵即以一絶送之曰：“北邙山下少年魂，風雨泉臺莫説冤。金侍中家佳子弟，明朝送葬出東門。”詩至而柩始發。李臺重以直言被謫，秉淵來別於城外，臺重騎馬索詩，呼“寒”“官”二字，秉淵立呼曰：“匹馬二千里，甲山天下寒。道路相傳誦，聖朝有諫官。”英祖辛未卒，年八十一。

②《詩家諸話隨録》：不分卷。本書前近三成（自始至“岑嘉州每作一詩”條）與《樗湖隨録》大致相同，僅少數條不同。後七成雜抄各家詩話而成，似與《别本東人詩話》、首爾大學本《海東詩話》爲同一祖本下之系列，惟其中部分詩話明列“本朝閨秀”“本朝僧類”“本朝宗英”三目，體式與他本不同。

肅宗乙酉，湖儒蘇德器上疏請尊號，答曰："昨年，禮判金鎮龜以此事有所陳而竟不許，即書予懷小紙矣。今以出示，使群下知予志所定，非一時撝謙也。"仍封下御製詩，詩曰"否德承丕基，於今廿九稔。歲連痒稼穡，民屢奪糊飪①。國事惟其棘，天災日又甚。休題稱慶説，但有夙宵凜"也。甲申三月，特命設壇，禁中遥祭毅皇，又教曰："我國之有今日，莫非神皇恩德，而尚無爲神皇建廟事。先正臣宋時烈曾有此意，欲以斥和三臣從享此事。何如？"諸議以建廟爲難，便遂設壇。歲又教曰："今歲是皇朝淪没之回甲，一陪愴懷，欲於城北别筑一壇，以爲毅皇安靈之所。大臣、儒臣其各收議。"遂以三月十九日先祭毅皇於後苑潔地。是冬，又命有司建廟禁苑，後屏廢。諸議以爲建廟終不便，遂定以設壇。乙酉三月，壇成，名之曰"大報"。上親臨将事，教曰："今曉祇謁皇壇，載舉殷禮，幾年經營，竟遂至願。事勢所拘，雖未准意，此固可幸也。将事之際，恍若玉輅東巡，獲近耿光，予懷惻愴，自發吟詠。嗟爾銀臺玉署秉筆之臣，其各和進。"晦窩和御製詩曰②："大報壇成肇祠親，時維蠶月屬和春。衣冠濟濟班行造，鍾管鏘鏘禮數陳。昔被隆恩銘在肺，今瞻神座淚沾巾。追惟豈但微誠寓，切願寧陵雅志遵。"《詩話抄成》③

① 民屢：底本错作"屢民"，據《屏山集》卷九《肅宗大王行狀》改。

② 晦窩和：底本脱。按此詩載《晦窩詩稿》之《大報壇，敬次御製韻》，據補。晦窩：李寅燁（1656—1710），字季章，號晦窩。慶州人。孝宗丙申生，肅宗甲子進士，丙寅登庭試。歷翰林銓郎、副學，判六曹，典文衡時被劾不出，官止判義禁。庚寅卒，年五十五。

③《詩話抄成》：一卷，金裕壽（生卒年不詳）撰，《韓國詩話叢編》影印寫本。裕壽字綏伯，號晚窩。善山人，事跡不詳，有《晚窩文集》。

崔錫鼎丁丑以領相出疆，人多别章，皆例談也。其中僧處默①

詩曰："紛紛寰宇幾時安？萬壽皇亭石獸刓。海外重回周甲子，域中難覩漢衣冠。遼河萬里風聲怒，華表千年月色寒。慷慨如君當此路，涕洟潸灑首陽巒。"座客莫不愛玩。處默，崔姓，兩班之爲僧者。到處吟詠，無非警句，此作尤善。《暘葩談苑》卷五[2]

① 僧處默：俗姓崔，朝鮮肅宗時人，天磨山大興寺僧。

②《暘葩談苑》：八卷，任廉（1779—1848）撰，韓國國立中央圖書館寫本。任廉字直汝，號蟾泉，豐川人，任埅玄孫。

扶安妓桂生[1]工詩善謳彈，號梅窗。以選上京貴遊子弟，莫不邀至，爭先與之酬唱。一日，柳斯文塗往訪之，金、崔兩人以狂俠自負者，已先在座。桂生設酌以待。半醺，三人皆注目欲挑之，桂生笑之，舉令曰："諸君各誦風流場詩，以助一歡。"三人曰："諾。"金先誦金命元七言絶句曰："窗外三更細雨時，兩人心事兩人知。新情未洽天將曙，更把羅扇問後期。"崔繼唱沈喜壽[2]七絶曰："抱向紗窗弄未休，半含嬌態半含羞。低聲暗問相思否，手整金釵乍點頭。"桂生曰："前詩太拙，後詩差妙。而手段俱低未足聽。只律詩，詩之精者，而七言近體響韻意趣俱難。吾當取其難者。"金遂唱鄭子堂[3]七律一首曰："年纔十五窈窕娘，名滿長安第一坊。蕩子恩情深似海，花長威令嚴如霜。蘭窗日晏朝妝急，松峴風高夕履忙。相別每多相見少，陽臺雲雨惱襄王。"崔曰："此詩雖佳，又有佳於此者。"仍誦傳高霽峰"立馬沙頭別故遲"之句。桂生曰："此詩真詩。魯衛以下詩雖有清光風韻，亦不足動人。"因顧謂柳[4]曰："此間子獨無吟乎？"柳曰："我本無文，但嫪毐貫輪之才耳。"桂生漸哂。崔佛然曰："子雖有長才，今日之事，當行詩矣。"金頗有自矜之色，顧謂左右曰："一律可以壓倒諸詩。"即朗吟鄭之昇[5]律詩曰："秋宵已曙莫言長，促向燈前解繡裳。獨眼微開睛吐氣，兩胸纔合汗生香。腳如螻蟈翻波急，腰似蜻蜓點水忙。強健向來心自負，愛恨深淺問娘娘。"桂生吟詠稱意。柳曰："諸君所誦，皆是已陳芻狗，何足刮目？我當占新語一律，立幟於今日席上。”遂令桂生呼韻，應韻而對曰：“探春豪士氣昂然，翡翠念中有好緣。撐去玉臂雙腳屹，貫來丹穴兩絃圓。初看嬌眼渾如霧，更覺長天小似錢。這裏若論滋味别，一宵高價值金千。”桂生詠歎曰：“不料尊公今日臨此隨知也。聞公‘狂心猶未已，白馬又黄昏’之詩，仰慕者久矣。今幸遇之。”乃酌進一盃曰：“若使眼似霧、天如錢，則其價豈獨千金而止哉？向者諸公許多小吟，不值一盃冷水。”金、崔憮然皆退去云矣。《青邱詩話拾遺稿》

① 桂生：1513—1550，原名香今，號梅窗、癸生、桂娘（癸娘）。姓李氏。朝鮮明宗時期扶安歌伎。擅歌詞、漢詩、歌舞、玄琴等。作有《梅窗集》。

② 沈喜壽：1548—1622，字伯懼，號一松。青松人。蘇齋盧守慎謫海島，喜壽冒鯨濤躬進受學。庚午進士，壬申文科，選入湖堂。己丑汝立獄多濫滯，喜壽到時宰家抗言，忼慨拂衣起，出門遇張雲翼。喜壽笑曰：“白鷗波浩蕩，萬里誰能馴？”當路不悦，出補三陟府使。壬辰扈駕龍灣，爲都承旨。駕還爲大司憲，乞解官，上不許曰：“非不欲使卿少歇，爲予左右不可無卿。”冬爲大提學，拜左贊成。甲辰拜右議政，時有儒生疏請德興大院君追崇之議，喜壽極言不可，事遂寢。光海戊申復爲左議政，陳十條，蓋當世急務。見群奸用事，遂引病乞免，光海諭起之。舉人任叔英對策，極言宫闈事觸忌諱，喜壽以命官擢置第。光海命削科，喜壽言：“叔英狂妄而臣擢之，臣之狂妄甚於叔英，請免。”不許，命復科。癸丑誣獄，李德馨欲以死争，李恒福言：“禍將及母后，吾輩當死。爲大君死傷勇。”請出永昌大君於外。喜壽争之不得，見鄭相昌衍曰：“老臣恨不早死！”一言一涕，衣裾盡濕。甲寅，桐溪鄭蘊上疏訟永昌冤，光海怒，將殺之。喜壽救甚力，事得解。大妃錮西宫，喜壽退居屯山，自號水雷累人。壬戌卒，年七十五。蓮峰李基卨年相若，尊仰如嚴師友。喜壽廉謹，律己清約，破屋數間，一如寒士。及拜相，上命廏内廄馬爲之治第。文章古雅典重，内掌辭命，外接儐价，非此莫可，一世仰之爲館閣領袖。謚文貞。英祖對近臣

語及公不名，必曰“沈一松”。

③ 鄭子堂：字升高，號青松。東萊人，文科期子，矩從孫。成宗癸卯生員，戊申登別試，歷南牀，官止承文校理。豪蕩多氣節，善滑稽，有詩名。當燕山時，佯狂傲世，作一絶以爲行狀曰：“佯狂傲世欲全身，竊餅偷梨駭俗人。貌學俳優心學聖，詼諧放曠本非真。”

④ 柳：指柳塗，字由正，號歸盤。文化人，龜壽子，成男孫。宣祖辛卯文科，官至府使。

⑤ 鄭之昇：即鄭之升（朝鮮宣祖時人），字子慎，一字天遊，號叢桂堂。鄭磏從子。其詩豪逸清壯。《箕雅》收其詩四首。

李參奉晚用號東樊[1]，以詩鳴於當世。暮春與二詩士賞花於玉壺，各賦餞春詩。東樊詩聯曰：“夜來風雨花如此，老去人生酒幾何。”是時楓皋相公適在玉壺亭上，見衆士之鄰園吟詠清玩，衆士嬉笑曰：“吾輩詩當秤定於文衡公可也。”即送之楓皋。讀至東樊之詩“夜來風雨花如此，老去人生酒幾何”之句，歎曰“誠然誠然，不覺淚下”云也。又“病情妻與青燈坐，衰境孫俱白髮生。”仿佛頹唐。其父親泊翁嘗與人船遊，詩聯曰：“酒暈半宵青嶂出，簫聲中斷白鷗飛。”自是佳處。又東樊詩曰“花辰歷數風兼雨，世事平看哭且歌”，又“酒醒白月如斜日，花落青春似異鄉”，又“日月無情徒白面，英雄有骨亦蒼苔”，又“王折北望山三角，客帆東來水二頭”，又“柳色暗如煙薄暮，杏花明似雪平朝”，又“過江柳絮晴猶雪，入峽桃花夏始春”，又“歌亦厭聽空折柳，詩難望報謾投苽”，“黃金盡去文章在，白髮將來故舊稀”，“月夜清狂如使酒，花時損壽不勝衣”，“遠嶂齊肩如對畫，孤雲度眼便成詩”，“自信乾坤持酒盞，忽驚風雨到花枝”，“春水綠楊非一種，夕陽紅杏不多花”，“花深午睡當千日，草細春詩似六朝”，“風雨此園非一日，別離何事每佳期”，“隔水楊花來者去，過風蝴蝶夢耶真”，“微風自幻遽遽蝶，細雨相關滑滑禽”，“碧草鄉園情易老，落花風雨夢猶寒”，“搬柴不害成真佛，戴笠何關見達官”，“青山不作人情變，白髮終敵士氣寒”，“自歎岑參花昨日，誰知張緒柳當年”,“梧桐又送今秋響，菡萏不改舊時顔”，“吟了復來春後鳥，醉餘多失雨中山”，“醉歌何似乘船快，詩瘦殊非服藥差”，“水聲可愈煙霞疾，山氣全洗鄙吝心”，“病死何嘗爲酒祟，窮生但患得詩貧”，“流水與人從此去，碧山於世巋然存”，“一年蝴蝶花繞夢，半夜梧桐雨打門”，“天教久雨非花事，國置長春是酒功”，“一番梧葉秋先到，百種蟲聲夜又還”，“欲把癡獃多買月，誤教聰慧早知秋”，“神交白日顔如照，醉死青山骨亦香”。《梅花》詩曰:“笑教羅浮舊逐臣，醉中橫索澹妝均。孟生乘雪應尋灞，杜宇逢春忽憶秦。花不自由關造化，樹能如此出風塵。朱門幾處供清玩，煮茗吟詩絶少人。”又“青山一别回頭想，明月相逢抵掌談”。《贈宋齋郎》詩曰:“馬卿詞賦奈愁何，蕭瑟文園愧病多。去夜寒燈聞蟋蟀，長時高枕卧藤蘿。爲官不負青山色，有客重翻白雪歌。斗酒西風成一笑，如今壯志半消磨。”又“向子終難遊五嶽，左思初擬賦三都”，“春似遠人還故里，月如流水泛空欄”，“老奈何來人自在，春從此去路應長”。金剛山黄泉江詩曰:“地獄門江上有地獄門通一線天，下臨流水是黄泉。北望淚盡應無日，東海塵生尚有年。落木空山如見鬼，朱顔緑髮自疑仙。行人到此風波惡，願乞西方大願船。”《自遣》詩曰:“有酒千場皆樂國，出門一步即風波。”《青邱詩話拾遺稿》

① 李參奉:李晚用（1792—？），字汝成，號東樊。全州人，進士明五子，體素齋春英七世孫。哲宗朝進士、文科，官至兵曹參知。詩文甚工，爲世所推，與名流多有唱酬。

文人自古以詩觸忤，誤了平生者甚多，慎勿犯之，自陷不測。亦不可阿諛取容，爲人嗤笑。《居易録》:“章惇之父俞，郇公族子，早歲無行。妻之母楊氏早寡，俞與通，已而生子，以一合置水，緘置其内，持以還俞。俞得之云:‘此兒五行甚佳，將大吾門。’既長登第，即惇也。東坡送其出守湖州，詩云:‘方丈仙人出森茫，高情猶愛水雲鄉。’惇以爲譏己，怨之。紹聖中爲相，坡渡海，蓋修報也。所謂‘燕國夫人獨處而無祔’者，即楊氏也。《揮麈餘話》載之甚晰。又惇舉進士，在京師，館郇公第，私族父之妾。包希仁尹開封，罰贖銅。見温公所記。”宋劉克莊字潛夫，號後村，莆陽人，學於真西山。仙都令常詠落梅，有“東君謬掌花權柄，却忌孤高不主張”，讒者箋其詩以示柄臣，由此閑廢十載。《訪梅絶句》云：“夢得因桃却左遷，長源爲柳忤當權。幸然不識桃與柳，也被梅花累十年。”至於尋常吟詠，捃摭爲案，如《眉公秘笈》：“蔡持正自左揆責知安州，常作《安陸十州詩》。吳處厚捃摭箋注，蔡坐此貶新州。其詩有云：‘睡起莞然成獨笑，數聲漁笛在滄浪。’吳注云：‘未知蔡確此時獨笑何事？’”又曰：“先公帥廣，崇寧元年正月遊蒲澗，同越俗也，見遊人簪鳳尾花，作口號。中一聯云：‘孤臣正泣龍鬚草，遊子空簪鳳尾花。’蓋被遇先朝，自傷流落。後監司玄論，乃指此句以爲罪。其誣注云：‘契勘正月十二日，哲宗皇帝已大祥，豈是孤臣正泣之時？’鞫獄竟無他意，讒口可畏如此。既不得笑，又不得哭也類如此。”又曰：坡翁以吟詩竟至狼狽，以詩托獄卒寄子由，其詩：“聖主寬容德似春，小臣孤直自危身。百年未了先償債，十口無依更累人。是處青山可藏骨，他年夜雨獨傷神。與君世世爲兄弟，更結人間未了因。”其後子瞻謫黄州，獄卒曰：“還學士此詩。”子由以面伏案，不忍讀也。子瞻好與子由夜話，對榻卧聽雨聲，故詩載其事。子瞻既出，又自戲自和云：“却對酒杯渾似夢，試拈詩筆已如神。”子瞻以詩自被劾，既作此詩，私自罵曰：“猶不改也。”清江敖英《緑雪亭雜言》：提學彭雲田嘗語予云：“君子挺筆撰文字，凡是非毀譽之間，宜不草草。恐不其然，終當噬臍。”予退而思之，如陶穀悔作《禪詔》，孔文仲悔作《伊川彈文》，朱文公悔作《紫巖墓碑》，陸放翁悔作《南園記》，姚雪坡悔作《秋壑記》，李西崖悔作《玄明宫記》。則作詩文者，十分詳慎，不可有悔也。謝肇淛《五雜俎》：“韓侂胄用事時，其誕日，高似孫獻詩九章，每章用一錫字，謂宜加九錫也。辛棄疾以詞贊其用兵，則仝司馬昭假黄鉞異姓真王故事。二人皆名士也，乃作此舉動。當江陵柄國時，其誕日，有以‘天與人歸’四字題冊子送之者，有以‘禪受廢立’命題者，其留奪情之旨，有朕不日舉疇庸之典者，當時已作首相，又將登庸，非禪位乎？”又文人造辭，每多爽失，令人驚怪，爲代咋舌者，如《池北偶談》:“杜甫《進封西岳賦表》有云‘維岳授陛下元弼，克生司空’。所謂元弼、司空，謂國忠也，可謂無恥。他日作《麗人行》，又云‘慎莫近前丞相嗔’，乃自爲矛盾。”以工部之忠讜，而有此失耶？胡應麟《筆叢》:“李太白《遠別離》云‘或言堯幽囚，舜野死’等語，人多不甚領會，實本劉知幾《史通》引用《瑣語》事，皆《紀年》《周書》中所不道者。”此等處皆騷人一病，是豈入於章句間者乎？《詩家點燈》卷一

紙鳶，《事物紀原》:“漢高祖之征陳豨，韓信謀從中起，作紙鳶放之，以量未央宫遠近，欲以穿地隧入宫中。”又按《唐書・田悦傳》:“臨洺將張伾以紙爲風鳶，高百餘丈，爲書達馬燧營。”《續博物志》:“今之紙鳶引絲而上，令小兒張口望視，以洩内熱。”古人或有吟詠，而我王考[①]戲題《紙鳶》詩:“數條竹爲骨，一片紙作毛。非是飽則去，仍風上雲霄。”《詩家點燈》卷三

① 我王考：我祖父，此指李德懋（1741—1793），字懋官，號雅亭。完山人。幼穎異。己亥拜奎章閣檢書官。官至積城監縣，常帶檢書之銜，與朴齊家、柳得恭、徐理修，世稱四檢書。

凡閨房之吟詠，每多香奩體，乃出於性情，然使人辨之，則或未能焉。李芝峰睟光《類説》[①]:“鄭麟仁[②]母氏能文章，以《太公釣魚圖》爲題曰:‘鶴髮投竿客，翻然不世翁。若非西伯獵，方伴往來鴻。’其後華使入國，求得東國詩，取此書示，沈吟良久而言曰“似有女態”云。中原人觀詩異於我東故如是。然此詩非絶佳，而持而

漫示之，何也？《詩家點燈》卷四

① 李芝峰睟光《類説》：實出李濟臣《清江先生詩話》，此處誤記。

② 鄭麟仁：？—1504，光州人，禹績子。字德秀。燕山戊午，以主簿登明經科。面如玉，議論不苟。以典翰製進端午帖曰："宫人閑事捕蠅席，玉上那生一點瑕。"主怒曰："刺我信讒。"洪貴達曰："人臣進戒，自古如此，非讒議也。"主佯驚曰："然則真愛我者。"命陞堂上，時授濟牧。未幾索白足的顙馬不得，遂以逆名誅之。後贈參判。

歲純廟戊子之間，聞嶺南豐基郡義如谷黄姓人家，有自稱知異神來接來去，類若乩仙子。姥倩人把筆作詩，文人多往問其前程休咎，書判辭滿紙。而一一無驗。嘗贈其主人詩曰："天生萬物最靈人，答問難據世有神。白掃顔瓢渾濕雪，青登徐榻忽陽春。門開生死真非幻，符咒庚丁學是真。若使吾儕除足火，豈無他日笑談新。"又有它句雜詠而不能盡記，蓋魔之略知吟詠者也。無乃古之居昌李翼壽《自然堂》海中仙之徒[①]，而幽魂滯魄不屑依草附木，而憑人遊戲者歟？《詩家點燈》卷四

① 李翼壽：按金烋《海東文獻録》：李翼壽世居居昌府，道遇青衣童子，年可十二三，自稱海中仙。相語大悦，夜歸朝來。自此李之文章翰墨日益進，操筆立成。其所作幾至千餘篇，而子侄輩幼穉，散亡殆盡，僅拾若干首合爲一卷，目曰《自然堂集》。此仙子自號也。

張山來潮《岕茶彙抄序》："古人屑茶爲末，蒸而範之成餅，已失其本來之味矣。至於烹也，又復點之以鹽。"冒襄辟疆《岕茶彙抄》："環長興境，産茶者曰羅嶰，曰白巖，曰烏瞻，曰青東，曰顧渚，曰篠浦。……虎丘茶作嬰兒肉香。……吳人柯姓者，每桐初露白之際入岕，箬籠携來，味老香，深具芝蘭金石之性。"竹露茶，我東嶺南晋州牧河東府等處竹田中生焉，沾竹露而長養，故名。嶺人沈寅龜嘗採其葉，蒸乾爲茶以惠焉，煎飲無草氣，味澹香如中原茶，

下氣消滯，而其名甚雅，堪入吟詠者也。藥有孩兒茶，有嬰兒肉香故名歟？《詩家點燈》卷七

高、岑、王、孟之詩，無一字不膾炙人口，然皆一往而盡，一丘一壑，耳目易盈。若少陵，則千巖萬壑，雲霞生焉，虎豹伏焉。陳繼儒嘗題杜詩後云："兔脱如飛神鶻見，珠沈無底老龍知。少年莫便輕吟詠，五十方能讀杜詩。"亦道得一半。此張可度《與周減齋書》。《詩家點燈》卷九

梅竹堂成三問[①]奉使天朝，到夷齋廟題詩曰："當年叩馬敢言非，大義堂堂日月暉。草木亦霑周雨露，愧君猶食首陽薇。"其伏節死義之像溢於吟詠之間。及至世祖丙子謀復魯山，坐死，輿出門外有曰："食人之食衣人衣，素志平生莫有違。一死故知忠義在，顯陵松柏夢依依。"《海東詩話》（李建直）[②]

①梅竹堂：成三問（1418—1456）。按《紀年便考》卷七：成三問，勝子。太宗戊戌生，金自知孫壻。字謹甫，號梅竹軒。朴仲林門人。世宗乙卯生員，戊午明經科，壬戌選湖堂，丁卯以修撰魁重試，官止承旨。世傳其生時，空中有"生乎"者三，故名云。爲人詼諧放浪，坐卧無節，外若無持守，内實堅確，有不可奪之志。赴燕，中原人使題白鷺圖，三問即呼曰："雪作衣裳玉作趾，窺魚蘆渚幾多時。"未及作落句，翻示後而乃墨鷺圖也。應聲曰："偶然飛過山陰墅，誤落羲之洗硯池。"其敏給如此。在集賢殿被世宗殊遇，文宗與之爲布衣交。世祖受禪，以禮房承旨抱國璽痛哭。世祖方俯伏謙讓，舉頭諦視之。及莊陵廢，朴彭年欲墜慶會樓也，三問止之曰："徒死無補。"遂協謀圖復上王。丙子，事泄被禍，闔門皆死，時年三十九。臨載車顧舊僚曰："若等佐賢主致太平，三問見故主於地下。"仍有詩曰："擊鼓催人命，回頭日欲斜。黄泉無一店，今夜宿誰家？"其幼女隨車而哭踊，三問曰："男必盡死。汝女也，必生矣。"其奴泣而上之酒，三問俯而飲之，有詩曰："食人之食衣人衣，素志平生莫相違。一死固知

忠義在，顯陵松柏夢依依。”自乙亥以後，禄俸別置一室，書“某年某月禄”。肅宗辛未，復官致祭，贈謚忠文。英祖戊寅贈吏判。

②《海東詩話》（李建直）：不分卷，竹聖堂主人據舊本改定，李建直謄抄。延世大學圖書館藏1873年寫本。内容論韓國漢詩，與他本《海東詩話》多有不同。

立巖閔齊仁①年少英邁，作《白馬江賦》。心中自負，求正於先達，課以次中，怏然不快。方春花柳滿城，散步南郭，登崇禮門上朗吟其賦，聲振樓梁。時長安星山月丫鬟美色，赴舍人江上之遊，聞其吟聲，登城見一儒士，妙年風流，岸幘吟詠訴説。謂立巖曰：“何物書生，歌辭清朗？”“是吾自述，心常自好而見辱於先輩，故所以諷於此耳。”星山月曰：“書生可與言，願與我同歸。”立巖曰：“舍人號令甚嚴，奈何？”星山月曰：“責自歸我，措大何憂？”遂與偕歸。留之三日，曰：“向日所誦賦願寫一本寄我，我當誇之縉紳間。”於是得賦，陳諸舍人筵，滿座齊聲嗟賞，扇頭皆碎，問：“爾從何得此絶唱來？”星山月吐實曰：“是妾心上人作也。”自此《白馬江賦》大播東方。其後有一文士篇末續之以歌，中原學士見之嘆服曰：“惜乎此歌非賦者之手也！無此益佳。”《海東詩話》（李建直）

①立巖：閔齊仁（1493—1549）。按《紀年便考》卷十一：閔齊仁，冲源曾孫，典籍龜孫子。成宗癸丑生，字希仲，號立巖。中宗癸酉進士，庚辰登別試，選湖堂，歷翰林銓郎、節度使、觀察使、兩銓、兩館提學，參衛社功，封驪陽君，官止左贊成。明宗即位，乙巳以大司憲主中學會，不能力救，論者病之。白仁傑等斥以“傳令軍卒”，齊仁見其啓，亦歎其鯁直。正言金鸞祥家在一洞，齊仁歷入鸞祥家，一少婢出曰：“方梳頭，姑立門内。”齊仁大慚恚，還家嘆曰：“我爲人所挽，不忍一朝之死，終見辱於隣里少年，尚誰咎哉？”文定王后垂簾時，建言安名世史筆不可改，坐護逆謫公州。或云以伸救士類被謫，衣食不能自給。許磁除其弟齊英唐津縣監。己酉卒於謫所，年五十七。

鄭湖陰詩曰："望夷宮裏失天真，走入桃源避虐秦。背上落花憐不掃，至今猶帶武陵春。"湖陰自選私稿，三選其詩而三刪之。其賦桃花可謂巧矣，而扣其中，終無歸指。"望夷""虐秦"之語，豈合於應制乎？宜其終見刪也。湖陰又嘗作歌辭一闋，滄洲尹春平素知音律，見而笑之曰："此不合音律。"湖陰憮然，退取《韻會》《五聲集韻》等書，仿"洞庭西望楚江分"一絶，字字較其清濁高低，作一絶以示滄洲，滄洲數三吟詠曰："此稍叶律。"湖陰曰："然則可方古何樂章？"滄洲蹙然沈思曰："此李白《清平詞》調'洞庭西望楚江分'音韻相似。"湖陰大驚服，終不作樂章。《海東詩話》（李建直）

石洲權韠[①]少時夢至一處，有林泉之勝，茅屋數間，幽絶可愛。壁上有詩曰："受諧來物議，發矢先同的。"旁有人曰："此屋乃故相思庵所居，詩即相公手題也。"石洲不解詩意，彷徨吟詠，忽得一句曰："故宅煙霞裏，行人水石間。"篇未就，向人報曰："相公至矣。"石洲惶懼，走伏竹林中。俄而有老人布衫草履步來，以杖扣竹林曰："吾竹已枯矣。"因朗吟曰："萬里歸來仍此地，百年何事定非天。"吟訖不見。覺而因夢一句做五律一篇云。《海東詩話》（李建直）

①石洲：權韠（1569—1612）。按《紀年便考》卷十九：權韠，韐弟，爲季父生員擘后，宋濟民壻。宣祖己巳生，字汝章，號石洲。鄭澈門人。十九魁司馬，因一誤字見拔，更不應舉。壬辰與具容抗疏，極論柳成龍、李山海主和誤國，實今日之秦檜、國忠，請斬之。不報。辛丑天使之來，儐使李廷龜極選文士以從，韠以白衣應辟，李安訥、洪瑞鳳、朴東説、金玄成同參。除順參、童教，皆不仕。初，鄭澈一見驚服曰："吾今日見天上仙人。"柳希奮、李爾瞻恃寵豪縱，任叔英譏切甚，至群小憾怨。柳、李請交，拒不受，用是深憾。叔英對策極言光海闕失，因削科，韠賦詩刺之曰："宫柳青青鶯亂飛，满城冠蓋媚春暉。朝廷共賀昇平樂，誰遣危言出布衣？"壬子，搆成黄赫、趙守倫誣獄，主取見人家書籍，偶得韠詩於守倫

家冊面，親鞫酷刑。李恒福力救減死，竄慶源。出東門外即卒，年四十四。嘗往族人家醉倒，柳希奮適來。主人蹴起曰：“文昌來矣。”韠瞪目熟視曰：“汝是柳希奮耶？汝享富貴而國事至此，國亡則汝家亦亡，斧鈇獨不到汝項乎？”柳默然而去。人謂權之禍不專由於詩。赴謫出東門外，有壁書“權君更進一盃酒”，見之駭傷，翌日逝。撤主家扉爲尸牀，其扉上有題曰“權君終日酩酊醉，酒不到劉伶墳上土”，豈非前定乎？忿慨時事，面辱權貴，氣節足以抗疏天門，碎頭闕庭，而乃就禍於屋下，可不惜哉！仁祖癸亥贈持平，以孫推恩，加贈執義。

劉燾《樹萱録》：張確嘗游霅上白蘋溪，見碧衣女子携手吟詠云：“碧水色堪染，白蓮香正濃。分飛俱有恨，此別幾時逢。藕隱玲瓏玉，花藏縹緲容。何當假雙翼，聲影暫相從。”確逐之，化爲翡翠飛去。《緑帆詩話》卷二[1]

①《緑帆詩話》：六卷，朴永輔（1808—？）輯。永輔生平不詳。全書抄撮《説郛》《説郛續編》。

王筠好弄葫蘆，每吟詠，則注水於葫蘆，傾已復注。若擲之於地，則詩成矣。《緑帆詩話》卷四

江總爲文，次至吟詠。得意則起藁於窗上，不堪示則投置溷，久而文遂工矣。《緑帆詩話》卷四

南秋江（孝温）[1]題箕子廟：“武王不憎受，成湯豈怒周。二家革命間，聖人無怨尤。家亡道不亡，爲周陳九疇。乃知道公器，傳授無親讎。”秋江是端廟朝六臣之一，而其悲憤惻怛之氣常存於吟詠之間。《東詩叢話》卷二

①南秋江：南孝温（1454—1492）。按《紀年便考》卷七：南孝温，簡曾孫，佺子。端宗甲戌生，字伯恭，號秋江，又杏雨，又碧沙。遊金宗

直門，宗直不敢名，必曰“吾秋江”。篤志好古，有志節，與金宏弼、鄭汝昌爲道義交，金時習、安應世爲物外交。年十八，以幼學上疏於成宗，請復昭陵，不允，遂絶意斯世。成宗庚子中進士，更不赴舉。性慷慨，放跡物外。事母至孝，胸無一點塵累。金時習勸應舉曰：“我則受英廟厚知，爲此辛苦生涯宜矣。公則異於我，何不爲世道計也？”曰：“昭陵一事，天地大變。復陵後，赴舉不晚也。”作《六臣傳》，門人以大禍將作止之，孝温曰：“吾豈惜死，終没大賢之名？”又作野史，世以“生六臣”稱。每憤時事，或登毋岳痛哭而返。危言激論，觸世諱而莫忌。金宏弼、鄭汝昌戒止之，終不聽。常乘雌馬，性嗜酒。母責之，著《止酒賦》，十年不飲酒，病風復飲。嘗有詩曰：“天陰籬外夕煙生，寒食東風野水明。無限野船商客語，柳花時節故鄉情。”所著有《秋江冷話》。成宗壬子卒，年三十九。燕山甲子，以復昭陵疏遭泉壤禍，剖棺於楊花渡，置屍沙上。有一子世忠病狂，及是并殺之。妻趙氏守屍三日，夜取歸家，祭如禮。人皆歎服。中宗丙寅贈左承旨，正祖辛丑加贈吏判，謚文清。

鄭守夫光弼[①]，中廟己卯，力救靜庵諸賢，貳於南衮，仍即罷相。衮死，復入相。金安老執政，構捏請置重典。上命配金海。公少時夢中作詩曰：“積謗如山竟見原，此生無路答天恩。十登峻嶺雙垂淚，三渡長江獨斷魂。漠漠高山雲潑墨，茫茫大野雨翻盆。暮投臨海東城外，茅屋蕭蕭竹作門。”至是，雨中到配，其所見一如夢詩。奇服齋遵[②]，己卯禍作，杖配牙山，移穩城，尋賜死，時年三十。公嘗直禁中，夢羈旅關塞，吟成近體一首：“異域江山故國同，天涯垂淚倚高峰。頑雲漠漠河關閉，古木蕭蕭城郭空。野路細分秋草外，人家遙住夕陽中。征帆萬里無回棹，碧海茫茫信不通。”其後至穩城，路中所見，皆是夢詩景色。控馬吟詠，淒然嗚咽，從者皆下淚。南壺谷龍翼，當肅宗己巳，力言元子位號之定不宜太早。上大怒。及仁顯王后遜位，被謫明川以卒。先是公年二十四，病劇，夢中作詩曰：“絶塞行人少，羈愁上容顏。蕭蕭十里雨，夜渡鬼門

關。”此三詩略與韓文公“秦嶺藍關”詩同，可知人事皆有前定。《東詩話》卷一[③]

①鄭守夫：鄭光弼（1462—1538）。按《紀年便考》卷十一：鄭光弼，蘭宗子。世宗壬午生，字士勳，號守夫。成宗壬子進士，同年文科。初隸成均而不卑小官，奉職彌勤。李克均一見，以公輔期之。歷直學副學、兵判。燕山甲子，以副學抗疏諫禽荒，謫牙山，擁篲守官門，無厭苦色。丙寅，将置極典，随押官就道，聞改玉，愀然却食。中宗庚午，三浦倭亂，爲都巡察使。有器局，善應接，風骨秀偉，胸襟恢曠，外和内剛，早負公輔之望。成希顔選一時人才，以光弼爲首，嘗曰：“百用溉不能當一光弼。”薦以代己。癸酉入相至領，自處巖廊，務得衆心，先事而敨，炳幾而憂，安危邪正之機，屹然有奔波砥柱之力。有識鑒，薦用人必先視其容貌，故所舉多至大官。德望蔚然，爲國朝名相。身繫安危輕重殆三十年。己卯神武之變，力救諸賢，趙光祖諸人之不死於當夜，皆光弼之力也。乙未爲金安老所搆，流金海，六朔賜環。有詩曰：“積謗如山竟見原，此生無計答君恩。十登峻嶺雙垂淚，三渡長江獨斷魂。漠漠高山雲潑墨，茫茫大野雨翻盆。暮投臨海東城外，草屋蕭蕭竹作門。”入耆社，賜几杖。戊戌卒，年七十七，謚文翼，配享中宗廟庭。

②奇服齋：奇遵（1492—1521）。按《紀年便考》卷十一：奇遵，虔曾孫，應教穳子。成宗壬子生，尹金孫壻。字敬仲，一子敬，號服齋，又陽德。十七八慨然求道，與趙光祖、金淨爲道義交，師事終南守。中宗癸酉進士，甲戌登别試，歷南牀，選湖堂，官止應教侍講官。己卯士禍，杖配牙山。及移穩城，欲見其母，挺身南走，行未一日程，自覺其非，而旋事覺下獄。裂幅上疏，陳其哀情，减死决杖還配。辛巳安獄，追擬亡命律，賜自盡於謫所，年三十。名入儒林詩壘。仁宗朝復官後贈職，謚文愍。

③《東詩話》：二卷，河謙鎮（1870—1946）撰。謙鎮字叔亨，號晦峰、畏齋。晋陽人 。

栗谷[①]李文成公初謁退溪先生，有詩曰：“溪分洙泗派，峰秀武夷山。”退溪答趙士敬書曰：“漢中李生珥來訪，留三日乃去，其人爽明多記覽，頗有意於吾學。曾聞其太尚詞華，欲抑之不令作詩，去日試使吟詠，倚馬出數首詩，則不如其人，然亦可觀。”《東詩話》卷二

①栗谷：李珥（1536—1584）。按《紀年便考》卷十三：李珥，德水人，監察元秀子，荇再從孫，申命和外孫。中宗丙申生，字叔獻，號栗谷，又愚齋，又后潭。其母夢黑龍抱兒入懷中而生，故小字見龍。三歲見石榴曰：“所謂石榴皮裏碎紅珠者也。”七歲作《陳復昌傳》略曰：“君子德積於内，故其心坦蕩蕩；小人荏蓄於内，故其心長戚戚。余觀復昌之爲人，陰懷戚戚，陽欲蕩蕩，使斯人得志，異日之禍庸有極乎？”八歲作《花石亭》詩曰：“林亭秋已晚，騷客意無窮。遠水連天碧，霜楓白日紅。山吐孤輪月，江含萬里風。塞鴻何處去，聲斷暮雲中。”十歲作《鏡浦臺賦》。早失恃，父惑於嬖妾，不得於父。年十九，感佛家之説，入金剛山，號曰義菴，蓋取集義生浩然之意也。緇徒尊之以爲生佛，以竹兜子肩擔而行。居一年，旋悟其非，乃長髮從事斯學，師事朴洲。二十三謁李滉，與成渾爲道義交，與宋翼弼、翰弼、安敏學、成允諧、朴光玉、鄭礹、李夢奎、曹好益、禹伏龍從遊，滉曰：“明爽多記覽，後生可畏。”珥獻詩曰：“溪分洙泗派，峰秀武夷山。活計經千卷，生涯屋數間。襟懷開霽月，淡笑止狂瀾。小子求聞道，非偷半日閑。”滉曰：“詩不如其人。”仍致書曰：“聖遠言湮，異端亂真。往聞足下讀釋氏書而頗中其毒，心惜之久矣。日者之來見也，不諱其實，吾知足下之可與適道也。所慎者新嗜靡甘，熟處難忘，五穀之實未成，而稊稗之秋遽及也。”明宗甲子生、進，明經科初覆試、殿試俱居魁，市童曰“九度狀元”。初以生員謁聖，掌議閔福訾以沙門，不許。日至晚，榜中皆失色，珥神彩自若。選湖堂，歷銓郎、舍人、典翰、直學、副學、海伯，除完伯不就。承旨趙持世問落髮與不於金長生，長生言似是落髮，金玄成力辨其不然曰：“下山後對衆梳頭，髮長要地。”鄭以周曰：“珥初出山，與之同宿，髻大如拳。世傳剃髮妄矣。”珥辭校理疏，答曰：“自古豪傑之士，不免釋氏之所陷溺。不可以昔日耽禪之小失，遽辭論思之重任。”

宣祖甲戌，上萬言疏，寵答而不用。乙亥東西分黨，啓請沈、金兩人補外，鎮定浮議。爲宋應溉、朴謹元、許篈所誣，丙子退歸。辛巳陞嘉善，尋擢户判，典文衡。壬午陞崇政，歷吏兵判參贊，官止左贊成。癸未大諫，宋應溉疏論“珥以本一緇兒，得罪人倫”等，語甚張皇，以彈文示其甥申欽。欽時年十八，徐曰：“李珥負當世重望，緇兒等語，似已甚耳。”欽之見擯於東人始此。修撰金弘敏疏斥珥，上答曰：“予欲法朱熹之説，欲入珥、渾之黨也。自今以後，爾輩以予爲珥、渾之黨可也。若有詆斥珥、渾，者則必罪不赦。”珥天姿英明，學具體用，折衷諸説，集群賢而大成。蘊濟世之才，而未克展布。封事諸篇及東湖問答，可以熟讀。下海州，舟中作詩曰：“四遠雲俱黑，中天日正明。孤臣一掬淚，灑向漢陽城。”愛君憂國之誠，令人一字一涕。又曰：“風塵局促二毛生，一葦歸來萬事輕。江上青山不相厭，世間交道在無情。”所著，出山後有《自警文》，晚年有《小學集註》《聖學輯要》《擊蒙要訣》等書。甲申，家人夢黑龍自寢房穿屋，飛躍上天。翌朝卒，年四十九。嘗於筵中請預養十萬兵以備緩急，否則不出十年，將有土崩之禍。柳成龍以爲無事養兵，養禍也。壬辰，成龍曰：“到今見之，李文靖真聖人也。若用其言，國事豈至此極乎？”仁祖癸亥贈領相，甲子贈謚文成，肅宗壬戌從祀文廟，己巳黜享，甲戌復享。

唐李青蓮、杜草堂、韓昌黎三人，俱爲玉京學士，侍立於香案前。玉皇教曰：“爾輩俱有詩名，平日所作，必有最得意處，各書以奏。”青蓮書對曰：“荒城虚照碧山月，古木盡入蒼梧雲。”玉皇曰：“此句豪而建，真仙翁劍客之語也，可謂名不虚得。”草堂書進曰：“三年笛裏關山月，萬國兵前草木風。”玉皇曰：“此句婉而切，乃忠臣志士之言也，可謂名實相副。”昌黎沈吟而對曰：“玉川先生洛城裏，破屋數間而已矣。”玉皇笑曰：“爾之才長於文辭，至於吟詠，非其所長。”昌黎更書以進曰：“春風洞庭浪，出没驚孤舟。”玉皇曰：“此則善矣，庶可與李杜高名。”遂宣香醞。既出，青蓮謂昌黎曰：“君所謂‘破屋三間而已矣’者，只合於序記之文也，以詩爲名者，焉有如此句法乎？”昌黎默然良久曰：“是則然矣，君之《上韓荊州書》有曰‘生不願封萬户侯，但願一識韓荊州’。此乃古詩之體也，以書劄爲名，而安有若此文體乎？”青蓮無以應。草堂曰：“人各有所長，使我而學君固不能，使君而學我亦不能，各從其所好而已，何必強辨？”遂相與大笑而罷。此蓋俗談里巷之語，而家有初學童蒙，好聽奇諺，因書於茲，以爲納牖之一助。《古今詩話》

洪相國奭周①少時讀書山寺，有詩曰：“懸槖防穿鼠，回燈護撲蛾。”此見思患預防、見危極濟之意。古人以吟詠而召禍者甚多。隋煬帝時，薛道衡詩曰：“暗牖懸蛛罔，空樑落燕泥。”煬帝惡其勝己，構罪殺之，曰：“汝能復爲‘空樑落燕泥’乎？”此不過詩人寫景之語，而猶見猜召禍，則況托辭寓意有所譏諷者乎？我朝佔畢齋之《吊義帝文》、柳夢寅之《寡婦詞》、權石洲“宫柳青青鶯乱啼”之詩，織成貝錦，陷於禍網，莫非滄浪、坡公所謂“人間識字憂患始”者非耶？然而王摩詰以《凝碧池》詩而得免僞爵之誅，韓翃以《寒食》詩而得知製誥，古人以一詩一句而進身立名者亦多。蓋勿論其利害，而只付於命數之窮奇可矣。《古今詩話》

①洪相國：洪奭周（1774—1842）。按《國朝人物誌》卷三：洪奭周，字成伯，號淵泉。豐山人，孝安公樂性孫，承旨仁謨子。乙卯文科，歷檢閲，引咎辭職。因陳“勤典學，親正士“之要，上優批嘉納。再上疏乞免，又言：“壯勇營既罷，命以其錢穀屬内帑，非王者無私藏之義。請令廟堂從長分屬，要以便民足食爲主。”上曰：“當此臺閣寥寥之時，能舉言責之任，予甚嘉之。”特令大臣採用其言。拜副提學，疏陳八條戒曰：“講學以正心，遏欲以養德，遠諛佞以親賢士，慎命令以重王言，勤咨訪以講治道，儲人才以備任使，振紀綱以肅朝廷，節財用以重民命。”賜温批。屢疏辭，不許。乙亥拜忠清監司，時經大歉，民不聊生。奭周疏請，得加劃田災千餘結，又請軍布從便代捧以賑賙之。還穀之加分取耗者，襲謬作營廪久矣。奭周以爲非法，一粒不加取。巡部之行，路遇民訴，必卸轎而聽，撫諭惻

怛。到邑或值深夜，簿牒旁午，剖判如響，無一漏誤。民懷吏憚，不惡而嚴。辛卯以正使赴燕，還拜大提學。甲午拜吏曹判書，振拔淹滯，人謂百年內所創有。已而特拜左議政。

金炳淵者，不知何許人也。或戴篛笠，或著蔽陽子，或鮮明衣履，而或獘垢懸鶉，嗜酒放飲，靡日不醉，去就無常，閃忽莫測，但不欺其姓名而已。所到以文章見稱，呼韻使賦，應口輒對，亦多神語。至於科體行詩，精速兼備，或有人評論其疵病，則便張目叱之曰："長者之文，安敢妄論！"聞其名者不與之較，笑而受之。常止於止處或浹旬，或彌朝，忽又捨去，無定住焉。有東峽人爲余言曰："鄉村有一學究，率十餘學童課讀而坐，有過客攝蔽衣而入，請饋朝飯。始難之，托以空舍無主，教以之他。客牢坐不起，不得已以草疏同飯，因問客何居，曰：'居楊州。'曰：'日前有楊州過客過此，今日又見，是何楊客之多也。'復問客能文乎，曰：'粗解作句。'曰：'然則我當呼韻，未知能作否？'曰：'諾。'其學究乃蒙學先生，僅解通史初二卷者也。又乏韻考，以散韻呼之曰'威'字。即應曰：'山村訓長太多威。'又呼'桃'字。復應曰：'猛著塵冠銛唾桃。'又呼'儔'字。復應曰：'大讀天皇高弟子，尊稱風憲好朋儔。'又呼'鬚'字。復應曰：'每逢凡字憑眼昏，輒到巡盃藉白鬚。'又呼'州'字，復應曰：'一飯空堂生色語，今年過客盡楊州。'五韻縱出，四句即成，始知其能文。而村秀才之徒便不知其奇也。既而辭去，逢於路者，以爲金炳淵云。"有人嘗同行過酒店，囊乏一錢，即傾囊飲一盃而止，口號一絕曰："行李蕭條絕可呵，余錢數葉亦云多。囊中戒女深深在，野店斜陽見酒何。"其吟詠播於人口者甚多。噫！人之抱負如是而苟能持身雅正，行正有常，則不問來歷，吾將負笈而從之矣。奈何放縱不拘，擺脱名教，甘作漫浪之徒耶？是或斥黜之士遭其窮廢，負才傲時，自安於暴棄者歟？《古今詩話》

義城飛鳳山下有大塚，而不知誰人塚矣。一日，村人寢於塚旁，忽有人以王命召入殿上。有被服如王者以一詩三吟詠，曰："汝須記此，傳於世間。"其人甚怖。驚覺，乃一夢，而茫然不記。其後又睡於塚傍，王又召入，使之慣誦其詩，曰："毋復忘也。"其人字字銘念，傳於鄰居儒生。自此始知爲景德王[①]墓也。詩曰："飛鳳曲亡山猶在，聞韶人去杳難聞。淒涼往事憑誰問，千載唯存景德墳。"《東國詩話》

① 景德王：金憲英（？—765），新羅第三十五代君主，聖德王子，孝成王母弟。在位二十四年（742—765）。

②《東國詩話》：二卷，撰者佚名。書分乾、坤二卷，以人爲序評論新羅、高句麗、高麗、朝鮮四朝詩歌。

鄭澈字季涵，號松江。延日人。明宗朝登魁科，典文衡，官左相，寅城府院君。謚文清。統軍亭義州自古題詠無能道其氣像者。公少時有一絶云："我欲過江去，直登松鶻山。西招華表鶴，相與戲雲間。"雖非大作，亦自奇拔，其後來詠者未有及之者。《東國詩話》

芝峰云：成進士汝學號雙泉[①]，自少攻詩。其警句曰："寒樹鳥無夢，暗窗蟲有聲。""缺月棲深樹，寒禽穴破籬。""草露蟲聲濕""雨意偏侵夢"二詩在上。其清苦如此。柳僉知順善素齋[②]《假梅》詩一聯曰："何以假爲須看葉，如其真也豈無香？"又《斫桃接梅》詩曰："舊日繁華歸寂寞，異時疏影可徘徊。"語巧而無韻。李承旨忠綽拙庵[③]題僧軸曰："白首龍驤衛，官閑晝掩扉。僧從三角至，求我五言歸。"頗近自然。迎曙驛有人題壁曰："芳草路東西，送迎朝又暮。往來人不休，半是此中老。"蓋有所諷也。禹弘績[④]，余同年進士狀元，有詩才，其贐別之作曰："歸思嶺南雲，離愁江岸草。直待興盡時，許君方上道。"李五峰甚稱之。世傳"耕牛無宿草，倉鼠有餘糧。萬事分前定，浮生空自忙"，未知誰作。明羅念庵詩："籠雞有食湯災近，野鶴無糧天地寬。"語尤達矣。宗室肅川令內子能詩。少時詠雨曰："玉索連天直，銀鈴落地圓。"又於宣廟初年觀行幸，作詩曰："天中新日月，輦下舊臣民。"楊斯文士俊⑤，蓬萊之弟也，力於文詞，爲鄭士龍所許，而蓬萊每譏其艱苦。嘗有詩曰："漁磯水退禽留跡，蟹穴泥空荻露根。"然聞其平時讀韓文四千遍，而不能以文名世，其才可知矣。《東國詩話》

①成進士：成汝學（1557—？）。按《紀年便考》卷十七：成汝學，昌寧人，號雙泉，又鶴泉。自少工詩，爲造化兒所困，轗軻以老，年過六十未得一命。柳夢寅薦於銓長李廷龜曰："'露草蟲聲濕，風枝鳥夢危'之成某，豈空老乎？"廷龜即擬詩學教官。又如"雨意偏傷夢，秋光欲染詩""缺月棲深樹，寒禽穴小籬"之句，其清苦如此。官止別坐。

②柳僉知：柳順善（1516—？），字純仲，號素齋。晋州人，自恭子，柔孫。中宗丙子生，明宗丙午增廣試生員，丙辰文科，選湖堂，歷官監司、僉知。

③李承旨：李忠綽（1521—1577）。按《紀年便考》卷十四：李忠綽，臨瀛大君玄孫，唐恩副守徽子。中宗辛巳生，字君貞，號拙庵，又洛濱。明宗壬子進士，己未登庭試，歷監司，官止大司成。以孝行清簡稱。文章華贍，尤長於詩。宣祖戊寅卒，年五十八。

④禹弘績：1564—1612。按《紀年便考》卷十八：禹弘績，玄寶十世孫，内禁衛秀民子。字嘉仲，號長谷。宣祖壬午進狀，辛卯以參奉登明經科，官止承正。有詩名。壬辰亂被害，年三十九。

⑤楊斯文：楊士俊（生卒年不詳），字應舉，號楓皋。清州人，悌達子，敦寧府主簿希洙孫。中宗庚子式年試進士，官僉正。

任堕字大仲，號水村，豐川人。公之詩話云：余於丙午趨庭於公營，任公輔相元奉命過去與之酬唱①，公輔先賦七律，頷聯押"秋"字。時五月，余次云："鶯殘驛路梅迎雨，蠶老田家夢欲秋。"公輔吟詠不已，曰："'秋'字一聯當輸公一著。"丙辰春，洪叔範得禹[②]在務安謫所，余次東里李判書殷相[③]韻以寄曰："夢裏相逢不是真，春風一會更何因。遥憐南海竹間月，來照東城花下人。聞道殊方仍哭子，想應佳節倍思親。他年倘遂同歸約，村北村西杖屨頻。"及放還，謂余曰："夢到京城與君相會，君手題一律贈我。既覺，記誦首句及第三聯，了然在心；第二聯及末句不記矣。得君所寄，與夢中所見不錯一字，乃是異事云。"昔元白慈恩之夢世稱神交感通，而此夢比古尤異，可見交情相感之理不偶然矣。《東國詩話》

① 任公輔：任相元（1638—1697）。按《紀年便考》卷二十八：任相元，説五世孫，正言重子，鄭榏侄壻。仁祖戊寅生，字公輔，號恬軒。顯宗庚子生員，乙巳魁别試，肅宗己未以清風府使登重試，仍陞通政，歷兩館提學，入衡圈，官止左參贊。丁丑卒，年六十。贈左贊成，謚孝文。

② 洪叔範：洪得禹（1641—1700），字叔範。南陽人，益興君重普子。仁祖辛巳生，顯宗壬寅增廣試進士。宋時烈門人。

③ 李判書：李殷相（1617—1678）。按《國朝人物誌》卷三：李殷相，字説卿，號東里。一相從弟。孝宗辛卯文科，丙申重試，刑曹判書。小與尹鑴同里相善，及鑴得志稔惡，常遇諸道，立馬與語，歷數其罪而絶之。金錫胄發楨、柟之罪，鑴與許積掩護欺蔽，將欲反坐錫胄。殷相泣曰："國其亡矣。"謚文良。

林白湖於湖南路，時維仲春，有鄉生輩作煮花會，方呼韻賦詩。白湖著弊陽，衣藍縷，直趍而前曰："行人饑甚，適值盛會，願沾餘瀝。"諸措大辛苦吟詠曰："吾輩方作風月，汝何唐突，亂我佳思？"白湖曰："所謂風月者，何謂也？"答曰："風月者，乃觸物起興，寫出即景者也。汝能解字否？"白湖曰："文字則余何敢解，當對以俚語。措大須以文字記之。"隨言隨書，便成一絶。其詩曰："鼎冠撑石小溪邊，白粉清油煮杜鵑。雙箸挾來香滿口，一年春信腹中傳。"韻則座上韻也。諸生大驚問名，而迎之上座，僕僕謝罪。權石洲詩名滿世，兒童僕隸皆識名字。嘗避雨於鄉村，鄉生輩會飲賦詩。石洲進拜席末，座中問："爾是何人？"權曰："鄙生無與文武，只業販貨，將往萊州。適值盛會，倘沾殘瀝以潤饑腸。"諸生方把杯吟哦，謂權曰："爾能知此味呼？"權曰："若余貧賈，安能知？不審諸公吟哦有甚意味？"諸生曰："此乃觸物興起，模寫風景。蓋詩中之活畫。"一人誇其所作曰："我之此作，雖李白必讓一頭。"一人曰："我之此句，實杜甫所未發者。"一人曰："吾詩恐折也。"左右曰："何謂也？"其人曰："觀夫木乎？至高則爲風折。吾詩甚高，故恐折也。"相與抵掌，較其優劣，因與石洲酒曰："爾雖不文，須以俗談作句，以發吾輩一粲。"石洲飲訖，即依座中韻而作一絶曰："書劍以來兩不成，非文非武一狂生。他時若到京城問，酒肆兒童盡誦名。"諸生覽畢曰："怪哉！怪哉！爾能做此，誠不偶然。"一人笑曰："詩則佳矣，爾名有誰知之？"一人進前曰："公非權某乎？"公曰："然。"諸生相顧驚愧，下席羅拜。噫！自古賢人達士，潛光玩世者多，而莫有辨於驪黄牝牡之間，其不爲鄉生之待兩公者，幾希矣！《東詩奇談》

詩者，志也。史者，言其事也。世之記事者非不多也，而何取乎詩哉？蓋正史則削而簡，野史則散而逸，後世莫知其真狀。然從古騷人墨客或題樓臺，或詠山川，或詠時物，或贊才藝，或吊忠烈，或悲戰場，或懷古都，或奮而咨嗟，或開懷而詠歎者，不止於一也。因其詩中事實，參考正史，對照野史，於是乎虛實分矣，真僞辨焉。又若卿宰酬唱之際，閭巷吟詠之間，古人之雅韻典型，清談緒論皆可得見，此乃誦古詩，徵逸史，一舉兩備者也。是以詩中有事實者，隨見隨録，不係編年，輯成一卷。時丁巳季夏之月小暑之節，書於駱西書館。斜陽明西，蟬聲滿樹。《詩史序》①

①《詩史》：一卷，金瑗根（1872—？）撰。瑗根1904年任教於貞信女學校，教授朝鮮語及漢文，同時負責基督教新聞編輯。後任韓國國立中

央圖書館長。

《退溪言行録》云:"辛酉三月晦，先生步出溪南齋，率李福弘、德弘等往陶山，憇冢頂松下。時山花盛開，煙林明媚。先生詠杜詩'盤渦鷺浴底心性，獨樹花發自分明'之句。德弘問:'此意如何?'曰:'爲己君子，無所爲而然者，暗合於此意思。學者須當體驗，正其誼不謀其利，明其道不計其功。若少有一毫爲之之心，則非學也。'到玩樂齋，坐節友社梅下。有僧進南冥詩，先生吟詠數遍曰:'此老之詩，例甚奇險，此則不然。'因次以贈。又作一絶云:'花發叢崖春寂寂，鳥鳴澗樹水潺潺。偶從山後携童冠，閒到山前看考槃。'德弘問:'詩有沂上之樂，樂其用之常，上下同流，各得其所之妙也。'先生曰:'雖略有此意思，推言之太過高耳。'"《玉溜山莊詩話》①

①《玉溜山莊詩話》：一冊，李家源（1917—2000）撰。家源字悊淵，號淵民，本貫真城，生於慶尚北道安東市，是韓國著名漢文學者、國文學者、教育家和漢詩詩人。他畢生致力於漢文學創作、研究，在韓國放棄使用漢字的時代，魯殿靈光，巍然獨峙，成爲韓國漢文學的殿軍。作爲韓國古代著名大儒李滉（號退溪）之十四代孫，李家源自幼追隨身爲陶山書院訓長之祖父，深受家學薰陶，奠定了堅實的漢學基礎。1941至1943年，在明倫專門學校經學研究科學習。與著名漢詩名家爲堂鄭寅普、六堂崔南善、碧初洪命熹相交遊，以青年文章家、漢詩詩人聞名當世。1952年成均館大學國文科畢業，1954年任同校文理大學助教授。1956年因反對李承晚獨裁被免職。1959年至1982年，因延世大學副校長崔鉉培薦剡，就任延世大學國文科教授。退休後受聘檀國大學待遇教授，後陞任客座教授，並榮任大韓民國學術院會員。1959年，任韓國文教部國語審議會委員。翌年，任韓國教授協會幹事。1962年，任韓國語文學會理事。1966年，任成均館大學理事。1970年至1974年，任儒道會總本部委員長。1975年，任韓國漢文學研究會會長。1978年，任退溪學研究院理事。李家源先生雖歷任學術、宗

親、儒教團體負責人，然並不參與行政事務，而是專心於學術之中，著作等身。其代表性著述有《中國文學思潮史》《漢文新講》《韓國漢文學史》《漢文學研究》《玉溜山莊詩話》《淵民國學散稿》等，並創作有《淵淵夜思齋文稿》等六大冊精裝漢詩、古文詩文集出版。

燕巖嘗入燕，留熱河太學，與中士亨山尹嘉銓、麗川奇豐額論《詩綜》之謬，有曰："月山大君，公子也，以其名婷，而疑女子。許篈之妹許氏，號蘭雪軒，其小傳以爲女冠。敝邦元無道觀女冠。又録其號曰景樊堂，此尤謬也。許氏嫁金誠立，而誠立貌寢，其友謔誠立'其妻景樊川'也。閨中吟詠，元非美事，而以景樊流傳，豈不冤哉？"《玉溜山莊詩話》

《熱河日記》曰：蘭雪軒許氏詩，載《列朝詩集》及《明詩綜》，或名或號，俱以景樊載録。余嘗著《清脾録序》詳辨之。懋官之在燕，以示祝翰林德麟、唐郎中樂宇、潘舍人庭筠，三人者輪讀贊許云。及余在此論《詩綜》關謬，因及許氏。尹公曰："尤悔庵侗《外國竹枝詞》首著貴國，其曰：'楊花渡口杏花紅，八道歌謠東國風。最憶飛瓊女道士，上樑曾到廣寒宫。'注云：'閨秀許景樊，後爲女道士，嘗作《廣寒殿白玉樓上樑文》。'"余詳辨其景樊之誣，尹奇兩人俱爲分録收藏。中州名士當又以此事，爲一番著書之資。大約閨中吟詠，本非美事，而以外國一女子，芳播中州，可謂顯矣。然吾東婦人未嘗以名與字見於本國，則蘭雪之號，一猶過矣。况乃認名景樊，在在見録，千載難洗，可不爲有才思閨彥之炯鑒也哉？《玉溜山莊詩話》

人皆謂："詩出於性情。"故詩與其人之性情同，而此亦時有未盡然者。秋塘宋榮大謹飭雅靜，言若不出口，然其詩則頗豪健。月夜社友分韻，秋塘得"月"字，即書五絕十餘首，其終曰："勸君滿滿斟，聽我浩歌發。三萬六千宵，那能長見月？”其風韻如此。秋塘雖自少備嘗艱楚，而篤學不惓，往往出於吟詠者絶無噍殺酸苦語。三十年後，釋褐稍振。《玉溜山莊詩話》

·吟 哦·

石鼓在岐陽孔子廟中。自周至唐幾二千載,《詩》《書》所傳及諸史百子中固無所傳。且韋、韓二公皆博古者，何以即謂周宣王鼓，著於歌詞，剖析無遺？歐陽子亦以爲有三疑焉。昨在書樓偶讀其文，有會於予心者。吟成二十韻以待後世君子云。“木履傳爲萬世珍，壁經亦鼓諸儒舌。窮窿石鼓古稱奇，况是夫子玄宫物。周宣昔日啓中興，方召聯翩揮將鉞。戎車三千若隼飛，北征玁狁南羈越。拓境已復文虎基，盛業宜將播琴瑟。振旅闐闐歌《采芑》，慎徽亦得陳《吉日》。應念當時將帥勤，幾年刀鞘生蟣蝨。山河作誓可無亡，粉壁圖形亦不滅。豈如月斧墜雲根，科斗奇文勒勳伐。其辭渾兮簡而淳，奥理宜當載《風》什。胡奈詩官見不收，滄海側畔遺明月。嗟哉去周千載餘，雨打風摧多壞缺。所留一行十數字，蛇龍片甲誰復惜。我車既攻馬亦同，此語迺與詩相涉。韓公固亦深於詩，一讀即認周宣烈。風雲入筆騁雄詞，剖析不肯遺毫髮。不然斯文成寒灰，豈與崇高得並列。有如夢中遊帝所，暫聽鈞天悉清越。我今吟哦欲補之，毛錐已鈍難緝綴。染指雖知九鼎味，飛鳥豈補一字脱。”《破閑集》卷下①

①《破閑集》：三卷。李仁老（1152—1220）撰。按《紀年便考》卷四：李仁老，左僕射伯仙子，之氏再從侄。字眉叟，初名得玉。能屬文，善草隸。明宗朝登科，出入翰院十有四年，與當世名儒吴世才、林椿、趙通、皇甫抗、咸淳、李湛之結爲忘年友，詩酒相娱，世比江左七賢。嘗賦御座燈籠詩曰：“風細不教燈燼落，更長漸見玉蟲生。須知一片丹心在，欲補重瞳日月明。”王大嘉賞。官止諫議大夫。所著有《銀臺集》《雙明齋集》《破閑集》。

三重空空[①]性不檢，好詩酒，居不離京師。雖晚歲，喜與少年輩遊，酩酊吟哦，嘲花弄草，以自放也。常過布川，留詩讚石彌勒云："金色巍巍丈六身，青山獨立幾經春。我來稽首何無語，曩劫同修是故人。"後庾狀元碩[②]以中道按廉過此見之，代彌勒戲書云："腰上僧形下俗身，長安桃李眼迷春。莫言曩劫同修善，吾黨曾無破戒人。"空空聞之，作《解嘲》詩上相國崔公云："昔過布川院，閑留一首詩。多談彌勒在，戲答使人疑。"公絶倒俗以饒語者爲多談。《破閒集》卷下

①三重空空：景照（高麗後期人）字空空，係瑜伽僧秩第三階三重大師。

②庾狀元：庾碩（生卒年不詳），平章事弼曾孫。高宗初擢魁科，籍内侍，累遷閤門通事舍人，歷忠清全羅二道按察、東南道都指揮副使，皆有聲績。後爲安東都護副使時，巡問使宋國瞻移牒於碩，令修山城，又牒與判官申著同議。著素貪污，碩恥與共事，所牒事皆委著，日與儒士嘯詠而已。著嗛之，訴於崔怡曰："修城大事也。副使不留意，狄兵若來必敗。"怡流碩於巖墮島。將行，老幼遮道號哭曰："天乎！我公何罪？ 公去我何生？"爲攀挽使不得行，押送別抄呵叱，路得開。妻携子女以行，私馬只三匹，或有徒行者。邑人泣請留一日不得，出騶從護送，妻辭曰："家公流配，妻子皆罪人也。何煩人馬？"邑人固請，竟不許。邑人嘆曰："非夫人豈得配我公？"復起爲東北面兵馬使。先是，有一兵馬使始以江瑶柱餽怡，遂爲常例。江瑶柱海物，出龍津縣，捕之甚艱，邑民五十餘户因之失業，逃散幾盡。碩一禁絶之，流亡盡還。時守令爭事侵漁，以媚權貴。碩移牒禁之。有忌碩者取牒示怡，怡曰："碩不餽我足矣，何苦禁道内？"東北人感碩清德，呼爲父母。秩滿當還，請借三年。召拜禮賓卿，爲蒙古使館伴。譯者以失禮告，怡乃配蓮花島。崔沆襲權，欲收人望，召知刑部事。有上將軍金寶鼎欲奪人奴婢，訟之，碩立辨其僞，寶鼎怨之。又大將軍李輔與一進士爭奴婢，誣告："進士辱罵我。"碩訊知其妄，不問。輔恚曰："尚書

右同風一小儒，不顧重房三品官乎？”碩曰：“若謂我護一儒士者，大將軍可盡護一國軍卒乎？”輔深銜之。二人交訴於沆，貶安北都護副使。碩季女稍解書，獻詩於沆，乞留父。沆慰諭之，因與縠帛。碩至安北數月而卒。性剛直清白，不阿權貴，屢以微過見斥，執節不小屈。

河文孝公演，讌居常著烏紗帽，去軟角，焚香靜坐，終日吟哦。爲詩奇僻近古，筆法遒勁得體。嘗言少時在春坊作詩手寫之，河浩亭嘆曰：“河文學作而河文學寫，亦一人間寶玩也。”文孝常按慶尚道，南政丞智爲亞使，公甚器重，不以僚佐待之。嘗行至晋州，文孝嘆山川雲物之勝。公，晋人也。南改容曰：“山水雖勝，而品官甚惡。”文孝大笑。人服其雅量。後與南同升諸公。演，字淵亮，號敬齋，晋州人。官領相，配享文宗廟庭。智，字智叔，宜寧人，官領相，謚忠簡。《筆苑雜記》[①]

①《筆苑雜記》：一卷，徐居正撰，韓國國立中央圖書館木活字本。

朴英[①]，戊子生，字子實。中武科。廉退不求宦達，棄官歸。以薦還朝，官至兵曹參判。被斥爲金海府使，又被搆受訊，脚骨碎折，僅免死歸卧，治多方不得。［補］世居善山。棄官歸家，日與前校理鄭鵬講究理學，尤精於醫術。戊寅，薦拜承旨。時都承旨權撥啓曰：“内醫提調，《大典》只言承旨兼之，而都承旨例爲兼帶，非法典也。今承旨朴英精明醫藥，請兼之以監提調劑御藥。”公固辭。時議兩美之。禍作，以兵曹參判被斥。庚辰，爲金海府使。自善山由水路赴任。府民金億齊聲訟屈，怨英搆告，與慶州府尹柳仁淑謀去執政，拿推詔獄。酷加刑訊，至於碎骨。而後始知億齊所訴，遂暴白慶州。雖是同道，相距阻遠。赴任之後，未嘗見仁淑事及億齊訟屈推閱事。證論以誣告，反坐億齊，而公輿歸田里。辛巳秋削奪。嘗於洛東江西岸別搆小亭。扁曰“松堂”。常令家僮採得藥材，救活人命。及復叙，求爲慶尚左兵使。未幾卒。少時倜儻不羈，取武舉宣傳官。

一朝輒解官歸鄉，折節讀書。鄭先生雲程以聖理書教之，晚年甚相得，有相長之樂。德容粹盎醇如也。勸誨後學，以自得爲先。其所著述詩文皆悟透之。又用意醫藥，救活人命甚衆，蓋司馬公之意也。官至節度使而卒。李復古作挽詩哭之曰："天不喪斯文，東隅尚有人。淵源元有自，英邁又超倫。軒冕浮雲外，吟哦逝水濱。窮探極遐妙，高步入真純。風月無邊境，乾坤滿眼春。一源觀浩渺，萬物總熙淳。幽討詩千卷，清歡酒一樽。活人憑藥餌，醫國秘經綸。遲暮時逢泰，風雲道更屯。丹心天北極，素髮海東湑。未展陶鎔手，寧同瞿鑠臣。有言傳士類，無福嘆生民。愚魯蒙曾擊，乖離炙未親。德容時暫接，嘉訓聽難頻。村墅逢殊款，山堂會有因。塵懷還跼蹐，良約竟矛盾。春别儀形隔，秋期夢想新。忽聞仙路遠，長痛大論湮。妙絃從此絶，幽抱向誰陳。秋晚南行路，三盃但沾巾。"《己卯録》卷上②

①朴英：1741—1540，字子實，號松堂，密陽人。父壽宗官吏曹參判，娶讓寧大君褆女生英。器局弘大。辛亥武科。入直闕中，歎曰："馳馬試劍，一勇夫事耳。人而不學，何以爲君子？"遂決意歸，受學於新堂鄭鵬，潛心體認，杜門不出者數年。鵬舉手指冷山曰："彼山外何如？"英曰："外面只是前面，彼此一耳。"鵬笑曰："乃今知子讀書之功。"因留數月，講究不怠。嘗爲金海府使，聞隣女哭聲，使吏捕問，女對曰："吾夫無病暴死。"英使人擡其夫屍來，令有力者奮手按屍，自胸至腹，果自臍中有竹刺長大如指者迸出。英即縛其女按問，遂伏曰："與里人約與同居，乘其醉寢而行凶。"發軍急捕，則其言符合，乃置於法。拜宣傳官，一日騎駿馬美衣服，乘昏過小門洞口，有女頗有姿色，以袖招之。公下馬戒僕："明日早來。"遂踵而去。家在深僻無人處。公既到，天已黑。其女對公忽潸然下淚。公問其故，輒舉手止之，低聲附耳曰："觀公風采，必非常人。由我枉死。"公駭而再問，乃曰："賊使我爲餌誘殺人，分其衣鞍馬者有年。我日思脱出，而賊徒甚多，怕死不敢生計。公能活我乎？"公即拔劍按坐。夜半，自房上樓呼女，下大繩。公奮身蹴壁，急負女自壁穴而出，超數墻，絶裙而走。明日解職歸善山，折節讀書，變化氣質，爲世醇儒。平生坐側

置絶裙衣，示子弟以爲戒。予自洛城偕先生還鄉，到無極驛川上，先生吟成一絶曰："無中春意柳先知，白髪江山不欲期。六載静聞天默默，何年刮目見幾微。"書於片石示予，因投水，是先生見幾之作也。己卯拜刑曹參判，禍作收職還家。戊戌爲慶尚左兵使，年七十卒。有《白鹿洞規註疏》行於世，贈吏曹判書，謚文穆。

②《己卯録》：二卷，金正國（1485—1541）撰，安璐（安瑭之孫，生平不詳）補遺，韓國國立中央圖書館筆寫本。金正國，義城人，字國弼，號思齋。金宏弼門人。中宗丁卯生進俱中，己巳魁别試，選湖堂，歷銓郎、舍人，雅有重望。己卯爲海伯，以誨善禁惡爲十二條，編曰《警民》，刊布村閭。又爲《學令》二十四條，以勉學者，一道化服。在營禍作，草疏将上，恐激禍而止。爲小人所駁，退居高陽芒洞，扁小亭曰恩休，自號八餘居士，與諸生講論不輟。抄《性理大全》爲《節要》，又爲歷代承統之圖，附以東國。撮醫書爲《村家救急方》，又著《摭言》，無稱南袞爲止亭，以峻激致禍病，諸賢君子病之。丁酉復進，官止禮參。有師友淵源，學問造詣清簡儒雅，爲後生矜式，時人以爲二難。辛丑卒，年五十七，贈吏判，謚文穆。

婦人能文者，古有曹大家、班姬、薛濤輩，不可殫記。在中朝非奇異之事，而我國則罕見，可謂奇異矣。有文士金誠立妻許氏，即宰相許曄之女，許篈、筠之妹也。篈、筠以能詩名，而妹頗勝云。號景樊堂，有文集，時未行於世。如《白玉樓上樑文》，人多傳誦，而詩亦絶妙，早死可惜。文士趙瑗妾李氏、宰相鄭澈妾柳氏亦有名。議者或以爲："婦人當酒食是議，而休其蠶織，唯事吟哦，非美行也。"吾意則服其奇異焉。《遣閑雜録》[①]

①《遣閑雜録》：一卷，沈守慶（1518—1601）撰，韓國國學振興院圖書館筆寫本。沈守慶，豐山人，字希安，號聽天堂。趙昱門人。癸卯生進俱中，丙午魁明經科。明宗朝選湖堂，歷銓郎、舍人、直學。七觀察，一節度，一留守。選清白吏，入耆社。宣祖庚寅入相，至領致仕。文章學

識爲世名臣，能蓋其祖之愆。壬辰在湖西起義兵，以曹大坤爲副將，以健義爲章標。大坤先以右兵使奪職，從金睟向行朝，守慶止之爲副。朝廷以健義將爲八道義兵都大將，賜印及御刀。己亥卒，年八十一。

夢翁[1]，本韓山人也。自稼亭文孝公、牧隱文定公俱以文章德行，著名中朝，蓍龜一國。簽書公諱種學，盡節先朝，畢命改社。良度公諱淑畝，歷任四道觀察使，爲刑曹判書，淑問無冤，終知敦寧府事。臨終戒子孫曰："年過七旬，位登二品。死何所恨？但恐子孫衆多，不免飢寒爾。"揚歷中外，家無長物。祖參判公諱亨增，立身清苦。爲洪州牧使，一芥不取與於人。至今傳誦之。寔生先府君。先府君生未踰月，適丁偏罰。祖母趙氏遽捐館舍，鞠於前朝王氏順寧君夫人趙氏。勤勵讀書取科第，立朝四十餘年，所在以清謹名，教子第檢飭無外。夢翁生於漢都，長於嶺南關東，各隨先府君之任也。年十歲，上頭陁山中臺寺，讀《宋史》慨然自憤，作萬言書欲自獻。先府君戒止之。有一老宿持戒頗嚴，發言有道理，又喜之欲參焉。寺前絶壁巉立，積雪映窗。中夜讀書，激昂千古。及還都下，塵埃汩没，倘尚紛囂，孑孑無與言。時從里閭棋博過日，精鋭消歇，更與浮沈。歲辛酉中司馬試，同榜若金國卿、鄭淑幹、成蕃仲、柳從龍，俱勝友也。及遊泮宮，李希剛、沈貞之、李公仲、李彦之、金夢禎、宋宜之、和父、景遇，俱與磨礱，幸不失步。然若向時所期待，則已十損八九矣。又不幸早中科第，歷仕廢政，黽勉從事，唯用酒以自浼。爲便養，出爲聞韶倅。俛默簿領，矜束待人，已不堪矣。天日重明，釐革庶政，首召爲侍從。疏外之蹤，輒肆狂瞽，屢蒙天獎。出入凡十數歲，最承恩遇，超取顯美。而當時同輩已側目矣。自視歉焉，思糜身報效。第學無經據，性復疏頑。兼卒起，人不見信。推賢好士，而處之無方。後來諸賢年少氣鋭，動觸險阻，物情大乖焉。申大用、權仲虚、趙孝直輩欲調適兩間，不至敗闕。而新舊交甚之，以至今日。噫！斯豈特人謀之不臧哉？廢退居陰崖，簡絶人事，閉杜省愆。疏泉引沼，誅茅架亭。嘯詠舒放，時復得酒痛飲，連旬不起。盥櫛久廢，塵垢滿爪，頹墮委靡，精神憒耗。踽踽荒墟，如夢中譫語。或覶縷文字，發爲詩句，更無警策。積慁成習，更謀深閑。移卜兔溪，人跡絶敻。村煙極少，山高川深。終日倘佯，與水禽野獸忘機往還。疏野之性，偶愜幽期，又與李灘叟居不遠。清風明月，輒用一棹相就。坐石吟詩，高慕仙蹤，釣月清流，叉魚秋山，興復不淺焉。每自幸三十年前媚於君親，出入榮光。四十年後，優假田畝，飲食自如，復得僻絶之境以爲主。豈非天地間一勝事哉？追念舊時儕輩凋喪，所餘纔數人，而己復作畸於世，殊可怪也。翁新卜兔溪，舍號夢庵，因自號“夢翁”。翁之性汎愛而人不親，厚施而衆不德。好善不篤，惡惡無勇。依違一世，漫浪時日，推遷到五十一歲。翁之大略盡於是矣。若其犬馬豺獺之性稟出天分，入地不歇，恨無所施爾。天復假以數年，使得優遊江湖，歸骨故原，則溘然長辭如甘寢焉。祗恨荒窘殘年薄劣，不得返故丘守松柏，有時薦享。孑然一身，反顧無後繼，怛悽傷懷，如不欲生。又念人生天壤，有君親以爲綱，親既無及矣。享祀亦不備禮，北向瞻盱，横涕闌干。又爲臣無狀，罪釁交積，詆呵萬端。尚能張口待哺，向人言笑，豈非頑然一醜物乎？茲以寬假碩人之樂不專，覆餗致寇之虞交切。雖復暢意丘壑，命懸庖廚。每中夜驚惕，自悔曩節之不謹。況未後疾病纏綿，每寒暑節替，水火來迫，喘嗽上薄，氣息奄奄。大都不過四五春秋，則無此身矣。浮休人世，了無眷戀。只二三嬌女尚未有歸，欲捨而不得。豈宿緣未斷，貽此苦惱耶？大抵人之享七十者極少，五六十者亦不稱夭。翁今年五十一矣，而回顧前所歷者不容一瞬。況今日月愈覺催遽，假令俾加六七十，寧今幾何？亦不過忍飢吟哦，得酒狂誕，以自度日耳。更開何物事而強支持耶？翁於文章，少不喜慕焉，中不致力焉，老而始欲從事。精神催抑，氣力沮弱。讀古人書，伸紙數四，輒復茫然。少間思睡，睡罷散步園林，蒔花養草。倦又就坐，焊温舊讀，則如未嘗見。以此牽補過時，卒無所得力焉。於詩眼高手澀，吟得數句，遇不滿意處，嗔怒隨之。閑居雖不能舍，終不成章，聊以備日歷記陰晴爾。詩言志也。言之不文，不足以通其意，故君子喜彬彬焉。《三百篇》詩，或出於閭閻夫婦恒言，或形諸郊廟君臣訓戒，皆出自中心，發爲文章，以其黴於性情之正，故其言不期而工。非若後世組繪刻鏤，爭奇效怪，隨復變遷，而詩之弊極矣。是不過鸚鵡之能言，何足尚哉？翁之詩粗率不暢，不敢窺作者之門墻，秖以自娯耳。爲子孫者藏諸弊篋中，時閲而想見此日之景境可也。更不得傳與時人，恐其嗤點也。庚寅臘除日，乘醉信筆書之。出《陰崖自序》《海東野言》②

①夢翁：李耔（1480—1533），韓山人，字次野，號陰厓，又溪翁。朱溪君門人。燕山辛酉進士，甲子魁明經科。十四作萬言疏欲上之，其父戒止之。中宗朝選湖堂，以副使赴京。南衮爲上使，病幾危，耔辛苦藥餌。韓忠曰："此漢必赤族士類，何救爲？"耔禁之使勿言，衮德之，以此免禍。己卯，以參贊被削。以宗系辨誣，録光國原從功，官止刑判。退居陰城，晚移忠州，改號夢村。杜門守拙，與李延慶棹舟相訪，窮研道義，樂而忘憂。天分甚高，接人和，處事簡，常有詩曰："地平知守分，水注待盈科。雲影本無跡，天容長不頗。酒醒神發朗，詩就坐婆娑。此是人中景，於焉滌百痾。"嘗結茅劍巖，朝起排窗，見宿雲散渚，曉日明塢，而曰："樂哉！樂哉！"奴伏窗外應曰："無鹽樂哉？無醬樂哉？"士林傳爲美談。癸巳卒，年五十四，謚文敬，宣祖朝以宗系辨誣功命不祧。

②《海東野言》：三卷。許篈（1551—1588）撰，《大東野乘》本。許篈，陽川人，字叔美，號荷谷。柳希春門人，又事李滉。宣祖戊辰生狀，壬申登親試，選湖堂，歷南牀、翰林、銓郎、舍人。癸未以典翰誣陷李珥爲專擅驕蹇，始貶補昌原府使，旋招二品。以上親製責詞，篈上疏論事，竄甲山，三年放還。始有文學之名，而年少輕躁，一斥不復振。李珥猶惜之，以爲不可與宋應溉、朴謹元一視。詩多絶佳，且有古法，高於筠一等。戊子遊金剛山，卒於金化道中，年三十八。

《雜説》曰：王維愛孟浩然吟哦風度，繪圖以玩之。李洞慕賈島詩名，鑄像以師之。噫！古人愛惜人才如此，而今世之不愛才甚矣！非唯不愛，其不疾而忌之者亦鮮矣。《芝峰類説》

金宗直，善山人，字季昷，淑滋之子，自號佔畢齋。我光廟朝登第。操履端慤，學問精深，文章高古，爲一世儒宗。誨人不倦，前後名士多出其門。成廟重之，擢置經筵，以至刑曹判書。使所在官特賜米穀。卒謚文簡。燕士戊午禍及泉壤，焚滅遺文。後收拾灰燼，刊行於世。○公天分甚高，總角已有能詩聲，日記數千言。年未弱冠，文名大振。誌序丁憂服闋，築書堂於金山黄岳之下，池其傍而種蓮。扁其堂曰景濂，蓋慕無極翁也。日吟哦其中，似無意人事。碑序公嘗入槐院，魚咸從子益爲本院先進，見公詩大嘆曰："使我執鞭爲奴隷，嘗甘受之。"碑序公入侍經筵，語不長而意暢。講讀最善，故眷注偏傾。碑序公爲人短小，魚子敬戲之曰："人若劫奪其才思，則直一童蒙耳。"聞者胡盧。同上公天性至孝。先考公病且瘦，公憂傷，作《籲天賦》。同上公之父學於吉再，一時之士皆受業於宗直之門。同心協志，以類相從。李承健時爲翰林，書之史曰："南人互相吹嘘，師譽弟子，弟子譽師，自作一黨。"其後李克墩見承健史草，每稱曰直筆。儒先録佔畢齋行到踏溪驛，夢見神人披七章之服，自言楚懷王，爲西楚霸王所弑，沈之郴江。因忽不見。余覺之愕然曰："懷王南楚之人也，余則東夷之人也。地之相去不啻萬有餘里，世之先後亦千有餘載。來感於夢寐，兹何祥也？考之史無投江之語。豈羽使人潛投其屍於水歟？"遂作《弔義帝文》以悲之。弘治戊午七月十七日傳曰："金宗直草茅賤士，登第以至刑曹判書，寵恩傾朝。今其弟子金馹孫所修史草内，以不道之言，誣録先王朝事。又載其師宗直《弔義帝文》曰'以寓忠憤'。此宗直陰蓄不臣之心，非一朝一夕之故。其議刑名以啓。"七月二十七日，以亂逆伏誅。告宗廟。本傳柳子光遊咸陽作詩，屬郡宰鏤版而懸之。佔畢齋守是郡曰：

"何物子光，乃敢爲懸板？"命撤而焚之。及戊午禍起，先生追被極刑，並撤去《環翠亭記》。世以爲報咸陽之怨也。本傳咸陽郡年年上供茶。茶不產本郡，每賦於民，民持價賣納。佔畢齋初到郡，知其弊。手閱《三國史》，見新羅時得茶種於唐，蒔智異山。曰："郡在此山之下，豈無羅時遺種？"訪諸父老，果得數叢於巖川北竹林中。令建茶園於其地。纔數年頗蕃，敷遍於園内。先生作《茶園》詩二首以記之。本集咸陽郡有學士樓，崔學士致遠爲郡守時所登賞，後人因名曰"學士樓"。樓下有梅一株，雖半枯而朽，枝梢尚老硬，每歲花最早。佔畢齋到郡見而愛之，遂題詩云："學士樓前獨立仙，相逢一笑故依然。肩輿欲過還攀慰，今歲春風太劇顛。"蓋懼其爲風所倒也。同上黃山江上流有都要渚，沿江居民幾二百户。廬舍密比，藩籬相接。不事農業，專治舟楫。捕魚商販，以爲財產。其俗淳朴，一家有客，則諸家備酒饌爲禮，凡婚嫁喪祭皆然。若有淫行，則會議潴其室，載舟中泛而黜之。同上著《東都樂府》七首，一曰《會蘇曲》，二曰《憂息曲》，三曰《鵄述嶺》，四曰《怛忉歌》，五曰《陽山歌》，六曰《碓樂》，七曰《黃昌郎》。同上送人日本詩云"蠻衢井井分三町"，註："日本都中道路，皆傍通四達。每町中有路，三町爲一條。條中大路井井，凡九條。"同上佔畢齊詩云"烏昧劉將盡"。註："烏昧草，東人號爲烏乙背。生下田中，或如指大，或如彈丸。可蒸食，亦可生食。旱甚民飢，則掘而食之。疑此則范文正公所進烏昧草也。昧與背同音。東人語轉而云烏乙背。"同上公有《日本硯》詩云："銅鐫玉骨妙秋毫，海舶年年索價高。色似馬肝能潑墨，滑勝龍尾恐飛濤。"註："硯四隅刻栗葉，其垠堮及栗葉極工。"同上橘柚產於濟州，年年來貢。公作《乇羅歌》："萬家橘柚飽清霜，採著筠籠渡海洋。大官擎向彤墀進，宛宛猶全色味香。"同上"烏梅玳瑁黑珊瑚，附子青皮天下無。物產非惟東府庫，精英盡入活人須。"佔畢齋作《乇羅歌》十四篇，略記風土物產。同上羅月上人常懷一海螺，或山林或城邑，輒吹之。人聞其聲，即知上人之來。自以爲螺僧。先生作詩贈之曰：“他年許入紅流洞，須遣螺音出翠嵐。”同上姜仁齋《養花録》云：“都下梅花栽接者，皆千葉紅白梅，結實多雙。即譜所謂重葉梅也。佔畢齋云‘墻下有一花，如千葉桃，色有淺深。人云此乃千葉紅梅，殊不類於梅’。”同上智異山西北有猪淵，魚産於此。每秋下龍游潭，每春還於淵。漁者設網巖瀑間，魚騰躍落網中。背文若袈裟，故名袈裟魚。佔畢齋有《袈裟魚》詩。同上冶隱之孫仁種所乘驪馬死，埋之後苑。人謂有乃祖風。佔畢齋有詩云“清白真能遺子孫”。同上爲人有《田隱四時詠》，一曰《梅坡春色》，二曰《竹窗夏風》，三曰《菊庭秋月》，四曰《松臺冬雪》。同上金剛雄於東，妙香雄於北，九月雄於西南。登頭流則三雄之在眼底，猶培塿然。遊山録和陶淵明述酒詩，誅劉裕纂弑之罪，發淵明忠憤之志。本集俞勉、田可植、鄭之澹，居於善山府延鳳里，俱擢狀元。名其里曰狀元坊。佔畢齋有詩：“鄉人從古重膠庠，翹楚年年貢舜廊。一片城西延鳳里，行人指點狀元坊。”同上佔畢齋因雨留增若驛，有詩云：“增若驛中三日雨，戊戌夜半一聲雷。不辭衣服冠而坐，其奈飢寒渴幷來。”又《寒食日雨》詩：“休誇故里印纍纍，雀鼠紛紜莫敢窺。四十七年頭欲雪，一百五日雨如絲。”前詩起聯，後詩頷聯皆用仄字，而詩語帖妥。同上成化壬寅間，開寧人耕田得石佛，耳目口鼻皆泯滅，置之田畔。偶有病喘人拜之，病若輕歇，遂以爲靈。男女雜沓，持美布香燭者日夜不絶。有僧來住之。金山太守李仁亨聞之，遣吏卒捕逐之。佔畢齋以詩賀守云：“抛擲田萊不記春，頑然拳石有何神。初如求食木居士，漸作撞錢土舍人。男女幾家傳污染，香燈一里欲因循。我侯直是邠州守，擊破妖邪震四隣。”自註云：“昔王嗣宗守邠州，擒殺神祠下妖狐，時人美之。至有‘聖朝方信有英雄’之句。今之石佛，其怪愈於妖狐。而捕逐妖骨，焚毁紙錢，使愚民曉然知其爲所誤。真曠世一奇事也。”同上佔畢齋由爲親老，作宰咸陽。姜晋山以詩送之云：“多君乞郡阻清班，好向庭闈罄一歡。五鼎從來知叵奈，終天永慕泣鍾瘢。”借用泣鍾痕事。世稿見禁中白鵠有詩云：“紅蓼蒼苔映雪衣，御溝清淺欠危機。秋風偷眼看雲漢，舊侶微茫何處飛。”註：“因物以自況。”詩格自少以文章名世，尤長於詩。精深醖藉，不落俗人窠臼中。推爲近代詩祖。我成廟御書褒之曰：“文章經濟，可謂雙美。”同上《睡晤》詩云：“今日無官返我初，小窗幽夢到華胥。一爐蒼朮薰書字，分付清風自卷舒。”時以病解官，意思閑遠。同上金宗直喜獎進後學，多有成就。金宏弼、鄭汝昌以道學名，金馹孫、權五福、曹偉、俞好仁等以文章顯，其餘指授蹊徑成名者甚衆。戊午事蹟公爲先大夫撰一録，先之以譜圖，次之以紀年，又次之以師友，及平生莅官行事與夫訓戒之辭，家廟祭儀之可法者，目之曰《彝尊録》。蓋取諸禮施於蒸彝鼎之義也。本序佔畢齋友愛天至。伯氏病癰，醫云蚯蚓汁最良，公先嘗以進。果效。墓誌“河鼓之居河爲關，相望脉脉一水間。一年三百六十日，除却此宵長爲鰥。”七夕吾東人詩格律，自羅季至麗末，無慮三變。其間譏風教形美刺，開闔抑揚，深得性情之正，可以頡頑於唐宋模範於後世者亦不少。金快軒臺鉉、崔槐山瀣、趙石澗云仡各有選集。石澗略，快軒雜，惟槐山之編頗爲得體。風雅序高麗惠宗面有席紋，故世稱皺王。佔畢齋詩：“濯錦江邊舅氏鄉，興龍寺裏藹祥光。至今父老懷遺德，簫鼓歡娛皺大王。”《海東雜録》卷五[①]

①《海東雜録》：六卷，權鼈（1589—1671）撰，《大東野乘》本。按權鼈，字壽甫，號竹所，醴泉人。

玉川問曰：“弟於近日，癖於詩律，吟哦啁啾，寢食俱忘。每欲得驚人佳句，使吾兄讓頭。而始作之時意在精致，即成之後，每不入情。或有頭尾不續者；或有得失相雜者。不然有句病字欠，觸處礙眼。無乃不能爛熟，而未免生疏之致歟？”余曰：“否。凡人之詩窟自有淺深，畫定之後，不出器外。譬如工匠之人，見人即成之器，自以爲能及。及其自爲，反不如之也。此亦不出其手巧而已。且夫作詩，安得每作每篇盡美盡善也？此李杜之所不能也。李杜固是詩家千載之祖宗，而今觀其詩，安得有篇篇什什句句字字皆可謂珠玉耶？譬諸名山大川千里瀜結，得其佳麗名勝之地者，不滿幾處矣。”《小華詩評》

鄭雪谷①《東萊雜詩》云：“當日洪平甫②，波瀾起筆端。高才不遇世，晚歲此爲官。憔悴身仍病，吟哦興未闌。壁間無一字，豈爲和詩難。”李益齋③云：“洪平甫每出一篇，人無賢愚，皆喜傳之。”天使朱之蕃許本國人詩曰：“孤雲④詩似粗弱，李仁老、洪侃最好矣。”許筠云：“洪舍人詩穠豔清麗，其《嬾婦引》《孤雁篇》最好，似盛唐人作矣。”《東國詩話彙成》卷六

①鄭雪谷：鄭誧（1309—1345），字仲孚，號雪谷。清州人，都僉議贊成瑎孫，判事債子。高麗忠肅王丙寅進士，歷藝文修撰、典理總郎、左司議大夫。忠穆王乙酉卒，年三十七。著有《雪谷集》。

②洪平甫：洪侃（？—1304）。按《洪崖遺稿世系》：侃字平甫，一字雲夫。高麗忠敬王朝丙寅閔漬榜登第，官至都僉議舍人知製誥。出守原州官，貶爲東萊縣令。大德甲辰卒於官。所著有《洪崖集》行於世。如《孤雁行》《懶婦引》《山水圖》《送秋玉蟾》等詩，見於《東文選》《大東詩林》《青丘風雅》《三韓詩龜鑒》中。

③李益齋：李齊賢（1287—1367），字仲思，號益齊，又櫟齊。初名之公。白頤正門人。自幼嶷然已有作者氣，十五登科，奉使西蜀，封金海君。文章德望，名蓋一世。久從忠宣在元，搆萬卷堂，與中朝儒士姚燧、閻復、元明善、趙孟頫等講劘周旋，學益進。天資厚重，輔以學問，發於議論措諸事業者，燁然可觀。人有片善，惟恐不聞。務遵古法，不喜更張。恭愍入元，權断國事，進賢出奸，人賴以安。辛旽必欲中傷，而以老不能加害。平生未嘗疾言遽色，人無貴賤，皆稱益齋而不名，其見重於世如此。然不樂性理之學，無定力，作事未甚合理。嘗權行省，陞階上拜表，儀衛與王無異，時人譏之。歷事七朝，四登相府。善筆法，東方名碩留名中朝者，孤雲後一人。官至僉議政丞，封鷄林府院君。所著有《亂藁》十卷行於世。恭愍丁未卒，謚文忠，配享恭愍廟庭。

④孤雲：崔致遠（857—？）。按《三國史記》卷第四十六本傳：崔致遠，字孤雲或云海雲，王京沙梁部人也。史傳泯滅，不知其世系。致遠少精敏好學，至年十二，將隨海舶入唐求學，其父謂曰："十年不致第，即非吾子也。行矣，勉之。"致遠至唐，追師學問無怠。乾符元年甲午，禮部侍郎裴瓚下一舉及第。調授宣州溧水縣尉，考績爲承務郎侍御史内供奉，賜紫金魚袋。時黄巢叛，高駢爲諸道行營兵馬都統以討之。辟致遠爲從事，以資書記之任，其表狀書啓傳之至今。及年二十八歲，有歸寧之志。僖宗知之。光啓元年，使將詔書來聘，留爲侍讀兼翰林學士、守兵部侍郎、知瑞書監事。致遠自以西學多所得，及來，將行己志。而衰季多疑忌不能容，出爲大山郡大守。唐昭宗景福二年，納旌節使兵部侍郎金處誨没於海，即差橘城郡大守金峻爲告奏使。時致遠爲富城郡大守，祇召爲賀正使。以比歲饑荒，因之盗賊交午，道梗不果行。其後，致遠亦嘗奉使如唐，但不知其歲月耳。故其文集有《上大師侍中狀》，此所謂大師侍中，姓名亦不可知也。致遠自西事大唐，東歸故國，皆遭亂世，屯邅蹇連，動輒得咎。自傷不偶，無復仕進意。逍遥自放山林之下，江海之濱，營臺榭，植松竹，枕藉書史，嘯詠風月，若慶州南山、剛州冰山、陜州清涼寺、智異山雙溪寺、合浦縣别墅，皆遊焉之所。最後帶家隱伽耶山海印寺，與母兄浮圖賢俊及定玄師結爲道友，棲遲偃仰以終老焉。始西遊時，與江東詩人羅隱相知，隱負才自高，不輕許可人，示致遠所製歌詩五軸。又與同年顧雲友善，將歸，顧雲以詩送别，略曰："我聞海上三金鼇，金鼇頭戴山高高。山之上兮珠宫貝闕黄金殿，山之下兮千里萬里之洪濤。傍邊一點雞林碧，鼇山孕秀生奇特。十二乘船渡海來，文章感動中華國。十八横行戰詞苑，一箭射破金門策。"《新唐書·藝文志》云："崔致遠《四六集》一卷，《桂苑筆耕》二十卷。"注云："崔致遠，高麗人。賓貢及第，爲高駢從事。"其名聞上國如此。又有文集三十卷行於世。初，我太祖作興，致遠知非常人，必受命開國，因致書問，有"雞林黄葉，鵠嶺青松"之句。其門人等至國初來朝，仕至達官者非一。顯宗在位爲致遠密贊祖業，功不可忘，下教贈内史令。至十四歲大平二年壬戌五月，贈謚文昌侯。

金九容[①]《野莊》詩曰："閉門終不接庸流，只許青山入我樓。樂便吟哦慵便睡，更無餘事到心頭。"《東國詩話彙成》卷六

①金九容：生卒年不詳。安東人，方慶玄孫，永旽孫，平章事昴子，閔思平外孫。字敬之，號惕若齋，初名齊閔。好學善詞章，十六進士，十八文科。辛禑時，李仁任欲迎北元使，公上言請却之，爲仁任所竄，遂居驪興，所居堂曰"六友"。後官至判典校寺事。辛禑甲子，以遼東行禮使如遼東。遼東諸將以爲人臣義無私交，何得乃已？執九容送京師。帝命流大理衛，行至瀘州永寧縣病卒。所著有《學吟集》行於世。

吉再先生字再父，號冶隱，海平人。官至門下注書。遊牧隱、陽村之門，始聞至論。作歌曰[①]："泉水涓涓可以療饑，河水浼浼可以濯纓。携其一二同志，或以緑蟻嘉肴，策藜杖而趨花時。慵則晝眠，樂則吟哦。簷雨浪浪，或高枕而成夢；山雪飄飄，或烹茶而自酌。"《東國詩話彙成》卷七

①吉再：1351—1419，海平人，知錦州事元進子。忠惠王癸巳生，字再夫，號冶隱。鄭夢周門人。八歲離母在外家，思母號泣，遊南溪作《石鱉歌》曰："鱉兮鱉兮，汝亦失母乎，吾亦失母矣。吾知其烹汝食之，汝之失母猶我也。是以放汝。"因投水號泣，隣里聞者皆來抱感涕。辛禑癸亥進士，丙寅擢第，歷成均博士、門下注書。及王氏復立，庚午辭以母老，棄官歸善山。若使再一毫疑禑之爲辛，則以其不事恭讓之心，豈肯立禑之朝乎？性至孝，善養其母。太宗登儲位，以潛邸同學拜太常博士以召，上箋辭曰："臣本寒微，仕於辛氏之朝，擢第至門下注書。臣聞女無二夫，臣無二君。乞放歸田里，以遂不事二君之志；孝養老母，以終餘年。忠孝俱全。"上嘉其節義，優禮以送，賜之田，種以竹。所上宰相啓精忠貫日。穎悟清高，篤學力行，不但節義之可傳，實爲圃隱之嫡傳，自再而傳之金淑滋，淑滋傳之於宗直，以至於金宏弼云。嘗作詩云："盥水清泉冷，臨身茂樹高。冠童來問學，聊可與逍遙。"又云："曾讀前史笑古今，愧隨流俗

共浮沈。終期直道扶元氣，肯爲虚名没片心。默坐野禽啼晝景，閉門關柳長春陰。人間事了須先送，不待霜毛已滿簪。”太宗旌其忠，驛召其子師舜，除宗廟副丞。赴召，再曰：“當效我向高麗之心，事汝朝鮮之主。”世宗己亥卒，年六十七。賻米豆，且給葬軍。贈左諫議大夫，謚忠節。

鄭知常者[①]，平壤人也，以詩鳴於世，其律絶仿佛唐人。春日詩：“桃花紅雨鳥喃喃，繞屋青山間翠嵐。一頂烏紗慵不整，醉眠花塢夢江南。”同時金富軾與之齊名。當妙清、白壽翰之據平壤造反也，富軾承王命討之，以知常出平壤人，爲妙清潛通，密啓王誅之。時知常以司諫在京，實不知妙清之謀，或云金、鄭以詩不相能，故金也猜才而殺鄭。富軾討平妙清，泛舟大同江上，奏凱歌，大宴於江中，作詩曰：“楊柳千絲緑，桃花萬點紅。”方吟哦之際，有神號於空曰：“汝以詩忌我而殺我於非罪，汝終不知作詩之趣，汝奚以知楊柳之千絲、桃花之萬點乎？胡不曰‘楊柳絲絲緑，桃花點點紅’？”金知知常之魂不昧而告之如此，遂命罷宴。文人以才而至於猜忌相殺，何足貴哉？《星湖僿説》[②]

①鄭知常：？—1135，平壤人，本名之元，號南湖，官至司諫。有《鄭司諫集》。

②《星湖僿説》：三卷，李瀷（1681–1763）撰。按《紀年便考》卷十九：李瀷，慶州人，判官惟一子，守一從子。宣祖己卯生，字泂汝，號玉浦。自謫還，改號艮翁。光海壬子生進俱中，同年登明經科，連貫三場。歷翰林、春坊、銓郎。昏朝以正言直言極諫，四年被囚，六年安置於濟州，學琴以暢湮欝。仁祖改紀，首蒙放釋。拜銓郎，遷掌令，皆不就。甲子卒，年四十六。或云醉爲馬蹄所傷而卒。贈直提學。

權蒼雪以修撰上京，至彈琴臺下馬，徘徊吟哦之際，有一人自西來，揖而前曰：“公過古戰場欲作詩乎？”公曰：“方構思而未就。”其人曰：“吾稍解詩句。”公試以呼韻，其人應口對曰：“獺水流不盡，千秋古戰場。將軍一時誤，士兵幾人亡。漠漠生春草，蒼蒼下夕陽。漁翁不愁思，送客棹歌長。”蒼雪吟詠再三，問其姓名，其人不言而去。蒼雪詩吾忘不能記。鄭喘翁過琴臺亦有詩曰：“過客無窮恨，琴臺日暮雲。淮陰背水陣，千古誤將軍。”其詩雖平易，得小詩體格，可喜。《星湖僿説》

江左權公嘗謂余曰：“詩雖小技，亦可以觀前程。昔年吾登浮石聚遠樓有詩曰：‘頭上四三天北斗，眼前七十嶺南州。’叔父蒼石公評之曰：‘汝未久登第矣。’過數年登第，言果驗矣。其後功名蹭蹬，沈滯數十年，入於太白山中石浦村過歲月。一日聞恩窩蔡列判以史記奉安使來安東，歷入西谷青巖亭云，故吾待之矣。既來接語，敘寒暄訖，言於余曰：‘近來入於山中作隱士云，果耶？‘余曰：‘然。’曰：‘隱者有何事業？’曰：‘隱者事業只管山中之白雲耳。’曰：‘近來詩格必長，爲我誦之，以豁胸次如何？’曰：‘懶度筆硯，全卻吟哦，而近日得一詩，其聯曰：峽昏常作霧，江雷忽高虹。’恩窩沈吟半晌，高聲朗詠曰：‘豈有句法如是豪爽，而終於隱士者乎？君未久必有復職之事矣。’曰：‘朝廷忌吾名久矣，誰人能記憶而備之於望乎？’曰：‘今春必有文臣重試，君試觀之如何？’别後月餘，朝家果定重試日子。余忽思是言，趁其日觀重試題，則《作舟車以濟不通》制也。余果列榜眼，即除禮曹正郎，爲梁山守。縣殘禄薄，而比之山中之隱，則果顯矣。古人以詩卜其窮達，蓋詩者言之所形也，見其詩可以知其言，知其言斯可以審其聲矣，苟能審其聲，則其心之所在不能遁其形，而因其詩想其□□，古人以詩而知者由此也，無怪恩窩之卜吾重試，而吾之晋遂前後屯蹇者，或坐於詩之窮而如是耶？”余聞江左公言而記之。《星湖僿説》

余不喜爲仙佛之語，而既録散語，則聊爲志怪之言，以資談者之一噱。全翰林克恒，沙西先生之子也。妙年登第，帶恩歸家，至鳥嶺龍湫上作詩曰："山飛蓬島鶴，水引武陵花。"方吟哦之際，有人自山邊來，前揖而問曰："君詩有煙霞氣，非塵世人口中語。君見蓬島、武陵乎？"翰林答曰："詩人例用蓬島、武陵，而豈有見之者乎？"其人曰："雖非蓬島、武陵，而琪花瑤草羅生左右，青鸞白鶴翱翔上下，且有千歲之桃、萬年之藥，則非蓬島而蓬島，非武陵而武陵。君若欲見之，則吾當引其路而見之矣。"翰林笑曰："今世豈有如此別造世界乎？君之言甚誕矣。且吾上有老親，幸而登科，聞喜設宴，定以日子，此非閑漫遊山之時。雖在咫尺之地，吾不願見。"其人曰："君若見之，則當忘歸家。與我過三年後歸家，則好矣。"翰林曰："桃源之説既荒唐，而君之人事又極荒唐矣。豈有登第不省父母而逕自遊山，過三年而不歸家者乎？如此之言，不欲聞於耳邊。"其人曰："君之言必如是，此所以帶塵陋之人難以語道者也。過三年後，君復來是途，則吾當見之矣。"遂別去。翰林歸家，以是白其大人。沙西先生曰："其人必有意而言之也。然不可知耳。"其後爲翰林，當丙子胡亂，抱史草出北青門，不意撞著胡人，死於兵刃。其死，在三年之内，喪行由是路而來，其人之言至是果驗矣。既指示其生路，而不細其曲折，何哉？不欲漏泄天機而如是歟？欲其微發其端，使之自悟而如是歟？此語余聞於高安洲順之而記之。今上朝，其子孫上言，旌其門，贈承旨，因享忠烈祠。《星湖僿説》

書家録

尹淳，字仲和，官吏判，大提學，號白下。梧陰尹斗壽之後，箕伯暄玄孫，文科持平世喜子。早孤，淳與兄判書遊，立揚伊昔之衰揚門户。淳書天才，畫法搆結極其媚嫵，殆若鸞舞珠燦，冠東國百餘年之筆。蓋東國筆在新羅金生侔造化，皇明顧御使養謙評曰："非王非鍾，還有高於鍾王者。"崔孤雲又以書擅名，體肖顔柳，蓋唐世流派也。高麗名書皆襲顔柳，逮之我朝安平大君瑢首出書家，神逸畫勁，殆非肉腕下書出，體則松雪。及乎韓石峰濩書則始體鍾王，略補自家别法。圓法少而方法多，整齊遒美，名曰韓體。王弇州評曰："怒猊抉石，渴驥奔泉。"兹法在今寫字官供一切交隣之書契，似晋法而掃模糊之態，似洪武法而無力戰之氣。然士大夫尚體松雪書，及朴學士泰維書出，稍稍染顔柳體。然金生、安平大君、韓石峰沕合東國之三才鼎立。尹白下始純模於《遺教經》《黄庭經》，其模臨帖者莫辨何者王、何者尹。其法方法少而圓法多，動人者全在姿態，則法主搆結，由是畫力不多見矣。或者曰："白下可埒於石峰。"或者曰："白下不及石峰。"要之白下畫法不及石峰，而態度則有餘矣。世傳，白下曰："始學字兒，初畫盡成天字樣者，成名筆，半成者足書科場名紙，不成者止塗鴉筆云。"金奉事相謙曰："備局書吏車逵來言曰：'記昔英廟朝，特除統制使於具判書聖任，命啓統營弊瘼。具到營，六判始呈狀啓。凡六人之負，上命三公稟議回啓於三日内。時李光佐爲領相，閔應洙爲左相，宋寅明爲右相，李閲狀終日精神弊弊而止。除狀近一負。閔初不堪當，三日盈二日期。宋始閲，急出牌，使禮判尹淳進來，出狀之可例題者，授該吏例題。只二關緊者閲宋眼，時三日已屆，中使連催回啓。宋進尹使書啓，一邊眼閲，一邊口呼，旁觀尹之筆管，如雲流，日到申，五負狀畢啓。尹始搦管，驗每啓，書行後，進宋前，左右準原狀，無一相左。宋曰："非禮判之筆，誰能副此急也。"尹曰"非相公之眼，誰能副此急"云。啓入達上，皆留中，不下。姜判書世晃從孫彝炳曰："白下判刑曹時，手拔一狀牒曰：'速招書狀人來。'吏告曰'書狀者即士夫家童子姜某'云。白下歎曰：'此童筆成，無減於我。'"姜某者即姜判書，果成名筆。當白下筆之行世，士大夫閭巷鄉曲人無不靡然景從，名曰時體。場屋筆非此體無以自立。於是《遺》《黄》兩經價重於一國，李匡師體出後，雖小分其習，然驅一世之餘，故流風尚籠罩左海一域。李體崛強，雖習蘇米，然本出《蘭亭》《聖教》，與尹大同小異。鄭士人克謙，字某，大諫純儉之弟，長身偉標，夙成文與筆，筆留冊卷題目者，尚可式於後生，未三十夭，無後。克儉以姻家子爲尹白下弟子學習，其言曰“尹白下爲老宰相，尚冠儒生篩角冠，服儒生三幅暢服，有時徘徊庭階，吟哦詩句，望之如非塵埃宰相”云。尹入朝，以小論歧異於逆臣金一鏡之黨。善儷文科體，儷文競傳後曹，健而有味。居在貞陵洞，洞是都城西小門下，故號白下。兄判書游亦善書，書牘之半行，或言勝於白下云。大抵梧陰之後多善書，雖其拙者亦班乎他之能書人。白下族人尹判書得和，亦擅一時能書名，多書公私金石。同時縉紳洪參判鳳祚書金石。洪筆多肉，其從子洪參判梓書金石，而札翰詩箋之半行真草，流動濃麗尤拔萃。南奉朝賀有容書金石，其弟縣監有定亦善書。奉朝兄弟筆派來自其曾祖，號壺谷，官判書，名龍翼，壺谷蜀體字癯而畫勁態逸，足躋上世名手。奉朝父漢紀官同敦寧善書，亦壺谷體，而遒勁尤勝於壺谷。金侍直致萬，書金石，爲人沖淡高雅，無仕宦家氣味。有兩子，官諮議持平名鍾厚，伯也；官議政名鍾秀，季也。亦各有書才。《破閒集》曰：“金生筆法奇妙，非晋魏人所及，麗朝有大鑒國師，學士洪灌擅筆，清平李資玄祭文，僧惠素撰國師書，世謂三絶。評曰：‘引鐵爲筋，摧山作骨，力可伏螭，利堪穿札。’”麗朝後，安平大君，韓石峰，尹白下，李圓丘可軼前轍。《並世才彦録》

赴諸儒肄業所，儒士數輩分韻賦硯滴，吟哦方苦之際，有一僧來過，群儒使賦韻，即應曰：“天女何年一乳亡，偶然飛下落文房。年少儒生爭手撫，不勝羞愧淚滂滂。”諸儒大驚閣筆。《樗湖隨録》

帝書幽居

魏仲先常跨白驢，號曰“驢處士”。真宗祀汾陰，回望林嶺間亭檻幽絶，意非民俗所居。時仲先方教鶴舞，俄報有中使至，抱琴踰垣而走，留詩題壁間曰：“達人輕禄位，居處傍林泉。洗硯魚吞墨，烹茶鶴避煙。閑惟歌聖代，老不恨留年。靜想相尋者，還應我最偏。”中使以詩奏之，帝曰：“野不來矣。”時王旦爲相，仲先寄詩曰："泰岳汾陰俱禮畢，這回好伴赤松遊。"蓋譏王不諫封禪，又不如子房休退也。其後萊公鎮洛，凡三邀不至。公暇日修刺訪之。葛巾布袍，禮甚平簡，論談騷雅，相得甚歡。相别，謂公曰："盛刺不復換，留爲山家寶。"再秉鈞軸，獻詩門下曰："好去上天辭富貴，歸來平地作神仙。"蓋勸公及時休退也。公得詩不悦，後二年，貶通州。每題詩於窗，朝夕吟哦之。所居東郊有水竹之勝，帝遣畫工圖之。故其詩有"幽居帝畫看"之句。先是，种放隱終南豹林谷，性頗嗜酒，躬耕種秫以自釀，所居别業亦殊幽絶。真宗聞之，亦遣中使携畫工圖之，開龍圖閣，召宰輔觀焉，賞歎之，待以殊禮。然放以處士，召見拜官。後謁告歸别業，恃恩驕倨，其爲人不如仲先遠矣。故王嗣宗上書言"放實空疏，專盜虚名，且陛下召魏野，野閉門避匿，而放陰結權貴，以自薦達"云云。蓋嗣宗不見待於放，而有是言。然放亦難免於盜名之譏矣。《龜磵詩話》卷十二

孟郊射鴨　趙衆吏隱

東坡《題河城南縣尉水亭》詩曰："已作觀魚檻，仍開射鴨堂。"日逍遙吟哦，有吏隱趣。宋趙衆簽判龍川，作吏隱，有詩曰："滿耳江聲滿目山，此身疑不在人寰。民含古意村村静，吏束刑書日日閒。"汪待舉知處州，百姓歌之曰："官舍却如僧舍静，吏人渾似野人閒。"亦可謂吏隱堂也。《龜磵詩話》卷二十四

子美玉華宫[①]篇　文濳離黄州詩

貞觀二十年，建玉華宫於防州宜君縣鳳凰谷。當時以爲清凉勝於九成宫，苻堅墓在宫前，有溪曰"醽醁"，蓋取溪色如酒色之碧。至德二載，杜工部往鄜時，作《玉華宫》詩曰："溪回松風長，倉鼠竄古瓦。不知何王殿，遺構絶壁下。陰房鬼火青，壞道哀湍瀉。萬籟真笙竽，秋色正蕭洒。美人爲黄土，况乃粉黛假。當時侍金輿，故物獨石馬。憂來藉草坐，浩歌淚盈把。冉冉征途路，誰是年長

者。”起結凄黯，讀者殆難爲情。而九成隋所建，唐以爲之爲戒，故云“荒哉隋家帝”。玉華，唐所創建，不敢指斥，故云“不知何王殿”。太宗創業主也，貞觀習治世也，而勞人費財，營建廢時，逸豫於離宮，故詩人諱之曰“不知何王殿”，其意深矣。《容齋隨筆》曰：張文潛暮年在宛丘，何大圭方弱冠，往謁之。凡三日，見其吟哦老杜《玉華宮》詩不絶口。大圭問其故，曰：“此音乃《風雅》鼓吹，未易爲子言。”大圭曰：“先生所賦，何必減此？”曰：“平生極力摹寫，僅有一篇稍似之，然未可同日語也。”遂誦其《離黄州》詩，偶同此韻曰：“扁舟發孤城，揮手謝送者。山回地勢卷，天豁江面瀉。中流望赤壁，石脚插水下。昏昏煙霧嶺，歷歷漁樵舍。居夷實三載，鄰里通借假。别之豈無情，老淚爲一洒。篙工起鳴鼓，輕櫓健於馬。聊爲過江宿，寂寂樊山夜。”此其音鄉節族故似之矣，讀之可默諭也。《龜磵詩話》卷二十四

① 宫：底本訛作“管”，據下文改。

知足亭趙之瑞卜居於智異山下，左右圖書，吟哦自娱，其《漫興》詩曰：“愁坐清宵數漏籤，朝來捲箔對山尖。鶯含晚色啼深樹，燕掠輕陰入短簷[①]。卧穩自知身慣懶，家貧非是爲我廉[②]。平生壯志消磨盡，羞把菱花照老髯。”《海東詩話》

① 簷：底本訛作“詹”，據《國朝人物志》改。

② 領聯頸聯底本原錯倒，據《東文選》卷八改。

羅翊衛詩

翊衛羅公蔘在桂坊，以輔導名。常從果川騎柴牛入就直，直廬有詩曰：“胄筵勤御講虞唐，穆穆聲輝動遐荒。大度何曾防忌諱，小臣猶許盡疏狂。夜歸撤與金蓮燭，晝接常燻睡鴨香。感激渾忘身側陋，新詞賡續月重花[①]。”“妙選名勝屬侍衛，清司不但日吟哦。宫花夜夜開蜂市，苑樹深深任鶯訛。雲廐飛龍成錦繡，紫門饔監總纖

羅。蒼生粒米猶艱乏，肻講優遊奈若何。”“銅龍通籍歲華渝，白髮星星著鬢鬚。人笑十年揚執戟，自詑孤直汲長孺。新添玉署皆生面，舊跰金墀仍病軀。竊禄已多慚報效，計資論晦判庸夫。”“十載銅闈仄樗散，幾霑雨露近臣同。緑囊擎出椒房裏，團扇須來桂殿中。疏迹於今侈御物，忠信自古起寒蓬。一朝瓜報歸田里，佳節名辰倍覺衷。”乙亥五月呈瓜作。《蘭室詩話》

① 花：當作“光”。

博采故事

李穆堂紱《陽秋館文集序》：昔陸澄以博學名於南齊，尚書令王儉嘗出巾箱几案雜服飾，令學士隸事，事[①]多者與之，人人各得一兩物。澄後來，更出諸人所不知事，復各數條，並奪物將去[②]。往聞長老言湯先生若士作《南柯夢傳奇》，考得蛾事百二十餘條，送師先生惟審，令補所未屬。先生增六十餘事以報，此皆吟哦長進有補者也。《詩家點燈》卷一

① 底本脱“事”，據《南齊書》卷三九補。

②《南齊書》作“並舊物奪將去”。

吃煙詩兼煙具

煙草，一名蔫。《字書》，菸同。於虔切，不鮮也，食物餲也。《楚辭》“菸邑而無色兮”，注“葉無色也”。《譯語同文》二解：菸訓痰排。今我東方言呼煙草曰痰排。生於兩西曰西草，他道生者曰南草，美其名則稱南靈草。皇明神宗萬曆末，從海船入中國漳汀之地，稱煙草、煙酒、淡肉果、金絲醺、淡芭菰、擔閑歸諸名，或稱煙茶、新茶。我東則光海君戊午自中原、日本流入，張谿谷維先吸之。中國則韓菼慕廬遍嗜之。日本玄澤大槻茂質著《蔫録》二卷，即煙譜也。余嘗輯《煙草辨證》一篇。王士禛《香祖筆記》，呂宋國所產煙草之外，又有製爲鼻煙者，可明目辟疫。以玻瓈爲小瓶貯

之，瓶形種種不一。以象齒爲匙，就鼻嗅之，還納於瓶。内府製造，民間或倣，終不及云。此今鼻煙壺也。中原人嘗把弄，須臾不離手中，自洋來者爲最。洪亮吉陽湖《七招》“吕宋所產，一世瑞草。含茹則火入四肢，呼吸則煙騰百竅”。自注“菸，草一種。百年來盛行，近復尚鼻煙，皆刳玉爲瓶。五官拉雜，黑塞竅穴”云云。按《蔫録》:“蔫，本名削墨兒書、答跋菰。答跋菰本一小島之名，在北海，屬五大洲之一亞墨利加洲。其地產一種卉，土人呼曰百杜摸，是答跋菰之原稱也。”吃煙詩甚罕，今僅得數篇。清胡然《煙》詩：“流播自遐方，爭看帶火嘗。辟寒同麴蘗，解渴勝茶湯。堪助吟哦趣，能增齒頰香。霏霏呼吸處，雲霞滿衣裳。”清陳業《詠煙筒》詩:“截得篔簹竹，裝成一勺宜。煙雲時吐納，杖屨慣追隨。直欲淩茶碗，還堪敵酒卮。吟邊與夢後，正爾繫相思。”清翁長祚《花曆百詠吃煙詩》注：吃煙至本朝始盛，不但男子盡然，即閨閣中亦皆手執煙袋，呼吸無忌者。一士人作詩詠之。“寶奩數得買花錢，象管雕鏤估十千。近日高唐增妾夢，爲雲爲雨復爲煙。”“鳥絲裊裊細於綿，點點微櫻紅欲然。差擬海棠初雨後，凝脂和粉泣朝煙。”楊次世先生《西湖竹枝詞》:“白石敲光細火紅，繡襟私貯小金筒。口中吹出如蘭氣，僥倖何人在下風。”何承燕《吸煙美人》調《滿庭芳》:“吐納櫻唇，氛氳蘭氣，玉纖握處堪憐。脂香粉澤，分外覺清妍。豈是陽臺行雨，剛來自、十二峰邊？闌干外，風鬟霧鬢，猶自繞雲煙。 流連。怎禁相思暗結，閒悶難捐？算消遣春愁，此最爲先。怪底鴛鴦繡倦，停針須望爾情牽。懽喜有、知心小婢，一笑遞嬋娟。”《留青全集》，董以寧《謝送金煙筒啓》:“囊號銷雲，仙人佩去；壺稱吐雨，學士携歸。頃受彤管之遺，如當碧筩之勸。未謝人間火食，已餐天上煙霧。豈葛老抽刀，切金絲而飼鶴；若王喬吹管，種瑤草而呼龍。”清曹廷對《謝貽金絲煙啓》:“口生丹篆，學獅炭之吐香；手挹青雲，勝龍團之解渴。色逾柳絲，細埒花鬚。錦囊時呈，犀筒頻吸。”清姜天粲《謝贈煙啓》:“神農百草親嘗，獨遺其味；張騫諸種未列，斯珍其殊。自慚丰洒學士，竊附煙花神仙。頃承石馬遙頒，欲作喉間之甘露；敢向銀鹿拜賜，勝餐嶺上之朝霞。吐出遊絲，浮雲繚遠；圍成香縷，丹篆瀠洄。疑醉公瑾之醇醪，不覺玉山之頹矣。當子瞻之軟飽，姑以彤簡試之。”我東清陰金公在藩陽時，遲川、鳳巖二公吸煙不止，呈小詩調之。詩曰：“冰盌蜜香飱雪地，金爐獸炭吸煙時。兩家風味誰能辨，却問靈臺笑不知。”遲川次曰：“人間萬事吾何與，冬夏冰湯各順時。不用區區較得失，終須冷暖自心知。”李東郭礥入日本時，次謝富田南草詩：“只取流津忌迸筋，剉來輕縷却生芬。燃時愛吐霏霏霧，吸處如吞裊裊雲。偏合異鄉無夢客，最宜寒夜踐更軍。慇懃盛貺將何報，蘭室交情感襲薰。”日本人伊藤聖則《煙草詩》：“南洋航異草，中土植藥芊。艷奪黃鸝色，香含翡翠煙。玉樓銷卯酒，石室攬春眠。吹作連環起，隨風始自遷。”此記煙之大概也。張心齋潮記煙戲：吸煙作山水樓臺，如蜃樓。李斗《揚州畫舫録》記煙戲：又匡子善煙戲以遊，時人謂之“匡煙”。煙器中有水火爐。一名水煙，近又有鴉片煙，煩不能殫筆。韓慕盧門人有《淡巴菰歌》，姑未入見，故不能記。《詩家點燈》卷二

古配飾略記名

唐張泌《妝樓記》:《玉觀音》：有女子卸冠者，奉觀音甚肅，比丘尼往往勸其修淨土，云：“當作觀音觀，觀其法身，愈大愈妙。”自此夜夢見之，然甚小，若婦人釵頭玉佛狀。一日其夫寄玉觀音，類夢中所見，自是奉之益篤。《翡翠環蜻蜓帽》：何充妓於後閣以翡翠指環換其刺繡筆，充知嘆曰：“此物洞仙與吾，欲保長年之好。”急以蜻蜓帽贖之。此亦可作故事吟哦者也。《詩家點燈》卷六

詩觀

文章，儒者之末事也。詩又文章之末事也。故古人謂以雕蟲小技，其事不過評花課鳥鏤紅刻青而已。雖使名篇傑句爲時傳誦，亦

何補於治教也？是以濂洛之門無一人工詩，非不能，但不事此耳。至朱子則工詩，其五言古體直逼陶謝，胡邦衡至以詩人薦於朝。後朱子每以作詩悔恨，然逮至晚年詩逾精逾多，詩果何損於朱子乎哉？我東諸賢，動法朱子，故退、栗、尤庵，亦皆賦詩，如使考亭無詩一如程叔子，東賢亦必不作一句閒言語矣。退、栗兩先生詩皆清新不減於本來詩人。尤翁詩尤多，其首尾含百餘首，倣《擊壤集》，而雖不及康節，尤翁詩諸篇皆俊逸豪爽，無一陋俗意，詩亦一大家也。風雅比興，雖在《六經》之列，漢魏以後詩家，陶謝頗有風人之義。六朝則靡麗而已，淫靠而已。至唐李杜始振而大之。然長於詩而已，其文則不可讀，且昌黎公因文而悟道，爲萬古古文之宗匠。如李杜詩人，何足謂文章，亦何足掛齒牙？而其贈張文昌詩曰："李杜文章在，光焰萬丈長。不知群兒愚，那用故謗傷。蚍蜉撼大樹，可笑不自量。伊我生其後，舉頸遙相望。夜夢多見之，晝思反微茫。徒觀斧鑿痕，不矚治水航。想當施手時，巨刃磨天揚。垠崖砉崩豁，乾坤擺雷硠。惟此兩夫子，家居率荒凉。帝欲長吟哦，故遣起且僵。翦翎送籠中，使看百鳥翔。平生千萬篇，金薤垂琳琅。仙官勅六丁，雷電下取將。流落人間者，泰山一毫芒。我願生兩翅，捕逐出八荒。精神忽交通，百怪入我腸。刺手拔鯨牙，舉瓢酌天漿。騰身跨汗漫，不著織女襄。顧語地上友，經營無太忙。乞君飛霞佩，與我高頡頏。"又《石鼓歌》曰："少陵無人謫仙死，才薄將[①]奈石鼓何。"蓋極口歆艷也。韓公且然，如張籍之燒杜詩呑之，無足怪也。宋敖陶孫評古今詩，其末乃曰："獨杜工部如周公製作，後世莫能擬議。"詩至李杜，豈可以末事少之？其詩當與左馬韓歐之文不朽無可疑。韓公宜其如此，而至於東野、浪仙，則直一詩人。然韓公之推許甚至有曰："孟郊死葬北邙山，日月風雲[②]頓覺閒。天恐文章中斷絶，再生[③]賈島在人間。"何其太過也？古之君子，每於同志友往往如此。歐公之於蘇子美、梅聖俞亦然。雖以朱子之大賢，在南軒不能無私好。故《張魏公行狀》多至一卷，而其曰"勳存王室，澤在生民”，又謂奥知隣於生稟，以比之伊霍孔明。然魏公務曲端逐李綱，又與趙鼎不相能，又有符離之敗，王師覆没。百世之下，何以逃其罪也？《智水拈筆》卷二[④]

①將：底本作“爭”，據《昌黎先生集》改。

②風雲：底本作“星辰”，據《昌黎先生集》改。

③再生：底本作“更教”，據《昌黎先生集》改。

④《智水拈筆》：八卷。洪翰周（1798—1868）撰，國立中央圖書館藏本。翰周字憲卿，號海士，豐山人。今傳《海翁稿》。

林川之趙瑗號雲江，正萬之曾，錫馨之祖，希逸之父。雲江之妾有李瑗，玉峰其號也，與蘭雪許氏、扶安妓桂生、林碧堂、玄翠竹，時號爲“女娘五文章”。有嬋娟婥妁之容貌，能吟哦月露之詩律。清調彈調，雲雨金笙玉瑟，能使鬼神上下，所謂仙家者流也。楊蓬萊士彦風骨不俗，楊妾曹氏亦文章者流，亦與相尋焉。其田月樓、瑤琴、藕花之詠，耿耿出塵，無煙火口氣，則字字唐人魄，可也。《青邱韻鉢》

大唐盛唐遠矣。“巨靈劈山洪河渴，長鯨吸海萬壑貧。如傾元氣入胸腹，須臾百媚生陽春。[①]”此大唐體。“大鵬一日同風起，扶搖直上九萬里。假令風歇時下猶，未能簸却滄溟水。[②]”此盛唐體，響高影遠，非吟哦者所極也。斧之鑿之，有痕有跡，而爲晚唐體。吟哦者沈思之、默會之、良久之可極也。《青邱韻鉢》

①《宋藝圃集》卷十三馬存《燕思亭》：“李白騎鯨飛上天，江南風月閒多年。縱有高亭與美酒，何人一斗詩百篇。主人定是金龜老，未到亭中名已好。紫蟹肥時晚稻香，黄鷄啄處秋風早。我憶金鑾殿上人，醉著宫錦烏角巾。巨靈擘山洪河竭，長鯨吸海萬壑貧。如傾元氣入胸腹，須臾百媚生陽春。讀書不必破萬卷，筆下自有鬼與神。我曹本是狂吟客，寄語溪山莫相憶。他年須使襄陽兒，再唱銅鞮滿街陌。”

②李白《上李邕》：“大鵬一日同風起，扶摇直上九萬里。假令風歇時下來，猶能簸却滄溟水。世人見我恒殊調，聞余大言皆冷笑。宣父猶能畏後生，丈夫未可輕年少。”

·吟 諷·

昔僕出佐桂陽，承廉使符到龍山，宿韓相國彦國書齋。峰巒盤屈狀若蒼蛇，而齋正據其額。江流至其下分爲二派，江外有遙岑，望之如山字。僕朗吟而起，信筆題於壁云："二水溶溶分燕尾，三山杳杳駕鼇頭。他年若許陪鳩杖，共向蒼波狎白鷗。"天水亦樂，即韓相國門生也，謁相國，酒行誦此詩。相國停杯吟諷，乃曰："漢陽之遊計今已五十年矣，聞此一句，其山光水色歷歷如在眼前。此古人所謂詩中畫也。"《破閑集》卷中

京城西十里許有安流漫波，澄碧澈底，遙岑遠岫相與際天，實與蘇黄集中所説西興秀氣無異。士子盧永綏有才調，嘗日暮泛一葉泝流而行，欲抵宿湖邊寺。中流長嘯，怳若有得云："風蕭蕭兮易水寒，孤舟獨往。"放聲吟諷，恨未有續之者。忽於蘆葦間煙霏掩昧中即應聲曰："靄沈沈兮楚天闊，遊子何之？"盧公聞之，驚愕不自定，乃曰："此間無人居，是必仙真也。"停棹不得去。夜將午，回顧無人聲，唯殘星缺月倒影霜濤間，遂還。明日都下喧傳："有天仙降西湖。"後踰月聞之，乃及第柳脩寄宿於漁舟。《破閑集》卷下

陳、高兩天使所留題詠裒集，名曰《皇華集》。芹館儒士聚坐吟諷而讚之。柳上舍正孫在旁乃言曰："此詩如此美，故吾祖參判公好觀之。"滿座大噱曰："今時天使所製之詩，汝祖何由觀之？"儒士又論饌物，偶及大饅頭之味。崔上舍八俊曰："吾祖母每作此物而食之。"座中大噱曰："大饅頭惟於接天使大饗之禮設之。汝祖母雖甚豪富，豈得常常而食之？"當時皆笑二人之嗤妄也。《慵齋叢話》卷七

余於正宗以後，酷愛韋應物詩，不可殫記，姑以素所吟諷者記之。《相逢行》曰："二十登漢朝，英聲邁今古。適從東方來，又欲謁明主。猶酣新豐酒，尚帶霸陵雨。邂逅兩相逢，別來問寒暑。寧知白日晚，暫向花間語。忽聞長樂鍾，走馬東西去。"《雜體》曰："沈沈匣中鏡，爲此塵垢蝕。輝光何所如，月在雲間黑。南金既雕錯，鞶帶共輝飾。空存鑒物明，坐使妍媸惑。美人竭肝膽，思照冰玉色。自非磨瑩工，日日空嘆息。"《寄元校書》曰："悽悽去親愛，泛泛入煙霧。歸棹洛陽人，殘鍾廣陵樹。今朝此爲別，何處還相遇。世事波上舟，沿洄安得住。"《逢楊開府》曰："少事武皇帝，無賴恃恩私。身作里中橫，家藏亡命兒。朝持樗蒲局，暮竊東隣姬。司隸不敢捕，立在白玉墀。驪山風雪夜，長楊羽獵時。一字都不識，飲酒肆頑癡。武皇升仙去，憔悴被人欺。讀書事已晚，把筆學題詩。兩府始收跡，南宮謬見推。非才果不容，出守撫惸嫠。忽逢楊開府，論舊涕俱垂。坐客何由識，唯有故人知。" 如《擬古》十首篇篇珊瑚柯，覺一室光也。《晴窗軟談》卷上

律詩非古也，而後世詩人專用是鳴世，而古詩晦矣。今當於平居述懷叙事等作，以五言小篇發之，此則不待習作可效也。日用酬應則專用律詩，不可已也。然唐以下律詩百家浩汗，必須精選熟讀，又必多所習作，可以諧適音韻，名世擅場可期也。初唐則沈、宋之流若干篇，可以抄覽。盛唐則王、孟。青蓮近於古詩，不可學也。高適岑參李頎崔顥若干篇可觀。所當專精師法者，無過於杜。爲先熟讀吟諷，然其横逸艱晦之作不可學。專取其精細高邁者以爲準的。然不參以唐律，則自不免墮於宋格，須以韓柳韋錢起皇甫非一人竇五竇之類兩劉數百首參之長卿詩多抄，摹襲其聲色，方爲專美。《學詩準的》

章孝標元和下第[①]，作《歸燕詩留獻侍郎庾承宣》云："舊壘危巢泥已落，今年故向社前歸。連雲大厦無栖處，更望誰家門户飛。"承宣吟諷，誠恨遺才，及重典禮闈，孝標擢第。《詩文清話》卷二

① 此條見《説郛》引《雲溪友議》。

張迥少年苦吟，未有所得[①]，夢五色雲自天而下，取一團吞之，遂精雅迥異。有《寄遠》詩曰："錦字憑誰達？閒亭草又枯。夜長燈影滅，天遠雁聲孤。蟬鬢凋將盡，虬髯白也無？幾回愁不語，因看朔方圖。"携卷謁齊己，點頭吟諷，改"黑在無"，迥遂拜爲一字師。《詩文清話》卷二

① 此條見《記纂淵海》引《南唐野史》。

三唐七絶除是拗體，大可吟諷。予所深喜者，如寄家人三首，摹寫情事真入神境。一"隴山鸚鵡能言語，爲報家人數寄書[①]"，二"馬上相逢無紙筆，憑君傳語報平安[②]"，三"只恐怱怱説不盡，行人臨發又開封[③]"。皆愈淺而深，愈近而遠。《詩文清話》卷三

① 孟浩然《赴北庭度隴思家》。

② 王之涣《逢入京使》。

③ 張籍《秋思》。

許、魏之來，朝廷議，令遠接使從容告以宗系等辨誣事，仍以《牧隱集》中桓祖大王及李仁復墓碑示之，且曰："覽此，則國祖與李仁任不爲一李，自可辨矣。"蓋李仁復爲李仁任兄故也。許讀過曰："文章甚好，欲見此人詩篇。"洪純彦對曰："詩集不來矣，浮碧樓中有所製題詠。"答曰："汝試寫之。"純彦遂寫"昨過永明寺，暫登浮碧樓。城空月一片，石老雲千秋。麟馬去不返，天孫何處遊？長嘯倚風磴，山青江自流"之詩以呈。許吟諷良久曰："汝國安有如此之詩乎？"其言似輕東國，而心服牧隱之作也。《詩話叢林》

《歷代律選》跋

吾甥沙熱金會一，搜輯唐宋元明諸詩人短律五七言若而篇，朝夕吟諷，間以示余。余曰：自唐而明，詩人甚多，而爲卷者只四，其選固艱矣。然其時代之高下，製作之粹駁，不可不知也。唐以辭采爲尚，而終和且平，絶無浮慢之態。所以去古最近，末流稍趨於下。則宋蘇、陳諸公矯以氣格，後又不免粗鹵之病。而元人欲以華腴勝之，靡弱無力，愈離於古而莫可返。於是李何諸子起而力振之，其意非不美矣，摹擬之甚殆，同優人假面，無復天真之可見。鍾譚輩厭其然，遂揭"性靈"二字以嘩世率衆，而尤怪癖鄙倍無可言矣。錢虞山至比天寶入破曲，以爲國運兆於此，非過論也。此四代詩學遷變之大較也。是編雖遍録四代之作，而淘其精，汰其滓，鮮有不中選者。會一若就其中深究高下粹駁之别，知所商量，則幾矣。余素昧詩學，猶知"温柔敦厚"四字爲言詩之妙諦，而朱夫子《與鞏仲至書》爲至論，於是乎言。若其傳寫筆迹皆倩親族朋游，而不拘腕法之工拙，則又可見會一篤於人倫，纏綿不解，必欲造次流覽之間，常如其人之在旁，其亦可尚也已。歲舍己酉中夏，陶山老夫書。
《陶谷雜著》

星山人鄭錫儒丁巳記異曰，正月十七日夜，讀書於星州梅竹堂。起如廁，上支頤軒。時月明如晝，秋毫可數，神氣爽朗，彷徨吟諷。忽見烏帽絳袍官人從西牆叢竹間出來，曰："欲見子，願少留。"余心知其鬼，但七尺好身，美鬚髯，骨格崒嵂，辭氣舉止絶不類冥界人。舉手揖曰："敢問大官居停何所？名姓爲誰？"官人愀然答曰："東西南北之人，自無的處居停。言欲知姓名，有官稱曰'諸牧使'，於子爲舊地主。如不吾信，考諸先生案。"余曰："敢問欲見云者何？"答曰："我以固城常漢，當壬辰乱，起兵討倭，所向無前。朝廷時除爲本州牧使。受命未久，不幸身死，功名不克大就。然熊海斫營，鼎津迎賊，寡敵衆，弱制強，其斬獲亦足暴揚後世。而國史不傳，後人不復知有諸牧使者。長逝魂魄私恨無窮者非耶？天若假我壽數年以禦賊，可使倭隻輪不返。如鄭起龍諸人，豈與我敢敵哉？鄭則卒以勳名起家爲統制使，脂膏人齒齶。我獨未焉，命也夫！”遂拔腰下所帶劍示余曰：“此吾起兵時所殺倭偏將劍也。”其長尺餘，脊上血模糊焉。仍擊節忼慨謂余曰：“偶有詩，子可聽吟。”詩曰：“山長雲共去，天迥月同孤。寂寞星山館，幽魂有也無？”又曰：“幽魂之幽字，即幽深之幽字也。”余惟詩意，若有冤死星山。曰：“詩則高矣。但未知旨意所在。”答曰：“願無忘，當有知也。”回身舉趾行數步後，顧謂余曰“願無忘”者三，言訖仍忽不見。明日閱先生案，果有諸牧使諱諸沫，而注其下曰“到任四月而罷歸，時維癸巳年”云。《詩話彙成》

晚唐之人吟諷吊古者多矣，斷煙平蕪，淒風澹月，荒寒蕭瑟之狀往往慨然以悲，如劉夢得、劉滄、吕温之詩，皆載於《唐詩鼓吹》。而其葩藻之勝，婉轉之態，能使人感慨不已。我東人之詩只詠其景而無瀏漉之意，此所以不及於唐人遠矣。金佔畢齋《東都懷古》詩曰：“連雲草樹舊江山，華表亭亭壓市闤。石老鮑魚猶片段，城空半月自彎環。誰教外侮輕周鼎，終見降王叩漢關。千古金鼇閱興廢，夕陽和恨滿孱顔。”雖以佔畢齋之大手，比之於唐詩則不啻如珷玞之於良玉，其他即又何說？近世趙綸有句曰：“觀象石臺餘魯殿，魂返金尺落《齊諧》。”琢句則好矣，而無自然底意，巧而止耳。僧人處能扶餘懷古詩曰：“白馬波聲萬古留，男兒到此涕堪流。始誇魏國山河寶，終作吳江子弟愁。廢堞有鴉啼落日，荒臺衰妓舞殘秋。漁翁不識前朝事，時傍沙鷗泛葉舟。”此詩聲響則可謂仿佛，而精深典雅則不如佔畢齋《東都》詩矣。今世李羲師松京有懷古詩，即今世之驪珠矣。申光洙《箕子墓》詩曰“井畝秋生太古煙，蒼茫遺跡正堪憐”者，可與李詩爭雄矣。然我東之詩自爲一體，而音律終未免鈍滯，至於今則詩道又一危矣，稱以能詩者，只得蕭散之語而無瀏澆之意，元不知格調之爲唐爲宋，而強以呼之曰“我能唐焉”，還不如高麗之人全學蘇黄也。可歎！《筆苑散語》編上第一

退溪先生《義州十二詠》氣格雄豪，音節壯浪，非騷人之所可得以仿佛，當世詩人孰能敢敵？詩者乃一技而發乎自然，而非造作也。先生非有意於詩，而縱横放曠，千彙萬狀，譬之於風雲月露之浮豔者何如也？余常目而吟諷焉，其首絶《鴨緑天塹》曰：“日暮邊城獨倚欄，一聲羌笛戍樓間。憑君欲識中原界，笑指長江西岸山。”《筆苑散語》編上第一

牧隱詩

余滯雨村閭，始甚壅鬱，久亦心安。忽憶牧隱詩一聯云：“田字窗臨口字庭，炊煙朝暮鎖虛廳。”牧隱是麗朝貴近卿相，末乃遷謫流離，卒無安息之日。此詩蓋記其實也。仍分成兩絶句云：“斗形廬在盤形野，田字窗臨口字庭。休怪打頭容膝足，此身安處便心寧。”“牆不防風窗近竣，炊煙朝暮鎖虛廳。閉眉嘿坐閑調息，耐過心事養性靈。”牧隱又嘗有詩云：“身爲病敵難持久，心與貧安已守成。”亦傷歎之極，發諸吟諷也。余又分成二絶句云：“身爲病敵難持久，百怪交攻敗兆多。縱有遮罹殘枝在，其如形弊志衰何。”“心與貧安已守成，蔽形充腹免傷生。孰知蹈分營爲絶，外侮紛紛只閉城。”此乃慕古之一端，非喜爲詩也。《星湖僿説》卷二十八

李上舍復運詩：“懶村居士借村丁，牽馬如牛馬不行。行到華山知近遠，石榴牆上午雞鳴。”此可入畫譜。一回吟諷，神惺眼明，恍若目見也。李又别咸鏡道都事崔某詩云：“秋陽晞髮卧蒿蓬，世上惟君在夢中。緑水芙蓉初北地，青門楊柳又西風。十年京口無錢活，萬歲橋頭有路通。行到姝城應駐馬，朔雲開月一尊同。”亦膾炙人

口。李即鵝溪李相之後，卒坎坷不遇云。《星湖僿説》卷二十九

曹梅溪詩

曹梅溪詩云："突兀雙高馬耳峰，雲端擎出玉芙蓉。何當插得衝天翼，飛上尖頭一蕩胸。"洪篠叢詩云："深復深山無主花，等閑蜂蝶不曾過。春風廿四吹將盡，嫩緑陰成可奈何。"梅溪有飄舉出塵之想，篠叢有退藏惜時之意，皆可誦。吟諷之餘，録之。《星湖僿説》卷二十九

作歸燕詩　留獻主司

《雲溪友議》云：元和下第試人多爲詩刺主司，獨章孝標作《歸燕》詩留獻侍郎庾承宣云："舊壘危巢泥已落，今年故向社前歸。連雲大廈無棲處，更向誰家門户飛？"庾吟諷，恨其遺材，及重典禮闈，擢孝標。《青瑣高議》載：唐僖宗時，于化成依中丞蔡授門館。一日告去，作《燕離巢》詩，主人復留之。其詩與孝標詩全同，但"落"字改作"隳"字，豈化成竊孝標之舊什耶？將《青瑣高議》之傳誤也？又歐陽澥赴舉，久不還家，自憐十八年帝鄉未遇知己，乃作《燕》詩獻主司鄭愚[①]曰："翩翩雙燕畫堂開，送古迎今幾萬回。長向春秋社前後，爲誰歸去爲誰來？"後竟登第。澥，四門詹之孫也。《龜磵詩話》卷十五

①愚：底本訛作"薰"，據《雲谿友議》卷下改。

白樂天當太和中，退居洛陽，方獨游香山寺，聞王涯、賈餗等遘禍，有詩曰："當君白首同歸日，是我青山獨往時。"又曰："麒麟作脯龍爲醢，何似塗曳尾龜。"樂天與王涯不相得，此詩之作哉，以爲幸之也。蘇子瞻曰："樂天豈幸人之禍者哉？蓋悲之也。"夫樂天以清名直道既蔚然光顯於時矣，而年未及耆，見幾遠引，既不罹訓注之禍，又不染牛李之黨，卓然獨立於寵辱之外，亦可謂達人也已。

然其發於吟諷者，尚往往有不能超然忘情者，如所謂“今日憐君嶺南去，當時笑我洛中來”，及“偶因明月清風夜，忽想遷臣逐客心。始知洛下分司坐，一日安閒直萬金”者，皆較計彼我，有沾沾自喜之意。古之達人亦恐其不如是也。然其曰：“禍福茫茫不可期，大都早退是先知。”則真千古不易之格言也。斯言也，人皆知之，而樂天獨久蹈之，可不謂賢乎哉？《鶴岡散筆》卷三

林西河紺嶽長篇

高麗林椿字耆之，字大年，西河人，屢舉不第，嘗作詩曰：“科第未收羅隱恨，離騷空寄屈平哀。”毅宗末，闔門遭禍，脱身僅免，窮厄而死。金克己讀林學士文集有感詩曰：“蛾眉肯爲微颦損，駿足終因暫蹶傷。”李仁老《破閒集》曰：“林西河失志遊江南，聞鶯賦一絶云：‘田家椹熟麥將稠，緑樹初聞黄栗留。似識洛陽花下客，殷勤百轉未能休。’”著《西河文集》六卷。《積城縣誌》：我王考青莊館先生爲知縣時，承命編撰其舊事，載林西河《紺嶽》長篇曰：“高麗詩人林椿嘗遊紺嶽山，作長篇曰：‘造化小兒真好弄，摶沙戲作千峰众。玆山首尾跨數州，天外迴翔如舞鳳。嗟吾曾與山有素，拄杖高遊久未縱。探幽抉異從今始，好伴閒人躡飛鞚。彭鏗踏逕爭猿猱，挽攙始覺衣裳重。王室金堂如[①]漢士，潛通五嶽有幽洞。道人眼力覷天巧，架巖早結飛樓湧。我來問年笑不答，藜牀兀坐無迎送。屋底流泉清可挹，初嘗冷洌齒先凍。靈芝長産白雲阿，古松孤生蒼石縫。曉風吹雪落寒梢，眩轉[②]雙眸如走汞。臨軒一望大千界，不啻胸中九雲夢。此間不可無我詩，况彼煙霞助吟諷。人生萬事回頭錯，十隱高棲誰可共？無家莫畏妻孥罵，行樂何須妓女從？若許歸來專一壑，它年此地結茅棟。’”可跡唐宋。《詩家點燈》卷八

①《西河先生集》卷三題《遊紺岳正覺僧舍書其壁》作“餘”。

② 轉：底本訛作“傳”，據改。

論作詩難易

唐時升與曾長石編脩書："作詩之道，非難非易。易，故三百篇多出於野夫遊女；難，故成一家言代不數人。""能取古人之言而吟諷之嗟嘆之，久之知其言之所以然，又知其言之不得不然。由是而得之杳冥之中，出之恍惚之際，不規規於古人而自與之合，至於是而又不能無得之，則如迴飆之摑，賞音者知之；勞薪之炊，知味者辨之。若夫輕心掉之，怠心易之，昏氣出之，矜氣作之，此皆詞人所當反復也。①" 按，如此則詩可刹那得矣。《詩家點燈》卷十

①此條見唐時升《與曾長石書》。

吟諷滿篋如蠶繭纏縛

王衮與蕭純玉曰："吟諷之興老而未厭，數月間篋輒滿卷軸。如蠶作繭，雖日纏縛，當其作時，翻以爲樂。至后了結云何，姑付之不可知而已云。" 此與我日汩鈔癖，病而愈甚，老而彌篤，不知飢寒之如何，不辨苦樂之如何，與之偕亡者，有此一條路全焉。何代無此書饞也，自笑不已。《詩家點燈》卷十

法鏡瓦硯序銘

申小峰教善，即久要也。余於純宗甲戌，僦屋於麻浦大井里，亭名西湖亭，或稱萬千亭。隔一小阜即龍山江于一亭，小峰住焉。朝暮過從，可謂比隣。不數載，余入京第，小峰下鄉，即廣州鐵馬山下。自此音耗相阻，幾乎相忘。歲乙卯仲春，介弟煙郙上京城，路由馬岾，小峰家只隔一山崗，仍訪小峰及其胤秋浪樵夫。握手叙懷，而嘗遊忠州開天寺墟，讀法鏡碑，拾其破瓦鑿研，倣銅雀研，携去將遺石農李鍾愚侍郎，爲秋浪所奪。蓋知秋浪好古，如米南宫之癖也。秋浪爲作《法鏡瓦銘并序》，余愛其典雅，極有韻致，略鈔以藏，傳爲美談。其序銘曰："乙卯仲春之晦，李煙郙訪余於鐵馬山中。乃以法鏡瓦一方示余曰：'將遺石農李侍郎，而博其擘窠字云。'

余見之如拱璧，遂豪奪而基之曰：‘爲余謝夜半負趨之狀，則石農必所听然一笑矣。’余於是摩娑不置手，煙邨亦笑余汲古之癖甚於石農也。蓋法鏡瓦者，昔浮屠法鏡卓錫於忠州開天山，固名釋也。其徒建碑頌其焚修之跡，以閣庇焉。閣已毀而碑猶存，考其辭則瓦是天福二年物，於于今爲千年所矣。煙邨曾遊開天山，讀碑辭而奇之，遂得一片以歸，磨之擶之，爲風字研。研底以隸款識‘法鏡碑瓦天福二年’八字，色澤似端硯，發墨如歙石，洵古瓦之絶品也。噫！是瓦之頑然塊然，悽風苦雨，沈没宛轉於斷礎敗壁荒燐亂草之間者，不知其幾百載，復豈知爲李煙邨好奇者所得，滌土花，剜昔邪，磨礱作文用之室哉？然如遇石農，則與椽筆隃麋從事於縑緗油素之上者，靡匪珠墳笙典，黼黻皇猷，銀鈎鐵索，焜煌一世。而不於此，而於我扶犂之手，田野之所，染翰不過氾勝之書，耒耜之經而已。是又物理之幸不幸有未可知者也。銘曰：玉之美矣，或化爲蜮。瓦則賤之，而寶翰墨。物惟顯晦，起我心惻。於以結鄰，於汕之北。書無愧詞，媲古名德。”秋浪又寄余所著《雁紅蟬碧邨莊詩草》一卷，詩果超世警拔，匪近俗例套語也。但恨無具眼者摩挲吟諷，如法鏡瓦之千載一遇也。可勝惜哉！《詩家點燈》續編

總而言之，古樂府及漢魏六朝諸家，是古詩之淵源，學者不可不習。若由博返約，亦當取數家，時時服膺，固宜熟其形貌，尤要會其神理。漁洋論學五古詩曰：“古詩十九首如天衣無縫，不可學；陶淵明純任真率，自寫胸臆，亦不易學；六朝則二謝、鮑照、何遜，唐人則張曲江、韋蘇州數家，庶可宗法。”又：“所學七言古詩，當取唐杜岑韓三家，宋歐蘇黃陸四家，七古諸大篇，日吟諷之，自得其解。”此是漁洋教人法。然唐五古若陳子昂、孟郊，七古若李太白、昌谷、元白諸家，亦不可不究心。飛卿、義山七古，並能奇麗，雖不盡取法要，宜旁及也。《東洋詩學源流》

·吟弄·

昔季札觀於周[①]，陳列國之《風》而論其美惡。《風》之係於政尚矣，而詩又《風》之所自也。東方自檀、箕以降，分而爲三韓，合而爲羅、麗，以迄於我朝。其風之純正雅變代各不一，而即非史乘之所載，且無文獻之足徵，則後之觀人風者將於何知之哉？家叔兄花隱公閑居無事，概括東國稗記，集成一部詩話。余取而覽之，則因其世次，列其人物，凡山川風俗之所記述，風月樓觀之所吟弄，傍羅遍剔，附録名下，合爲十二編。譬如集百卉而成林，紅者白者各效其妍，皆足以供吾玩賞，而前輩之流風餘韻宛然如即席事。雖其悲歡之殊趣、華實之異尚，未必皆出於情性之正，然鄭衛之音不見删於《國風》之列，則均乎其使人感發而懲創之也。世之具眼者將按卷而尚論曰："某代某人，中華之建安諸子也；某人某詩，唐之正始中晚也；此則宋之西崑體也；此則明之雪樓調也。"歷代之聲律高下，自可涇渭於沿泝之中。而至於世級之升降、風教之污隆，亦可因此而概見。太史氏陳詩以觀風，則必不捨是篇而他求矣。覽者幸勿以巵言少之也。歲甲寅嘉平節，書於梧泉庄。《東國詩話彙成序》

① 此序底本脱。據奎章閣本《詩話彙成序》補。

《詩觀》五百六十卷寫本

親撰義例曰："《詩經》風雅頌三百十一篇，笙詩之無詞者爲六篇，此則闕而不録，凡六卷。逸詩，武王、穆王、祭公、謀父與闕名之作共七十首爲一卷。古逸，自黄帝甯封子，下至屠門高、百里奚妻八十七人，並歌謠軼詞，爲三百八十四首，凡四卷。兩漢至蜀漢二十七人而五十四首爲一卷。魏二十八人而二百八十二首，吴二人而四首，凡二卷。晋一百三人而五百三十六首，凡五卷。宋四十三人而四百九十三首，凡五卷。齊三十三人而三百二首，凡二卷。梁一百五十五人而一千八百六十七首，凡十三卷。陳七十三人而五百五十二首，凡四卷。北魏二十四人而四十三首，北齊二十二人而七十一首，爲一卷。北周十三人而三百二十五首，凡三卷。隋八十七人而三百三十七首，凡三卷。漢魏至隋失名之詩五百五十二首，各以時代附載。共爲古詩五十卷，而録詩六千一百七十七首。詩至於有唐而可謂大盛，上下三百年之間，作者名家磊落可數者蓋累百有餘。雖取玉於昆岡，多可抵鵲；而採珠於滄海，貴其探驪。今選四十三家，此其尤傑然可觀者也。齊晋迭霸，曹鄶可以無譏矣。”或者曰：“選止於四十三家斯可也。即此四十三家之作，安知無碔砆魚目之混於其間？則四傑之零章瑣篇，審言、子昂之閑題漫韻，決知有大遜於劉庭芝之《白頭翁》、崔顥之《黄鶴樓》者。此以卞氏之畜而並留其璞，彼以匹夫之懷而仍棄其璧，得無不可乎？”予曰：“誠有此言者。然詩之以家數者，若家之有貧富也。貧者之豆羹雖適甚味，安可與語於函牛之亨？此所以家以選之則不得不甚少，而詩以取之則不能不甚廣。要以見其宫室田牧車馬器服之備且多也。太宗秀發，典麗一代。風雅之盛，帝實啓之。玄宗初政，幾致貞觀之盛，詩亦諄諄肫懇，如漢帝之詔令。王勃命辭贍縟，屬對精切。楊炯思如懸河，酌之不竭。盧照鄰之悲壯頓挫，駱賓王之尤工五言，此其並驅方駕於子安、盈川也。陳子昂承徐庾駢儷靡曼之餘，制頹波而歸雅正。李嶠富於才思，文章爲一時之取法。沈佺期、宋之問約句準篇，如錦繡成文比肩之語，可見時人之推崇。杜審言其自語曰‘吾文章合得屈宋作衙官’，世譏矜誕，而即其自負則蓋如此。張説、蘇頲燕許大手筆，能鳴國家之盛。張九齡風度醖藉，人謂仙鶴下人間，而詩亦如其爲人。王維秀詞雅調，意新理愜，詩中有畫。孟浩然佇興而作，超然獨妙，氣象清遠，采秀内暎。李白上薄曹劉，下淩沈鮑，縱逸跌宕，若無法度，而從容於法度之中，飄飄淩雲，信乎其爲謫仙人。杜甫渾浩汪茫，千彙萬狀，兼古今而有之，又以忠君憂國傷時念亂爲本旨，讀其詩可以知其世，謂之詩史，不亦宜乎？若其詞氣風調之光焰萬丈，具有古人之定論。賈至素推館閣之哲匠。高適以氣質自高。岑參清切孤秀，多出佳境。李頎沈鬱抑揚，神情俱詣。儲光羲淡而遠幽而雅，洵爲王孟流亞。王昌齡緒密而思清。錢起理致贍遠。劉長卿五言長城，幾呼宋玉爲老兵。常建通衢野徑，終歸大道。韋應物閑淡簡遠，居然陶潛之遺韻。韓翃興致繁富，一篇一詠，人所共珍。盧綸妙悟透徹。韓愈騁駕氣勢，汪洋大肆，如金鴟擘海，鐵驄跑埒。柳宗元下筆創思，與古爲侔，精裁密緻，燦若珠貝。劉禹錫鋒穎森然，若劍花星芒。張籍長於樂府，忒多警雋。盧仝之險，李賀之詭，俱極詩家之變，取之者乃以備衆體也。白居易敘情鋪事，直寫胸臆，委曲濃暢，可許以達觀曠韻。元稹平易明白，與香山好對唱酬之手。杜牧清勵豪邁，詞輒可諷。温庭筠艷麗清拔，尤擅神敏。李商隱造意幽深，托情微婉。許渾偶對精妍。王建綴詞綺艷。唐詩之瓌觀，可無外於此。若郊島之寒瘦，往往令人幽悄不樂。皮陸之僻俚，晚季風氣，如醇酒之罄，醨糟不足啜。若此者非不卓然，號之曰名家。而去取之權衡，自有深意。亦唯善觀者可自知之耳。共爲唐詩一百二十七卷，録詩一萬六千四百五十首。宋詩蓋能變化於唐，而以其所自得者出之，所謂毛皮盡落，精神獨存者是也。嘉隆以還，哆口詩論者輒訾之以腐，是何異於談龍肉而終日餒者哉？但其全集傳者無幾，僅見於《東萊文鑒》、李子田《藝圃》等集，所收不過什一於千百。而吳之振之《詩抄》、曹庭棟之《詩存》，又寥寥選家之一臠。今取有元集可考而尤卓然著稱者十七人。王禹偁學李杜而未至焉者也，首排西崑之萎弱，倡以雄深之調，其功固偉矣。林逋平淡邃美，趣向博遠，辭主靜正而不露刺譏。韓琦意思深長，有鍛鍊所不及，吟弄之間，亦見其識度。蘇舜欽軒昂不羈，出於性情，超邁横絶，别有機杼。歐陽脩以氣格爲主，而不作排奡之句，一歸之於敷愉，略與其文相似。梅堯臣涵演閒遠，氣完力餘，老而益勁。王安石得深婉不迫之趣，精嚴簡核，能步驟老杜。邵堯夫玩心高明，窮詣理奥，有如繇象之辭，非深於《易》者不能讀。蘇軾氣象洪闊，鋪叙宛轉，深得子美之法，而然用事太多，不免失之豐縟，即其才學之所溢也。黄庭堅會萃百家句律之長，究極歷代體制之變，自成一家，爲江西詩派之宗祖，但本領爲禪學，不能脱蘇門習氣，是爲沈肓之病。陳師道法嚴而力勁，學贍而用變，非冥搜旁引，莫窺其用心處。秦觀以聲韻勝，追琢而泓渟，體格高古。陳與義體物寓興，清邃紆徐，高舉横厲，上下陶謝韋柳之間。范成大縟而不釀，縮而不窘，清新俊偉，當推南渡之秀。陸游記聞足以貫通，力量足以驅使，才思足以發越，氣魄足以淩暴，若游者學杜甫而能得其心者矣，又其忠愛之誠見乎辭者，真可謂每飯不忘，故其詩浩瀚融貫，自有神合，此其所以爲大家也。孔夫子删《詩三百》，列於《六經》。夫子之文章，此之謂可得聞者。而朱夫子之中和條貫，渾涵萬有，金聲而玉振之者，即亦後《六經》之《三百篇》也。此皆和順之英華，天縱之餘事，有不可以篇章聲格論其興觀之旨也。楊萬里超悟自得，逼絶境思。宋詩之觀至此而亦稍備，共爲一百九十八卷，録詩二萬七千六百四十七首。金元之詩概在所略，而如虞楊范揭，世所稱四大家者，要皆滕薛之爭長，與之則不勝其繁。觀於二代之交，獨取元好問一人，其詩奇崛而絶雕劌，工緻而謝綺麗，蔚爲兩壘之冠軍而一夔足矣。爲金詩十卷，録詩一千二百二十七首。明詩取十三人，如徐袁之尖新巧靡，鍾譚之牛鬼蛇神，固所顯黜而痛排。若其長短互并，疵譽相參，揭竿操矛而呼者不啻如堵。其進其麾，濫竽之可戒，先於遺珠之可惜。或有醜齊而異遇者，固非偶爲抑揚，聊欲舉一而概十耳。劉基聲容華壯，如河朔少年充悦忼健。高啓矩矱全唐，風骨秀穎，才具贍足。宋濂嚴整要切，能亞於其文。陳獻章殊有風韻，冲淡而兼能灑脱。李東陽如陂塘秋潦，渺彌澹沲，而澈見底裏，高步一時，爲何李倡。王守仁博學通達，詩亦秀發，如披雲對月，清輝自流。李夢陽才氣雄高，風骨遒利，鏖白戰而擁赤幟，力追古法，能成雄霸之功。何景明清藻秀潤，豐容雅澤，不作怒張之態。楊慎朗爽可喜，穠婉有餘。李攀龍如蒼厓古壁，周鼎商彝奇氣自不可掩。王世貞著作繁富，才敏而氣俊，能使一世之人流汗走僵。吳國倫雅鍊流逸，情景相副。張居正華贍老鍊，足稱詞館之能手。自是以往，吾不欲觀，非直爲無詩而已也。共爲明詩一百八十六卷，録詩二萬五千七百十七首。凡《詩觀》之録，詩七萬七千二百十八首，而爲五百六十卷，誠壯觀也已。”○親撰序曰：觀之義大矣哉！始於《易》而成於《詩》。風行地上爲觀，而地必有水，故水與風相遇則渙以爲文。宓羲氏仰而觀俯而觀者，所以觀乎天文也。宓羲以往，文日益開，《勑天之歌》出於虞帝之君臣。而降及成周之時，文武成康之治，輔之以周召閎宜之賢，化行俗美，《大雅》遂作。而夫子曰“詩可以觀”。於《周南》《召南》觀周道之所以興也，於《淇澳》《旱麓》觀君子之所以學也，於《木瓜》觀喜施之禮行也，於《緇衣》觀好賢之誠至也，於《伐檀》觀賢者之先事而後食也，於《蟋蟀》觀風俗之儉嗇也，於《七月》觀稼穡之艱難也，於《鹿鳴》觀燕禮之有秩也，於《彤弓》觀功績之必報也，於《羔羊》觀善政之有應也，於《蓼莪》觀孝子之思親也，於《采菽》觀明王之所以敬諸侯也。合以觀之，則《三百篇》不過曰“思無邪”而已。春秋之世，卿士大夫當交隣饗勞之時爲之賦，言其志者《風》《雅》之一二章，而猶可以觀其人之賢不肖。不特觀其人，得以占其風俗之汙隆。及乎三言起於夏侯氏，四言起於韋孟，五言起於蘇武，六言起於谷永，七言起於柏梁，則楚騷風之衍也。《安世》，《雅》之餘也；《郊祀》，《頌》之流也。譬如儒家之於理，道家之於精，喙喙爭鳴，好尚各異。而要之一代之風，一方之俗，因亦有可觀者存。此《詩觀》之書所由作也。予於志學以後，間嘗留心詩學，深以靡曼浮淺爲戒，而以優遊平中爲主。包羅泛博，不名一家。既而惕然自警於心曰：“是亦役物也。懼其心之不治，遑暇於詩哉？”將詩草幾卷并焚之，遂置而不復省者已二十有餘年矣。及今年夏，適閲内閣所編進御製詩文，詩居文之十之一二而強半，爲信手應副之作矣。夫以南豐之有宋大家，“不能聲律”之譏至形於後人之三歎。則詩固可偏廢而不之務乎？仍取唐人詩，全其稿而廣選，思欲資益於律節體裁之中。而浸漬頗久，規模漸闊，上自《風》《雅》，下逮宋明諸家，黜噍殺之響，取鏗鏘之音，未數旬裒然成一副巨觀。凡五百六十卷，名之曰《詩觀》。觀之義大矣哉！王者居九重而御萬機，聲以爲律，身以爲度。不有以周知乎風俗之善惡而感發之懲創之，將何以比先王觀也？近日文體之日趨淆漓，予庸是悶之。先自詞垣禮圍而董威以歸正之者屬耳。詩之有關於風俗，非文之比也。其移易之方，有非言語賞罰所能盡者。則是書也，豈直爲博一己之觀，而取裁於詩體也？嘗試披卷而觀之，風雅古逸尚矣，兩漢以質勝，六朝以文勝，魏稍文而遜於兩漢，唐稍質而過於六朝，宋之談理，明之尚氣，舉而收之於几案之間，而秦晋齊楚之爲《春秋》之體者在是，古往今來之爲史家之鑒者在是，乾清坤夷握符披圖之候亦惟在是。詩寧不觀，苟觀矣，舍是書奚觀？雖然，大而紀功德，小而篤性情，猶夫上棟下宇，理出自然，使人日新而不自知者，豈繫於門户時代之考論？一言以蔽之，曰觀厥心之結習而已。詩者，心之聲也。予乃書是語於五百六十卷之首，以爲後人觀。《弘齋日得録》

熊天使化《遊南浦》詩：“來往成陳跡，江山自勝遊。盛衰多感慨，今古一沈浮。積水通鼇極，晴云結蜃樓。趁兹風月好，但醉莫深愁。”信筆揮灑，若有得色。儐相柳根即席和進曰：“故國千年地，清樽半日遊。雨晴雲散葉，風急浪花浮。赤壁蘇仙月，青山謝朓樓。江南宛相似，莫作異鄉愁。”天使讀至腰聯，不覺拜節曰：“語意天然渾成，無一字勉強處，即置盛唐中不須多讓，今日可以屈居吾膝矣。”夫以屬國偏師抗衡中夏者，寧獨一乙支文德哉？不亦至乎，天朝之遇我也。薛庭寵《遊平壤記》云“遂謁箕子”，又云“復謁檀君、東明”。謁，下見上也。王夢尹詩曰：“莫問前朝事。”又云：“王伯千秋盡。”“前朝”字尊，“王伯”字大。“莫問前朝事，寒煙鎖舊都。王伯千秋盡，乾坤一雁孤。江流斜日碎，山入遠天無。空餘憑弔意，風雨暗遙途。”劉鴻訓即云：“爲問鼎湖何處是，空留石窟老江鄉。”姜曰廣則云：“麒麟一去何時返，練光望斷飛龍秋。”此則比東明於皇帝，至箕子，尤致敬篤焉。董越詩云：“高風謾説淩三代，遺教猶聞守八條。”陳鑒則云：“言垂千載存《洪範》，人到三韓謁舊祠。”王鶴云：“中原道統推傳授，絶域民風賴蕭雍。”若乃張承憲云：“聖朝皇極中天運，海國文物遍地舒。”足以弊短律絶佳者。如張寧《大同江》云“平壤孤城發曉裝，畫船簫鼓麗春陽。島邊雲盡青山出，渡口潮通碧海長。已喜皇恩同天地，不知身世在他鄉。清樽且莫類相勸，四牡東風路渺茫。”金湜則云：“浪高如屋雨如拳，人在江頭泊畫船。咫尺樓臺飛不上，尋常詩酒慣相牽。便拼客路三千里，算作浮生五百年。安得魚龍齊起躍，掃開云霧看青天。”陳鑒《浮碧樓》云：“薰風徙倚夕陽樓，水浸嵐光帶翠流。草木都令天地澤，江山不盡古今愁。心懸上國勞清夢，身在他鄉説壯遊。回首明朝便陳跡，雲軺無惜重淹留。”王敞《百祥樓》云：“江雲水影共悠悠，萬里風煙豁狀眸。紫禁遠連天畔極，夕陽閑倚郭西樓。微茫弱水通玄圃，咫尺扶桑隔鳳州。我欲天涯窮勝概，一杯消盡古今愁。”祁順《萬景樓》云：“層欄徙倚望皇畿，山翠飛來點客衣。百囀黄鶯花外緩，萬家春樹雨中微。風傳野曲樵人渡，梁墜泥香燕子歸。自是君親常在念，鄉心一片逐雲飛。”熊化《清華館》云：“郵亭閑課是詩篇，對坐爐煙意悄然。細雨五更留客夜，薰風一榻困人天。思親日暮憐萱草，惜别春歸怨杜鵑。獨尚高亭望京國，蒼蒼云樹萬里連。”單聯如周倬：“薜荔年深緣石角，鸕鷀晝静上灘頭。”倪謙云：“飛棟入雲星可摘，虚窗近水月先來。”張寧云：“風雲丘壑高低見，草樹人家遠近分。”陳嘉猷云：“扶餘地脈臨江盡，遼左山光隔岸多。”張珹云：“蜃氣可能充棟宇，蟾光容易到簾櫳。”唐皐云：“水光浮棟迷銀海，月色映山生紫煙。”董越云：“遠峰秀聳郎官筆，斷岸斜穿織女梭。”龔用卿云：“極目蒹葭滿城郭，可人煙火傍丘林。”五言則董越：“樹色浮空翠，天光動蔚藍。”龔用卿：“浮雲連樹色，旭日動江光。”許國：“江南暮偏急，林霜秋未空。”王鶴：“嵐光雙島嶼，煙火萬人家。”熊化：“積水通鳌極，晴雲結蜃樓。”王夢尹：“王伯千秋盡，乾坤一雁孤。”此等語置長慶有餘，入貞元無不足。絶句如唐皋《錦繡山》云：“布帛已足貴，文彩歸錦繡。東風作春妍，郊行亦明晝。”史道則云：“山石多五色，花木更交加。樵子穿雲去，分明入彩霞。”龔用卿《望月亭》云：“亭子傍山限，雲光夜夜開。層簷非近水，爲有月明來。”魏時亮云：“來時月不見，去路月生遲。獨有吟弄意，惺惺常自知。”華察《浮碧樓》云：“寒江落空碧，應是昆明水。高樓俯清池，雲影天光裏。”張承憲則云：“青蔥萬疊山，玻璃一片水。水影入山光，盡入層樓裏。”朱之蕃《風月樓》云：“池上樓臺蘸緑波，海風吹送月明多。爲憐夜氣清如許，不種薔薇種芰荷。”梁有年則云：“荷香暗遞風多力，酒盞明催月有功。貯得樓頭風月滿，城闉疑是蕊珠宫。”吾嘗篤而論之：“鹿峰嶽嶽，唐公折其角。張也堂堂，鴻山落其距。魏之與龔則望洋矣，梁之與朱亦隔塵也。”《西京詩話》

詩書評畫訣點化詩意

諸家詩評，雖評一人之詩，苟有可評之詩，則散作千家之評，有何不可？且不獨用於評詩，如采入於詩詞中，仍爲故事。則因一詩看作兩用，才情韻致，自發箇中。故不擇古今，無計雅俗，若有所見，則來入此中，俾爲日用，吟弄時藉賴於兹，所得應自不少。敖[①]器之《臞翁詩評》：魏武如幽燕老將，氣韻沈雄。曹子建如三河少年，風流自賞。鮑明遠如飢鷹獨出，奇矯無前。謝康[②]樂如東海揚帆，風日流麗。陶彭澤如絳雲在霄，舒卷自如。王右丞如秋水芙蕖，倚風自笑。韋蘇州如園客獨繭，暗合音徽。孟浩然如洞庭始波，木葉微脱。杜牧之如銅丸走坂[③]，駿馬注坡。白樂天如山東父老課農桑，言言皆實。元微之如李龜年説天寶遺事，貌悴而神不傷。劉夢得如鏤冰雕瓊，流光自照。李太白如劉安雞犬，遺響白雲，覈其歸存，恍無定處。韓退之如囊沙背水，惟信獨能。李長吉如武帝食露盤，無補多欲。孟東野如埋泉短劍，卧壑寒松。張籍如優工行鄉飲酒，酬獻秩如，時有詼氣。柳子厚如高秋獨眺[4]，霽晚孤[5]吹。李義山如百結流蘇，千絲鐵網，綺密瑰妍，要非適用。本朝蘇東坡如屈注天潢，倒連滄海，變眩百怪，終歸雄渾。歐公如四瑚八璉，止可施之宗廟。荊公如鄧艾縋兵入蜀，要以險絶爲功。山谷如陶弘景祇詔入宫，析理談玄，而松風之夢故在。梅聖俞如關河放溜，瞬息無聲。秦少游如時女步春，終傷婉弱。陳後主如九皋獨唳，深林孤秀，沖寂自妍，不求識賞。韓子蒼如梨園按樂，排比得倫。吕居仁如散聖安禪，自能奇逸。其他作者未易殫陳，獨唐杜工部如周公製作，後世莫能擬議。清朱竹坨彝尊評詩，如水仙十囊，江梅一萼，嫣然薄冰殘雪之外。如田舍翁暴得封君，舉止生澀。如溪上人家，曲几疏窗，長與水雲弄色。語無自鑄，字不虚設。空山泉落，薄暮霞明。深情孤詣，秀句錯書。皇甫昆弟詩如謝家兒女張燈，蠟淚皆成珠鳳，詠之而有餘音，咀之而無窮味。如假山池，雖無華整，大費人力。許殿卿長歌云："長卿慕人千載前，何以與君俱少年。子雲慕人千載後，何似與君俱白頭。"王敬美云[6]：吾兄境雖神詣，學以年邵，取材愈博，演教彌神。或鬼篆蛇文，冥搜六合之外，或牛溲馬勃，近取只尺之間，如漢司隸衣冠，令人驚羡。但非全盛儀物，如四姓小侯橋門列席，雍容韋帶，叱咤彭贔之氣都盡。雖饒腐菌，間有神芝，即屬棼芻，不無嘉蕙。如光禄宴使臣，飣飣詳整，而中多宿物。鞭赤虯，轡蒼螭，上下彩虹碧落之間。王獻之能爲一筆書，陸探微能爲一筆畫，郭忠恕能爲一筆風箏圖。雪山池中，甄陀羅[7]女歌聲柔軟，能使五百仙人皆心逸不自持。蘋婆果初生食之，味雖近酢，猶勝冬月儲藏，軟同綿絮。富麗清奇，如秋月春風，起人景仰。詞采遒麗，風韻淒朗，殆如楚客叢蘭，湘君芳杜，每多惆悵。唐臨晉帖，殆逼真矣，惜惟得其貌耳。出林新鶻，羽翮初成，秋空飛隼，盤旋百折，招之不下。春池黄鳥，遊目可念。路蘐出於土鼓，篆籒生於鳥迹。如河朔少年，充悦伉健。瑶臺月明，鳳笙獨奏。春林舒葉，嬌鳥群飛。過雨殘荷，雖爾衰落，嫣焉有態。如新調鸚鵡，雖復多言舌音，終是木強。玉琢鼎彝，款識工致，持之弘綽耳。何維柏《乞休作》云："樂事尚饒新歲月，勝遊不改舊雲山。"項王嘔嘔未了，忽發喑噁。峽中女子，野花山葉，翠匐銀釵，非不飾姿弄鬟，奈時作蠻語。小閣疏窗，位置都雅，而眼境易窮。奔流掣電，時一驚人。層臺佚女，意帶雲霞。衛司馬言愁，悴憔婉篤，令人心折。如食諫果，味不驟得。疏林清磬，聽者振衣。如筑城建邑，位置整嚴，終乏悠然之思。慨當以慷，如擊唾壺，不必中節。如繁音疊奏，忽聆于蔿于曲，縱無妙理，具足清音。高秋竹色春蘭，殘雪在地，掩映新月。秋夜銀河，爛爛垂地。湖外碧草，海東紅雲，流彩奪目，更有一種别趣。即取書評，假作詩材者，略摘其英，以待不時之需。袁昂答梁武帝評："王右軍書，猶如王謝家子弟，縱復不端正，奕奕皆有一種風流。王子敬書如河朔少年充悦，舉體沓拖而不可耐。羊欣書似婢作夫人，不堪位置，而舉止羞澀，終不似真。阮研書如貴胄失品次，不復排突英賢。王儀同書如晉安帝，非不處尊位，而都無神明。殷均書如高麗人抗浪，乃不有意氣，而姿顔自乏精味。徐淮南書如南岡士大夫，徒尚風軌，不免寒乞。陶隱居書如吴興小兒，形儀未成長，而骨體甚俏快。吴施書如新亭傖父，一往揚州，逢人共語，便意態出。袁崧書如深山道士，見人便欲退縮。曹喜書如經論道士，言不可絶。王右軍書字勢雄強，如龍跳天門，虎卧鳳閣，故歷代寶之，永以爲則。蔡邕書骨氣洞達，爽爽如有神力。程曠平書如鴻鵠弄翅，頡頏佈置，初雲之見白日。蕭思話書如舞女低腰，仙人嘯樹。李鎮東書如芙蓉之出水，文彩如鏤金。桓玄書如快馬入陣，隨人屈曲，豈須文譜。范懷約真書有力，草書無功，故知簡牘非易。皇象書韻音繞梁，孤飛獨舞。孔琳之書如散花空中，流徽自得。李巖之書如縷金素月，屈玉自照。薄紹之書如龍游在霄，繾綣可愛。崔子玉書如危峰阻日，孤松單枝。邯鄲淳書應規入矩，方圓乃成。師宜官書鵬翔未息，翩翩自逝。梁鵠書如龍威虎震，劍拔弩張。張伯英書如武帝愛道，憑虛欲仙。衛恒書如插花舞女，援鏡笑春。索靖書如飄風忽舉，鷙鳥乍飛。鍾繇書如雲鶴遊天，群鴻戲海，行間茂密，實亦難過。”米芾評十四家書：“僧智果書雖氣骨清健，大小相雜，如十四五貴胄偏性，方循繩墨，忽越規矩。褚遂良書如馭熟戰馬，舉動從人意，而別有一種驕色。虞世南書如學休糧道士，神宇雖清，而體氣疲苶。歐陽詢書如新瘥病人，顔色憔悴，舉動辛勤。柳公權如深山道士，修養已成，神氣清健，無一點塵俗。顔真卿如項羽挂甲，樊噲排闥，勁弩欲張，鐵柱特立，昂然有不可犯之色。李邕書如乍富小民，舉動崛強，禮節生疏。徐浩書如蘊德之士，動容温厚，舉止端正，敦尚名節，體氣純白。沈傳師書如龍游天表，虎踞溪旁，神精自若，骨法清虛。周越書如輕薄少年舞劍，氣勢雄健，而鋒刃交加。錢易書如美丈夫，肥體充悦，神氣清秀。蔡襄如少年女子，訪雲尋雨，體態嬈嬌，行步輕緩，多飾繁華。蘇舜欽書如五陵少年，駿馬青衫，醉眠芳草，狂歌玩樂。張友直如宫女插花，嬪嬙對鏡，端正自然，別有一種嬌態。”王摩詰詩中有畫，畫中有詩。如善爲詩者如畫，善爲畫者如詩。故今取畫訣之如詩者，雖不知詩者，看此則詩在其中矣！豫章荊浩《山水賦》：“凡畫山水，意在筆先。丈山尺樹，寸馬豆人。遠人無目，遠樹無枝，遠山無皴隱隱似眉，遠水無波高與雲齊，此其訣也。山腰雲塞，石壁泉塞，樓臺樹塞，道路人塞。石看三面，路看兩蹊，樹觀頂顛，水看岸基，此其法也。凡畫山水，尖峭者峰，平夷者嶺，峭壁者崖，有穴者岫，懸石者巖，形圓者巒，路通者川。兩山夾路者壑，兩山夾水者澗，注水者溪，泉湧者谷。路下小土山⑧者坡，極目而平者阪。能辨別此類，則粗知山水之仿佛也。觀者先看氣像，後辨清濁，分賓主之朝揖，列群峰之威儀。多則亂，少則慢，不多不少，要分遠近。遠山不得連近山，遠水[9]不得連近水。山腰回挽，寺觀可安，斷岸亂堤，小橋可置。有路處人行，無路處林木，岸斷處古渡，山斷處荒村，水開處征帆，林密處店舍。臨崖古木，露根而藤纏；臨流石岸，嵌空而水痕。凡作林木，遠者疏平，近者高密。有葉者枝柔，無葉者枝硬。松皮如鱗，柏皮纏身。生於土[10]者，修長而淨直；長於石者，拳曲而伶仃。古木節多而半死，寒林扶疏而蕭森。春景則霧鎖煙籠，樹林隱隱，春水拖藍，山色堆青。夏景則林木蔽天，緑蕪平阪，倚雲瀑布，行人羽扇，近水幽亭。秋景則水天一色，簌簌疏林，雁横煙塞，蘆嫋沙汀。冬景則樹枝雪壓，老樵負薪，漁舟倚岸，水淺沙平，凍雲黯淡，酒簾孤村。風雨則不分天地，難辨東西，行人傘笠，漁父蓑衣。有風無雨，徑看樹枝；有雨無風，枝葉垂下。雨霽則雲收天碧，山色添翠，網曬斜暉。曉景則千山欲曙，霧靄霏霏，朦朧殘月，曉色熹微。暮景則山銜殘日，帆卸江湄，路人歸急，半掩柴扉。或煙斜霧横，或遠岫雲歸，或秋江晚渡，或古塚斷碑。如此之類，須要筆法佈置，更看臨期。山形不得犯重，樹頭不得齊整。山借樹爲衣，樹借山爲骨。樹不可繁，要見山之秀麗，山不可亂，要顯樹之精神。若留意於此者，須心會於玄微。”看此則真所謂肇自然之性，成造化之功者也。善觀者入於詩，則畫中有詩者其在斯歟？

《詩家點燈》卷一

① 敖：底本訛作“孫”，據《詩人玉屑》改。

② 底本脱“康”，據補。

③ 坂：底本訛作“版”，據改。

④ 脱底本“眺”，據補。

⑤ 孤：底本訛作“鼓”，據改。

⑥ 以下見《明詩紀事己籤 · 王世貞》引王世懋《王奉常集》。

⑦ 底本脱“羅”字，據補。

⑧ 底本脱“山”字，據《山水賦》補。

⑨ 水：底本訛作“山”，據改。

⑩ 底本衍“石”，據删。

近日閨房才學往往出色。湘中女秀蔡玄霞，蔡員外玄霖之妹也。年未二八，藻思早開，種種吟弄，頗不臼俗，如猶其表娣沈氏。《泛月武昌至天鷲庵銷香》詩：“載月春舟重，憑風曉笛靈。伽藍無限好，吾娣已忘形。”其娣善吹笛，故第二及之。《東詩叢話》

右理、氣、響、影、景五者，各有體段，非點會而深得之，莫可卞質而歸正也。始曰理勝，則必鼓舞變化，彌綸錯綜也。次曰氣勝，則飛潛動植，氤氳化醇也。又次曰響勝，則曲暢條達，固物我無間也。又次曰影負，則如彩雲琉璃，長短廣狹如一，然後透妙燭精也。末曰景負，則或以擬神巧思，或以智巧神思，或以時見情思俱至，然後該曰無疑也。詩者，時也，中時而言志也。中時而言，則不失性情也。而失時而言，則物我有間，有若對待報復者，豈但失其性情而已哉！誠然不失其性之正，不失其時之中，而爲詩何有哉？時性中正，而言亦詩也，何詩之有焉？而是詩也，始於懲創感發，中於怨刺譏諷，終於賦比興而解詩也。非是之謂也，出於幽閒消遣者，十居其九；出於玩愜吟弄者，十居其五。始於羅麗諸賢所著，中而本朝文士韻人，得格逐段分什。終而如唐宋時，如康節、誠齋詩文，復以晚唐之萬一，片片瑣瑣，無以挽回古風如李杜曁陶謝之清遠。雖然，初學之士或有取焉。庶乎解蒙指南之一助云爾。《青丘韻鉢》

·吟 玩·

凡留題以辭簡義盡爲佳，不必誇多耀富。朴參政寅亮《題僧伽窟》二十韻、咸郎中子真《題洛山》四十四韻、李史館允甫《題佛影》一百韻，皆紀事實，辭不得不繁。若亭臺樓觀所過題詠，只在一兩聯寫景如畫，森然眼界，使忽忽過客讀之，口不倦心不厭，吟玩遣興耳。予平生飽聞任相國克忠《題黄驪縣客樓》云："月黑烏飛渚，煙沈江自波。漁舟何處宿，漠漠一聲歌。"但奇其韻語，未得其味。及按廉中道，抵宿此樓，是時江煙冥漠，淡月朦朧，水鳥飛鳴，漁人相歌。惱眼感耳，總是任公之詠，其詩價對景益高。《補閑集》卷上[①]

①《補閑集》：三卷。崔滋（1118—1260）撰，《韓國詩話叢編》本。按崔滋，字樹德，號東山叟，謚文清。高麗名儒崔沖後裔。官至判吏部事。

古人詩煉格煉句煉字，又就師友求其疵而去之。曾吉甫贈汪彦章詩："白玉堂中曾草詔，水晶宫裏近題詩。"先示韓子蒼，子蒼改兩字，云："白玉堂深曾草詔，水晶宫冷近題詩。"迥然與前句不侔。[①]雙梅李狀元詹[②]與郊隱鄭文定公以吾[③]論詩，自詑嘗得句云："煙横杜子秦淮夜，月白坡仙赤壁秋。"郊隱吟玩再三，但曰："籠、小。"李初不認。鄭徐吟曰："煙籠杜子秦淮夜，月小坡仙赤壁秋。[④]""籠、小"二字比前精彩百倍。《東人詩話》卷上

①《苕溪漁隱叢話後集》卷三十四："汪彦章自吴興移守臨川，曾吉甫以詩迓之云'白玉堂中曾草詔，水晶宫裏近題詩'，先以示子蒼。子蒼爲改兩字'白玉堂深曾草詔，水晶宫冷近題詩'，迥然與前不侔，蓋句中有眼也。"

② 李詹（1345—1405）字少叔，號雙梅堂，謚文安。籍貫洪州。與河崙等撰修《三國史略》，創作小説《楮生傳》，文章、書法俱出衆。著有《雙梅堂篋藏集》今傳。

③ 郊隱：鄭以吾（1347—1434），字粹可，號郊隱、愚谷，謚文定。籍貫晋州。參與編撰《太祖實録》。以文名，著有《郊隱集》《火藥庫記》。

④《雙梅堂先生篋藏文集》卷一題《宿滅浦院樓》："長江袞袞向東流，野闊山開天盡頭。舟楫幾年人渡水，風塵萬里客登樓。煙濃杜子清淮夜，月小坡仙赤壁秋。行路正南通巨鎮，征驂每到此中留。"

嘉靖庚子冬，余與尹君潔長源、許君曄太輝讀書於三角山重興寺，一夜太輝勸余及長源聯句爲詩，遂成七言近體一首，每夜如是，凡十七夜而止。每篇用燈月字，書以爲軸，名之曰《燈月録》。余題其尾曰："詩之作，每夜一篇，十七夜而止，詩亦十七而已。其辭則燈月交輝，其意則肝肺相照。浮生聚散不常其期，他時面目猶可以寓於此云耳。"太輝題詩曰："重興十七首新詩，老眼看來喜可知。泉石始經才子弄，山林應盡寶藏奇。玉蟲逐卷光猶爛，圓桂當中影不移。他日蘭亭堪絶唱，吾人雖病欲相隨。①"長源、太輝具以丁丑生，源爲丁酉進士，輝爲庚子進士，余以丙子生，未爲進士矣。厥後長源登癸卯第，余與太輝登丙午第。丁未春，余與長源爲正言，話間偶及重興聯句事，長源曰："聞其藁在鈍庵公，可取覽。"遂取以覽，用太輝詩韻，各賦一篇。長源作小序曰："庚子冬，余與沈希安寓三角之重興寺，讀書之暇，輒燒燈夜晤，仍與聯句十七夜而止。當時不甚致意，故漫不復記。余登癸卯第，希安擢丙午狀元，今年春同入諫院，方論離合，偶聞鈍庵公得重興舊藁置案上，時加披玩，大以爲驚。遂簡求之來，則希安手藁也。希安之詩其時已圓熟，余尚生澀。屈指而計，已經八年，相與感嘆。用太輝詩韻，各賦長律，將求和於常所往來，以爲閑中之一解頤爾。顧舊本頗汙壞，不堪舒卷，故今改寫。"長源詩曰："山室②挑燈夜覓詩，當時不料有人知。被他傳玩真多事，到此重看亦一奇。搜討共憑筋力壯，别離頻見歲星移。職居補衮虚微報，空負奚童荷鍤隨。”余詩曰：“山中聯句偶成詩，却被人傳未始知。愧我工夫今鹵莽，多君格律轉清奇。半生汩没林泉遠，陳迹蒼茫歲月移。離合多端還有數，薇垣何幸更追隨。”鈍庵礪城尉宋寅，以功臣承襲正二品封君詩曰：“兩君當世共鳴詩，下筆驚人不自知。古寺同棲饒興趣，新聯迭唱鬥雄奇。傳聞久仰聲名重，吟玩都忘晷景移。嗟我畸孤仍蹇鈍，肯容壇壘執鞭隨。”林塘[3]弘文校理鄭惟吉，官至左議政，主文詩曰：“星動薇垣荷索詩，清篇仍許老夫知。三峰蒼翠當窗見，二子文章特地奇。枯槁漸成南郭隱，勒回長[4]被北山移。明春好趁梨花落[5]，散策溪頭一衲隨。”是丁未冬也，方擬多求於儕輩，而戊申秋長源被禍，源與親友論時事，陳復昌聞之，迫令其友啓達，遂死於考訊不復求和，藏諸篋中。至乙亥秋，偶閲其篋，不覺愴然，乃題其末：“燈月餘輝尚在詩，當年肝肺有誰知。却慚老物生偏久，堪恨高才數獨奇。無耐世情多變幻，自來人事喜遷移。忍看手藁留巾笥，泉下他時儻可隨。”後十餘年，而鵝溪領議政，李山海主文，借覽題曰：“浮世空傳數首詩，冲襟寧許小兒知。二公才調元無敵，諸老鋪張又一奇。殘月曙鍾吟裏憶，晚山空翠卷中移。平生每惜長源丈，妙歲名高禍亦隨。”軸乃失於壬辰之亂，吁！可恨也。《遣閑雜録》

①《草堂集》題《重興寺題燈月軸》。

② 室：底本訛作“堂”，據《草堂集》改。

③ 林塘：鄭惟吉（1515—1588），字吉元，號林塘、尚德齋。籍貫東萊。鄭光弼孫。善詩文，書法爲松雪體聞名。著有《林塘遺稿》今傳。

④ 長：《林塘遺稿》作“剛”。

⑤ 落：《林塘遺稿》作“發”。

《詩話叢林凡例》

如《破閑集》《補閑集》《東人詩話》專是詩話，當以全書看閲，

故兹不抄録。如《櫟翁稗説》《於于野談》等十餘書，乃記事之書而間有詩話，故今只拈出詩話别爲一編，以備吟玩。《詩話叢林》

金應南 字重叔，號斗巖。官左相。策扈聖功。宣祖朝登科。

公出守濟洲，自於蘭浦乘船，風微，宿於楸子島，翌午到濟洲望京樓。詩曰："好涉千層浪，閑登百尺樓。山高聳雲漢，海闊登瀛洲。君子能安命，男兒喜遠遊。平生學道意，此日聖恩酬。"權習齋擘聞而吟玩曰："'好涉千層浪，閑登百尺樓'云者，前程萬里，此令公遠大氣象，又於詩見之。"又曰："非久當作相矣。"《東國詩話彙成》卷十四

玉盃承露、詩滿六宫、蟾精雪魄

《南部新書》：長安三月五日，兩街看牡丹，車馬奔走。慈恩寺元果院白牡丹半月開，裴兵部璘題詩於佛殿東壁曰："長安豪貴惜春殘，爭賞先開紫牡丹。别有玉杯承露冷，無人肯向月中看。"太和中，敬宗出芙蓉園幸此寺，見璘詩吟玩，因令宫嬪諷誦。及暮，此詩滿六宫矣。余謂：韋莊《白牡丹》詩曰"閨中莫妒新妝婦，陌上羞慚傅粉郎。昨夜月明渾似水，入門唯覺一庭香"固好矣，而但於梅梨等凡花之白者，無處不可用，益覺璘詩之爲佳也。永叔《白牡丹》詩曰："蟾精雪魄孕雲荄，春入香腴一夜開。宿露枝頭藏玉塊，暖風庭面搗銀盃。"形容得白牡丹似勝常詩也。《龜磵詩話》卷六

鄭舍人知常《題八尺房》云："石頭松老一片月，天末雲低千點山。"予嘗愛其辭意清絶，時時吟玩。及爲全羅道按廉，當二月生明，登邊山。不思議房後峰傍有老松攙天，新月隱映。下望平原，際天衆山如灸注，尖抹雲煙。忽憶鄭公詩，沈吟咀嚼，以爲不到此境，安知鄭公得意處也。《海東詩話》(金某氏)

·吟味·

予嘗謁文安公，有一僧持《東坡集》質疑於公，讀至“碧潭如見試，白塔苦[①]相招”一聯，公吟味再三曰：“古今詩集中罕見有如此新意，近得李學士春卿詩稿見之，警絶新意頗多。其長篇中氣至末句而愈壯，如千里驥足，方展走通衢，未半途勒止也。”《補閑集》卷中

①苦：底本訛作“若”，據《東坡全集》卷二《南寺》改。

凡用故事不同，或名號，或言行，大抵用事之聯罕有新意。唯假借爲用，如有新意，然失實。眉叟云：“老去陶潛方止酒，慵多杜叟不梳頭。”此用古人名。又云：“附熱肯追冰氏子，絶交偏恨孔方兄。”此假用名。又云：“要作洞中秦博士，何須墓上漢征西。”用古人官。皇祖云：“冰廳掛鏡客寒士，霜署提綱激暖卿。”假用官名。文順公云：“墮車醉者只全酒，把甕丈人寧有機。”用古人語。皇祖云：“薄宦一生誰得鹿？故人千里孑知魚。”借用古人語。得鹿之語，非指薄宦；知魚之説，不關故人。此皆借用。文順公云：“世味淺深曾染指，人生得失已忘蹄。”“染指”借用古人事與上“知魚”借用語同，“忘蹄”借用古人語。詩家貴借用，然用之不工，則意反而語生。尹直講于一、趙直講文拔同在國學考藝試闈。趙作詩云：“欲雨欲晴天半笑，無風無月夜全聾。”尹吟味良久曰：“此古人所謂借字，甚工也。”《補閑集》卷下

河直講千旦一訪予曰：“康日用《賦鷺鷥》云‘飛割碧山腰’，苦吟未得對。後眉叟對云‘占巢喬木頂’，載之《破閑》。凡續補是

好事，如未得佳句則已，何眉叟自揚己短如彼乎？君其削去。”予對曰：“《破閑》所載鄭舍人至都門而返，黄彬彬慟哭下樓，似乎過矣。然先覺之言不敢擅非。況以‘占巢喬’對‘飛割碧’，熟矣。何削！”河怒其拒，突出便去。時座有兩三客，吟味良久曰：“請各對之。”曰“立拳青草面”，或“起穿青壠首”，或“睡偎紅蓼脛”，或“立窺清沼面”，或“叫穿明月脇”，爭自爲勝。予戲曰：“康、李兩老豈不能道你輩此等句也？”客呵呵而罷。《補閑集》卷下

古今警絶句不多，如草堂《江上》云：“功業頻看鏡，行藏獨倚樓。”《悶》云：“卷簾唯白水，隱几亦青山。”陳補闕云“杜子美詩雖五字氣吞象外”，殆謂此等句也。然“白水”之聯，用“唯、亦”二字爲妙。欲味其妙，當悶中咀嚼。崔壯元基靜《四時詞》云：“侵雪還萱草，占霜有麥花。”白拈草堂語。吳先生世才《自叙》云：“丘壑孤忠赤，才名兩鬢華。”暗竊草堂格。皇祖初入金閨，奉使江南留題曰“雲霄茅下纔連茹，原隰蓬間忽斷根”，詩人以爲與杜子美“日月籠中鳥，乾坤水上萍”其琢句精工相似。或云此等句格琢爲五字則絶妙，七言則未工。眉叟《破閑》云：“古今琢句之法，唯杜少陵得之。如‘日月籠中’句，吟味果如啖蔗。”陳補闕云：“三年旅枕庭闈月，萬里征衣草樹風”，未若草堂“三年笛裏關山月，萬國兵前草木風”語峭意深。李史館允甫平生嗜杜詩，時時吟賞“干戈送老儒”一句曰：“此語天然遒緊，凡才固不得道。”宋翰林昌問：“工部‘九江春草外，三峽暮帆前’辭易意滑，儻可及導？”史館笑曰：“其語意豁遠，固非汝曹所識。如‘古墻猶竹色，虚閣自松聲’，此工部尋常語體。古今幾人學杜體而莫能髣髴，唯雪堂‘欹枕落花餘幾片，閉門新竹自千竿’其語格清緊則同，遣意閑雅過之。蓋有‘欹枕閉門’之語耳。”史館嘗與李翰林文順公宿安和寺留詩，翰林曰：“廢興餘老木，今古獨寒流。”史館曰：“改‘獨’爲‘尚’，則草堂句也。”歸正寺壁題云：“晨鍾雲外濕，午梵日邊乾。”此奪工

部“晨鐘雲外濕，勝地石堂煙”句也。於晨鍾言“濕”可警，於梵言“乾”疏矣。但對觸切耳。“石堂煙”句是“氣吞”之類也。《補閑》只載本朝詩，然言詩不及杜，如言儒不及夫子。故編末略及之。凡詩琢煉如工部，妙則妙矣。彼手生者，欲琢彌苦，而拙澀愈甚，虛雕肝腎而已，豈若各隨才局，吐出天然，無礲錯之痕。今之事鍛鍊者，皆師貞肅公。李眉叟曰：“章句之法不外是。如使古人見之，安知不謂生拙也。”《補閑集》卷下

余兒時嘗憙白湖之爲人，愛誦其作不已，如《中和途中》詩“羸驂馱倦客，日暮發黄州。可惜踏青節，未登浮碧樓。佳人金縷曲，江水木蘭舟。寂寂生陽館，孤燈夜似秋”一篇，吟味蓋久。後遊平壤，車至黄州，時則中秋，與白湖踏青節殊異，而猶自夷猶驛亭，諷誦此詩不已也。又其《閨怨》云：“十五越溪女，羞人無語别。歸來掩重門，泣向梨花月！”確士沈德潛云：“如讀崔國輔小詩。”其《哭黄真墓》時調一篇，不過詩餘之作，然千古悲凉感慨，松江當不能作也。《玉溜山莊詩話》

·吟 詩·

予偶得《金翰林集》第一卷觀之，卷首編《宮詞八詠》，皆古人已陳之意，且復辭語淺局，私心竊薄之。漸披至兩三幅，見《醉時歌》及《河陽山莊》《用劇韻叙舊》等長篇，服其辭意清曠。後復見八九卷，清辭浩汗，酌而不窮，誠富贍之才華也。不然何以陳補闕《憶翰林》云"吟詩臥窮巷，爽氣透屋浮。上天結爲露，散作人間秋"？翰林《途中即事》云："一徑青苔澀馬蹄，蟬聲斷續路高低。窮村婦女猶多思，笑整荊釵照柳溪。"《漁翁》云："天翁尚不貰漁翁，故遣江湖少順風。人世險峻君莫笑，自家猶在急流中。"《晨興》云："竟日長吟《蜀道難》，橫眠始得一身閑。却嫌枕上多情蝶，千里崎嶇訪故山。"《東郊值雨》云："黃塵漠漠漲晴旻，舉扇西風厭污人。多謝晚雲能作雨，半途湔洗滿衣塵。"《贈彌勒寺住老》云："林端窈眇路逶遲，境僻寧教俗士知。唯有雪衣松上鶴，見公初到結廬時。"《秋晚月夜》云："日落頑風起樹端，飛霜貿貿葉聲乾。開軒不用迎清月，瘦骨秋來怯夜寒。"《興海道上》云："桑間婦女趁微行，撥穀飛來繞樹鳴。只爲田家趁事報，何人寫出管絃聲。"辭意清熟，頗帶風騷，類多長篇巨韻，或鮮有宮禁富貴之作，故但録此山野絶句而已。觀其集，疑有他山石來介於群玉崗，是由編摭者無似耳。《補閑集》卷下

高生淳，字熙之，嘗有聾病，篤信好學。一日吟詩就寢，先父中樞公①夢與一詩曰："華髮蒼蒼減昔年，孤身寂寂守山前。莫言白骨無知感，聞汝吟詩我不眠。"余嘗序其詩，其略曰："一氣於天地，至而伸，散而歸，其實一物。而人死之餘，氣各分在子孫身上。有

動於子孫，則有感於神明昭昭也。”雖然，人必直哉惟清，而愀然如復見父母，然後父母陟降，常在左右矣。若高熙之者，所謂惟清者也。《秋江冷話》

① 中樞公：高得宗（朝鮮世宗時人）字子傅，濟州人。太宗甲午文科，官提學、判漢城尹。

李宗準字仲鈞，號浮休子，又號尚友堂，又號太庭逸民，又號藏六居士，又號慵軒居士。能詩文。丁酉年進士，丙午年及第第二名，今爲平安評事。少時不識君饒家，與余及正中乘月翫花，到君饒家。余誣君饒曰：“好賢坊杏花下有異人吟詩。招與偕來，聞其語倜儻不羈，見其詩清泠出塵，非煙火食人所道。世有仙者，無乃是耶？”君饒倒屣出迎，相與坐月下。仲鈞作詩故作清瘦態，君饒果大服，跪曰：“陋幕至僻，秀才何因我情友幸臨耶？豈非天幸也。幸望一宿。”仲鈞必欲求去，君饒跪奉衣裾而請留，談竟夜，明朝始識於背洞於背，洞名寓居進士李宗準也。相與拊掌大笑，仲鈞、君饒遂爲知心交。《師友名行録》

俞好仁字克己，號㵎溪，咸陽人。成廟朝，以文章最承恩遇，至經幄備顧問，引見無時，自謂得佳士。而公以母老，懇乞外補，遂自玉堂出守居昌。公儒者，居官頗疏闊，及考居下。上見之，下書問監司曰：“俞好仁是予儒臣。爲其母老，聽其補外。今居下考，未知所坐。具悉以聞。”監司回啓曰：“不顧民事，吟詩不輟。”上見之笑曰：“題目頗不俗矣。”未幾，復以玉堂召。公復請外，上曰：“汝母雖年老，豈不能來京師？予當益汝禄俸，以厚養親之資。汝當率汝母入京，予欲處汝經席，朝夕引見，汝不可棄予遠去也。”公感上知遇，不忍復求外。遂受由省親，以上意言於母，爲奉母西歸之計。母曰：“吾非惟有疾，汝兄窮不能自存，吾不可棄去。”公知母意不欲歸京，遂以具奏。上以手札付銓曹曰：“俞好仁爲親乞郡，自咸陽一日程内，守令有闕處，以單望注擬可也。”於是遂有陝川之命，在官踰年而卒，年纔五十。上聞之痛悼，賻贈有加。初，公以母病呈辭歸省。上遣中使問疾，且謂中使曰：“好仁必有詩。汝到其家，凡墻壁几案間如有所題，汝可潛書以來。”中使至其家，見案上有一聯云：“北望君臣隔，南來母子同。”及回，遂以上聞。上曰：“忠孝兩全矣。”公以高文清德，被遇聖主，不能久享福壽，士林惜之。公有《濡溪集》行於世。公子渙稍能詩，中司馬。晚年題詩濡溪亭曰：“平生只解林泉趣，奔走紅塵性未能。老境情懷猶澹泊，一窗梅竹是良朋。”年踰八十而死。《閑中筆録》

尹先生潔與吾先君生同丁丑，又同丁酉司馬，又同癸卯龍榜，交遊最款。先君之在松京，尹先生與安公璲共遊天聖，安亦丁酉榜也，自山中來抵先君所。語移日，尹公爲誦五言絶一句首，曰：“此詩何如？”先君答曰：“此乃鬼詩也。”尹公大驚曰：“君何以知鬼詩也？余夜夢遊一深洞，白沙十餘里，月色如晝，有一鶯聲。問其洞，乃石門也，遂作詩曰：‘偶入石門洞，吟詩孤夜行。月午澗沙白，空山啼一鶯。’”《五山説林草藁》

丙寅年，吾先君作宰高城，辛公應時《送別》詩曰：“高城爲郡久，邑里太蕭條。西望山皆骨，東臨海不潮。丹砂招葛老，鳧舃送王喬。拄笏吟詩處，兼無簿領囂。”《五山説林草藁》

晚惺權寧運與薝園及秋觀李秉承多唱酬之什。余至東萊，一見輒爲傾倒。有吟詩癖，結七一吟社，會者皆林壥市老，而頗有風流可觀。七一者，蓋以七日一會名之云。余始與鄭君友鉉訪晚惺於東萊而不遇，轉訪於七一吟社，則晚惺方欲與同社諸老往吟玉蓮庵，要與之俱。諸老以吾年淺，頗輕眄之。至“三千淨土齊花笑，七一吟翁盡鶴年”一聯，諸老適適然自相驚顧曰：“奇哉，奇哉！”《海東雜録》

安應世

竹山人，字子挺，號月窗。與南秋江最相善。爲人清淡洒落，能詩尤長於樂府。安貧喜分，不求功名。不喜碁奕，自號煙波釣徒，又鷗鷺主人。性又嚴厲，雖不白眼待俗，於人少許可。中司馬試。二十六早歿，人莫不慟之。師友録……子挺抱不世大才，有文章操行。天性朴野，不喜紛華。乃就古人古律歌詞中，拔其閑適可玩之尤者一百十四首，合爲一部。名曰《湖山老伴》，以爲終老江山之計。冷話……子挺善吟詩喜看花，嘗曰："死亦看花吟詩。死無恨矣。"及子挺死。秋江以詩哭之曰："吟詩死亦得，渠恨半消除。"秋江集記秋江云："吾友安子挺亡後十年，高生淳夢見子挺於廣漠之野。子挺問：'伯恭安在？'高曰：'上寺隸業。'子挺不悦，即成一絶付高生以遺之云：'文章富貴總如雲，何須勞苦讀書勤。但當得錢沽酒飲，世間萬事不須云。'高覺而記之遺余，余罔知其意。後十年然後乃覺之。"冷話《海東雜録》

金馹孫

金海人，字季雲，號濯纓子。首露王之裔，受業於佔畢齋門下。我成廟丙午中司馬狀元，登同年甲科。以文章氣節名世。燕山戊午史禍起，與權景裕、權五福同死。有集行於世。○季雲疏箚，汪汪大海。論議國事，是非人物，如青天白日。真希世之材，廟堂之器。粹言……濯纓子朝京師，得順天府學士周銓。其人循循可愛，博學善吟詩，乃解佩刀爲贈。周以數件圖書報焉。《海東雜録》

安分堂爲五衛将，入直衛所。鄭湖陰以刑曹判書坐堂之日，吟詩寄安分云："抱關岑寂著書淫，囂訟公庭聒鳥音。已報臙脂歸杏蕚，更看春薺老墻陰。詩書舊業寧違性，聲利新知不稱心。回首江南煙雨裏，釣譏樵逕夢相尋。"安分堂次答一聯云："鼠牙叢裏還詩思，虎旅巖邊愧夙心。”湖陰又有短律云：“已復春垂半，效原物色桃。菜纖穿薄雪，寒峭入重袍。未減擎蒼興，難抽判牘勞。周齋兼李直，酸苦問誰高。”譏安分久入直也。其歡欣游戲於斯文可想。安分堂李公名希輔，字伯益，平壤人，官大成。《艮翁疣墨》卷上

張總戎善吟詩[①]，嘗作《戒子》一章，人頗傳誦。詩云：“銀燈剔盡自咨嗟，富貴榮華有幾家。紅日難消頭上雪，黃金都是眼前花。時來言語風行草，運去田園水搏沙。寄語兒童須努力[②]，各人尋箇活生涯。”《詩文清話》卷二

① 此條見《説郛續》卷四十六《騎陰冗記》。

② 此句《駒陰冗記》作“寄語兒曹須勉力”。

虞文靖在宜黄時嘗倚樓吟詩[①]，有“五更鼓角吹殘雪”之句。忽隔溪一童揖而言曰：“角可吹，鼓不可吹。”亟命召之，已失所在，蓋詩鬼也。然老杜“塞上風雲接地陰”，風不可言陰。長吉“豸角鷄香早晚含”，豸角豈可含也？此不必泥也。如宋玉賦“豈能與之料天地之高哉？”記曰[②]“大夫不可造車馬”，此類甚多。《詩文清話》卷三

① 此條見《霏雪録》。

② 底本脱“曰”，據《霏雪録》補。

李唐諸子作詩，用盡一生心力，故能名世傳後。如“吟安數個字，撚斷幾莖髭”“吟成五字句，用破一生心”“兩句三年得，一吟雙淚流”“欲識吟詩苦，秋霜若在心”。又“夜吟曉不休，苦吟鬼神愁。如何不自閑，心與身爲仇”之類，是也。余亦有此癖，欲舍未能，戲吟一絶曰：“爲人性癖最耽詩，詩到吟時下字疑。終至不疑方快意，一生辛苦有誰知？”噫！唯知者可與話此境。今人以淺學率爾成章，便欲作驚人語，不亦疏哉？《終南叢志》

麗朝時有一士人，訪友飲酒，日暮還家，於道中醉卧。忽聞吟詩一聲曰："澗水潺湲山寂歷，客愁迢遞月黄昏。"驚起視之，身卧山路，有一古塚，叢棘環匝而已。始知唐李賀詩所謂"秋墳鬼唱鮑家詩，恨血千年土中碧"者非虚語也。且如鬼李顯郁[①]詩曰："風鷗驚雁落平沙，水態山光薄暮多。欲使龍眠移畫裏，其於漁艇笛聲何。"又鬼朴葎[②]詩曰："海棠秋墜花如雪，城外人家門盡關。茫茫邱壠獨歸去，日暮路遠山復山。"又權韠所遇鬼詩云："樓臺花雨十三天，磬歇香殘夜閴然。窗外杜鵑啼有血，曉山如夢月如煙。"音韻皆高絶瀏幽，自非人間語。豈鬼神亦自愛其詩，往往有警作，則必借人傳世以彰其才歟？《小華詩評》

①李顯郁：（1790—？）字文彦，慶州人，居春川。純祖戊子生員。傳説被詩魔附身，詩魔去後，不識一字。其詩老蒼脱俗。

②朴葎：（1557—？）字汝立，寧海人，居金化。宣祖甲申别試文科。

吴判書道一號西坡，幼時逐童隊遊戲，至壯洞水閣。時諸名官會集，見吴容貌問曰："爾乃誰家兒？"答曰："吾小字某也。"曰："兩班子否？"曰："吾乃楸灘之孫，公輩不知灘爺耶？"諸人異之，問："能作詩否？"答曰："若飲一大白則可矣。"即舉觴屬之，以"三"字呼韻，應口對曰："樓頭醉卧吴挺一，松下吟詩柳道三。"諸人責以長者名爲詩。吴答曰："吴挺一、柳道三相會，出韻'三'字，安得不爾？"一座悚然。又有一句曰："雲愁九疑月千古，水滿三湘秋萬里。"趙松谷復陽大奇之，竟有東牀之選。《詩話叢林》

龔天使之來也，湖陰、安分、寓庵開酒統軍亭，亂酌吟詩。寓庵醉贈妓生一絶曰："舞愛翻紅袖，歌憐斂翠眉。"湖陰、安分佯醉，不復下筆。《詩話叢林》

忠肅王 名燾。母蒙古女也，速真。

王與公主宴於延慶宮，王於馬上吟姚之所賦《玄宗打毬圖》詩："金殿千門白晝開，三郎沈醉打毬回。九齡已老韓休死，明日應無諫疏來。"吟詩召權漢功、尹莘傑等，賦詩歡樂。《東國詩話彙成》卷六

四佳作《懶病》詩以自嘲云："閑能成懶懶成癖，病亦思歸歸亦難。門掩蒼苔春寂寂，枕書高臥日三竿。"真懶病者之高致也。又作《白髯吟》一絶，爲問答以自嘲云："去歲白髯雪半粘，今年髯上十分添。問髯何事白如許？曰坐吟詩苦拈髯。"

金時習 字悦卿，號東峰，又號碧山清隱，又號清寒子。光廟攝政，入沙門，名曰"雪岑"。入居水落山精舍，修道鍊形。見儒生則言必稱孔孟，絶口不道佛法。

先生有先知之資，三歲作詩。見碾麥，朗然吟曰："無雨雷聲何處動，黄雲片片四方分。"人皆神之。五歲，英廟召之政院，試之以詩，命題《三角山》，詩曰："東聳三峰貫太清，登臨可摘斗牛星。非徒岳岫興雲雨，能使王都萬世寧。"又知申事朴以昌抱之膝上，指壁上山水圖曰："汝能作句乎？"應聲曰："小亭舟宅何人在？"上大加稱賞，賜帛五十匹，使之自輸，先生遂各綴其端，曳之而出。人益奇之。路上老嫗有以豆腐饋之者，輒吟詩曰："秉質由來兩石中，圓光正似月生東。烹龍炰鳳雖莫及，最合頭童齒豁翁。"自是名動一國，目之曰"五歲"而不敢名。《東國詩話彙成》卷十

李舜臣 字汝諧，德水人。登武科。宣廟壬辰倭亂，爲統副使，屢破賊，遮蔽海路，爲中興功第一。天子賜都督印。戰亡。謚忠武。

公初除全羅左水使也，公之友人夢見大樹高可參天，枝葉滿於兩間，人民之托身於其上者，不知其千萬。樹本將拔，有人以身扶之，視之，乃公也。人比文天祥擎天之夢也。公嘗在陣中月夜吟詩曰："水國秋光暮，驚寒雁陣高。憂心轉輾夜，殘月照弓刀。"《東國

詩話彙成》卷十五

尹君平 號虛翠堂，洛中人。少業武，以軍官仕京，遇異人授以《黄庭經》，能解修鍊之道，與田禹治一時。

公曉音律，善吟詩，家居養生，不求聞達。其行雖不能聞，而人謂有道之士。年逾八十，身長九尺，鬚髮皓白，形容清癯，望之如神仙中人。每日跪坐家廟前廡，終日不知倦，蓋亦所難也。所著詩文散失不録，即記一絶云："雲向甲山天直北，鷹飛南浦待春初。屏間持瑟人頭白，窗外蕭蕭暮雨疏。"《東國詩話彙成》卷十五

柏谷龍湖吟詩"古木寒煙裏"五絶膾炙一世，故已載於余所選《箕雅》中。而唯"湖西踏盡向秦關，長路行行不暫閑。驢背睡餘開眼見，暮雲殘雪是何山"之詩，語韻益佳，而不入於裒録中。恨我見聞未曾及此。此所謂"倒海漉珠，竟遺明月"者也。《壺谷詩話》

記子由寄東坡詩

東坡平生宦謫多坐其詩語，文與可及子由俱有詩戒之。文則曰："北客若來休問事，西湖雖好莫吟詩。"子由則曰："莫把文章動蠻貊，恐妨談笑卧江湖。"[1]兩詩皆爲坡藥石，而子由爲尤有味。《恕庵評詩文》

① 詩見《苕溪漁隱叢話前集》卷三十九、四十一。

曹友仁[1]以分承旨入直於景運宫仁穆大妃廢處之殿，吟詩曰："横廊寂寞鳥聲哀，懸暗空庭掩草萊。清絶地曾司出納，荒涼歲久聚塵埃。燕尋舊主飛簾隙，蝶趁殘花戲砌隈。水涸銅龍宫漏絶，香消金鴨燭灰堆。凄涼物色殊南内[2]，陟降英靈隔夜臺。白髮孤臣潛下淚，不堪萇楚滿階栽。"廢殿景象善爲形容，令人聞之，不覺墮淚。《左海裒談》

① 曹友仁：1561—1625，字汝益，號梅湖，昌寧人。宣祖乙巳庭試文丙科，官至承旨。

② 底本脱“内”，據《燃藜室記述》卷二十補。

尹白下淳退居西郊，聞一村女善吟詩，送騎率來，其五絶結句曰：“折楊鞭白馬，鶯失一枝春。”及其辭去，又賦一絶曰：“溪路暮煙起，斜陽白鷺前。君家看漸遠，歸馬不忍鞭。”亦是才女之尤者。《别本東人詩話》

古之詩人類皆窮苦[1]，郊島之流是也。有上舍李吉祥嘗作詩曰：“班白豈非爲老翁，飄飄日用尚孩童。驚人只有疏狂語，輔世曾無細小功。嗜酒過三杯止渴，吟詩無一句全工。乾坤容汝德何厚，汝自加修慎始終。”自然有不遇氣象，真郊島之流乎？《筆苑散語》編上第一

① 此條見《東人詩話》。

杜陵李公名重光，承旨東標之孫，荷堂權斗寅之外孫，權齋先生之裔孫也，本以真城人，松齋時居禮安，其後冠冕繩繩。承旨公爲肅廟朝名臣，其胤好兼爲荷堂公之壻，因居安東地爲安東人。杜陵在安東太白山之下，而李公隱居於是村，不求聞達於人，自樂荊門之下，而喜吟詩以見懷，詩律清高如其人。英宗朝大臣元景夏白上，贈承旨公吏判，因除李公爲寢郎，公不出；其後又征爲寢郎，公終不出，以老於山中。余與李公爲六寸親，故嘗以私問曰：“凡人汩汩於世路者皆有榮退之心，而君獨無焉，以其貞吉之合於石而如是耶？以其邁軸之樂，勝於紆金懷朱而如是耶？抑亦畏其山靈之勤移而如是耶？”公笑曰：“君之言戲我而又嘲我也。吾非遁世絶俗，高尚其志，而如是也。若使密翁在世，則可以知吾之心而君亦默識之矣。不然則當此聖世，人皆有欲仕之心，吾豈異於人而不出於縻

爵之日乎？”余聞其言而高之，因念恒人之心，如得一官之命則不恥苟且之事，而公又得之而不移其心，可謂今世之清士矣。李公之死已五六年，世無知其行者，故記之。《筆苑散語》編上第一

金仁謙[①]，字士安，號退石，高士昌復子。爲人有計慮知識，處地庶孼而持身恭，處心高故人莫敢侮。聰明，一過目終身不忘。平居不讀書不吟詩。而吟詩輒圓熟，寔天才。其《對馬島》詩曰：“棕絲篁葉緑垂垂，光景逾奇落照時。鸞鳥初看牙纛影，驚呼飛上最高枝。”又曰：“玄冬橘柚垂黄實，赤島雲煙際蒼穹。”以進士經日本製述官，官縣官。《並世才彥録》

① 金仁謙：1707—1772，字士安，號退石。安東人，居公州。英祖癸酉二年試進士，官至砥平縣監。

柳醉雪

柳醉雪逅[①]，字子相。清癯蕭閒，美鬚髯，軒然有仙氣。丁卯，充通信書記入日本，莊重有儀，日本人士皆敬憚。癸未之行，日本人問其安否。舌人妄對“已仙去”，其人汪然垂淚。元玄川詳説曰：“今清健，無日哦詩。人稱地行仙。”其人遂收淚而喜。今年八十九，吟詩不輟。詩甚清順無結締。其《自遣》曰：“皓髮滄浪叟，百年無一愁。江清誰送月，沙白自來鷗。酒盡簑衣脱，詩成秋水流。知吾長往意，短棹聽悠悠。”《江上雜詠》：“梅梢語雀春消息，小雨纔過草被庭。朝日湖樓精采變，入簾千疊海山青。”《清脾録》卷二

①柳逅：朝鮮英祖時人，字子相，號醉雪，全州人。少舉進士，仕止安奇察訪，以壽進秩至資憲大夫。

古今績學之士靡不以勤而致之，我東文章鉅公多讀者可歷數。世傳金乖崖閉門讀書不窺外，下堂見落葉始知天秋。成虛白晝讀夜誦，手不釋卷，如廁忘返。金濯纓讀《韓文》千遍，尹潔讀《孟子》

千周，蘇齋讀《論語》《杜詩》二千回，林白湖讀《中庸》八百遍，崔簡易讀《漢書》五千周，讀《項籍傳》一萬回，車滄州讀《周易》五百遍，李東岳讀《杜詩》數千周，柳於于讀《莊子》《柳文》千回，東溟讀《馬史》數千遍。余素魯鈍，所讀倍於他人，若馬、漢、韓、柳，皆抄讀至萬餘遍，而其中最喜《伯夷傳》，讀至一億一萬三千遍，遂名小窩曰"億萬齋"。去庚戌八路大歉，翌年大疫，都鄙積屍不知其數，人有戲余者曰"今年死者與君讀書之數孰多"云。《樗湖隨録》

美人吟詩、荔支香曲

福建官譚徽之，元符末出郊，見荔支垂熟，採食。少憩樹下，朦朧中夢至一室，有一美人，盛服出迎，飲間吟云："妾生原在越閩間，五月南州始薦盤。肉嫩色包丹鳳髓，皮枯棱澀紫雞冠。咽殘風味消心渴，嚼破天漿沁齒寒。却憶當年妃子笑，紅塵一騎走長安。"按杜牧《華清宮》詩曰："一騎紅塵妃子笑，無人知是荔支來。"祝和父以爲"《唐紀》，明皇每以十月幸驪山，至春即還，未嘗六月在驪山。荔支盛暑所熟，則杜牧詩語雖美，而殊失事實云"。然則"紅塵一騎走長安"得矣，然而《天寶遺事》云："十四年六月日於驪山駐蹕，貴妃生日，上命許雲封奏新曲，未有名，會南海進荔支，因以曲名《荔支香》，左右歡呼，聲動山谷。"則明皇亦於六月在驪山，和父未及考而有是言耶？杜牧必習聞天寶時事，則寧有失事實之理也。《龜磵詩話》卷六

灞橋詩思

或問鄭綮詩思，曰："詩思在灞橋雪中驢子上。"故古詩曰："詩思不曾輸鄭五，雪中獨跨灞橋驢。"又孟浩然於灞橋雪中騎驢吟詩，故有"風雪跨驢老浩然"之句。又賈閬仙一日驢上得"鳥宿池邊樹，僧敲月下門"之句，手作敲推狀。何潛齋《詠灞橋騎驢》曰："道上

莫教逢太尹，敲推句裏不曾知。”閬仙詩思亦可謂在驢子上。潘閬倒騎見《畫》《龜磵詩話》卷十

苗介立

成自虛雪夜於東陽驛寺中遇一人，自稱苗介立，吟詩曰：“爲慚食肉主恩深①，日晏蟠蜿卧錦衾。且學志人知白黑，那將好爵動吾心。”次日視之，乃駁貓兒也。《龜磵詩話》卷十

① 深：底本訛作“除”，據《天中記》卷五十四改。

東坡中子迨生，四歲不能行，請辨林禪師爲落髪，摩頂祝之，不數日能行。坡有詩曰：“我有長頭兒，角頰峙犀玉。四歲不知行，抱負煩背腹。師來爲摩頂，起走逐奔鹿。”楊文正生數歲不能言，一日，家人抱登樓，偶觸其首，遂吟詩曰：“危樓高百尺，手可摘星辰。不敢高聲語，恐驚天上人。”自是便能語。皆是異事也。楊公文章事業爲宋世偉人，其始生亦異凡，母章氏夢羽人，自言“武夷仙君托化”，既生乃鶴雛，家人驚駭，棄之江，叔父追視之，鶴蜕而嬰兒具焉。體尚有毛，其長盈尺，經月乃落。父文逸爲唐玉仙令，公將生，有道士袖刺來謁，自稱“懷玉仙人”，斯須遽失。後公爲學士，年三十七。晝寢，玉堂道士來謁，出一牒，閱之，寫“三十七”字，公驚曰：“得非數乎？許添乎？”道士命筆一點，爲“四十七”字，至其數果卒。良亦異矣。《龜磵詩話》卷十

亡兒復生

顧況字通翁，暮年一子，即非熊前身也。非熊暴亡，況追悼哀切。乃吟詩曰：“老人喪愛子，日暮泣成血。老人年七十，不作多時别。”非熊在冥間聞之，以情告冥官，皆憫之，却令復生況家。三歲能言冥間聞父苦吟之事，記誦其詩不錯一字。又向靖有女，數歲而亡。始病時弄小刀子，母奪傷手。後又生一女，年四歲，曰：“前時

刀子何在？”母曰：“無也。”“昔爭刀子傷母手，何云無也？”靖覓數刀，合置一處，令女自識。女大喜，即取先爭者。二事相類，俱極神異。《龜磵詩話》卷十

紅綃手語

唐大曆中，有崔生者，往省一品疾，一品命衣紅綃妓擎金甌緋桃與生，生告去。一品命紅綃送出院，妓立三指三反掌，後指胸前小鏡曰：“記取。”生歸，神迷意奪，但吟詩曰：“誤到蓬山頂上遊，明鐺玉女轉星眸。朱扇半掩新宮月，應照瓊芝雪艷愁。”家有崑侖奴磨勒問之，生俱道。奴曰：“有何難會？立三指，一品宅十院第三院；三反掌，數十五指，以應十五之數。小鏡指月圓如鏡，令郎君來。”生大喜。奴曰：“歌姬院，猛犬守之。即曹孟海州犬也。今夕爲君撾殺之。”遂負生入三院，聞妓長嘆，吟詩曰：“深谷鶯啼恨院香，偷來花下解珠鐺。碧雲飄斷音書絶，空倚玉簫愁鳳凰。”遂掀簾入，妓執手曰：“知郎君穎悟，所以手語耳。”遲明，奴負生及妓飛出。後一品知之，欲捕磨勒。磨勒挾匕飛走，不知所向。後有人見勒賣藥洛陽市，容髪如故云。按：一品即郭汾陽也。《龜磵詩話》卷十

堯夫隱洛

邵堯夫慶曆間過洛，愛山川風俗之美，卜築居之。蓬蓽環堵，不閉風雨，躬親樵爨以養親。時王宣徽尹洛，就天宮寺西天津橋南，五代安沈珂故基，爲屋三十間，請堯遷居，富韓公命其客孟約賣對宅一園，有水竹花木之勝。熙寧初，行賣官田之法，天津居亦官地，榜三月，人不忍買。諸公曰：“使先生宅屬他人，吾輩恥矣。”司馬公以下集錢買之。新法初行，先生於友人家見寢屏迷藏畫，題曰：“遂令高卧人，欹枕看兒戲。”蓋諷刺也。又作《不願吟》曰：“不願朝廷命官職，不願朝廷賜束帛。唯願朝廷省徭役，庶幾天下少安息。”雖隱居自樂，而其爲蒼生憂深矣。使介甫輩見此時，能不靦

顔？富公初入相，謂門下士田棐大卿曰："爲我問邵堯夫，可出，當以官職起之。"不即命，爲先生處士，以遂隱居之志。大卿爲言之，不答，以詩謝曰："相招多謝不相遺，將謂胸中有所施。若進豈能禁吏責，既閑安用更名爲？願同巢許稱臣日，甘老唐虞比屋時。滿眼清賢在朝列，病夫無以繫安危。"嘗作樂飲詩曰："吾嘗好樂樂，所樂非害義。樂天四時好，樂地百物備。樂人有美行，樂己能樂事。此數樂之外，更樂微微醉。"又曰："閒人也亦有官守，官守一身四事有。一事乘曉霧看花，一事過曉風著柳。一事對皓月吟詩，一事留嘉賓飲酒。"先生襟懷果是閫中今古，靜裹乾坤。在《易·遯》之九五曰："嘉遯，貞吉"。先生以之。《龜磵詩話》卷十三

康樂堪畫、東海揚帆

謝康樂韻致蕭散，頭戴曲柳笠，足穿去齒屐，婆娑於溪山林麓之間。其奇絶堪畫處不啻如"江上晚來堪畫處①，漁翁披得一蓑歸"也。對族弟惠連必得佳句，如"池塘生春草，園林變鳴禽"，對惠連所得，而真是"芙蓉出秋水，天然去雕飾"者也。然而半日吟詩，落十二齒，撚鬚尚可，落齒胡爲？政所謂"險覓天應憫，狂瘦海亦枯"者耶？遠師不許入社，曰："非令終之相。"及被收，詩曰"韓亡子房奮，秦帝魯連恥"，竟爲劉宋所害，良可痛惋。古人云"謝詩如東海揚帆，風日流麗"，真善評也。《龜磵詩話》卷十四

① 底本脱"堪畫處"，據《鄭守愚文集》卷一《雪中偶題》補。

空樑燕泥、庭草隨意、子幼種豆、詩禍之始、夢得種桃、東坡詠檜

裴獻稱道薛衡曰："鼎遷河朔，吾謂關西夫子罕遇其人，今見薛君！"嘗有詩曰："暗牖懸蛛網，空樑落燕泥。"又曰："庭草無人隨意緑。"煬帝忌而殺之。龜磵子曰：李白詩云"直木忌先伐，芳蘭哀自焚"，政薛玄卿之謂也。昔楊子幼以"南山種豆"之句殺其身，此

詩禍之始也。“南山種豆”語出淺刺，則子幼之死固矣。玄師之“空樑庭草”，不過以詩語之工爲暴君所忌，至賈奇禍。吁！詩可興也。昔賈至謫岳州，嚴武貶巴州，少陵寄詩云：“賈筆論孤憤，嚴君賦幾篇。定知深意苦，莫使衆人傳。貝錦無停織，朱緑有新絃。浦鷗防碎首，霜鶻不空拳。”蓋深戒之也。劉禹錫“種桃”之句亦不過感歎之詞，非深有所譏刺，而不免遷謫。蔡持正數其罪惡，雖兩觀之誅亦不爲過，而乃以《車蓋亭》絶句，謂其譏刺，貶新州。夫小人摘抉君子之詩文以爲罪，無怪也。以君子亦而摘抉小人之詩文以爲罪乎？東坡文章妙絶古今，而其病在於好譏刺。竟以《詠檜》詩爲罪案。文與可戒以詩云：“北客若來休問事，西湖雖好莫吟詩。”及出獄便賦詩曰：“却對酒盃疑是夢，試拈詩律已如神。”略無懲艾之意，何也？晚年自朱崖量移合浦。郭功甫寄詩云：“君恩浩蕩似陽春，海外移來住海濱。莫向沙邊弄明月，夜深猶有採珠人。”意亦深矣。考之往牒，以詩賈禍者多矣！吁！詩可畏也。《龜磵詩話》卷十四

周朴得聯、薪者駭走

周朴性喜吟詩，尤尚苦澀。每遇景物，便搜奇忘返。苟得一聯，欣然自快。嘗野逢一負薪人，忽持之，厲聲曰：“我得之。”薪者矍然，掣臂棄薪而走。游徼卒疑樵者爲偷兒所執，朴徐告卒曰：“適見負薪，因得詩。”卒乃釋之。其句云：“子孫何處閑爲客，松柏被人伐作薪。”閩有一士人，以朴癖於詩辭，戲之。一日，跨驢遇朴，乃欹帽掩頭，吟朴詩曰：“禹迹不到處，河聲流向東。”朴聞之，遽隨後。士人促驢而去，略不回首。行數里，朴追及曰：“僕詩‘河聲流向西’，何得言流向東？”士人頷之而已。閩中傳以爲笑。乾符末，黄巢求得朴，問曰：“汝能從我乎？”朴曰：“我尚不仕天子，安能從賊乎？”巢怒殺之。《龜磵詩話》卷十四

吳綾乞詩　黄衣談命

夏鄭公竦以父歿王事，得三班差使，携所業投李文靖公沆，有“山勢蜂腰斷，溪流燕尾分”之句。明日，文靖袖詩進呈，乞换一文資。後舉制科，對策庭下。有老宦者楊徽之見其年少，遽與邀語，以吳綾手巾乞詩曰：“老夫他則不知，惟喜吟詩。願得賢良一篇，以卜他日之志”。竦欣然書曰：“殿上衮衣明日月，階前旗影動龍蛇。縱横禮樂三千字，獨對丹墀日未斜。”楊歎曰：“老夫閲人多矣！賢良他日必貴。”竦遂登第。在朝數爲御史糾覈，疑時宰諷之，作《青雀》詩寄諫院張昇云：“弱羽傷弓尚未完，孤飛誰敢擬鴛鸞。明珠自有千金價，莫與他人作彈丸。”未第時，忽有黄衣道士冒雨而來，衣不沾濕，謂曰：“若修道，可登仙路。”竦不答，道士笑曰：“亦須位極人臣。”《龜磵詩話》卷十五

黄衣吟詩

唐文皇征遼至定州，路側有一人，衣黄衣，立塚上，神彩特異。文皇遣使問之，以詩答曰：“我昔勝君昔，君今勝我今。榮華各異代，何用苦追尋？”吟訖，因忽不見。怪問之，乃慕容垂塚也。《龜磵詩話》卷十七

鬼詠甘棠

《異聞實録》云：“會昌中許孝廉，路由甘棠館，逢白衣叟乘馬吟詩曰：‘春草萋萋春水緑，野棠開盡飄香玉。繡嶺宫前鶴髮翁，猶唱開元太平曲。’許異其詩，欲與語，忽入林中不見。繡嶺宫在峽州，玄宗開元中嘗遊幸於此。”按，《三體詩注》以此詩以李才江所作，豈才江詩白衣鬼誦之耶？《龜磵詩話》卷十七

踏歌春陽

《元和志怪録》云：有士人醉卧廳中，及醒，見古屏上婦人等，

悉於牀下踏歌，歌曰："長安兒女踏春陽，無處春陽不斷腸。"士人驚叱之，忽然上屏。又云：有人泊舟富春，月色淡然，見一人沙際吟詩曰："陊江三十年，潮打形骸朽。家人都不知，何處奠盃酒？"舟人問曰："君姓名云誰？"又吟曰："莫問我姓名，向君亦言空。潮生沙骨冷，魂魄悲秋風。"遂失所在。《龜硐詩話》卷十七

破笛吟詩

《靈怪録》：姚康成夜宿廟宅，遥見三人入廊房賦詩。一人細長而黑，吟曰："昔日炎炎徒自知，今無烽竈欲何爲？可憐長柄全無用，曾見人人未下時。"一人細長而黄，面多創孔，吟曰："當時得意氣填心，一曲君前值萬金。今日不如庭下竹，風來猶得學龍吟。"又一人肥短，鬚髪散垂，吟曰："頭焦積禿但心存，歷盡塵埃不復論。莫笑今來同腐草，曾經終日掃柴門。"候曉視之，乃鐵銚子一柄、破笛一管、禿黍筲帚一個而已。鬼物亦善於言志矣。《龜硐詩話》卷十七

皇華驛吟詩

廣州押衙崔慶成夜宿皇華驛，見美夫人曰："今日見君，君必有疑。今日舍君，我寧不悔？候君迴轅，別圖後會。"擲書云："川中狗，百姓眼。馬撲兒，御厨飯。"及回，不敢復宿此驛。寓宿旅邸，前夫人來曰："今日事可協否？十二字能變否？"崔不能對。婦人因命青衣進酒，終不舉盞。乃作詩曰："妖魄才魂自古靈，多情心膽似平生。知君不是風流物，却上幽原怨月明。"擲紙於地，燈火俱滅云。丁晋公嘗見此十二字，曰："川中狗，蜀犬，獨字；百姓眼，民目也，眠字；馬撲兒，瓜子也，孤字；御厨飯，官食，館字。乃'獨眠孤館'四字也。"《龜硐詩話》卷十七

梅妃辭珠　侯姬繫錦囊　合歡果

江采蘋，明皇侍女也，善屬文，性好梅，故號梅妃。後奪寵於

太真，遷上陽宫。帝念之，封真珠一斛，密賜妃。妃不受，以詩付。詩者曰："桂葉雙眉久不描，殘妝和淚濕紅綃。長門盡日無梳洗，何必真珠慰寂寥。"《品彙》以此爲玉環詩，誤矣。吳絳仙，隋煬帝宫人也，姿色柔麗。帝每倚簾視之曰："古之秀色固可餐，絳仙真可樂饑。"因吟詩賜之。帝巡遊至廣陵，自瓜州有進合歡果。帝命小黄門以一雙馳賜絳仙，絳仙拜賜，私付紅箋上進曰："驛騎傳歡果，君王寵念深。寧知辭帝里，無復合歡心。"時有侯夫人者，奪寵於絳仙，忽自縊，臂繫錦囊。左右取進，有自感詩三首。一曰："庭絶玉輦跡，芳草漸成窠。隱隱聞簫鼓，君恩何處多？"二曰："欲泣不成淚，悲來翻強歌。庭花方爛漫，無計奈春何。"三曰："春陰正無際，獨步意如何？不及聞花草，翻成雨露多。"又有《妝成詩》《遺意詩》二首見《姬妾》。帝見詩傷感，往視其屍，顏色猶美如桃花，乃厚禮葬之。如梅妃、侯夫人者，皆所謂"紅顏多薄命"者，而其幽冤不平之氣，足以致災妖。此太宗所以放出宫女三千人者也。《龜磵詩話》卷二十七

吳尚濂字幼卿，本同福，號燕超齋。父判官始績，外祖尹梅公。過三田渡有詩曰："三浦胡書碣，山城憶解圍。空聞千乘國，未見一戎衣。將帥無籌策，文章有是非。朝[①]宗迷舊路，江漢欲何之。"一時膾炙。又作《除夜》詩曰："山中又見歲華徂，似送征[②]人赴遠途[③]。燭盡盃殘留不住，五更雞唱是驪駒。"發前人所未發，而詩意未免太悽愴。又《送人》詩曰："山空秋雨夜蕭蕭，蟲語人情兩寂寥。念我窮居少懽日，與君相别又明朝。溪邊殘柳誰堪折，江上歸舟不可招。爲問[④]西行到京洛，能將書札訪漁樵。"亦可謂絶調，而首句未免寂寞，意其年壽之草草，果不滿三十而夭。擬古之作，多有逼唐處，其《明妃怨》曰："明主恩何晚，妾身空自傷。當辭一顧眄，掩淚重彷徨。環佩搖[⑤]關月，琵琶拂塞霜。行經隴頭水，忍洗漢宫妝。"《隴頭水》曰："隴水分流去，潺湲日夜鳴。應添望鄉淚，故作斷腸聲。

出塞兼秋淨，經秦共月明。東西兩愁絶，徒御若爲情。”其《對宴曲》曰：“隱約千家柳，離披露井桃。彤雲扶玉座，白日語檀槽。錦落麒麟重，簾開翡翠高。懽餘宣别語，催唱《欝輪袍》。”其《閨怨》曰“蕩子歸何晚，閨人怨未平。春容凋日及，秋意動宵行。鵲語原難準，蛛絲謾自縈。猶憑前夜夢，竟暮倚簾旌”等作多至三十數，送示松谷求批評，松谷讀至“春容凋日及，秋意動宵行”，擊節稱賞曰：“此句前人所未發。”仍答書曰：“穆王車前，無非躡風追雲。吾非王良，何敢曰某是驊騮，某是白羲，某是山子耶？”賦銀橋昇月宫曰：“銀橋飛出白雲間，仙樂飄飄舞彩鸞。直上青天如踏地，晚來方識蜀道難。”又賦桃源曰：“桃花源[⑥]裏别藏天，避世逃名六百年。秦帝學仙終不得，驅他黔首作真仙。”明谷崔相[⑦]作《新增輿地勝覽》，三田渡下録“三浦胡書碣”一律而改其名曰“有一士人作詩”云云，有人責之曰：“此亦編論耶？”明谷笑曰“少年暴得大名不祥，故爲晦其姓名，非有他意”云。“長松上水月，下有吟詩人。”語涉幽深，見者知其不久於世也。《詩話類聚》卷下

① 朝：底本訛作“祖”，據《陶峡叢説》改。

② 征：底本訛作“情”，據《星湖僿説》改。

③ 途：底本訛作“道”，據《星湖僿説》改。

④ 底本脱“爲問”字，據《東國詩話彙成》補。

⑤ 搖：底本訛作“瑤”，據《海東詩話》改。

⑥ 源：底本作“院”，據《海東詩話》改。

⑦ 相：底本作“生”，據《海東詩話》改。

成運，字健叔，號大谷。明廟朝以逸除六品，不就。愛山水之勝，飄然獨往，徜徉水石間，彈琴吟詩，詩調清和。《古詩》曰：“窄窄[①]低低築小室，庭松籬竹翠成行。溪心得雨魚魚樂，屋角銜泥燕燕忙。新服稱身雙袖短，古琴便手七絃長。一年嘗盡山中藥，客至時聞口齒香。”[②]《東國名賢抄》

① 底本脱“窄”字，據《大谷集》補。

②《大谷集》題《村居書事》。

人但知寥寥斷章之才短[①]，而不知喋喋千言之才更短。人但知滿口公卿之人俗，而不知滿口不趨公卿之人更俗。予嘗箴一名士云：“吟詩羞作野才子，行己莫爲小丈夫。”《百家詩話抄》

① 此條見清代袁枚《隨園詩話》卷七第三七條。

學問之道[①]，“四子書”如户牖，“九經”如廳堂，“十七史”如正寢，雜史如東西兩廂，注疏如樞闑，類書如廚櫃，説部如府湢井匽，諸子百家詩文詞如書舍花園。廳堂正寢[②]，可以合賓。書舍花園，可以娛[③]神。今之博通觀史而不能爲詩者，猶之有廳堂大廈，而無園榭之樂；能吟詩調而不博通經史者，猶之有園榭而無高堂正寢也。《百家詩話抄》

① 此條見清代袁枚《隨園詩話》卷十第一〇條。

② 底本脱“雜史如東西兩廂，注疏如樞闑，類書如廚櫃，説部如府湢井匽，諸子百家詩文詞如書舍花園。廳堂正寢”字，據《隨園詩話》補。

③ 娛：底本訛作“誤”，據《隨園詩話》改。

李秉廷，字彝甫，才思警逸，無煙火氣。其《松京》詩曰：“麗王在時月，臺上已千霜。草色雲鞋冷，耕謳玉殿荒。”又曰“長短吟詩與樵唱，客程斜日滿高驪”，聞者傳誦。有人題其卷曰“滄海月明珠有淚，藍田日暖玉生煙”，君子以爲知言。未幾彝甫不幸短命。《三溟詩話》[①]

①《三溟詩話》：不分卷，姜浚欽（1768—1833）撰，莽蒼蒼齋藏本。姜浚欽事蹟不詳。

白湖風流文采，豪放滑稽之士也。年少未釋褐時，匹馬單童，訪水尋山，賞玩風景矣。行到一處，則斷麓之下，小溪之上，林亭絶勝。少長數十人列坐開筵，下流有板橋，橋頭楊柳飛絮如雪。信馬渡橋，望見高會，觴之，即於奚囊中取出文房之友，送林亭之會，詩曰："清歌一曲出花來，知是群仙綺席開。柳雪滿橋歸路晚，亂鶯啼處客徘徊。"會客見之，驚歎懇邀，公即豪士，舍鞭即進，則諸客拜延上座。各勸巨觥，公皆不辭而舉曰，蓋緣君酒户寬也。諸客曰："吾輩請步高韻，可乎？"一人吟詩，公曰："碧矣，碧矣。"其人喜，謝曰："吾詩何能碧也。"公曰："太碧則生矣。"其人有慚色。又一人詩，公曰："熟矣，熟矣。"其人還謝曰："吾詩何能熟也。"公曰："太熟則落矣。"其人亦有慚色。公不辭而出，馱醉而見，座客相顧疑訝，現一言曰："非林某則必不及此。此無奈林某耶？"《蟾泉漫筆》①

①《蟾泉漫筆》：不分卷，任廉（1779—1848）撰，《韓國詩話叢編》本。任廉，字直汝，號蟾泉，豐川人。

作詩腰膝用如似字爲病

朱彝尊《書劍南集後》云："詩家比喻，六義之一，偶然爲之可爾。陸務觀《劍南集》句法稠疊，讀之終卷，令人生憎。若'身似老僧猶有髪，門如村舍強名官''身似在家狂道士，心如退院病禪師''心似枯葵空向日，身如病櫟孰知年''家似江湖歸業户，身如湖嶺罷參僧''閑似白鷗雖自足，健如黄犢已無緣''心長老驥長千里，身似春蠶已再眠''瘦如飯顆吟詩面，飢似柴桑乞食身''雨如梅子初黄日，水似桃花欲動時'云云。餘詩腰膝用'如''似'字作對，難以悉數。邇者詩人多舍唐學宋，予嘗嫌務觀太熟，魯直太生，生者流爲蕭東夫，熟者降爲楊廷秀。"吕晚村留良《宋詩鈔列傳·劍南集》引劉後村克莊論近世詩人："雜博者堆隊仗，空疏者窘材料，出奇者費搜索，縛律者少變化，惟放翁記聞足以貫通，力量足以驅使，才思足以發越，氣魄足以陵暴。南渡而下，當爲一大宗。吾謂

豈惟南渡，全宋不多得也。”其言甚衡平。《詩家點燈》卷一

王禹偁詩徐鉉句

王禹偁詩:“天晴緑野懸魚網，木脱空城露酒旗。”“漆燕黄鸝誇健舌，柳花榆莢鬥身輕。”“郊原曉緑初經雨，巷陌春陰乍禁煙。”“費盡俸錢因合藥，忙於公事是吟詩。”“入定雪龕燈焰直，講經霜殿磬聲圓。”[1]徐鉉佳句:“不解養生何怪病，已能知命敢辭貧。”“舊游半似前生事，要路多逢後進人。”[2]《詩家點燈》卷六

① 以上詩見《宋詩鈔》卷一。

② 以上詩見《宋詩鈔》卷二。

吳中詩老徐波在

吳中詩老徐波字元歎，康熙初年七十餘尚在，居天池落木庵，與中峰、靈巖二高僧往還。虞山先生寄詩云:“皇天老眼慰蹉跎，七十年華小劫過。天寶貞元詞客盡，江東留得一徐波。”元歎自撰《頑庵生壙志》云:“喜登陟，而筋力遽衰。未廢吟詩，而發言莫賞。”又爲《落木庵記》云:“癸酉十月，與竟陵譚友夏寓其弟服膺德清署中，曉起盥漱，見予白髮盈梳，云:‘子從此别，計必住山，請擇嘉名，以名其居。’服膺出幅紙，俾作擘窠大字，友夏執筆擬議曰:‘子還吳，可謂落葉歸根矣。’遂有此目。今三字揭諸庵門，松栝數株，玄冬霜月[1]，蕭蕭而下，雙童縛帚，掃除不給，齋厨爨煙，皆從此出，事之前定如此。乙酉后，有《寄楚僧寒碧》詩云:‘楚鬼微吟上峽謠，中元法食可相招。憑君爲譬興亡恨，雨打秋墳骨亦銷。’寒碧少遊鐘譚間，此詩蓋爲二公作也。”此見《池北偶談》。《詩家點燈》卷十

①《池北偶谈》爲:“松栝數株，撑風蔽日，元冬霜月”。

玉溪西崑體

李商隱，字義山，號玉溪先生。筆籌驛吟詩曰："相見時難別亦難，東風無力百花殘。春蠶到死絲方盡，蠟燭[1]成灰淚始乾。"此所謂西崑體也。《詩家點燈續集》

① 燭:《李義山詩集》卷上《無題》作"炬"。

妖狐怪鬼

妖狐怪鬼，其説荒誕，君子不道，而古今所傳不無其事。故小説中《聊齋誌異》一書，太半狐惑也。干寶之《搜神記》，張讀之《宣室志》，近世紀文達之《姑妄聽之》《槐西雜志》《草堂筆記》等書，皆非狐則鬼也。鬼者虛耗，其變化奇妙，使人慌忽莫測，宜其無所不能。而亦往往有詩，鬼語必奇絶，尤可異也。弊箒破杵，與相酬唱，其詩俱載選家。非特此也，此類自唐以後甚多，不能殫録，然偶記一二。唐時有一文士，獨宿廢宅，夜半月明，忽聞笙簫滿堂，歌舞狼藉。其人睡覺，開眼視之，有美女數十，各持樂器，紛然彈吹。又一女朗吟一詩曰："長安兒女踏春陽，無處春陽不斷腸。舞袖弓腰渾忘却，蛾眉空帶九秋霜。"旁有一女曰："弓腰何也。"其女曰："汝欲見弓腰乎？"遂翻身曲之，以腦貼踵，圓如關弓，仍曰："此弓腰也。"其人大怪之，勵聲曰："妖物也。"聲未畢，諸女皆紛紛踏壁以上，遂不見。天明視壁上，乃古畫《女樂圖》也。甲申明亡後，人物死亡，十空八九。適當三月三十日，有文士數人携酒壺，入一空屋，坐樓下，相與悲泣，欲賦聯句。時天陰雨飛，一人先成一句曰"風風雨雨送春歸"，未及繼吟，忽聞樓上有吟詩聲，側聽乃續成首句也。其詩曰"無雨無風春亦歸"，俄又連吟曰"蜀魄啼來花影瘦，吳蠶食罷柘陰稀"，又連吟曰"嘴邊黃淺鶯兒嫩，頷下紅深燕子肥"，又連吟曰"惟有道人歸未得，杖頭閒掛緑簑衣"，吟罷無聲，諸人不敢更作。遂上樓見之，寂無人跡，惟飛塵滿樓而已。嘗聞竹泉金文清公爲嶺南御史，一日鷄鳴獨行，入安東境。時野路無人，曉月微明，忽有童兒總角三四人，驅馬在前，公認以行旅，緩步隨後。一童忽言："曉景甚好，可聯句。"諸童曰："可。"一童先吟曰"店樹橋雲曉色凄"，一童續吟曰"行人秣馬第三鷄"。在後者又續成曰："阿郎販豆京師去，小婦春歸月在西。"又一童曰："小婦春歸，必有可笑事。"相與呵呵而去。時遙見山下遠村，有一女頭載米盆以往。下句乃即景，而此女藁砧不在，必有中冓之事，鬼故能知之也。金公始覺爲鬼語，遂忙追之，纔踰一小岗，人馬皆不見。蓋鬼亦能詩，豈非異事乎？陸士龍宿塚旁，聞"下有百年人，長眠不知曉"之句。錢起宿旅店，聞"曲終人不見，江上數峰青"之句。河西赴舉，路逢行人，聞"秋風颯而夕起，玉宇廓而崢嶸"之賦。起與河西皆以此取科。思齋金公之爲嶺伯，巡到密陽，設白日場於嶺南樓，揭榜呼中，後令選士即席賦詩。一士有詩曰："金碧樓明壓水天，昔年誰構此峰前。一竿漁父雨聲外，十里行人山影邊。入檻雲生巫峽曉，逐波花出武陵煙。沙鷗但聽陽關曲，那識愁心[1]送別筵。"思齋疑異之，以詩書致伯氏文敬公慕齋，謂以非煙火食語。使之探問，其人果素不知文。嘗避雨巖石間，偶逢一女，携歸爲妻。其妻縫衣作飯無不如意。且責其不識丁字，仍勸交遊士友，每當作文賦詩，令執筆，筆隨手下，覼縷成語，坐皆驚歎。遂以能文名，嶺南樓詩亦如此。未幾，其人一日出遊醉還，見妻晝眠，怒責不設飯。妻歎曰："吾與君緣盡，更勿恨我。"拂衣出，不知所在。但見門扇題一句曰："花婦今爲洛水神，世間皆[2]是薄情人。"其人後還無識云。此又與鬼異，豈江妃洛神之類歟？如衍波箋上宫中曉寒歌，其詞不傳。又唐詩有無名氏一絶曰："酒盡君莫沽，壺乾我當發。城市多囂塵，還山弄明月。"此非無名氏，乃木客所作，即鬼詩也。昔史皇造字，而鬼夜哭，惡其人鬼有別故也。然後世之鬼作詩能如人，不必哭也。古語人死爲鬼，鬼死爲聻，故人畏鬼，鬼畏聻。未知聻果何物，而誰能見之。少昊之衰，九黎亂德，人神雜糅。及大禹鑄鼎，鬼魅不敢逃形，人文始明。然聖人不作，紀綱不明，則鬼怪撗行。故我東三國之世，上自宫壼，怪鬼妖淫，無非驚駭之事。及至本朝，文物燦然，故别無異事，而不無往往神怪之物，況衰亂兵燹之際乎？今之洋夷遍天下，此何異於人神雜糅，可不懼哉。《智水拈筆》卷五

① 心：底本作“深”，據《清江先生詩話》改。

② 皆：底本作“俱”，據《清江先生詩話》改。

尹善道大忤爾瞻，竄慶源。行至洪原，有妓名趙生持酒肴迎曰：“余已知子有此行。”善道吟詩以謝曰：“吾事固非時，汝知吾不知。讀書不及汝，吾乃天生癡。”《海東詩話》（李建直）

光海子祬廢在江華，吟詩曰：“本是同根何太薄，理宜相愛亦相哀。緣何脱此樊籠里，緑水青山任去來。”於薦棘中闞地逃出，遂賜死。方其臨死，口占一絶曰：“塵寰翻覆似狂瀾，何必憂愁意自閒。二十六年成一夢，好隨歸去白雲間。”吟迄，仰天長嘯者良久，遂死。光海宫人之流落者，至老皆誦“桃花李花杏花發，南里西里北里春。不寒不熱好時節，半醉半醒無事人”之詩，蓋光海甚喜此詩，嘗於賞花之時必令諸姬詠吟以聽，故久而不忘。《海東詩話》（李建直）

琉球國太子爲海風所飄，泊於三陟。船中多有輕寶奇貨。三陟守殺而取之，太子臨死吟詩曰：“堯語難明桀服身，臨刑奚暇訴蒼旻。三良入穴人誰贖，二子乘舟賊不仁。骨暴荒原纏有草，魂歸故國吊無親。竹西樓下滔滔水，長帶遺冤咽萬春。”《海東詩話》（李建直）

剡人賈傳於鏡湖泊舟，夜月縱步，於清水芳荷中見二叟立語，一曰“碧繼翁”，一曰“篁棲叟”，相與吟詩。賈遽揖之，化爲白鷺飛去。《緑帆詩話》卷一

李芝峰睟光《題吹笛院》：“曾將一笛院前吹，醉倚空山落日時。

匹馬偶[1]來尋往事[2]，淡煙芳草十年[3]思。”又《湘水驛》詩：“雨後清和近午天，驛樓芳草暗湘川。誰知倦客征鞍上，半是吟詩半是眠。”《東詩叢話》卷一

① 偶：底本作“歸”，據《芝峰集》改。

② 事：底本作“跡”，據《芝峰集》改。

③ 年：底本訛作“里”，據《芝峰集》改。

阮亭《贈謝重輝》二律，格格清雅高朗，令人可讀。其一曰：“歷落嶔崎可笑人，朝衫猶自染京塵。深憐謝客吟詩好，莫訝王郎斫地頻。三月鶯花連下杜，廿年車庫感平津。青絲挈酒高梁水，取次東風解禊辰[1]。”晋周顗謂桓茂倫曰“歷落嶔崎可笑人”，韓昌黎詩“從事久此穿朝衫”。謝客，謝靈運小名也。靈運生旬日而謝玄亡，乃送靈運於杜明師養之，十五還家，故名曰“客兒”。王郎，王司直也，杜甫贈王司直歌“拔劍斫地歌莫哀”。第三四以謝客比謝重輝，以王郎比自家也。下杜，地名。平津，漢公孫弘封爲平津侯，平津侯舊第爲馬廐車庫，見《漢書》。《東詩叢話續》

① 辰：底本訛作“衣”，據《漁洋精華録》改。

成文斗聃壽，端宗遜位，與其從父兄子梅竹公並受嚴鞫，安置金海，三年宥還。是時罪人子弟皆除參奉，以觀去取。公竟不應命，吟詩釣魚，悠然自適。有詩云：“夢與白鷗飛萬里，覺來身在夕陽天。”李遯軒緝聞端宗升遐，痛哭終日，挈家隱於鳳山巴嶺山中，有詩云：“木因直伐不嫌直，蘭以香燒尚守香”。元直長柱，放浪山水間，有夢遊山寺詩曰：“山寺依然似舊游，白雲紅樹繞虛樓。僧歸塔下三更月，鷺立溪旁一點秋。”《東詩話》卷一

金安老少時遊關東，有神人吟詩曰：“春融禹跡山川外，樂奏虞廷鳥獸間。”因言此乃汝後日得路之語。明年入庭試，燕山主以律詩

爲試。安老即用其句，書呈矣。時姜木溪爲考官，金慕齋爲參試官。木溪大加稱賞，擢爲狀元。慕齋曰："此乃鬼語。"乃招安老問之，安老以實對。聞者咸服其鑒識。或言，此乃鄭紹宗事。紹宗少時，夢有老翁贈詩曰："禹跡山川外，虞廷鳥獸間。"至燕山甲子，別業殿試，紹宗忽思夢中句，演成一聯。"春融、樂奏"四字，乃其所演云。《東詩話》卷一

燕山主嘗出遊，欲舟下龍山。表藍溪沿沫抱楫諫曰："從陸安，乘船危。"主怒，命篙公奪楫。公顛於水中。主使人拯之而問曰："爾何投江爲？"對曰："臣欲下從懷王臣屈原。"主曰："爾果見屈原乎？"曰："見之，而屈原贈之以詩。"主問何詩。對曰："我逢暗主投江死，爾遇明君底事來？"按《説郛》曰："唐太宗時，高崔嵬善弄。帝令給事撩頭向水下，良久問之。答曰：'見屈原，云：我逢楚懷王，乃沈汨羅水。汝逢聖明君，何爲亦來此？'帝大笑賞之。"表公此詩蓋出於此。公退居咸陽田舍。主以馹召之。公吟詩以見志，詩曰："新築書堂壁未乾，馬蹄催我上長安。兒時但道爲官好，老去方知行路難。千里關山千里夢，一番風雨一番寒。何時靜坐雲林下，翠竹蒼梧仔細看。"《東詩話》卷一

閔老峰鼎重、驪陽維重兄弟，每見尹白湖，必傾倒焉。人或問其故，曰："其人氣貌則座上春風也，言論則出入經傳，貫穿今古，吟詩則能道'雲開萬國同看月，花發千家共得春'之語，何爲而不傾倒乎？"尤庵嘗曰"尹初不至此，而大司馬兄弟扶助致是"云。大司馬，即老峰也。《東詩話》卷二

有用無體謂月露，真操觚者之小技。予於妙青、鄭知常見之。時金富軾、鄭知常齊名矣，鄭爲金所殺。一日金如厠，吟詩曰："柳條千絲緑，桃花萬點紅。"忽鄭鬼批[①]金頰，附耳語云："何不曰絲

絲、點點乎？”鄭挽金閬[②]曰：“何物皮閬[③]？”金徐曰：“予父皮閬[④]，予固鐵閬[⑤]。”鄭鬼乃捨之。此詩一派田土，前人後人汗漫相繼，收得雲田碧海在於眼前，流而不反者矣。《青邱韻𦀬》

① 批：底本訛作“挾”，據《白雲小説》改。

②③④⑤ 閬：《白雲小説》作“囊”。

造語之中，下字尤要。《漁隱叢話》曰：“詩句以一字爲工，自然穎異不凡，如靈丹一粒，點石成金也。孟浩然詩‘微雲淡河漢，疏雨滴梧桐’，上句之工在一‘淡’字，下句之工在一‘滴’字，若非此兩字，則烏得爲佳句也？如陳舍人從易偶得杜集舊本，文多脱誤。至《送蔡都尉》云‘身輕一鳥’，其下脱一字，陳公因與數客各用一字補之，或云‘疾’，或云‘起’，或云‘下’，莫能定。其後得一善本，乃是‘身輕一鳥過’。陳公嘆服。如《鍾山語録》云；‘暝色赴春愁’，下得‘赴’字最好，若下‘起’字，便是小兒語也。‘無人覺來往’，下得‘覺’字大好，足見吟詩要一兩字工夫。觀此，知余之所論非鑿空而言也。”《漁隱叢話》止此 《東洋詩學源流》

鄭鎔少時中風病。一日，自言見一少年書生，戴蓮花巾，貌若玉雪。自稱唐進士姚鍇，與李長吉友善，棲雁蕩山將二百年。聞東方山水最佳，移栖漢拿山近千年。欲遊金剛山，來往三角山且三十年。與汝有緣，故來見。仍吟詩云：“萬里鯨波海日昏，碧桃花影照天門。鸞驂一去空千載，緱嶺靈簫半夜聞。”又：“棲身三角三十春，日日每向南雲哭。松風不如龍吟聲，蘭雁又下三凌鶴。三凌鶴不來，蜀道峰前秋月黑。”或曰蘭雁之義，則“衰蘭之節雁來賓”也。閱歲，魔去而病愈。《題魯山舊宫》云：“人度桃花岸，馬嘶楊柳風。夕陽山影裏，寥落魯王宫。”《明月贈人》云：“二月燕辭海，千村花滿秦。每醉清明節，至今三十春。”《詠春朝》云：“酒滴春眠後，花飛簾掩前。人生能幾許，悵望雨中天。”《詠秋日》云：“菊垂雨中花，秋驚井上梧。今朝倍悄悵，昨夜夢江湖。”其《聽琴》云：“佳人挾朱瑟，纖手弄柔荑。忽彈流水曲，家在古陵西。”又“明月不知滄海暮，九疑山下白云多”。《東詩奇談》

趙正言貞相登科後，沈仰貧困，嘗值科日，風雨大作，吟詩自慰云：“峡水橋邊雨滿天，青陽門外士磨肩。一間茅屋能高卧，今日文官直萬錢。”鄭參判元始聞之以爲高，力加延薦於搢紳，得宰兩邑。《東詩奇談》

玄錡

玄錡，字信汝。其先高麗令同正守始居驪州之川寧縣，子孫仍貫焉。錡生而聰記絶倫，年十二授《通鑒綱目》，日誦數百行。及長，博涉群書，才思超雋。爲詩，屏遊靡之習。嘗遊終南山亭，時群彦盛會作《餞春》詩。錡夜刻燭而賦落花詩三十首，一座驚嘆，目之以詩神。其詩曰：“燕語鶯啼一夢中，夕陽無限在墻東。吟成卓調頭逾白，歌斷虞兮血謾紅。飛絮同憐兒女雪，吹萍只怨大王風。黄金欲鑄芳菲印，色相奈他空復空。”又曰：“非煙非雨轉霏微，千里飄零已落輝。佩影遙還青冢月，錦紋凄斷碧窗機。多生命薄悲香骨，抵死身輕戀舞衣。我有相思無限恨，百回筇屐繞柴扉。”其詩奇峻穠艷皆如是也。有富賈見之，謂付鋟而拿去全篇，遂不傳。是年喪其妻朴氏，或以此爲詩讖也。於是家益貧，顧性耿介，足不到權貴之門。隨衆談燕，遇不類者輒嫚駡之，拂衣而去。酒酣善諧謔，長吟“白玉樽前是吾輩，碧紗窗外即天涯”之句曰：“吾一生如是而已。”到處人爭索詩，操筆立成。每自稱傀儡。或問詩法，曰：“凡學者當求之經，以埴其根；參之史，以咀其華；歷之名山大川，以擴其胸襟；驗之草木鳥獸，以博其聞見；又讀《三百篇》《離騷》、古樂府、漢魏唐宋諸作，以深其原委，可盡其變也。”其再從兄鎰號皎亭，悶其靡家室無定所，落魄窮途，屢捐金資助，勸使賣舍娶婦。

笑曰:“吾豈可添累而傷吾志?”終不聽，以其資悉輸之酒家以痛飲。冬月使小奚背酒壺，冒雪至山榭，獨酌露眠，以所吟詩題壁，不問主人而歸。嘗與鄭夏園芝潤好，相謂歲寒朋。洎夏園卒，席藁門外七日，但飲酒而哭曰:“吾無友也。”嘗覽楓岳，飄然有托迹禪門之志。自稱“秋潭禪子”，有詩曰:“饑時啖飯飽時眠，一粟人間寄渺然。踪迹閑雲空出岫，性情枯木已爲禪。千秋滚滚非還是，萬象紛紛醜更妍。滿眼梅花今負汝，清香不與入詩篇。”庚申冬，忽中酒而逝，年五十二。平生煢孑窮厄，抱才坎壈，放浪於詩酒之間。其逸聚零篇膾炙人口，吟輒弃之曰:“誰復知者!”金小棠奭準嘗受業其門，故搜其遺詩刊《希庵集》一卷行於世。

外史氏曰：研農崔性學爲叙次其遺迹而論之曰:“士嘗有大志，不拘細行，故畸人名流往往自放，而能樹風節，不以身屈。先生其庶幾乎?先生素孤貧，遭窮厄垂三十年，獨以詩自鳴。而以其學術之宏肆，落拓四方，豈非托於酒而曠達自適也耶?方其箕踞睨人，恰有嗣宗之傲骨;而不戚戚於貧賤，則足以見黔婁之風云。”

金小棠《紅葉樓集·懷玄希庵》詩曰:“生無家室死無子，痛飲狂歌五十秋。槎枒肝肺愁難滌，一首詩輕萬户侯。”又張斐然《述懷》詩曰:“落魄英雄末路同，宋人詩句晋人風。如今走卒知名字，爭説玄錡鄭壽銅。”又羅蓀庵岐聞希庵入山祝髮，有詩曰:“短褐幾年揚曲塵，文章末路托空門。鶯鳳漂泊詩緣斷，回首西風彈淚貧。”

《逸士遺事》卷一

丁日興，字季叔，號玉岡。幼聰穎有孝行，好讀書，日誦數萬言。長於詩賦爲諸生冠。嘗曰:“道則學諸子，富則如石崇，經綸如管葛，方稱吾願。”性好急難，解驂傾困無所吝。以田廬賙恤貧友者十數計。邑有人其親死無以葬，及期又無以祭，妻詬之曰:“男子貴結交。郡有丁日興而不知面，宜其貧困至此也。”臨事直前，百折不撓。雖頓挫而無悔，與人同憂樂。坦然無私，故以豪俠著名。而每出門，則從者如雲，皆稱玉岡大器云。有侄舜泰，字再華，號春沂，又號學圃。不拘小節，不慕富貴。好讀《孟子·熊魚章》。見人貧濁者，警諭娓娓，人皆畏避。或有不屈者，投以木枕。好飲酒吟詩，自比於阮籍、畢卓。嘗有詩曰："山人恒語野，野人恒語山。山野何須語，安心只此間。"奇松沙語萬嘗被逮上京，巡查押行，舜泰追至舟中，求見甚切。"巡查見其言辯願款，許之。及相見，論經談詩，贐行甚厚。蓋有義俠之風云。《逸士遺事》卷二

王錫輔　王師覺　王師天　王師瓚

王錫輔，字胤國，貫開城，高麗太祖第十五子東陽君之裔。李朝初，有户曹判書地德、慶尚兵使完仁俱顯於朝，兵使有子淨，官至經歷，始落南，居求禮縣，其五世孫得仁當宣祖壬辰之難倡義殉節，贈司憲府持平，其子義成仁祖丙子自募勤王，贈左承旨，後有之翼以孝行贈户曹佐郎，即錫輔之高祖也。以純祖丙子生，十二歲而孤，二十而娶。諸少年見其正色凝坐，相戒引去，不敢加戲曰："王郎其天人乎？"事母甚謹，尤誠於祭，先期三日必致齋潔。嘗赴舉，見舉子奔走請托，心鄙之，遂避舉事，放迹山林間。遇有佳處，一筇一鞋，不遠數百里，從者常十數人。嘗精究《易》理，旁及三奇太乙象緯勾股之術。渡露梁江，約同行緩渡。一人違約而徑登，船已離岸遠，公厚賂舟人使回船卸之。既而船至中流，果覆。其後自以方術之害正學，盡弃之。惟以經籍自娱。諸子要語手自抄寫，名曰"袖珍"。自少能吟詩，而晚益留意。所著有《川社稿》若干卷。川社，即自號也。蓋湖南自白玉峰、林白湖以後，詩學久蕪。而公能修而明之，故近時求禮名士如李海鶴沂、黄梅泉玹，皆一辭同推。卒之夕，告家人曰："吾命宫之星近日不見，吾其逝乎？"遂殁。太王戊辰也。有四男，師覺、師天、師瓚、師龍，亦皆以詩文名。《逸士遺事》卷三

黄鳥詩　高句麗琉璃王

王喪妃松氏，後娶二姬。一則禾姬，鶻川人；一則雉姬，漢人。二女爭寵於王，故作東西二宫，而使其各居也。王好田獵，七日不返。二姬相妬，禾姬駡雉姬曰："漢家婢妾，安敢無禮耶！"雉姬忿且恥之，即欲還歸漢國。王自田獵而還，見雉姬之亡去，即追之。及於中路，王執雉姬之手而請還歸。雉姬不聽而逃去。王無聊獨還，中途憩於樹陰下，見樹間黄鳥和鳴，感而吟詩。

翩翩黄鳥，雌雄相依。念我之獨，其誰與歸？

此詩得《葩經》之興體，有一唱三歎之風韻。《玉溜山莊詩話》

泛舟遊漢江

海左嘗與石北申光洙泛舟遊於漢江，石北先吟詩一律，海左繼而和之。石北擊節稱賞曰："余詩不過靈山調，而君之詩即羽調也。"今各舉一聯，以備參考。

上國江山多遠勢，高秋鴻雁有新聲。　石北

細雨不妨篷底宿，微波時作岸邊聲。　海左《玉溜山莊詩話》

橘山李裕元嘗曰："徐四佳老來一日所著，或有十首，成《自笑》詩曰：'一詩吟了又吟詩，盡日吟詩外不知。閲得舊詩今萬首，儘知死日不吟詩。'壬申，余還鄉四十日，得四百篇，長短律絶皆備也。未及撤，患暍，投筆而起曰：'今年疾病去年如，疾病年年懶起居。非但病吾妻子病，病中歲月一蝸廬。'洪祁堂相國嘲余無事生病。余曰：'久閑忘世事，疾病頻侵尋。自甘侵疾病，其奈已灰心。'"《玉溜山莊詩話》

栗谷嘗過荷衣洪迪家，見其所吟詩"落花高下不齊飛"之句，問曰："君何所不平，而爲詩如此？"荷衣曰："方與玉堂諸僚治疏劾公，故不覺露出氣象。"栗谷求見疏本，乃曰："某事則有，某事則

無。”因辭去曰：“人將彈我，我久坐，則不祥。”《玉溜山莊詩話》

柳川韓浚謙訪荷衣洪迪於讀書堂。荷衣適寢，學士申光弼獨坐。申曰：“子何爲者？”韓曰：“生鄉谷武夫，名參禁衛，冒尊唐突，不勝惶恐。”申曰：“何傷，吾欲吟詩，子可呼韻乎？”韓曰：“失學操弓，何以呼爲？”申曰：“第以所知者。”韓曰：“請以所業。”仍曰：“角弓之弓字。”申曰：“可矣。”即賦一句云：“讀書堂畔月如弓。”韓曰：“順風逆風之風字。”又賦云：“醉脱烏紗倚晚風。”韓曰：“邊中貫中之中字。”申曰：“奇哉！三字同韻。”遂足成之云：“十里江山輸一笛，却疑身在畫圖中。”俄而荷衣覺，謂韓曰：“君從何來？”申曰：“韓内禁之呼韻，奇哉，奇哉！”仍道其事。洪笑曰：“子見欺也，此即吾甥，而新榜狀元也。”申爲之愕然。《玉溜山莊詩話》

茂亭嘗曰：“每見好古文者不工於詩，而畢竟文人之詩乃勝於詩人之詩。余幼時，借覽北里老宰會吟詩卷，金經臺太史尚鉉詩‘梅花過蠟如吾老，生菜東風又一年’爲最佳。又聞紅葉亭有詩會，往見其軸，尹文藕致聃詩‘芙蕖芳潔伊人遠，臺榭高明此物深’爲最佳。後爲外務署官，值陵幸，時外署僚員多詩人，呼韻各題，南霞山廷哲詩曰：‘一路清明深所幸，曉天風露得無多。’藹有忠愛之意，非他詩人所及。一日訪金翠堂尚書晚植，案上有詩軸，展覽之，沈雲稼《琦澤》詩曰：‘名士眉將山野氣，尚書袖有御爐香。’諸香字皆不及。此皆近之好古文者。”《玉溜山莊詩話》

鄭君友鉉，自署以友蓮。曾與柳君壽遊晦峰門下。憙吟詩，嘗邀余於馬山之柳緑莊。海上名類一時皆到，山珍海錯，屢窮晷夜乃已。余戲之曰：“昔有書淫，今見詩顛！”復大張一筵於東萊温泉之松壽館，山康卞榮晚、濤山成純永、晚惺權寧運、一清何性在、于田曹圭喆、屈川李一海及余皆會。七日流連，渢渢文酒，淋漓盡致而散。後余與鄭再訪其昔所謂松壽館，則秋雨池館，敗藕無語，非復舊日光景矣。余有吟云："池館重來古意生，紅燈秋雨晚吟輕。豪遊歷歷成追憶，青對雙眸不禁情！" 相與淒然竟夕。《玉溜山莊詩話》

予偶得《金翰林集》第一卷觀之，卷首編《宫詞八詠》，皆古人已陳之意，且復辭語淺局，私心竊薄之。漸披至兩三幅，見《醉時歌》及《河陽山莊》《用劇韻叙舊》等長篇，服其辭意清曠。後復見八九卷，清辭浩汗，酌而不窮，誠富贍之才華也。不然何以陳補闕《憶翰林》云"吟詩卧窮巷，爽氣透屋浮。上天結爲露，散作人間秋"？翰林《途中即事》云："一徑青苔澀馬蹄，蟬聲斷續路高低。窮村婦女猶多思，笑整荊釵照柳溪。"《漁翁》云："天翁尚不貰漁翁，故遣江湖少順風。人世險峻君莫笑，自家猶在急流中。"《晨興》云："竟日長吟《蜀道難》，横眠始得一身閑。却嫌枕上多情蝶，千里崎嶇訪故山。"《東郊值雨》云："黄塵漠漠漲晴旻，舉扇西風厭污人。多謝晚雲能作雨，半途湔洗滿衣塵。"《贈彌勒寺住老》云："林端窈眇路逶遲，境僻寧教俗士知。唯有雪衣松上鶴，見公初到結廬時。"《秋晚月夜》云："日落頑風起樹端，飛霜貿貿葉聲乾。開軒不用迎清月，瘦骨秋來怯夜寒。"《興海道上》云："桑間婦女趁微行，撥穀飛來繞樹鳴。只爲田家趁事報，何人寫出管絃聲。" 辭意清熟，頗帶風騷，類多長篇巨韻，或鮮有宫禁富貴之作，故但録此山野絶句而已。觀其集，疑有他山石來介於群玉崗，是由編摭者無似耳。《玉溜山莊詩話》

·微　吟·

金侍中緣[①]，平章上琦子也。少以文章顯，年未三十乘軺出塞，與大遼使人孟初伴行。初見年少，頗易之。及並轡出郊，雪始霽，四顧茫然無所見，唯馬蹄觸地作聲。初垂袖微吟，即唱云："馬蹄踏雪乾雷動。"公即應聲曰："旗尾翻風烈火飛。"初愕然曰："真天才也。"由是情好日篤，恨相知之晚。及返轅，解所佩通天犀以贈之。公在諫垣，所陳皆經國遠猷。初若迂疏，利在千百載下。仁廟時權臣擅朝，聞童謠托疾引歸。及返正，徵爲冢宰。其行止多神異，世莫能測。三子皆以文墨位宰相，時以比江左王謝云。嘗出鎮龍灣，作詩示門生云："十年臺閣掌絲綸，此日翻爲閫外臣。諫掖未能成讜議，塞垣聊欲掃胡塵。鬢毛早白緣憂國，涕淚難禁爲戀親。多謝丘[②]門諸子弟，百壺清酒餞行人。"《破閑集》卷上

① 金緣：？—1127，改名文存，謚文成。

② 丘：《東文選》卷十二作"孔"。

凡出大軍，命元帥必以儒將。西都反，文烈公爲元帥。時太平已久，諸武人未曉行營故事。公於帳中微吟古人詩曰："白鹿坡頭百萬兵，碧油幢下一書生。如今始信爲儒貴，卧聽將軍報五更。"軍中傳誦。自是内廂將軍報更籌。《補閑集》卷上

成廟朝祈户部順來頒帝命，道途所由覽物興詠。遠接使四佳徐先生名居正以爲平平，心易之。竣使事明日，四佳以漢江之遊請，順曰："諾。在途酬唱，客先主人。明者江上，主人先客以起興可也。"四佳預述一律，并録夙製《永川明遠樓》詩韻曰："當暨此老降旛

矣。”到濟川亭，酒未半，於座上微吟，若爲構思之狀。索筆書呈一聯，有曰：“風月不隨黄鶴去，煙波長送白鷗來。”順即席走毫曰：“百濟地形臨水盡，五臺泉脈自天來。”顧四佳曰：“是否？”筆鋒横逸，不可枝梧，四座改色沮。乖崖亦預席當和，押有“堆”字。苦吟思涸，攢眉顧人曰：“思耗意竭，吾其死矣。”久乃僅綴云“崇酒千瓶肉百堆”。爾後又有“頭”字押。乖崖云“黑雲含雨已臨頭”。順曰：“可洗肉百堆。”乘舟放棹，順流而下。江山役神，觴豆疲形。操觚瀝精，不暇流眄。西日半銜，夕波微興。倚醺瞑目之頃，舟至蠶頭峰下。户部開目曰：“是何地名？”舌者曰：“楊花渡。”即吟一律曰：“人從竹葉杯中醉，舟向楊花渡口横。”四佳次云：“山似高懷長偃蹇，水如健筆更縱横。”二公巧速略相敵，猶兩雄對陣，持久不決。奇正變化，若不相譜。鋒交戰合，電流雷迅，而揖讓之氣存乎鼓旗之間。雖堂堂八陣舉扇指揮，而仲達之算無遺策，亦未易降也。順嘗曰：“先生在中朝，亦當居四五人内矣。”行返到臨津舟上，四佳先賦古風長韻。順卷紙尾置案上，手披徐徐，覽一句輒成一句。手眼俱下，須臾覽訖，而步韻亦訖。步訖而筆猶不停，連書竟紙，颯颯風馳雨驟，而一篇又成。四佳心服之，顧從事蔡懶齋曰：“速矣多矣。”頻稍蹙然，即連賡兩什，意思泉涌浩浩莫竭。彼一再唱，而和必重累，以多爲勝。此亦稀世之捷手也。中朝人士見國人，問：“徐宰相安未？”崔司諫溥嘗自耽羅漂海至臺州，泝蘇杭而來，南人亦有問者。四佳名聞於天下可知已。《龍泉談寂記》

（鄭道傳）題《蘭坡四詠軸》末云：“鬱彼松竹，挺然獨秀。”後知“挺”字乃蘭坡家諱。思欲改之，而難其字。問諸獨谷，微吟古人竹詩曰“屹然風霜表，色照乾坤寒”。三峰即於言下領其意，以挺字改“屹”字，雅健可誦。《海東雜録》

臨安錢宰，元末老儒也。高廟禮徵，同諸儒修纂《尚書》。公退微吟曰："四鼓鼕鼕起著衣，午門朝見尚嫌遲。何時得遂田園樂，睡到人間飯熟時。"察者以聞。明日文華宴畢，進諸儒，諭之曰："昨日好詩，然曷嘗嫌汝？何不用'憂'字？"宰等悚愧謝罪。未幾皆遣還。《詩文清話》卷一

①此條見《水東日記》。

梁判參喜[①]工於詩，嘗於雪夜尋梅，吟得"雪打吟唇詩欲凍"之句，久不能對，遂忘不記。十餘之後，夢有人來問曰："子何不續'詩欲凍'之句耶？"仍微吟曰："梅飄歌扇曲生香。"覺而異之。遂成長律："幽人要結歲寒盟，獨訪江梅興轉狂。雪打吟唇詩欲凍，花飄歌扇曲生香。人從銀漢橋邊過，月掛瓊瑤窟裏涼。明日日高風正急，招魂何處覓餘芳。"《菊堂排語》

①梁判參：梁喜（1515—1580），字懼而，號九拙庵，南原人。中宗庚子進士，明宗丙午登明經科，歷判決事，官止禮參。奉使燕京，卒於玉河館。

自是以後，玉川在家，無日不會，談笑之餘，唱酬爲事，或誦曾詠，或做新題，互相誇道輸贏高下，如旗亭故事，此亦客中之勝概、病裏之針藥。余問曰："子曩者遊蓬萊山乎？"曰："如此仙境，何可漏也？"曰："次李友曾《實相寺》原韻否？"曰："平生絕作也，因誦之。"余曰："猶未免吳吟。"曰："何謂也？"曰："頷頸二聯是科詩，非律格也。"因以余詩誦傳。玉川微吟良久，曰："果不如也。"遂書兩人之詩二聯以記之。玉川詩云："地轉瀟湘開八景，天回閬苑發三花。紅流曲曲仙人洞，翠嶺頭頭釋子家。"余詩云："身遊日月三清界，脚踏芙蓉十丈花。山斷俗人來往路，雲藏仙子有無家。"《小華詩評》

三淵自乙巳禍后，遍游名山，混跡商旅。將入雪岳，路遇驟雨，

暫憩於石广下，先有一叟坐而一僧睡矣。詩興忽發，微吟不已。傍坐之叟曰：“措大有甚佳句，喜動於眉耶？”三淵曰：“叟若解詩，則吾當言之。”叟曰：“第言之。”三淵曰：“仙山一面知無分，秋雨蕭蕭故作魔。豈非佳耶？”叟曰：“句法頗得而‘知’字不穩矣。”三淵曰：“此是一句字眼，豈有他字之可勝耶？”叟曰：“豈無他字？措大未之思也。”三淵沈思之久，曰：“可改以何字？”叟曰：“誠以‘非’字安之。蓋‘知’字意淺，語了於當句，而‘非’字則韻既攸遠，意亦渾蓄矣。”三淵大驚曰：“君既知詩，必有佳作，可能誦傳否？”叟曰：“雨已晴，行且忙矣，何以詩爲？彼僧善詩，可與之言。”遂拂衣而去。三淵喚起睡僧曰：“聞爾能詩，可誦宿搆。”僧徐起，慢應曰：“雲遊浪跡，有何可傳之詩耶？”三淵曰：“然則即此可就一詩。”僧曰：“措大必欲強之，誠爲一吟。”即賦曰：“老僧枕鉢囊，夢踏金剛路。蕭蕭落葉聲，驚起秋山暮。”吟已即去。三淵諷詠不已，獨坐憮然。野叟山僧豈可賤侮之耶？《別本東人詩話》

《中州集》詠高麗

《中州集》金人詩涉高麗者今載此。吳學士激字彦高，宋宰臣拭之子，米元章壻也。將命帥府，以知名留之。《鷄林書事》：“箕子朝鮮僻，蓬邱弱水寬。儒風通百粵，舊史記三韓。邑聚巢居慣，夷裝被髮安。猶存古籩豆，兼用漢衣冠。兔穎家工縛，鮭腥俗嗜餐。騎兵腰玉具，府衛挾金丸。長袖鳶窺肉，都場狖掛竿。琴中蔡氏弄，指下祝家彈。主禮分庭抗，賓筵百拜難。漬橙秔釀旨，滋桂鹿脩乾。澄墨松如櫛，隤墻石似丹。地偏先日出，天拍衆山攢。鵬翼雲帆遠，羊腸石磴盤。由來異文軌，休訝變寒暄。事可資談柄，誰能記筆端。聊將詩貌取，歸作畫圖看。[①]”中國人記外國事類多紕繆。此詩“巢居”“被髮”句誣語，惟“鳶窺”“狖掛”句形容頗襯。李承旨晏字致美，《高麗平州中和館後草亭》：“藤花滿地香仍在，松影拂雲寒不收。山鳥似嫌遊客到，一聲啼破小亭幽。[②]”王都運寂字元老，薊州玉田人，《送張仲謀使三韓》："照海旌幢出樂浪，過家上塚路生光。鴨江桃葉朝迎渡，岊嶺松花夜煮湯。恩詔肅將芝檢重，醉鞭低裊玉鞘長。遺民笑指天車道，酷似南陽異姓王。案自註：高麗稱中原使節皆曰天車某官事，見閻子秀《鴨江日記》。"張翰字林卿，秀容人，《奉使高麗過平州館》："昨日龍泉已自奇，一峰寒翠壓簷低。兼并未似平州館，屋上層巒屋下溪。"《金郊驛》："山館蕭然爾許清，二更枕簟覺秋生。西窗大好吟詩處，聽了松聲又雨聲。③"蔡松年字伯堅，《高麗館中》："蛤蜊風味解朝酲，松頂雲癡雨不晴。悄悄重簷人語斷，碧壺春笋更同傾。""晚風高樹一襟清，人與縹瓷相照明。謝女微吟有深致，海山星月總關情。④"李遹字平甫，《使高麗》："去國五千里，馬頭猶向東。宦情蕉葉鹿，世味蓼心蟲。倦枕三更夢，征衫八月風。山川秋滿眼，歸思寄孤鴻。⑤"《清脾録》卷一

① 載《中州集》卷一。

② 載《中州集》卷二。

③ 載《中州集》卷八。

④ 載《中州集》卷一，原題《高麗館中二首》。

⑤ 載《中州集》卷五。

二女浣紗、微生魚婦、謝端螺女

《青田志》：謝靈運守永嘉，遊石門洞，見二女浣紗，顏貌娟秀，非塵俗態。以詩嘲之曰："我是謝康樂，一箭射雙鶴。試問浣紗娘，箭從何處落？"二女邈然不顧。又嘲之曰："浣紗誰氏女？香汗濕新雨。對人默無語，何事甘良苦。"二女微吟曰："我是潭中鯽，暫出溪頭食。食罷自還潭，雲蹤何處覓。"吟罷不見，康樂遂回云。良亦異矣。魚之化美女者多有之，《三峽記》：明月峽有二溪，東西流。宋順帝昇平二年，溪人微生亮釣得一白魚，長三尺，置船中，以草覆之。及歸，見一美女在草下，年可十六七。自言："高唐之女，偶化魚遊，爲君所得。"亮曰："既爲人，能爲妻否？"女曰："冥契使

然，何爲不得。”後三年，忽曰：“數已足矣，請歸高唐。”亮曰：“何時復來？”答曰：“情不可忘，有思復來。”其後一歲三四往來，不知所終。又：謝端，福州人，孑然一身，釣於江潭，獲一巨螺，其大如斗，置之於家，不以爲異。出歸，則飲食盈案。端潛伺之，有一好女子具饌於室。執而問之，女曰：“我乃螺女，水神也。天帝閔君之孤，遣爲具食。君已悉我，我亦當去。”乃留空螺曰：“君有所求，取於螺中。”因出門不復見。後端有乏，探螺皆如意。傳數世猶在。號江曰螺女江，號洲曰螺女洲，廟曰螺女廟，在虔州。東坡《虔州八景詩》“碧溪青嶂繞螺亭”是也。又《洽聞記》：隆安中，丹徒民陳性於江邊作魚扈，扈中得一女，長六尺，有容色，無衣裳，卧沙中，與語不應，一人就奸之。性夜夢云：“我江黄也，昨失路落君扈，水人辱我，今當殺之。”奸者尋死。崔德符詩所謂“大魚自有神，出没不可量”者，其以是耶？《龜磵詩話》卷八

張祜善諧

《摭言》：“張祜能詩，善談諧。客淮南幕，赴宴。時杜牧爲御史，坐有一妓索骰子賭酒，牧微吟曰：‘骰子逡巡裹手拈，無因[①]得見玉纖纖。’祜應聲曰：‘但知報道金釵落，髣髴還應露指尖。’祜未識白樂天。白刺蘇州，始來謁，白謂曰：‘久欽籍甚，嘗記得有款頭詩。’祜愕然曰：‘何謂也？’白曰：‘“元央鈿帶抛何處，孔雀羅衫付阿誰。”非款頭而何？’祜微笑答曰：‘祜亦嘗記得舍人目連變。’白曰：‘何也？’曰：‘“上窮碧落下黄泉，兩處茫茫皆不見”。非目連變而何？’遂歡宴竟日。令狐綯鎮維揚，祜預狎宴，綯因熟視祜，改令曰：‘上水船，風大急。帆下人，須好立。’祜答曰：‘上水船，船底破，好看客，莫倚柁。’”《龜磵詩話卷》卷十二

① 底本脱“因”，據《古今事文類聚前集》卷四十三補。

邊腹關眼

荊公《戲韻贈葉致遠直講》詩曰："葉侯越著姓，胄出實楚葉。忘情塞上馬，適志夢中蝶。棋經著在手，棋訣傳滿篋。坐尋棋局打，側寫棋圖貼。微吟靜愔愔，堅坐高帖帖。趨邊恥局縮，穿腹愁危業。或撞關以攻，或覷眼而厭。"按：邊腹、關眼，皆棋訣也。康節棋詩："腹心受害誠堪懼，唇齒生憂尚可醫。"亦棋訣也。又古人棋詩："心腹關中險，邊隅蜀道難。"《龜磵詩話》卷二十六

富貴詩有絶妙者①："偷得微吟斜倚柱，滿衣花露聽宫鶯。②"宋人詩："一院有花春晝永，八荒無事詔書稀。③""燭花漸暗人初睡，金鴨無煙却有香。④""人散秋千閑掛月，露零蝴蝶冷眠花。"元人詩："宫娥不識中書令，問是誰家美少年。⑤""簾外濃雲天似墨，九華燈下不知寒。"《百家詩話抄》

① 此條見《隨園詩話》卷三第一〇條。

② 鄭守愚原詩題《早入諫院》："紫雲重疊抱春城，廊下人稀唱漏聲。偷得微吟斜倚柱，滿衣花露聽宫鶯。"

③ 李昉原詩題《禁林春直》："疏簾摇曳日輝輝，直閣深嚴半捲扉。一院有花春晝永，八方無事詔書稀。樹頭百囀鶯鶯滑，梁上新來燕燕飛。豈合此身居此地，妨賢尸禄自知非。"

④ 秦觀原詩題《和王直方夜坐》："幃幔高深夜漏長，頗從詩酒傲冰霜。燭花漸暗人初睡，金獸無煙却有香。"

⑤ 薩都刺原詩題《宫詞》："駿馬驕嘶懶著鞭，晚涼騎過御樓前。宫娥不識中書令，借問誰家美少年。"

批人詩藻，頗有意思不吻處。華人批柳惠風《歲暮山中》詩首聯曰："'歲暮山中客，孤懷托桂枝。'此聯不下晋唐口氣。"而批者不加圈。頷聯曰："峰青雨黑際，漁白樵紅時。"此聯内句文勢未晰，

就外句方可曉青與黑爲兩截。而批者反以圈之。項聯:“痛飲田間酒,微吟馬上詩。”此聯被圈。當謂人目相似。《東詩叢話》卷二

· 朗 吟 ·

昔僕出佐桂陽，承廉使符到龍山，宿韓相國彦國書齋。峰巒盤屈狀若蒼蛇，而齋正據其額。江流至其下分爲二派，江外有遙岑，望之如山字。僕朗吟而起，信筆題於壁云："二水溶溶分燕尾，三山杳杳駕鼇頭。他年若許陪鳩杖，共向蒼波狎白鷗。"天水亦樂，即韓相國門生也，謁相國，酒行誦此詩。相國停杯吟諷，乃曰："漢陽之遊計今已五十年矣，聞此一句，其山光水色歷歷如在眼前。此古人所謂詩中畫也。"《破閒集》卷上

金學士黄元、李左司仲若[①]、郭處士璵皆奇士，少以文章相友，號神交。二公嘗訪左司第，清談亹亹不覺日暮。須臾月出雲開，碧天如水，相與登南樓小飲，占韻各成一聯。李率然曰："壯氣暗生天外劍，雄謀潛轉幄中籌。"郭云："座中冰雪三山客，秤上錙銖萬户侯。"次至於黄元，曰："異於三子者之撰。"遂引滿朗吟曰："日暮鳥聲藏碧樹，月明人語上高樓。"二公不覺屈膝曰："雖古人何遠！"遂罷。吾友湛之即左司内孫，僕嘗見其真跡，醉墨宛然，真家寶也。《破閒集》卷中

① 李左司：李仲若（？—1122），字子真，號青霞子，慶州人。

僧無己自號大昏子，隱居智異山。餘三十年不釋一衲。每冬夏入山不出，卷肚皮在帶索中。春秋鼓肚遊山，日食三四斗，一坐必浹旬，起行則朗吟山偈。山四面七十餘庵，一庵每宿輒留一偈。《無住庵》詩曰："此境本無住，何人起此堂。唯餘無己者，去住兩無妨。"語若疏易，而寄意高深。殆寒拾之流歟？《補閑集》卷下

崔公[1]淑精在集賢，韓公明澮爲西帥而去，一時文士俱會離亭，約以韓事爲用，终以韓字爲韻，衆莫能成句。崔公後至，坐定語之，故使賦之。公即朗吟曰："君王喜得無雙信，西賊驚聞有一韓。"滿座服其精敏。《艮翁疣墨》卷上

① 崔公：崔淑精（1433—1480），字國華，號逍遙齋、私淑齋。籍貫陽川。参與編撰《世祖實録》《睿宗實録》，與盧思慎等編撰《三國史節要》。能詩文，著有《逍遙齋集》今傳。

友人家得《錢塘十景》詩，句法似國初人者，然題目以錢塘名。詩中用樟亭柳橋，又似唐宋人者。考之舊志亦無，實昔賢之所遺也。《東海朝暾》云："紺霧彤霞爛不收，海門東望浪花浮。超騰渤海三千界，照耀閻浮四百州。暘谷神龍多變化，高岡鳴鳳自喧啾。近來誰有賓王句，試與重登鷲嶺樓。"《西湖夜月》云："碧玻瓈浸玉芙蓉，千頃萬波夜欲鎔。殿裏素娥春睡醒，鏡中西子晚妝濃。羽衣入夢來孤鶴，鐵笛驚心起卧龍。欲向蟾宫乞靈藥，朗吟飛過兩高峰。"《六橋煙柳》云："緑暗青濃乍有無，曉鶯啼罷尚[1]藏烏。隨風不入五侯宅，帶雨半遮西子湖。舞徹細腰曾擅楚，困酣嬌眼欲傾吳。蘇公舊日經行处，夾道低迎鵲尾罏。"《詩文清話》卷一

①底本脱"罷尚"，據《七修類稿》卷三十一改。

河陽釋法常性英爽，酷嗜酒，無寒暑風雨常醉。醉即熟寢，覺即朗吟曰："優游麯世界，爛熳枕神仙。"嘗謂同志曰："酒天虚無，酒地綿邈，酒國安恬，無君臣貴賤之拘，無刑法之避。陶陶焉其樂莫可得而量也。轉而入於飛蝶[1]都，則又蒙騰浩渺，而不思覺也。"《詩文清話》卷二

①蝶：底本訛作"捷"，據《清異録》改。

權石洲韠以白衣從事，從儐相月沙至西關，相得歡甚。後石洲自京將還江華，就辭於月沙。時適日暮，月沙秉燭呼酒，白洲在側，使之呼韻，命石洲賦詩。石洲辭以行忙，月沙強之。白洲遂呼“昏”字，石洲即應聲曰：“寒天銀燭照黄昏。”白洲又呼“門”字，即繼應曰：“鍾動嚴城欲閉門。”白洲欲窘之，呼“髡”字，石洲又隨呼應曰：“異禮從來慚始隗，清樽何幸獨留髡。”石洲又隨呼應曰：“未將感激酬高義，空自周旋奉緒言。”末句呼“論”字，石洲揮袖曰：“末句當闊展矣。”仍朗吟曰：“明日孤舟江海闊，白頭愁絶更堪論。”作畢即出去。月沙深服，每對人輒言其才不可及云。《終南叢志》

權韐，韋布寒士，石洲之弟也，號草樓。其《松都懷古》一絶曰：“雪月前朝色，寒鍾古國聲。南樓愁獨立，殘郭暮煙生。”一時膾炙。權嘗遊三角山僧伽寺，時諸名士來會飲酒賦詩。權與座談詩自若，座中侮之曰：“今日名官之會，彼書生何乃唐突也？”權笑曰：“諸君之爵，豈抵吾一句哉！”諸名士異之，請誦其句，權即朗吟“雪月前朝色，寒鍾古國聲”之句，諸名士乃大驚，上座而敬之，飲醉竟日。《終南叢志》

國朝東槎之盛，莫過於龔用卿。時容齋爲儐使，湖陰、暘谷、安分李希輔爲從事，俱得人也。壬寅顧天峻[①]時，月沙爲儐使，東岳、南郭朴東説、鶴谷爲從事，石洲以白衣，車五山、梁霽湖慶遇以製述，金南窗玄成、韓石峰濩以筆從。各藝之盛，此行反復勝矣。五峰、西坰柳根爲迎[②]慰，簡易適僑居於箕城，時人謂之“文星聚關西”云。初，月沙薦石洲於榻前，請帶去。宣廟欲聞其詩，即以《夢具容》一絶朗吟以對。其詩曰：“幽明相接杳無因，一夢殷勤未是真。掩淚出山尋去路，曉鶯啼送獨歸人。”上大加稱賞，命徵詩稿以入。簡易《贈石洲》詩所謂“聞説至尊徵稿入，全勝身到鳳皇池”者，此也。宣廟愛而不名曰：“石洲與具容，友道幾許深？而詩語之悲若此也？”

當時布衣之榮，不下於李供奉矣。遇昏主則以一片蠻語芟之如草菅，亦獨何心哉？《壺谷詩話》

① 壬寅顧天峻：底本訛作“辛丑顧當”，據《詩話叢林》改。

② 迎：底本訛作“延”，據《詩話叢林》改。

尤齋先生非但道學爲一世所宗，文章灝噩，亦當爲東方第一大家，金石文字非出公手，世皆歉然。故公私碑碣不知其幾百篇，而皆宏傑可誦，實千古所罕。詩亦典重有法，其《遊楓岳》詩曰：“陳篇聞有古人心，半世牢關字字尋。却怕埋頭無了日，更將閑脚逐飛禽。楓山灝氣千年積，蓬海滄波萬丈深。此地最宜南岳句，每登高處費長吟。”與朱夫子“朗吟飛下祝融峰”[①]氣象宛然一揆。余於負笈華陽之日陪宿數旬，見其每夜輪誦《周易》《孟子大全》，周而復始。乃問其讀書幾何，則答曰“世間多讀書者無如我。世傳盧蘇齋多讀，而所讀者只在謫十九年而已。我則自少至老無日不讀，古今人似無如我者”云。《水村漫録》

①《晦庵集》卷五題《醉下祝融峰作》：“我來萬里駕長風，絶壑層雲許盪胸。濁酒三杯豪氣發，朗吟飛下祝融峰。”

我東之詩上自麗朝，下至近代，警聯之可觀者不爲不多，而不可盡録，姑取若干人七字詩聯略加批評。鄭學士《長源亭》詩“緑楊閉户八九屋，明月卷簾三兩人”，意境入神如洛妃淩波，步步絶塵。金老峰《送人》，“天馬足驕千里近，海鼇頭壯五山輕。”造語俊健，如李廣上馬，推墮胡兒。李白雲《夏日》詩“密葉翳花春後在，薄雲漏日雨中明”，寫影精[①]，如龍眠筆下物色生態。李益齋《多景樓》詩“風鐸夜喧潮入浦，煙蓑暝立雨侵樓”，清快豪邁，如純陽朗吟，飛過洞庭。李牧隱《清心樓》詩“捍水功高馬巖石，浮天勢大龍門山”，突兀壯奇，如銅仙捧盤，屹立空中。鄭圃隱《皇都》詩“山河帶礪徐丞相，天地經綸李太師”，宏偉壯健，如磨天巨斧，闢開蜀山。金佔畢齋《神勒寺》詩“上房鍾動驪龍舞，萬竅風生鐵鳳翔”，嚴重洪亮，如鈞天廣樂，轟暢寥廓。李忘軒《望海寺》詩“蝙鳴側塔千年突，龜負殘碑太古書”，幽遐奇古，如埋酆神劍，沈水禹鼎。朴訥齋《琴臺》詩“彈琴人去鶴過月，吹笛客來松下風”，高古爽朗，如左挹浮丘，右拍洪崖。朴挹翠《永保亭》詩“地如拍拍將飛翼，樓似搖搖不繫篷”，神奇恍惚，如彩蜃吹霧，架出層樓。鄭湖陰《後臺夜坐》詩“山木俱鳴風乍起，江聲忽厲月孤懸”，淩厲振掉，如秦師過周，免冑超乘。盧蘇齋《即事》詩“秋風乍起燕如客，晚雨暴過蟬若狂”，横逸老健，如馬援鑁鑠，據鞍顧眄。黄芝川《詠海》詩“兩儀高下輪輿轉，太極鴻濛汞鼎開”，奇傑雄渾，如誇父追日，烏獲扛鼎。崔東皋《朝天》詩“終南渭水如相見，武德開元得再攀”，高雅典重，如商彝周鼎，儼列東西。車五山[2]《明川》詩“風外怒聲聞渤海，雪中愁色見陰山”，汪洋憤猛，如潮捲百川，雷掀萬竅。李體素《永保亭》詩“月從今夜十分滿，湖納晚潮千頃寬”，豪縱雄爽，如蒲梢駃騠，不受羈靮。權石洲《北關》詩“磨天嶺北山長雪，豆滿江南草不春”，清切嘹亮，如戍樓悲笳，響徹湖天。許端甫《南平道中》詩“春晚岸桃飄薪薪，雨晴沙鴨語咬咬”，清新婉麗，如西子新妝，倚門呈笑。李東岳《鏡城》詩“邊城缺月懸愁外，故國殘花落夢中”，清淑纖妙，如清水芙蓉，天然去飾。柳於于《加平山中》詩“斑斕烏蝮盤巖面，傲兀黄熊坐樹顛”，奇怪幽險，如飛天夜叉，攫食虎豹。《小華詩評》卷上

①“精”下似脱“神”。

② 底本脱“山”，據《晴窗軟談》補。

鄭松江氣豪，時有酒失，成文簡先生砭之。松江初無所答，但朗吟“小[1]雨夜鳴竹，草蟲秋近牀”之句曰：“此亦可疵乎？”文簡笑曰：“下句‘流年那可住[2]’，亦未見其佳也。”以今觀之，此語頗不相稱，文簡之評極精極確。《西浦漫筆》

① 小：原詩《秋日作》作“山”。

② 住：原詩作“駐”。

趙耘之言其先公滄江宰臨陂縣也，宋進士[①]民古自韓山寓所來訪於縣倉。開坐時喜甚，多酬酢以酒，宋醉倒殆不省事。即以官馬馱送縣齋，滄江隨後到。宋下馬，頹卧縣齋，瞋目視曰：“吾詩成矣。”仍朗吟曰：“昏昏溽暑醉如泥，送客風驪散碧蹄。官路驛程和夢過，不知身已小橋西。”滄江甚諷詠嗟賞云。《晦隱瑣録》

① 宋進士：宋民古（1592—？），字順之，號蘭谷，礪山人，居京師。光海君庚戌式年試進士。

嶺南人姓吕，忘其名，得明經科，爲湖西亞使。一日携諸妓船遊至白馬江中流，顧謂諸妓曰：“美哉山河！此東國之勝地，而巖稱落花何也？”一妓對曰：“小的曾聞百濟義慈王日與宫女遊行，及唐兵進圍，宫女皆奔迸，登此巖墜水而死，遂號落花巖。亞使豈不知耶？”吕曰：“《四書》《三經》吾所慣誦，《史略》《通鑒》亦皆涉獵。而至於東史，未之詳看。”妓曰：“曾見遊此别星，無不感賦詩。今日席上獨無一詩乎？”吕不能賦詩，而惡其取侮於妓，半日撚髭，僅成二句。擊節朗吟曰：“憶昔曾遊地，淫泆國雖亡。江山如此好，無罪義慈王。”蓋其詩意，憶昔濟王曾遊之地，因淫泆而國雖破亡，江山之好如此，義慈王之流連固無常矣。至今聞者莫不捧腹。《東國詩話彙成》卷二十二

飲李八百酒　題斗山觀板

蜀興元境有斗山觀，自平川聳起一山，其上方如斗底，故名。上有唐公昉飲李八百仙酒，全家拔宅之跡。其宅基三畝許，陷爲坑，蓋連地而上升也。王仁裕於辛巳歲爲興元判官，以片板題詩於觀曰：“霞衣欲舉醉陶陶，不覺全家住絳霄。拔宅只知雞犬在，上天誰信

歧路遙。三清寥廓抛塵夢，八景雲煙事早朝。爲有故林蒼柏健，露華凉葉鏁金飈。”斗山一洞，西去二千里，通青城大面山，與嚴真觀井相通。仁裕，癸未歲入蜀謁嚴真觀，見斗山詩板在焉，詰道流，云“不知所來”，當時無不異之。李八百，蜀人也。莫知其名，歷世見之，時人記之年八百，故因號之“唐公”。飲八百酒得道，拔宅，雞犬皆升，唯鼠墮地云。與王老飲道士洗瘡酒，全家上升，空中聞打麥聲者相類也。《風土記》云：吕巖客洞賓，唐禮部侍郎謂之孫也，會昌中，舉進士不第，遊廬山遇異人鍾離翁，得長生訣。夢遊湘潭岳鄂之間，嘗題岳陽樓云：“朝遊玄闕暮蒼梧，袖裏青蛇膽氣粗。三入岳陽人不識，朗吟飛過洞庭湖。”岳陽有飛吟亭，後人立亭而名之也。有人題一絶於亭上云：“覓官千里赴神京，鍾老相傳蓋使傾。未必無心唐事業，金丹一粒誤平生。”余酷愛其旨趣，蓋夫子告沮溺之意也。岳州又有過松亭，相傳洞賓過岳陽憩松陰，有人自木杪而下，洞賓贈詩曰：“惟有城南老樹精，分明知道神仙過。”因名其亭曰過松亭。又過峨眉院法堂，題詩曰：“明月斜，秋風冷。今夜故人來不來？教兒立盡梧桐影。”詩亦清絶可喜。以四月生，故自號純陽真人，韓若雲湘嘗從之遊。《龜磵詩話》卷十七

制勝凌虚　不遇少陵　龍門神劍

龜磵子曰：余嘗觀前人記遊，樓臺之名天下者固多矣。而我東制勝樓、凌虚臺最爲瓌觀。自泰之憬夷亭，陸行如熨，斗柄三十五里，如一朵芙蓉湧出水面者，即安興鎮，而制勝、凌虚在焉。余嘗與客往遊而記之，客曰：“岳陽樓大觀在洞庭一湖，湖之大不過爲七百里。而今樓下之浩浩洋洋茫無際涯者，不知其幾七百里。且以范希文所記者，比觀於斯樓景物，則果有勝似於是者乎？岳樓在東南以大都，而又得文章鉅工若杜草堂者而名益顯，若使杜登斯樓而題詠，則‘吴楚乾坤’之句未必不在於斯樓矣。”噫！此特地有遭不遭，名有題不題者存耳。因爲詩記之曰：“半空飛閣絶塵蠓，到此

真豪造物功。水面瓊田千里月，潮頭銀屋萬帆風。洞庭雖大還盃勺，夢澤雲恢尚礨空。以若瓌觀名不顯，只緣未過杜陵翁。”臺在制勝之南，有一飛來島横卧海上，望之龍腰蜿蜒屈曲，露其脊於水面，遂捉魚舠而亂，横躡其腰，緣脊以上，凡五休始得造頂。矯矯如龍頭高舉而凌虚者，臺也。半空翔鳥可俯而見其背也。於是乎與灝氣俱超然乎物外，若與洪崖、洞賓拍肩朗吟，御泠風而歌《步虚》。下視閻浮界，百千蚊蚋自起滅於罋缶盎間也。遂爲詩曰：“借從漁郎舴艋家，桃花流水錦紋奢。忽看砥柱擎天宇，旋作霞標礙日車。聳翅騰空盤快鶻，垂頭飲海詭飛蛇。平圓恰作金仙掌，病渴遊人吸露華。”臺之西有所謂龍蛇門者，蓋一巨石豁閧中坼，兩柱及上覆者高圓如虹霓狀，摩挲之瑩滑如鍊磨，無少凹凸處。非神剜鬼斫，能如是怪奇且壯乎？潮上時，乘舟出入，入門而右，通西南有窟曰“龍窟”，窟兩旁皆石壁奇削，黑洞洞若有雲霧氣，燭之方見。窟既窮，有小穴如卧石臼，曰“龍穴”，穴中有湫，深無底，投石必瀧瀧然有如水聲。安知張茂夫先所見九龍館不在此洞穴耶？霆鞭之所打開，雷斧之所劈破者，俱極譎詭，可驚可愕，真蘇長公所謂“偉哉造物真豪縱，掘土摶沙爲此弄”者也。遂用前韻賦之：“西京太史舊世家，湫氣盤礴清而奢。此地巧坼雲雷窟，何年飛出霹靂車。三月溯馳邛水鱷，五丁拔去蜀山蛇。依然步入九仙館，恨不携來傳物華。”古人記山水樓臺果有此瓌偉奇特之觀者乎？《龜磵詩話》卷二十四

咸鏡道有一名妓，名柏舟，姿貌詞翰獨步一世。若合其意，則雖寒乞之人許身；若不合意，則雖監兵使以刑杖脅之不從。一日，方伯大設宴於碧波江上，各邑守令各鎮邊將畢集。柏舟方在座，伯欲試柏舟之意，以柏舟爲題，使諸人作詩。衆客欲誇才能以中柏舟之意，撚髭作詩。柏舟初不掛意。有一萬户作詩曰：“汎彼中流小柏舟，幾年來往碧波頭。後人若問誰先渡，文武兼全萬户侯。”柏舟朗吟，喜動顔色。方伯乃命柏舟酌，舟宴罷，後賜柏舟同歸，諸人望

若神仙云。《海東詩話（佚名）》

杜牧狎遊

杜牧既爲御史久之，分務洛陽時，李聰罷鎮闲居，聲妓豪華，爲當時第一。嘗宴客，女妓百餘人皆殊色。牧瞪目注視，問李："聞有紫雲者孰是，宜以見惠。"李俯而笑，諸妓亦皆回首破顔。牧自飲三爵，朗吟而起曰："華堂今日綺筵[①]開，誰唤分司御史來。忽發狂言驚滿座[②]，兩行紅粉一時迴。"意氣闲逸，旁若無人。後三年，狎遊詩曰："落拓江湖載酒行，楚腰纖細掌中輕。三[③]年一覺揚州夢，赢得青樓薄倖名。""觥船一棹百分空，十載青春不負公。今日鬢絲禪[④]榻畔，茶煙細颺落花風。"《詩話類聚》卷上

① 筵：底本訛作"羅"，據《古今事文類聚後集》卷十六改。

② 滿座：底本訛作"座主"，據《古今事文類聚後集》改。

③ 三：他本皆作"十"。

④ 禪：底本訛作"揮"，據《古今事文類聚後集》改。

元子虛傳

元子虛者，慷慨士也。氣宇磊落，不適於世，屢见羅隱之怨，難堪原憲之貧。朝出而耕，暮歸讀古人書。穿壁囊螢，無所不爲。嘗閲史至歷代危亡運移勢去處，則未嘗不掩卷流涕，若身處其時，汲汲焉如見其垂亡，而力不能扶者也。仲秋之夕，隨月披覽，夜闌身疲，倚榻而睡。身忽輕舉，縹緲悠揚，若御风而登也，飄然若羽化而仙也。止一江岸，則長流逶迤，山川糾紛。時夜將半，萬籟寂靜，月色如晝，波光如練，風鳴蘆葉，露滴楓林，愀然舉目，如有千載不平之氣，乃劃然長嘯，朗吟一絶曰："恨入長江咽不流，荻花楓葉冷颼颼。分明認是長沙岸，月白英靈何處遊？"[①]徘徊顧眄之際，忽有跫音自遠而近，有頃，蘆花深處閃出一箇好男兒：幅巾野服，神清眉秀，凜凜乎有首陽之遺風，來揖於前曰："子虛來何遲？

吾王奉邀。”子虛疑其山精水怪，然其形貌俊邁，舉止閒雅，不覺暗暗稱奇，乃肩隨而行百餘步許，有亭突然臨江，有一人憑軒而坐，衣冠一如王者。又有五人侍側，皆服大人之服，而各有等狀焉。那五人者都是一世人豪，相貌堂堂，神采揚揚，胸藏扣馬蹈海之志，腹蘊擎天捧日之忠真，可謂託六尺孤而寄百里命者也。見子虛至，皆出迎。子虛不與五人禮，入謁王前，反走而立，以待坐定，而跪於末席。子虛之上則幅巾者也，其上五人相次而坐矣。子虛莫測，甚不自安。王曰："夙聞蘭香，深慕薄雲，良宵邂逅，無相訝也。"子虛乃避席而謝坐已定，相與論古今興亡，亹亹不厭。幅巾者嘘噫嘆曰："堯舜武湯，萬古之罪人也。後世之狐媚取禪者藉焉，以臣伐君者名焉。千載滔滔，卒莫之救。咄咄！四君爲賊嚆矢。"言未既，王正色曰："惡！是何言也！有四君之聖，而處四君之時則可；無四君之聖，而非四君之時則不可。四君者豈有罪哉？顧藉而名之者賊也。"幅巾者拜手稽首謝曰："中心不平，不自覺言之過於憤也。王曰："辭。佳客在坐，不須閒説他事。月白風清，如此良夜，何乃解錦袍賒酒江村？"酒數行，王乃持酒哽咽，顧謂六人曰："卿等盍各言志以叙幽冤乎？"六人飄颻言曰："王庸作歌，臣等賡焉。"王悄然整襟，悲不自勝，乃歌曰："江波咽咽兮無有窮，我恨長兮與之同。生爲千乘兮，死作孤魂。新是僞主，帝乃陽尊。故國臣民，盡輸楚賊。六七臣同，魂庶有託。今夕何夕，共上江樓。波聲月色，使我心愁。悲歌一曲，天地悠悠。"歌罷，五人各詠一絶。第一坐者朴彭年吟曰："深恨才非可託孤，國移臣辱更捐軀。如今俯仰慚天地，恨不當时早自圖。"②第二坐者成三問吟曰："受命先朝荷寵隆，臨危肯惜殞微躬。可憐事去名猶烈，取義成仁父子同。"③第三坐者李塏吟曰："壯節寧爲爵禄淫，金章猶托採薇心。殘躬一死何能説，痛哭當年帝在郴。"④第四坐者河緯地吟曰："微臣自有膽輪囷，那忍偷生見喪淪。將死一詩言也善，可能慚愧二心人。"⑤第五坐者柳誠源吟曰："哀哀當日志何如，死而寧論身後譽。最是千秋難洒恥，集賢曾草賞功書。”[⑥]幅巾者南孝温搔首濯纓，長吟曰：“舉目山河異昔時，新亭共作楚囚悲。心驚興廢肝腸裂，憤绝忠邪涕自垂。栗里清風元亮老，首陽寒月伯夷飢。一編野史堪傳後，千載應爲善惡師。”[①]吟訖，屬子虚。子虚元來慷慨者也，乃收淚悲吟曰：“往事憑誰問，荒山土一丘。恨深精衛死，魂斷杜鵑愁。故國何時返？江樓此日遊。悲凉歌數闋，殘月荻花秋。”[⑦]吟斷，滿座皆悽然泣下。無何，突入一箇雄虎之士，身長過人，英勇絶倫，面如重棗，眼如明星，文山之義，仲子之清，威風凜然，令人起敬。入謁王前，顧謂五人曰：“噫！腐儒不足與成大事也。”乃拔劍起舞，悲歌慷慨，聲如巨鍾，其歌曰：“風蕭蕭兮，斗星闌干。生全忠節，死爲義魄。襟懷何似？一輪江月。嗟不可與慮始兮，腐儒难責。”[⑧]歌未闋，月黑雲愁，雨泣風噫，疾雷一聲，皆倐然而散。子虚亦驚悟，乃一夢也。子虚之友海月居士聞而痛之曰：“大抵自昔以來，主暗臣昏，卒至顛覆者多矣。今觀其主，想必賢明之主也。其六人者，亦皆忠義之臣也。安有以如此等臣輔如此等主，而若是其慘酷者乎？嗚呼！勢使然也。然則不可歸之於時與世，而亦不可歸之於天也。歸之於天，則福善禍淫，非天道也歟？夫不可歸之於天，則冥然漠然，此理難詳。宇宙悠悠，徒增志士之恨耳。”乃吟一首曰：“萬古悲凉意，長空一鳥過。寒煙鎖銅雀，秋草没章華。咄咄唐虞遠，紛紛湯武多。月明湘水闊，愁聽竹枝歌。”[⑨]戊辰仲秋梅月居士志林伯湖悌所記。《東國名賢抄》

① 詩見《詩話抄成》：“恨入江波咽不流，荻花楓葉冷颼颼。分明認是長沙岸，月白精靈何處遊？”

② 詩見《詩話抄成》：“深恨才非可托孤，國移君辱更捐軀。如今俯仰慚天地，悔不當時早自圖。”

③ 詩見《詩話抄成》：“受命先朝荷寵隆，臨危肯惜捐微躬。可憐事去名猶烈，取義成仁父子同。”

④ 詩見《詩話抄成》：“壯節寧爲爵禄淫，金章猶抱采薇心。殘軀一死

何需説，痛哭當年帝在郴。”

⑤ 詩見《詩話抄成》爲：“微臣自有膽輪囷，那忍偷生見喪淪。將死一詩言也善，何能慚愧二人心？”

⑥ 詩見《詩話抄成》：“哀哀當日意何如？死耳寧論身後譽。最是千秋難洗恥，集賢曾草賞功書。”

⑦ 詩見《詩話抄成》：“舉目山河異昔時，新亭共作楚囚悲。心驚興廢肝膽裂，憤切忠邪涕泣垂。栗里清風元亮老，首陽寒月伯夷饑。一篇野史堪傳後，千載應爲善惡師。”

⑧ 詩見《詩話抄成》：“往事憑誰問？空山土一丘。恨深精衛死，魂斷杜鵑愁。故國何時返，江樓此日遊。悲凉歌數闋，殘月荻花秋。”

⑨ 詩見《詩話抄成》：“風蕭蕭兮水落波寒，撫劍長歎兮星斗闌干。生全忠孝死作毅魄，襟懷何似一輪江月。嗟！不可與慮始兮腐儒何責。”

好詩點化印文中

《谷園印譜》印文雖云纖麗，間多可采入詩詞，故不拘小品，並爲收來，惟在作詩者點化之如何。“書外論交睡初賢。”“志在名山詩酒。”“清淡落餘花。”“讀不盡者書，造詣不盡者人品。”“天淡一簾秋。”“人淡如菊。”“杏花春雨江南。”“修成淑德，施及子孫。”“寂寞深山何堪久住，曰‘多情花鳥不肯放人’。”“剪紅情，裁緑意。”“結屋三間藏萬卷。”“鴻曉帆青。”“一天風露小庭深。”“看山如讀畫。”“長記酒醒人静，暗香吹月闌干。”“煙波桃葉西陵路。”“好襟懷初不要人知。”“露蛍飛上秋竹。”“十里紅樓小。”“月落江横，數峰天遠。”“一簾鳩外雨。”“月明飛來。”“兩三點鷗沙外月。”“淡黄柳上月痕初。”“秋艇載詩去。”“雨[1]今雲古。”“朗吟湖上香月。”“酒尊吟筆。”“花貼貼，柳絲絲。”“得似晋人清。”“嫋餘音不放。”“一朵雲飛。”“好詩盡在夕陽山。”“捲簾小庭虚院，無地不花陰。”“雨屋深燈。”“莫都忘今夜夜深。”“小立斜陽，試數花風第幾。”“手擎春住。”“燕簾鶯户。”“西風暗剪荷衣碎。”“此境此時此意。”“閑紅深處小秦箏。”“容我醉時眠。”“雁背夕陽紅欲暮。”“夢入芙蓉浦。”“枕痕一線紅生玉。”“好風襟袖先知。”“小曲幽坊月暗。”“一抹殘霞，數行衡雁。”“亂霞棲鳥夕陽中，參差霜樹相倚。”“葉下斜陽照水。”“冷翠蘚封寒玉。”“樓閣媚春姿。”“有流鶯勸我重解繡鞍，緩引春酌。”“斜陽冉冉春無極。”“宮柳蕭疏甚，尚掛微微殘照。”“落日媚滄洲。”“柳眼星星。”“箇中人全在秋波妙。”“賺花陰，小犬吠春星。”“雨絲風片，煙波畫船。”“待畫出西子湖，眉月雙高。”“驚春誰似我。”“曉清清臨畫橋。”“三千客雨行。”“花影蕭蕭轉翠苔。”“徑曲夢回人杳。”“今夕何年。”“閒榻著鴛鴦繡譜。”“夢境模糊。”“春歸紅袖招。”“有勇無慚。”“良夜又迢遙，閒庭又寂靜，花枝又低亞。”“未飲心先醉。”“雪浪拍長空，天際秋雲捲。”“東西貫九州，南北串百川。”“嫩緑池塘藏睡鴨。”“盡在不言中。”“知音者芳心自仝。”“蝶粉輕粘飛絮雪，燕泥已盡落花沈。”“外邊疏簾風細，袖邊幽室燈清。”“金鴨熏香，玉臺聯詠，銀燭譜琵琶。”“曉煙浮瓦。”“這城市裏的豺狼比山中還更狠。”“依然豪氣風雲吒。”“興酣落筆搖五嶽。”“徑三三，峰六六。”“天地一壺中，笑造化小兒搬②弄。”“心如醉。”“顛倒鴛鴦。”“楊柳風，梧桐月，芭蕉雨，梅花雪。”“梅閣留春，荷亭銷夏。”“借此聊遊戲，一聲一字别吐情芽。”“蟻邦蕉夢。”此略鈔如皋許容《谷園印譜》語也。《留青新集·印章綺語》比谷園《印文》尤多驚醒句語，釀以爲詩，必生驚人句，故亦收入之。《二字》，銜雲、忍辱、知止、粲花、竹醉、蕉鹿、蘭言、雲旅、書淫、命也、書傭、書饞、石樵、潔癖、浮白、幻影、情癡、寧儉、也足、晤言、曬腹、飛鴻、古處、餘生、獨醒、如面、卧雲、卧雪、寫意、適可、珍賞。《三字》，第一流、讀書樂、古之人、據梧鳴、數行書、長相思、局外人、貧而樂、小自在、宜子孫、倦遊人、忘機客、不由人、一味懶、窮何妨、遊於藝、素心人、陶斯詠、有心人、有所思、千頃波、牛馬走、醉六經、我學寬、一字師、惜寸陰、且銜盃、書畫禪、歸依佛、自在多、無一長、有情癡、我輩語、毋多言。《四字》，江東步兵、天下長者、篁中風榭、毋令獨立、世僞知賢、翱翔林澤、不如友生、專己者孤、囀喉觸喉、漢書下酒、在水一方、我思古人、偶然欲書、煙波釣徒、枕流漱石、貧賤驕人、卧遊五嶽、未免有情、如斯而已、我生不辰、讀秋水篇、寂若無聲、濯魄冰壺、冷眼視世、與古爲徒、僕本恨人、憑天分付、詩狂酒癖、天地吾廬、風月爲鄰、付之一笑、空諸所有、别有天地、閑雲野鶴、不合時宜、壯心不已、千里如晤、説法宰官、扁舟五湖、睥睨千秋、知我者誰、隱居放言、金壺墨汁、坐花醉月、一丘一壑、游方之外、三緘其口、江南貧俠、不夷不惠、方外司馬、其如命何、自解自嘆、擁書萬卷、自然而然、有所不爲、風雨名山、多病沈郎、筆歌墨舞、識幾箇字、統萬字軍、窮愁著書、不羈之士、與世浮沈、進退中央、開卷有益、志在四方、憤欲投筆、自成一家、聊以自娱、不識世務、齒宿意新、惟日不足、何用浮名、高陽酒徒、財寡意豐、真儒無敵、僅饒茗粥、雕蟲小技、寵辱不驚、臣心如水、炊經酌史、落脱風塵、不因人熱、不試故藝、修竹吾廬。《五字》，高談破宋聾、一笑千山青、看雲諸態冷、恥爲升斗謀、志士白髮早、息機非傲世、爲名多檢束、天供閑日月、一慵縛兩脚、痛飲讀離騷、朗吟孤憤平、全生麋鹿群、言公是世讐、貧不受人憐、奇文共欣賞、形骸痛飲中、氣蘇君子前、愁真速老方、乾坤一腐儒、性拙身多暇、自謂無它腸、貧知日月長、日償文字債、賤稟迂且介、好事者爲之、知心能成人、風流散金石、恥與萬人仝、搔首問青天、世間人盡睡、巧者拙之奴、家因好事貧、蹉跎書劍年、貧作負恩人、世事問樵客、懷古醉餘觴、見笑於大方、可爲知者道、報恩愁力小、時清猶茹芝、小儒安足悲、詩書敦宿好、深心托毫素、枕劍夢封侯、擊筑落高月、得失寸心知、高卧且加餐、大潔遭時妬、花時貫緼袍、雄心日千里、論文笑自知、林鳥助狂言、煙霞鑄瘦容、葛天氏之民、自問是何人、蚩蚩多厚福、當作如是觀、恆愧不如人、洗眼看輕薄、卓犖觀群書、時還讀我書、荒章五六卷、肝膽一古劍。《六字》，一拙可免千罪、立言亦何容易、寄蜉蝣於天地、月明滿地相思、此鳥安可籠哉、雲作心月爲性、禮豈爲我輩設、患在貪多務博、輕諾者必寡信、恨古人不見我、雲半片鶴一隻、無負鬚眉男子、未嘗臧否人物、此人不可無一、煙霞水石平章、有天際真人想、恐脩名之不立、天下以市道交、苦莫苦乎多願、願人常行好事、讀書不求甚解、東西南北之人、書熟讀自然曉、處士純盜虛聲、龍蟠鳳逸之士、看破浮生一半、拓開萬古心胸、此中空洞無物、放浪形骸之外、不能擔糞著棋、隨處體認天理、恨不十年讀書、閑者便是主人、才與不才之間、定交杵臼之間、通則和固則信、有一物添一累、喜名者必多怨。《七字》，烏有滿而不覆者、越不聰明越快活、黄金不多交不深、名教中自有樂地、此輩宜束之高閣、一片冰心在玉壺、狂來筆力如牛弩、不足爲外人道也、繞屋梅花三十樹、説倒人情劍欲鳴、未老得閑方是閑、時人只笑布衣輕、懺悔嘲風弄月愆、撑拄頽風不量力、何用孤高比雲月、識字重爲人所讐、好爲清態者必濁、酒酣喝月使倒行、仰面問天天亦苦、一錢不值是儒冠、閱盡交情好閉門、惟有春風不世情、知我當時自有人、人生得意須盡歡、雞犬圖書共一林、不貴不富不貧賤、松風學我撚吟鬚、懷佳人兮不能忘、一生傲岸苦不諧、人生惟有讀書好、白眼看它世上人、善亦懶爲何況惡、買絲繡作平原君、從今閉口不論文、遊遍名山讀遍書、皇天無地著英雄、怕見惡人翻羡瞽、開心寫意君所知、懶看俗情寧睡去、文章何處哭秋風、老知書畫真有益、自古風流皆暗消、今之相者兮舉肥、天荒地老無人識、遇事當熟思緩處、安能坐學書生愁、飢來一字不堪煮、長劍耿耿倚天外、英雄末路戀紅粉、往來滿屋賢豪者、曾經我眼即我有、隔千里兮共明月、成名每在窮苦日、寬著肚皮須忍辱。《八字》，夢而能覺何必待朝、不能免俗聊復爾爾、口可以飲不可以言、非我而當者吾師也、可規可矩謂之國士、筆硯精良人生一樂、出遊五嶽歸卧一丘、傲物則骨肉爲行路、苦言葯也甘言疾也、人皆趨彼我獨守此、貪著禪味是菩薩縛、哀今人之胡爲虺蜴、愧未讀書常猶夜行、浮生若夢爲歡幾何、以天之高不敢擧首、僕本恨人卿須憐我、多言者不可與深謀、涵容是處人第一法、性仝鱗羽愛止山壑、寧爲才鬼猶勝頑仙、讀未見書有驚人句、見人一善忘其百非、人之相知貴相知心、寄愁天上埋憂地下、世上事越做越不了、發言無所避怨老迂、有志無成命也奈何、聖賢爲骨英雄爲膽、不知義理生於不學、東海波臣西湖浪子、惟讀貨殖遊俠二傳、標榜中必無真人品、行合趣同千里相從、毁譽之來皆不徒然、因循二字擔閣一生。《九字》，一爐香三尺劍五車書、三日不讀書語言無味、儻所謂天道是耶非耶、在布衣之位蕩然肆志、考人品要在五倫上看、雖不得志不失爲君子、行路難不在水不在山、其人苟可其事無不可、當今之世貪得而寡羞、偃息於長林豐草之間、眼中未嘗見一不好人。《十字》，胸無三斗墨何以運管城、禍莫大於苟可以爲而止、世味如嚼蠟年光似跳丸、識字乎曰不識曰快活也、面無纖塵眉目纔免可憎、人無所不至惟天不容僞、如無好結局須尋好散場、天下得一知己足以不恨、不得乎君則山林而已矣、牀頭黄金盡壯士無顔色、我本薄福人宜行惜福事、禍首燧人氏厲堦董狐筆、可憐少壯日適在窮賤時、富貴而名磨滅不可勝紀、誰修醉鄉記添我姓名否、酒無通夜力事滿五更心、欲識堯時天東谿白雲是、難將一人手掩盡天下目、多謝諸少年相知不忠厚、愛我無如酒輸人不但棋、日月擲人去有志不獲騁、寧舍己利人勿因人利己、世上事多半是有名無實、一心種德便是無上種子、開卷讀且想千載若相期、今時出古言在衆翻爲譌、與其施新恩莫若償舊饋、人勝我何害我勝人非福、古書雖滿腹不如一囊錢、何如積陰德於冥冥之中、若比簞瓢人吾今太富貴、天下本無事庸人自擾之、筋骸倘且健學行肯教墮、吾未嘗以一言壞人一生、窮多詩有債愁極酒無功、今我不爲樂知有來歲否。《十一字》，士大夫愛錢書香化爲銅臭、留有餘不盡之福以還子孫、不容何病不容然後見君子。《十二字》，淵明琴荊公奕子瞻酒登徒色、不爲俗情所染方能説法度人、問子孫之禍福吾身所貽者是、清福上帝所吝清名上帝所忌、人當以不知足之念用之讀書、夢幻泡影有限風花雪月無窮、願天常生好人願人常行好事、不愧人以不知不傲人以不如、不做未做之官願讀未讀之書、傲骨俠骨媚骨賤骨終成枯骨、早知窮達有命恨不十年讀書、嗜慾場中喚不醒許多伶俐人、今日虛過即有明日非今日矣、笑矣乎笑矣乎悲來乎悲來乎、無事時要提防有事時要鎮定。《十三字》，以文章取士不知遺落許多忠孝、不市田宅爲無賴子孫酒色之資、得靈山花雨洗硯衡山滌筆湘水、君子不爲小人之洶洶而易其行、何爲而可以免此苦也曰莫如學。《十四字》，詩書乃聖人供案妻子乃屋漏史官、引入醉鄉方適意癡人翻索解醒湯、若待功名拂衣去武陵桃花笑殺人、富貴骨頭貧賤命太平世界亂離人、酒軍詩敵如相遇臨老猶能一據鞍、人不可以苟富貴亦不可以徒貧賤、莫言世事常如此堪笑人生有幾何、男兒三十無所成腰肢一半埋荒草、青綬朱紱青布衫顏色不仝而已矣、野人曠蕩無靦顏豈可久在王侯前、此中空洞原無物何止容卿數百人、自是時人參不透冤余作意傲公卿。《十五字》，有不折不回真心始有萬變不窮妙用、不失足於人不失色於人不失口於人、世上真正讀得十三經廿一史者幾人。《十六字》，真精喪與粉骷髏却向人間賣秋石悲夫、德業常看勝於我者福禄常看不如我者、一切諸有如夢如幻一切煩惱是魔是賊、吾素與泉石結緣他日入山定不爲生客、讀不見書如得良友見已讀書如逢故人、寂寞深山路窄處留一步與人行味濃處減三分讓人嗜。《廿字》，對青天而懼聞雷霆不驚履平地而恐涉風波不疑。此等語入練詩之爐鞴，可得音句矣。予又散萃，可謂淘金采玉。“秋山如水，秋日如月。”“春行如秋，晝行如夜。”“居山須練得出門人情，出遊須留得還山面目。”“子雲玄亭停橈問字，淵明菊徑携酒款扉。”“終覺多事，不如仲蔚蓬蒿、袁安高卧。”“老去自覺萬緣都盡，那管人是人非；春來尚存一事關心，只在花開花謝。”“名心未化，對妻子亦自矜莊；隱衷盡釋，即夢寐皆成清楚。”“參悟久則心花頓開，若蓮萼之舒瓣；機緣來則性地忽朗，如日月放光。”“旃檀之形，能出頭而迎佛[③]；虎丘之石，解聽經而點頭。故知山河大地咸見空[④]如，瓦礫[⑤]

泥沙並存佛性。”“三徑竹間，日華淡淡，固野客之良辰；一編窗下，風雨瀟瀟，亦幽人之好景。”“雲白山青，川行石立，花迎鳥笑，谷答樵謳。萬境自閒，人心自閒。”“登高眺遠，吊古尋幽，廣胸中之丘壑，遊物外之文章。”“不煉鉛汞，不誦經懺，不餌藥石，不聞唐舉年，不購徐昇命，不買君平卜，惟任性隨緣而已。”“學者常想胸次吞雲夢澤，筆頭湧若耶溪，量既並包，文亦浩瀚。老者更事既熟，見理既明，開卷之際迎刃而解，如行舊路而見故人也。”“詩堪適性，笑子美之苦吟；酒可怡情，嫌淵明之酷嗜。若詩而嫉好爭名，豈云適性？若酒而倡狂罵座，安取怡情？”“風流得意之事，一過輒生悲涼；清真寂寞之鄉，愈久轉益意味。”“催租之吏只問家僮，知主人之不理；收穫奴徑達主母，笑先生如外賓。”“青天白日，和風慶雲，不特人多喜色，即鳥雀亦有好音；若暴風怒雨，疾雷閃電，鳥亦投林，人亦閉户。故君子以太和元氣爲主。”“萬病之毒皆生於濃。濃於聲色，生虛怯病；濃於貨利，生貪饕病；濃於功業，生造作病；濃於名譽，生矯激病；濃於學古，生畫葫蘆病；濃於學禪，生野狐病。吾以一味藥解此萬病毒。請問藥，曰淡。”“禪關仙院，養成幾箇椎埋？市井山林，老殺許多經濟。”“耕而食，織而衣，可還太樸；冬不爐，夏不扇，亦非天真。”“籠中剪羽，仰看百鳥之翔；江上沈舟，坐閱千帆之過。”“萬壑疏風清兩耳，聞世語，急須敲玉磬三聲；九天涼月淨初心，誦真經，勝似撞金鍾百下。”“詩因鼓吹發，桓玄耳入而心通；筆以鼓吹神，張旭得心而應手。”“饘於是，粥於是，充口腹，無羨大烹；寒不出，暑不出，庇風雨，自安小築。”“敗歲皆莩形菜色之民，而通都有吞花咽柳之司牧；防秋多夢妻哭子之士，而幕府有歌兒舞女之將軍。”“秋聲憐人，蘆中最慘。風雨連朝，乘舟卧聽愁聲。遠近蘆葦蕭森，雁落啞啞，鷺飛濯濯，寄興幽深，放懷閑逸。舟中之人，謂非出塵第一阿羅漢耶？”“晚間紙窗上，月光漸滿，竹影半横，取蒲團靜坐，覺得又是一境界。”“霜水澄定，凡懸巖峭壁，古木垂蘿，與片雲纖月，一山映在波中。策杖臨之，心境俱清絶。”“臨池獨照，喜看魚子跳波。繞徑閑行，忽見蘭芽出土。亦小有致，時復欣然。”“湖山之於達人，蓋兩相得。高妙之士所居，其下自有旺氣。謝公名墩、子真棲谷、醉鄉蘇堤，往往而在。所謂草木禽魚皆能出祥光，發清音，非虛語耳。”“山棲是勝事，稍一縈戀，則亦市朝；書畫賞覽是雅事，稍一貪癡，則亦商賈；詩酒是樂事，少一徇人則亦地獄；好客是豁達事，一爲俗子所嬈則亦是苦海。”“仝知心登山，趺坐浪談，談倦仰卧草根，兩眼見青天，白雲飛遶半空中，或者羡余之閒適乎？”“先秦兩漢詩文具備，晋人清談書法、六朝人四六、唐人詩小説、宋人詩餘、元人畫與南北劇皆是獨立一代。”“月是何色？水是何味？無觸之風何聲？既燼之香何氣？獨坐息庵下，默然念之，覺胸中活活欲舞而不能者，是何解？”“湯太史云：景物歲歲而春，非留今歲之草木以爲再歲之草木也。”“吾之面不如人之面，捨安仁之遺貌署爲真吾，而以悦妻孥，豈不羞且悖哉！”又曰：“天地化工之妙，微特今與昨變、朝與暮殊。呼之氣轉而爲吸，初念脱而爲二念，即已陳陳不堪復拾。辟之既謝之花、既枯枝葉，重粘枝上，必無生理，而況其聲音字畫之粗乎？”此略拾於吴從先《小窗清紀》語也，堪作詩材也。《詩家點燈》卷二

① 雨：底本訛作“兩”，據《谷園印譜》改。

② 搬：底本作“播”，據《谷園印譜》改。

③ 底本脱“佛”，據《婆羅館清言》補。

④ 空：《婆羅館清言》作“真”。

⑤ 礫：底本訛作“碟”，據《婆羅館清言》改。

圭峰櫟翁贊漢都

皇明天使董圭峰越撰《漢都賦》，極贊不已，見皇居者猶如是，其佳麗可知也。前朝櫟翁李齊賢《稗説》云：“昔僕出佐桂陽，承廉使符到龍山，宿韓相國彦國書齋。峰巒盤屈，狀若蒼蛇，而齋正據其額。江流至其下分爲二派，江外有遥岑，望之如山字。僕朗吟而

起，信筆題於壁云：‘二水溶溶分燕尾，三山杳杳駕鼇頭。他年若許陪鳩杖，共向蒼波狎白鷗。’天水亦樂，即韓相國門生也，謁相國，酒行誦此詩，相國停盃吟諷，乃曰：“漢陽之遊計今已五十年矣，聞此一句，其山光水色歷歷如在眼前，此古人所謂詩中畫也云。”洪長洲萬宗《小华詩評》謹録：“我太祖微時，登白岳有詩曰：‘突兀高峰接斗魁，漢陽形勝自天開。山盤大陸擎三角，海曳長江出五臺。’”文翰已盡漢都勝概。漢陽山水之勝已自麗朝有名，甲於海東矣。《詩家點燈》卷四

警人詩作座右銘

唐雲叟《寄霞山尊師》云：“老鶴玄猿共採芝，有時長嘯獨遊移。翠蛾紅粉嬋娟劍，殺盡世人人不知。”東坡爲徐州，參寥自錢塘訪之，坡令一妓戲之，並求詩爲贈，乃口占云：“多謝尊前窈窕娘，休將幽夢惱襄王。禪心已作沾泥絮，不逐東風上下狂。”坡公見之，深爲佩服。至是，即家人在座，亦不嫌避。昔有人《題驛亭》曰：“帆力劈開千頃浪，馬蹄踏破五陵青。浮名浮利過於酒，醉得人間死不醒。”古有一尼，悟道作詩云：“盡日尋春不見春，芒鞋踏破嶺頭雲。歸來笑撚梅花嗅，春在枝頭已十分。”夫子曰“道不遠人”，孟子曰“道在邇而求諸遠”，正是此意也。劉潛夫有《方士傳》詩：“但聞方士騰空去，不見童男入海回。無藥能令炎帝在，有人曾哭老聃來。”唐子畏《題列仙傳》云：“但聞白日昇天去，不見青天走下來。有朝一日天破了，大家都叫阿回回。”又有句云：“佛祖無奇，但作陰功不作孽；神仙有法，只生歡喜不生愁。無藥可延卿相壽，求醫也是徒然；有錢難買子孫賢，積玉總爲無用。”白居易將卜居，因作詩曰：“莫嫌地窄園亭小，莫厭家貧活計微。大有高門空鎖宅，主人到老不曾歸。”史彌遠卒久，一日白晝見形，引咎作詩，朗吟云：“早知泡影須臾事，悔把恩讐抵死分。”白樂天有詩云“親故歡娛童僕飽，始知官爵爲他人”，造孽於己，惟招怨謗耳。范石湖《重陽日

經營壽藏之地因爲詩》曰:“家山隨處可松楸,荷插携壺似醉劉。縱有千年鐵門限,終須一箇土饅頭。”唐司空曙《病中散遣婢妾詩以感懷》曰:“萬事傷心在目前,一身憔悴對花眠。黄金費盡教歌舞,留與他人樂少年。”《詩家點燈》卷五

心契意全日高詠

王庭筠詩:“四柳危亭坐晚陰,殷勤雞黍故人心。兒孫滿眼田園樂,花木成陰歲月深。十畝蒼煙秋放鶴,一簾凉月夜横琴。家山活計良如此,歸興秋風已不禁。[①]”尤西堂侗詩:“不如歸去不如歸,歸去來兮知昨非。千里壯心天馬下,一朝適意野鷗飛。焚書並瘞珊瑚筆,解紱先裁薜蘿衣。犹有吳钩抛未得,酒酣常舞釣魚磯。[②]”王彧詩:“放下情懷觸處安,生涯取取没多般。褐衣襤褸聊遮赤,短鬢鬅鬙底用冠。一榻尚緣資困歇,二匙隨分了飢餐。也知苦澀人人笑,烈日初心不敢謾。[③]”密璹詩:“釣得魚來卧看書,船頭穩置酒壺蘆。煙際柳,雨中蒲,乞與人間作畫圖。[④]”每自朗吟送閒。《詩家點燈》卷五

① 王詩原題《示趙彦和》。

② 尤詩原題《别长安》其四。

③ 王詩原題《禪頌七言二首》其二。

④ 密璹詩原題《漁父詞二首》其二。

海寇詩嘲群僚

宋鄭廣以海寇來降,授以職官。朔望趨府,群寮無與立談者,廣欝欝不言。一日晨衙,群寮談詩,廣起於坐曰:“鄭廣麄人,有拙詩白之諸公。”乃朗吟曰:“鄭廣有詩上众官,文武看來總一般。众官做官却做賊,鄭廣做賊却做官。”滿座慚噱。今見其詩,何異唾面?《詩家點燈》卷十

誦才

清顧寧人,《九經》《三史》悉能背誦，李榕村弟秬卿亦如是。我朝之柳眉庵希春，盡誦《朱子語類》五十卷，不錯一字。宋之張安道，少時家貧無書，日就書肆借閱《十七史》，後更不見而能盡誦，故以東坡再看《前漢》怪之。未知古之張松張巡又何如？而如杜佑、鄭樵、馬端臨、魏了翁、王應麟、楊用修、鄭端簡、王世貞、朱彝尊、毛奇齡諸人，亦皆當過目成誦，平生不忘矣。我朝金黄岡繼輝、李澤堂植，又皆以聰明名於後世。且山谷老謫宜州，嘗爲人手寫《范滂傳》一通以給，而能不錯一字，此亦必盡誦《後漢書》全文故也。古來此等人皆命世而生，後人何敢望藩籬也？孝廟時金柏谷得臣性不慧，才甚鈍，而誦讀至勤。有《讀書録》，不讀千遍者不入其録。而如《馬史·伯夷傳》，至讀一億一萬三千遍，而後嘗騎馬過一人家，聞讀書聲。住馬聽良久曰:"其文甚熟。"終不可曉。牽夫仰視曰:"夫學者載籍極博云云，此公平生長讀，小的亦能知之，公不知乎？"柏谷始覺其爲《伯夷傳》也。其鈍如此，而晚年乃能以詩名世，其詩多警語。其:"古木寒雲裏[①]，秋山白雨邊。暮江風浪起，漁子急回船[②]。"孝廟愛之，至手書屏間云。柏谷又嘗得"風枝鳥夢危"一句，屢年不屬對。一日夜曉行家祭時，秋宵月明露白，蟲聲滿庭。方欲奠裸，忽思"露草蟲聲濕"一句，乃的對也，遂不覺高聲朗吟，仍又舉盃自飲曰:"雖先人在世，必當賞我此盃。"柏谷事多此類，令人絶倒。又嘗與詩伴登押鷗亭賦詩，苦思竟日，至暮大呼曰:"吾今日僅得一聯，極佳。"人問之，答曰:"三山半落青天外，二水中分白鷺洲。豈非佳句乎？"人笑曰:"此真君詩乎？此李太白《鳳凰臺》詩也。"柏谷憮然曰:"然乎？"遂歎息續其下曰:"千載謫仙先我得，夕陽投筆下西樓。"聞者莫不捧腹。蓋柏谷與古之顧寧人諸公，足可謂相反，天下事真無不對也。《海東詩話》(李建直)卷七

① 雲裏：底本作"煙裏"，據《柏谷集》改。

② 回船：底本訛作"迴艇"，據《柏谷集》改。

·豪吟·

退溪題公《關西行録》詩云："狂胡射月遼東塞，壯士搜兵樂浪墟。指顧威靈驅虎豹，風流談笑發詩書。海航病得龍王藥，江閣冷窺帝子居。唾手功名歸燕頷，太平容我老樵漁。""捭闔奇謀漢子房，當年曾受石公方。未翻巢窟龍庭界，先作干城鰈海疆。絶域病攻天佛亂，荒城戰鬥鬼神忙。豪吟白首淩雲氣，妙句何妨鐵石腸。"《東國詩話匯成》卷十四

退溪先生詩

退溪喜作詩，今見於集中者，人多欠體裁。當時權松溪應仁謂先生"不爲詩若草，差強人意"，殊不知其不爲也，非不能也。昔退之銘樊紹述，子長傳司馬長卿，皆似其人。古人作詩文必心準意想，精神遇會，然後方下筆，如畫其人則必似其人也。詩文之模寫亦何異哉。退溪贈林錦湖亨秀二律云："捭闔奇謀漢子房，當年曾受石公方。未飜巢窟龍庭界，先作長城鰈海疆。絶域病攻天拂亂，荒城雷鬥鬼驚忙。豪吟百首淩雲氣，妙句何妨鐵石腸。""狂胡射月遼東塞，壯士搜兵樂浪墟。指顧威靈驅虎豹，風流談笑發詩書。海航病得龍王藥，江閣吟窺帝子居。唾手功名歸燕頷，太平容我老樵漁。"句句飛動，俊爽可掬，雖華嶽峰尖寒鵰睇野，無以逾此。彼錦湖之平生豪吟，未必逮及也。要是非錦湖，退溪亦終不露圭角也。其《泛濯纓潭》詩云："水月蒼蒼夜氣清，風吹一葉泝空明。匏尊白酒飜銀酌，桂棹流光掣玉横。採石顛狂非得意，落星占弄最關情。不知百歲通泉後，更有何人續正聲。"即無論理義真境，不煩繩削，鏗鏘可誦，輕飈度水生瀾，羚羊掛角無痕，置之於《藝苑雌黄》又何所歉？近

世洪司諫汝河註解退詩，亦深好云。《星湖僿說》

退溪德性温雅，故詩亦蘊藉如天成。“花發巖崕春寂寂，鳥鳴澗樹水潺潺。偶從山后携童冠，閑到山前看考槃。”蓋渾渾然春風之意也。然而其贈林錦湖亨秀韻：“狂胡射月遼東塞，壯士搜兵樂浪墟。指顧威靈驅虎豹，風流談笑發詩書。海舫病得龍王藥，江閣吟窺帝子居。唾手功名歸燕頷，太平容我老樵漁。”句句俊爽飛動，彼錦湖之平生豪吟未必能及也。南冥剛健高明，故詩亦如之。“請看千石鍾，非大叩無聲。爭似頭流山①，天鳴猶不鳴。”蓋巖巖然喬嶽之象也。然而其贈山人來訪詩曰：“山下孤村草掩門，上人來訪日初昏。”却又閑淡不見鋒穎。《東詩話》卷一

① 他本皆作“萬古天王峰”。

·行 吟·

本朝學士黄元[①]題郡齋云:“山城雨惡还成雹,澤國陰多數放虹。”李紫薇純祐[②]出鎮關東云:“細柳營中新上將,紫薇花下舊中書。”吾友耆之[③]贈僕云:“風急溟鵬從北徙,月明驚鵲未安枝。”滎陽補闕[④]偶遊天磨山八尺房,竟夕苦吟,未能屬思。詰旦方迴,迺援轡行吟,比至都門,乃得一聯云:“石頭松老一片月,天末雲低千點山。”策蹇而返。手撼門鈕,直入院中,奮筆題於壁還。康先生日用欲賦鷺鷥,每冒雨至天壽寺南溪上觀之,忽得一句云:“飛割碧山腰。”乃謂人曰:“今日始得到古人所不到處。後當有奇才能續之。”僕以爲此句誠未能卓越前輩,而云爾者,蓋由苦吟得就耳。僕爲之補云:“占巢喬木頂,飛割碧山腰。”夫如是一句置全篇中,其餘粗備可也。正如珠草不枯,玉川自美。《破閑集》卷上

① 黄元:金黄元(1045—1117),字天民,光陽人。官禮部侍郎、翰林學士,謚文節。

② 李紫薇:李純祐(高麗毅宗時人),初名請,字拔之。嘗任中書舍人,故稱紫薇。

③ 耆之:林椿(高麗毅宗時人),字耆之,號西河。有《西河集》。

④ 滎陽補闕:鄭知常(?—1135),本名之元,號南湖,有《鄭司諫集》。滎陽爲鄭氏郡望,補闕乃司諫之異稱。

今司空某,皇大弟襄陽公之胄子也。自離乳臭,翩翩然嘗以書史爲樂,行吟坐諷,目不掛於餘事。及於壯,學無不窺,理無不通,浩浩乎若望江湖不可涯涘。至於詞賦亦工,用筆精妙,若翹然而望場屋,爭甲乙之名者,世以爲宗室標的也。惜也!天不與年,奄然

赴玉樓之召。山人觀悟嘗遊其邸，搜遺藁得近體詩八九篇，嘉其有二美也，以示之，飄飄然有淩雲氣格，將鏤板以傳於後，故略爲序云云："自古宗室之親襲茅土於襁褓中，目耽珠翠，耳悦絲竹，罕有留意於文章者。今司空某，天性好學，自年未七八，尤嗜書史，雖臨飲食，諷詠之聲不絶於外云。"《破閑集》卷下

王彦舟侍郎嘗題《周昉韓幹人馬畫》云："天廄無瘠馬，宫禁無憔容。"宜乎！韓馬、周人皆肥。寫真[①]非畫物比。蓋寫形不難，寫心惟[②]難，寫之人猶其難。夫帝堯秀眉，魯僖、司馬亦秀眉；舜重瞳，項羽、朱友敬亦重瞳；沛公龍顔，嵇叔夜亦龍顔；世祖日角，唐高祖亦日角；文皇鳳姿，李相國亦鳳姿；尼父如蒙魌，陽虎亦如蒙魌；竇將軍鳶肩，駱賓王亦鳶肩；司馬懿狼顧，周嵩亦狼顧。若此者，寫之則似是易矣。故曰寫形不難，夫寫屈原之形肖矣，倘筆無行吟澤畔、懷忠不平之意，亦非靈均；寫少陵之貌是矣，倘不筆其風騷沖澹之趣、忠義傑特之氣、峻潔葆麗之姿、奇僻贍博之學、離寓放曠之懷，亦非浣花翁。蓋寫其形必傳其神，傳其神必寫其心，否則君子小人貌同心異，貴賤美惡奚自而别？故曰寫心惟難。夫善寫心者當觀其人，必胸次廣、識鑒高、討論博，下筆流出間不容髮矣。倘秉筆而無胸次識鑒，彼目大舜而心項羽，性陽虎而貌仲尼，違其人遠矣。故寫之人猶其難。宋朝士大夫游戲筆墨者，自坡仙、叔黨、文與可、米元章，遺妙皆爲世寶，惟寫照入神僅葉苔磯一人而已。蓋苔磯讀唐詩數百家，落筆有驚人句。日與褒[③]鄂人物游於江湖，吟人未識則討論之，既識則寫之。今積數卷，每一卷舒，如親與諸吟人談笑觴詠，窮達夷險，洞見肺腑，皆不能隱，真寫心者矣。唐王摩詰，詩人也。前輩謂其"畫中有詩，詩中有畫"，其與苔磯同一志趣歟？《詩文清話》卷三

① 真：《藏一話腴》作"科"。

② 惟：底本訛作"性"，據《藏一話腴》改。

③ 與褒：底本訛作“游楚”，據《藏一話腴》改。

金伯玉始振[①]，余之族叔也，全不事詩，而妙解做法，故絶句或有佳處。《遊山》詩曰：“閑花自落好禽啼，一道清陰轉碧溪。坐睡行吟皆得句，山中無筆不須題。”又作《香奩》五絶，末句曰：“曾愁百年短，卻恨五更長。”甚妙。《壺谷詩話》

① 金伯玉：金始振（1618—1667），字伯玉，號盤皋。籍貫慶州。

公偶遊天摩山八尺房，竟夕苦吟未能屬思，詰朝方回，緩轡行吟，比至都門就得一聯云：“石頭松老一輪月，天末雲低千點山。”策蹇而返，手撼門鈕直入院中，奮筆題於壁。崔滋詩話以此句爲鄭知常《邊山》詩，未知孰是也。《東國詩話彙成》卷五

晚邨集

康熙時既頒《覺迷録》[①]，而吕留良《晚邨集》不復傳於天下，吴月谷瑗入燕潛求之不得。先王癸酉，俞參判漢蕭以副使入燕求之，有一士懷《晚邨詩集》抄本一冊潛來館中，泣而傳之，仍持獻於先王，自是士大夫家稍稍謄録，詩皆幼安、淵明之志，皋羽、所南之悲，令人掩抑，涕淚橫集。其《季臣兄病卧歎荒園》：“兄弟聯翩逕一門，當時佳麗又芳園。那堪荊棘銅駝影，又哭冬青杜宇魂。祖父豈知新室臘，兒童還記義熙元。殘身直與天心迕，躑躅呑聲不敢言。”“三逕從今便欲荒，翳然林木近濠梁。天涯戰伐聞人説，海内仇讐舉世忘。畫壁自摹真故土，酒盃息放即他鄉。可憐老令驅飢使，強向人間乞稻粱。”其《春去與子度》：“倚樓猶著木綿衣，蒲柳陰深已合圍。春自全身潛引去，花殊強項不同歸。醉來那記禽聲變，行處旋驚草逕非。歎息世間真賞絶，風光流轉莫相違。”其《次韻黄九煙民部思古堂》詩：“隨地堂懸思古額，問君翹首思何人。空城不返青衣主，大澤猶存雪窖臣。驅去那容三處窟，贖來難得百其

身。相公今日猶僥倖，省識春婆夢裹春。”“躍馬誰當據要津，騎牛何處會真人。閉門甲子書亡國，闔户丁男坐不臣。黥卒難爭莝豆食，髡鉗未計漆塗身。縱然不死冰霜下，到底難回漠北春。”“絶域難憑消息真，尺書到日尚爲人。穹廬每舉蘇通國，遠道時逢鄭虎臣。任爾循環微躡足，倩誰荷鍤活埋身。汝曹亦能思思古，艾席葭墻處處春。”“先生思古真奇絶，思到從前無古人。投足盡爲天蓋野，舉頭敢告地行臣。此鄉莫謂非吾土，大患元知在有身。自是關南皆柳色，從教缺割玉門春。”其《耦耕》詩：“誰教失脚下漁磯，心迹年年處處違。雅集圖中衣貌改，黨人碑裹姓名非。苟全始信談何易，餓死今知事最微。醒便行吟理亦可，無慚尺布裹頭歸。”“名絓清流異代尊，近聞隱迹在朱門。織簾賣藥終南徑，屬藁呈詩秋壑園。舟裹僅存芝鍊骨，孤山長往鶴銷魂。可憐傳記人誰托，歇蔌曲膝孜細論。”其《園林早秋》：“可怪傾攲壁，堅牢仗薜蘿。貧家秋事少，破屋夜聲多。雨斷一蟬弄，日斜雙蝶過。故人書近絶，不識報如何。”其《亂後過嘉興》：“茲地三年别，渾如未識時。路穿臺榭礎，井汲髑髏泥。生面頻驚看，鄉音易受欺。烽煙一悵望，洒淚獨題詩。”其《新歲雜詩》：“敬展先人像，珠傾兩眼酸。女奴論相貌，童稚詫衣冠。真爲書年異，翻令讀祝難。子孫餘九死，猶是祖遺安。”其《見釣者》：“老漁倚杖黄蘆根，細香和餌絲作綸。無邊春水杳何處，日暮煙生知有人。持竿終日無所得，白鷺含魚隔江食。風掃楊枝入釣船，滿溪愁殺桃花色。我來行吟一問之，太息老漁不解詩。我向君身覓佳句，君坐詩中自不知。”若以詩品論，藻思妙絶而味勝者也。《清脾録》卷二

①《覺迷録》：《大義覺迷録》，雍正七年（公元1729年）刊布。

夫學者以經爲經，以史爲緯，詩者特其鼓吹花草而已。然而挽近世經學易而史學駁難，史學易而詩學最難，何哉？《六經》文字已經諸老先生訓詁而羽翼之。如家長老，立得田地基業，門窗户闥

皆有路逕，柴米油鹽各有主掌。雖弱子孱孫，苟不至乎背馳狂蕩，則皆可謹守規模，按簿推用，幸生於紫陽之後者，不亦樂乎？惟史則不然，上下二十一代，代各有史，史各異論，而幸有《資治》《綱目》爲史家之集成，歷代之明君暗主、忠邪賢愚，皆有不易之論。是猶適萬里者，雖神疲力殫，其程途之遠邇，邱陵之夷險，皆在吾目中。若不半塗而自畫，則步步前進，必有盡頭之歇泊，此猶可勉也。至於詩學，則一自河梁之别、柏梁之會，遂爲五、七言之祖；一傳而曹劉沈謝，再轉爲初盛晚唐，艷則西昆，澀則彥伯，變而爲行吟操引，流而爲歌曲詞調，下至離合建除，回文雜組，紛然而起。其間特特爲名家者，指不勝屈。外他握珠抱玉、泉涌雲生者，亦且汗萬牛而折其軸矣。譬如遊赤城、雁宕者，奇巖峭壁、珍禽怪獸，方駴心怵目、應接不暇，而峰迴路轉，另換一樣局面。離婁之所不能記，長康之所不能畫，是故從古文人不敢著手爲整頓爬櫛之計，原其始，則曷嘗與經史並難哉。只緣作者之繁夥，而注家之疏略，遂使學詩者莫能要領而歸一則，反不如經史之有方向依據得以遵守。故難莫難於詩學也。龜磵子爲是之病，既已研窮經史，覃思力採，推其餘潛心玩究於詩家者，日積而月累矣。以爲學詩之難，正坐於不能通看，談蘇黄者遺卻李杜，説漢魏者失之唐宋。如欲徹頭徹尾不漏諸家，則莫若纂次詩話，集衆論而折衷之，举一而反隅，充類而至盡，則一夜話，豈不勝於十年讀也耶？於是采輯唐宋人詩話，間附獨得之見，無隱不索，無奇不采，分門立標，摘句類聚，上自日月霜露之变，下至蟲魚草木之微。其所立論而潤色之，則如笙簧間鼓、琴瑟夾鐘；随類而抄録之，則如添絲補線，移針匀繡。萬雞之跖足備齊王之食，千狐之腋合爲孟嘗之裘。引經據義，則詩合於經也，隨史紀時，則詩出於史也。拾零金於查礦而陶熔之權，則别具爐錘；採散珠於蚌蛤而貫穿之妙，則自出绳索。於是乎，是書也，不特爲詩家之淵海，而亦將有功於經史矣。書既成，名之曰《龜磵詩話》。出而示余。余既受而卒業，曰：“多矣哉。是如入太廟者，創見其簠簋樽彝，琮璜珪璋，則必輝煌眩轉，而苟嫺於禮者，則俯仰升降，各有條而不紊矣。又如遊武庫者，卒當乎戈鋌矛戟，鞭筒槌棒，則雖神摇魄動，而若能於兵者，則坐作擊刺，皆適用而不差矣。苟不掐肝琢腎，腐毫穿石，則其何能致多如是哉？嗟夫！使龜磵子早綰銀黄，出入臺省，進以賁飾文治，退以汲引後進，珪組榮其身，朱墨膠其目，則亦何樂乎此？亦奚暇於此哉？惟其擯而置之空山樵牧之社，瘦倍於島，寒甚於郊，窮於詩，癖於詩，無所寓於其心，故遂得專精致力而成就得一部快書。此可爲後學之幸，而其亦龜磵子之不幸也。子雖欲束之高閣，藏之中衍，獨樂其樂。吾知荊山之璞，終非卞和家私藏；豐城之劍，必爲博物人所求。則是書也，必將廣布流傳，家藏而户誦之。操觚藝苑者，孰不樂爲之序？以余稍詳於蒐輯之顛末，遂徵弁卷之文。非其人也。余於龜磵子，兄事之得於麗澤之資，僅卞魚獸，而經不能窮理，史不能專門，於人所爛孰處，尚不敢道個易字，矧乎詩中難更無則，其易易言哉？若强所不能，使之開口雌黄於詩家話，則不幾近於借聽於聾，求道於盲者耶？然猶不辭而爲之説者，自幸驥尾之附蠅，不嫌佛頭之著糞云爾。壬辰除夕密城朴端會景華題。《龜磵詩話·序》

號算博士、靈隱續詩

駱賓王爲詩好以數對，如“秦地重關一百二，漢家離宫三十六”，人謂之算博士。敬業敗，亡命爲僧。宋之問遊靈隱寺，夜月極明，長廊行吟曰：“鷲嶺鬱岧嶢，龍宫隱寂寥。”未得下聯。有老僧點長明燈，問曰：“夜久不寐，何也？”宋曰：“欲題此寺，而思不屬。”僧即吟曰：“何不曰‘樓觀滄海日，門對浙江潮’？”又續吟曰：“桂子月中落，天香雲外飄。捫蘿登塔遠，刳木取泉遥。”宋愕然。遲明訪之，不復見。僧有知者曰：“此賓王也。”《龜磵詩話》卷十四

萬柳堂聯吟留字

萬柳堂爲益都馮①相國溥別業，每逢上巳，輒與朝士修禊其中，飲酒賦詩。壬戌②上巳，益都將有致政③之意，首倡詩第六句云："水萍風約故沿留。"徐健庵春坊和云："盡日行吟步屧留。"施尚白侍講和云："回溪時有斷雲留。"陸義山編修和云："落花香倩蝶鬚留。"方渭仁編修和云："煙宿含山翠欲留。"徐華④隱檢討和云："少雨泥著履印留。"高阮懷檢討和云："羽觴泛泛去還留。"汪蛟門主事和云："輕陰時爲落花留。"林玉巖中書和云："檻拂垂楊叫栗留。"騁妍角勝，佳句如雲。相國歎賞不絶，而意似未屬，後至潘稼堂檢計和云"東山身爲草堂留"，相國拍案而起，稱爲第一。此《熙朝新語》所記也。《詩家點燈》卷五

① 益都馮：底本訛作"命都憑"，據《熙朝新語》卷七改。

② 戌：底本訛作"戊"，據《熙朝新語》改。

③ 致政：底本訛作"治都"，據《熙朝新語》改。

④ 華：底本訛作"和"，據《熙朝新語》改。

梅月惠寰詠史

我東古今詠史之人甚多，而偶得梅月、惠寰之作，體裁不讓中原名家，故爲之殺青。梅月詠史有《嘲二釣叟》，其一曰《吕尚》："風雨蕭蕭拂釣磯，渭川魚鳥識忘機。如何老作鷹揚①將，終使夷齊餓采薇。"其二曰《嚴光》："桐江江上釣煙波，生計蕭條一短蓑。漢家若無星相動，千秋定不累完名。"《詠三諫臣》，一曰《比干》："靡靡樂盡魚終變，長夜酣終杵到漂。覆轍前車如鑒戒，商孫應不裸周朝。"二曰《屈原》："湘江千古吊幽魂，憔悴行吟爲底冤。若使先生遭盛世，汨羅應欠斷腸猿。"三曰《伍員》："至德廟前禾黍堆，姑蘇臺畔猿猱哀。怒濤不是無功業，管領人間雪禍胎。"《夷齊三首》曰："紛紛湯武後來多，想得②夷齊先見何。縱救生民塗炭裏，細論功過已相差。""商周臣民億萬心，如斯二士政難尋。冀回西伯重註

誤，叩馬危言意莫禁。”“岐陽鳴鳳耀初輝，回顧朝歌事已非。食粟已爲慚節義，不妨餓死首陽薇。”《卧龍三首》曰：“四海滔滔遍刃鋒，士遭黨錮竟[3]潛藏。若非徐庶思扶漢，誰識南陽有卧龍？”“漢家宗子起從戎，氣壓姦雄雅度洪。三顧草廬謙下士，卧龍奮起逞奇功。”“遭遇風雲便起騰，預論勝負卒難憑。當時諸葛成何事，堪笑能言有薛能。”惠寰亦有詠史，凡八首，《詠陳平》曰：“茫茫雲夢波，天子駐羽衛。教人剪瓜牙，何以謂奇計。”《詠蘇子卿》曰：“諸君沃肥甘，我獨吃氈雪。皓首僅得歸，又居諸君末。”《詠孔光》曰：“頗知修儀度，亦能通古今。惟是患得失，傳性[4]不傳心。”《詠楊雄》曰：“徒講非真學，君子貴修身。如其贊新莽，曷若載賈人？”《詠李元禮》曰：“龍門何太高，人不能得上。所以歸黄門，龍龍打一網。”《詠李勣》曰：“勣也對高宗，一言喪人國。兩鬢已皤皤，依舊無賴賊。”《詠陽履》曰：“李錡賂權門，全義饋宦者。我則異於是，賣馬獻陛下。”《詠魏仲山》：“方召鎮邊障，咎夔列朝班。野人無所用，爲君守此山。”二公詠史之體，可謂董狐之筆。《詩家點燈》卷九

① 鷹揚：《梅月堂詩集》卷二作“風雲”。

② 得：底本作“見”，據《梅月堂詩集》卷二改。

③ 竟：《梅月堂詩集》卷二作“競”。

④ 性：《清脾録》作“姓”。

李書九《品唐人詩》：“休將陶集較高低[1]，數卷詩篇足品題[2]。無限[3]湘江煙雨裏，至今應有鷓鴣啼。”右《品鄭谷》。

① 底本作“元和詞客格還低”，據《惕齋集》改。

② 底本作“曉楚春吳屬品題”，據《惕齋集》改。

③ 限：底本訛作“恨”，據《惕齋集》改。

“殘篇十二總新聲，陳李何人浪擅名。終古論詩鍾伯敬，儂家獨許五言城。”右《品劉慎虚》。“行吟屈子楚江皋，杜若香蘺[1]謾著騷。

哀怨當時猶不盡，千秋寄興柳儀曹。”右《品柳宗元》。三篇如聞笙簫嘹咽，但第二首“浪擅名”三字犯俗。海翁談。《東詩叢話》卷二

① 蘺：底本訛作“籬”，據《惕齋集》改。

上人名家近稱草广草衣

高麗上人千峰卍雨，爲李牧隱之空門友者，而及見朝鮮世宗時《和匪懈堂瀟湘八景圖》詩。年至八十六，清恬絶俗，有宋初九僧之風。恨不見其全集也。涵虚上人《五家解序》真名品，而説誼之作迥出諸家。是謂朝鮮初上人名家者也。至宣祖中葉，清虚老師有詩云“萬國都城如蟻垤，千家豪傑若醯鷄。一窗明月清虚枕，無限松風韻不齊”者，播於人世。以是幾爲見罪於至尊，轉爲招待於宣室，有翰墨之緣，故扶老而進謁龍灣之蒙塵行在所。後起惟政、處英等，勤王之役者也。《清虚全集》無如上詩之魄力雄大，口氣清逸焉。孝顯之際，白谷處能上人以《白馬江懷古》詩入於《東文選》。擬《廢釋疏》傳於世間，至稱“僧文章”，然其實詩文不及作家耳。及夫英祖際，嶠南石南寺月荷上人以好讀《書經》數千遍，故著爲《伽山集》，然文體戛戛倔強而已。正祖時，海陽大芚寺蓮坡上人好讀《周易》數十載，至抄來知德註，拙拙不已，著七律一首見知於翁覃溪。没后得受碑銘於丁茶山。其或見賞於先進名士，有數存乎哉。憲、哲之際，固城玉泉寺草广上人，法名采五。妙年學文於朴晚醒，鍊詩於姜古懽，衆許爲名家。有《吟匡山寺》云“紅梅深院緑蕉房，委地輕陰取次長。細雨欲飛人柳短，盧山一碧佛軀凉”者，其詩之一斑也。其文有《智異山文殊庵記》《妙香山内院庵記》，皆名作也。見其自叙《三花子傳》，於《圓覺經》中悟得第一義諦，若彼幻夢世事不足介懷。晚年優游山徑海際，放吟自笑。轉至統營，時制使申威堂輒爲方外交。已而俱上洛中而分離。東躡昆盧峰頂，西上香山法王臺，北登常白峰等，上下天風，身世蒼涼，末路有句云“行吟下界千家月，孤渡滄波萬里津”。梅泉所云“萬事被人叫

得奇，自家枉受無量苦”者耶？遂渡漠北以終古。近者石生蒐得略干詩文，詩若西岳白蓮一流行履，濟顛、寒山子同品也。海陽草衣上人，修道頭輪山中，往來搢紳名士，當世稱爲道林、惠遠者矣。著有《一枝庵集》。姜秋琴撰其碑銘，可與草广上人爲近世二大名家也。其文或遜於草广，而其爲《東茶頌》一篇，追配陸羽之《茶經》，則讀未了而清風習習焉。同時有普演上人，旅游松京近山。著詩數章，見賞於金滄江。至登《詩僧普演傳》。余曾惘然其所從來。聞夫震應上人，則普演者，雙溪寺沙門，學詩乎草广、古懽間，詩名籍籍云爾。《東詩話》

駱賓王，義烏人，七歲賦詩。武后時，數上書言事，除臨安丞，常怏怏不樂，棄官。李[①]敬業舉事，署爲府屬。業敗，不知所之。有集十篇。宋之問貶黜，放還至江南，遊靈隱寺。夜月極明，長廊行吟曰："鷲嶺鬱岹嶢，龍宫鎖寂寥。"句未屬，有老僧點長明燈，問曰："少年夜久不寐，何耶？"之問曰："適過欲題此寺，而興思不屬。"請吟上聯，僧即曰："何不曰‘樓观滄海日，门對浙[②]江潮’。"之問愕然，訝其遒麗。又屬終篇曰"桂子月中落，天香雲外飄"[③]云云。遲明更訪之，則不復見矣。寺僧有知者曰："此駱[④]賓王也。"《詩林叢話》

①《唐詩紀事》卷七作"徐"，蓋徐敬業祖徐勣賜姓李。

② 浙：底本訛作"湘"，據《唐詩紀事》改。

③ 原詩題《靈隱寺》："鷲嶺鬱岧嶤，龍宫鎖寂寥。樓觀滄海日，門對浙江潮。桂子月中落，天香雲外飄。捫羅登塔遠，刳木取泉遙。霜薄花更發，冰輕葉互凋。待入天臺路，看余渡石橋。"

④ 駱：底本訛作"洛"，據《唐詩紀事》改。

在中國路上吟　益齊李齊賢

李德懋曰："三韓人遠遍踏中土者，無如李益齊。其足迹所到皆偉壯，有非東人之所及。其詩亦當爲東方二千年來名家。華艶昭雅，快脱三韓僻滯之習。”金澤榮曰：“益齊之詩工妙精深，萬象具備，爲我東三千年第一大家。”二公之論夫豈偶然哉？忠宣王之在元邸也，構萬卷堂，不肯東還。召益齊處府中，當時名流如姚牧庵、閻子静、張養浩、趙子昂、元復初諸公，舉皆推轂公詩。而其奉使西蜀，降香江南，所至題詠，膾炙人口。

馬上行吟蜀道難，今朝始復入秦關。碧雲暮隔魚梟水，紅樹朝連鳥鼠山。文字剩添千古恨，利名誰得一身閒。令人最憶安和路，竹杖芒鞋自往還。安和，寺名，在金川，距公所居相近。《槿域詩話》

·詠吟·

光海子祬廢在江華，吟詩曰："本是同根何太薄，理宜相愛亦相哀。緣何脱此樊籠里，緑水青山任去來。"於薦棘中闕地逃出，遂賜死。方其臨死，口占一絶曰："塵寰翻覆似狂瀾，何必憂愁意自閒。二十六年成一夢，好隨歸去白雲間。"吟迄，仰天長嘯者良久，遂死。光海宫人之流落者，至老皆誦"桃花李花杏花發，南里西里北里春。不寒不熱好時節，半醉半醒無事人"之詩，蓋光海甚喜此詩，嘗於賞花之時必令諸姬詠吟以聽，故久而不忘。《海東詩話（李建直）》

隱淪之中能詩者甚多，近世有鄭樵夫者，擔柴往來於東門外。吟曰："生計十年老采樵，滿肩秋色動蕭蕭。寒風吹送長安去，暮踏東門第二橋。"楊根有李醉松，亦以販柴爲業，最善詠吟。有曰："楊湖春水碧於藍，白鳥分明見兩三。摇櫓一聲飛去盡，夕陽山色滿空潭。"他皆絶唱。《古今詩話》

·謳 吟·

蜀路泥溪驛天聖中有女郎盧氏者，随父往漢州作縣令。歸題於驛舍之壁，其序略云："登山臨水不廢於謳吟，易羽移商聊舒乎羈思。因成《鳳栖梧》曲子一闋，聊書於壁。後之君子覽之者，無以婦人竊弄翰墨爲罪。"詞曰："蜀道青天煙靄翳①，帝里繁華，迢遞何時至？回望錦川揮粉淚，鳳釵斜嚲烏雲膩。 鈿帶雙垂金縷細②，玉佩玎璫，露滴寒如水。從此鸞妝添遠意，畫眉學得遥山翠。"《詩文清話》卷二

①底本脱"翳"字，據《墨客揮犀》補。

②底本脱"細"字，據《墨客揮犀》補。

玉川曰："凡詩家絶句，四律之外，所謂古詩、長短句、歌詞、雜言等體不可勝。而每體皆如詩律之難，終身數不得。自古文章之士莫不有兼備者，奚暇能盡其工乎？"余曰："我是外國人，中州文物何由得知？然余嘗觀我東諸子之詩集，與中國人唱和者多有，而其所見稱者皆是四律句，絶則無幾，歌詞、雜體絶無。意者華人之不取也。余見古人詩題，多用歌、謠、詞、曲、行、樂等字。幼時泛乎看過，今見三大作，俱是七言長篇，而一曰'歌'，一曰'行'，一曰'詞'。始有疑慮，千思萬度，終不得解意。及見《家語》篇末，有文宣王祭文，以十二律吕，字字傍注，是乃東人之初見，孰能知之？以臆料揆之，我東僻在海外，與中國言語不通，五音六律莫有知者。所謂歌詞，以真、諺錯雜成之。長篇則有《春眠曲》《離别曲》等謠，短篇則有羽調、正音、時調、别曲等歌行於世，自樂府、教坊以至樵童、牧竪莫不歌謠謳吟。東人則聞之而能辨其音律，

若使華人听之則將以爲何如聲音也？但聞其聲而不知其曲，如東人之於中國歌詞，但見其詩而不知其調也。由是觀之，律者，詩之正名也；絶句者，變風也。我國之人不知調格，故爲華之詩人所不取，至於歌詞尤不可言論也。"《小華詩評》

岣嶁碑歌

余伯氏有奇才，早殁。時有《岣嶁碑》刻傳到國中，遂作《岣嶁碑歌》，可與韓蘇《石鼓》並傳也。其詩曰："維南斗北岣嶁尊，上有刻畫煩神禹。往往冥搜不可見，神呵鬼護空千古。赤石青文竟恍惚，徒然涕淚韓吏部。遂令至寶久掩昧，天下徒知有石鼓。何年造物破深慳，流入人間作書祖。我得紙本三歎息，喜極不可辨瑨珷。叔季重觀神聖迹，謳吟何啻頭風愈。蝌蚪倒薤亦浪語，對案但覺挐龍虎。點畫偏旁未易尋，使我壹鬱頻晝肚。字奇語硬什遺伍，依稀承帝與翼輔。宿儒幾多訝洲渚，老師不敢解竄舞。紫霄蒼茫鸞鳳翩，滄海詰屈珊瑚樹。缺似老柯抱甕盎，鉤如千石彀強弩。至正至淳不巧僞，轉益反隅思三五。於鑠三五堯爲盛，皞皞物茁而春㫚。維時河源積水怒，横駕崑崙漂砥柱。大運盈虧聖責重，非帝孰能回此數。才如崇伯奈圮族，傲視狂瀾若可杜。九載汩陳五行性，何異漏甕沃焦釜。陰陽益乖民益困，帝用震怒流之羽。帝哀下民猶己溺，誰哉挺身幹父蠱。帝得相舜舜舉禹，吁嗟父失子可補。帝恩如天臣罪大，臣若僨事奈臣父。舟車撬檋即我家，小心惟恐毛生股。有皇上帝爲感動，用畀九疇洛之滸。約束怒浪隨指揮，鑿開龍門用神斧。九河既道大陸土，地平天成萬物覩。然後兖青與徐揚，荊豫雍梁次第取。九山岧嶢九澤深，宛是天然九州土。暨益烈火逐禽獸，暨稷播穀催農扈。衣製食備萬國寧，民去橧巢就環堵。九功既敘九歌作，緯以三事經六府。子職臣責兩無愧，上下參兩慊仰俯。唐虞始得爲唐虞，蕩蕩聲教彌寰宇。天下元來公共物，天與人歸乃真主。三聖相傳本無意，功德配天天所佑。家傳四海四百年，直爲萬世除民瘉。氣化人才互降殺，聖人豈得容胏腑？後人執此議其德，彼哉迂儒不免腐。微禹之力吾其魚，嗚呼勳勞無與伍。方將撝謙履虎尾，惟恐一跌干天怒。當其經營費焦思，華岳泰衡蹤迹普。遂偕徒旅宿岳麓，明發精禋敘勞苦。蒼壁既隳石碑兀，四十八字該規矩。只記終始示後來，不似秦漢徒誇詡。百代起予況親炙，諷誦感激頻摩撫。世道横流九疇斁，瞻彼王路今榛莽。滔滔何處非洚水，茫茫長夜盡聾瞽。二儀不分萬象昏，恒風日夕吹恒雨。時無子輿命世才，誰復聞之繼前武。懷人不見見手迹，白日青天覩亭午。驅除塵垢易曠懷，窈冥自覺精神聚。何人發揮剔幽妙，惟嶽降神今吉甫。攷其同異辨疑似，從此不愁迷魚魯。成都子雲避博學，谷口子真休訓詁。令人沈潛忘肉味，撥棄黄琮擲白琥。自從鶉首食混沌，文字日漸趨媚嫵。筆如子昂只粉飾，賦似相如亦鸚鵡。江水湯湯日東去，斯文不絶僅如縷。嗟哉！王者之迹掃地盡，文章筆法乃其粗。”凡八百四十二字，筆勢滔滔如長江一瀉無聲。東邦長篇之作更無敵對。《星湖僿説》

樂府者，所謂“聲衣永，律和聲”者是也。自《鈞天》九奏、《葛天》八闋以後，降至殷周，聲音推移，亦不一概矣。匹夫庶婦，謳吟土風，詩官采言，樂盲被律，志感笙篁，氣變金石，是以師曠占風於盛衰，季札鑒微於興廢，精之致也。夫樂本心術，故響浹肌髓，先王慎焉。務塞淫濫，教訓胄子，必歌九德。故能情感七始，化動八風。自雅聲浸微，弱音騰沸。至秦而燔《樂經》，雅聲遂亡。及夫漢武崇禮，始立樂府，總趙代之音，撮齊楚之氣，《天馬》《赤雁》之歌雜然并陳。自是之後，迭作而代興。至於魏曹孟德樂府，如《苦寒行》《猛虎行》《短歌行》之類，音節悲壯，頗爲後人所傳。子桓、子建兄弟，亦爲樂府①。文人集中，自是多有樂府矣。然終不如民間所傳情意實樸，有言外之意。晋宋間，如《塘上行》《子夜歌》《白苧歌》之類，往往悽婉可誦。南朝則鮑照、吳均最擅爲樂府，梁陳諸主亦多自作新調，極輕艷哀動之致矣。自是之後，樂府亦亡，未知聲調之如何，而惟有題目傳後耳。大抵樂府與詩之別有二：詩多以宣情，而樂府多以敘事，一也；詩詞句精雅，而樂府兼用當時俗語，或有聲亡辭，但補樂府中之音，二也如妃呼豨諸篇，但補樂府音也。齊梁以來，文士并爲樂府辭，而沿襲之久，往往失其命題本意，甚有並其題失之者。如《相府蓮》訛爲《想夫憐》，《楊婆兒》訛爲《楊叛兒》之類是也。唐人惟李太白喜擬古樂府，杜子美則自作題目，如《兵車行》《悲青坂》《無家別》等數篇，皆因事自出已意立題，略不更蹈前人前述，真豪傑也。漢至六朝樂府小歌，每有風神，爲後人所好。然擬作多不逮古。王漁洋曰："樂府之名，始於漢初，郊祀類《頌》，鐃歌鼓吹類《雅》，琴曲雜詩類《國風》，故樂府者，繼三百篇而起者也。唐人惟韓退之盡得風流，最爲高古，李太白之《遠別離》《蜀道難》《烏夜啼》，杜子美之《新婚》《無家》諸《別》，《石壕》《新安》諸《吏》，《哀江頭》《兵車行》諸篇，皆樂府之變也。降而元白諸子，變極矣。元次山補古樂章，志則高矣，顧其離合未可知也。唐人絶句如"渭城朝雨浥輕塵""黄河遠上白雲間"諸作，多被樂府，正得《風》之一體耳。……李滄溟詩名冠代，秪以樂府模擬割裂，遂生後人詆毀，則樂府寧爲其變，而不可以字句比擬也明矣。"昔人論樂府者甚多，漁洋之詞頗爲得要，故録之。《東洋詩學源流》

① 自段首至此節抄《文心雕龍·樂府》。

·狂 吟·

余本嗜詩，雖宿負也，至於病中尤酷好，倍於平日，亦不知所以。每寓興觸物，無日不吟，欲罷不得，因謂曰：“此亦病也。”曾著《詩癖篇》以見志，蓋自傷也。又每食不過數匙，唯飲酒而已，常以此爲患。及見《白樂天後集》之老境所著，則多是病中所作，飲酒亦然。其一詩略云：“我亦定中觀宿命，多生債負是歌詩。不然何故狂吟詠，病後多於未病時。”《酬夢得詩》云：“昏昏布衾底，病醉睡相和。”《服雲母散》詩云：“藥消日晏三匙食。”其餘亦仿此。余然後頗自寬之曰：“非獨余也，古人亦爾。此皆宿負所致，無可奈何矣。”白公病暇滿一百日解綬，余於某日將乞退，計病暇一百有十日，其不期相類如此，但所欠者，樊素、小蠻耳。然二妾亦於公年六十八皆見放，則何與於此時哉！噫！才名德望雖不及白公遠矣，其於老境病中之事，往往多有類余者。因和《病中十五首》以紓其情。其自解曰：“老境忘懷履坦夷，樂天可作我之師。雖然未及才超世，偶爾相侔病嗜詩。較得當年身退日，類余今歲乞骸時。”落句缺。《詩話叢林》

李白洲與諸公遊龍山賦詩得洲字，李即落筆曰：“他年指點丹青裹，脱帽狂吟是白洲。”①雖以張谿谷之大家，爲之奪氣。崔遲川嘗曰：“谿谷之語，吾亦可以爲之；若天章之詩，則難能也。”《西浦漫筆》

① 原題《西湖夜泛次谿谷大學士韻示子容》。

東坡《次韻滕元發、許仲途、秦少游詩》：“二公詩格老彌新，醉後狂吟許野人。坐看青丘吞澤芥，自慚潢潦薦溪蘋。兩邦旌纛光相照，十畝鋤犂手自親。何似秦郎妙天下，明年獻頌請東巡。"註："兩邦旌纛，意者滕元發、許仲途皆爲太守乎？然破題指之爲許野人，未省。"按："許"即"許與"之義，謂二公能詩，而却許野人醉後狂吟也。二公指滕、許，而野人則坡自稱耳，何干仲途？然則兩邦之爲元發、仲途，信矣。註乃録一"許"字有此疑難，可笑！偶閲坡集書之。或疑二公指元發、少游，而野人指仲途，則第七句秦郎不應另出。且少游乃東坡後輩，豈應稱老耶？○以下癸未所録《農巖雜識》

金生寺彈琴臺詩

《輿地勝覽》曰："金生，父母微，不知世系。生於景雲二年，修頭陀行，居於忠州北津崖，因其所居之寺爲金生寺。"《東國通鑒》："新羅昭聖王元年，唐貞元十六年庚辰，有金生者，能書好佛，隱居。年逾八十，猶操筆不休，隸行草皆入神。"宋崇寧中翰林待詔楊球、李革見生書，曰："不圖今日得見右軍真跡！"高麗李相國奎報《書訣評論序》曰[①]："我國之第一人，有與逸少無異者，金生是矣。世傳有人忽至金生前，請寫《帝釋經》。寫畢，其人曰：'我帝釋使者也。'因忽不見。又書安養寺額，數年，其屋南傾，即書屋北，其屋還平。又寫青龍寺額，常有雲霧籠焉。當以金生以爲神品之第一，贊曰：'朝露結兮夕煙霏，怒虯挐兮靈鳳騫。'"鄭河東《史斷》[②]：宋崇寧中，高麗學士洪灌奉使入宋，館於汴京，時翰林待詔楊球、李革，奉帝勅書圖簇。灌以金生草一卷示，二人笑曰："天下除右軍，嘗有妙筆如此哉。"洪灌屢辨之，終不信。元趙孟頫書《東書堂集古帖》曰："唐新羅僧金生，所書其國昌林寺碑，字畫深有典刑，雖唐人名刻未能遠過之也。古詩云：'何地不生賢？'信然！"盧公守慎《蕊城野録》曰："金生五歲學'風月'二字，握大杻本習書沙上，自六七歲書佛經二冊無怠，二十歲書法大成。"日本僧慧曇亦善書，來見生筆，大奇之，以王右軍渡北後所書真跡與之。自是惟臨右軍書，夜書大字，晝書小字，名聲動鄰國。好佛齋素，手足纖小如婦人。年至九十，雙眼如電，操筆不休，九十七終。寫昌林寺碑，趙孟頫見其榻本，曰：‘一畫一字，皆出自王家法，唐人名刻莫或過之。’自是名滿天下。元使每至，必求得拓本而去。”申承宣景濬《同文考》“金生名玖”，然未詳可信真跡，則以爲傳疑可矣夫。鄭圃隱先生《送僧歸金生寺》：“飄渺金生寺，潺湲月落灘。去年回使節，半日住歸鞭。花雨講經席，柳風垂钓竿。此身雖輦下，清夢尚江干。”案：金生即生於忠州，忠州即新羅時國原小京也。《輿地勝覽》：“忠州江上有彈琴臺，一小坡斗入江中，其下即楊津濱，濱上即彈琴臺，有十二層，新羅于勒仙人彈琴處，故名焉。”東史[③]：“大伽倻王嘉悉像秦箏，又像十二月製十二絃，琴名伽倻琴，命樂師于勒造十二曲。勒知國亂，乃携琴投新羅，館於國原。命知法、階古、萬德，傳伽倻十二曲。后于勒仙去云。于勒在國原彈琴臺上彈伽倻琴，故名之。”朴公祥爲知州，嘗詠彈琴臺詩：“湛湛長江上有楓，仙臺孤截白雲叢。彈琴人去鶴邊月，吹笛客來松下風。萬古一回悲逝水，浮生三嘆撫飛蓬。誰能寫出湖州牧，散步狂吟夕照中。[④]”此朴公爲州牧時所作也。《詩家點燈》卷七

① 見《東國李相國後集》卷十一，有刪節。

② 此下見《五洲衍文長箋散稿·經史篇·論史類·人物》。

③ 此下見《三國史記》卷三十二。

④《訥齋先生集》卷五《彈琴臺》略不同：“湛湛長江上有楓，仙臺孤截白雲叢。彈琴人去鶴前月，携笛客來松下風。萬事一迴悲逝水，浮生三嘆撫飛蓬。誰能畫出湖州牧，散步狂吟夕照中。”

近世洛中人士耽吟詞律，爭事酬唱。每楓秋花辰，發書招邀，提壺榼，挈絲竹，遍遊於湖亭林園之上，各以別號稱題，競以佳句傳播，僭擬杜陵，藐視蘇黄，互相追逐，以此成俗，亦一流弊也。年前名士家子弟十餘人，盛設供帳爲詩會於蕩春臺，以夜續晝，止

宿於僧伽寺。鋪香硯，展錦軸，狂吟乱唱，旁若無人，聯幅累牘，蓋百有餘篇。有一過客弊衣破冠，斗然而來，睨而視之，若有所知焉。座中心異之，問曰："能飲乎？"曰："能。"乃斟大酌飲之。又問："能詩乎？"曰："不能。"座中一人厭苦，欲逐之。戲侮而言曰："君之辭不能者，必過謙也。請閱吾輩所作，評定優劣，更次一韻，以助我今日之歡，如何？"曰："不敢不敢。"諸人強之不已，乃引軸一覽訖，竟無一字評騭，索小紙一片，細書四韻一律，飄然下堂而去，有不能挽也。其詩曰："窠裏纔聞搨，籠中始見㖮。莫将㑁蛻脱，堪愛毷毿柔。夜伏鵏宜怕，朝行鴞可愁。何時成共抹，聲價擅羊溝。"一座環視，無人解其義者，字亦多不通。乃使僧徒覓其人，遂不知去處。諸人惘然若失，相與還家，博考《韻府》《字彙》等冊，此乃《詠雞兒》詩也。搨即卵中始生之聲。㖮即母雞方哺之聲。㑁謂卵中軟皮。毷毿謂始生毛如綿也。鵏，獚屬也。鴞，鴟類也。共謂羽始生未調也。羊溝，雞肆也，蓋其意以諸人比之於雞兒，謂其方在於始乳之初。而其於高唱快鳴遠不及也。噫！詞律雖小藝，而至於透妙，境入大家，亦非易然也。諸人自以爲能，而畢竟見譏，遭辱於有眼者，固其宜矣。《古今詩話》

·獨 吟·

（朴誾）《寄擇之》曰："黄菊花來撥懷抱，青雲人遠廢追尋。風從木葉蕭蕭過，酒許山妻淺淺斟。使有兩螯吾易足，誰將一事更相侵。知君擁被寒如鐵，夢不能成只獨吟。"《永保亭》詩曰："地迫未窮千頃海，山開猶納一頭潮。急風吹霧水如鏡，近渚無人禽自謠。客裏每爲清境惱，日邊更覺故園遙。苦吟不去乏新語，愁見落暉沈遠霄。"又："地如拍拍將飛翼，樓似搖搖不繫蓬。北望雲山欲何極，南來襟帶此爲雄。海氣作霧仍成雨，浪勢翻天自起風。暝裏如聞鳥相叫，坐間渾覺境俱空。"又："憐我朝來獨吟處，一竿初日上簾旌。風帆飽與鳥俱上，漁户渾臨岸欲傾。雨後海山皆秀色，春還禽鳥自和聲。客中奇勝唯酒句，半世文章不要名。"《東國詩話彙成》卷十一

十六、一種詩式自爲半島體制

夫若詩者，文藝之小品，固非有道者所屑屑。然要以詩觀之，宇宙間清淑一氣流露爲詩云。故詩人眼光如月之曙，照映千古，芥視浮世功名者矣。言詩也，豈率諸無韻節，而合於化工之天籟哉。詩自《三百》之始，有韻成章。流及漢唐之際，韻語大成。其若獨吟也，拈韻自由。及夫會同之作，自有拈韻之式。或隨一韻之通，或定限韻之别，或令分韻，或令聯句。逐其詩會一境以行之，無一定之單例。至於半島也，從何時而獨行限韻一式，可謂千場一例，千篇一律。至以嘲作韻，不作詩之評。是謂半島之自爲體制者一也。古詩與近體，自初唐沈宋以來並行而不相悖耳。至若李杜韓白蘇黄陸元之作，非唯近體名品，長於古詩，故而推爲大家者也。及於半島也，著古詩者甚少，唯以近體中七言律絶爲酬唱之正宗。故王阮

亭《采風録》有言“朝鮮詩人殊多近體，絶少古詩”云。是謂半島之自爲體制者二也。夫惟七言律者，以起句最重，如造屋之審面成定礎也。承以頷聯，轉以頸聯。如攻材均當，間架井井。終以落句，完遂意者，如屋之成，梓人能事畢矣。古今名家之品，用以起承轉落之規矩。及若半島也，謀諸速達之一訣。拈得韻字後，先搆頷、頸兩聯而再尋冒頭起句，取次結句而成章。則設有中聯之可觀，一篇軋軋無照應各立，是可謂正規合律乎哉？是謂半島之自爲體制者三也。七言律之起首，名家殊自不同，然大抵以雄渾爲貴。如唐之“洛城一别四千里”，“鄭縣亭子磵之濱”，“鳳凰臺上鳳凰游”，“漢文皇帝有高臺”，“王濬樓船下益州”，宋之“萬里家山一夢中”，“百萬胡盧事已空”之類是也。半島近代濟濟名家，其有不知末葉詩流之弊哉？是亦唤奈何而止矣。寧齋有言，近世紫霞會此起承之訣，如“東園風露洗脩木，夜不能眠聊小登。落月亭亭憐半破，秋山簇簇見高稜。遙砧響答抑揚杵，遠火光搖升降燈。曙色迢迢那可望，紅墻一面絳河澄”。此詩幾無遺憾，而其難及處尤在第一二句耳。此寧齋之所賞，然其難及處諒未信矣。余且以姜古懽《楓岳永郎峰》作，允合起承法，而清韻逸趣，似勝紫霞者也。“香城百壘望崔嵬，彈指華嚴閣欲開。日照雙臺青鶴立，雲生萬壑火龍廻。海山懽喜曾相識，大地肅寥獨往來。欲把餘生尋位置，四年三度到蓬萊。”令人遺煙火而忘身世，可誦可慨已。梅泉嘗論白兼山樂倫詩云：“兼山之律，但注重於中聯。故種種佳句及於唐者不少。起結兩聯如出他人手者多矣，亦不薰俗士詩流乎？如《送香嚴上人之楓岳》詩云：‘法筵無恙舊林邱，官夢徘徊海上幽。千里渡杯頻見雨，五年指月正逢秋。流水身將人境出，名山心與佛香浮。萬二千峰楓萬樹，送君獨上正陽樓。’中聯是佳作，而起句疏照應，尚可爲也。結聯不用意，而口頭竟成，分明矣云爾。”若兼山，近世詞壇之翹肖而尚爾，况其下乎？《文章雜評》

·漫 吟·

春夏間移種菖蒲萱草於小盆，而節晚不敷榮。漫吟一絶曰："貌從年老菖何力，憂本心生草豈忘？爭似繞籬移晚菊，九秋贏得落英嘗。"原註：《本草》"石菖蒲明目駐顔，萱草忘憂"，故云。《南遷日録》

我國風習，婦女之解文者甚少。若解文，俗謂命薄。蓋才多然後能文，故才多則不能享厚福，理或然歟？十餘年前，司䆃寺書員林姓，有女才藝女紅俱臻其妙，且解棋譜詞律。父母欲嫁之，女願自擇，必得善棋、工詩吟、有豪概，然後可以許身。故文人才子日集其門，終無可於意者，年過二十未有許身。聞宗室南原君檣善棋善琴，兼有豪爽之風，作詩送媒。南原以其姿色之未極美，不許。女終不歸他。未久夭閼，人皆慘之。其漫吟曰："深樹濃青覆屋簷，隔林啼鳥語聲纖。吟餘樂譜棋經伴，醉後閒情睡事兼。花影亂垂知露重，竹陰清淨見風恬。生平世路心無競，隨處安身足一鎌。"又有兩絶曰："蘭蓀野外流芳日，桃李城東得意春。偃卧荊扉爰得所，高吟玉署是何人？"其它律絶膾炙者甚多，筆法翩翩有鍾王之意。《暘葩談苑》卷五

李德懋《秋燈急雨》詩："涼宵顧影剔燈紅，劍録星經插[①]架充。頓[②]有扁舟浮海想，秋齋忽泛雨聲中。"藻語寧靜勍朗，宜使華人驚服。李炯庵四十以後常言"鮮詩未脱窠臼"，意其必有悟境，而又見其所著《士小節》一篇，足見其形實端方、學亦淵深處矣！

① 插：底本作"報"，據《青莊館全書》改。

② 頓：底本作"賴"，據《青莊館全書》改。

又於雨中漫吟:“弟倣法奇纖掃帖，妻知骨傲闊裁袍。黄花值閏還添壽，紅酒除禁更托交。首尾缺之[①]”華人評之曰“小中見大”，得必指“妻知傲骨”句而發。然句語豈止小中見大也。《東詩叢話》卷二

① 據《青莊館全書》首尾兩聯爲“事如塵染瞥然抛，不獨明識即自嘲”，“雨打夕庭經小劫，妙觀無數遞騰泡”。

·悲 吟·

鄭圃隱舊居有先生手植梅竹尚存，泰齋作小賦以悲之："宅舍没於榛蕪，獨梅竹之蕭森。羌覽物而興懷，終日攀撫以悲吟。"本集……柳大諫允謙受杜詩於泰齋，其精熟一時無比。叢語《海東雜録》卷五

李璡[①]，字進玉，官縣監。詩務辛苦刻削，語響皆焦殺拗乖，然味之甚有工緻。耳聾，而當時一邊要人需世之文，皆倩璡手，以是通朝士，權聲名熾。其詩又異於凡常，專門於恫疑虛喝，故人初則瞠，末乃駸駸焉入，蓋李鳳煥創是體，璡父命啓羽翼之，至璡輩無不推波助瀾。然才弱之人，恒蹙吻悲吟，語戞戞不成篇，竟止於搗筆墨池而已。璡才稍富，故能成就，或者目曰椒林體。其詩曰："天霜瓦屋極明潤，木葉蛛絲相伴懸。"又曰："芭蕉月隱藤墻側，蟋蟀砧多草屋西。"科體題《姚平仲出山》曰："青驢馱出少年將，神鬼冥冥秘此事。"此稍平順語也。《並世才彦録》

① 李璡：1736—？，字進玉，延安人，居京師。英祖己卯式年試進士。

夢中贈詩

交友之間，情好篤至，則其生死悲歡之際，多有發見於夢寐者。昔吴郡陸憑與沈長友善，憑少有志行，性悦山水。貞元中，往遊永嘉，遘疾而殁。長夢憑顔色憔悴曰："我遊至永嘉，苦疾將困。君爲知我者，願托家事。"贈《浮雲》詩一篇，曰："虛虛復空空，瞬息天地中。假合成此像，吾亦非吾躬。"悲吟數四，臨去曰："憑船已發，明日午時到此。"分手而去。及覺，所記分明，乃書而録之，如

期而憑喪船果至。又，盧元明友人王由居潁川，忽夢由携酒，就之言别，賦詩爲贈。及覺，憶其詩十字曰：“自兹一去後，朝市不復遊。”元明嘆曰：“由性不狎俗，旅寄人間。乃有今夢，詩復如此，必有他故。”逕三日，果聞由爲亂兵所害，尋其亡日，乃發夢之夕也。陸憑之願托家事，王由之携酒就别，皆於存亡之際，情發於宵寐者也。《龜磵詩話》卷十一

黄樓吹笛　羊何共和

王定國訪東坡於彭城，一日，棹小舟與顔長道携盼英卿遊泗水。北上聖女山，南下百步洪，吹笛飲酒，乘月而歸。坡時以事不往，夜著羽衣，佇立黄鶴樓上，相視而笑，以爲自李白死後無此樂，殆三百餘年矣。蓋李白有《黄鶴樓聽笛》詩曰：“一爲遷客去長沙，西望長安不見家。黄鶴樓中吹玉笛，江城五月落梅花。”即謂是也。定國既去，逾月，坡復與錢塘參寥師放舟洪下，追懷前遊，已爲陳跡，喟然而嘆。詩寄王顔二人曰：“我時羽服黄樓上，坐見織女初斜河。歸來笛聲滿山谷，明月正照金叵羅。時來洪上看遺跡，忍見屐齒青苔窠。詩成不覺雙淚下，悲吟相對惟羊何。”按：康樂與惠連、何長瑜、羊璿、荀雍以文章賞會，時人謂之四友。康樂有《登臨海嶠》詩，與羊、何共和。故李白詩曰“别後遥傳臨海作，可見羊何共和之。”《龜磵詩話》卷二十六

金河西麟厚嘗有詩曰：“酬酢淺深杯，唱和長短吟。此間有真意，誰人知大音。仰面發一笑，静聽松風琴。”此詩放曠可喜。先生嘗讀《離騷經》，悵然題詩曰：“青楓江上未招魂，白日何時得照冤。荷蓋水車消息斷，夕陽揮淚灑乾坤。”又訓門人，至宋秦檜殺岳飛事，掩卷垂涕題詩曰：“楚辭前歲喟憑心，宋史今朝淚滿襟。異代忠邪那繫我，自然相感慢悲吟。”遂痛飲而罷。時丁未戊申間也。《蟾泉漫筆》

詩人格言

吴越姚佺辱庵《詩源》：唐人結句，主神韻多，故率弱，惟老杜不爾，如“醉把茱萸仔細看”之類，極爲深厚渾雄。梅聖俞嘗言：“詩家率意，而造語亦難。若意新語工，得前人所未道者，斯爲善也。必狀難寫之景，如在目前；含不盡之意，見於言外。然後爲至。”“要作者得於心，覽者會以意”，然後語爲工，意爲新。孫豹人曰：予秦人也，作必思秦無論已。而白樂天《九江春望》詩：“瀘煙豈思終南色。盆草寧復渭北春”，蓋不忘蔡渡舊居也。而東坡《横翠閣》詩：“已見两湖懷濯錦，更看横翠憶峨眉”，豈有不憶無情者哉？禪宗論空門有三種語：隨波逐浪，謂隨物應機，不主故常；截斷衆流，謂超出言外；其三函蓋乾坤，謂無間可俟[①]。葉少藴云老杜詩亦具三種。凡人墮地一聲發響即哀，故哀聲最能感人。昔人云：“詩文之有騷賦，猶草木有竹，禽獸有魚，難以分屬。[②]”元遺山《詩集序》：“‘老去漸於詩律細’‘新詩改罷自長吟’‘語不驚人死不休’，杜少陵語也。‘好句似仙堪換骨，陳言如賊莫經心’，薛許昌語也。‘看似尋常最奇崛，成如容易却艱辛’，半山翁語也。‘詩律傷嚴近寡恩’，唐子西語也。子西又言：‘吾於它文不至蹇澀，惟作詩極難苦。悲吟累日，僅自成篇。初讀時未見可羞處，姑置之，後數日取讀，便覺瑕釁百出。輒復悲吟累日，反復改定，比之前作，稍有加焉。後數日復取讀，疵病復出。凡如此數四，乃敢示人，然終不能工。’……詩家聖處不離文字，不在文字。唐賢所謂‘情性之外不知有文字’。[③]”《詩源》，朱合明詩：“是物經思皆有味，古人到眼盡如生。”清李沂《秋星閣詩話》：“學詩有八字訣，曰：多讀、多講、多作、多改而已。……夫貴多讀者，非欲勦襲意調、偷用字句也，惟取觸發我之性靈耳。……子美云：‘新詩改罷自長吟。’子美詩聖，猶以改而後工，下此可知矣。昔人謂，作詩如食胡桃、宣栗，剝三層皮方有佳味。”清徐增《而庵詩話》，詩言志，古人善詩者皆不喜以故事填塞，若填塞則詞重而體不靈、氣不逸，必俗物也。本地風

光用之不盡，或有古事赴於筆下，即用之不見痕跡，方是作者。《詩家點燈》卷二

①"禪宗論空門有三種語"至此見《錦繡萬花谷》前集卷二十一。

②"昔人云"至此見《詩藪》内編卷一。

③ 元好問文原題《陶然集詩序》。

壬辰倭亂，松江以督察使夜宿延安，炮聲火炎，震輝天地。思念城中，涕泣不已。至長淵金山寺以風留一旬，又聞高霽峰、趙重峰連敗死，夜在丈室悲吟曰："十日金山寺，三秋故國心，夜潮分爽氣，歸雁有哀音。虜在頻看劍，人亡欲斷琴。平生出師表，臨亂更長①吟。"

① 長：底本作"一"，據《松江原集》卷之一改。

·愁 吟·

東湖楮子島絶勝也。前朝政丞韓宗愈爲别業退老，其詩曰：“十里平湖細雨過，一聲長篴隔蘆花。直將金鼎調羹手，還把漁竿下晚沙。”“單衫短帽繞池塘，隔岸垂楊送晚涼。散步歸來山月上，杖頭猶襲露荷香。”詩亦好矣。奉恩寺在島西一里許。昔年余於湖堂賜暇時，乘舟泊島頭訪寺而還，江邊漁村，杏花盛開，春景正佳，舟中有作：“東湖勝概衆人知，楮島前頭更絶奇。蕭寺踏穿松葉徑，漁村看盡杏花籬。沙暄草軟雙鴛睡，浪細風微一棹移。春興春愁吟未了，狎鷗亭畔夕陽時。”今過四十餘年，而無復往賞，不勝其依依也。狎鷗亭在島西數里，故相韓明澮别業亦以勝名。《遣閑雜録》

七月，遷上王於寧越禁府都事，侍置於寧越江西清玲浦。都事夜坐曲灘巖，悲哀作歌。尋郡守陪寓於客舍東軒。愁吟之際，每登觀風樓與梅竹樓，無人寂夜，使吹玉笛，聲徹遠村，居人皆悲泣。又於樓上寂然塊坐，苦詠短句云：“月白夜蜀魄啾，含悲情獨倚樓。爾聲悲我聞苦，無爾聲無我愁。寄語世上勞苦人，慎莫登春三月子規樓。”國人聞之，無不流涕者。人有詩曰：“一自冤禽出帝宫，孤身隻影碧山中。假眠夜夜眠無假，窮[1]恨年年恨不窮。聲斷曉岑殘月白，血流春谷落花紅。天聾尚未聞哀訴，胡奈[2]愁人耳獨聰。”每於清晨出御，大廳著衮龍袍翼蟬冠，據榻而坐，見者莫不起敬。境内旱災禱天，天雨輒注。《高峰論思録》《楓巖輯語》

① 窮：底本訛作“最”，據《退溪集》改。

② 奈：《退溪集》作“乃”。

永嘉四靈散句

宋翁卷，字靈舒，號葦碧軒，永嘉四靈之一。蓋四人因卷字靈舒，故遂以道暉爲靈暉，文淵爲靈淵，紫芝爲靈秀云。靈舒散句："聞燈妨遠夢，寒雨乱愁吟。""霧結朱砂氣，波流白芷香。""听雨眠僧屋，看雲立釣槎。""數僧歸似客，一佛坏成泥。[①]"徐照，字道暉，永嘉人，自號山民，亦號芳蘭軒。其散句："立鶴高過檻，欹花半在池。""蟲行粘壁字，茶煮落巢薪。""吟有好懷忘瘦苦，貧多難事壞清閒。[②]"徐璣，字文淵。號二薇亭，歷官長泰令，一作建安主簿。初唐詩廢久，璣與其友徐暉、翁卷、趙師秀議曰："昔人以浮聲切響、單字只句計功拙，蓋風騷之至精也。"四人之詩遂極其工，而唐詩由此復行。曹能始以璣爲照之弟，按水心二徐墓誌：既不仝派，而其詩卷亦各以名相呼，有以知其不然也。其散句："寒水终朝碧，霜天向晚红。""月在楚天碧，春來湘水深。""寒煙添竹色，疏雲乱梅花。""月生林欲曉，雨過夜如秋。""麥秀初如草，雲濃半是煙。[③]"趙師秀，字紫芝，號清苑齋，四靈之中，惟師秀登科改官。四靈尤尚五言律，紫芝之言曰："一篇幸止有四十字，更增一字，吾末如之何矣。"其精苦如此。其散句："江禽停晚樹，澗水入秋潮。""一鳥過寒木，數花摇翠藤。""地靜微泉响，天寒落日红。""江满帆侵树，山高燒入雲。""野水多於地，春山半是雲。""慮淡頭無白，詩清貌不肥。""江近秋陰早，山多曉氣清。""野花春後發，山鳥澗中飛。""波淨孤螢度，宵凉數葉飛。""池成逢夜雨，籬壞出秋山。""鳥飛竹葉霜初下，人立梅花月正高。""忙過人世當閒日，老遇朝廷用少時。[④]"果如其言，能工於十字，而加減不得者也。《詩家點燈》卷六

① 以上詩見《西巖集》及《宋詩鈔》。

② 以上詩見《芳蘭軒集》。

③ 以上詩見《二薇亭詩集》。

④ 以上詩見《清苑齋詩集》。

·苦 吟·

夢得金陵五題："山圍故國周遭在，潮打空城寂寞回。淮水東邊舊時月，夜深還過女牆來。""朱雀橋邊野草花，烏衣巷口夕陽斜。舊時王謝堂前燕，飛入尋常百姓家。""生公説法鬼神聽，身後空堂夜不扃。猊坐寂寥塵漠漠，一方明月可中庭。"三篇皆佳作也。白樂天獨愛"潮打空城寂寞回"，掉頭苦吟曰："吾知後之詞人，不復措辭矣。"東坡嘗書第三篇，人問："何不道'明月滿中庭'？"坡笑而不答。古人於詩所取者如此。《櫟翁稗説》

尹淡叟先生性拙直，又精於詩表，專用科場規範。謂人曰："崔勢遠讀樊川，如以蒿草裹泥；盧子伴讀東坡，文辭倔強，如以鈍鉅斷木。此豈可用？不如陽村、陶隱之軟美易呑也。"嘗與李放翁論文，淡叟曰："足下之文如陽村。"放翁曰："先生之詩過陶隱。"相讓未已。其後淡叟爲宣慰使下嶺南，路逢故人上京者。謂之曰："京友若問余之行止，汝必曰'釋伽如來遊南方也'。"徐達城作詩云："文章陶隱右，福德釋伽南。"淡叟少時以儒生殿講，不脱靴幕而入。勢遠作詩云："欲識老厖真怯處，白靴黑幕拜君王。"淡叟每誇於人曰："吾兒理學如朱子，吾壻文章似昌黎。"勢遠大書門扉曰："厖叟莫誇兒與壻，一門非是盡英明。"一日宣城、達城就淡叟第，時宣城兼判吏曹，淡叟爲軍職司勇，淡叟占句云"副司勇宅三臺集"，達城應聲對曰"兼判書隣九品存"。世祖設拔英試，取金守温等二十餘人，盧宣城、徐達城、李韓山、洪益城、梁南原、任西河皆中選，其餘皆一時名儒。其日未及赴者亦多，更命宣城西河益城爲試官，又取姜晋山、成夏山、李陽城芮、金世蕃、尹淡叟等數人。

是日設場於思政殿庭，借紙於香室，遂付承旨朴子啓曰："吾之名紙，子可使人裁割而來。"遂坐場中苦吟。顧謂曰："吾紙已裁乎？"子啓曰："安心做作。紙當來矣。"日暮篇成索紙，子啓曰："我躬不閱，遑恤我後？我已用之矣。"淡叟大慍，遂取裹肉小紙而書呈之。是時天熱，淡叟脱靴而坐，又布亂帙書冊於前。宣城潛令人奪靴與書冊而去。淡叟呼丐不得，赤脚步出宮門。見者無不絶倒。及榜出，則淡叟居末。欲不遊街，宣城、晋山、夏山俱詣其家，恐動之曰："君若不出，我當啓之。"加幞於頭，披袍於身，扶擁而出，淡叟不得已應榜。每於同年禮會，呼淡叟爲末坐，侵困萬端矣。《慵齋叢話》卷七

嘉靖辛丑歲，余隨賀節使赴燕，適武宗皇后崩，本國人員亦隨班，朝暮哭臨。一日尚早，假坐於社門之外，中朝之官，多來坐隟宇。有一吏謂譯士洪謙曰："子能賦詩乎？"謙曰："昨夜小雨，客懷無聊，偶成一絶。"吏求見甚懇。謙書崔孤雲詩以示曰："秋風唯[①]苦吟，舉世[②]少知音。窗外三更雨，燈前萬里心。"吏持去以示其官，於是爭遣吏傳寫。填咽良久，至有持果茶來慰者。最後一人手持筆給謙曰："子其再賦。"謙指余曰："彼亦能詩，其往索之。"遂求於余。余書紙曰："雕蟲篆刻，本非壯夫事，況遭國哀，豈吟風詠月時乎？無已則有路上行紀，當以其中一絶句相示。"其人曰："幸甚。"乃寫《到湯站送人東還》詩曰："松鶻山前路，君東我馬西。欲題家信去，臨紙意還迷。"遂相顧傳寫如初。指"豈吟風詠月時"之語歎曰："真知禮之國也。"《稗官雜記》卷二

① 唯：底本訛作"雖"，據《東文選》改。

② 舉世：底本作"世俗"，據《東文選》改。

虞世南詩："垂肩嚲袖大憨生。"李白詩："爲問如何太瘦生，只爲從前作詩苦。"劉滄詩："月高風定苦吟生。"按：崔浩愛吟詠，一日病起，友人戲曰："子非病，乃苦吟詩瘦"，蓋用此也。[①]生字，《語

録》如“好生”“怎生”“甚生”之類，佛家言“太俗生”“可憐生”，亦同義。《芝峰類說》卷十

①《古今事文類聚·别集》卷九：“崔浩愛吟詠，一日病起，友人戲之曰：‘非子病如此，乃子苦吟詩瘦。’後遂爲口實。”

崔孤雲學士之詩，在唐末亦鄭谷、韓偓之流，率佻淺不厚。唯“秋風唯苦吟，世路少知音。窗外三更雨，燈前萬里心”[①]一絶最好。又一聯“遠樹参差江畔路，寒雲零落馬前峰”[②]亦佳。《體意聲三字注解》

①《東文選》卷十九題《秋雨夜中》。

②《東文選》卷十二題《送吳進士巒歸江南》。

李塏

韓山人，字伯高，一字清甫，牧隱之曾孫，而種善之孫也。生而能文，有祖父風。我英廟朝再登第，爲集賢殿直提學。及光廟朝受禪，與朴彭年、成三問等謀復魯山，事覺誅。方彭年、三問繫闕廷烙刑時，塏徐問曰：“此何等刑也？”爲人瘦弱，然杖下顔色不變，人皆壯之。終不屈，與三問等同日死。臨刑載車有詩曰：“禹鼎重時生亦大，鴻毛輕處死猶榮。明發不寐出門去，顯陵松柏夢中青。”秋江六臣傳李塏詩文清絶，爲世所重。……東閣記《八家詩選序》云：詩自雅頌以後，正聲寢微。齊梁之間，衆作啁啾。至唐有三百篇之遺韻。而宋之稱大家數者，蓋亦髣髴乎唐矣。後之論詩者不過曰唐曰宋而已。然其諸集浩瀼，人患失未易遍覽也。一日匪懈堂語及於此，因欲裒集成編，即與二三士分而選之，而實主裁之。於唐得李杜韋柳，於宋得歐王黄蘇，采五七言短律及七言絶句等可爲楷範者凡若干首，分爲十卷，以便觀閱。其餘名家亦不爲不多，然一一收録則未免於繁亂。故斷以此八家，而不及他焉。是書也簡而精，雅而典麗，實爲《三百篇》之羽翼，而亦將以振起詩道、挽回雅頌之

權輿也。其有功於來學豈淺淺哉？嗚呼！匪懈堂以英雋之資，處富貴之地，能以淡泊自守，而以文章自娱，其用心至於如此，千百載之下亦因是編而欽尚其雅致矣。出東文選送修撰徐剛中榮親歸大丘詩云："望雲飛傳急，仙桂媚堂萱。爵上南山壽，樽涵北闕恩。美談歸父老，佳氣藹鄉村。孝理仍文教，邦家重本原。"薔薇花詩云："香浮一院影沈沈，蝶舞蜂顛不自禁。我亦未堪幽興惱，苦吟終日坐花淫。"大東聯珠詩格注云："花淫，謂沈惑也。言其愛花之深，猶書淫之意。柳希齡所撰。"梨花詩云："院落深深春晝清，梨花開遍正冥冥。鶯兒儘是無情思，掠過繁枝雪一庭。"三色桃詩云："淺深紅白爛相交，誰假天機織得勞。未是春風無世態，貴家池館錦妝桃。"玉簪花詩云："麻姑群玉山頭見，天女瑤臺月下游。舞罷霓裳雲錦亂，歸來醉墮不曾收。"並出東文選……伯高疑是清甫之一字也。《叢話》此條數文學之士，而仁叟等四公見録。則以清甫之文名雅望，必不獨遺矣。《叢話》中凡言及仁叟，則清甫每在其中，則伯高之爲清甫無疑矣。蓋塏字乃高爽之義，字以清甫、伯高，俱有義味也。又按《叢話》真逸云"夢見李伯高爲龍，余攀龍飛渡江。余恐墜，龍顧謂曰'堅執吾角'。夢覺言諸伯氏。伯氏曰：'伯高懿望，曾擢重試。君攀其角，必擢重試狀元也。'"未幾伯高被誅，真逸亦病逝云。真逸乃成侃號也。六臣之變在於丙子六月，真逸之歿在於七月。而清甫官至直提學，然則伯高之爲清甫之一字，尤無疑矣。出象村集《海東雜録》卷四

魚無跡潛夫向嶺南，行至鳥嶺，日午卸鞍憩於樹下。有一行客衣藍縷，騎款段，亦至其處。無跡易之，不爲禮。時秋景政佳，無跡苦吟覓句，良久未就。客曰："余粗解作句，願得紙筆，要經郢匠之一斤也。"即書而進。其詩曰："秋風黄葉落紛紛，主屹山高半没雲 。二十四橋嗚咽水，一年三度客中聞。"無跡見而大驚，逐閣筆而去。其人蓋玄風鄉所李孝則也。古語云："相馬失之瘦，相人失之

貧。”此之謂也。《終南叢志》

近有一士人於江津舟中占韻詠蟬未就，有僧同舟，見其苦吟，問所詠及韻，即先成口號曰：“脱殼塵埃幻爾形，欲窮天造政冥冥。弱翎烏帽霜紗薄，清韻銅壺玉漏零。待急雨休高閣靜，趁斜陽噪暮山青。蛛絲爲㸦成奇禍，胡乃飛騰不暫停。”士人奪氣，僅能卒篇，其頸聯曰：“南畝勤耘秦野緑，夕陽歸别楚山青。”僧乃解頤曰：“措大可爲才士矣。”仍掛錫而去，問其名，不告云。《水村漫録》

洪鶴谷瑞鳳[1]爲詩沈欝豪健，然時病澀癖，每作一首，必費數日。嘗到醴泉郡，得“簷留如客燕，池似謝郎花”之句，終日苦吟，終未成篇。奉使關西，《贈龍川老馬頭》詩曰：“當時從事未生鬚，醉騁驊騮爾輒扶。三十年來相見地，吾豪爾健一分無。”老而益健。

① 洪鶴谷：洪瑞鳳（1572—1645），字輝世，號鶴谷，謚文靖。籍貫南陽。著有《鶴谷集》今傳。

我東自崔孤雲以後，歷高麗至我朝，其間數千載，爲文章者不過數百家，而大家則僅數十餘人，今記其表表警言，故無論諸詩話載與不載，並録之。崔學士孤雲之《潤州慈和寺》詩“畫角聲中朝暮浪，青山影裏古今人”，余未嘗不歎其感慨；李白雲春卿之《元日早朝》詩“三呼萬歲神山湧，一熟千年海果來”，未嘗不歎其壯麗；李益齋仲思之《紀行》詩“雨催寒犢歸漁店，風動輕鷗送客舟”，未嘗不歎其精致；李牧隱穎叔之《山中》詩“風清竹院逢僧話，草軟陽坡共鹿眠”，未嘗不歎其穠贍；徐四佳剛中之《龍鍾》詩“黑雲黯淡葡萄雨，紅霧霏微菡萏風”，未嘗不歎其沖融；金佔畢季温之《清心樓》詩“十年世事苦吟裏，八月秋容亂樹間”，未嘗不歎其爽朗；金東峰悦卿之《山居》詩“龍曳洞雲歸遠壑，雁拖秋日下遙岑”，未嘗不嘆其雅健；成虚白磬叔之《延慶宮故基》詩“羅綺香消春獨在，笙歌聲盡水空流”，未嘗不歎其悽楚；朴挹翠仲説之《福靈寺》詩“春陰欲雨鳥相語，老樹無情風自哀”，未嘗不歎其神奇；李容齋擇之之《大興道中》詩“多情谷鳥勸歸去，一笑野僧無是非”，未嘗不嘆其閒淡；鄭湖陰雲卿之《荒山戰場》詩“商聲帶殺林巒肅，鬼燐憑陰堞壘荒”，未嘗不歎其勁悍；盧蘇齋寡悔之《寄尹李》詩“日暮林鴉啼有血，天寒沙鳥影無鄰”，未嘗不歎其悽惋；黄芝川景文之《罷官》詩“青春謾説歸田好，白首猶歌行路難”，未嘗不歎其激切；崔東皋岦之之《赴京》詩“劍能射斗誰看氣，衣未朝天已有香”，未嘗不歎其矯健；張谿谷持國之《早發板橋店》詩“寒蟲切切草間語，缺月煇煇天際流”，未嘗不嘆其清楚。可以嘗臠知鼎。《小華詩評》

荷谷有折盆梅一枝，得“月出虧前影”之句，苦吟未得的對。五山突入，謂曰：“何不道‘風來減舊香’？”荷谷稱歎不已。《詩評補遺》卷上

少陵“紈綺不餓死”，宋人極稱之，而殊不見其好處，此與昌黎《光範書》相似，平日倒海拔山之氣不知向何處去，殆爲飢火所惱也。昌黎《送孟生詩》[①]體制頗相近，而“清宵静相對，髪白聆苦吟。採蘭起幽念，渺然望[②]東南”之語，覺勝之也。若孟之“古樹春無色[③]，子規啼有血”，其窮誠不可醫也。《西浦漫筆》

① 原題《孟生詩》。

② 望：底本作“坐”，據《孟生詩》改。

③ 色：原詩題《答韓愈李觀别因獻張徐州》作“花”。

崔司空昷與河千朝及淳牧同在誥院，河、李具有文名。崔以其門閥，待之甚輕；李亦不爲之屈。適有勑撰進《答鄰國書》，崔昷當秉筆，搔首苦吟，未得其意，擲筆罵曰：“此鄉曲布衣輩之所以自負

者也。”《東國詩話彙成》卷六

公《惜花詩》自敘曰：“吾於年前過揚州，見紅芍藥爛開，愛之，斫一根種之花塢。培土而灌之，朝夕望成。今則枯矣，豈造物者見猜也耶？”吟成一絶，示鄰友金敬肅曰：“名花當日好移栽，培養殷勤日百回。造物不知何似者？春來不見一枝開。”仍求和云。敬肅方苦吟，夫人在傍，問何詩？敬肅言其事，釋其詩。夫人笑曰：“聞李家有美人新死者，此詩豈直指花而已哉？君何見事之晚耶？”金爲之撫掌，遂和其詩云：“君不見韓昌黎，早將倩桃風流園中栽，那知後日傷心鎮州回。榮枯聚散物固如此，不如邀朋觴詠好懷開。”申高靈聞之，次韻曰：“若要栽花次第栽，須令日日看花回。縱使不枯開便謝，爲君安得鎮長開。”又：“天心傾覆且培栽，浪使悲腸日九回。尤物移人君莫惜，春風卷地百花開。”《東國詩話彙成》卷十

（李塏）《薔薇花》詩云：“香浮一院影沈沈，蝶舞風顛自不禁。我亦未堪幽興惱，苦吟終日坐花淫。”注：沈惑。言其愛花之甚，愛花之淫也。《東國詩話彙成》卷十

（朴誾）《永保亭》詩曰：“地迫未窮千頃海，山開猶納一頭潮。急風吹霧水如鏡，近渚無人禽自謠。客裏每爲清境惱，日邊更覺故園遙。苦吟不去乏新語，愁見落暉沈遠霄。”又：“地如拍拍將飛翼，樓似搖搖不繫蓬。北望雲山欲何極，南來襟帶此爲雄。海氣作霧仍成雨，浪勢翻天自起風。暝裏如聞鳥相叫，坐間渾覺境俱空。”又：“憐我朝來獨吟處，一竿初日上簾旌。風帆飽與鳥俱上，漁户渾臨岸欲傾。雨後海山皆秀色，春還禽鳥自和聲。客中奇勝唯酒句，半世文章不要名。”《東國詩話彙成》卷十一

伴鶴亭李公名復厚，弱冠登進士，游於太學，已爲儕流聳服。

潛修篤行，文章亦切近的當，而循規蹈矩。韓子所謂“有德者必有言”，而藹藹如春空之雲也。雅性儒素，斥去浮僞，其文其學可以自見於世，而獨不汲汲於進取。晚歲卜居老江之皋，作亭養鶴，因以伴鶴自號，逍遙物外而得江山之閑趣。世皆高之，過者必禮於其門。公之家連世以文學鳴於世，而公之先人上舍公諱益謙，高文大策，爲一世所宗，五魁堂試，輒不利於省試，人論近世冤屈，未嘗不屈一指於公。而公又爲冤屈，連兩世宜顯而不顯，粉字只得上舍二字，可勝歎哉！蘇處士凝泉贈詩曰：“兩癯仙共老江潯，清淚時時和苦吟。飲啄自如吾本分，雲霄不繫爾遐心。青田舊侶經年待，赤壁秋期帶月尋。幾日報來方丈客，回舟亭下話冲襟。”公歿後，伴鶴亭爲他人之物，巋然於江皋。余自咸陽由晋州歸漆谷，過亭下，感古懷今，不覺悽然。《筆苑散語》編上第一

金相定[①]，字穉五，文科承旨。爲詩文，苦吟刻峭。少負太學士望，登第蹭蹬。其詩曰：“憑軒香木大，隱几梨花低。”其子箕應，今縣令，亦優於文辭。身貌有宰相骨氣。《並世才彥録》

① 金相定：1722—1788，字穉五，號石堂，光山人。英祖辛卯庭試文科狀元。

白萍汀、苕花夾岸、緑錦地衣、玉龍盤屈、苹花溪

《白氏長慶集》云：“湖州城東南二百步，抵霅溪，名曰萍汀。”吴興太守柳渾於此賦詩曰：“汀洲采白萍。”因名之。梅村詩曰：“羅含黄菊宅，柳渾白萍汀。”又曰：“應自邱遲宅，仍過柳渾汀。”渾，字文暢，梁時文士也。常苦吟，故梅村詩又曰：“苦吟妨柳渾，多淚怯楊朱。”邱遲，字希范，吴興人。宅於苕霅間。苕溪在餘杭，夾岸多苕花，故名霅溪，凡三百六十灣。楊誠齋《霅溪》詩曰：“菰蒲際天青無邊，只堪蓮蕩不敢田。中有一溪元不遠，摺作三百六十灣。政如緑錦地衣上，玉龍盤屈於其間”云云，則其景物妍媚可知，故

玄真子願爲浮家泛宅，往來苕霅間。又萍花溪在武昌府，相傳洪涯先生煉丹之地。嘗見一老姥於此采萍花，莫知所自來，或問之，答曰："吾鮑姑也。" 因忽不見，遂名萍花溪云。《龜磵詩話》卷四

高僧簫管

《高僧傳》曰："道賁時聞蟋蟀聲，曰：'此聲足代簫管。'" 余謂杪秋遙夜風露時，聞此聲，足以洗塵土腸胃，非一部鼓吹之蛙所可比擬。然而此聲宜於高僧幽人之耳，而不宜於貴族豪士之聽。故詩曰："苦吟莫向朱門裏，滿耳笙歌不聽君。"《龜磵詩話》卷七

牽牛賦詩、續賦山火

李白微時居蜀青蓮鄉，募爲縣小吏。嘗驅牛過令堂下，令妻怒，將加詰責。白亟以詩謝曰："素面倚欄鉤，嬌聲出外頭。若非是織女，何得問牽牛？" 令驚異之，呼侍研席。令一日賦山火云："野火燒山去，人歸火不歸。" 不續。白從傍綴下句云："焰隨紅日去，煙逐暮雲飛"。令慚而止。頃之，從令觀漲，女子漂死，令復苦吟曰："二八誰家女？漂來掛岸蘆。鳥窺眉上翠，魚弄口傍珠。" 白繼云："緑鬢隨波散，紅顔逐浪無。因何逢伍相？應是想秋胡。" 令滋不悦。白恐，棄去，隱匡山。時潼江趙征徵蕤，任俠有氣，善爲縱横學，白從學歲餘，去遊成都，賦《春感》詩云："茫茫南與北，道直事難諧。榆莢錢生樹，楊花玉糝街。塵縈遊子面，蝶弄美人釵。却憶青山上，雲門掩竹齋。" 蘇珽時爲益州長史，見而奇之曰："此子天姿英特，可比相如。" 待以布衣之禮。初自蜀到京師，賀知章見其文曰："公非人間人，豈太白星精邪？" 及見《烏夜啼》曰："此詩可以泣鬼神也！" 於是解金貂换酒，醉歸。蘄州黄梅縣峰頂寺，在水中央，環伏萬山，人跡所罕到。白嘗題其上云："夜宿峰頂寺，舉手捫星辰。不敢高聲語，恐驚天上人。" 後曾阜爲令，因事登其上，見樑門一榜，塵暗粉落，拂滌視之，乃白此詩也。世傳楊大年幼時所

作，非也。《龜磵詩話》卷十四

裴説苦吟、詩成鬢絲

唐舉者先投所業文於公卿之門，謂之“行卷”。裴説只行五言十九首，至來年秋貢，又行舊卷，人有譏之者，説曰：“只此十九首苦吟，人未有見知，何暇復行卷哉？”人以爲知言。説詩以苦吟難得爲工，且拘格律。嘗有詩曰：“苦吟僧入定，得句將成功。”又《贈貫休》曰：“總無方是法，難得始爲詩。”又，《洛中作》云：“莫怪苦吟遲，詩成鬢亦絲。鬢絲猶可染，詩病却難醫。山暝雪横處，星沈月側時。冥搜不易得，一句至公知。”説之苦吟，政所謂海枯天憫者也，鑿破杜少陵墓而得此好句耶？又如《賦棋》云：“勢迴流星逐，聲乾下雹遲。”非沈思辛苦，安得吟安此“勢迴、聲乾”字乎？《龜磵詩話》卷十四

還還先生、灰撥陰何

曾慥《詩選》云：高荷，字子勉，自號還還先生。初以長篇上山谷，其警句云：“蜀天何處盡，巴月幾回彎。”因此得名。山谷以“沅江九肋鱉，荊州一角麟”比之。又贈詩曰：“寒爐餘幾火，灰裹撥陰何。”何遜、陰鏗，苦吟工詩，老杜所云“試學陰何苦用心”也。按《傳燈録》：“百丈師謂潙山曰：‘汝撥爐中有火否？’潙山撥云：‘無火。’百丈躬起，撥深灰，得火，以示之曰：‘不是火？’潙山發悟禮謝。”山谷借用之，謂子勉深撥得法陰何也。《龜磵詩話》卷十四

賦雪押滕

吕微之居仙居萬山中，耕漁以自給。一日，携楮幣詣富家易谷種，聞東閣中有人分韻賦《雪》，一人得“滕”字而苦吟未就，微之不覺失笑。諸公詢其見笑之由，吕不得已曰：“我意舉滕王蛺蝶事。”

衆始嘆服，邀入座，請“藤、滕”二字。即援筆書曰：“天上九龍施法水，人間二鼠齧枯藤。鶖鶵聲亂功收蔡，蛺蝶飛來妙過滕。”復請“曇”字韻，又隨筆書曰：“萬里關河凍欲含，渾如天地尚函三。橋邊驢子詩何惡，帳底羔兒酒正酣。竹委長身寒郭索，松埋短髮老瞿曇。不如乘此擒元濟，一洗江南草木慚。”書訖徑出。問其姓字，不答。惠之縠，怒曰：“我豈受非義之物？”刺船而去。遣人尾其後，識其所而還。雪晴，往訪之，惟草屋一間。忽米桶有人，乃其妻也，天寒故坐其中。問微之何在，曰：“方捕魚溪上。”至彼岸，果見之，隔溪謂曰：“諸公先至舍。我得魚换酒，飲諸公也。”少頃，果得魚與酒至，飲而散。回至逆旅宿，語其故，主人喜曰：“是固吾平日所願見者。”翌日，躡其蹤，已遷居矣。事載《堯山外記》。而今觀其詩，微有譏意，非軒轅彌明之類歟？懷寶不市，甘於隱淪者也。《龜磵詩話》卷十四

攘妾不還

太和中[①]，有御史分務洛京者，有妓善歌詩，太尉李逢吉留守求一見。既不敢辭，盛妝以往，李命與衆姬相見，李姬四十餘輩，皆出其下，既入不復出。頃之，李亦以疾辭。遂罷坐信宿，秏絶怨嘆不能已，乃爲詩投獻曰：“三山不見海沈沈，豈有仙蹤尚可尋。青鳥去時雲路斷，嫦娥歸處月宫深。紗窗暗想空相憶，書幌誰憐獨苦吟。料得此時天上月，只應歸照兩人心。”李但含笑曰：“大好詩。”《詩話類聚》卷上

① 此條見《古今事文類聚後集》卷十六。

孟浩然苦吟[①]，眉毫脱盡。王維構思，走入醋甕。可謂難矣。今讀其詩，從容和雅，如天衣之無縫，深入淺出，方臻此境。唐人詩：“苦吟僧入定，得句將成功。”《百家詩話抄》

① 此條見《隨園詩話》卷七第九五條。

合江亭

徐參議鼎修曰："余嘗觀察關東時，駐節麟蹄縣之合江亭，二水偶然相合爲一流，有岸㪷起，欲寫景苦吟，見板上金三淵詩'邂逅相逢水，岹嶢自起亭'。余乃閣筆，古人遇境道實有如此云。"《方是閒輯》

白首苦吟成進士，微官不及右文時。直將郊島爭寒瘦，一段秋光欲染詩。

宣廟朝，進士成汝學號雙泉自少攻詩，年老不得一命，人皆惜之。其警句曰"雨意偏侵夢，秋光欲染詩"極佳也。《東人論詩絶句》其二十九

賈島詩曰："三月正當三十日，風光別我苦吟身[①]。共君今夜不須睡，未到曉鍾猶是春。"西亭則"三月三旬日，天涯別恨新。可憐江海客，長作送春人"。同一惜春詩也，而西亭情事較他百倍！下首所謂"借問籬外人，春歸向何處"，即景亦非，即事亦苦，卻有多少意味在！《西京詩話》卷三

① 身：底本訛作"新"，據《全唐詩》改。

桂娘黃鶯鶯相較

桂娘者，湖南扶安縣賤娼也，自號梅窗。时有過客聞其名，以詩挑之。娘即次韻曰："平生不學食東家，只愛梅窗月影斜。詞人未識幽闲意，指點行雲枉自多。"其人悵然而去。娘平日喜琴與詩，詩收入《東詩選》中。及死，以所彈琴殉瘞焉。見於《芝峰類説》。予以爲，桂娘事不如中國[①]廣陵妓黃鶯鶯，有姿色，豪客填門。一日有士子托宿，鶯以其襤褸拒[②]之，士乃題二絶於屏而去。一曰："嫫姆西施共此身，可憐老少隔千春。他年鶴髮雞皮媪[③]，今日紅顏花下

人。”二曰：“花開花落兩相歡，花與人還事一般。開在枝頭防客折，落來地上倩誰看。”鶯即日束髮爲女道士。然更不如昔有一妓被逼，苦吟曰“自嘆身爲妓，遭淫那堪言。笑啼俱不敢，方信做人難”之懇惻可憐也。《詩家點燈》卷七

① 此下至“束髮爲女道士”，見《堅瓠首集》卷四。

② 拒：底本訛作“摳”，據《堅瓠首集》卷四改。

③ 媼：底本訛作“娼”，據《堅瓠首集》卷四改。

賀裳與管君售奇文

賀裳與管君售書，乃是奇文。其書曰：“裳白君售足下，自斬蛟橋畔，暫得連鑣；射虎墩前，遽成分袂。方期捫鶴之遊，竟爽釣鱸之約。嗣后星霜幾易，尺素尤希。緬思僕少時，與足下輩一船書畫，常浮笠澤之煙；萬壑松蘿，閒踏鍾山之月。車乘薄笨，接俊士於龍門；擔具樽罍，慰良朋於馬厩。雨中看石，戲被槲葉之蓑；寒夜苦吟，互擁蘆花之被。浪笑不休，持盃没情；劇談無已，炊飯成糜。共言此樂可常，豈意於今不再！况社中諸子，悉已雲翔；我輩數人，獨嗟霧隱。僕更頻遭歉歲，卒遇閔凶，避債無臺，埋文無塚。頻歌魏武之詩，壺敲已缺；久失鍾期之聽，琴破不修。筆耕則苦遇石田，心織而多成貝錦。所幸桑麻雖少，杞菊猶奢。尚得折桂煎泉，牽蘿補屋。半規涼月，偶分隔巷之詩聲；一徑濃阴，久借隣家之樹色。松風晚奏，可代鳴絃；桐露晨流，足供濡墨。適逢名酒，暫慰良宵；嘗想誤書，得消永日。至若讀張水曹之篇什，如聽絲簧；對柳司馬之紀遊，若臨山水。則倦亦忘疲，飢嘗當飽。近更以藏書不廣，惡札堪羞。更思題紳帶以紀言，種芭蕉而習字。至於一端純錦，或遭煎授丘遲；然而五色斑毫，尚未付還郭璞。略陳近況，以代晤言。獨憾《蘭亭》之集無期，竹林之遊不繼。所祈良夜蟾明，重命攀稽之駕；寒溪雪漲，還乘訪戴之舟。援筆酸辛，臨風嗚咽。”看此可知其人之雅度。《詩家點燈》卷九

五山車天輅佯爲篙工，陪天使渡大同江。天使作一聯曰“棹穿波底月”，苦吟未得其對。五山對“船壓水中天”，天使大驚，以爲東國賤隸亦作如此文，士必不可當，不復言詩事。《海東詩話（李建直）》

張祜苦吟，妻孥唤之不應，以責祜，祜曰：“吾方口吻生花，豈恤汝輩！”《緑帆詩話》卷四

《貞西夜集》詩：“秖緣苦吟帶圍纖，半墊烏巾舊雨沾[①]。公退讀書方絳帳，客來看月又湘簾。春前短柳無情[②]細，雪後遙岑極意尖。泥滑滑時行不得，二禽言裏客愁添。”五六極標致。泥滑滑，禽啼聲。《東詩叢話》卷二

① 沾：底本訛作“墊”，據《泠齋集》改。

② 情：底本作“端”，據《泠齋集》改。

吴燕超尚濂，嘗往謁李松谷瑞雨，頗有苦吟之色。燕超問其故。松谷曰：“偶得‘山風吹作嵐’一句，而未成其對，子能對否？”燕超即曰：“以‘喬木卧成橋’爲對，則何如？”松谷大奇之。出《螢雪堂記》《青邱詩話》

金柏谷苦吟爲癖，撚髭忘形。其妻欲試之，嘗設午飯，供以萵苣，不施醬醋。妻問曰：“得無味淡否？”公曰：“偶忘之矣。”又於雨夜覓句，適出廊放溺。時簷鈴落溺盆，認以溺鈴，通晨立於廊下。嘗慕鄭東溟《過慕華館》詩：“落日慕華館，秋風鄭斗卿。”後過慕華館，得意朗吟曰：“落日慕華館，秋風金得臣。”又翻然不樂曰：“人之名字，亦關音律。”《東詩話》卷二

李長吉，名賀，鄭王之後。七歲能屬文，官爲協律郎，年

二十七。李商隱作小傳云："長吉細瘦，通眉，長爪指，能苦吟疾書。常從小奚奴，騎驢，一古破錦囊，遇有所得，即書投囊中。及暮歸，太夫人使婢探囊見之，見所書多，輒曰：'是兒要當嘔出心肝是已耳！'上燈與食。長吉將死時，忽晝見緋衣人，駕赤虬，持一版書，若太古篆，或如霹靂石文者，云當召長吉。長吉了不能讀，欻下榻叩頭，言'阿嬭長吉學語時，呼太夫人云老且病，長吉不願去'。緋衣人笑曰：'帝成白玉樓，召君爲記。天上差樂，不苦也。'長吉獨泣，邊人盡見，長吉氣絶。常所居窗中，勃勃有煙氣，聞行車嘒管之聲。太夫人急止之，人哭待之，如炊五斗黍許時，長吉竟死。"此傳用長吉姊嫁王氏所語也。杜牧之序賀文集云："春之盎盎，不足爲其和也；秋之明潔，不足爲其格也；風檣陣馬，不足爲其勇也；瓦棺篆鼎，不足爲其古也；時花美女，不足爲其色也；荒國陊殿，梗莽丘壟，不足爲其恨怨悲愁也；鯨呿鼇擲，牛鬼蛇神，不足爲其虚荒幻誕也。蓋騷之裔，雖不及理，辭或過之。小加以理，奴僕命《騷》可也。"《詩林叢話》

方干，字[①]雄飛，新定人。廣明、中和間，爲律詩，江之南未有及者。始謁錢塘[②]守姚公合，公視其貌陋，初甚侮之。坐定覽卷，駭目变容而歎之。弟子洪農楊弇編其詩，請舍人王贊爲之序云："張祜昇杜甫之堂，方干入錢起之室。"在唐末，宰臣張文蔚、中書舍人封舜[③]卿，奏名儒不遇者十有五人，請賜一官，以慰冥魂。干其一也。《感懷詩》有云："志業不得力，到今猶苦吟。吟成五字[④]句，用破一生心。世路屈聲滿，雲溪冤氣深。前賢多晚達，莫怕鬢霜侵。"僧可朋贈干云："盛名傳出自皇州，一舉參差便縮頭。月裏豈無攀桂分，湖中剛[⑤]愛釣魚休。童偷詩稿[⑥]呈鄰叟，客乞書[⑦]題謁郡侯。獨泛短[⑧]舟何限景，波濤西接洞庭秋。"又僧虚中悼[⑨]干云："先生在世日，祇向鏡湖居。明主未[⑩]巡狩，白頭闲釣魚。煙莎[⑪]一徑小，洲島四鄰疏。獨有爲儒者，時來吊舊庐。"《詩林叢話》

① 底本脱“字”，據《唐詩紀事》卷六十三補。

② 底本脱“塘”，據《唐詩紀事》補。

③ 底本脱“舜”，據《唐詩紀事》補。

④ 字：底本訛作“子”，據《唐詩紀事》改。

⑤ 剛：底本作“強”，據《唐詩紀事》改。

⑥ 稿：底本作“句”，據《唐詩紀事》改。

⑦ 書：底本作“詩”，據《唐詩紀事》改。

⑧ 短：底本作“扁”，據《唐詩紀事》改。

⑨ 悼：底本訛作“惮”，據《唐詩紀事》改。

⑩ 未：底本作“來”，據《唐詩紀事》改。

⑪ 莎：底本作“沙”，據《唐詩紀事》改。

盧延遜，字子善，范陽人。光化初登第，從事朗陵，雷萬春敗，歸。王建僭位，授水部郎，師薛能爲文。延遜曾獻王建詩，云曰：“栗爆燒氈破，貓跳觸鼎翻”。後建冬夜與潘峭平章邊事，令宫人燒栗，俄有數栗爆出，燒繡褥。建多疑，嘗於炉中燒金鼎，命二妃親侍湯茶。是夜宫貓相戲，誤觸鼎翻，建良久曰：“栗爆氈破，貓跳鼎翻”，憶得盧延讓卷有此一聯，乃知裁詩，信無虚境。來日，遂有六行之拜。《懷江上》云：“餓貓臨鼠穴，饞犬[1]舐魚砧。”成中令稱之。盧曰：“平生投謁公卿，不意得貓狗之力。”《苦吟》云曰：“莫話詩中事，詩中難更[2]無。吟安一箇字，撚斷[3]數莖須。險覓天應悶，狂搜海亦枯。不同文賦易，爲著[4]者之乎。”《詩林叢話》

① 犬：底本訛作“大”，據《唐詩紀事》改。

② 難更：底本錯作“更難”，據《唐詩紀事》改。

③ 撚斷：底本訛作“攏新”，據《唐詩紀事》改。

④ 著：底本作“下”，據《唐詩紀事》改。

以上所論命意、造語、下字、用事四者，詩法之要略已具矣。

又有壓韻、排黏、煉格之要，當於后章論之。總之，爲詩不可率意，須要煅煉。《唐子西語録》曰："詩最難事也。吾於他文不至蹇澀，惟作詩甚苦，悲吟累日，僅能成篇。初讀時未見可羞處，姑置之明日取讀，瑕疵百出，輒復悲吟累日，反復改正，比之前時稍稍有加焉。復數日，取出讀之，疵病復出。凡如此數四，方敢示人。然終不能奇。李賀母責賀曰'是兒必欲嘔出心乃已'，非過論也。今之君子動輒千百言，略不經意，其可貴哉。"陵陽《室中語》曰："賦詩十首，不若改詩一首。少陵有'新詩改罷自長吟'之句，雖少陵之才亦須改定。"《漫叟詩話》曰："'桃花細逐楊花落，黄鳥時兼白鳥飛。'李商老云，嘗見徐師川説一士大夫家有老杜墨迹，其初云'桃花欲共楊花語'，自以淡墨改三字，乃知古人字不厭改也。"蓋詩必屢改乃能致工。賈島詩曰："二句三年得，一吟雙淚垂"，可見古人之苦吟也。《東洋詩學源流》

金守温 字文良，永同人，號乖厓。湖堂重试，典文衡，官至领中枢，謚文平。

與天使陳翰林遊楊花渡，賦詩有"怡"字，次韻者皆艱澀。公遂占云："江深畫舸惟須泛，山遠晴雲自可怡。"祁郎中順之遊漢江，賦詩有"眠"字，公獨苦吟未就，竟占一句云："江口日斜人自集，渡頭風靜鷺絲眠。"旁人告曰："'人自集''鷺絲眠'恐非對格。改'絲'爲'閑'，何如？"公曰："我近來詩思枯涸，此是不針灸之患也。"人皆笑之。《東國詩話（佚名）》

鄭樞密襲明，力學能文。南陽有娼，色藝俱絶。有一郡守，屬意甚好。及公歸，謂人曰："我去郡數步，爲他人所有。"以蠟炬燒灼其面。後鄭公杖節來過，見妓悵怏，以一幅雲藍紙寫一絶以贈云："百花叢裏淡豐容，忽被狂風減却紅。獺髓未能醫玉頰，五陵公子恨無窮。"因囑曰："若有使華來過，以此詩出示。"妓依教。凡見者輒加厚恤，利富倍前。嘗遊天摩山，竟夕苦吟，未能屬思。詰朝回轡，比至都門，忽得一聯云“石頭松老一片月，天末雲底千點山”，乃策馬還，直入院中，奮筆題於壁。嘗賦《石竹花》云：“世愛牧丹紅，栽培滿院中。誰知荒野外，亦有好花叢。色透村塘月，香傳隴樹風。地偏公子少，嬌態屬田翁。”時有大閹誦達宸聽，睿宗曰：“非狗監何以知相如耶！”即拜玉堂。《東詩奇談》

挽詞　海左丁範祖

海左少時，旅行途上遇雨，投一士人家。主人本無面目，故有厭客之氣。又見焦思苦吟之樣，海左問曰：“主人有甚事，若是苦吟乎？”主人答曰：“我有故人，死有日矣。欲製挽詞，而事實複雜，一絶之内不容盡記。故如是苦思也。”海左問曰：“題目何在？”主人答曰：“其人也，一偏慈侍下，二無兄弟與妻而獨身，三膝下無子女，四年齡四十，五能文章，六不得一命之寒士，七死於客地，八只今三月，九葬地廣州，十其村名杏花坊也。以此十題，盡書一絶之詩，不亦難乎？”海左曰：“余雖不文，請代主人之苦，裁之何如？”主人曰：“豈非幸耶？”海左即席就之，總括複雜之情緒，盡於二十八字，而辭意悽婉，音韻清高。主人見之大驚曰：“客知丁海左乎？”海左笑曰：“我即其人也。”主人大喜，相與盡歡。其詩曰：生無兄弟死無依，四十文章一布衣。輿櫬歸來慈母哭，廣陵三月杏花飛。《槿域詩話》

近世嶺中有權春秋者，逸其名，第以其朦朧春秋，故人目之以春秋。夏日行田視水，以手壅之，自下而上，隨壅即潰。有閔而謂之曰：“治水之道，於書未曾學歟？”權即應聲曰：“防其源。”聞者噴飯。權嘗得句云：“露草蟲聲濕。”自以爲不凡物，諷之不已，然未得其對語者數年。一年當其父公忌夕，將酌而薦也，忽得之云：“風枝鳥夢危。”即朗吟曰：“天下真無無對之句。”自飲而盡曰：“即吾翁在，必貸我此酌矣！”此余兒時，慣聞於鄉父老者，而後見於于《贈月沙書》薦其友進士成汝學，其中論及成詩云：“草露蟲聲濕，林風鳥夢危。”紫霞有詩云：“白首苦吟成進士，微官不及右文時，直將郊島爭寒瘦，一段秋光欲染詩。”自注云：“宣廟朝，進士成汝學自少攻詩，年老不得一命，人皆惜之。其警句曰：‘雨意偏侵夢，秋光欲染詩。’極佳。”《玉溜山莊詩話》

西坡嘗按到關東之洛山寺，夜坐賦詩，樓下忽有聲曰：“使道之能詩，可笑！”西坡甚怪之，試更續吟，樓下之聲又如前。令搜之，則有一鹽商枕石而卧矣。即招致曰：“汝何敢笑我乎？”曰：“使道達夜苦吟不綴，固有所言。”西坡曰：“爾善詩，則賞之，否者難免棍責。”因呼韻，鹽商即應曰：“浮天大海東南北，揷地奇峰萬二千。”西坡大驚曰：“真天下奇才也！”《玉溜山莊詩話》

退溪最愛梅，至別有手書《梅花》詩一編行於世。自是文人學究之家，盆栽庭實，類以梅爲。吾經師畏齋丁泰鎮翁，又號西浦，與石山權鍾遠爲莫逆，嘗於小白之南分山而居。往在丁丑年間，余拜畏翁於浦上，翁出示西浦梅與石山梅贈和之什幾至屢十篇，吟梅之事於斯爲盛。今各録其一篇，石山梅贈西浦梅云：“我是西湖換骨仙，託契石山今五年。石山主人有奇癖，一許心期弟兄然。暵日抱甕免枯暍，風雪藏室憂凍蹶。弱幹杈枒不成格，百回苦吟山肩兀。聞道西浦有仙伴，齋居清絶塵氛斷。亦有賢主結知己，歲晏幽期成寤歎。相思咫尺不相見，清夢夜夜蒼松院。氣類種族應不改，精神標格俱可戀。山雲淡淡浦月明，高歌一曲寄遠情。世路幾人識舊契，恁地翻覆等碁枰。紛紛桃李媚春風，探香蜂蝶煙雨濛。願君晚節懋馨德，好藏清艷雪月中。時與主翁論心事，點累不容潔淨地。且向山中報消息，湖上家風胥不墜。”浦梅再答石梅云：“小山幽處孤吟仙，獨寐歌寤度窮年。我來西湖淡相求，風霜契遇已脗然。清有活源那憂暍，植必安地無顛蹶。江山搖落今如許，獨葆孤芳成兀兀。賴有山石馨香伴，時時寄意不停斷。數疊高歌感氣類，永言反復發嗟歎。故人心事篇中見，瑯然展讀松風院。廣平婉辭能解吐，陶山雅曲每紆戀。我抱泠泠我眼明，妙處不啻娛閑情。天葩自是幽貞者，不關世外翻覆枰。正須一壑藏清風，澹澹不受塵煙濛。莫道物我隔皮膜，一理融貫在此中。爲己爲人非别事，只看今日作田地。願言從君懋馨德，歲寒幽賞也毋墜。”畏翁邃於禮學，石翁素有隱操，風流儒雅，曠世無倫，感物寓意，懋以馨德，甚可敬也。《玉溜山莊詩話》

·長 吟·

宗室鳴陽正國珍[1]瀟灑出塵，喜文雅，作詩如其爲人。《遺意》詩曰:“懷疴謝塵事，終日檢詩篇。藥蔓穿疏壁，蛛絲掛短椽。傾壺盡餘酒，高枕眷飛鳶。到處生涯在，何須負郭田。”又曰:“小雨茅齋濕，新晴枕席涼。水衣緣礎上，庭草過牆長。露浥芃花淨，風含蕙葉香。悠然午眠罢，林杪澹斜陽。”《秋日》詩曰:“白露園林淨，高風草木衰。覆杯疏竹葉，汲井煮桑枝。落日雁横塞，秋窗蟲吐絲。誰憐貧病客，長吟楚人詞。”又曰“空盤堆馬齒，荒園長雞腸”，“水閣青奴冷，巖田腐婢香”，“莓苔侵礎遍，蓬艾繞窗長”，“紫蘇葉帶回風響，紅蓼花含返照明”，“溪禽帶雨全身濕，山柿經霜半臉紅”，句皆精工。常有清羸之疾，未三十而没，其《感懷》詩可見其不壽云。詩曰:“光陰如電瞥，歲月不貸予。成名雖及時，畢竟歸空虛。形骸非我有，一朝無復餘。榮華豈足賴，天地真蘧廬。笑彼窮途人，痛哭終如何。”《謏聞瑣録》

① 鳴陽正國珍：李國珍（1467—？），字世昌，朝鮮太祖四世孫，官鳴陽正。

東峰金時習自齠齓已有能詩聲。遂擺落糾紛，祝髮爲僧，改名雪岑，與南秋江爲方外遊。狂吟放浪，玩弄一世。逃世於禪，不奉其法，世以狂僧目之。行過市肆中，或凝睇忘歸，植立移刻。或便旋街路，不避稠視。群兒詆笑，爭擲瓦礫以逐之。其臧獲田宅任人取奪，曾不屑意。復忽從其人請還，其人不肯。岑身即雀鼠之庭，面爭供對，譊譊如市井之競。竟獲辨理，官卷既成，納懷中出門。視天大笑，遽出券碎裂，而投之溝中。其戲人侮俗如此。光廟嘗作法會於内殿，岑亦被揀預。忽凌晨逃出，不知所之。遣使踵之，則故陷街里溷穢中，露半面而已。有沙彌喉音清楚，能出商聲。浪詠長吟，遺嚮裊空，凄有餘感。每值皓月朗然，中宵獨坐，令沙彌詠《離騷經》一過，輒泣下霑襟。性嗜酒，飲醉則曰："不見我英廟。"流涕甚悲。諸比丘推以爲神師，服事頗謹。一日合辭請曰："弟子等奉大師久，尚蘄一教。大師清淨法眼，終以付誰？衆生迷方，願受金篦之刮。"請彌堅，岑曰："諾。"大開法筵，岑具袈裟法衣坐跏趺。緇流坌擁，合掌羅跪。方聳聽，岑曰："可牽一牛來。"衆莫測所以，牽牛繫庭下。岑又曰："將芻束來，令置牛後。"大笑曰："爾等欲聞法，類是矣。牛於畜類中最爲頑，然人之迷冥無識者俗謂之牛後置芻。"緇衆赧然而退。近代詩僧，岑爲之領袖。爲詩典重少蔬筍氣。入金鰲山，著書藏石室。曰："後世必有知岑者。"其書大抵述異寓意，效《翦燈新話》等作也。《龍泉談寂記》

醉夫《謝山人寄鞋》詩："故人遥寄一雙來，知我庭中有緑苔。仍憶去年秋寺暮，滿山紅葉踏穿回。"《謝從兄惠石假山》："愛山猶未住山間，楓岳頭流夢往還。從此無心凌絶頂，案頭長對碧孱顔。"《題忠州樓軒》："中原古名勝，物色訥齋餘。有客登樓處，高秋落木初。江聲和雨重，山氣入簾虚。四顧非鄉國，長吟意未舒。"又"水回山擁古名州，碧瓦朱欄照上流。佳節忽來還作客，宿酲猶在更登樓。郊原霽色人家晚，江浦寒聲雁陣秋。鬢髪易凋歸計緩，遠遊何日免清愁。"《長貧居士胡撰》

壬辰倭奴之充斥也，宣廟西幸出，鄭相國澈於安置中命以都體察使之任。公受命而南也，行抵黄海道長淵地金沙寺，留十日，時是歲七月秋也。公感慨，遂作一律："十日金沙寺，三秋故國心。夜潮分爽氣，歸雁送哀音。虜在頻看劍，人亡欲斷琴。平生出師表，臨難[1]更長吟。"時聞高公敬命戰歿，故第六有云。《五山説林草藁》

① 難:《松江原集》卷一《金沙寺》作“亂”。

羅湜號長吟亭，見時事危險，不赴舉，務自韜晦。及丁未壁書之禍，與其兄副提學淑俱不免。嘗有《聞儺》詩曰:“儺鼓鼕鼕動四閭，東驅西逐勢紛如。年年聞汝徒添白，海内何曾一鬼除。”結句蓋有所指，而語意大露，其免於禍難矣。《芝峰類説》

羅長吟湜有詩趣，往往逼盛唐。申、鄭諸老會於人家，方詠蒲桃畫簇，沈吟未就。長吟乘醉而至，奪筆欲書簇上。主人欲止之，湖老曰:“置之。”長吟作二絶。其一曰:“老猿失其群，落日枯楂上。兀坐首不回，想聽千峰響。”湖老大加稱賞，因閣筆不賦。蓀谷亦云:“此盛唐《伊州歌》法，所謂截一句不得成篇者也。”《惺叟詩話》

如隱洞在忠州治之西，其俗野只知服田力穡而已，都不解文字，呈官狀牒亦借人手。於是洞人發舊相與謀曰:“忠州素稱文鄉，而獨吾洞如此，豈不恥哉！如得堪爲人師者，使吾子弟受學不輟，則庶幾有所成就。師哉，師哉，盍廣求之。”鄰縣有宋生者，經史諸書無不通曉，而尤精於《中庸》，蓋箕裘之業也。咸曰:“開導初學，無逾於此人。”遂各出力，鳩材構數間書齋，募得緇徒執樵爨供給之事，以禮邀生，欣然許之。處書齋一年，訓誨勤勤，每以《小學·敬身篇》“臨財毋苟得”自戒焉。生仍念得英才教育，古人雖云至樂，離家已久，旅衾生棱，吾何自苦若此？臨卷閉目，有怠倦之意。弟子輩告其父兄。一日，父兄齊會備酒饌餉生，仍問曰:“敝洞童蒙得君以來，受業解惑，俺等甚喜。今聞君似有不豫色，俺等竊不勝未安，此無非俺等待君失其道也？”生曰:“豈有是哉？君輩聞之誤矣。”一夕，生散步於書齋之畔，長吟唐詩“美人不見愁人心”之句，適有鄰婦頂盆汲水。生目逆而送之曰:“彼姝者適我願兮，然而來也既屬於沙吒利。而世無磨勒之勇，誰能負一絹妓而來也。恨以折柳，如隔弱水。室邇人遐，奈如之何？”如醉如狂，不能定情，心語口曰：“我必由此婦而死矣。與其相思而死，曷若昏夜唐突一伸吾情願也。”於是瞰其夫之出去，乘諸生之睡熟，時夜將半，脱巾跣足，從狗穴而入，直到户外。婦聞有足音，出視之，乃生也。怒詰曰：“君何乘夜入人之門也？非穿窬則強暴也。”生跪伏搖手曰：“勿高聲，誠恐村人知之。吾非不知篋香之不可偷，琴心之不可挑，而一自見汝之後，神魂飄蕩，無夢不會，自非三生業緣，豈至於是？汝若牢拒不從，我定死於此矣！”遂抱持不舍，婦不得已，携生入寢，喜可知也。雞鳴而將起去，生謂婦曰：“今日之事，暮夜無知，實是天幸，而但恐好事多磨，佳期易阻，如或宣洩必不測。此後計將安出？”婦曰：“妾賦命奇薄，嫁得庸奴，未嘗不相對而顰眉，同卧而面壁也。今幸天與其便，邂逅美郎，枕席交會之歡，雲雨繾綣之狀，不圖至於斯也。心果愛矣，何日忘之，唯命是從。”生□而思之，有一妙策：“立數丈之木於籬底，爾夫在則仆之，出則立之，以木之立仆驗爾夫之出入，可乎？”婦曰：“善。”自是日勢向暮，則生登壟斷而望之，木立則輒至。如是者月餘，夫見情跡異常，瞞告其婦稱以遠出，潛伏籬後以伺之。婦才立木，而生已入門，夫見之大呼曰：“宋生負盜吾妻久已，今且休矣。”生驚怖而走，不敢從門出，越籬而去，手足傷破，十步九顛，艱到書齋，聲如牛喘，面無人色。里中人相語曰：“宋生盜人之妻，無賴如是，而可爲人師乎？”夫則夜投石打書齋牆壁皆壞。生不敢仍留，欲歸其家。弟子輩勸留曰：“好色，古聖人之所不免焉。先生亦可謂與百姓同之者也。庸何傷乎？無若小丈夫悻悻然去也。”然生不敢留，去還其家，有似六鷁退而宋都風也。《菊堂排語》

凡詩之式楷甚繁，皆不可不知者。然而詩者不可以有意，不可以有必，必以冥會爲貴焉。若以計較經營，節節求合，則前遮後攔，左牽右掣，卒無以有成矣。必也先求古人所示之法，以盡其榘矱；

次觀古人已述之篇，以作其證印。玩之既深，知之既真，則諸般式楷之紛然者，自爾森耀於心目之間，抽管命墨，長吟短哢，而從心所欲自不踰矩矣。《旅庵論詩》

贈盜詩

穿窬之人，人情所共憤，青氈之喻已寬矣①，梁上之責又有諷誨之意②。至吳中沈文卿者，室中無物，盜無所得。從容呼語，長吟贈詩曰："風寒月黑夜迢迢，孤負勞心此一遭。只有古書三四束，也堪將去教兒曹。"盜遂含笑而去。此比李博士不啻佳賞。李詩云"世上如今半是君"③，有誣世求媚之意，此則譏責之厚而教戒之深也。然緑林豪客後來悔罪歸善，而此無聞焉。則抑人有優劣而已矣。《星湖僿說》

①《語林》："王子敬在齋中卧，偷人取物，一室之内略盡。子敬卧而不動，偷遂登榻，欲有所覓。子敬因呼曰：'石染青氈是我家舊物，可特置否？'於是群偷置物驚走。"

②《後漢書·陳寔傳》："時歲荒民儉，有盜夜入其室，止於梁上。寔陰見，乃起自整拂，呼命子孫，正色訓之曰：'夫人不可以不自勉。不善之人未必本惡，習以性成，遂至於此。梁上君子者是矣！'盜大驚，自投於地，稽顙歸罪。"

③《唐才子傳》卷四：李涉，洛陽人，渤之仲兄也。……嘗過九江皖口遇盜，客方跧伏，問："何人？"曰："李山人。"豪首曰："若是，勿用剽奪。久聞詩名，願題一篇足矣。"涉欣然書曰："暮雨瀟瀟江上村，緑林豪客夜知聞。他時不用藏名姓，世上如今半是君。"盜喜，因以牛酒厚遺，再拜送之。

王軒遇西施、郭素空效顰

王軒少有詩才，嘗泊舟苧羅山，題西施石曰："嶺上千峰秀，江邊細草春。今逢浣紗石，不見浣紗人。"俄見一女子，振璚瑫，扶石筍，低徊而謝曰："妾自吳宮還越國，素衣千載無人識。當時心比金石堅，今日與君堅不得。"道[1]與歡會，復爲恨別之詞。蕭山郭凝素聞之，因遊浣紗溪，長吟題詩於石，寂而無人，乃鬱怏而返，聞者莫不嗤笑。進士朱澤作詩嘲之曰："三春桃李本無言，苦被傷殘鳥雀喧。借問東鄰效西子，何如郭素擬王軒。"龜磵子曰："蘇黄《滑稽帖》多載此等事。杜黄裳少年好行陰德，枯骨輒葬之。鬼輒報德，或獲寶劍，或獲藏鏹。士有效之者，見一枯骨，綈袍而葬之，忍寒至三更，鬼嘯於簷曰：'秀才會唱《涼川》《伊川》否？僕是開元中舞旋，意待與秀才舞個曲，聊以報德。'又有舉子宿馬嵬坡店，夢太真。他日舉子故投暮而宿此店，遂夢幡綽。又有王狀元者，未第時醉墮汴河，水神扶出曰：'公有三百千料錢，死於此，何處消破。'明年遂及第。士有久不第者亦效之，佯醉落河，河神亦扶出，士大喜曰：'我料錢幾何？'神曰：'吾不知也。但三百瓮黄虀無处消破耳。'此等説皆嘲世人效顰者發也。"郭素之故遊浣溪題石，亦此類也。西施何多匹也？按《幽怪録》："沛國劉導與同志李士煙，於京口遇二女，衣紅綃者西施也；紫綃者夷光也。與二人分寢。此梁天監十一年事也。"又《博物志》："蕭思遇字望明，思遇神明而命之也。一日於虎丘遇西施自浣溪來，叩門就寢。此陳天嘉元年事也。"然則此皆所謂"今日與君堅不得"者也。西施亦多匹矣，而詩家乃謂王軒是吳王後身，附會甚矣。《龜磵詩話》卷十二

① 道：當作"遂"。

李杜相嘲、陳秦不同

李太白一斗百篇，援筆立成。杜子美改罷長吟，一字不苟。蓋亦互相譏嘲，李贈杜云："借問因何太瘦生，只爲從前作詩苦。"杜贈李云："何時一樽酒，重與細論文。""作詩苦"之"苦"字，譏其困雕琢也。"細論文"之"細"字，譏其欠縝密也。蓋文章要在理意深長，辭語明粹，足以傳世覽後，豈但誇多鬥速於一時也。山谷云：

“閉門覓句陳無己，對客揮毫秦少游。”世謂無己每有詩興，擁衾卧牀，敲吟累日，乃能成章。少游則盃觴流行，篇吟錯出，略不經意。然少游特景物留連之詞，而無己則意簡辭粹，欲追踵《騷》《雅》，正自不可同年而語也。《龜硐詩話》卷十四

棗下鶤雞　楚妃增悲

沈約《笙詩》：“鶤雞已啁哳，棗下復林離。”按：潘安仁《笙賦》曰：“詠《園桃》之夭夭，歌《棗下》之纂纂。歌曰：‘棗下纂纂，其實離離。宛其死矣，化爲枯枝。人生不得行樂，死亦何以虛謚爲？’爾乃引飛龍，鳴鶤雞，雙鴻翔，白鶴飛。云云。”《園桃》《棗下》，皆曲名也。沈詩全用潘賦。又楊希道《笙詩》：“能令楚妃嘆，復使荊王吟。”亦出於潘賦“荊王喟其長吟，楚妃嘆而增悲”。注：“《荊王吟》《楚妃嘆》，皆古詞曲。”《龜硐詩話》卷二十三

呼鼓吹山　石上飽雪

潘岳詩：“簫管悲且清。”《釋名》：“簫，肅也。其聲肅肅而清也。”長尺四寸，二十四彄。《丹陽記》：“江寧縣慈母山，積石臨江，生簫管竹。”王褒《洞簫賦》：“原夫簫榦之所生，出於江南之丘墟。翔鳳蕭蕭經其末，回江流水溉其山。朝露清泠隕其側，玉液浸潤成其根。孤雌寡鵠，娛優乎其下；春禽群嬉，翱翔乎其巔。秋蜩不食，抱樸而長吟；玄[①]猿悲嘯，搜[②]索於其間。於是般匠施巧，夔襄准[③]法，帶以象牙，掍其會合。云云。”褒所稱即此山也。其竹圓緻，異於他處。自伶倫采嶰谷，其後惟此榦見珍，故歷代常給樂府，俗呼曰鼓吹山。此竹政劉夢得詩所謂“古苔蒼蒼封老節，石上孤生飽風雪”者也。《龜硐詩話》卷二十三

① 底本脱“玄”，據《文選》卷十七《洞簫賦》補。

② 底本脱“搜”，據《文選》卷十七《洞簫賦》補。

③ 准：底本訛作“惟”，據《文選》卷十七《洞簫賦》改。

重峰趙憲竄吉州也，南窗金玄成追贈毛裘，詩曰："一領羊裘寄遠行，臨風不覺[①]淚沾纓。湘潭莫續懷沙賦，重保餘生爲[②]聖明。"先生殉節錦山後，權石洲詩曰："幾折雲臺檻，長吟楚人醒。從知大君子，不處小朝廷。直氣軒天地，孤忠炳日星。崔嵬錦山色，萬古只麽[③]青。"《詩話抄成》

① 不覺：《重峰集》作"只欲"。

② 爲：《重峰集》作"慰"。

③ 麽：《重峰集》作"摩"。

月村詩

月村羅公杰，少穎達有高名。有詩曰："山扉寥廓棄冠巾，老去漸能幽事親。階除留待日華靜，空外翻過雲片新。黄鳥忽來啼緑樹，班花無數度青春。知無一物違吾意，不負皇天長育辰。""天外錦西山復山，近來卜宅不離閑。孤峰晴石依空翠，側逕幽花點細班。鳥避誤疑沾雨過，蜂窺爭占飫香還。興長日日扶藜杖，一望一吟開旅顔。""戰經黑齒郡之東，久住殊方事盡通。峽曉雲移幽洞翠，淵曛日隱古城紅。晚興早寢從他好，短詠長吟不自窮。若道淹留無一興，何時得豁旅愁空。""入夜喜看連峽雲，遙空漸改赤紛紛。對簷獨坐息喧雀，支枕乍眠還聚蚊。峰樹溪沙漫欲數，南箕北斗自成文。未憐愁劇添新病，剩得詩如刺繡紋。""昏昏午睡困炎蒸，萬事疏慵著不能。未卷牀書窺紫燕，常餘硯墨飽青蠅。客過小逕虚相問，妻對荒畦久欲增。忽得清光看月出，錯疑赫赫躍空昇。"在人興作。《蘭室詩話》

李白《蜀道難》詩稿舊藏松都佛雲寺佛腹，近年爲無賴子竊去。人有見其稿者，多所竄改。首句曰"吁咄哉"改以"噫吁戲"云。白也聖於詩者，宜不思而得，而未免點竄，可見古人作詩不容易矣。

金同知尚寯言，嘗爲靈光郡守，郡有武人家藏杜子美詩稿二紙。其一乃“負郭堂成蔭白茅”詩也，以濃墨點改處甚多，乃平時得之漂流唐人者也。杜詩有曰“新詩改罷自長吟”，蓋是實事。按李白送張祖之序首曰“吁咄哉”，其言尤驗。《青邱詩話拾遺稿》

琵琶亭十二樓船

琵琶亭，在江西九江府潯陽江畔，題詠甚多。乾隆間，唐蝸寄英司榷九江，置紙筆於亭上，賈客能詩者輒令賦詩，開列姓名，交關吏投進。唐讀其詩，分高下以酬之。投贈無虛日，坐是虧累，變產以償，怡然絶不介意。去官後，過客思之，爲建白太傅祠，肖唐公像於旁，至今尚存[①]。亭蓋因白香山《琵琶行》設也，唐蝸之風致，尤令人聳神長吟。我東京城南部奇石假山洞旁麓有琵琶亭之名，而一小岡也。相傳古有彈琵琶女子，仍以名岡。每陰雨之夜、月白之晨，聞琵琶聲云。如在中原，必有騷人之跡以誇張其事，而無此也。唐蝸事見於《熙朝新語》。而比諸姚北若盛舉，殆小矣。《板橋雜記》：“嘉興姚北若，用十二樓船於秦淮，招集四方應試知名之士百餘人，每船邀名妓四人侑酒，梨園一部，燈火笙歌，爲一時之盛事。先是，嘉興沈雨若費千金定花案，江南豔稱之。”《詩家點燈》卷四

①自開始至此見《熙朝新語》第十五卷。

大隱巖萬里瀨

純廟丙戌首夏，余自湖西之西林郡還京，僦屋於城中北村壯義洞之大隱巖，即文衡大學士金公履喬竹里别墅，在白岳之麓宅。其東岡即景福宫神武門后洞，毓祥宫墻挾其西，鄭三峰道傳創其基建屋，后爲南衮所。嗣此屢易主，爲辛白麓應時所居，後爲申隱士在正處焉。申乃修煉人也，申殁，其子賣於竹里，宅枕兩溪之間，頗有幽趣，故號稱城市山林。予借居二載，竟爲永明都尉海渠顯周所

買，新構精舍。古有舒嘯亭，但有墟，而海渠因其址營一亭舍。未數年，與二武弁換宅第，而武弁撤毁，仍化爲邱墟。世間興廢有如是矣。其左谷沿溪入數十步，則東巖石壁，刻壁窠大字曰“大隱巖”“萬里瀨”，雙行，挹翠軒朴公誾仲説筆也。挹翠軒嘗有《大隱巖》[①]詩曰：“主人有峰巒，吾家之熏爐。主人有澗谷，吾家之簷溜。主人官貴勢熏灼，門前車馬多伺候。三年一[②]日不窺園，儻有山靈應受詬。客來非異人，曾與主人舊[③]。過門不入亦不忍，沿溪返棹計亦謬。巖間得少憩，景物真邂逅。湍藏霧斂爲我開，鶴唳猿啼不驚透。主人有金玉，什襲豈輕授。緘縢固鐍守夜半，未信溪山移白晝。坐久日向夕，白雲生遠岫。無心我不如，有迹誠自疚。”又詩曰：“大隱巖前雪，春來又一奇。偶因清興出，不與主人期。獨立鳴禽近，長吟下筆遲。君家容放曠，却恐駭今時。[④]”正傳：挹翠與衮始爲心交，其慈氏嘗見挹翠與衮共飯，具肉臠，衮卸置肉楪不吃，曰：“今日即國忌，何敢犯葷？”挹翠慈氏知之，語挹翠曰：“此人真小人也，慎勿交遊。”其後，衮爲北門告變，網打士類，竟爲小人之魁，挹翠則忼言被禍。其慈氏知鑒如神，安得不於此資人耶？挹翠詩爲國朝第一云。其警句：“風吹落葉蕭蕭下，酒許山妻細細斟。”《題湖西水營永保亭》“舟[⑤]如拍拍將飛翼，樓似搖搖不繫船”之句膾炙一世。有詩集一卷行於世。正廟朝命内閣更求遺詩軼文，編爲二卷，仍自閣印頒，盛事也。乃千載一遇也。大抵《大隱詩》有諷刺之意，含不平之想。其在承母訓而以示疏衮之意歟？與《北山移文》同其謂也。《詩家點燈》卷四

① 朴誾詩原題《同擇之遊士華北園白嶽麓也》。

② 一日：底本作“日日”，據改。

③ 舊：底本訛作“以”，據改。

④ 朴詩原題《萬里瀨》。

⑤ 舟：朴詩原題《營後亭子》作“地”。

抱膝長吟已見志

元末長洲人姚廣孝，初脱髮爲僧，改名道衍，字斯道。時相城靈應觀道士席應真，嗜讀書，學道法，通兵機。廣孝師之，盡得其術。然深自晦藏，人無知者。曾賦《覽古》詩云："譙櫓年來戰血乾，煙花猶自半凋殘。五州山近朝雲亂，萬歲樓前夜月寒。江水無潮通鐵甕，野田有路到金壇。蕭梁帝業今何在？北固青青眼倦看。"同衣宗泐見其抱膝長吟，笑曰："此豈釋子語耶？"洪武初以名僧被召入侍燕王，遂爲心腹，后贊舉靖難之師，事成封少師云。其志則頗有英風，但負其雉髮初心。此蓋不得而歸，得意而來者也。《詩家點燈》卷六

"掛席名山記昔遊，長吟西北有高樓。丈夫一舉如黄鵠，江水中流問白鷗。悄悄歸帆背天姥，亭亭明月落揚州。祇今剪翮樊籠底，耳目芳鮮幾日休。[①]"《寧齋詩話》

①《韶濩堂詩集定本》卷一題《李章史將之平壤見觀察使趙公，過余徵詩，遂賦長句十五首塞之。兼寄李寧齋學士，學士先有送章史之作》其十四。

·高吟·

李滉

真城人，字景浩，自號退溪。我中廟朝登第。天分甚高，學問精深。尊信考亭，深得蘊奥。累下徵召，進退以義，與諸子講道陶山，門人多有成就，爲東方理學之宗。官至左贊成，特贈領議政，謚文純。所撰《理學通録》《朱子書節要》《啓蒙傳疑》《聖學十圖》行於世。先生稍長，言語動止，必以禮法。而尤篤愛親，鷄鳴盥漱，衣帶必飭，以省母夫人。怡聲下氣，婉容愉色，至昏定亦如之。枕席之設，衣衾之斂，必身親爲之。行迹戊辰拜大提學，赴召上六條：一曰重繼統以全仁孝，二曰杜讒間以親兩宫，三曰敦聖學以立治本，四曰明道術以正人心，五曰推腹心以通耳目，六曰誠修省以承天愛。年譜《啓蒙傳疑》先生所著，有啓蒙傳疑，而諸家之分合異同者，旁通曲暢，更無餘藴。行迹先生撰進《聖學十圖》：一曰太極圖，二曰西銘圖，三曰小學圖，四曰大學圖，五曰白鹿洞規圖，六曰心統性情圖，七曰心學圖，八曰仁説圖，九曰敬齋箴圖，十曰夙興夜寐箴圖。本集靈芝山東支有陶山，先生嘗退居，構書堂聚門生講道。因著《陶山記》，作七言詩十八絶以記其事。又有《陶山雜詠》二十六絶。我明廟命宋寅，使畫陶山，又書《陶山記》及詩篇，作屏簇而進，常置寢殿中。本集先生於陶山中構書堂凡三間，扁之曰“陶山書堂”，凡十八絶。“大舜親陶樂且安，淵明躬稼亦歡顔。聖賢心事吾何得，白首歸來試考槃。”巖棲軒“曾氏稱顔實若虚，屏山引水晦翁初。暮年窺得巖棲意，博約淵冰恐自疏。”玩樂齋“主敬還須集義功，非忘非助漸融通。恰臻太極濂溪妙，始信千年此樂同。”幽貞門“不待韓公假大龜，新居縹緲映柴扉。未應山徑憂茅塞，道在幽貞覺坦夷。”淨友塘“物物皆含妙一天，濂溪何事獨君憐。細思馨德真難友，一淨稱呼恐亦偏。”節友社“松菊陶園與竹三，梅兄胡奈不同參。我今併作風霜契，苦節清芬儘飽諳。”隴雲精舍○先生退居構精舍八間，齋曰時習，寮曰止宿，軒曰觀瀾，合而扁之曰隴雲精舍。“常愛陶公隴上雲，唯堪自悦未輸君。晚來結屋中間卧，一半閑情野鹿分。”觀瀾軒“浩浩洋洋理若何，如斯曾發聖咨嗟。幸然道體因茲見，莫使工夫間斷多。”時習齋“日事明誠類數飛，重思復踐趁時時。得深正在工夫熟，何啻珍烹悦口頤。”止宿寮“愧無鷄黍謾留君，我亦初非鳥獸群。願把從師浮海志，聯牀終夜細云云。”谷口門“東躡江臺北入雲，門荒谷口擬山門。此名偶似前賢地，耕隱風聲詎易論。”天淵臺“縱翼揚鱗孰使然，流行活潑妙天淵。江臺盡日開心眼，三復明誠一巨編。”天雲臺○或云天光雲影臺“活水天雲鑒影光，觀書深喩在方塘。我今得在清潭上，恰似當年感歎長。”濯纓潭“漁父當年笑獨醒，何如孔聖戒丁寧。我來叩枻吟風月，却喜清潭可濯纓。”盤陀石○其狀盤陀，可以係舟傳觴，每遇潦漲則與齋俱入“黄濁滔滔便隱形，安流帖帖始分明。可憐如許奔衝裏，千古盤陀不轉傾。”東翠屏山“簇簇群巒在翠屏，暗嵐時帶白雲横。斯須變化成飛雨，疑是營丘筆下生。”西翠屏山“嶷嶷群峰右翠屏，中藏蘭若下園亭。高吟坐對真宜晚，一任浮雲萬古青。”芙蓉峰○趙上舍士敬家在峰下“南望雲峰半隱形，芙蓉曾見足嘉名。主人亦有煙霞癖，茅棟深懷久未成。”○五言絶句二十六首。逐題又有四言詩一章○蒙泉“山泉卦爲蒙，厥義吾所服。豈敢忘時中，尤當思果育。”○“書堂之東，有泉曰蒙。何以體之，養正之功。”……○又五言絶句四首。以下四處皆天淵所望，然皆有主，故不係陶山，而别録於後。亦山谷借景之喩聾巖在西翠屏東，故知中樞李先生亭館所在“西望巖崖勝，高亭勢欲飛。風流那復覩，山仰只今稀。”……○《山居四時》各四詠十六絶春四詠。“霧捲春山錦繡明，珍禽相和百般鳴。幽居更喜無來客，碧草中庭滿意生。”朝“庭宇新晴麗景遲，花香拍拍襲人衣。如何四子俱言志，聖發咨嗟獨詠歸。”書“童子尋山採蕨薇，盤飧自足療人飢。始知當日歸田客，夕露衣沾不願違。”暮“花光迎暮月昇空，空内集作東字。花月清宵意不窮。但得月圓花未謝，莫憂花下酒盃空。”夜……陶山書堂成，自是又號陶翁。堂凡三間，軒曰巖棲齋，曰玩樂。精舍七間，名曰隴雲。先生每至陶山，常居玩樂齋。左右圖書，俯讀仰思。夜以繼日。〇辛酉三月，筑節友社。一日，先生自溪上步出陶山訪梅，有詩曰：“花發巖崖春寂寂，鳥鳴澗樹水潺潺。偶從山後携童冠，閒到山前看考槃。”作《陶山記》。〇壬戌三月，乘舟抵青溪，築臺曰青溪臺。〇甲子九月，撰《靜庵趙先生行狀》。作《心無體用辨》，略曰：“以寂感爲體用，本於大易；以動靜爲體用，本於《戴記》；以未發已發爲體用，本於子思；以性情爲體用，本於孟子。皆心之體用也。蓋人之一心，雖彌六合亘古今貫幽明徹萬微，而其要不出乎此二字。故體用之名，雖未見於先秦之書，而程朱以來諸儒所以論道論心，莫不以此爲主。”〇乙丑書《敬齋箴圖》《白鹿洞規圖》名堂室語，揭諸玩樂齋壁上。改定《景賢録》。按龜巖李公諱曰楨，曾得寒暄先生家範及行狀議等書，編爲一録。而聞見淺狹，疏漏太甚。謹以所疑，稟質於退溪先生。先生并取金義興立鄭秀才崑壽等所録，參證爲定本云。〇十月撰《晦齋李先生行狀》，且校正文集，作《心經後論》。與仁仲書論《續蒙求》。〇己巳三月。拜判中樞府事，詣闕謝恩。入對夜對廳，乞退許之。午漏下拜辭出城，宿東湖夢賚亭。乘船宿奉恩寺，名士傾朝出餞，各賦詩叙别。先生有詩：“列坐方舟盡勝流，歸心終日爲牽留。願將漢水添行硯，寫出臨分無限愁。”〇七月草川谷書院二先生祝文。九月答盧伊齋議喪禮書。庚午正月上箋乞致仕不許。三月四月連辭不許。五月與諸生會陶山講啓蒙。七月易東書院講心經。八月易東書院落成往赴。十月與奇明彦書，論心性情圖。十一月以病倦謝見諸生。有和柳應見寓精舍見投三絶，其一云：“孔聖猶箴擇里人，曾云文會輔成仁。老來更覺疏爲學，慚愧空還又待春。”〇待時祀於家廟。答奇明彦改致知格物説〇十二月丙申，命子弟録還他人書籍。丁酉命兄子甯書遺戒，一令辭禮葬；二勿用碑石，只以小石書其前面云“退陶晚隱真城李公之墓”。其後略叙鄉貫世系志行出處，如《家禮》中所云。○午見諸生，子弟勸止。先生曰：“生死之際，不可不見。”命加上衣，招諸生與訣曰：“平日以謬見與諸君終日講論，亦不易乎。”○戊戌命治壽器。庚子命門人李德弘司書籍，時終於寢。是日朝，令侍人灌盆梅。酉初命整卧席，扶起而坐，恬然而逝。辛亥訃聞，命贈領議政。○先是上聞先生有病，命内醫齎藥驛往救，未至而先生已卒。監司狀聞，下政院曰：“李滉卒逝。予甚痛悼。可追贈領議政。致賻諸事，速考前例以啓。”於是禮官啓請，凡喪葬恩奠，皆用議政禮。别遣右副承旨李齊閔致弔，又遣右承旨俞泓祭之。皆異數也。○辛未三月壬午，葬於禮安搴芝山南子坐午向之原。子寯以遺戒再上章力辭禮葬，不許。初先生既卒，遠近匍匐往弔。雖平日未嘗及門者亦皆巷弔咨嗟，愚氓賤隷無不悲痛，多有累日不食肉者。至是士大夫及儒生會葬者三百餘人。○萬曆元年癸酉十二月朔，奉位版於伊山書院，行釋菜禮。二年甲戌，建書院於陶山之南。三年乙亥夏，書院成，賜額陶山書院。四年丙子二月丁未，奉安位版，行釋菜禮。是日廬山書院亦奉安位版行祭。十二月，贈謚曰文純。道德博文曰文，中正精粹曰純。二十四年丙申閏八月戊寅，埋誌石。○墓碣銘。先生自銘：“生而大癡，壯而嬰疾。中何嗜學，晚何叨爵。學求猶邈，爵辭猶嬰。進行之跲，退藏之貞。深慚國恩，亶畏聖言。有山嶷嶷，有水源源。婆娑初服，脱略衆訕。我懷伊阻，我佩誰玩。我思古人，實獲我心。寧知來世，不獲今兮。憂中有樂，樂中有憂。乘化歸盡，復何求兮。”《海東雜録》

張安國守臨川，王宣子解廬陵郡印歸，次撫安國，置酒郡齋，招郡士陳漢卿參會。適散樂一妓言學作詩，漢卿語之曰：“太守呼爲五馬，今日兩州使君對席，遂成十馬。汝體此意做八句。”妓凝立良久，即高吟曰：“同是天邊侍從臣，江頭相遇轉情親。瑩如臨汝無瑕玉，暖作廬陵有脚春。五馬今朝成十馬，兩人前日壓千人。便看飛詔催歸去，共坐中書秉化鈞[1]。”安國爲之嗟嘆，賞以萬錢。《詩文清話》卷二

① 鈞：底本按韓俗通假作“匀”，據《夷堅志》改。

公出按江原道，威惠並行。至旌善郡，有詩云：“溪山初雪少人行，乘輿高吟到鳳城。水疊雷奔衝地入，峰層屏束半天横。引杯看劍寬吾志，攬轡觀風檢俗情。滌蕩東溟知有日，居民拭目待澄清。”識者知其有大志。《東國詩話彙成》卷十

篠川詩

金佐郎基長，字一元，號篠川。嘗從金鳳麓履坤爲詩，詩甚新雅澹警：“明星生浦樹，凉露下田家。”“棲雀聞寒語，歸鴻見遠心。”“浦樹寒相送，汀雲薄不飛。”“江花又落人將老，山日初斜鳥更還。”“小園春竹細，平野霽花開。”“微風隱几草花影，永日垂簾黄鳥聲。”“餘寒竹雪風前落，静夜巖雲月下生。”“巖泉遶席梧桐下，草露侵樽蟋蟀邊。”“緑荷衫敗詩空苦，黄菊觴飛意暫懽。峽天不雨秋花未，水國多霜宿鷺難。”“江樹餘霞飛鳥重，野橋新水去人寒。”“菱湖曉月飛鷗送，花岳秋雲去雁隨。”其《暮入陶山》：“簾間星河遠樹分，梅花留醉却忘曛。幾年江上空明月，此夜山中多白雲。天時已屬龍蛇蟄，吾道堪爲木石群。風流敢與嗣宗比，詩句真慚惠連聞。”《次朴李二君》：“雙笻自南漢，山翠上巾衣。巖逕孤花發，江城一雁歸。家貧春酒薄，身賤故人稀。莫問濠梁趣，觀魚無是非。”《夜題》：“翩翩露草一螢飛，朱槿花下掩竹扉。數了芭蕉高下葉，夜深明月洒人衣。”《遣興》：“疏簾棋罷日斜時，隱几高吟白傅詩。黄鳥聲中人半醉，芭蕉數葉雨絲絲。”當世若有朱竹垞，皆可編入《詩綜》中，倘不在崔白之下也。《清脾録》

陶侃生翼、李賀夢天

陶侃夢生八翼，飛入天門。門有九重，其八皆入，第九門不得入。山谷詩："九重想與人間别，安得仙梯省帝宫。"又李賀夢入天門，今集中"老兔寒蟾泣天色，雲樓半開壁斜白。玉輪軋露濕圓光，鸞佩相逢桂香陌"，其《夢天》作也。余於己巳秋病，後困卧西軒，忽覺心神恍惚，飛行空虚，到一處，有宫府甚雄偉，門鎖不得入。徊徨良久，忽一陣西風吹來，門鎖自開。既入，更有門鎖，又風至門開。如是入者凡九。中有一殿，榜曰"淩虚殿"，殿上若有官員羅立，但紅雲匝擁，不得見，其面平日所未見。奇卉珍禽，列在左右廂。步至南廂，楣曰"朱鳥牖"。有一金冠者曰："此清都十二樓也。"因謂余賦詩，余欣然賦一律高吟。忽有松濤灑面，驚起，乃一夢也。記其詩，只得頸聯一句曰"西京大隱東方朔，南國高名陸士龍"，詩意未知何所指也。《龜磵詩話》卷一

石鼎聯句　昌黎詩法

昌黎石鼎聯句序："衡山道士軒轅彌明，夜抵劉師服家宿，有校書侯喜，新有能詩聲，夜與劉説詩。彌明在其側，貌極醜，白鬚黑面，長頸高結，喉中作楚語，視之若無人。彌明忽軒衣張眉，指石鼎謂喜曰：'子能與我賦此乎？'劉援筆題首句，次傳於喜，云云。道士啞然笑曰：'子詩如是而已乎？吾不解世俗言，子爲我書吾句。'因高吟曰：'龍頭縮菌蠢，豕腹脹彭享。'有似譏二子。又高踞大唱曰：'時於蚯蚓竅，微作蒼蠅聲。'二子皆思竭。起謝曰：'尊師非人，某服矣。'云云。"古人或謂："軒轅彌明，昌黎自謂也。變韓爲軒轅，變愈爲彌明，以折侯喜云。"今觀軒轅詩句法，全似昌黎，古人所云似然矣。《龜磵詩話》卷十七

李松谷瑞雨，詩名冠一世。其詩篇篇如精金美玉，尤長於詠物。嘗戲詠家中雜物，其詠《故粉板》曰："粉澤玲瓏雪兼光，得君恩寵

侍文房。如今歲久榮華減，恰似徐娘半面妝。”詠《油衫》曰：“年來長坐瓦爲衣，摺疊油衫拂拭稀。隣舍見求還不許，欲乘春雨訪漁磯。”詠《眼鏡》曰：“團圓琢出水晶雙，著眼蠅頭辨細行。却笑玉樓鉗夾苦，鷓鴣爐畔不聞香。”詠《書案》曰：“凝塵滿面帶殘書，長怪騷人老頓疏。記得吾伊舊時節，高吟猛拍意何如？”詠《破團扇》曰：“炎暑重逢出篋藏，破紈憔悴少輝光。雖然學月無全影，猶自呼風有半涼。”詠《木枕》曰：“斗瘦雕形字亦安，筠牀相伴午窗閑。華胥有路非難到，只在低頭一就間。”詠《缺口瓶》曰：“豕腹雖完兔缺唇，牆根棄卧任生塵。儂顔不著方干嘴，亦復難霑一勺春。”詠《罍甕》曰：“不宜盛濕也宜乾，罍甕休爲破甑看。會有桶工携篾到，箍成雙帶定堅完。”《三溟詩話》

趙松堂浚出按江原道，威惠並行。至旌善郡，有詩云：“溪山初雪少人行，乘興高吟到鳳城。水疊雷奔衝地入，峰層屏束半天横。引杯看劍寬吾志，攬轡觀風檢俗情。滌蕩東溟知有日，居民拭目待澄清。”識者知其有大志。《蟾泉漫筆》

集句如贈鸚鵡

《池北偶談》：“泗上施端教匪莪，平生集句詩數千首，屬對精切，如《贈鸚鵡長律》云：‘莫恨雕籠翠羽孤劉憲，主人情義自辛劬王初。人憐巧語情難重白居易，鳥亦高飛意正殊李正平。三舍鄭牛徒識字李山甫，千年丁鶴狂歌呼羅隱。多言應伴高吟客嚴郊，學語遠稱問字徒崔璞。始覺琵琶絃鹵莽白居易，終臨吉了舌模糊孫繁。文章辨慧皆如此白居易，事業紛呶亦大都魏樸。歸去不煩詞客賦羅璞，夢來還記隴頭無張謂。勸君不必分明語羅隱，且自三緘問世途[1]胡曾。’”可謂集狐白裘手段。《詩家點燈》卷二

① 途：底本訛作“道”，據《池北偶談》卷十五改。

拾紙得《斗室詩跋》，語曰："先蒙寵寄瑰章。感情思之繾綣，歎音調之鏗鏘。輒強缶和，切希斤正。詩云[①]：千丈閒愁一寸詩，今人心事古人知。林亭獨卧聞蕉夜，郡閣高吟寫竹時。我道妙存無限意，君看能作幾何悲。擬從酒茗消餘日，亦厭徵鴟復乞犠。斗室。"《玉磬觚賸記》

①沈象奎《斗室存稿》卷二原詩題《次韻申漢叟見懷之作》。

（崔沖）公嘗一夕風清月朗，松篁自韻，不覺高吟一絶曰："滿庭月色無煙燭，入座山光不速賓。更有松絃彈譜外，只堪珍重未傳人。"《東國詩話（佚名）》

趙浚 字子明，平壤人，號松堂。佐我太祖，爲開國功臣，官至領議政，謚文忠，配享太祖。

公按節關東，至旌善郡有詩云："溪山初雪少人行，乘興高吟到鳳城。水疊雷奔冲地入，峰層屏束半天横。引杯看劍寬吾志，攬轡觀風檢俗情。滌蕩東溟知有日，居民拭目待澄清。"識者知其有大志。有《清川江》詩云："薩水湯湯漾碧虚，隋兵百萬化爲魚。至今留得漁樵話，未滿征夫一笑餘。"天使祝孟獻次云："隋兵再舉豈成虚，此地幾餘涸轍魚。不見當時唐李薛，直揮旌節到扶餘。"《東國詩話（佚名）》

宋龜峰詩云："連宵寒雪壓層臺，僧在他山宿未回。小閣燈殘靈籟寂，獨看清月過墻來。"龜峰《道中》詩云："閑行忘坐坐忘行，歇馬松陰聽水聲。後我幾人先我去，各歸其止又何爭？"又"有道心懷無戀慕，忘機身世少營爲"，又"花欲開時方有色，水成潭處却無聲"，又"携琴遠望雲歸處，枕石高吟月出時"。嘗以家累繫秋曹，有一聯云："一生身服古人禮，三日頭無君子冠。"《閒居》詩云："落花滿砌苔生徑，童子閑眠門不開。馴鶴忽驚疏竹外，半山殘照一僧來。"《詠雪》云"近簾留暮色，入竹助寒聲"，又"有守窮猶泰，無憂險亦安"，又"水逢深處定，荷到靜時香"，《暮泛》詩云："迷花歸棹晚，待月下灘遲。醉裏猶垂釣，舟移夢不移。"名翼弼，字雲長，贈持平。軼卑。《東詩奇談》

·閑 吟·

東都本新羅，古有四仙，各領徒千餘人，歌法盛行。又有玉府仙人始製曲調數百，本朝閔僕射可擧①傳得其妙。嘗一日獨坐彈琴，有雙鶴來翔，故作别調云："月城仙迹遠，玉府樂聲微。雙鶴來何晚，吾將伴汝歸。"皇龍寺雨花門，是古仙徒所創。風物荒涼，過者無不感傷。學士胡宗旦②乘使軺過其門，見進士崔鴻賓留題："古樹鳴朔吹，微波漾殘暉。徘徊想前事，不覺淚霑衣。"胡瞿然驚曰："真不世才也。"及復命，上問東都遺事，遂奏此詩以爲警。皇祖③以繡衣巡北塞曰："龍城秋日淡，古戍白煙横。萬里無金革，胡兒賀太平。④"其淡古無痕迹，與崔詩同。彼崔詩感歎今昔，故情思多；此詩閑吟邊塞，故風力壯。《補閑集》卷上

① 閔僕射可擧：閔可擧（高麗德宗時人），官尚書左僕射。

② 胡宗旦：宋福州人。高麗睿宗時乘商船至，官至寶文閣待製。

③ 皇祖：高麗第一代王太祖王建（877—943）字若天，開城人，918—943在位。

④《星湖僿説·麗祖詩》：世傳高麗太祖嘗巡塞至鏡城龍城川，有詩云："龍城秋日淡，古戍白煙横。萬里無金革，胡兒賀太平。"以余攷之，麗祖始以鐵嶺爲界，至睿宗三年，尹瓘、吴延寵等開拓邊疆，太祖時未及統合也。雖或微行至此，而豈有胡兒賀太平之理？東人之不攷如此。

辛丑春，晋山姜文良公爲天使遠接使，梅溪爲從事，到關西，唱和甚多。公戲謔梅溪有絶句曰："郎心飄蕩風中絮，妾意團圓盤上珠。珠行只在盤中轉，絮飛萬里終難須。"又曰："九華峰攙大同湮，鴛鴦夢罷誓明神。適來何處阿娘子，百媚千嬌誤舊人。"又曰：

“點筆羅襦千萬字，一字一畫一心鋒。墨蹟未漫郎心改，始信秦皇烈焰功。”公之西都妓曾薦枕者已老，公憫之，有詩曰“十年重到關西地，妓已皤皤客又翁”云云。率至龍灣，遣還有詩曰：“浿江重見老娼兒，隨我他年有好期。自説龍灣會訪處，欲從車馬勝遊時。閑吟鐵笛詩新巧，略掃花鬘愧漸稀。不覺半途雲雨散，獨來孤館轉孤危。”又題其扇曰：“吾猶墨鬢汝紅裙，醉把長琴上統軍。重到龍灣真似夢，不妨吹破滿江雲。”又曰：“十二年前贈別離，重來相見夢邪非？鏡中不識容華變，猶把情悰説舊時。”其後，妓益老而落籍，每使客至西都，妓必以扇詩呈之，多蒙賞吟賙給之優。《謏聞瑣録》卷二

譏賦流泉、評流泉詩

崔塗譏山人出山作《流泉》詩，嘲之曰：“遠辭巖竇泄潺潺，靜拂雲根出故山。可惜寒聲留不得，旋作波浪向人間。”語意殊好。古人流泉詩，儲光羲曰：“山中有流水，借問不知名。映地爲天色，飛空作雨聲。轉來深澗滿，分出小池平。恬淡無人見，年年長自清。”張蠙曰：“遠出白雲中，長年聽不窮。細聲縈石亂，寒色入潭空。掛壁聊成雨，穿林别起風。温泉非爾類，源發在深宫。”吴融曰：“穿雲絡石細湔湔，杳杳疑聞弄管絃。千仞洒來寒碎玉，一泓深處碧涵天。煙迷葉亂尋難見，月好風清聽不眠。春雨正多歸未得，只應流恨更潺湲。”鄭谷曰：“一脈清泠何所之，縈莎漱蘚入僧池。雲邊野客窮來處，石上寒猿見落時。聚沫遶槎殘雪在，迸流穿樹墜花隨。煙春雨晚閑吟去，不復遠尋星子陂。”語各不同，具臻其妙。聽泉，齊己爲佳。曰：“落石幾千仞，冷聲飄遠空。高秋初雨後，半夜亂山中。只有照窗月，更無吹葉風。昔曾廬岳聽，到曉與僧同。”引泉，姚合爲佳。曰：“泉眼高千丈，山僧取得歸。架空横竹引，鑿石透渠飛。洗藥溪流濁，澆花雨力微。朝昏長遠看，護惜似傳衣。”松泉，章孝標爲佳。曰：“石脈縱寒光，松花噴曉霜。注瓶雲母滑，漱齒茯

苓香。野客偷煎茗，山僧借淨牀。參禪不要問，孤月在中央。”其餘“傍松生鶴影，觸石長苔痕”，“窺魚光照鶴，洗鉢影搖僧”，“雨飄白晝雲無影，風過青天雪有聲”等句，皆過工近巧也。《龜磵詩話》卷四

坐碧讀黄

洞庭客吕雲卿嘗於君山側過一老人，索酒數行，閑吟曰：“湘中老人讀黄老，手援紫藟坐碧草。春至不知湘水深，日暮忘却巴陵道。”湘中老人蓋自稱也。東坡云唐末有人誦此詩，殆是李謫先輩，老人真遁世者也。《龜磵詩話》卷十二

優曇華現　也足軒題

貫休詩曰：“夜雨山草滋，爽籟雜枯木。閑吟竺仙偈，清絶過於玉。道人優曇華，迢迢遠山緑。”竺仙，謂如來也。《法華經》云：“如來妙法如優曇鉢花，時一現耳。”又偈曰：“是人甚稀有，過於優曇華。”疏云：“優曇鉢，一名瑞應，三千年一現，現則金輪王出。”簡川景德寺覺範道人種竹於所居東軒，使君楊夢貺題其軒曰“也足軒”。取古人詩所謂“但有歲寒心，兩三竿也足”者也，因爲之賦詩。山谷次之曰：“道人手種兩三竹，使君忽來唾珠玉。客來若問有何好，道人優曇遠遠緑。”末句引用貫休詩，言竹之所以可愛，政由道人難得耳。山谷《與周元翁書》曰：“覺上坐，潙山華老門人也。聞道已久，多於前輩，道機純孰，知慮深遠。於士大夫中求之未易得。云云。”《龜磵詩話》卷十八

英廟初年，號多詩人，如清潭李佐郎重渙、菊圃姜學士樸、慕軒姜司書必慎、藥山吳參判光運、脊節齋李參判仁復，才氣相上下，互相唱酬，清潭之名殆掩諸子。癸卯，脊節罷官居順興，聞清潭住丹陽，以書相邀，游大小二白山。凡山之表裏形勝奇跡異聞無不搜

討，一行唱和，幾至百篇。清潭之《聚遠樓》《浮石寺》二詩最爲膾炙。其《聚遠樓》詩曰："茫茫太白與天通，舊刹雄開左海東。河岳遠朝千里外，殿樓飛出二儀中。名僧去住花生樹，故國興亡鳥度空。誰識周南留滯客，浮云落日意無窮。"其《浮石詩》曰："縹緲鐘樓十二欄，東南千里眼前看。人間渺渺新羅國，天下深深太白山。秋壑暝煙飛鳥外，海門殘照斷云端。登臨不到上方寺，豈識千秋行路難？"眘節《聚遠樓》詩曰："特地河山萬里通，新晴徙倚小樓東。孤僧自在白雲外，老子閑吟紅樹中。一道飛泉清入户，千秋危石翠浮空。禪花開落無人見，怊悵西天思不窮。"其《浮石寺》詩曰："一雨天應餉一欄，樓前奇事試來看。蕭蕭數火此村夕，漠漠千峰何郡山？翠鳥飜飛幽薄内，黄螭遊戲彩云端。沙彌拍手移時笑，不識詩家琢句難。"亦稱佳作，而若其音節洪亮，似遜於清潭。《三溟詩話》

·吟·

睿王天性好學，尊尚儒雅。特開清宴閣，日與學士討論墳典。嘗御莎樓前有木芍藥盛開，禁署諸儒刻燭賦七言六韻詩。東宮寮佐安寶麟爲之魁，隨科級恩例尤厚。時康先生日用[1]詩名動天下，上心佇觀其作，燭垂盡纔得一聯，袖其紙伏御溝中。上命小黄門遽取之，題云："頭白醉翁看殿后，眼明儒老倚欄邊。"其用事精妙如此，上歎賞不已曰："此古人所謂'白頭花鈿滿面，不若西施半妝'。"慰諭遣之。今擬補亡："一朵姚紅值萬錢，輕陰正值養花天。仙妝不借燕脂染，春信先憑羯鼓傳。楚俗芳辰臨百五，漢宮新寵冠三千。朝因日照先迴醉，夜怕風寒不肯眠。頭白云云。燭華漸盡吟彌苦，擷得餘妍入一聯。"詩之巧拙不在於遲速先後，然唱者在前，和之者常在於後，唱者优游閒暇而無所迫，和之者未免牽強墮險。是以繼人之韻，雖名才往往有所不及，理固然矣。楚老見眉山賦雪"叉"字韻詩，愛其能用韻也，先作一篇和之。其心猶未快，復以五篇繼之。雖用事愈奇，吐詞愈險，欲以奇險壓之，然未免如前之累。兵法曰："宁我迫人，無人迫我。"信哉。今朝登書樓雪始霽，因憶兩老詩，和成二篇。僕亦未免於牽強，觀者宜恕之。"千林欲暝已棲鴉，燦燦明珠尚照車。仙骨共驚如處子，春風無計管狂花。聲迷細雨鳴窗紙，寒引羈愁到酒家。萬里都盧銀作界，渾教路口没三叉。""霽色棱棱欲曉鴉，雷聲陣陣逐香車。寒侵緑酒難生暈，威逼紅燈未放花。一棹去時知客興，孤煙起處認山家。閉門高臥無人到，留得銅錢任畫叉。"《破閑集》卷上

① 康先生日用：康日用（高麗睿宗時人），詩人。

琢句之法，唯少陵獨盡其妙。如“日月籠中鳥，乾坤水上萍”[①]，“十暑岷山葛，三霜楚户砧”[②]之類是已。且人之才如器皿，方圓不可以該备。而天下奇觀異賞可以悦心目者甚夥，苟能才不逮意，則譬如駑蹄臨燕越千里之涂，鞭策雖勤，不可以致遠。是以古之人雖有逸才，不敢妄下手。必加鍊琢之工，然後足以垂光虹霓輝映千古。至若旬鍛季鍊，朝吟夜諷，撚鬚難安於一字，彌年只賦於三篇，手作敲推直犯京伊，吟成大瘦行過飯山，意盡西峰鍾撞半夜，如此不可以縷舉。及至蘇黄，則使事亦精，逸氣横出，琢句之妙可以與少陵井駕。《破閒集》卷上

① 杜甫詩題《衡州送李大夫赴廣州》。

② 杜甫詩題《風疾舟中伏枕書懷三十六韻奉呈湖南親友》。

白雲居士，先生自號也。晦其名，顯其號。其所以自號之意，其在先生《白雲語録》：“家屢空，火食不續，居士自怡怡如也。性放曠無檢，六合爲隘，天地爲窄。嘗以酒自昏，人有邀之者，欣然輒造，徑醉而返，豈古淵明之徒與？彈琴飲酒，以此自遣。”此其實録也。居士醉而吟一詩曰：“天地爲衾枕，江河作酒池。願成千日飲，醉過太平時。”又自作贊曰：“志固在六合之外，天地所不囿。將與氣母游於無何有乎！”《白雲小説》

余於中秋泛舟龍浦，過洛東江，泊犬灘。時夜深月明，迅湍激石，青山蘸波，水極清澈，跳魚走蟹俯可數也。倚舡長嘯，肌髪清快，洒然有蓬瀛之想。江上有龍源寺，僧出迎相對略話。因題二首：“水氣凄凉襲短衫，清江一帶碧於藍。柳餘陶令門前五，山勝禺強海上三。天水相連迷俯仰，雲煙始捲辨東南。孤舟暫係平沙岸，時有胡僧出小庵。”[①]“清曉泛龍浦，黄昏泊犬灘。點雲欺落日，狠石捍狂瀾。水國秋先冷，航亭夜更寒。江山真勝畫，莫作畫屏看。”[②]遇興率吟，亦未知中於格律也。《白雲小説》

①《東文選》卷十四題《過龍潭寺》。

②《東國李相國全集》卷六題《八月七日黎明發龍潭寺，明日泛舟龍浦，過洛東江泊犬灘。時夜深月明，迅湍激石，青山蘸波，水極清澈，跳魚走蟹，俯可數也。倚船長嘯，肌髮清快，洒然有蓬瀛之想，不覺沈痾頓釋。江上有龍源寺，寺僧聞之出迎於江上，固請入寺，予辭之，邀僧至船上，相對略話。因題二首》。

翌日放舟不棹，順流東下，夜泊元興寺前。寄宿舡中，時夜静人眠，唯聞水中跳魚潑潑然有聲。余枕臂小眠，夜寒不得久寐。漁歌商笛，相聞於遠近。天高水清，沙明岸白，波光月影，搖盪舡閣。前有奇巖怪石，如虎踞熊蹲。余岸幘徙倚，頗得江湖之樂。況日擁紅妝，管絃歌吹，得意而遊，則其樂何勝道哉？得詩二首云："碧天浮遠水，雲島認蓬萊。浪底紅鱗没，煙中白鳥來。灘名隨地換，山色逐舟回，唤取江城酒，悠然酌一杯。""夜泊沙汀近翠巖，坐吟蓬底撚疏髯。水光瀲瀲搖舡閣，月影微微落帽沿。碧浪漲來孤岸没，白雲斷處短峰尖。管聲啁哳難堪聽，須唤彈箏玉指纖。"①時使一吏吹笛。《白雲小説》

①《東國李相國全集》卷六題《明日放舟不棹，順流東下，舟去如飛，夜泊元興寺前，寄宿船中。時夜静人眠，唯聞水中跳出之魚鱍鱍然有聲。予亦枕臂小眠，夜寒不得久寐。漁歌商笛相聞於遠近，天高水清，沙明岸白，波光月影搖蕩船閣，前有奇巖怪石如虎踞熊蹲。予岸幘徙倚，頗得江湖之樂。噫！江湖之樂雖病中不可以不樂。況乎日擁紅妝，彈朱絃，得意而遊，則其樂曷勝道哉。得詩二首云》。

每歲二月爲燈夕，前一日駕幸奉恩寺禮祖聖真，號爲"奉恩行香"。在舊都九街廣坦，白沙平鋪，大川溶溶，流出兩廊間。至此夕，百寮大小各結繒山，諸軍府亦以繒綵結絡，聯亘街陌。以畫幛書屏張左右，競作伎樂，萬枝燈火連天如白晝。上行幸還，兩部伎女著霓裳戴花冠，執樂迎蹕於昇平門外，奏還宮樂，入興禮利賓門間。宮殿沈沈，高擲星斗。樂聲轟轟，如在半天。仁廟[1]朝魏闕火，興禮利賓門還宮樂廢久矣。重營，至十八年畢就。是年燈夕復舊樂入此門，上吟一絶云："此地君臣樂，虛經十八年。幸因匡弼力，既醉復如前。"載此御製者，因紀事。他皆類此。《補閑集》卷上

① 仁廟：高麗第十七代王仁宗王楷（1109—1146），初名構，字仁表。公元1123—1146年在位。

思庵忤逆旽乞退，有句云："不是忠衰誠意薄，大名之下久居難。"讒者伺旽意構曰："'盛名久居'本范蠡辭越王語也。淑以范自比，勾踐比王。且瑞州近海，必效范蠡所爲，不如早除。"愬於旽，旽白王害之。本朝孟文貞公思誠、朴貞肅公安信[1]同爲臺官，坐言事當誅。文貞面有墨色，蒼黃罔措；貞肅顏色自若，口吟一絶云："數當千載應河清，自謂君王至聖明。爾職不供甘受死，恐君得殺諫臣名。"以磁尖畫地成字，瞋目語獄吏曰："當以詩上聞，不則我爲厲鬼，爾屬無噍類矣。"太宗聞而霽威，赦之。古人云："詩能窮人，亦能達人。"予則曰；"詩能殺人，亦能活人也。"《東人詩話》卷上

① 朴貞肅公安信：朴安信（1369—1447）後改名安臣，字伯忠，尚州人。高麗太祖癸酉生員狀元，定宗己卯文科。官至大提學，謚貞肅。

董侍講、王給事之來，余爲平安監司，迎命於安州。侍講到平壤黌堂謁聖，見宣尼土像曰："與中朝一般。"館伴許陽川曰："土像有類浮屠，故王城伴宫不造像而用位版。"侍講曰："此是良法也。"又至檀君廟，見東明王位版曰："此漢人也。"又至箕子廟，摩挲碑碣，高聲讀曰："佳作也。恨無庇雨之閣也。"又至其墓，巡廻塋域，遂作弔辭，慷慨不歇。又泛舟大同江，與陽川論江山之勝。是時微雨，余請留。侍講曰："王事有程，不可留也。"郎中吟東坡"淡妝濃抹總相宜"之句，余指浮碧樓曰："彼亦前賢所遊之地，願陪大人

一陟。”侍講欣然從之，登樓四顧曰：“風景無雙。”適雨歇，侍講曰：“主人欲留客則雨，客欲行則晴。天意皆知賓主之情矣。”相揖而去。及竣事還也，余奉兩使順流而下。漁人布網得魚，魚撥剌揚鬐。兩使歡甚，遂貯盆中而翫之。仍令促膾曰：“鮮美無右。”虞人捕雉而來，侍講手撫而嗅之曰：“吾欲效子路之拱。”放雉於林間曰：“任汝飛去。”至南湖登小樓而憩，虞人又捕獐而至。侍講繫獐於百步樹，令武士射之，中則拍手大笑。給事曰：“君子遠庖廚也。大人何忍見之？”侍講曰：“如牛馬有益於人者不忍殺。獐鹿無益於人而宜於食，殺之何害？”見故都市井曰：“此是何處？”余答曰：“此是箕子遺墟，行井田法之處也。”余潛令人奏絲管於村落間，侍講問曰：“此何聲？”余答曰：“箕子莅治之後，遺風未殄，家家尚弦歌也。”侍講曰：“真禮義之邦也。”見路上觀光婦人曰：“此何人？無乃州官妻乎？”譯官答曰：“此是城中倡妓也。州官皆士族之人，閨門有範，妻妾豈出於路乎？”給事曰：“早知如此，當縱目觀矣。”至風月樓，臨池歎賞曰：“最是佳處。雖中朝罕有如此之區。”余請樓記，侍講曰：“主人隨我遠行，則當製呈之。”余不得已行，之安州而送之。侍講因作記贈余。兩使於路上見峰巒，皆問其名。若遇奇巖怪樹，必駐馬吟賞。花草稍有妍美者，亦必把而翫之。待人温謹，若問中朝之事，悉陳無隱。侍講詩文俱清贍，筆濃晋跡。給事詩與書亦皆豪宕。真一雙連璧也。然詔勅分迎之事，有違於禮，未免東人所譏也。《慵齋叢話》卷一

崔司成脩有能詩聲。嘗謂人曰：“吾於路上見鼠穿穴，偶得句云‘陌鼠縱横穴’，未得其對。及見有禽成巢，遂足之云‘山禽委曲巢’。此皆得於自然，非經營也。”《黄驪途中》詩云：“甓寺鍾聲半夜鳴，廣陵歸客夢初驚。若教張繼來過此，未必寒山獨擅名。”又作《琴師金自麗》詩云：“我昔驪江江上吟，携衾半夜獨鳴琴。初疑石竇冷泉咽，却訝松窗爽籟侵。白雪陽春遺響在，高山流水古情深。

喜聞今日相思調，彈盡年來不見心。”《慵齋叢話》卷五

金文平公乖崖能通《六經》諸子百史，無不探討，尤深於釋典。嘗謂人曰：“學文之功，須要熟讀一書。又當緩而思之，急速則難嚌其味。我操心定性，故觸處皆通也。”少時每從人借書，來往泮宫。日日抽取一張，藏諸袖間而誦之。若有遺忘之處，則出而視之。誦而即記，故誦一帙則一帙盡矣。申相文忠公有受賜《古文選》，妝潢新巧，愛之不離手。公往借之懇，文忠公不得已借之。踰月到其家，則裂取之片片塗於壁上，煙薰莫辨。問其由，則曰：“吾嘗卧而誦之矣。”其爲文章筆勢浩瀚，如長江巨浪滔滔不能遏。人有求詩文者，信手而成，未嘗起草。或有人並求者雖至八九，令人搦筆，公四顧呼之，各適其體，而文不加點。世祖朝多設舍利瑞氣陳賀之事，雖有主文者，不得造次撰表。翰林持紙而進，則應之如響，對友益精。嘗與宰樞論文，丘中樞從直曰：“乖崖雄文巨筆則不敢望，至如《四書》疑則當不讓矣。”公憤然曰：“然則與君校藝可乎？”金判書禮蒙時在座，抽問四書疑處。丘公先成之，皆陳言俚説。公次成之，《六經》注疏無不引而證之，超到古人所不到處。衆皆服其神。是日永順君謂公曰：“吾有謝恩事，可製表惠之。”公許諾，行至下輦臺畔曰：“還家則懶慢難成，欲於此時製呈。”遂索紙張立口號，令儒士書之一刻而就，表辭懇到精切。丘公跪沙中曰：“平昔雖聞公文章高妙，不知至於此極。今日始知天之高也。”不復與公爭文。皇華陳翰林遊楊花渡賦詩，詩有“怡”字。人有次其韻者，皆羞澀。公遂占曰：“江深畫舸惟須泛，山遠晴雲只可怡。①”陳公曰：“‘山中何所有，嶺上多白雲。只可自怡悦，不堪持贈君。’君真得其趣也。”祈郎中遊漢江賦詩，詩有“眠”字，侍座文士皆和一篇。公獨艱苦沈吟，良久未就，竟占一句云：“江口日斜人自集，渡頭風靜鷺絲眠。②”時注書李昌臣在旁告人曰：“自集、絲眠，恐非對格。”公遽曰：“君可改之。”昌臣曰：“改絲爲閑若何？”公曰：“君言甚當。我

近來詩思枯涸，此是不針灸之患。”人皆笑之。公長於詩文而拙於治產，每布書籍於牀，施席於其上而寢之。人問其故，乃曰：“牀冷無氈也。”門前有大槐樹嫩緑成陰，公令奴鋸斷之。人問其故，乃曰：“家中無薪，欲炊飯也。”事多類此。《慵齋叢話》卷五

①《皇華集》卷四題李克侃作：“矗石危峰俯碧湄，似攀鰲背接瓊卮。江深畫舸唯須泛，山遠晴雲只可怡。使節孤標冰檗操，錦筵三疊柳枝詞。得倍酩酊高人醉，須信皇恩賜遠陲。”

②《皇華集》卷九載原詩：“春江勝日棹樓船，帆影參差鏡裏天。官渡日斜人自集，釣磯煙暝鷺閒眠。詩膽任却因風就，酒面從教麗水濺。何幸得陪天上客，肯攜高袂醉相牽。”

釋混修[①]號幻庵，早喪厥考，年甫十三隨叔鴿獵於郊。有一鹿前走若有顧待者，俄而一鹿兒追至。因感慨曰：“獸之念兒，與人何別？”即念考休獵，祝髮爲釋，習竺墳，名聲藉甚，儕流莫敢拚而倫之。往金剛山，食木衣麻，脇不霑席，若將終身焉。念慈母倚門之望，遂還作偈云：“寄語巖前松柏樹，重來與爾終天年。”後師事息影庵習《楞伽經》。衆皆粗得其皮，師獨深味骨髓。玄陵建道場於廣明寺，以懶翁主之。一時衲子無有升堂者，上有不豫色。薄暮將罷場，師後至，上喜甚迓之。師立門外，懶翁問：“如何是當門句？”師曰：“不落左右，中中而立。”問：“如何是入門句？”師即入門曰：“入已還同未入時。”問：“如何是門内句？”曰：“内外本空，中云何立？”問：“山何嶽邊止？”曰：“逢高即下，遇下即止。”問：“水何到成渠？”曰：“大海潛流，到處成渠。”問：“飯何白米造？”曰：“如蒸沙石，豈成嘉餐。”深肯之，辛禑遂以爲國師。師聞之不懌然，作偈云：“三十年來不入塵，水邊林下養情真。誰將擾擾人間事，係縛逍遙自在身。”一日在青龍寺有疾，唤門人囑後事曰：“吾行在晚。”至晚倚墻作偈曰：“任運騰騰度一生，病中消息更惺惺。無人識得吾歸處，窗外白雲横翠屏。”儼然而逝。師嘗請尹評畫山水

十二幅，又請尹紹宗作詩。紹宗舉目而覩，走筆成之。紹宗出，師謂門人曰："此詩雖好，難上於屏。不如邀牧老耳。"遂邀牧隱到房，張屏坐其中。良久沈吟，先書題目曰："此黄鶴樓也，此滕王閣也。"一一名之。然後搦筆成詩，詩思入神。遂手書屏上而去。師曰："此真老手也。"嘗寶玩之。後爲廣平府院君李仁任所得。余少時至儒生歌謠廳見此畫，筆蹤疏宕而遒勁。即牧隱手筆也。《慵齋叢話》卷六

① 釋混修：混修（1320—1392），字無作，號幻庵，謚普覺國師，高麗名僧。俗姓趙，廣州人。辛禑九年（1383）以僧混修爲國師。

洪參判逸童①未第時出遊，方載渡船，有一豪士率奴僕十許人，或挾彈，或携鼠狼，鞍馬鮮明，呵呼而至，見洪馬僕，盡驅逐下船。洪獨乞曰："某亦良家子，請留一隅。"屏伏以俟。其士登舟，奴人各捧饌物而進，其士且啖且叩舷吟曰"水鳥浮還没"，未記其對。沈思久之，洪乃躍出曰："山雲斷復連。"士警曰："汝爲何人？"應聲曰："生員洪逸童。"士即起，携手並坐，聯句極歡，因爲厚交。士乃沈善也。逸童字日休，號麻川，南陽人。官進賢館提學，女爲成宗後宫。《謏聞瑣録》卷一

① 洪參判逸童：洪逸童（？—1464），字日休，號麻川，南陽人。

月山大君婷①字子美，號風月亭，喜酒好文雅。成化乙巳、丙午年間，屢陪詩酒。嘗贈予詩曰："伸也風騷客，詩名又一奇。獨能兼古律，不奈是珠璣。吟裏思無盡，閑中喜有期。相逢一樽酒，談笑興遲遲。"句格高遠深穩，尋常業詩者所不能及。《謏聞瑣録》卷三

① 月山大君婷：李婷（1454—1488），字子美，號風月亭，謚孝文。德宗長子，成宗之兄。深得世祖寵愛，七歲封爲月山君。成宗時晋封爲月山大君，册録爲二等佐理功臣。酷愛書史，文章出衆，詩尤著名。著有《風月亭集》。

正德乙亥，余以直提學宣慰日本使臣南湖西堂等。行到凝川，時以國恤，繁麗事一屏，獨處望湖堂。皓月入簾，湖山霱如。天空人靜，清氣襲骨。奇興滿眼，横逸不可當。沈吟得句，晨起索筆，則匣中只有空管，尖頭忽失所在。披衾振衣，搜竟不獲，心甚怪之。逮立馬將出，更開匣視之，尖頭依舊束管矣。是夜臨卧用以書牘訖，手藏其匣而蓋之，無罅缺可出。且窄堗油箋，滑如琉璃，淨壁又無一物，墜毫斷針皆可摑數。三面俱閉但虚南，而吾卧當其窗。輿衛外直者夜絶來往。匣在枕傍，終始手撫之，更無人啓閉。未知尖頭初何以逸匣？逸匣而藏諸何？又何以復入舊匣耶？百思殊不可得，意亦爲神而非人也。語諸主使，則主使曰："古云'詩成泣鬼神'，或云'神靈泣'，或云'鬼神愁'，豈真有是耶？"余曰："自古騷人詞客之過此者，嘲啾呻詠，壁間鏤板鱗比蠔粘，其受弄侮，鬼且慣矣。何有於一蕪語耶？其必以貧於詩，未免爲拍手揶揄之嘲戲耳。"相視一莞而去。時李枽仲爲主使云。《龍泉談寂記》

南止亭衮[①]爲黄海監司時，鍾愛海州妓。遞還，到金郊驛，初以謂主守以妓追别於驛亭。待之不來，終夜耿耿無一寐。吟一絶書壁曰："葉走空庭窣窣鳴，誤驚前夜曳鞋聲。旅窗孤枕渾無寐，半壁殘燈翳復明。"聞者謂香奩情態曲盡其妙，人莫能及也。《思齋摭言》

① 南止亭衮：南衮（1471—1527），字士華，號知足堂、止亭，謚文敬。籍貫宜寧。著有《止亭集》《柳子光傳》《南嶽唱酬録》。

柳從龍雲[①]性軼宕，不拘小節。年十七中司馬試，二十登第居亞元，廿五六已躋三品。嘗爲忠清御史，初入公州，意以謂必選進妙妓薦枕，下帳大卧以俟之。州官以御史不如他使客，恐忤霜威，不敢進妓，只令以通引衛宿廡下。終宵耿耿，寂無人跡聲。詰朝將發，吟一絶書寢屏曰："公山太守怯威稜，御史風情識未曾。空館無人消永夜，南來行色淡於僧。"聞者大噱。《思齋摭言》

① 柳從龍雲：柳雲（1485—1528）字從龍，號恒齋，謚文敬，改謚文獻。籍貫文化。詩歌出色。編有《進修楷範》。

鄭雲卿士龍[1]，嘗奉使嶺南，愛昌原妓。相別到驛亭，吟一絶書柱間隱微處曰："斷盡愁腸無一寸，檜山情刃太尖銛。"權觀察敏手亦奉使往嶺南，繼踵至驛亭，適見柱間所書，墨猶未乾，認知爲鄭書。即見雲卿曰："詩貴於哀而不傷。檜山詩句無乃太傷[2]乎？"鄭驚覺失笑。《思齋摭言》

① 鄭雲卿士龍：鄭士龍（1491—1570），字雲卿，號湖陰。籍貫東萊。光弼侄。詩文、音律、書法卓越，著有《湖陰雜稿》今傳。

② 底本脱"太傷"，據《詩話叢林》補。

成夏山夢井[1]才氣超邁，雖性懶不事文墨，然往往得意則頗有佳句。嘗乘舟過楮子島，仰見權上舍順衡江亭俯壓江潯，空閉寥寂。卸舟登臨，倚欄長嘯。酌數觥，沈吟成一絶書壁間。其末句云："朱欄大抵多空寂，携酒來憑是主人。"嘗觀白樂天詩曰："多少朱門鎖空宅，主人到了不曾歸。"司空曙詩云："黄金散盡教歌舞，留與他人樂少年。"雖本此二詩，然亦佳。《思齋摭言》

① 成夏山夢井：成夢井（1471—1517），字應卿，號場巖，謚襄景。籍貫昌寧。成聃壽侄。

金提學淨坐黨禍，杖流濟州。至海南之海涯，憩道傍老松下，吟成三絶，白松木而書之曰："欲庇炎亭濁死民，遠辭巖壑屈長身。村斧日尋商火煮，知功如政亦無人。"又："海風吹過悲聲遠，山月高來瘦影疏。賴有直根泉下到，雪霜標格未全除。"又："枝條摧折葉鬖髿，斤斧餘形欲卧沙。望絶棟樑嗟已矣，槎牙堪作海仙查。"士林傳誦，莫不憐之。《思齋摭言》

猿亭自少有方外志。年十九，逃世遠遊，遍觀名山水。作詩飄逸，且善畫，真絶代奇士也。中歲爲族人搆陷，以非罪被法。平日所從遊者李達亨等以簾斂屍，權厝於谷，夜守其側。嘗夢猿亭來吟一絶曰："玄室誰相訪，清猿獨可親。自從簾谷後，遙憶蓋骸人。"《己卯録》

王天使之來也，湖陰爲遠接，洪宰相忍齋公[①]亦遠接。宦官天使同在龍灣。湖陰贈洪宰相頸聯云："摩壘氣沮宜退舍，襲蘭心折共停旄。"僕以"沮"之違律稟之，公曰："'衰'字何如？"僕曰："未若'摧'字之有力也。"公曰："汝得之矣。"贈天使詩曰："鰈海秦城餘萬里，幾重雲樹隔煙微。"僕曰："既著'雲'又著'煙'，恐未穩也。改'雲'爲'春'何如？"曰："汝言是也。"公凡起草，必使僕秉筆，每下字吟思不得，則必下問於僕，而所得者稱意，則輒改下，無執拗之病矣。僕到京城，以"春"字之意評於同僚，柳沆曰："爾亦未之思乎？'春樹'之下著'雲'字可也，'煙'則非本色語也。"僕歎服不已。恨不書"雲"字於《皇華集》中也。忍齋諱暹。《松溪漫録》卷上

① 洪宰相忍齋公：洪暹（1504—1585），字退之，號忍齋，謚景憲。籍貫南陽。洪彦弼子。趙光祖門人。善詩文，通曉經書，著有《忍齋集》今傳。

沈宰相彦光甫[①]聞龔、吳出來，前數月用張寧六十韻，宿構琢磨。天使到國，沈相爲館伴，先自出示。兩使於回程，各索報章。行色悤卒，遠接湖陰未遑下手，僅酬上使。時安分先生與趙宰相仁奎甫[②]以宣慰偕行。湖陰屬二公答副使，安分操筆押吟精力已竭，趙相携妓縱飲無意於製作。安分使人覘之，至夜半暢飲自若，鷄鳴醉卧帳中。安分深不平，黎明袖其稿就其卧内，扶而起之，責之甚峻。趙相筆不停輟，須臾乃畢。實飲酒時腹稿也。雖間有疵纇，聰敏絶

倫，人莫能及。安分云。《松溪漫録》卷下

① 沈宰相彦光甫：沈彦光（1487—1540），字士炯，號漁村，謚文恭。籍貫三陟。善詩文，著有《漁村集》今傳。

② 趙宰相仁奎甫：趙仁奎（朝鮮中宗時人）字景文，號寓庵，豐壤人。中宗丙子生員，己卯登明經科，官止左尹。以文章稱，編集《儷語編類》二十卷。

舍人司蓮亭有池臺之勝，舍人無職務，每邀先生爲聲妓之樂，宰相亦多赴焉，人比之登瀛。嘉靖壬子春，宋贊治叔爲左舍人，守慶爲右舍人，至於萬曆辛卯秋，爲四十年矣。治叔年八十二，官經參判，爲同知中樞；守慶年七十六，官經參政，爲判中樞。先生案中聯名俱存，亦人世一幸也。一日約赴蓮亭，酒半，守慶吟一絶曰："憶入蓮亭四十年，當時僚契亦因緣。俱成白首真多幸，此日同携醉舊筵。"治叔和之曰："共醉兹亭在盛年，相携黄髪是何緣。誰知此日同遊興，地主風流趁肆筵。"舍人盧稷以詩刻板懸於壁。宋贊年今八十八，守慶年今八十二，尤爲幸也。《遣閑雜録》

萬里峴下鄉老之會，日長時則設點心，日短時則設饅頭，而酒則略設焉。壬辰夏，遭亂離散。至甲午冬，還集都下，生存者只宋西郊[①]、安竹溪[②]、沈聽天三人而已。三人皆蕩無家舍，僑寓城中，相訪甚稀。乙未秋九月，西郊曰："舊契三人，猶可以輪會修契事也。"聽天先設饅頭及酒，視舊尤略。席上聽天唱吟曰："二年經大亂，三老保餘生。舊會猶堪續，新醅正可傾。相看鬚鬢白，共作笑談清。托契知多少，吾儕最有情。"西郊和之曰："濛濛昏雨歇，促席話平生。青眼論文對，丹心挾酒傾。征鴻呼侶急，寒菊送香清。倚醉看斜日，誰知坐久情。"竹溪和之曰："重修舊契客，庚癸丙年生。仙果金盤薦，香醅盡盞傾。白頭商嶺老，高興竹林清。百歲無多日，終須盡此情。"時西郊年八十六，竹溪年八十三，聽天年八十

也。《遣閑雜録》

① 宋西郊：宋贇（1510—1601），字治叔，號西郊，鎮川人。丁酉生員狀元，庚子文科，右贊成。

② 安竹溪：安瀚（1513—？），字季容，號竹溪，順興人。

癸卯司馬同年，每月輪設榜會，壬辰夏，遭亂分散。甲午春還都下，生存者只沈聽天、鄭雙谷[①]、張松嶺[②]三人而已。乙未秋九月，聽天曰："三人猶可謂榜會。"聽天先設。席上聽天唱吟曰："二百同年榜，生存只箇三。凋零雖太甚，會集亦猶堪。抵死拚佳約，從人作美談。正逢秋色好，窗外望終南。"雙谷和之曰："令節月當九，衰翁坐對三。新歡情不盡，舊義思何堪。懷抱憑詩酒，光陰付笑談。徘徊不忍去，一散隔東南。"松嶺和之曰："佳節團欒會，親朋鼎坐三。送秋懷作惡，垂老病難堪。寓興詩兼酒，逢場笑且談。夕陽歸去路，楓葉滿山南。"時聽天年八十，雙谷年七十九，松嶺年七十二也。《遣閑雜録》

① 鄭雙谷：鄭惕（1517—？），字君吉，號雙谷，海州人。中宗癸卯生員二等。

② 張松嶺：張士重（1524—？），字彦厚，號松嶺，德水人。

日本使倻中之來也，金慕齋爲宣慰使，時適夏月，倻中見食案有冰，忽吟曰："冰消一點還成水。"請慕齋屬對，慕齋呻吟半日，竟不就。"木立雙株便作林"，未知其誰作。《稗官雜記》卷一

山谷《題蘇若蘭回文錦詩圖》："千詩織就回文錦，如此陽臺暮雨何。亦有英靈蘇蕙手，惜[①]無悔過竇連波。"人多不曉其意。余沈吟數月，得之於心，蓋蘇蕙字若蘭，竇滔妻也。滔仕符堅，爲連波將軍，被罪徙流沙。後堅聞其悔過，乃召還。山谷謫黔南時作此詩，其意曰："吾雖有婦如蘇蕙回文之才，而但我不如連波之能悔過，故

不得放還也。”嘗以此稟於湖陰、安分[②]二先生，皆是之。《稗官雜記》卷一

① 惜：《山谷集》作“只”。

② 安分：李希輔（1473—1548），字伯益，號安分堂。籍貫平壤。文科及第。燕山君時代歷任修撰、正郎等職。中宗元年（1506）爲直提學，因阿附張綠水獲罪被罷職，後再次啓用，任大護軍、僉知中樞府事等職。著有《安分堂集》今傳。

余一日謁安分李先生，先生詠唐熊孺登《祗役遇風謝湘中春色》詩曰："水生風熟布帆新，只見公程不見春。應被百花撩亂笑，此[①]來天地一閑人。"仍謂余曰："某平生不解此詩爲何等語也。"余對曰："小生竊嘗有得焉。題所謂祗役者，蓋熊老必有監運之事。既水生風熟，而布帆又新，所以貪於公程而不知春色之已來也。今因遇風，纜舟閑卧，故水邊之花相撩亂而笑之曰：'汝此來始賞吾百花，作天地之一閑人矣。'此熊老所以謝湘中春色者也。"先生沈吟首肯曰："渠見似是。"《稗官雜記》卷一

① 此：《全唐詩》作“比”。

·諷 詠·

古人詠明皇貴妃事者多。嘗愛韓子蒼詩“尚覓君王一回顧，金鞍欲上故遲遲”[①]，張祜詩“桃花院靜無人見，閑把寧王玉笛吹”[②]。今觀李文順《開元天寶四十二詠》，隨事諷詠，抑揚頓挫，沈深痛快，雖置之唐宋作者亦無愧焉。其《賦剪髮》云:“勅還外第妃何恨，一朵烏雲足市懽。”其《賦玉笛》云:“竊向寧王非細事，可憐君意未終移。”雖韓、張老膝不得不屈。予嘗讀羅隱詩“佛屋山頭野草春，貴妃輕骨此爲塵。從來絶色終難得，不破中原不是人。[③]”語雖工，非仁人君子之言。文順《賦辟寒犀》云:“羅綺香薰暖似春，君王猶愛辟寒珍。人間臘雪盈三尺，白屋那無凍死民。”豈不有關於治教乎？《東人詩話》卷下

① 韓駒《題明皇上馬圖》。

②《紺珠集》卷一《竊吹玉簝》: 妃竊吹寧王玉笛，忤旨放出，已而獲召。張祜詩云:“小花静院無人見，閒把寧王玉笛吹。”

③ 羅隱《馬嵬坡》:“佛屋前頭野草春，貴妃輕骨此爲塵。從來絶色知難得，不破中原未是人。”

奇典翰遵[①]一日禁直，夢覊旅關外，間關跋涉，客路中吟成近詩一首曰:“異域江山故國同，天涯垂淚倚孤峰。頑雲漠漠河關閉，古木蕭蕭城郭空。野路細分秋草外，人家遙住夕陽中。征帆萬里無回棹，碧海茫茫信不通。”忽覺，記夢書館壁。未久，坐己卯儻籍謫湖西，俄又移配北道之穩城。道中所見皆是詩中景色，控馬諷詠，悽然嗚咽，從者皆揮淚。至穩城尋賜死。可知人事皆有前定。士林傳誦莫不嗟惋。《思齋摭言》

① 奇典翰遵：奇遵（1492—1521），字敬仲，號服齋，謚文愍。德陽人。奉享穩城忠谷書院、高陽文峰書院、牙山牙山書院。著有《德陽遺稿》今傳。

申企齋凡有所作詩，輒示申直講濩，得其是正，方以行於世。一日以《洗草宴契軸詩》令申觀之。讀至“人間遺迹似龍騰”，未契於心，再三諷詠。企齋曰：“以爲未治當耶？”申曰：“東坡詩所謂：‘世間遺跡猶龍騰者’，謂蘭亭繭紙真本殉葬昭陵，其摹本之傳於世者，猶如龍騰。謂摹本雖非真本，其筆勢猶似龍騰。今用此語，以對‘天上寶書隨水化’，恐未當。”企齋曰：“何可作如此看，龍騰只謂如龍之變化，而無迹也。”不以申語爲然，不改“龍騰”之語而傳於世。今恐申語爲是。《月汀漫筆》

韓明澮得《渭川釣魚圖》，絶筆也，求名人詩，咸曰：“非五歲難稱此畫。”於是請五歲來。梅月公自京山至，援筆立寫曰：“風雨瀟瀟拂釣磯，渭川魚鳥却忘機。如何老作鷹揚將，空使夷齊餓採薇。”其詩風韻絶清，句句含諷詠之意，不覺悵然。《於于野談》

尹春年知音律，鄭湖陰作樂府示春年，春年曰：“我國人不識音律，自古不能作樂府詩辭。子雖工文章，不能協五聲六律。”湖陰倣《清平調·洞庭西望楚江分》作一絶，字字用禮部韻同音之字，以示春年。春年諷詠一過曰：“此一節諧律可用。”湖陰蹶然稱謝，自此更不作樂章。《於于野談》

纖巧留情之詞古人不取

杜陵之詩，其語意矜嚴，絶無香奩體。《麗人行》則出於諷詠時事，有《國風》之義。其餘或舉“佳人”字以文詩句而已，不如晚唐及宋人作纖巧留情之詞。李白詩蕩，故多言婦人。此古人所不取

也。韓公詩亦無閨情，但鎮州道上數首絶句而已。《霽湖詩話》

《書》曰：“詩言志，歌永言”。《記》曰：“温柔敦厚，詩之教也。”此周詩《三百篇》宗旨也。韩子曰“詩正而葩”，朱子取之，此詩之體格也。反是，而志尚頗僻流蕩，詞意粗濁險怪，皆詩之外道也，今當以《三百篇》爲宗主，熟讀而諷詠之，此詩學之本也。《學詩準的》

昔敖陶孫評漢魏以下諸詩，王世貞評皇明百家詩，皆善惡直書，與奪互見，凜然有華衮鈇鉞之榮辱。嗚呼！評詩之難，尚矣！評其所難評，而使夫後學知所取舍，則非具别樣眼孔，能之乎？余自髫齔起，有志於評。嘗見二公所評，欣然慕之。上自太師，下逮近詩，凡吾東方所稱詩者，無不博求而廣裒。購之市，借之人，如是者積歲月，而悉爲吾架上有矣。顧才質卑下，學力魯莽，其於立意淺深，造語之工拙，格律之清濁，昧昧焉不得窺其藩籬，闖其閫域。每對人論詩或混淄澠，以是有慊於心。自遘大病以來，憒憒焉筌蹄於文字，向所謂博求而廣裒者，亦皈於東閣。然藥餌之暇，捨此無所用心，故頗復收舍前見，反復諷詠。先覯立意之所在，次察造語之如何，終又協之以格律，而後作者之精粗真贋似若有會於吾心。若是者又有年，而淺者、深者、工者、拙者、清者、濁者，如易牙之於味，師曠之於聲，了了然白黑分矣，此《小華詩評》之所以作也。抑不知吾所謂淺者果淺，深者果深，而工拙清濁不失其則，能如敖、王二公之見重後學否耶？或曰：“子之書善矣，然吾東方以詩鳴者何限，而今子所評若是之略矣哉？”余曰：“不然。桂林之樹，非斧斤所盡；渤海之鱗，非網罟所窮。百代風雅，豈隻手所能盡收哉？且余此書本爲取正於真知者耳。若夫兼收並録，細大不遺，採詩之職，余曷敢？遂爲之序。乙卯八月日，豐山后人洪萬宗于海書。《小華詩評》卷上申玄翁欽云："貴遊中能詩者，高原尉、礪城尉其人也。"按高原即文孝公申沆[①]，礪城即頤庵宋寅。今選兩人詩各一首，高原《詠伯牙》詩曰："我自彈吾琴，不須求賞音。鍾期亦何物，強辨絃上吟。"礪城《戲題冰綃手帕並寄真娘》曰："半幅冰綃一掬雲，寄渠聊作扇頭巾。不知幾處離筵上，持向阿誰拭淚痕。"近世東陽尉申翊聖亦能詩，其《歸田結網》詩曰："寒食風前穀雨餘，磨腮魚隊上灘初。乘時盡物非吾意，故教兒童結網疏。"噫，此等公子皆妙年富貴，於文章用力必不專，而其諷詠如此，非其才之過人大者，安能如是乎！《小華詩評》卷下

① 文孝公申沆：申沆（1477—1507），字容耳，謚文孝，籍貫高靈。申從濩子。

古人有言曰"詩能窮人，亦能達人"。如孟浩然之見棄，穆長伯之收用，皆是因詩而廢興，故有"窮人達人"之語耳。今人誤惑於詩能窮人之説，以爲吟詠能使人爲窮，非所可尚已，豈不可笑也哉？夫諷詠詩律，如善用歌喉者，以哀調咽曲能悲人，以浩唱繁吟能喜人焉。惟詩亦然，於其窮則窮其言，於其達則達其言，是乃能詩者之善爲形容説辭也。安有詩人之從而爲窮從而爲達之理哉？其中所可怕者，惟詩讖也。如崔曙之"曙後一星孤"，武元衡之"日出事還生"之句，果符其命數，此詩人之不可不慎。然當其時也，不知其爲讖，及其後也，始知其爲符。然則安知今日之作，又爲他日之讖乎？余族親有才童嘗作詩曰："霧濃天地失東西。"其叔農圃處士曰："此短命句也。"果十四歲而夭。又有姜童九歲，能文章書畫，兼善《易》卜，嘗詠詩曰："天下三能士，人間九歲童。"果於其年夭折。無乃神機暗動，自發於口者耶？《小華詩評》卷下

趙秐之言其先公滄江宰臨陂縣也，宋進士民古[①]自韓山寓所來訪

於縣倉。開坐時喜甚，多酬酢以酒，宋醉倒殆不省事。即以官馬馱送縣齋，滄江隨後到。宋下馬，頹卧縣齋，瞋目視曰："吾詩成矣。"仍朗吟曰："昏昏溽暑醉如泥，送客風驃散碧蹄。官路驛程和夢過，不知身已小橋西。"滄江甚諷詠嗟賞云。《晦隱瑣録》

① 宋進士民古：民古（1592—？），字順之，號蘭谷，礪山人，居京師。光海君庚戌年試進士。

（金淨）公未釋褐有詩名，節操特殊，士輩仰慕。南衮文章節行不下於時人，而士人賤之，皆目之以小人。衮爲直提學，淨尚儒士，相過於友人家。淨方大醉吐茵而卧見。衮至，不爲禮。主人蹴之使起，乃始蓬髮而坐，瞪目視衮曰："何物小子，來醒我夢？"衮待之盡敬曰："聞措大名常如卷中人，欲一奉無因，乃幸得拜於今日。生新得《輞川圖障子》，願得佳篇以賁障首。"遂命蒼頭取之家以進。淨醉墨揮灑不多讓，亦不沈思而就其詩："江南有樂地，夜裏夢逍遙。自賣花村酒，分明過此橋。"蓋指有人荷酒壺渡橋者然。衮再三諷詠稱善，愧而去。《東國詩話彙成》卷十二

成歡之滌愁樓有申竹堂詩板曰①："恩暇南來路轉催，驛樓斜日暫徘徊。煩襟得酒愁全滌，冗故驅人鬢易摧。陂水緑添秋後漲，渚蓮紅墮露前開。十年湖外登臨數，潦倒誰言作賦才？"後松谷李公爲成歡督郵，登樓諷詠，爲之次韻曰："舉目那堪歲月催，竹堂於此昔徘徊。珠璣錯落字猶在，瓦礫荒原樓已摧。玉樹黄泉無酒到，朱華緑水爲誰開？秋風一灑郵亭淚，俗眼無人識驥才。"兩作俱清警，松谷尤感慨。近世李弼善熊徵嘗登之，又爲續和曰："十載萍逢世故催，騷亭登眺重徘徊。霜繁澤國殷檉落，秋老沙田白蔣摧。返照斜含平楚盡，孤雲閑傍古城開。泥翁去後空文藻，悵望風流喆匠才。"此篇亦足繼響矣。《東國詩話彙成》卷二十二

①此條據《詩話彙成》補。

用拙存道

堯命舜曰："允執厥中。"及舜之命禹，益之以三言①，則其理愈明。詩家亦有此句法。杜甫云："用拙存吾道。"蘇軾附益之云："貧家淨掃地，貧女好梳頭。下士晚聞道，聊以拙自修。"此興體也，亦詩人感發之妙詮。一日，余諷詠有味，因效爲數句，直賦其事云："真心易擠晦，世習多纏繞。安貧自無事，用拙存余道。"不害爲杜詩之註脚。《星湖僿説》

①朱熹《中庸章句序》："'允執厥中'者，堯之所以授舜也。'人心惟危，道心惟微，惟精惟一，允執厥中'者，舜之所以授禹也。堯之一言至矣盡矣，而舜復益之以三言者，則所以明夫堯之一言必如是，而後可庶幾也。"

作閨意篇

唐朱慶餘遇張籍，知音，索慶餘新舊篇，擇十六章，置之懷袖，而推贊之。時人以籍重名，皆善録諷詠。朱作《閨意篇》以獻曰："洞房昨夜停紅燭，待曉堂前拜舅姑。妝罷低聲問夫壻，畫眉深淺入時無。"張大稱賞之，因酬之曰："越女新妝出鏡心，自知明豔更沈吟。齊紈不定時人喜，一曲菱歌敵萬金。"由是，朱之流於海内，遂擅科場。張水部之發揚新進，每每如是。《龜磵詩話》卷十四

詩嘲似胡

玄宗時，邵景與殿中侍御史蕭嵩、韋鏗俱升殿行事，職掌殊别，而制出，景、嵩俱受朝散大夫，鏗獨不沾命。景、嵩狀貌類胡，景鼻高，嵩鬚多。同時服朱紱，對立於庭。鏗乃於簾中竊窺而詠曰："一雙鬍子著緋袍，一個鬚多一鼻高。相對廳前捺且立，自慚身品世間毛。"舉朝以爲歡笑。他日，玄宗御承天門，百僚備列。鏗忽風眩而倒，貌肥而短。景酬前詩，乃詠曰："飄風忽起一團迴，倒地還

如著脚搥。莫怪殿上空行事，却爲元非五品才。”時人無不諷詠。《龜磵詩話》卷十五

居士金時習

金時習，字悦卿，號梅月堂，又稱東峰、碧山清隱、清寒子。生八月，語遲而神警，臨文口不能讀，意則皆曉，人稱“神童”。三歲綴詩，見碾麥，作句曰：“無雨雷聲何處動，黃雲片片四方分。[①]”五歲通《大學》。世宗召致政院，試之曰：“童子之學，白鶴舞青空之末。”應聲曰：“聖主之德，黃龍翻碧海之中。”《賦三角山》詩曰：“東聳三峰貫太清，登臨可摘斗牛星。非徒岳岫興雲雨，能使王都萬世寧。[②]”即賜帛五十疋，使自運，遂各綴其端，曳之而出，於是聲振一國。去路傍老嫗饋豆腐，即作詩曰：“稟質由來兩木中，圓形正似月生東。烹龍炰鳳雖莫及，最合頭童齒豁翁。”二十一歲，讀書三角山，聞魯山遜位，即閉户不出者三日，乃大哭，盡焚其書，發狂臨於溷廁而逃之，托跡緇門，僧名“雪岑”。爲人貌瘦身短，豪邁英發，簡率勁直，少威儀。自知聲名早盛，而一朝逃世，心儒跡佛，取怪於時，故作狂易態以肆其志，玩俗以掩其實。與挑達市童遊醉倒街上，藍縷帶索，見金守温、徐居正過市，乃呼曰：“剛中居正字安穩。”居正駐軒笑語，一市駭視。又見領相鄭昌孫過市，大呼曰：“彼漢宜休。”人多危之，絶交。惟秀川副正南孝温、安應世、洪裕孫終始交遊。嘗見除目，痛哭曰：“斯氏何罪？此人當此任耶？”守温知館事，試泮制，出《孟子見梁惠王論》”時習笑曰：“非此老不出此題。”乃走筆成篇，曰：“試瞞此老。”守温讀未終，遽曰：“悦卿時習字近住何寺？”其論大略以爲梁惠僭王，孟子不當見云。守温卒，有人言坐化者，時習曰：“嘗聞曾子易簀，子路絶纓而已。”《嘲尚父》詩曰：“風雨蕭蕭拂釣磯，渭川魚鳥亦忘機。如何老作鷹揚將，空使夷齊餓采薇。”世祖設法會於内殿，雪岑亦被預，忽淩晨逃去，隱溷廁露半面。或令訟庭，持曲爲直，詭辯必勝，成案後大

笑，破葉之。或請受業，則以木石逆擊，或彎弓將射以試其誠。僧徒請説法，則具法衣坐跏趺，忽謂“牽一牛來”，既以牽至，則將蒭置牛後，大笑曰:“爾等欲法，類是矣。”與僧徒開山田，紈綺兒亦役。耘獲得粟，刳木爲桶，列置澗曲，釀酒導飲，數日乃止。種禾盛茂，忽乘醉揮鐮盡刈，因放聲大哭。或刻木爲農夫耘耕狀，列置案上，熟視終日，輒哭而焚之。嘗遇佳辰，具明水焚香而禮拜。古先跡遍名勝，登覓故都，踟躕悲歌。或臨絶壑，邀明月，揮涕忘返。月夜誦《離騷》罷必哭。性嗜酒，醉則曰:“不見我英廟世宗。”仍流涕入鼇山，作《新語》，藏石室，曰:“後世必有知岑者。”述異寓意作也。凡氣有不平，發於詩而不規規於聲律。朝夕雲煙，驅風駕雨，怒嗔喜笑，皆成文章。理氣形諸短吟題紙，窮而無恨，既成輒投水火。好白樹題詩諷詠，輒哭而削去。年四十七辛丑，忽長髮食肉，爲文祭其父祖曰:“帝敷五教，有親居先。罪列三千，不孝爲大。凡居覆載之内，負養育之恩，愚騃小子，似續本支。沈滯異端，末路方悔云云。”娶妻初娶南孝温女，後娶安氏。妻死，復還山。襄陽守柳自漢禮待，勸復家業，時習以書謝曰:“將製長鑱，用斸參朮。庶欲萬樹凝霜，修仲由之缊袍；千山積雪，整王恭之鶴氅。與其落魄而居世，孰若逍遥而送生？冀千載之下，知余之素志。”癸丑，卒於鴻山無量寺，遺命勿燒。年五十九。嘗手畫老少二像，自贊曰:“爾形至藐，爾言大侗。宜爾置之，丘壑之中。”沈升西宗直爲倅時始建閣安像李退溪滉曰:“梅月别是一種異人。近於索隱行怪之徒，以所值之世適然，遂成其高節耳。”觀其《與柳襄陽書》《金鼇詩話》之類，恐不可以高見遠識許之也。《詩話抄成》

① 詩見《東國詩話彙成》。

② 詩見《東國詩話彙成》。

《詩三百篇》，愈讀愈好，讀之彌久，彌見其味。如“文王孫子，本支百世。凡周之士，不顯亦世”，即此四句，試一諷詠，渢渢然有

無限意思，不啻如清廟之瑟，一唱而三歎。《弘齋日得録》

朴参判民獻爲北伯，林白湖悌送東門外，坐間盧蘇齋以領相枉駕爲别。林出避，朴展告於蘇齋曰："林子順持䞣草來到，遇公避匿矣。"蘇齋曰："聞其名久，欲相見耳。"遂要之。林入座，蘇齋索詩見之，默無一言。以便面吹送，俄而朴曰："朴君實亦送别章。"蘇齋索之，其詩曰："賓館夢回清獻鶴，塞門風落晏嬰裘。"其時朴有簠簋之誚，出補北伯。用事精切，句法恬雅。蘇齋諷詠良久，極加嗟賞，累稱曰："君實，君實。"林本以習氣名於世，思以一毫挫於人若撻之市。是日大有愧色。君實即朴枝華字，恬静寡欲，精於詩律。居永平白鷺洲，遭壬辰之亂，歎曰："吾年老，何以避亂？寧自裁而不死賊手。"削水邊木自書杜詩曰"白鷗元無宿，何事有餘哀"一律，遂自投白鷺洲而死。朴平日喜丹學，人疑是爲水仙云。《暘葩談苑》

燈謎詩

《寄所寄》："燈謎詩，前人間有之，然皆鄙俚，不足諷詠。予友遂安毛會侯令尹名際可，有燈謎詩十六首，每首各自爲題，每句隱一古人姓名，共在一部書[①]内，爲燈謎詩開一生面。出《嘯虹筆記》。《太平樂》："虎旅[②]歸來已罷兵（畢戰），關梁無禁任遙征（許行）。九重天子稱仁聖（王良），異獸趨朝負輦行（象）。"《春閨》："春日問花花解語（桃應），兒家庭樹緑楊多（子柳）。東鄰相對憐嬌小（西子），爭比椒房絶豔何（宫之奇）？"《嘲一家棋低》："滿院棋聲暑氣收（奕秋），乃翁局敗少機謀（公輸子）。君家季父還猶豫（子叔疑），爲語兒童且自休（子莫）。"《王會圖》："美玉無瑕輯瑞同（白圭），岐豐佳氣慶雲中（周霄）。從天産下鱗蟲長（龍子），兩道祥光一色紅（丹朱）。"《官怨》："夜永雞鳴漏未收（景丑），官家沈醉百無憂（王驩），蛾眉一色誰相讓（顔般），南院光輝對院幽

（北宫黝）。”《春怨》：“欲就良緣美目竅（成瞷），檀郎年少好丰姿（子都）。爲伊消愁腸迴轉（瘠環），細數更籌夜半知（時子）。”《客況》：“岹嶢西岳接西京（華周），天際冥鴻物外情（飛廉）。莫道途遙頻顧僕（百里奚），衰年負荷托勞生（戴不勝）。”《詩家點燈》卷一

① 書：底本作“《孟子》”，據《解人頤》改。

② 旅：底本訛作“族”，據《解人頤》改。

火迫酇侯　尿汁諸葛

唐原林受朱泚僞官[①]，自比蕭何之功，入長安日前收圖籍。時人笑目之曰“火迫酇侯”。宋南渡，有郭某爲將，自比諸葛，酒後諷詠“三顧頻繁，兩朝開濟”之句，而屏風、便面一一皆書。未幾敗於江上，倉皇涕泣而匿，時人謂之“尿汁諸葛”，百代下令人噴飯。《詩家點燈》卷六

① 見《升庵集》卷五十一。

雲國詩鈔

姚佺《詩源》：萬昌言，字元方，號雲國，黄州人。《庚寅初度》：“風破長江日暮時，簏中屢變客星絲。年年豹虎彭衙道，百口飢寒薦福碑。大澤裘披霜雪老，深山霞隱羽毛遲。盡將餘瀝酬僮僕，碧海蒼梧獨有思。”《賦得城春草木深》：“春靄依然郡郭浮，風煙何似舊神州。鼎湖細雨飛龍去，茂苑繁花看鹿遊。三户僅存荒蔓合，六朝如夢大江流，伯鸞宫闕長經眼，不及文山一小樓。”《入閩》：“策蹇徘徊不忍行，離離禾黍故宫情。三山雨雪殘雙闕，五嶺荊榛蔽兩京。估客暮雲排鳥道，纍臣落日聽猿聲。共知險隘難方軌，孰遣天橋揚漢旌。”《仙霞嶺》：“雄關千仞入雲端，鐵馬危如劍閣看。自撤六軍焚羽翼，長教百粵葬衣冠。功標銅柱蒼梧遠，貢道水綃碧海寒。早識諸軍無勝算，只應封爾一泥丸。”《追哭艾千》：“子膚髮臣恙，朝廷事已非。斯文將墜地，先死亦知幾。遺業驚殊域，孤魂戀舊畿。

酸風吹劍水，丹旐暮雲飛。”其詩雖帶麥秀黍離之氣，綽有山色水味之韻，可以諷詠，蓋皇明之遺民也。《詩家點燈》卷十

謝秘書平生不嗜書，獨愛沈約集，行立坐卧，靡不諷詠。《綠帆詩話》

又曰：“初宋應漑、朴謹元等謀攻栗谷，會於金宇顒家。栗谷時以兵判來，諸人[1]避入室中。金接見於廳事閒談，仍曰：‘令近有吟詠耶？’金誦‘簾外落花撩亂飛’之句。栗谷諷詠曰：‘此詩無乃有風波之兆乎？’金曰：‘然。方彈劾大監矣。’栗谷曰：‘啓草已出耶？’金曰：‘然。’栗谷曰：‘可得見否？’從隙呼索啓草以示，栗谷展讀一通，隨其條列曰：‘此事如此如此，此事全無苗脉，諸君誤記矣。’覽訖，了無幾微色見於外，談論如舊。良久起曰：‘臺啓將發，吾當出城將作闊别矣。’出門令前導落後。既去，諸人色沮，相顧嗟歎。”《芸窗瑣録》

① 自始至此底本原脱，據《玄湖瑣談》補。

梅月堂金時習，生八月知書，號稱神童。年五歲，世宗聞而召之，令承旨朴以昌試以詩，應口而對曰：“東聳三峰貫太清，登臨可摘斗牛星。非徒岳岫興雲雨，能使東邦萬事寧。”上賜帛五十匹，使自運去，遂綴其端，曳之而出，由是名震一世，稱“金五歲”。及端宗幼冲遜位，公時年二十一，方讀書漢東水落山中，聞之大哭，悉燒其書，因亡去，隱於浮屠，遍遊域中名山川，或題詩樹上，諷詠良久，輒哭而削之，竟亦不知其詩云何。然詩中善用薇蕨字，哭時，往往呼世宗云。嘗居中興寺，雨後携筆硯臨流而坐，沈吟作詩，取百餘葉，且書且投，葉盡乃還。公素與金乖厓守温、徐四佳居正善，四佳致位宰相，方趨朝，城中人見有僧襤褸帶索，仰首呼曰：“剛中，别來無恙？”剛中，四佳字也。四佳笑應之。有識者曰：“此舊時金

五歲也。”四佳以《吕尚釣魚圖》求詩於公，即題曰：“風雨蕭蕭拂釣磯，渭川魚鳥總忘機。如何老作鷹揚將，空使夷齊餓採薇。”或云此爲贈韓明澮者，當更考。《東詩話》

李文靖明漢，號白洲。嘗酒後對澤堂誦其詩云：“滿載人間酒，張帆大海中。長風九萬里，直到廣寒宮。”澤堂曰：“此乃兒曹語，老儒所不道。”白洲憮然。時盆菊盛開，白洲即吟云：“風雨到君家，雨晴山日斜。今年秋色早，八月已黄花。”澤堂再三諷詠。《東詩奇談》

世傳：“中世伽倻山趾，有金姓逸名進士善詩。有一僧淫狠，常與金爲詩，甲乙紛紜。一日僧謂金曰：‘吾有寺財甚鉅，公有夫人綦麗，誓爲之詩，敗者各償所有，可矣。’金以力孱不能拒，以明日爲期。金入夜憂思愁悴，倚几而睡。夢有一老人告曰：‘子其無虞。明日拈韻，必曰、月二字也。吾且貽子一詩，以脱奸僧之辱。’因呼曰：‘伽倻全景問，白衲老僧曰。紅流洞裏花，黄金臺上月。’飄然出門而去，少選復還，曰：‘幾乎惹起爭緒矣！黄金二字，易以翠滴，可矣。凡鬼最惡青翠字，無此，則彼將以爲鬼作，非人語。’復出門而去。金既覺而心記之，及期往於僧，則已裁軸以待之矣。拈韻果得日月字，金請僧先呼詩，僧固辭之。金乃呼前二句，僧已手微顫矣。至後二句，僧閣筆，而再三諷詠曰：‘蔑以加矣，吾將奚爲？此前三句，殆非煙火口氣，乃鬼作也，然末一句，明非鬼也，則吾其輸矣。’立踐前約，寺中文券都付於金。世稱此詩爲伽倻山靈之作，蓋指孤雲也。”《玉溜山莊詩話》

日 本 卷

·吟 誦·

一

菅淳茂[①]八月十五夜陪亭子院，賦《月影滿秋池》詩曰："碧浪金波三五初，秋風計會似空虛。自疑荷葉凝霜早，人道蘆花過雨餘。岸白還迷松上鶴，潭融可算藻中魚。瑤池便是尋常號，此夜清明玉不如。"上皇[②]吟誦數回，歎曰："神也妙也，恨不使先公見之。"先公，指菅相[③]也。《史館茗話》[④]

① 菅淳茂：菅原淳茂（すがわら の あつしげ SUGAWARA-NO-ATSUSHIGE）（878—926），平安時代初期至中期，貴族、漢詩人、學者。右大臣菅原道真之五男。别名"翰林菅學士"。官位正五品下·右中辨。元慶二年生，延長四年正月十一日歿。享年五十九歲。

② 上皇：太上皇。宇多天皇（うだてんのう UDATENNO）（867—931）。日本第五十九代天皇，仁和三年八月二十六日（887年9月17日）—寬平九年七月三日（897年8月4日）在位。諱定省（さだみ）。貞觀九年五月五日生，承平元年七月十九日崩。

③ 菅相：菅原道真（すがわら の みちざね SUGAWARA-NO-MICHIZANE/ みちまさ MICHIMASA / どうしん DOSHIN）（845—903），日本平安時代貴族、學者、漢詩人、政治家。參議菅原是善之三男。尊稱"菅公""菅丞相""天神""天神樣"。官位從二品·右大臣。贈正一品·太政大臣。以"忠臣"著名，受宇多天皇重用，醍醐天皇時遭讒言，左遷大宰府"大宰員外帥"，歿於任上。傳其歿後，天變地異，被尊爲"天滿天神"（學問之神）。承和十二年六月二十五日生，延喜三年二月二十五日歿，享年五十八歲。神號"天滿大自在天神""日本太政威德天""北野天滿宮天神"。墓地在今太宰府天滿宮。

④林梅洞、林鵝峰《史館茗話》一卷,《日本詩話叢書》本第一册。林梅洞(はやし ばいどう HAYASI-BAIDOU)(1643—1666),江户時代,江户人。名憼、春信,字孟著,世稱“又三郎”,號梅洞、勉亭。林鵝峰之長子。通群書,善詩歌。任幕府儒官。寬永二十年生,寬文六年九月一日歿,享年二十四歲。其著作有:《史館茗話》一卷、《六義堂雜記》《興來一哦》一卷、《本朝一人一首評注》十卷、《勉亭詩集》十卷、《梅洞全集》四十一卷。

二

菅庶幾[①]《餞別詩》得一句曰“一葉舟飛不待秋”,吟誦數回,未得其對。江朝綱[②]曰:“盍詠燈乎?”庶幾乃悟,足成之曰:“九枝燈盡唯期曉。”《史館茗話》

① 菅庶幾:菅原道真之孫,生平不詳。

② 江朝綱:大江朝綱(おおえ の あさつな OE-NO-ASATSUNA)(866—958),平安時代中期,公卿兼學者及書法家。其父乃丹後守大江玉淵,祖父乃檢非違使別當參議大江音人。其祖父被稱爲“江相公”,因此其被稱爲“後江相公”。仁和二年生,天德元年十二月二十八日歿,享年九十二歲。

三

村上冬嶺[①],名友佺,字漫甫,活所[②]門人。與余先太父同學相友善,余少年時聞先考數稱其人。蓋好學天性,其推獎先達,揄揚後學,不啻如自其口出,一以爲己任。當時諸儒會讀《二十一史》,會月數次,又結詩社,並輪會主,必有酒食。臨期會主或有他故,冬嶺必代爲主,以故詩社綿綿二十有餘年。後進所作時有佳句,則擊節歎稱,吟誦數回。一時藝苑賴之吐氣,其自運亦矯矯乎一時矣。今讀冬嶺詩,精深工整,超出前輩,元和以後七言律,到此始得其體。《梅花》云:“名園桃李競嬋娟,獨自清寒倚竹邊。東閣題詩人動興，西湖載酒鶴迎船。點苔欲效霏霏雪，傍柳偏含淡淡煙。何處金笳明月下，曉風咽斷更悽然。"《秋夜宴伏見某樓》云："秋入水鄉鳴荻葦，壯遊不用賦悲哉。豐城劍氣沖星起，北海樽酒乘月開。萬頃鷗沙吞楚澤，千帆賈舶泝蓬萊。此翁矍鑠人爭説，物色行看到釣臺。"又《小集席上作》云："青樽歲晚思難禁，共見頭顱霜色深。忼慨堪收燈下淚，低垂姑任世間心。愁邊一笑比雙璧，老後分陰重寸金。薄宦身閒亦天幸，清時莫作獨醒吟。"又《田家》絶句云："覊思官情兩不知，春耕夏耨鬢成絲。門前垂柳長拂地，不爲別離折一枝。"《日本詩史》卷三③

① 村上冬嶺：（むらかみ とうれい MURAKAMI-TOREI）（1624—1705），江户時代前期醫師、儒學者。名友佺、等詮，字漫甫。京都啞科（小兒科）醫師。從那波活所（なば かっしょ）習儒學，善詩文。與伊藤坦庵（いとう たんあん ITO-TANAN，1623—1708，江户前期儒學者，京都人。名宗恕。初爲醫師，後仕福井藩任儒官。著有《坦庵遺稿》等）、伊藤仁齋（いとう じんさい ITO-JINSAI，1627—1705，江户前期儒學者。古義學之祖。京都人。名維楨，字源佐，號仁齋。因於京都堀川開設"古義堂"，故被稱"堀川學派"，門弟三千餘人。其著作有《論語古義》《孟子古義》《語孟字義》《童子問》等）從交。寛永元年生，寶永二年八月二十九日歿，享年八十二歲。

② 活所：那波活所（なば かっしょ NABA-KASSYO）（1595—1648），江户時代前期儒學者。其先祖原爲播磨國（今屬兵庫縣姬路市）守護赤松氏一族之宇野氏，後因移居赤穗郡那波莊，遂名那波氏。初名信吉，後改方、觚，字道圓，世稱"平八"，號活所。晚年改姓爲"祐"。師事藤原惺窩，與林羅山、堀杏庵、松永尺五被稱爲"惺窩門四天王"。仕和歌山藩主德川賴宣。文禄四年三月生，正保五年一月三日（同年改元慶安元年）歿，享年五十四歲。其著作有《人君明暗圖説》《活所遺稿》。其長子那波木庵（なば－もくあん NABA-MOKUAN，1614—1683，江户時代前期儒者。名守之，字元成，號木庵、老圃堂。師事林羅山。繼其父仕於

和歌山藩第二代藩主德川光貞。晚年於京都教授弟子。著有詩文集《老圃堂集》)。

③ 江村北海《日本詩史》五卷,《日本詩話叢書》本第一冊。江村 北海(えむら ほっかい EMURA-HOKKAI)(1713—1788),江户時代中期儒者、漢詩人。播磨(今屬兵庫縣)人。名綬,字君錫,世稱"傳左衛門"。伊藤龍洲之次子。江村毅庵之養子,遂繼仕丹後(今屬京都府)宮津藩,任京都留守居役。於京都結詩社"賜杖堂"。以著書《日本詩史》《日本詩選》而聞名。正德三年十月八日生,天明八年二月二日歿,享年七十六歲。其著作有《授業編》等。

四

松浦禎卿[①],名儀,號霞沼。《停雲集》曰:"禎卿,播州人。年甫十三,對馬侯見以爲奇才,請靖恭授業。學成,爲對州書記。"《橘窗茶話》曰:"禎卿十四歲時,置詩草於案上。南草壽取而覽之,吟誦不已,既而聞其自作,大驚曰:'吾謂抄寫唐詩。'對馬侯聞之,乃使其受業木門。"併考二書,殊有可疑。十三四童子,何以自播州踰海,遠抵對州?被侯之眷稱,或從父兄在東都出入朱邸者,然而草壽長崎人,則亦胡以就其案上覽詩草?此必有其説,要之夙慧可知也。惜乎《停雲集》載其詩僅四首,餘絶無覩。禎卿没而無子,以芳洲[②]次子爲嗣云。《日本詩史》卷四

①松浦禎卿:松浦霞沼(まつうら-かしょう MATSURA-KASHO)(1676—1728),江户時代前期—中期儒學者。播磨(今屬兵庫縣)人。名儀、允任,字禎卿。世稱"儀右衛門"。從學木下順庵(參見"吟誦"十一之②)。受同門雨森芳洲之推薦,仕對馬(今屬長崎縣)府中藩。嘗與雨森芳洲接待朝鮮通信使。延寶四年生,享保十三年九月一日歿,享年五十三歲。著有《霞沼詩集》等。

②芳洲:雨森芳洲(あめのもり ほうしゅう AMENOMORI-HOSHU)(1668—1755),江户時代前期—中期儒者。近江(今屬滋賀縣)

人。名俊良、誠清。字伯陽，世稱“東五郎”，號芳洲、橘窗。赴江户師從木下順庵。善朝鮮語、中國語。元禄二年，從師薦仕對馬（今屬長崎縣）府中藩。任“朝鮮方佐役”（注：官名）之職，從事對朝鮮之外交事務。寬文八年五月十七日生，寶曆五年一月六日歿，享年八十八歲。其著作有《朝鮮踐好沿革志》《橘窗文集》《橘窗茶話》等。

五

近時一二儒先言詩，以學華音①爲主。其意蓋謂詩原乎諷詠，華音既通，則聲律諧否，古人風調求之諷詠，皆自然而得焉。苟不之知，所作皆是邦習，令華人見之，不免匿笑矣。世人相承，往往從事於斯，以爲得唐明詩法。嗟乎！好創奇標新，人之通情，況於其説似是而近真乎？宜矣世之趨焉。然以予觀之，今體一定之規，存乎簡册。欲蠲我邦沿習之弊，宜稽於斯而已矣。置之弗問，特索諸偏方之舌，影響之餘，抑末也。且主華音之説，大有可議。蓋唐創今體，自沈宋李杜王岑錢劉元白諸家，長句短章，朝野競傳，被之歌絃。如高適、王昌齡、王之渙共飲旗亭，潛聽名妓奏樂，皆係其作。如李益每一篇出，樂工以賂求取，供奉天子。當時流傳之盛，可想見已。故四聲排比之法，與天下共之，唯唐爲然。歷五季至宋，俗尚寖異，而詩餘盛行。如秦黄工填詞，天下爭唱是也。填詞即詩餘也。然而詩卒爲學士大夫之用。元明以降，詩餘移入演劇，可誦而不可歌，世别有歌謠新曲，而詩益與俗隔。明何良俊曰“詩亡而後有樂府，樂府闕而後有詩餘，詩餘廢而後有歌曲”是也。王世貞亦嘗認論之，以發浩歎。乃明詩特守唐氏成規而弗失焉耳矣。湖上笠翁李漁者，詞曲之雄也。其言曰：“曲宜耐唱，詞宜耐讀。”又曰：“曲以圖歌時利吻，詞則全爲吟誦而設，止求便讀而已。”漁當明季清初，其時劇中詩餘自盛，而何氏先是言詩餘廢者，非辭之廢，乃聲之廢。故明清但以供吟誦，詩餘猶然，矧詩乎？乃明清而或歌唐詩，出於假設強爲爾，豈唐聲之真也與哉。蓋歷年之久，音韻亦不得不變，觀於《洪武正韻》可見焉。洪武之制，東併冬、庚併青蒸猶可，乃若陽併江、削微分屬支齊灰、削元分屬真寒刪先、魚與模相爲出入、麻與遮分爲二韻之類，與唐韻大異科。明人以此爲順耳，則其誦唐詩必多逆耳者矣。夫正韻，時王之制也。然詩家舍用者，風習一定，勢不行也。以勢不行也，寧舍順耳之新韻，勉勉乎依逆耳之舊韻，雖周郎百顧而有不暇卹者，尚何“諷詠自然”之有焉？明人猶然，矧清人乎？又矧我邦乎？乃所謂“求自然之調於聲音之間”者，似是實非，近真反僞。華音之學，可以已矣。予嘗尚友夫近時儒先，讀其書，誦其詩，竊考其得失。則行文有倒語錯字，聲律不脱我邦舊習，文姑舍旃，詩則本編所波及，蓋有其人。若是乎華音之亡益乎詞藝也。長崎府有柳正殷②名良弼，從其幼也，其家欲以業於象胥，乃令與清人來寓者周旋。少長於其館中，習慣成性，群狄鞮之食於官者，舉推服稱善，而非其志也。乃挈家千里來遊，嘗與吾黨結詩社，假予以忘年，甚相善。時予已知華音亡益也，未嘗學一語。柳氏亦洞見其然，卒不彊焉。屢爲予語曰：“凡親炙華人，莫我若也。然渠相共劇談笑謔，我自傍聽之，大率不解。蓋其與我邦言，若老嫗囑兒，而後通已。今也上國東陬，未嘗與華人接，而沾沾焉自喜乎操華音者，我知其爲管豹。談及聲詩，輒曰‘詩莫不可歌，而律之諧否，不可以斯而知焉’。‘上天下天鶴一隻’，下三入聲，清客歌之，無異佗詩。蓋古詩聲調不可復徵，第隨時成聲，不復依聲度詩，乃詩自詩，何事乎華音？”確矣哉，其言之也。大氐人挾一長，幸乘他人不能，莫不詡衒矯飾，以誇一時矣。柳氏舌技，世莫與京。而詞氣悃愊無華，退然盡其實而止，可謂有古人風矣。是其言豈不足取信於來者邪？惜也齡彊仕而没，言不立於世，唯存一二乎吾社中之耳而已矣。悲夫！今也浮躁之士，耳食於夫奪朱亂苗之説，小嫺西譯，藉以爲衒名躲拙之資，傲然自大，每鑒人詩，不問佳惡，浪言某字不入律，某句不成調，以歷詆前修，迺諷其所作曰：“此盛唐之調。”掉頭鼓舌，醜態畢露，令人嘔噦。予嘗覩其徒詩，巧拙亡論已，其律依然陋習，略無與唐聲合者，不覺失笑。蓋研究之術不施，刻勵之功不稔，務出於人意表，以干一時譽，其弊至如此，不可不慎矣。夫尚新奇之學，率天下趨媮薄，豈翅詩哉？噫！《詩律兆》論五③

① 華音：中國語。

② 柳正般：生平不詳。

③ 中井竹山《詩律兆》十一卷，《日本詩話叢書》本第十册。中井積善（竹山）（なかい ちくざん NAKAI-CHIKUZAN）（1730—1804），江户時代中期儒學者，大阪人。名積善，字子慶，世稱“善太”，號竹山、同關子、渫翁、雪翁，謚號文惠。中井甃庵之長子，中井履軒之兄。師從五井蘭洲，尊奉宋學。雖於《非徵》（七卷）中以“朱子學”之立場抨擊“徂徠學”，然隨“寬政異學之禁”，與賴春水等人立於“官學”之側。天明二年（1782）其父去世後繼爲“懷德堂”學主從事講學。享保十五年生，文化三年二月二日歿，享年七十五歲。其著作有：《逸史》十三卷、《逸史問答》二卷、《草茅危言》八卷、《非徵》七卷、《蒙養編》二帖、《經濟要語》一卷、《詩律兆附餘考·附録》十一卷、《革島物語》一卷、《閑距餘筆》一卷、《奠陰集》二十卷等。

六

文詞之才，有敏有遲。於其作文，相如之遲，鄒陽之敏，其稟才之異，不可相誣也。於詩亦爾。李白之不用意，杜甫之苦吟，是亦其才不可相誣也。明都穆云：“世人作詩，以敏捷爲奇，以連篇累冊爲富，非知詩者也。老杜云‘語不驚人死不休’，蓋詩須苦吟，則語方妙。不特杜爲然也。賈閬仙云‘兩句三年得，一吟雙淚流’，孟東野云‘夜吟曉不休，苦吟鬼神愁’。”此都穆之言，非不是也。今世作詩者亦多欲敏捷，然不有其才，而初不得趣向。徒索搜文字，強疾作句，則終不成詩，故不可敢喜敏捷。若得其趣向，而首尾相應，乃成一篇詩。然不可以直以示人，熟吟誦之，可以鍊其風調也。

然亦不可必至苦心，唯伸其志情，而因其興象，乃欲以使人感焉耳。非敢可以文詞驚人也。故子美之苦吟，亦非敢所以可慕也。欧陽修云："孟郊、賈島皆以詩窮至死，而平生尤自喜爲窮苦之句。"又李白戲杜甫云"借問別來太瘦生，總爲從前作詩苦"，此杜甫及賈島、孟郊之徒終身太苦於詩者，則亦非學者之所以敢美也。《作詩質的》①

① 冢田大峰《作詩質的》一卷，《日本詩話叢書》本第一冊。冢田虎，字叔貔，通稱爲多門，號大峰，信濃人。其父名爲旭嶺，乃室鳩巢門人。大峰初期跟随其父學習，虽推崇宋學，然其后研習古今名著。提倡復古學，對諸家經典加以注解，天明元年爲尾張侯侍讀，文化八年，擢升爲尾藩明倫堂督學，天保三年三月二十一日歿，享年八十八歲。

七

輕薄兒好向人自誦其詩，抗聲朗吟，鼻間栩栩然，面貌可憎也。昔郭功甫携詩一軸示東坡，先自吟誦，聲振左右。既罷，謂坡曰："祥正此詩幾分？"東坡曰："十分。"功甫驚喜間之，坡曰："七分來是讀，三分是詩。豈不是十分耶？"予每舉此以戒之。凡示長者，宜書以呈之，不可自誦也。《夜航詩話》卷一①

①津阪東陽《夜航詩話》六卷，天保七年丙申（1836）影印三重縣藏版。津阪東陽（つさか とうよう　TSUSAKA-TOUYOU），1756—1825，江户時代，伊勢津人。名孝綽，字君裕，世稱"常之進"，號東陽，謚號文成。十五歲時從名古屋醫者村瀨氏學習，三年後因立志於經學前往京都。大體爲其自學鑽研古學。其乃梶井王府之門客，亦爲諸公卿之賓師。天明八年（1788）任津藩儒臣，晋爲侍讀學士，雖爲一時讒言所累，但於藩校創立時再次被聘用，後晋爲督學兼侍讀，直至班中大夫。寶曆六年生，文政八年八月二十三日歿，享年七十歲。其著作有：《夜航詩話》六卷、《夜航餘話》二卷、《葛原詩話糾繆》四卷、《古詩大觀》二卷、《全唐詩題苑》一卷、《絶句類選評本》十卷、《唐詩百絶》一卷、《杜律詳解》三卷、《孝經發揮》一卷、《薈瓚録》、《東陽先生詩文集》二十卷等。

八

李紳《憫農》詩："鋤田日當午，汗滴禾下土。誰知盤中餐，粒粒皆辛苦。"又聶夷中詩："二月賣新絲，五月糶新穀。醫得眼前創，剜卻心頭肉。"田家困苦在阿堵中。爲民之父母者，宜時時吟誦念其情狀也。顏仁《賄農》詩："夜半呼兒趁曉耕，羸牛無力漸艱行。貴人不識農家苦，秖道田中穀自生。"蔣貽恭《蠶》詩："辛勤得繭不盈筐，燈下繅絲恨更長。著處不知來處苦，但貪身上錦衣裳。"竝五代人，意旨絶類，雖不及前二詩，亦爲食租衣稅者作雙幅掛軸可也。

《夜航詩話》卷二

九

《答小野泉藏①論詩律書》：襄頓首，謹復泉藏足下：嚮歸自西遊，與足下論近體聲律，因語在長崎所見聞，以謂華音不足學、八病不足拘，以其在彼已廢歌唱也。而強説之者，舌官驕人之具耳。今來書下問，以爲雖舍華音八病，而至排比平側，猶不得不依舊律。夫已廢歌唱而猶株守其律，無爲也。才力之士别出手眼，必有一種無罣礙之詩。使僕備論之。此疑非足下不能發，僕不敢不爲足下竭也。蓋言語與世運相推移，而聲調亦隨而變。或其間又有不復變者，皆出於自然之勢也。《三百》之變爲《騷》與《楚歌》，《騷》與《楚歌》之變爲五七言，五七言之變爲律詩，勢也。而五七言馴致於唐，其字句豐約之度不復變移。律詩至今其平側排比之法不復變移，亦勢也。二者發於自然而成於漸，非由人爲也。何者？五言昉於十九首，蓋係建元以後。雖然，"佌佌彼有屋，蔌蔌方有穀"已似漢人語。如"游子悲故鄉"五字出於高祖一時矢口，亦十九首中名句也。七言雖創於柏梁，然"登山臨水兮送將歸，壯士一去兮不復還"，多一"兮"字耳，其實七言也。至《飯牛歌》，全然七言矣。是其關鈕漸開，非強之變可知也。律詩之非強變，亦猶五七言也。沈宋創新體，遂爲一代定制，如其因四聲立八病，徒設此險艱以課進士，非後世所可必由。而其平仄相雜以便喉舌者，出於自然之節奏，非沈宋所能創也。如“楊柳依依”“雨雪霏霏”，四言而協聲矣；“鶴鳴於九皋”“老馬反爲駒”，五言而協聲矣；“朝飲木蘭之墜露，夕餐秋菊之落英”，則七言而協聲，著對矣。漢詩有自協平側者，建安乃似故意協之者，至齊梁五言則全與唐律無辨焉。而梁陳間七言亦多類唐人律絶者，如“楊柳青青著地垂”四句爲陳人作，使不知而讀之，莫不以爲王建、杜牧也，豈非亦所謂關鈕漸開者哉？故彼約長篇爲八句、截八句爲四語，韻必用平聲，而句中亦連綿平聲以穩順聲勢，皆節奏之自然者也。李嶠“汾水秋雁”一絶，梨園奏之，至使明皇流涕。其舊爲古風，全篇流麗，不甚聱牙，必斷取二十八字，因其平韻協聲者，然後可被絃歌，可以見耳。然唐以後，詩廢而詩餘興、詩餘廢而歌曲出，近體不復上絲竹矣，而不諧其平側，莫以便吟誦。譬之和歌，《萬葉》②以前，田畯紅女人人能之，以其可歌也。後世箏絃之詞歲新月更，而所謂和歌，獨爲士大夫言志之具。然三十一字之節成於自然，不由於此不可以諷，風土雖異，其勢一也。故詩之有古風，猶歌之有長短不齊者也，其節奏未定也。節奏已定矣，而猶爲之者，以馳騁才情耳。苟資諷詠，非三十一字不可，非近體不可。夫宋以後，不唱近體而歌詩餘矣，然詩餘之按譜填字比近體更嚴，是知律之嚴所以諧音調，故愈諧則愈嚴。及其廢也，人不見其諧而苦其嚴，是所以生足下之疑也。大抵言語聲調，古簡而今繁，古疏而今密，隨世運之自然。其變，勢也；其不變，亦勢也。知其所以可變，則知其所以不可變。使天地間本無此律而人忽造之，則其傳必不能如是之久也。譬如科舉創於隋，而實出於漢魏考課；刑律成於唐，而實原於悝何之法。其後，君相雖有絶異之才而莫之能易，非勢而何？勢也者，一成而不復可移者也。夫以李杜、韓蘇之才，自我作古，何所不可？乃不能不俯首就休文沈宋之束縛，唯有古風一體可以拓裂尺幅、縱横自快，而其用韻排句亦有古來傳承之法存焉，雖數公必奉以周旋，可見此事非才力所能致變也。在漢土人且然，況在此方用彼之言語以敘我之性情，摸其聲調於髣髴影響之間，不得不依準其一定之矩矱，但就其矩矱中，必避其病之最可忌者，其故設險艱者不必學可也。今之詩人，或泥其不必可學者而犯其必可避者，是爲可笑耳。僕所識舌官稱解聲律者亦不免於此，僕是以益知其說之不足信也。今且舍其耳而用其目，就唐宋明清諸集逐句推驗，可以知彼所謂不可變之律別自有在，非是之謂也。僕所見如此，唯足下擇焉。《社友詩律論》③

① 小野泉藏：小野招月（おの しょうげつ ONO-SYOUGETSU）（1766？—1832），江户時代歌人，備中長尾人，名達，字泉藏，號檡山、招月。受業於西山拙齋，又從菅茶山、賴山陽習詩。《日本近代文學大事典》稱其"生卒年月不详。大致是天保年間（1830—1844）前後之人。"然日本《美術人名辭典》"小野節之祖父，櫟翁之弟，務之叔父。受業於賴山陽，詩學於菅茶山、賴山陽，並學於僧慈延。天保三年（1832）歿，六十六歲。"據此推算，其生年應爲明和三年（1766）。其著作有：《社友詩論》一卷、《詩律論》一卷、《招月亭詩集》二卷、《竹雨齋詩鈔》三卷等。

②《萬葉》：《萬葉集》（まんようしゅう MANYOSHU），日本現存最古之和歌集，自公元七世紀後半葉至八世紀後半葉編纂而成。收録上自天皇、貴族，下至下級官人、防人（日本古代戍邊兵士）等份之人所詠和歌共約4500首以上，成集應於759年（天平寶字三年）以後。

③ 小野泉藏《社友詩律論》一卷，《日本詩話叢書》本第十冊。

十

江村綬君錫①曰：冬嶺②與余先大夫同學，相友善。余少年時，聞先考數稱其人。蓋好學天性，其推獎先達、揄揚後學不啻如自其口出，一以爲己任。後進所作，時有佳句，則擊節歎稱，吟誦數回，一時藝苑賴之吐氣，其自運亦矯矯乎一時矣。今讀《冬嶺》詩精深

工整，超出前輩。元和以後，七言律到此始得其體。《錦天山房詩話》卷上③

① 江村綬君錫：江村北海（えむら ほっかい EMURA-HOKUKAI）（1713—1788），江户時代漢文詩人，京都人。名綬，字君錫，世稱“傳左衞門”，號北海。乃福井藩儒者伊藤龍洲次子。其自九歲至十八歲成長於明石，其間向明石藩藩儒梁田蛻巖學習三年。享保十九年（1734）二十二歲時，代父爲弟子們講授經史。其學奉朱子，善詩文，致力於鼓吹風雅，其詩社謂爲“賜杖堂詩社”。因其《日本詩史》（五卷）記述日本漢詩歷史及《日本詩選》而著名。享保十九年（1734）其父因丹後宫津藩之儒官江村毅庵生前曾向其拜托後事，便将其送予江村爲養子，遂改姓江村，並繼江村職仕於宫津藩青山侯。後其辭离宫津藩，於京都室町建“對梢館”專心教授。當時其自號“大阪片山孝秩”“江户入江子實”及“北海”，時人則稱其爲“三都三北海”。其兄弟三人，兄伊藤錦里以經史聞名，弟清田儋叟以文章聞名，時稱“伊藤三珠樹”。正德三年十月八日生，天明八年二月二日歿，享年七十六歲。其著作有：《日本樂府類解》五卷、《七才子詩集譯説》二卷、《蟲諫》三卷、《北海詩抄》二卷、同二編三卷、同三編三卷、同四編、《北海文抄》三卷、同二編、授業編十卷、《唐詩訓解刪注》《日本文選》《日本經學考》等。

② 冬嶺：村上冬嶺，參見“吟誦”第二條。

③ 友野霞舟《錦天山房詩話》二卷，《日本詩話叢書》本第八冊、第九冊。友野霞舟（ともの かしゅう TOMONO-KASYOU）（1792—1849，一説1791年生），江户時代後期儒者，江户人。名瑍，字子玉，世稱“雄助”，號霞舟、錦天山房。師從野村篁園。任昌平黌教授，其間曾任甲府藩“徽典館”學頭。寬政四年生，嘉永二年歿，享年五十八歲。其著作有：《錦天山房詩話》二卷、《熙朝詩薈》一百一十卷（注：江户時代之代表詩選）、《霞舟吟卷》一卷、《霞舟文稿》一卷、《霞舟海防策》等。

十一

松浦儀[①]字禎卿，號霞沼，稱儀左衛門，播州人。年甫十三，對州侯見而奇其才，使就木下順庵[②]受業。禎卿文學生知，不煩師訓，日弄翰墨，纚纚千言，不甚經思而文采可觀焉。嘗置詩稿於案上，南部草壽[③]吟誦不已。既而聞其自作，大驚曰："吾謂抄寫唐人之詩也！"時年僅十四歲，與祇南海[④]同年生，衆推二妙。學既通，爲州書記，韓人屢稱之。《錦天山房詩話》卷上

① 松浦儀：松浦禎卿，參見"吟誦"第四條。

② 木下順庵（きのした じゅんあん KINOSHITA-JUNAN）(1621—1698)，江户時代前期儒學者。京都人，名貞幹，世稱"平之允"，號順庵、錦里、敏慎齋、薔薇洞。私謚恭靖。從學於松永尺五，仕加賀藩主，後任大将軍德川綱吉之侍講。新井白石、室鳩巢（むろ きゅうそう MURO-KYUSO）、雨森芳洲（あめのもり ほうしゅう AMENOMORI-HOSHU）、祇園南海（ぎおん なんかい GION-NANKAI）等皆出其門下。元和七年六月四日生，元禄十一年十二月二十三日歿，享年七十八歲。其著作有《錦里文集》（詩文集）等。

③ 南部草壽：南部草壽（なんぶ そうじゅ NAMBU-SOJU）(?—1688)，江户時代前期儒、學者。山城（京都府）人，名草壽，字子壽，號陸沈軒、古硯子。木下順庵門下。於京都講學，因博學修身，被稱"醇儒"。寛文十二年，應長崎奉行（官名）招請赴長崎掌學政，於長崎講學八年。延寶（1673-1681年）末年（一説自天和元年）應越中富山藩主前田正甫招請前往任儒員，構筑藩學之基礎。爲人俊爽，精通經濟與古典。生年不詳，元禄元年十一月二日歿。其著作有《職原鈔支流》二卷、《徒然草諺解》五卷、《感應篇俗解》二卷、《倭忠經》二卷、《御年譜省略》八卷等。南部南山乃其養子。

④ 祇南海：祇園南海（ぎおん なんかい GION NANKAI）(1676—1751)，江户時代前期至中期之漢文詩人及畫家。紀伊人，名正卿、瑜，初名與一郎，字伯玉、汝珉，世稱"余一"，號南海、逢萊、觀雷、鐵冠道

人、箕踞人、信天翁、湘雲主人。其家爲紀伊藩之藩医。貞享二年（1685）被其父带至江户；元禄二年（1689）入木下顺庵門下；元禄十年（1697）繼其父之後成爲紀伊藩之儒官。詩歌方面順宋範唐，繪畫方面獨具一家之言，因作詩良秀，故與新井白石、梁田蛻巖一起被稱爲“三大家”；又因其善書畫，尤其長於山水与墨竹，故與服部南郭、柳澤淇園、彭城百川一起被稱爲“文人畫之祖”。又因仕於紀州藩（和歌山藩），與野吕介石、桑山玉洲一起被稱爲“紀州三大南畫家”。延寶五年（一説延寶四年）生，寶曆元年九月歿，享年七十五岁。其著作有：《詩學逢原》二卷、《明詩俚評》一卷、《湘雲瓚語附録》三卷、《南海詩訣》一卷、《南海詩法》二卷、《一夜百首》二卷、《鍾秀集》一卷、《南海詩集》一卷、《南海先生集》五卷、《江南竹枝》一卷、《題詠捷吟》一卷、《賓館縞紵集》二卷、《忠説和解》一卷等。

十二

角田簡[①]大可曰：暘谷[②]聰明奇拔，詩學遒上，以老杜爲表準。性豪誕，蔑視一世。龜井南溟[③]少時與僧大同[④]携詩乞正，暘谷吟誦一再，走筆塗抹曰：“公等可教矣。大潮[⑤]詩老悖不知詩有法，大誤公等才子。余欲布所業海内，使學詩有所據。嗚呼！宇宙之大獨有老杜一人先我著鞭！”其狂誕類如此。《錦天山房詩話》卷下

① 角田簡：角田九華（つのだ きゅうか TSUNODA-KYUKA）（1784—1856），江户時代後期儒者。豐後國岡藩藩士仲島休治之子，出生於岡藩之大阪藩邸。名簡、字大可、廉夫，世稱“才次郎”，號九華山房。自幼孤兒，爲藩醫角田東水收養。才學優秀，十數歲便受藩命完成編纂《豐後國志》。此後往復於大坂與豐後竹田，同田能村竹田主導岡藩之學藝。尊養父遺言而决定出仕岡藩，並繼承角田家任“由學館”教官。再赴大阪學於中井竹山。歷任句讀師、侍讀、組頭班、用人見習、近習物頭。與賴山陽等相交風雅，漢詩唱和等。中年時入林家，博搜書籍，仿擬《世説新語》編作近世人物逸話集《近世叢語》《續近世叢語》，成爲傳世之作。

其他還有《近世人鏡録》（木活字版）、《孔子履歷考》及《漢文中學讀本初步》之“松本豐多編”第十、“本多忠朝”第十七、“根津宇右衛門・一”第十八、“根津宇右衛門・二”第十九、“諫争之臣”第二十二、“淺野長矩”第四十二、“井伊直孝勤儉”等，日本重要文物田能村竹田筆《絹本著色歲寒三友雙鶴圖》上有天保三年竹田自題與賴山陽、雲華、角田九華之贊。天明四年生，安政二年十二月二十八日歿，享年七十二歲。其著作等身，然著述多爲写本，大多散逸不見。

② 暘谷：高暘谷（こう ようこく KO-YOKOKU）（1719—1766），江户時代中期漢詩人。肥前長崎人。本姓高階，名彝，字君秉，世稱“忠藏”。學於大潮元皓（だいちょう げんこう DAICHO-GENKO）。寬延年間講授於京都，後返長崎，結創“芙蓉詩社”。享保四年生，明和三年三月歿，享年四十八歲。其著作有《五經音義補》《樂府變》及詩集《詠物詩雋》等。

③ 龜井南溟：龜井南冥（かめい なんめい KAMEI-NAMMEI）（1743—1814），江户中期儒學者。筑前姪浜（今屬福岡市西區）人。名魯，字道載，世稱“主水”或“道哉”，號南冥、信天翁、狂念居士。儒學師於“徂徠學派”僧大潮，醫學師於大坂永富獨嘯庵。安永七年（1778）任福岡藩儒醫。天明三年（1783）任西學問所“甘棠館”總受持（總裁）。因與“朱子學派”之東學問所“修猷館”對立，受“寬政異學之禁”之餘波，寬政四年（1792）失勢。奉“徂徠學”而尊孔。待其子龜井昭陽大成，“龜門學”則以“西國重鎮”而稱於世。1784年，“漢倭奴國王”金印現於志賀島，嘗爲之作《金印辨》，証其爲《後漢書》記載漢光武帝所賜之印綬。寬保三年八月二十五日生，文化十一年三月二日歿，享年七十二歲。其主要著有《論語語由》《春秋左傳考義》《肥後物語》等。

④ 僧大同：大同（だいどう DAIDO）（1731—1786），江户時代中期僧侶（浄土真宗）。筑前出身。號玄澥。“本願寺派”之筑前（今屬福岡縣）教法寺住職，構筑“筑前學派”。善詩文，與龜井南冥從交。享保十六年生，天明六年四月歿，享年五十六歲。其著作有《陳善院僧樸年譜》《玄

瀣餘稿》等。

⑤ 釋大潮（しゃく だいちょう SHAKU-DAICHO），又名大潮元皓（だいちょう げんこう DAICHO-GENKO）（1676—1768），江户時代前期至中期僧人。肥前松浦（今屬佐賀縣）人。俗姓諫早，號月枝、魯寮、西溟等。黄檗宗。承肥前蓮池（今屬佐賀縣）龍津寺化霖道龍（けりん どうりゅう KERIN-DORYU，1634—1720。肥前蓮池人。黄檗山萬福寺主持獨湛性瑩之弟子，龍津寺開山。其餘不詳）之法而爲住持。後，師事山城（今屬京都府）萬福寺獨湛性瑩（どくたん－しょうけい DOKUTAN-SHOKEI）。於長崎習華音（中國語）。善詩文，與荻生徂徠，服部南郭從交。延寶四年一月六日生，明和五年八月二十二日歿，享年九十三歲。其著作有《魯寮詩偈》《松浦詩集》等。

十三

五七律率多臺閣氣，而乏山林趣。蓋南郭①詩名震爆一世，當時王公大人屈己下交，故其唱酬諸作大抵落陳套。而一得山林題，則恬淡閒適之意甚可吟誦矣。南郭自言“功名非吾事”，高維馨②亦評南郭“平生隨己所好，毀譽不拘，與物無競，頗類謝安爲人”。則山林元其本色，至臺閣諸詩雖極得意之作，皆規畫明七子③，篇篇一律，所謂三首而外不耐雷同者，亦其勢然也。而近世諸家集中所少見，亦可以觀時世之變也。蘐園④之徒豪俊雲集，其經學文章風靡一時，而數年之後雕零漸盡。南郭以其高弟巋然獨存，爲魯靈光者數十年。故集中於東野（平野）子和⑤則有哭詩、有墓碣，於蘭亭亦有哭詩，於萬庵⑥則有吊舊居詩、有《江陵集序》，於春臺⑦、周南⑧則有墓碑，而於周南又有文章序，而哭徂徠先生五排極悲愴之音。南郭終身主張師學，而專以詩文爲一代泰斗，亦不立門户之門户也。當時藝苑之士莫不雅慕，而如湯淺常山⑨、瀧鶴臺⑩，亦出其門下，蓋其中有不可測者存矣。《詠懷》詩云：“少壯耽經籍，窮年不知疲。書詩義所蓄，禮學寄德義。先聖垂大訓，旦暮過一時。常恐明不足，

僶俛懷憂悲。富貴誠如雲，令名道所期。萬代稱不朽，獨使後人思。”亦可以見其概也已。《梅邨詩話》卷四⑪

① 南郭：服部南郭（はっとり なんかく HATTORI-NANKAKU）（1683—1759），江户時代，儒者及漢詩人。京都人，名元喬，字子遷，世稱“小右衛門”，號南郭、芙蕖館、周雪、觀翁。十六歲時仕奉柳澤吉保侯，及壯年赴江户，跟随荻生徂徠學習古文辭，以詩文兼長而聞名一時，與太宰春臺等齊名。且善繪畫，亦好詠誦和歌。三十四歲辭官以後前來從學者甚多，晚年成爲肥後侯之賓師。尊重《唐詩選》，其唐詩選之解釋於《唐詩選》之流行作用極大。天和三年生，寶曆九年六月二十一日歿，享年七十七歲。東京品川東海寺（臨濟宗大德寺派）有其墓葬。其著作有：《唐詩選國字解》七卷、《南郭文集四編》四十卷、《南郭絶句詩集》一卷、《南郭尺牘標註》二册、《燈下書》一卷、《中華歷代帝系並僭僞圖》一卷、《遺契》十三卷、《文筌小言》一卷、《大東世語》五卷、《大學養老解·儀禮圖抄·閑窗一得》一卷等。

②高維馨：高野蘭亭（たかの らんてい TAKANO-RANTEI）（1704—1757），江户時代中期漢詩人。高野百里之子。江户出身。名惟馨。字子式，號蘭亭、東里。從學於荻生徂徠。十七歲失明，其後專心從服部南郭習詩。因其作詩具有中國“格調派”之志向，便於當時人們習學，是以頗受歡迎。從其習漢詩之人中既有前來江户“參勤交代”之全國各地大名（藩主），亦有與服部南郭對立之太宰春臺之門人。寶永元年生，寶曆七年七月六日歿，享年五十四歲。《蘭亭先生詩集》於其歿後刊行。

③明七子：有“前七子”与“后七子”之分。前七子包括李夢陽、何景明、徐禎卿、邊貢、康海、王九思和王廷相等七位有名的文人。爲區别後來嘉靖、隆慶年間出現的李攀龍、王世貞等七子，世稱“前七子”。後七子指明嘉靖年間的李攀龍、王世貞、謝榛、宗臣、梁有譽、徐中行、吴國倫等七位有名的文人，因其前尚有李夢陽等七人稱“前七子”，故亦稱“後七子”，也稱“嘉靖七子”。

④ 蘐園：荻生徂徠（おぎゅう そらい OGYOU-SORAI）（1666—

1728），江户時代，江户人。名雙松，字茂卿，幼名傳二郎，世稱“總右衛門”，號徂徠。此外，自居於日本橋茅場町時起曾號“蘐園”，又因其先祖物部氏而取具有中國風格之名稱“物徂徠”“物茂卿”。其乃館林藩醫官荻生方庵之次子，出生於江户芝浦。延寶七年（1679），其父荻生方庵因蒙受藩主德川綱吉譴責而貶至上總國長柄郡本納村，因此直至元禄三年（1690）被赦免返回江户之前，於芝（地名）開設私塾講授朱子學。傳其當時貧窮缺衣少食，曾受增上寺前豆腐店之救助。元禄九年（1696），三十一歲時因爲第五代幕府征夷大将軍時之執權柳澤吉保所發現，得以謁見幕府将軍而成名。其於寶永六年（1709）德川綱吉歿後而隱退，遂以教授爲業，其門下有太宰春臺、服部南郭、山縣周南等輩出，形成所謂“蘐园學派”。荻生徂徠起初崇奉朱子學，後轉爲復古而攻擊朱子學，且因駁斥伊藤仁齋之“古義學”而對立，另樹“古文辭學”。“古文辭”學説始於明中期之李于麟、王世貞，認爲“真文章”非漢以前所莫屬。據此觀點，荻生徂徠則認爲應於對經書及古言古語之直接研究且從中獲取真義。並且，即使詩文亦應提倡古文辭，特别對於詩，其尊崇“唐詩選”，排斥宋詩，鼓吹明詩，奬勵詩文創作，針對“朱子學”之道學式文學論，其欲将詩文從道德拘束中解放出來之立場非常鮮明。其還聘請岡島冠山爲講師開設中國語學習會等，大力倡导中國語學習，且其自身亦通曉中國語。寬文六年二月十六日生，享保十三年一月十九日歿，享年六十三歲。其著作有：《辨道》一卷、《辨明》二卷、《論語徵》十卷、《論語辨書》十卷、《大學解》一卷、《中庸解》二卷、《孟子識》一卷、《孝經識》一卷、《尚書學》一卷、《孫子國字解》十三卷、《吴子國字解》五卷、《讀荀子》四卷、《經子史要覽》二卷、《古文矩》一卷、《文變》一卷、《訓譯示蒙》五卷、《譯文筌蹄》六卷、《學則》一卷、《詩文國字牘》二卷、《文淵詩源》一卷、《絶句解》三卷、同《拾遺》三卷、《徂徠杜律考》三卷、《唐後詩十集》七卷、《皇朝正聲》一卷、《學寮了簡》一卷、《素問評》一卷、《五言絶句百首解》一卷、《滄溟七絶二百首解》二卷、《詩題苑》三卷、《明律國字解》三十七卷、《素書國字解》二卷、《鈐録》二十卷、《政談》四卷、《蘐園十筆》十卷、《蘐園隨筆》五卷、《蘐園録稿》二卷、《蘐園談餘》四卷、《蘐園遺編》二十卷、《徂徠文集》四卷、《徂徠集》三十一卷、同《拾遺》一卷、《徂徠詩集便覽》。此外，其兄荻生伯達之子荻生金谷爲荻生徂徠之養嗣，繼承家學效力於郡山藩（今屬 奈良縣大和郡山市），其子荻生鳳鳴亦仕郡山藩爲儒臣。

⑤ 東野（平野）子和：平野金華（ひらの きんか HIRANO-KINKA）（1688—1732），江户時代中期儒者。陸奥三春（今屬福島縣）人。名玄中，字子和，號金華，世稱“源右衛門”。師於荻生徂徠。善詩文，仕於三河（今屬愛知縣）刈谷藩，與朝鮮通信使有詩文交往。後任陸奥守山藩（今屬福島縣）儒官。服部南郭稱其“子和者東奥一奇士也”，及“滑稽不窮人人不能屈之”。太宰春臺稱其“子和狂生也”。元禄元年生，享保十七年七月二十三日歿，享年四十五歲。著作有《金華稿刪》等。

⑥ 萬庵：僧萬庵、萬庵原資（ばんあん げんし BANAN-GENSHI）（1666—1739），江户中期禪僧。江户人。與荻生徂徠門人從交。著有《江陵集序》《萬庵集》等。

⑦春臺：太宰春臺（だざい しゅんだい DAZAI-SYUNDAI）（1680—1747），江户時代，信州飯田人，名純，幼名千之助，字德夫，世稱“彌右衛门”，號春臺、紫芝園。本姓平手，過繼於姻親太宰氏。起初跟隨其父前往江户，從中野撝謙習程朱之學。效命於但馬出石侯，後因病辭退，流落京都十年，經同門安藤東野相勸拋棄舊學成爲荻生徂徠之門下研究古學。荻生徂徠歿後，以繼承荻生徂徠而聞名，然晚年於荻生徂徠之説稍有不服之處，詩文方面斥責李王之古文辭。其博學，通曉天文、律曆、字學、音韻等，還特别留心於經濟學。其性情剛毅狷介，自筑高格，直言不諱。延寶八年九月十四日生，延亨四年五月三十一日歿，享年六十八歲。其著作有：《論語古訓》十卷、《論語古訓外傳》二十卷、《論語正文》二卷、《六經略説》一卷、《和讀要領》三卷、《倭楷正訛》一卷、《辨道書》一卷、《斥非》二卷、《古文孝經正文》一卷、《古文孝經孔安國傳校正音注》一卷、《古文孝經略解》一卷、《詩書古傳》三十四卷、《朱子詩朱傳膏肓》二卷、《孔子家語增注》十卷、《易占要略》一卷、《易道撥亂》一

卷、《周易反》十二卷、《春秋三家異同》《老子特解》二卷、《聖學問答》二卷、《修删阿彌陀經》一卷、《律吕通考》一卷、《和漢帝王年表》三卷、《詩論》一卷、《近體詩韻》一卷、《文論》一卷、《三王外紀》一卷、《獨語》二卷、《産語》二卷、《經濟録》十卷、《紫芝園國字書》一卷、《紫芝園漫筆》十卷、《紫芝園稿》二十卷、《春臺詩抄》十卷、《新選唐詩六體集》等。

⑧周南：山縣周南（やまがた－しゅうなん　YAMAGATA-SYU^NAN）（1687—1752），江户時代中期儒者。山縣良齋之次子。周防（今屬山口縣）人，名孝孺，字次公，世稱“少助”，號周南。荻生徂徠初期之門人。享保二年任長門（今屬山口縣）萩藩主毛利吉元之侍講。創設藩校“明倫館”，就任第二代學頭（初代學頭爲小倉尚齋，1677—1737）。傳播“徂徠學”。貞享四年五月三日生，寶曆二年八月十二日歿，享年六十六歲。其著作有《作文初問》《爲學初問》。

⑨ 湯淺常山（ゆあさ じょうざん　YUASA-JOZAN）（1708—1781），江户中期儒學者。備前岡山藩士。名元禎，字士祥。赴江户從學於服部南郭、太宰春臺。歸故里參與藩政。後因直言遭疏離而退隱，遂專念著述。著有《常山紀談》《文會雜記》等。

⑩ 瀧鶴臺：瀧鶴臺（たき かくだい　TAKI-KAKUDAI），1709—1773，江户時代中期醫師。長門（今屬山口縣長門市）人。本姓引頭，名長愷，世稱“龜松”“彌八”，號鶴臺。習儒學，初師從小倉尚齋、山縣周南，後赴江户師從服部南郭，從山脇東洋等習醫學。且通曉佛教、和歌、國史。寶永六年生，安永二年一月二十四日歿，享年六十五歲。其著作有《三之逕》《長門癸甲問槎》等。

⑪ 金田梅邨《梅邨詩話》七卷，哦松軒藏本。金田梅邨（かねだ ばいそん　KANEDA-BAISON）（1783—1869），常陸德鳴村人，折笠利平治之次子，後爲佐原金田金七之嗣子。師事宫本茶村。因仰慕賴山陽，嘗拜於其墓前，祭告爲弟子。後從學於賴三樹三郎。與梁川星巖、藤田東湖、清宫秀堅等從交甚密。天明三年生，明治二年歿，享年七十七歲。其著作

有:《梅村詩話》等。

十四

徠翁[①]嘗稱南郭[②]《夜下墨水》七絶及平金華[③]《早發深川》、高蘭亭[④]《月夜三叉口泛舟》七絶，貼之於壁上，每吟誦之。蘭亭詩:“三叉中斷大江秋，明月新懸萬里流。欲向碧天吹玉笛，浮雲一片落扁舟。”金華詩:“月落人煙曙色分，長橋一半限星文。連天忽下深川水，直向總州爲白雲。”南郭詩:“金龍山畔江月浮，江搖月湧金龍流。扁舟不住天如水，兩岸秋風下二州。”南郭作尤膾炙人口，而賴山陽[⑤]以詩論之云“一生不解子遷好，兩岸秋風下二州”。余謂“下二州”三字不可解，不得不左袒於賴氏也。金華、蘭亭，俱非無可議者。高詩中斷，平詩忽下，皆不穩者。而徠翁稱爲“鏘然金石聲”，亦阿其所好也。《梅邨詩話》卷四

① 徠翁:荻生徂徠，参見“吟誦”第十三條。

② 南郭:服部南郭，参見“吟誦”第十三條。

③ 平金華:平野金華，参見“吟誦”第十三條。

④ 高蘭亭:高野蘭亭，参見“吟誦”第十三條。

⑤ 賴山陽(らい さんよう RAI-SANYO)(1780—1832)，江户後期儒學者、歷史學家、漢詩人。出生於大坂(今屬大阪府)。賴春水之長子。名襄，字子成，號山陽。十八歲時赴江户習經學、國史。後赴京都開設私塾。與梁川星巖、大鹽平八郎等交往。其著作有《日本外史》《日本政記》《山陽詩鈔》等。

十五

小野篁[①]，参議岑守長子也。《文德實録》曰:“太宰鴻臚館[②]有唐人沈道古[③]者，聞篁有才思，數以詩賦唱之。每視其和，常美艷藻。”又曰:“以捍詔除爲庶人，配流隱岐國。在路賦《謫行吟》七言十韻，文章奇藻，興味優遠。知文之輩，莫不吟誦，凡當時文章

天下無雙。"《江談抄》又載嵯峨天皇幸河陽館御製一聯曰"閉閣唯聞朝暮鼓，登樓遥望往來船"，時白氏文集新來本邦，秘府一本，他人未得見，而天皇獨閲之。用白詩一聯入詩，召篁示之，篁曰："若改遥字作空，更佳。"天皇大驚曰："此樂天句也。朕改空作遥，以試卿耳。卿言如此，亦樂天也。"《梧園詩話》卷上④

①小野篁（おの の たかむら　ONO-NO-TAKAMURA），802—852，平安時代前期漢詩人、歌人。小野妹子（おの の いもこ　ONO-NO-IMOKO，生卒年不詳，應爲6世紀至7世紀，推古朝聖德太子選派之遣隋使）之子孫，小野岑守（おの の みねもり　ONO-NO-MINEMORI）之子。世稱野相公、野宰相。少年時代熱衷弓馬，因嵯峨天皇（さがてんのう　SAGATENNO，786—842，日本第五十二代天皇，809—823年在位）諫勵而勤勉學業，撰定《令義解》。承和五年（838）雖被委任遣唐副使，然因其稱病而未能渡航，遂流放隱岐國（今屬島根縣隱岐島）。善漢詩與和歌，其作品收録於《扶桑集》《和漢朗詠集》《古今和歌集》。延曆二十一年生，仁壽二年十二月二十二日歿，享年五十一歲。

② 鴻臚館（こうろかん　KOROKAN）：平安時代所設置外交及海外交易施設。

③ 沈道古：唐朝人，生平不詳。

④細川十洲《梧園詩話》二卷，昭和二年（1927）東京筑地活版製造所《十洲全集》本。細川十洲（ほそかわ じゅっしゅう　HOSOKAWA-JYUSSYUU）（1834—1923），明治、大正時代，漢學家、法律家、思想家、男爵，土佐人。名潤次郎、元，號十洲，細川清齋之次子。初學於家，安政元年（1854）遊學長崎並習蘭學，後赴江户師事高島秋帆，於海軍操練所修航海術，業成返高知藩任藩校教授。明治維新後，起草各類法規條例，任開成學校譯局教授、民部權少丞、貴族院副議長、女子高等師範學校校長、樞密顧問官兼華族女子學校校長、神宫皇學館教監、學習院長心得等，獲文學博士號，從一位。天保五年生，大正十二年七月二十日歿，享年九十歲。

十六

五山詩會。五山僧徒結社賦詩，其式長老以下相會一堂，早飯供粥。僧臘長者各書一題，互相商議，定爲一題，稱曰題評。題評已畢，片紙書題貼於上席之壁。坐客相題構思，各有筆硯筆架水滴及檀紙短冊三枚。初稿已成，坐客傳見，互相品評。品評已畢，方始淨寫，置短冊於座右文臺。五山之僧交出吟誦，五山聲調各異。吟誦已畢，置酒縱談，入夜而止。人稱此會曰短冊切，見老人雜話。《梧園詩話》卷下

十七

先大父之在世也，有大草光太郎[①]者來謁大父，出示詩篇，以索一醉之資。詩云："囊中錢盡路猶賒，當酒無鞭眼没花。風雨不迷東海道，賣煙叢裏記君家。"大父反覆吟誦，謂曰："以子之才，專心致志，白也詩無敵，必能成大家。"光喜謝而去。光，福岡人，不知后能成一家乎否？《淳軒詩話》[②]

① 大草光太郎：生平不詳。

② 太田淳軒《淳軒詩話》一卷，昭和十四年（1939）刊本。大田淳軒（おおた じゅんけん　OTA-JUNKEN）（1864—1940），明治—大正—昭和時代初期漢學者。名才次郎，字子德，號淳軒。江户末期明治初期漢學者大田晴齋之次子，大田晴軒之孫，大田錦城之曾孫。自幼受其父教育，通曉四書五經。任東京府立第一中學校講師。關東大地震時藏書盡失。元治元年六月十日生，昭和十五年四月三十日殁，享年七十七歲。祖師孫三人均葬於東京都臺東區谷中1-6-1一乘寺。其著作有：《淳軒詩話》《舊聞小録》《史記列傳講義》《新撰漢文問答》（編）、《日本兒童遊戲集》（編）等。

十八

或問詩道之興衰，余應之曰："詩蓋昉於大友皇子[①]，而平城[②]、嵯峨[③]、文武[④]、淳和[⑤]諸帝，至河島皇子[⑥]、大津皇子[⑦]、葛野王[⑧]等，

皆能作詩。而菅公[9]、菅文時[10]、大江匡衡[11]、大江以言[12]、三善清行[13]、藤原冬嗣[14]、藤原兼良[15]、藤原賴長[16]、藤原伊周[17]、都良香[18]、源順[19]、源經信[20]等諸臣，亦皆相爭賦詩。當時作詩之盛，可概見矣。降至源平二氏執政，王綱解紐，學術掃地，至室町氏而極矣。然五山僧徒，往而受學於彼土，作文賦詩者多矣，如周興[21]、義堂[22]、中巖[23]、雪村[24]、絶海[25]、默雲[26]、村庵[27]等是也。及織豐[28]二氏勃興，士人日尋干戈鬥爭之事，無用心呫嗶之暇，然猶有細川賴之[29]、武田機山[30]、上杉霜臺[31]、伊達貞山[32]、足利義昭[33]、明智光秀[34]、直江兼續[35]等所作之詩，間存於人間，使見者嘆其艷麗。及至德川氏[36]建櫜後，藤原惺窩[37]、林羅山[38]二子先衆唱學，而後如石川丈山[39]。

則以詩歌爲專業，自是而後作者輩出，殆不遑僂指。元禄以後，有如新井白石[40]、藪孤山[41]、祇園南海[42]、秋山玉山[43]、荻生徂徠[44]、服部南郭[45]、山縣周南[46]、平野金華[47]等而出，而蘐園[48]諸子唱李王修辭，一時蠹毒天下，然作詩之盛，前古無比。至文化、文政間，有市河寬齋[49]、菊池五山[50]、大窪詩佛[51]、柏木如亭[52]，世稱之“四家”。繼之而菅茶山[53]、梁田蜕巖[54]、館柳灣[55]、佐羽淡齋[56]等，亦有重名。自時厥后，賴山陽[57]、梁川星巖[58]、廣瀨淡窗[59]、中島棕隱[60]諸子，亦各自張門户。或主張唐詩，或主張宋詩，甲是乙非，互有出入。至明治初，受山陽、星巖、淡窗等之教者，尚多存於世。是以至今日，所到媲黄對白，不絶吟誦聲，有故矣哉。江匡衡[61]之稱本邦曰“詩國”也。《淳軒詩話》

① 大友皇子：弘文天皇（こうぶんてんのう　KOBUNTENNO）（648—672），第三十九代天皇，天智天皇十年十二月五日（672年1月9日）—天武天皇元年七月二十三日（672年8月21日）在位。天智天皇第一皇子，諱大友（おおとも　OTOMO）、伊賀（いが　IGA）。天智天皇大化四年生，天武天皇元年七月二十三日崩。雖於明治三年（1870年）被追贈謚號，然作爲天皇即位與否難以斷定，因此多以“大友皇子”爲其表記。

② 平城：平城天皇（へいぜいてんのう　HEIZEITENNO），774年9

月25日—824年8月5日。第51代天皇，延曆二十五年三月十七日（806年4月9日）—大同四年四月一日（809年5月18日）在位。桓武天皇第一皇子，其母乃皇后藤原乙牟漏，嵯峨天皇乃其同母胞弟。寶龜五年八月十五日生，弘仁十五年七月七日崩。

③ 嵯峨：嵯峨天皇，參見“吟誦”第十五條。

④ 文武：文武天皇（もんむてんのう　MONMUTENNO）（683—707），日本第四十二代天皇，文武天皇元年八月一日（697年8月22日）—慶雲四年六月十五日（707年7月18日）在位。諱珂瑠（かる　KARU）、輕（かる　KARU）。天武天皇十二年生，慶雲四年六月十五日崩。其和風（日式）謚號有二：其一，《續日本紀》707年（慶雲四年十一月十二日）載“倭根子豐祖父天皇”（やまと ねこ とよおほぢの すめらみこと　YAMATO NEKO TOYO^HODINO SUMERAMIKOTO）；其二，《續日本紀》797年（延曆十六年）載“天之真宗豐祖父天皇”（あめの まむね とよおほぢの すめらみこと　AMENO MAMUNE TOYO^HODINO SUMERAMIKOTO）。

⑤ 淳和：淳和天皇（じゅんなてんのう　ZYUNNATENNO）（786—840），弘仁十四年四月二十七日（823年6月9日）—天長十年二月二十八日（833年3月22日）在位。平安時代初期，第五十三代天皇，亦稱“西院帝”。諱大伴（おおとも　OTOMO）。桓武天皇第七皇子，乃平城天皇、嵯峨天皇異母之兄，其母旅子乃藤原百川之女。延曆五年生，承和七年五月八日崩。

⑥ 河島皇子：川島皇子（かわしまのみこ　KAWASIMANOMIKO）（657—691），飛鳥時代皇族。亦記爲“河島皇子”（かわしま の おうじ　KAWASIMANOUZI）。天智天皇之第二皇子。冠位“浄大参”。淡海朝臣、春原朝臣等之祖。齊明天皇三年生，持統天皇五年九月九日歿，享年三十五歲。其詩歌收録於《懷風藻》《萬葉集》。

⑦ 大津皇子：（おおつ の おうじ　OTU-NO-UZI）（663—686），飛鳥時代，天武天皇之第三皇子。天武朝政治家、漢詩人、萬葉歌人。天智

二年生，朱鳥元年歿，享年二十四歲。其詩收録於《懷風藻》（四首），短歌收録於《萬葉集》（四首）。

⑧ 葛野王：（かどの の おう　KADO–NO–NOU）（669—706），飛鳥時代，大友皇子（弘文天皇）之長子，天智天皇之孫。傳其愛好學問與書寫文章，且善繪畫。持統天皇授其正四品上，官位止於式部卿。天智八年生，慶雲二年十二月二十日歿，享年三十七歲。《懷風藻》收録其詩二首。

⑨ 菅公：参見"吟誦"第一條。

⑩ 菅文時：菅原文時（すがわら の ふみとき　SUGAWARA–NO–HUMITOKI）（899—981），平安時代中期公卿、學者。菅原道真（参見"吟誦"一之③）之孫，菅原高視（すがわら の たかみ SUGAWARA–NO–TAKAMI〈876—913〉，平安時代前期官人。右大臣菅原道真之長子。從五品上、大學頭。貞觀十八年生，延喜十三年七月二十一日歿）之子。文章博士，歷任大學頭、式部大輔。村上天皇（むらかみてんのう MURAKAMITENNO，926—967。平安時代中期第六十二代天皇，天慶九年四月二十八日〈946年5月31日〉—康保四年五月二十五日〈967年7月5日〉在位。諱成明〈なりあきら　NARIAKIRA〉。第六十代醍醐天皇之第十四皇子，其母中宮穏子乃藤原基經之女。第六十一代朱雀天皇之同母胞弟。延長四年六月二日生，康保四年五月二十五日崩）時上奏文提出"封事三箇條"。天元四年從三品。昌泰二年生，天元四年九月八日歿，享年八十三歲。其詩文收録於《本朝文粹》《和漢朗詠集》。亦稱"菅三品"。

⑪ 大江匡衡：（おおえ の まさひら　OE–NO–MASAHIRA）（952—1012），平安時代中期儒者、歌人。永祚元年文章博士，長德三年任東宫學士。一條天皇侍讀，侍從，進爲式部大輔。天曆六年生，寬弘九年七月十六日歿，享年六十一歲。著有漢詩集《江吏部集》，家集《匡衡集》。

⑫ 大江以言：（おおえ の もちとき　OE–NO–MOTITOKI）（955—1010），平安時代中期官吏、漢詩人。大江仲宣之子。嘗稱"弓削氏"。學於藤原篤茂（ふじわら あつしげ　HUZIWARA ATUSIGE），歷文章博士、

式部權大輔，進從四品下。善詩文，其作品收録於《本朝文粹》《本朝麗藻》等。天曆九年生，寛弘七年七月二十四日歿，享年五十六歲。

⑬ 三善清行：（みよしきよゆき MIYOSI–KIYOYUKI）（847—919），平安時代前期至中期公卿、漢學者。字三耀，世稱"善相公"。歷文章博士兼大學頭、式部大輔等職，進参議兼宮内卿，從四品上。参與《延喜格式》編集。承和十四年生，延喜十八年十二月七日歿，享年七十二歲。其著作有《智証大師傳》《藤原保則傳》等。

⑭ 藤原冬嗣：（ふじわら の ふゆつぐ HUZIWARA–NO–HUYU TUGU）（775—826），平安時代前期公卿、歌人。北家藤原内麻吕之次男。世稱"閑院大臣"。爲嵯峨天皇所信任，構筑北家繁榮之基礎。弘仁元年（810）任初代"藏人頭"，翌年任参議，十四年正二品，天長二年任左大臣。撰進"弘仁格式"與"内裏式"。寶龜六年生，天長三年七月二十四日歿，享年五十二歲。受贈"正一品"及"太政大臣"。其詩作收録於《凌雲集》。

⑮ 藤原兼良：（ふじわら の かねよし HUZIWARA–NO–KANEYO SI）（1388—1467），號桃華老人、三關老人。歷任太政大臣、攝政、關白。爲避"應仁之乱"而寓於南都（奈良，北都爲平安京—京都）僧房，號覺惠。應仁十三年四月歿，享年八十歲。其著作有《新玉集》《公事根源》《樵談治要》《桃華藥葉》《花鳥餘情》《歌林良材》《小夜寢覺》《新續古今和歌集》等。

⑯ 藤原賴長：（ふじわら の よりなが HUZIWARA–NO–YORINAGA）（1120—1156），平安後期廷臣。藤原忠實之次子。左大臣。世稱"惡左府""宇治左大臣"。"保元之亂"時敗死。富和漢之才。著有記述當時社會風俗之日記《臺記》。

⑰ 藤原伊周：（ふじわら の これちか HUZIWARA–NO–KORETIKA）（974—1010），平安時代中期公卿。藤原道隆之次子。正曆二年（991）任参議，五年進昇内大臣。長德二年獲罪左遷大宰權帥。翌年召還，授正二品准大臣。世稱"儀同三司""帥内大臣"。天延二年生，寛弘七年一月

二十八日歿，享年三十七歲。其詩作收録於《本朝麗藻》等。

⑱ 都良香:（みやこ の よしか MIYAKO–NO–YOSIKA）（834—879），平安時代前期官吏、漢詩人。都貞繼（みやこのさだつぐ MIYAKO–NO–SADATUGU）之子。初名言道。“對策”及第，貞觀十五年（873）任大内記，十七年成爲文章博士，《日本文德天皇實録》之中心編者。以詩文著名。承和元年生，元慶三年二月二十五日歿，享年四十六歲。著有《都氏文集》等。

⑲ 源順:（みなもと の したごう MINAMOTO–NO–SITAGO）（911—983），平安時代中期官吏、歌人。嵯峨源氏，源舉（みなもとのこぞる MINAMOTO–NO–KOZORU）之子。“三十六歌仙”之一。二十餘歲代編纂日本最初百科辭典《倭名類聚抄》。天曆五年（951）以其爲中心編集《後撰和歌集》，訓讀《萬葉集》。官場不遇，晚年任能登守。延喜十一年生，永觀元年歿，享年七十三歲。有家集《源順集》。

⑳ 源經信:（みなもと の つねのぶ MINAMOTO–NO–TUNENOBU）（1016—1097），平安時代中期至後期公卿。宇多源氏。世稱“桂大納言”“帥大納言”。治曆三年（1067）任參議，遂任大納言，正二品。“桂流琵琶”之祖，善詩歌，通法令。晚年就任“大宰權帥”。長和五年生，永長二年閏正月六日於任地歿，享年八十二歲。有日記《帥記》、家集《大納言經信卿集》、歌論書《難後拾遺》。

㉑ 周興: 彦龍周興（げんりゅうしゅうこう GENRYU–SYUKO）（1458—1491），室町時代臨濟宗僧侶。善“五山文學”詩文。號半陶。山城（今屬京都府）人。延德三年六月三日圓寂，享年三十四歲。有詩文集《半陶藁》。

㉒ 義堂: 義堂周信（ぎどう しゅうしん GIDO–SYUSIN）（1325—1388），日本南北朝時代臨濟宗僧侶。土佐（今屬高知縣）人。號空華道人。師事夢窗疏石（むそう そせき MUSO–SOSEKI）。應招於足利義滿，住持建仁寺、南禪寺等。“五山文學”初期代表人物。有詩文集《空華集》、日記《空華日工集》等。

㉓ 中巖：中巖圓月（ちゅうがん えんげつ　TYUGAN-ENGETU）（1300—1375），鎌倉—南北朝時代僧侶。相模（今屬神奈川縣）出身。俗姓土屋。師事曹洞宗宏智派東明慧日。赴元（中國）學習，歸國後於上野（今屬群馬縣）吉祥寺開山，承臨濟宗大慧派東陽德輝之法。後住持京都萬壽寺、鎌倉建長寺等。“五山文學”代表人物之一。正安二年正月六日生，應安八年（文中四年）正月八日圓寂，享年七十六歲。謚號“佛種慧濟禪師”。其著作有《東海一漚集》等。

㉔ 雪村：（せっそん　SESSON），室町末期畫僧。生歿年不詳。諱周繼，號雪村、中居齋、舟居齋、鶴船等。原爲常陸（今屬茨城縣）武士，成爲禪僧後主要活躍於會津以及關東、東北地區。

㉕ 絶海：绝海中津（ぜっかい ちゅうしん　ZEKKAI-CHUSHIN）（1336—1405），室町時代初期臨濟宗禪師，别號蕉堅。土佐（今屬高知縣），十三歲入京都天龍寺，師事夢窗疏石（むそう そせき　MUSO-SOSEKI）。善漢詩，與義堂周信齊名。應安二十三年（1368年，明洪武元年）赴明，應明太祖召賦《應制三山》詩“熊野峰前徐福祠，滿山藥草雨餘肥。只今海上波濤穩，萬里好風須早歸。”得太祖即席和其韻“熊野峰高血食祠，松根琥珀也應肥。當年徐福求仙藥，直到如今更不歸。”當時傳爲美談佳話。其滯留中國九年，於1376年返國，任天龍寺首座、甲斐國慧林寺住持。1384年因直言遭忌於足利義滿，隱於攝津國。後又爲足利義滿所招任等持寺、相國寺住持。謚號“佛智廣照國師”。其著有《蕉堅集》，乃“五山文學”之重要詩文集。

㉖ 默雲：天隱龍澤（てんいん りゅうたく　TENIN-RYUTAKU）（1422—1500），室町—戰國時代臨濟宗僧侶。字天隱，號默雲。應永二十九年生，明應九年圓寂，享年七十九歲。

㉗ 村庵：希世靈彦（きせい れいげん　KISEI-REIGEN）（1403—1488），室町時代臨濟宗僧侶、五山文學者。京都人。號村庵。承南禪寺斯文正宣之法，開創聽松院。自幼時被讚具詩才，受管領細川一族庇護。雖終生未能住持官寺而止於侍者地位，然席次被置於五山禪僧之最上位。應

永十年生，長享二年六月二十六日圓寂，享年八十六歲。謚號“慧鑒明照禪師”。其著作有《村庵稿》等。

㉘ 織豐：織田信長（おだ のぶなが ODA-NOBUNAGA）（1534—1582）與豐臣秀吉（とよとみ ひでよし TOYOTOMI-HIDEYOSHI）（1537—1598年）。

㉙ 細川賴之：（ほそかわ よりゆき HOSOKAWA-YORIYUKI）（1329—1392），細川賴春（ほそかわ よりはる HOSOKAWA-YORIHARU，1304—1352，鎌倉時代至南北朝時代武將、守護大名）之子。世稱“彌九郎”。任武藏守、相摸守，元德元年生，元中九年（明德三年）歿，享年六十四歲。法名“常久”。

㉚ 武田機山：武田信玄（たけだ しんげん TAKEDA-SHINGEN）（1521—1573），戰國時代武将，甲斐守護大名，戰國大名。諱晴信，道號機山，世稱“太郎”。大永元年十一月三日生，元龜四年四月十二日歿，享年五十三歲。

㉛ 上杉霜臺：上杉謙信（うえすぎ けんしん UESUGI-KENSHIN）（1530—1578），戰國時代至安土桃山時代。戰國時代越後國（今屬新潟縣上越市）武将，戰國大名。後世稱其爲“越後之虎”“越後之龍”“軍神”。幼名虎千代，又名長尾景虎、上杉政虎、輝虎、不識庵謙信。享禄三年生，天正六年歿，享年四十八歲。晚年稱“霜臺公”。

㉜ 伊達貞山：伊達政宗（だて まさむね DATE-MASAMUNE）（1567—1636），戰國時代至江户時代前期。出羽國及陸奥國戰國大名，仙臺藩初代藩主。幼名梵天丸，渾名“獨眼龍”。永禄十年生，寛永十三年歿，享年七十歲。戒名“瑞巖寺殿貞山禪利大居士”。

㉝ 足利義昭：（あしかが よしあき ASHIKAGA-YOSHIAKI）（1537—1597），室町幕府第十五代（最後）征夷大将軍（在職：永禄十一年至天正十六年）。

㉞ 明智光秀：（あけち みつひで AKECHI-MITSUHIDE）（1528—1582），戰國時代至安土桃山時代武将。幼名彦太郎，號笑庵，世稱“十兵

衛”“惟任日向守”。雖爲織田信長之重臣，然於“本能寺之變”暗殺織田信長。享禄元年生，天正十年歿，享年五十五歲。

㉟ 直江兼續:（なおえ かねつぐ　NAOE-KANETSUGU）（1560—1619），戰國時代至江戶時代前期武将，上杉氏之家老。名與六，樋口兼續，重光，世稱“直江山城守”“直江城州”。永禄三年生，元和五年歿，享年六十歲。

㊱ 德川氏：德川家康創始之氏族。

㊲ 藤原惺窩:（ふじわら せいか　FUJIWARA-SEIKA）（1561—1619），江戶時代初期儒者。名肅，字斂夫，號惺窩，藤原定家之十二世孫，生於播磨三木郡細川村，初爲僧時改名蕣，號“妙壽院”，於京都相國寺修佛學，遂轉向儒學。慶長元年（1596）渡明未果，返回京都後，轉向專研“朱子學”，成爲日本“宋學之祖”。由於爲德川家康講授經史而名聲大噪，諸侯公卿邀聘者無數，不仕，隱棲於洛北市原野，號“北肉山人”。善詩文，長於和歌。門人衆多，其中林羅山、松永尺五、堀杏庵、那波活所最爲優秀，被稱爲“藤門四天王”。永禄四年生，元和五年九月十五日歿，享年五十九歲。其墓在京都相國寺東門前林光寺墓地。其著作有：《惺窩先生文集》十八卷、《惺窩文集》八卷、《文章達德録綱領》十卷、《文章達德録》一百卷、《假名性理》一卷、《經書和字訓解》《四書大全頭書》二十二卷、《寸鐵録》二卷、《逐鹿評》二卷、《本朝四家絶句》六卷。

㊳ 林羅山:（はやし らざん　HAYASHI-RAZAN）（1583—1657），江戶初期儒學者，乃幕府儒官“林家”之祖。京都人，名忠、信勝，字子信，世稱“又三郎”，號羅山、羅浮子、浮山、羅洞等，法號道春。從藤原惺窩習“朱子學”。曾任德川家康直至德川家綱四代大将軍之侍講。其於上野忍岡（地名，今屬東京都）之家塾“弘文館”乃昌平坂學問所之前身。天正十一年八月生，明曆三年一月二十三日歿，享年七十五歲。其著作有《羅山林先生文集》《本朝神社考》《丙辰紀行》等。

㊴ 石川丈山（いしかわ じょうざん　ISHIKAWA JOZAN）（1583—1672），江戶初期漢文詩人。三河泉鄉人，名凹，初名重之，世稱“嘉右

衛門”，字丈山，號六六山人、四名山人、凹凸窩、東溪、詩仙堂。雖自其祖輩開始即仕於德川家康，元和元年（1615）“大坂（阪）夏之陣”亦有僞勳戰功，但由於違背軍令而受罰，遂於京都妙心寺出家爲僧。其所作題爲《富士山》“仙客來遊雲外巔，神龍棲老洞中淵。雪如紈素煙如柄，白扇倒懸東海天”之詩作真可謂膾炙人口，且善書畫長隸書，游樂於詩文，終生未娶。因其置身於獨尊漢文詩文或儒學之江户初期，於儒學不甚關心，而對於詩文狂熱，故被尊爲江户時代漢文詩人之祖。享年九十歲。其著作有：除詩文集《覆醬集》十二卷外，尚有《詩仙詩》一卷、《詩法正義》一卷、《北山紀聞》六卷、《詩仙圖像》七卷、《詩仙堂志》四卷、《丈山夜譚》十卷、《丈山壁書》一卷、《凹凸窩先生詩集》二卷等。

㊵ 新井白石：（あらい はくせき ARAI-HAKUSEKI）（1657—1725），江户時代前期至中期之儒者。名君美，字在中、濟美，世稱“與五郎”“傳藏”“勘解由”，號白石、紫陽、錦屏山人、天爵堂。自幼明敏，有“神童”之稱。曾仕於久留里侯，貞享元年（1684）二十八歲時入木下順庵門學習，元禄六年經老師木下順庵推舉成爲甲斐侯德川綱豐府中儒臣。寶永六年，德川綱豐成爲第六代征夷大将軍（改名德川家宣），其成爲侍讀，與間部詮房一同輔佐大将軍，力勸改善幕政，並參予一系列政治改革：改良通貨、限制貿易、改革司法等。正德二年（1712），德川家宣歿，及至德川吉宗成爲第八代大将軍，其因政治地位喪失而退隱，晚年專心於著述。其信奉“朱子學”，對於史學、地理學、典故故實和其他方面，以及《同文通考》中之文字和《東雅》所見“國語”語源之研究，功績甚偉。且擅長詩文。明曆三年二月十日生於江户柳原，享保十年五月十九日歿於千駄谷家中，享年六十九歲。其著作有《藩翰譜》十二卷、《藩翰譜續編》十二卷、《折取焚柴記》三卷、《東雅》二十卷、《同文通考》四卷、《讀史餘論》三卷、《古史通》四卷、《古史通或問》二卷、《東音譜》一卷、《采覽異言》五卷、《西洋紀聞》三卷、《坐問筆语》一卷、《白石詩草》一卷、《白石先生遺文》、《白石先生遺文拾遺》二卷、《白石先生餘稿》三卷、《鬼神論》一卷、《白石建議》八卷等，还有《新井白石全集》等。

㊶ 藪孤山:(やぶ こざん YABU–KOZAN)(1735—1802),江户時代中期至後期儒者。藪慎庵之次男。名慤,字士(子)厚,世稱“茂二(次)郎”。學於江户及京都。歸鄉後講授於肥後熊本藩藩校時習館。享保二十年閏三月二十七日生,享和二年四月二十日歿,享年六十八歲。其著作有《崇孟》等。

㊷ 祇園南海:參見“吟誦”第十一條。

㊸ 秋山玉山:(あきやま ぎょくざん AKIYAMA–GYOKUZAN)(1702—1764),江户時代中期儒者,肥後熊本藩儒。豐後(今屬大分縣)人。本姓中山,名定政、儀。字子羽,世稱“儀右衛門”,號玉山、青柯。師事水足屏山(みずたり へいざん MIZUTARI–HEIZAN),後學於江户昌平黌。歸藩後,創建藩校時習館。元禄十五年六月二十九日生,寶曆十三年十二月十一日歿,享年六十二歲。其著作有《玉山詩集》等。

㊹ 荻生徂徠:參見“吟誦”第十三條。

㊺ 服部南郭:參見“吟誦”第十三條。

㊻ 山縣周南(やまがた–しゅうなん YAMAGATA–SYU^NAN)(1687—1752),江户時代中期儒者。周防(今屬山口縣)人,名孝孺,字次公,世稱“少助”,號周南。荻生徂徠初期之門人。享保二年任長門(今屬 山口縣)萩藩主毛利吉元之侍講。創設藩校“明倫館”,就任第二代學頭(初代學頭爲小倉尚齋,1677—1737)。傳播“徂徠學”。貞享四年五月三日生,寶曆二年八月十二日歿,享年六十六歲。其著作有《作文初問》《爲學初問》。

㊼ 平野金華:參見“吟誦”第十三條。

㊽ 蘐園:參見“吟誦”第十三條。

㊾ 市河寬齋:(いちかわ かんさい ICHIKAWA–KANSAI)(1749—1820),江户時代儒者、漢文詩人。上野甘樂郡人,名世寧,字子静,世稱“小左衛門”,號寬齋、半江、西野、江湖詩老。自幼受家學於其父市河蘭臺,後遊學江户入祭酒林正良之門,成爲“昌平黌”之學員長。居五年,因病辭任。其學乃宗朱子學。寬政三年(1791)應富山侯所聘任藩校教授,

在職歷二十餘載。善詩，以宋詩（陸放翁）爲範，所創詩社取名“江湖詩社”，菊池五山、大窪詩佛、柏木如亭等皆出自其門。所著《全唐詩逸》收集《全唐詩》遺漏而傳於日本之唐詩百餘篇，並爲鮑廷博《知不足齋叢書》（清 乾嘉年間）所收録。寛延二年生，文政三年七月十日歿，享年七十二歲。其著作有：《日本詩紀》五十三卷、《全唐詩逸》三卷、《漢魏六朝五家絶句選》五卷、《談唐詩選》一卷、《北里歌》一卷、《江湖詩人小傳稿》四卷、《江湖詩話》一卷、同《補遺》一卷、《三家妙絶》一卷、《詩家法語》一卷、《宋百家詩》七卷、《陸詩意註》七卷、《陸詩考實》三卷、《寛齋百絶》一卷、《寛齋遺稿》五卷、《寛齋餘稿》八册、《俗耳談》二卷、《林氏家譜略注》一卷。此外，其長子市河三亥，號米庵，以能書而聞名於世。

㊿ 菊池五山：（きくち ござん　KIKUCHI-GOZAN）（1769—1849），江户時代讃岐高松人。名桐孫，字無絃，世稱“左太夫”（一説佐太夫），號五山、娱庵、小釣舍。高松藩儒菊池室山之子。初從學於藩儒後藤芝山，遂至京都師事柴野栗山，又赴江户學於市河寛齋，與柏木如亭、大窪詩佛等入“江湖詩社”。寛政末年（1800前後）獲罪流落伊勢，文化初年（1804年2月11日始改元）重返江户。文化四年（1807），三十九歲受〈清〉袁枚《隨園詩話》影響發刊堪稱“漢詩時評誌”之《五山堂詩話》。《五山堂詩話》持續至天保三年（1832），二十六年間共刊行十卷正編、五卷補遺，介紹及批評同時代大量詩人與作品。其開設學塾授業，詩名極高，尊崇“性靈派”。晚年返高松藩任秘書官。菊池半隱（其曾祖父）逝世後家道中落，後經其繼承而振興。明和六年生，嘉永二年六月二十七日歿，享年八十一歲。其著作有：《五山堂詩話》十六卷、同《補遺》五卷、《五山堂詩存》七卷、《清人詠物詩抄》一卷、《明人絶句》二卷、《續西廂才人詩》一卷、《人唐詩》二卷、《水東竹枝》一卷、《西湖竹枝》二卷、《娱庵詠物》一卷等。

(51) 大窪詩佛：（おおくぼ しぶつ　OOKUBO-SIBUTSU）（1767—1837），江户時代常陸人。名行，字天民，世稱“柳太郎”，號詩佛、瘦梅、詩聖堂、江山翁、玉池精舍。移居江户後從山本北山修習折衷學，並長期

從市河寛齋學習詩文，受到賴山陽“亲炙”感化。且其善書法，因與畫家谷文晁交往密切其繪畫亦甚優秀。寛政四年（1792）前後同柏木如亭興辦“二瘦詩社”鼓吹“性靈清新”之詩风，文化三年（1806）自其於神田御玉池經营“詩聖堂”始詩名高漲，與菊池五山並爲詩壇中心，與市河寛齋、柏木如亭、菊池五山同被稱爲“江户四詩家”。其鼎盛時期曾嘗試遊歷，晚年出仕秋田藩爲儒臣，於江户邸“日知館”授業。明和四年生，天保八年四月十一日歿，享年七十一歲。其著作有：《宋詩礎》二卷、《佩文韻府兩韻便覽》一卷、《宋三大家絶句箋解》二卷、《諸韻箋》一卷、《清新詩題》四卷、《卜居集》二卷、《北遊詩草》二卷、《再北遊詩草》二卷、《西遊詩草》二卷、《二島遊草》一卷、《詩聖堂百絶》一卷、《詩聖堂詩話》、《詩聖堂詩集》三十三卷等。

㊷ 柏木如亭：（かしわぎ じょてい KASHIWAGI-JOTEI）（1763—1819），江户時代後期漢詩人。出生於江户。名昶，字永日，世稱“門作”，號如亭、瘦竹、一杖閑客、晚晴堂。親文墨，三十二歲辭職。後半生爲遊歷詩人。漢詩學於市河寛齋，以“江湖詩社”之中心人物，起江户詩壇清新之風。

㊸ 菅茶山：（かん さざん KAN-SAZAN）（1748—1827），江户後期儒者、漢詩人。備後（今屬廣島縣福山市）人。名晋帥，幼名喜太郎、百助，字禮卿，世稱“太仲”“太中”，號茶山。於京都從那波魯堂習朱子學。歸鄉後開設“黄葉夕陽村舍”。賴山陽之師。延享五年二月二日生，文政十年八月十三日歿，享年八十歲。其著作有《黄葉夕陽村舍詩》等。

㊹ 梁田蛻巖：（やなだ ぜいがん YANADA-ZEIGAN）（1672—1757），江户時代中期儒學者、漢詩人。江户人。名邦美，字景鸞，世稱“才右衛門”，號蛻巖。梁田毅齋（やなだ きさい YANADA-KISAI）之弟。梁田象水（やなだ しょうすい YANADA SYO^SUI）之父。師事山崎闇齋習“朱子學”。且通曉佛教、神道、漢詩文。因性格奔放不羈而周遊諸藩，享保四年仕播磨（今屬兵庫縣）明石藩，後定住於此。樹獨自詩風，被稱爲“詩豪”。寛文十二年一月二十四日生，寶曆七年七月十七日歿，享年

八十六歲。著有《蜕巖集》等。

㊺ 館柳灣:（たちりゅうわん　TACHI-RYUWAN）（1762—1844），江户時代中期至後期漢詩人。越後（今屬新潟縣）人。本姓小山，名機，字樞卿，世稱“雄次郎”。於江户師事龜田鵬齋。寶曆十二年三月十一日生，天保十五年四月十三日歿，享年八十三歲。其詩集有《柳湾漁唱》等。

㊻ 佐羽淡齋:（さば たんさい　SABA-TANSAI）二代佐羽吉右衛門（さば きちえもん　SABA-KICHIEMON）（1772—1825），江户時代後期商人、漢詩人。上野（今屬群馬縣）人。名芳，幼名安之助，字蘭卿，號淡齋。商人初代吉右衛門之養子，文化七年襲二代吉右衛門。好學，善漢詩。明和九年三月十日生，文政八年七月四日歿，享年五十四歲。著有《淡齋詩集》。

㊼ 賴山陽: 参見“吟誦”第十四條。

㊽ 梁川星巖:（やながわ せいがん　YANAGAWA-SEIGAN）（1789—1858），江户時代後期漢詩人。美濃（今屬 岐阜縣）人。名卯、孟緯，字伯兔、公圖，號星巖、詩禪。師從山本北山。與其妻梁川紅蘭（やながわ こうらん　YANAGAWA-KORAN，1804—1879，江户後期至明治時代漢詩人）遊歷諸國，於江户神田開設“玉池吟社”。後於京都與參予“尊攘運動”，“安政大獄”前因霍亂病逝。寬政元年六月十八日生，安政五年九月二日歿，享年七十歲。其著作有《西征詩》《星巖先生遺稿》等。

㊾ 廣瀨淡窗:（ひろせ たんそう　HIROSE-TANSO）（1782—1856），江户時代儒者、教育家。豐後日田（今屬大分縣日田市）人，名建，字子基，世稱“寅之助”，號淡窗、苓陽、青溪、遠思樓主人。自幼聰慧，十歲時師事久留米浪人松下筑蔭，寬政九年（1797）十六歲時赴博多龜井塾從龜井南冥、龜井昭陽父子修經業。其十九歲時因大病退塾歸鄉。其生平因病未能遊歷四方，於鄉里開辦私塾“咸宜園”教育弟子。前來學習者多達四千餘人。其學不偏重一道一派，兼修經學與老莊，形成獨特學風，“敬天”乃其一貫根本思想。因善詩，人稱“西海詩聖”，《桂林莊雜詠 示諸生》與刻有此詩之詩碑一起廣爲世間所知而著名。天明二年四月十一日

生，安政三年十一月一日歿，享年七十五歲。其著作有《約言》一卷、《約言補》一卷、《約言或問》一卷、《讀論語》一卷、《讀孟子》一卷、《老子摘解》二卷、《析玄》一卷、《讀左傳》一卷、《義府》一卷、《儒林評》一卷、《迂言》三卷、《再新録》一卷、《申聞書》一卷、《性善論》一卷、《論語三言解》一卷、《萬善簿》十卷、《夜雨寮記》四卷、《宜園規約》一卷、《家譜及系圖》一卷、《淡窗日記》八十二卷、《淡窗小品》二卷、《六橋紀聞》十卷、《文稿拾遺》一卷、《遠思樓詩鈔》四卷、《懷舊樓筆記》五十六卷、《淡窗詩話》二卷、《醒齋詩話》一卷等。

⑥⓪ 中島棕隱：（なかじま そういん NAKAJIMA-SOIN）（1779—1856），江户後期漢詩人、儒學者。京都人。名德規、規，字景寛，號棕隱、因果居士、畫餅居士、安八道人，世稱“文吉”“棕隱軒”。其堂號曾用“道華庵”“銅駄餘霞樓”“水流雲在樓”等。壯歲赴江户滞留十年，文化十一年歸返京都，一生布衣。安永八年生，安政三年歿，享年七十八歲。著有《鴨東四時雜事詞》《金帚葉》《水流雲在樓集》《鴨川朗詠集》《都繁昌記》等。

⑥① 江匡衡：參見本條⑰大江匡衡。

·吟詠·

一

又吴人劉勰著《雕龍篇》云:“音有飛沈，響有雙疊。雙聲隔字而每舛，疊韻離句其必睽。沈則響發如斷，飛則聲揚不還。並鹿盧交往，逆鱗相比。迕其際會，則往蹇來替，其爲疾病，亦文家之吃也。”又云:“聲盡妍嗤，寄在吟詠。滋味流於下句，風力窮於和韻。異音相慎謂之和，同聲相應謂之韻。韻氣一定，則餘聲易遣；和體抑揚，故遺響難契矣。”此論，理到優華，控引弘博，計其幽趣，無以間然。但恨連章結句，時多澀阻。所謂能言之者也，未必能行者也。《文鏡秘府論·西》①

① 遍照金剛《文鏡秘府論》六卷，臺灣貫雅文化事業有限公司1991年王利器《文鏡秘府論校注》訂補本。遍照金剛（へんじょうこんごう HENNJYOUKONNGOU），日本真言宗祖師空海於中國求法時之法號，乃“大日如來”密號，意爲“普照寰宇，不壞金身”。空海（くうかい KUUKAI）(774—835)，平安時代前期，讚岐（今屬香川縣）多度郡屏風浦（今屬善通寺市）人，學問僧，真言宗開祖。本姓佐伯，幼名真魚，謚號“弘法大師”。其父佐伯田公爲郡司，其母乃阿刀大足之女（一説其妹）。初習儒學，遂於和泉（今屬大阪府）槙尾山寺出家。延曆十四年(795)，二十歲於奈良東大寺受戒，被授名“空海”。延曆二十三年(804)與最澄、橘逸勢等乘遣唐使船渡唐，次年抵長安，初住西明寺，遍訪高僧，翌年於樂遊原“青龍寺”隨密宗惠果大師修習唐密，受獻法阿闍黎之灌頂，號“遍照金剛”，獲密教正宗嫡傳名位與可傳法後代之身份。惠果寂後，奉唐憲宗之命撰寫碑文。大同元年(806)攜帶佛典經疏與法物等歸國，住博多（今屬福岡縣福岡市）東長寺、京都高雄山寺開創真言宗。弘仁七年

（816）於紀州（今屬和歌山縣）高野山建修禪道場"金剛峰寺"，又於天長五年（828）設立綜藝種智院，廣招弟子，開日本庶民教育之基。寶龜五年生，承和二年三月二十一日歿，享年六十二歲。其著作有：因善詩歌文章，其詩主要收於《性靈集》（又稱《遍照發揮性靈集》），此外其詩亦可見於《經國集》、其歌可見於《新敕撰》《續千載》《風雅》等敕撰集中，著作除論詩法則之《文鏡秘府論》《文筆心眼抄》外，尚有《篆隸萬象名義》《聾瞽指歸》《三教指歸》《十住心論》《即身成佛義》《秘藏寶鑰》等。亦善書，與嵯峨天皇、橘逸勢並稱"三筆"。有《弘法大師空海全集》。

二

夫文章之興，與自然起；宫商之律，共二儀生。是故奎星主其文書，日月煥乎其章，天籟自諧，地籟冥韻。葛天唱歌，虞帝吟詠，曹、王入室摛藻之前，游、夏升堂學文之後，四紐未顯，八病無聞。雖然，五音妙其調，六律精其響。銓輕重於毫忽，韻清濁於錙銖。故能九夏奏而陰陽和，六樂陳而天地順。和人理，通神明。風移俗易，鳥翔獸舞。自非雅詩雅樂，誰能致此感通乎！

顒、約已降，兢、融以往，聲譜之論鬱起，病犯之名爭興。家制格式，人談疾累。徒競文華，空事拘檢。靈感沈秘，雕弊實繁。竊疑正聲之已失，爲當時運之使然。洎八體、十病、六犯、三疾，或文異義同，或名通理隔。卷軸滿機，乍閱難辨。遂使披卷者懷疑，搜寫者多倦。予今載刀之繁，載筆之簡，總有二十八種病，列之如左。其名異意同者，各注目下。後之覽者，一披總達。《文鏡秘府論·西》

三

凡作文之道，構思爲先，亟將用心，不可偏執。何者？篇章之内，事義甚弘，雖一言或通，而衆理須會。若得於此而失於彼，合於初而離於末，雖言之麗，固無所用之。故將發思之時，先須惟諸事物，合於此者。既得所求，然後定其體分。必使一篇之内，文義得成；篇，謂從始至末，使有文義，可得連接而成也。一章之間，事理可結。章者，若文章皆有科别，敘義可得連接而成事，以爲一章，使有事理，可結成義。通人用思，方得爲之。大略而論：建其首，則思下辭而可承；陳其末，則尋上義不相犯；舉其中，則先後須相附依：此其大指也。若文繫於韻者，則量其韻之少多。若事不周圓，功必疏闕。與其終將致患，不若易之於初。然參會事情，推校聲律，動成病累，難悉安穩。如其理無配偶，音相犯忤，三思不得，足以改張。或有文人，昧於機變，以一言可取，殷勤戀之，勞於用心，終是棄日。若斯之輩，亦膠柱之義也。又文思之來，苦多紛雜，應機立斷，須定一途。若空勌品量，不能取捨，心非其決，功必難成。然文無定方，思容通變，下可易之於上，前得迴之於後。若語在句末，得易之於句首；或在前言，可逡於後句也。研尋吟詠，足以安之，守而不逡，則多不合矣。然心或蔽通，思時鈍利，來不可遏，去不可留。若也情性煩勞，事由寂寞，強自催逼，徒成辛苦。不若韜翰屏筆，以須後圖，待心慮更澄，方事連緝。非止作文之至術，抑亦養生之大方耳。《文鏡秘府論·南》

四

大隅[①]守清原爲信[②]云："故親父典藥頭[③]真人相談云：昔中書大王[④]爲大納言之時，詣彼大王第。地富風流，天縱煙霞。當青陽之時，暮見黄花盛開。於時，大王憑欄干吟詠此句者，某人於朱雀院所作也。見其氣色，稱譽作者也。爰父真人從容言：'款冬，和名山不不支，見於《本草》，其花冬開。今以款冬爲山吹名，誤也。'於是中書大王感悟云：'若於學者不可言詩矣。'"《江談抄》第四[⑤]

① 大隅：今屬鹿兒島縣東部。

②清原爲信：（きよはら ためのぶ KIYOHARA-TAMENOBU）（？—1015〈長和四年〉），清原滋秀（きよはら しげひで KIYOHARA-

SHIGEHIDE，生卒年不詳，平安時代中期醫師。任宫廷侍醫、典藥頭。天延二年〈974〉，受圓融天皇之命，鑒查内野官庫之藥種）之子。其餘不詳。

③ 典藥頭：職掌典藥寮之宫廷官員。

④ 中書大王：兼明親王（かねあきらしんのう KANEAKIRASHINNO）（914—987），平安時代中期公卿、皇族。醍醐天皇之第十六皇子。朱雀天皇、村上天皇、源高明之異母兄弟。嘗因賜姓“源”而降爲臣籍，一時名爲源兼明（みなもと の かねあきら MINAMOTO-NO-KANEAKIRA）。歷任播磨權守・右近衛中将、左近衛中将，天慶七年（944年）任参議，後順利累進任權中納言、中納言、大納言，天禄二年（971年）任左大臣。晚年復歸皇籍，因任中務卿而被稱爲“中書王”或“前中書王”。與其甥“後中書王”之具平親王共具“博學多才”之稱。延喜十四年生，永延元年九月二十六日歿，享年七十四歲。

⑤大江匡房《江談抄》[詩話三卷]，按全書六卷，卷四、卷五、卷六爲詩話。續群書類從完成會昭和六十二年（1987）排印本《校本江談抄及其研究》。大江匡房（おおえのまさふさ OE-NO-MASAFUSA）（1041—1111），平安後期公卿、儒學者、歌人。大學頭大江成衡之子，大江匡衡之曾孫。官位正二品，權中納言。號江帥。大江氏自古即以“紀傳道”爲家學之學者名門，傳其自幼極俱文才，其於自叙傳《暮年記》中寫道“予四歲始讀書，八歲通史漢，十一賦詩，世謂神童”。天喜四年（1056）十六歲省試合格成爲文章得業生，康平元年（1058）對策及第，康平三年（1060）任治部少丞，繼而任式部少丞，官拜從五品下。其後因未得昇進，一時隱遁。嘗爲後三條天皇（東宫太子時）、白河天皇（東宫太子時）、堀河天皇（東宫太子時）、鳥羽天皇（東宫太子時）之侍讀。治曆三年（1067），任東宫尊仁親王之學士（侍讀），獲尊仁親王之信賴，治曆四年（1068）尊仁親王即位（後三條天皇）任“藏人”。翌延久元年（1069），兼左衛門權佐（檢非違使佐）、右少辨。亦任東宫貞仁親王（後爲白河天皇）之東宫學士。後三條天皇治世下，推進新政（延久善政）時，其以智囊近臣而起重要作用。延久四年十二月（1073年1月）白河天皇即位，其

仍任“藏人”，並兼善仁親王（後爲堀河天皇）之東宫學士。另，累進辨官，於應德元年（1084）任左大辨，應德三年（1086）叙從三品列公卿。其間，承曆二年（1078），親自於宅邸設置“江家文庫”。入堀河朝，寬治二年（1088）正三品參議。寬治四年（1090）進講《漢書》於堀河天皇。寬治八年（1094）從二品權中納言。永長二年（1097），任大宰權帥，翌年，承德二年（1098），左遷赴大宰府。康和四年（1102）因左遷大宰府之勞叙正二品，未久辭任大宰權帥。長治三年（1106），辭權中納言，再任大宰權帥。鳥羽天皇天永二年（1111），遷任大藏卿，同年殁。與藤原伊房、藤原爲房同被稱爲“白河朝之三房”，因“小倉百人一首”被稱爲“前中納言匡房”。長久二年生，天永二年十一月五日殁，享年七十一歲。其詩文可見於《續本朝文粹》《朝野群載》《本朝無題詩》，和歌可見於《詞花》《千載》《新古今以下敕撰集》。其著作有：《江家次第》《江記》（日記）、《江談抄》（説話集）等。

五

今宵奉詔歡無極，建禮門前儛蹈人。及第。

宗岡秋津①久住大學，不趁時世，延喜十七年十一月四日奉試日及第。同月十三日外記記云：“秋津久住學館，年齡已積，頻逢數年之課試，常歎一身之落第。今年適逢天統之聞，忽預及第之列云云。”故老傳云，昔有老生拜舞大庭，青衫映月，白髮戴霜。夜行宿衛奇而問之，老生無答，只詠此句。吟詠之趣無知，仍召其身參藏人所。侍之人驚尋由緒，事及天聽。問其姓名，勤云：“今日依敕及第文章生秋津深感天恩，竊拜紫庭也。”《江談抄》第四

① 宗岡秋津（むねをか の あきつ　MUNEOKA-NO-AKITSU），平安時代醍醐朝（897—930）人。其餘不詳。《前賢故實》卷第五載：宗岡朝臣秋津。延喜十七年（917）十一月，應試登第。上恤其頹齡，特詔褒之。秋津拜恩舞踏，猶不任感戴，退自殿行且歌。不覺到建禮門前，忽得句朗吟曰：“今宵奉詔歡無極，建禮門前舞踏人。”高唱不輟，衛士呵之。應

曰："新進士某。"侍士乃罵曰："癡老學，何敢作狂，此禁門也！"秋津初驚悟遁走。上聞愈憐之，官遂至參議左大辨。

六

越調詩八病之髓一也"庚、耕、清"韻，假令："燈前談話吟詠幾，與我染毫欲曉更。花錦縟柳絲經□，翫來終夜動心情。"越調詩者，至第三句具無七字，但上三字下三字相對也，是句中對云也。《作文大體》①

① 藤原宗忠《作文大體》一卷，續群書類從完成會1959年排印本《群書類從》卷第一百三十七。藤原宗忠（ふじわら の むねただ　FUJIWARA NO MUNETADA）（1062—1141），平安時代後期公卿。藤原北家中御門流權大納言藤原宗俊之長男。歷任辨官，於康和元年（1099）任參議。保延二年，右大臣。保延四年，從一品，被稱爲"中御門右大臣"。别名中御門宗忠。攝關家藤原忠實之近侍。經歷後三條天皇、白河天皇、堀河天皇、鳥羽天皇、崇德天皇。以其自"攝關政治"向"院政"過渡期之公卿身份，書寫日記以録當時之時代動向與身邊之事，以及同重要人物之接觸，自身之意見與評價等，特别是其對於攝關家之内紛及院政之批判與批評，爲後世留有其所在時代源氏之内紛、平家之抬頭等貴重史料。康平五年生，永治元年四月二十日歿，享年八十歲。其著作有：世存《中右記》（日記，名稱來自《中御門右大臣日記》）。具音樂之才，善管絃與笙。另長於催馬樂。傳其有音律之著書《韻花集》《白律韻》，然已不存。和歌入於《續古今和歌集》《玉葉和歌集》。

七

朱子曰：風雅頌，聲樂部分之名。賦比興，則所以製作風雅頌之體也。太師之教國子必使之，以是六者，三經而三緯之則。凡詩之節奏指歸，皆將不待講説，而直可吟詠以得之矣。三經是風雅頌，是做詩底骨子，賦比興卻是裏面横串底，故謂之三緯。《文章達德綱領》

卷四①

① 藤原惺窩《文章達德綱領》(詩話五卷),按全書六卷,含詩話者五卷。寬永十六年(1639)序刊本,書前有朝鮮姜沆萬曆己亥年(1599)序、吉田素庵寬永十六年序。

八

風雅之道載在於《三百篇》,至哉!學者得朝夕吟詠之餘者,豈曰小補哉!與蘇李而往,古詩之去風騷已遠矣。洎近體格律之聲興,去古詩又加遠。何也?詩以言志,拘於對儷聲律,則專從事乎句字組織之間,而不得發乎情性也。國俗之言詩者,往往以拘忌爲定式,與中華近體之格律不同,又無知其規格之所由出者,蓋所謂不知而妄作者也。其去古昔風雅之道,何啻千里哉!夫作詩真一小技,於道所未爲貴也。然則學者之於詩,不學則已,苟欲學之,不知其法度而妄作,可乎?古人論詩者凡若干家,倭漢印行之書亦多矣。學者之於詩法也,豈匱其書乎?然而倭俗詩法之謬舊矣,學者終身由之,而不知其道者衆也,不可亦歎乎?予固不知詩,且不揣僭妄,輯古來詩法之切要者約以爲一書,庶覺俗間初學之習而不察者而已,博雅之士改而正之惟幸也。延寶己未十月望日,紫陽後學貝原篤信書。《初學詩法序》①

① 貝原益軒《初學詩法》一卷,《日本詩話叢書》本第三冊。貝原益軒(かいばら えきけん KAIBARA-EKIKEN)(1630—1714),江户時代,筑前(今屬福岡縣)儒者。名篤信,字子誠,世稱“久兵衛”,初號損軒,後改號益軒。貝原利貞之第五子。其父以醫術仕於黑田侯,是以其自幼習醫,然因其兄貝原元瑞教其“四書句讀”而轉習儒學。明曆三年(1657)赴京都,從學於山崎闇齋、木下順庵、松永尺五。初習陸王之學,因三十六歲讀明陳建《學蔀通辨》而轉向“程朱之學”,並於京都講學。然晚年因懷疑程朱之説而作《大疑録》。其博覽強記,學及經史、詩文、語學,此外涉獵養生、本草等實用之學,《益軒十訓》等甚爲有名。所歷福岡

藩三代藩侯。寬永七年十一月十四日生，正德四年八月二十七日歿，享年八十五歲。其著作有：《慎思録》六卷、《近思録備考》十四卷、《大疑録》二卷、《格物餘話》一卷、《初學訓》五卷、《大和俗訓》八卷、《和俗童子訓》五卷、《五常訓》五卷、《文訓》四卷、《武訓》二卷、《君子訓》三卷、《家道訓》六卷、《養生訓》八卷、《養生訓附録》一卷、《樂訓》三卷、《神祇訓》一卷、《家訓》一卷、《女大學訓》一卷、《和爾雅》八卷、《和字解》一卷、《日本釋名》五卷、《點例》二卷、《大和本草》十六卷、同附録二卷，均收録於《貝原益軒全集》。而且，其訓點本又被稱爲“貝原本”。

九

《詩大序》曰：《關雎》，后妃之德也，風之始也，所以風化天下而正夫婦也。故用之鄉人焉，用之邦國焉。風，風也，教也。風以動之，教以化之。詩者，志之所之也。在心爲志，發言爲詩，情動於中而形於言，言之不足故嗟歎之，嗟歎之不足故永歌之，永歌之不足，不知手之舞足之蹈之也。情發於聲，聲成文，謂之音。治世之音安而以樂，其政和。亂世之音怨以怒，其政乖。亡國之音哀以思，其民困。故正得失，動天地，感鬼神，莫近於詩。先王以是經夫婦，成孝敬，厚人倫，美教化，移風俗。故詩有六義焉，一曰風，二曰賦，三曰比，四曰興，五曰雅，六曰頌。上以風化下，下以風刺上，主文而譎諫，言之者無罪，聞之者足以戒。故曰風。至於王道衰，禮義廢，政教失，國異政，家殊俗，而變風變雅作矣。國史明乎得失之跡，傷人倫之廢，哀刑政之苛，吟詠情性，以風其上，達於事變，而懷其舊俗者也。故變風發乎情止乎禮義。發情，民之性也。止禮義，先王之澤也。是以一國之事，繫一人之本，謂之風。言天下之事，形四方之風，謂之雅。雅者，正也，言王政之所由廢興也。政有小大，故有小雅焉，有大雅焉。頌者，美盛德之形容，以其成功告於神明者也。是謂四始，詩之至也。然則《關雎》《麟趾》之化，王者之風，繫之周公。南，言化自北而南也。《鵲巢》《騶虞》之德，諸侯之風也。生王之所以教，故繫之召公。周南、召南，正始之道，王化之基，是以《關雎》樂得淑女以配君子，憂在進賢，不淫其色，哀窈窕，思賢才，而無傷善之心焉。是《關雎》之義也。《初學詩法》

十

程子曰：興於詩者，吟詠情性，涵暢道德之中而歆動之，有“吾與點”之氣象。《初學詩法》

詩不以敏捷稱，以精工稱也。苟不精工，則雖一日千首，奚以爲？故吳韋庵[①]云：詩不廢思。古有十年成詠，三載卒吟者。彼非短於才也，特以好句難得耳。今人纔諳吟詠，便自負敏捷，率爾成篇，字句鄙陋，豈云絶構？《諸體詩則》卷上[②]

① 吳韋庵：清代人，著有《唐詩直解》。

② 林東溟《諸體詩則》二卷，《日本詩話叢書》本第九册。林東溟（はやし とうめい HAYASI-TOUMEI）（1708—1780），江户時代，長門（今屬山口縣長門市）人。名義卿，字周父，世稱“周介”，號東溟、紫碧仙叟。師事山縣周南，與瀧鶴臺、和智東郊一同被稱爲“周南門下三傑”。信奉荻生徂徠之學，講學於京都及江户。晚年好老莊之學。寶永五年生，安永九年九月二十五日歿，享年七十三歲。其著作有：《詩則》二卷、《明官古名考》一卷、《文則》一卷、《國字牘》二卷、《明詩礎》一卷、《明月篇》三卷、《東溟詩稿》《林塾學規》等。

十一

葛天八闋，遐哉邈乎。摻尾叩角，聲音安寄？吟詠性情，與鳥迹俱矣。蓋感物吟志，辭達而已。方是時也，上無所述，下亡所倣，林籟結響，泉石激韻，婉轉附物，直而不野，亦天地自然文爾。夫《卿雲》《南風》，聖情所發，厥美固宜。《康衢》《擊壤》，一何渾雅！

詩者天地元聲，誠非虛論。雖然，運數互移，情變應之。三代之温厚，漢魏之高華，六朝之麗縟，三唐之整秀，咸臻厥美，此蓋元聲之秀發也。夫天地之大，莫不有焉，腐宋胡元，亦氣運之偏至，皆不外於元聲也。明監於百代，郁郁得中。剪革所創，二代爲之忠臣。宋致工於作，所以乖也；明用工於述，所以與唐竝盛也。夫述有教有物有則，唐來才英其論備矣，而志尚如面，義亦偏至，此彥章斯篇所以作也。乃仍前脩之論，覈白岐路，歸諸當行。如其"善學於鱗者，不肖於鱗即於鱗"，"能不爲獻吉者，廼能爲獻吉者"，惟彼論爾，此乃教之。微獨教之，亦足以砭夫佻他以爲己力、探囊揭篋不以爲恥者也。余不甚好詩，而吾眼中有詩，不敢不任識詩，故和彥章之論以題其首云爾。延享乙丑夏六月，西播岡白駒[①]撰。城廣文書。《丹丘詩話序》[②]

① 岡白駒（おか はっく OKA-HAKKU），1692—1767，江户時代中期漢學者。播磨（今屬兵庫縣）人。本姓河野，亦姓岡田，名白駒，字千里，世稱"太仲"，號龍洲。初於西宫（今屬兵庫縣西宫市）行醫業，後赴京都習朱子學，自此講授儒學。遊學長崎習華音，晚年居住京都，講授稗史小説，且翻譯中國小説。元禄五年生，明和四年十一月八日歿，享年七十六歲。其著作有《皇朝儒臣朱安》《小説奇言》《詩經毛傳補義》《孔子家語補註》等。

② 芥川丹丘《丹丘詩話》三卷，《日本詩話叢書》本第二册。芥川丹丘（あくたがわ たんきゅう AKUTAGAWA-TANKYU）（1710—1785），江户時代京都人。名焕，字彦章，世稱"養軒"，號丹丘。學於宇野明霞以及伊藤東涯、服部南郭，主修"陽明學"，仕鯖江藩（今屬福井縣鯖江市）爲儒臣。寶永七年生，天明五年六月二十九日歿，享年七十六歲。其著作有:《丹丘詩話》四卷、《薔薇館詩集》五卷、《薔薇館文集》十卷、《詩家本草》二卷、《涓子》一卷、《樵談》一卷、《漁談》一卷、《陶談》一卷、《文家本草》一卷、《菅廟奉獻詩》一卷、《名山副》三十七卷、《杖談》一卷、《大學臆》一卷、《中庸臆》一卷、《周易象解》《古易键》《古易鑒》五

卷、《春秋卜筮解》一卷、《象山陽明學的》二卷、《東方輿略》十卷、《唐詩注解》七卷（校）、《商子全書》四卷（校）、《尚書注疏》十卷等。

十二

詩，吟詠情性而已矣。古者民之質矣，風尚敦厖，情愛委曲，厚而盡之，誠而不駮者，唯《三百篇》爲然焉耳。蓋人之情隱而飾之，矯而罔極，豈易知耶？聖人爲政，必以知民情爲先。夫情靜於中，而物盪於外，欲之與誠從衷而發，相誘而不可已焉。是乃人之所不能免，而好惡美刺之實由是顯矣。其風不翅竿旌誹木也，則其所關者不是細故。是故收裒邦國之詩，隸諸樂官。卿士大夫聽以審聲，誦而察辭，是以不待户到家訪，乃諳天下之情。若夫《鹿鳴》《頍弁》之宴好，《黍離》《有蓷》之哀傷，《氓》蚩、《晨風》之悔歎，《柏舟》《終風》之憤懣，《葛屨》《祈父》之譏訕，《黄鳥》《二子》之痛悼，《小弁》《何人斯》之怨誹，《小宛》《雞鳴》之戒惕，《大東》《何草不黄》之困疵，《巷伯》《鶉犇》之惡惡，《雄雉》《伯兮》之思懷，《北山》《陟岵》之行役，《伐檀》《七月》之勤敏，《棠棣》《蓼莪》之大義，皆出於天真，而直而不濫，情思懇惻，莫不腆也。只其胸懷陰私之感，如其“貽我彤管”，“貽我佩玖”，悦慕之色自有難掩者。故又自庶士謂之，吉士誘之，至於桑中之期，風雨如晦，關於情者，其人雖賤，其事雖微，亦不逸遺。而後好惡美刺，如視諸掌也。且其有罪也，不但察冤，譬諸魚以泉涸而煦沫，而退省其私，則不必可爲之過。出於情，逼於勢，不得已而然爾。《三百篇》所陳，大氐是已。成周蓋有詩卷，猶易冊也，仲尼因俾之得其所也已，非編纂也。後世欽仰王者之跡，學之而施諸言語政事之間，其益博大，無以尚焉。然而理學家媲諸《論語》，肇爲教戒之書，而温柔敦厚之旨蔑如也。心學家以淫奔詩概爲後人作，不肯説之，則欲與删正同其聖趣，猶以抗衡仲尼，而自我爲古也。豈其然乎？粤遡觀戰代，天猶不喪斯文，能衣被詞人而假黼黻，風雅青衿而極遺愛，亦猶學製美錦者，其唯靈均也歟？運雖否塞，不苟逃難；《離騷》《畔牢》，似續《雅頌》。當此之時，懷王不君，善人載尸，靡所止疑。然而辭句之間醖藉婉辨，不敢徑情。是故心術既形，英華乃贍。譬諸日月雖終古常見，而光景常新。嗟與！蔚矣乎。其文也，如彼隨和發彩流潤，如彼錦繢列素點絢。自漢而魏而晋，降爲舉業，弱冠王孫，綺紈公子，鬻聲鉤世，華而不實。胡望楚人，况於《三百篇》乎？蓋《詩》表文辭，周人所修。仲尼以此稱子產，則《詩》之用從而可知矣。而公卿大夫苟無文辭，則婦女之情多而風雲之氣鮮矣。然而文而亡質，則鐘鼎壺鑒復是殷人所惡，何足以臧？夫水性虚而淪漪結，木體實而華萼振，韡韡所以尚也。然文必易著，著焉則情薄，情薄則質喪。譬如翠綸桂餌反失魚，宜矣乎君子衣錦尚褧。繇是觀之，文質相須，布實舒華，而後可與言詩也已。而才傾海内，鍾美鄴京，雋逸群才，竝驅追漢之公子而雁行，雖固難爲兄難爲弟，而藻若湧泉，微若抽繭，昔人唯於曹植道之，則其爲倫魁可知矣。於乎！建安七子辭彩葱蒨，隨覩而誦之，乃使其風采髣髴如接目睫，謂之靈匠。雖然逸麗焜燿，而質力不足焉。可以磬折靈均也。意者阿瞞作俑，典午效尤，則風化既衰，不絶如髪，胡暇擇大雅耶？夫銓衡群彥，接萼均芳，駢麗相競，不復知畫繢之後素功，而反喜文之太章。然而“思君如流水”，“高臺多悲風”，疏亮之士猶披沙簡金，遂以爲玉臺一體矣。而全備風人之體，緝熙光明，而可爲永世之法者，惟唐詩爲然。若夫盧駱高岑李杜王楊，此乃唐之純萃，渢渢馴雅矣。大曆而下漸變，乃至開成以後再變，而盛唐純式，存者纔什一二矣。而世之措大，徒知盧駱王陽李杜諸公之爲可學，而不知李王儲常超秀四傑，雅怨粲溢，楨幹絢彩，實爲律家正始也。髦傑懷璧，敦琢其旅，牢固精緻，律定格立。跨乎《離騷》，式於九圍者，吾於此數人見之矣。而况於老杜乎？其質如荊璞未琢，其文如流風廻雪。《三百篇》以還，於萬斯年，竟不復可有諸公。則諸公之於後世也，真爲金科玉條矣。於是歌行近體，千載更熙，猗與盛哉！爰洎明祖膺籙，斯道復興。或曰，明猶唐也，唐猶明也。而其間雖綿世浸遠，治亂不同乎？方其調相契，幾如魯衛之政兄弟也。北地、信陽，罄控於前；歷下、司寇，縱送於後。盛麗如遊金張之堂，妖冶如攬嫱施之袪。初，歷下厭薄訓詁，學古文辭。衆不曉何語，咸指歷下狂生。歷下夷然不屑也，曰："吾而不狂，誰當狂者？"此非駿邁名世之才，不能受而安也。斯時宋元不雅之風猶存焉，歷下、鳳洲，譬如干城岨隘，嚴禦勁敵，一人荷戟，萬夫趑趄。乃以天授輔翼，其從如水，竟立古文辭一代之制，復古之業可謂盛矣。而村學究動口李王二公，而未之辨其優劣也。劉子威[①]曰："元美集有于鱗，有獻吉，有往哲，而又自有元美。廣大變化，不能測其所至。"張夏鍾[②]曰："余又聞先生之言曰：'吾讀書萬卷，未嘗從《六經》入。每欲牽衣廊廡之末，而有避忌。吾雖未聞道，然誦法一念，迄死不敢忘。'"嗟乎！此又非于鱗之所能及也。陳眉公[③]祭先生文曰："公與于鱗焚舟而濟，初爲敵國，晚難兄弟。公之虚左，亦有深意。以大事小，菜羹必祭。"乃知其推轂反賢於于鱗，不啻伏龍鳳雛也。且弘嘉群傑相從，虎嘯海内，學者風飈電激，才情雋永。鎔式盛唐，豐藻富贍，金玉其相，可謂落霞與孤鶩齊飛，秋水與長天一色者矣。雖然和璧隨珠皆是天下之絶寶，而倘有玉工精明，極之細檢，乃未必無指微瑕言之者也。吾雖非誹駁疑桀者，然稍不能無間然矣。于鱗嘗爲浙江時，徒託宓子賤之治單父，不屑經濟，是故績缺明試，較諸小范老子[④]，人之與績爲皆不如也。鳳洲先生則不然也。吏事精絶，不可悉數。以文發術，摘伏如神。若夫青州治盜，及樂平王事，最奇而不可測者。此乃喬神君不啻也。比諸珠還合浦，猶爲妙絶。然而甘心曇陽，以焚筆硯。所謂誦法一念迄死不忘者。吁！此何言也。無乃是沾泥絮歟？既而弇山結社，朋復盍簪，似亦甄明法門。修靜作文已然如此，則其心必是欿然缺英雄之舉。余閲其文辭意，此處將讓劉文成公而立其下風，最可惜哉。然而連城之價，何可以此減乎哉？妙思鎔裁，斐然摛藻，不假借，不勉強，恰淡自然，天真逢湧，則又勝於于鱗之文巉刻太汰。繇此觀之，漢魏而來，人之與文雕琢有章，與日月爭光者，吾於先生觀之矣。如崆峒執戟前驅，爰方啓行，其餘皆供左右給事焉耳。先生會萃百家之典而不遺，則一部《四部稿》而足矣。而余每讀之不之放過，其他如李何邊徐等集，不必讀也。而世儒之於明文也，有二病焉。一則欲徒取全明諸家，殫讀之以不遺焉，無識故爾。一則不惟不擇取捨，相併排擯也已，錯諸机上，猶至相戒，謂之絞刺，無才故爾。以此雖欲攀龍附鳳，得乎？然而若夫歸有光，是一顓門者，而猶謗鳳洲先生，輒謂“妄庸人爲之鉅子”。嗟乎！亦妬賢嫉能之意，歸氏宜必無者，而其言猶如此。則馬鄭陰賊，復何可怪？如先生事赫耀青史，將從青史乎？將從歸氏乎？先生果爲妄庸人者也乎？非是公論。要之歸有光[5]、唐順之[6]、王遵巖[7]皆崇質野，而不崇文華，故褊心激昂，不敢薰陶，妄抑李王，強相背馳，脱是本路臨岐，不只誤入邪徑，吾恐惑而乘驥，狂而操吴干將也。夫詩有興舍，識者稽焉。乃謂唐降爲宋，斯道遂喪。又興爲明，文運丕闡。嘉隆之際，於斯爲盛。且以明季較諸宋元諸公，陽文敦洽妍媸昭晰，有眼者皆能辨之。況於其盛時乎？詩云“大道如砥，其直如矢”，此之謂也。是故高廷禮[8]有《唐詩正聲》，李于麟[9]有《唐詩選》，是皆師友淵源，千古指南也。而今雖兒童皆能讀之。然恨左袒于鱗，輒以《正聲》爲弁髦。蓋廷禮以韻爲重，辭句次之。于鱗因辭爲式，音韻相該。劉勰以爲異韻相從謂之和，同聲相應謂之韻。韻氣一定，故餘聲易遣；和體抑揚，故遺響難契。屬筆易巧，選和至難。張茂先[10]論韻，謂“士衡多楚，可謂銜靈均之聲餘，失黄鐘之正響也”。繇是觀之，聲之爲重，如斯彰彰矣。則廷禮《正聲》懷爲和氏，欲以與昭乘同價，其至文理密察，廼是具眼應辨焉。因謂《唐詩品彙》，《古今詩刪》匹也，皆可覽觀。荊山傍以玉打鵲，滿地珠璣，鼂采可掇也。于鱗氏《唐詩選》簡當嚴深，妙於摭捃矣。然屬眼太過，猶有遺珠之詆。胡應麟氏[11]以爲矯枉之過，則與《正聲》自有解何？夫詩可解也，如不解則欛柄不入手。但不必解，必解則屬穿鑿，詩最忌穿鑿故也。且不可淺，淺則俗；不可深，深則澀；不可有意，有意則枉；不可無意，無意則濫。唯其淺深有無之間，天真鎔裁，自然觸境，意匠巧靈，神解奥舒，莫不逢其原焉，是爲得之。吾故有取廷禮氏之選爾。《詩學新論》卷之上⑫

① 劉子威：劉鳳，字子威，吳縣人，明代河南按察司僉事。著有《劉子威文集》三十二卷。

② 張夏鍾：不詳。

③ 陳眉公：陳繼儒（1558—1639），明代末期書法家、畫家。以董其昌之親友著稱。

④ 小范老子：范仲淹。1038年李元昊建西夏，范仲淹以轉運使守陕西邊境數年，號令嚴明，愛護士卒。羌人因范仲淹爲龍圖閣直學士而稱其“龍圖老子”，夏人惧而無犯國境，云其“小范老子，胸中自有數萬甲兵”。

⑤ 歸有光：明代散文家，字熙甫，一字开甫，崑山（今江苏昆山）人。

⑥ 唐順之：明代，字應德，一字義修，號荊川，謚襄文。南直隸武进（今屬江苏常州）人。

⑦ 王遵巖：王慎中，明代“嘉靖八才子”之一。

⑧ 高廷禮：高發，字廷禮，明人。

⑨ 李于麟：李攀龍（1514—1570），明代詩人、文人。“後七子”之一。歷城（今屬山東省濟南市）人，字于鱗，號滄溟。

⑩ 張茂先：張華，字茂先，魏晋時期，范陽方城（今屬河北省固安縣）人。

⑪ 胡應麟：1551—1602，明代學者。字元瑞，一作明瑞，號時羊生，少室山人。

⑫ 原田東岳《詩學新論》三卷，《日本詩話叢書》本第三冊。原田東岳（はらだ とうがく　HARADA-TOUGAKU）（1729—1783），江户

時代豐後（今屬大分縣）人。名直、殖，字温夫，世稱“吉右衛門”，號東岳。本姓酒田，過繼豐後日出藩（今屬大分縣日出町）世臣原田氏。受日出藩主之命赴京都從伊藤東涯學習四年，順便赴江户從服部南郭學習三年古文辭學，後隨藩主數次往來於江户。其經義採自伊藤仁齋，詩文據於蘐園（荻生徂徠之學塾名）古文辭，通曉諸子百家，時於經義方面與小倉藩（今屬福岡縣北九州市）儒者增井玄寬齊名，被稱爲“九州原增”。因做人方面剛介不屈，與國老（老臣）不睦，辭任赴京都講學，後於中津藩（今屬大分縣中津市）以賓客身份講學。享保十四年生，天朝三年十二月三日歿，享年五十五歲。其著作有：《論語箋注》《孟子徵》《經説拾遺》二卷、《唐詩正聲箋注》《詩學新論》三卷、《席上腐談》一卷、《東岳學的》二卷、《東岳筆疇》六卷、《卧遊漫鈔》一卷、《東岳文集》《东岳遺稿》《茶詩》一卷、《茶詩選》《郡縣考》《封建考》《逸氏史略》三卷等。亦曾使用“原東岳”之名。

十三

濂涪二翁①流毒吟詠，乃至南渡鴻儒磨練禪偈，窮矣。大雅之害，無此爲酷。夫帝羓北去，白甲靡爛。太祖便以杯酒解權爲謀，則開國蹷本，威靈頓損。道君之初，吾不必歸咎花石綱。回霸雖狡，弗耀威武。燕雲禍烈，開門揖盗，猶劇童貫。哀哉！明皇之時，安史猖獗。兩京雖陷，焉得問鼎輕重？時屯而亨，運蒙而正，是皆由國初解兵與否故也爾。設解兵以詒厥孫謀，辟諸以羊犢之弱而扞虎狼之敵，廼不束手就擒者，未之有也。乃汴京不守，神州盡没於金，宋氏遂南。懲羹吹韲，權輿一種理學，南人脱套。嗟乎！二帝北狩，趙氏不絶如帶。《説郛》載徽宗一絶云：“徹夜西風撼破扉，蕭條孤館一燈微。家山回首三千里，目斷天南無雁飛。”此蓋北狩時作也，意殊可悲。又欽宗“紇干山頭凍死雀，何不飛去生處樂”，當時父子情況如此，豈止令人酸鼻哉？當此之時，宋人不哀，玩歲愒月，舉一世安於君父之讐，不復慼傷，只拱手高談性命，其習彌漫朝署，衣冠皆以此爲悦者也。且如游酢，程門高弟。上疏薦賊檜。賊檜秉政，固執和議，乃誅岳武穆父子。岳武穆父子誅，不唯宋祚不修，廼失二帝染指之望。竟至使二帝爲重昏侯，金主賜服也。噫！是不之痛，孰復可痛？雖有道學先生，何裨之有？爾後崖山流離，猶至讀《大學章句》。張陸握齱，不曉事務，故國家土崩，其咎不必繫賈似道。拙謀之至，甚於刻舟也。淳熙中，周必大薦朱熹。熹將入奏事，或要於路曰："正心正意，上所厭聞。"熹曰："吾平生學問只在於此焉，豈可隱默欺君乎？"吴與弼兩召不起，曰："宦官、釋氏不除，而欲天下治，難矣。必除，吾可入。"人笑其迂。此二事雖有差異，而至其愚愎清狂則同。夫窮理之學興而人才差池，正心之説隆而氣象抑厭。若夫韓范諸賢，雖不有聞正心之説，而皆以穆行能著經綸之績。中世道學與金竝興，無不猥大焉。是以大雅既亡，宋祚隨之矣。道學諸公，多是縮朒不任事，未曾有一人企及韓范諸公者，亦可怪哉。意者天厭宋德爾乎？不然蓋是正心之説害之也。若專以正心爲其極功，拘一心上，終身守株，殆如土偶，調息靜座，徒曠光陰。人各有職，豈其暇乎？且人心本活，安可灰哉？佯莫雖緊，何益？是以人之氣象爲之局促，應接膠柱，不必快活，才器亦從而委頓。夫億兆氣質固雖不齊乎，大氐不是出於靜爽波湛闊達輕駿數者矣，而各自視其資之所得，而鋭志藝文，必是才氣發揚，語妙天下。譬之飛黄結緑，其步驟符采，娓娓自爲國器。用則績顯雲臺，行則聲垂竹素，處則學修武藝。既有其備矣，或王或霸，均是爲碩輔之材。此廼古訓之要，通儒之舉爾。能學經濟謂之通儒，如八元、八愷及伊尹、傅説等是也。而如老莊仙佛、陰陽九流之類，無益於人民社稷者，謂之雜學。理學亦此類焉耳，豈可修耶？蓋天生蒼生，帝化於陶均之上，銓衡君子資治其下，體聖蹈賢，紹天闡繹，滋液滲漉，移風平俗，薰風潛暢，頌聲遐舉。想夫王風既正，則人仰極治，必有天縱之才，乃乘氣運而翔起，風調以顯朝野，倡酬以盛天下，爲唐爲明，辭韻依韋，協氣橫流，自契《承雲》。如南宋何可洎耶？禮教彫衰，衣冠日失其序，人皆抱危懼，心膽墜於地矣。此時禪儒輩出，欲與毗其怯心，乃襲佛性孤明之説，以爲虛靈不昧之體。然憂其説相同而渝之，輒謂近理而亂真。殊不知古書謂性，皆就質言之，未嘗曰理也。昔者民俗渾厚，言意温雅，平昔實就其所見聞，相呼乃爲性也。何如後世之刻乎哉？《漢書・董仲傳》“性者，質也”，《禮・禮器》“禮，釋回，增美質”是也，豈指空處爲之言耶？而“窮理”二字雖出於《大傳》，而理學家之所説其意殊異。其專言之者，只佛也耳。若乃非彼是此，實此虛彼，欲以交爭一理，而加氣相奪，假令窮終身之力，幾如搏景，不啻必不可得。遁辭回互，辭氣下者應是語塞。言各相悖不同，則任恣睢怫然，顏如渥丹而駁之。理本無形，無不可以言者。則爲西爲東，爲右爲左，泛然不可窮詰。其卒必曰“自悟而已”矣。嗟乎！關責千載無益之理，徒曠歲月，悠悠輒至老大。而見勝於已者，則猶將喋喋作色也。何暇可以聞頌聲耶？余以道學爲無益，恐人以爲過論而不信，是故更就事實，乃俾佩觿之士知其害已大，其餘可以類推矣。李温陵名贄，號卓吾。本傳載，公少舉孝廉，後爲姚安太守，未知學。有道學先生語之曰：“何不學道學？道學所以免生死也。”公曰：“有是哉？”遂潛心道妙，久之自有所契。初與楚黄安耿子庸善，罷郡遂不歸，曰：“我老矣。得一二勝友終日晤言，即爲至快，何必故鄉也？”遂客黄安。中年得數男，皆不育。澹於聲色，又癖潔惡近婦人。故雖無子，不置妾婢。後妻欲歸，輒歸之。自稱“流寓客子”。既無家累，又斷俗緣。參求乘理，極其超皮剔膚見骨，迥絶理路。出爲議論，皆爲劍刀上事。遂至麻城龍潭湖上，與僧無念、周友山、丘坦之、楊定見聚，閉門下鍵，日讀書爲事。性愛掃地，數人縛帚不給。衿裾浣洗極其鮮潔，拭面拂身，有同水淫。不喜俗客，客不獲辭而至，但一交手即令之遠座，嫌其臭。言笑意所不契，寂無一語。所讀書皆抄寫，詩不多作，書每研墨伸紙，則解衣大叫，作兔起鶻落之狀。一日惡頭癢，倦於梳櫛，遂去其髪，獨存鬢鬚。始有以幻語聞當事，當事者逐之。左轄劉公東星迎公武昌，又有以幻語聞，當事者又逐之，火其蘭若。馬卿史經綸遂躬迎之通州，又會當事者欲刊異端以正文體，疏論之。遣金吾緹騎逮公。公於獄舍中，作詩讀書自如。一日呼侍者薙髪，侍者去，遂持刀自割其喉，氣不絶者兩日。侍者問："和尚痛否？"以指書其手曰："不痛。"又問："和尚何自割？"書曰："七十老翁何所求？"遂絶。嗟乎！卓老道學之魁，而覺醒道妙，齒德共高。卻是薙髪作僧，侍者乃呼爲和尚。余讀之而至於此，噴飯滿案。余實儒品，謬掌軍官。武藝之外雖有稍學，而因陋就寡，何解道妙？然少從覲而東行，乃就南郭服君聞徂徠先生之訓。其後休告遊於京師，學於東涯先生[②]。皆憂我無似，一片婆心和盤托出矣。雖然，質本豚犢，如之何其可以龍虎之所爲而責耶？乃至綱維典刑之爲重，稍有曉焉。而只有齊栗恭謙，日夕惕厲而已矣。暇日雖講武藝，志於有用，皆不能也。吁！人各有職，任重道遠。何暇可洎會得空理乎哉？昔在梁武帝，中年甚信浮屠。祖禰祭祀，去肉供菜，戒齋清規，殆如僧尼。當時識者流涕太息，爲社稷必不血食之漸矣。未幾，侯景大破臺城闌入，露刃上殿。武帝及昭明太子，俱至曰渴餓死。嗟乎哀哉！想者佛之道蓋畫略耳。爲救胡黠之弊而起，豈爲不易耶？其所爲道清苦孤艱，靜練一心，乃其纏繞繫戀者，排遣不遺，夢幻泡影，隳廢人倫，唯知有一心之爲尊，而不知有斯道最爲尊也。故不言天，言天則不及儒。夫皇建有極，經緯成德。綱維洪化，休烈液洽。乃禮乃樂，光被六合；允文允武，範圍八紘。三辰垂象，天地昭明。更使聖者裁成輔相宇宙無疆之道，儒之所學而道者是也。故不言理，言理則致渾殽。可見天之與理，界限隔閡較然明矣。何煩多言？蓋仲尼祖述堯舜，憲章文武，其言粲然，亦孔之炤，如泰山白日，舉目便能瞰之，何有一之可疑而論者也哉？若夫宗門機鋒，相私屢中於人，此仲尼之訓無之也。恒惡佞者，特誡之而已矣。誡之則安有可以使後之人紛繳爭言也耶？伊洛儒先，其學自與禪氏區畫鴻溝。縉紳吹噓，議論騷然。此時獨有陳龍川乃至闕，言其詭乎時務，人以爲狂，而無不笑者矣。嗚乎！槊矱其修，沈潛其負，古心樸貌，唯此人在焉。而議者選耎，宋德可知也已。前代狄仁傑，真豪傑也。屈強僞朝，維持唐祚。乃不以利回，不以屈阻。抱直履真，愉愉侃侃，殆裕如也。乃能以佛爲胡，譎以極諫，道學先生奚如斯得翊頹持仆也哉？然至蜀江四君子，非是尋常。灑翰淋漓破町畦，狀景敘物，森焉該，潑焉躍，乃是理發禪林，道學淵源也。繇此蜀黨洛黨理機交爭，鵝湖紛鬩兆於此歟？是以變調相競，更鑄新辭，鎔裁盛式掃地而盡矣。夫明之興隆，誠有以焉。太祖起兵濠，卒能撥亂反正。謀臣武將固雖儷景同翻，而剋平之力頗在劉公。公之爲人雋邁卓拔，材兼文武，智埒良平。宋之趙普亦開國之謀臣，自謂吾讀《論語》以資創業。公少遊燕，偶入書肆，見象占經閱之，默記無遺。鬻者欲以遺公，公曰："已在胸中，無勤惠也。"相竝觀之，公之胸中兼容天地，不可窺測。則三方鼎峙，猶爲不足爲焉，而況於趙普乎？千古英雄矣。余觀《覆瓿集》，甚喜之矣。《感懷》二十四首，今録一首，公之意可見矣。"翡翠翔江湖，亡身爲毛羽。不如道旁李，尚得滋味苦。驅車上太行，還顧望梁甫。高岡多烈風，茂林化爲岵。空餘澗底藤，蒙蘢蔓煙雨。"《詠史》二十一首，又節一首："天狗吠梁野，七雄扇妖氛。吳徒二十萬，剽若狼虎群。鼓行破棘壁，長驅似輕雲。漢將二十六，朱旗燿天垠。救梁不奉詔，太尉真將軍。遂令千載下，知人稱孝文。哀哉潼關戰，百萬徒紛紛。"此等氣格，殆如初唐。又觀其《書劉禹疇行孝傳後》，喟然歎曰："嗚呼！今之愚俗，何爲取迷不自覺悟，妄信浮屠之甚也？"歐陽永叔、朱晦庵皆有本論，詆誹攘斥雖極其力，而專依其家習致之辨駁，則如以湯止沸，沸愈不止。吾知其未得肯綮。然而歐陽公新選唐史，以爲劉煦無識，乃取《舊唐書》僧傳盡刪去，不復立傳。可謂賢矣。伯温先生此論，吐露肝膽，昭韙見戒，比諸韓氏《佛骨表》最爲的確。所謂天授佐命，其文世所希見，而英雄之氣象溢於辭句之間。因謹録之，表彰傳諸人間，庶幾粘之家家壁上，使夫人讀之醒悟爲桀黠所誘，以改佞媚陋劣之習也。其文曰："世之所謂浮屠者，果何道而能使人信奉之若是哉？人情莫不好安樂而惡憂患，故惴之必於其所恒懼，誘之必於其所恒願，然後不待驅而自赴。浮屠氏設爲禍福之説，其亦巧於致人歟？夫四海之衆林林也，而無不爲其所致，何哉？彼固非止惑愚昧而已也。人情無不愛其親，親没矣，哀痛之情未置，而謂冥冥之中欲加以罪，孰不惕然而動於其心？間有疑焉，則群咻之，若目見其死者拘囹圄受箠楚而望救。故中材之人，莫不波馳而蟻附。雖有篤行守道之親，則亦文致其罪，以告哀於土偶木俑之前。彼固自以爲孝，而不知其爲大不孝，豈不哀哉？且彼謂戕物者必償其死，故有牛馬羊豕蛇虺之獄。是天下之蠢動者舉不可殺也。今夫虎豹鷹鸇搏擊蜚走以食，日不知其幾何，而獨無罪乎？人殺物有獄矣，虎豹食人而無獄，何其重禽獸而輕人也！彼又謂婦人育子者必有大罪，故兒女子尤篤信其説，以致恩於其母。吾不知司是獄者爲誰。人必有母，將舍其母而獄人之母歟？將併與其母而獄歟？獄其母不孝，舍其母而獄人之母不公。不孝不公，俱不可以，令二者必居一焉，將見群起而攻之矣。雖有獄，誰與治之？宰天地者，帝也。彼則謂有佛焉。至論佛之所爲，呴呴嘔嘔，若老婦然。有呼而求救，不論是非，雖窮凶極惡，無不引手援之。使有罪者勿恒刑，是以情破法也。夫法出於帝，而佛破之，是自獲罪於天也。吾知其必無是事也昭昭矣。以劉子之賢，其不爲所惑無足怪者。吾獨悲夫天下之爲劉子者不多也。故又爲之言，以寤夫知愛其親而不知道者。"《詩學新論》卷之上

① 濂涪二翁：宋代周敦頤、黄庭堅。

② 東涯先生：伊藤東涯（いとう とうがい ITO-TOGAI）（1670—1736），江户時代前期至中期儒者。京都人。伊藤仁齋之長子。名長胤，字源（元）藏，號東涯、慥慥齋。繼承其父之家塾"古義堂"，門人衆多。努

力刊行其父之著作，将古義學集大成。且将中國儒教史、語學、制度與日本對比研究，著述龐大。寬文十年四月二十八日生，元文元年七月十七日歿，享年六十七歲。其著作有《古今學變》《制度通》《操觚字訣》等。

十四

初盛中晚四唐之別，其風格各異，本不得相同。近有人欲混而一之，可謂不能辨菽麥者矣。明一代詩人，務摸擬於盛唐，而優孟竟與真叔敖不相近，蓋風度雖類而精神大遠。明人志氣輕佻而語皆促迫，盛唐之人志氣安舒而語皆優柔。雖言時風不同，而要之明人於唐詩失之皮相故也。唐人聲律未甚嚴，而宋人已降，拘束日甚，殊不知古韻多三聲相通用，如宋《禮部韻》本非唐人之舊也。後世乃奉之殆如金科玉條，豈非可笑之甚？詩話載，宋秦少游詩律極嚴，當時譏其入小石調。據此，則宋人聲律尚未甚極其嚴。至明李攀龍輩，苛刻嚴急，不容細過，其意蓋恐人或指摘之也。殊不知詩本吟詠性情，略調聲律，可歌則可矣。人或指摘其餘，要之彼人未達之故爾，本非己所傷也。李攀龍輩不知其當作如是觀，而拘拘束束，殆如小禪縛律，是以其詩不唯聲律嚴急，而辭氣亦促迫，此皆未究其本之過也。《淇園詩話》①

① 皆川淇園《淇園詩話》一卷，《日本詩話叢書》本第五冊。皆川淇園（みながわ きえん　MINAGAWA-KIEN）（1734—1807），江戶時代，京都人。名愿，字伯恭，世稱“文藏”，號淇園、筠齋、有斐齋、笻齋、呑海子。東福門院御殿醫皆川春洞之長男，四五歲即能識字，具穎異。伴隨成長，認爲明確字義乃讀書作文之要訣，思考潛藏於字典，廣泛類集古人用字範例，取其象形，求其音聲，最初知曉名物之義源於音聲，進而領悟基於音聲之易，最终制定出“音記象式”之法則。自此立志著述，推敲字義，明確文理，逐章逐句追究與弄清著作之宗旨，著易、詩、書、儀禮、春秋、論語、孟子之解釋，遂確立其一家之學。俊才三千餘人集於門下，亦有不少公卿諸侯執弟子之禮。文化三年（1805）建學堂取名“弘道館”。

受龜岡藩（今屬京都府龜岡市）“賓師”禮遇，其子皆川允亦被聘爲儒臣，可見其與龜岡藩關係深厚。其爲人温厚沈毅且寬大，雖因經學文章名馳海内，但晚年耽奢豪，嗜酒食，愛絲竹，鄙視時論或佯裝無所謂狀。享保十九年生，文化四年五月十六日歿。享年七十四歲，謚號明經先生、弘道先生。其著作有：《大學繹解》一卷、《中庸繹解》二卷、《論語繹解》十卷、《孟子繹解》十卷、《詩經繹解》十五卷、《詩經助字法》二卷、《書經繹解》四卷、《儀禮繹解》八卷、《老子繹解》二卷、《莊子繹解》《列子繹解》《荀子篇旨》二卷、《易原》一卷、《易學開物》三卷、《周易繹解》十卷、《周易十撰釋例》一卷、《周易六十四卦名開物》一卷、《左傳助字法》二卷、《史記助字法》二卷、《春秋非左》（校）二卷、《實字解》六卷、《虛字解附後編》四卷、《虛字詳解》十五卷、《助字詳解》三卷、《名疇》六卷、《古文尚書辨僞》《有斐齋劄記》四卷、《著卜考誤辨証》一卷、《説卦傳字釋》一卷、《補正韻鑒》四卷、《唐詩通解》六卷、《唐詩絶句選》二卷、《杜律評注》六卷、《習文録五篇》十卷、《汪道昆尺牘注》二卷、《問學舉要》一卷、《歐陽公全集》（點）九卷、《遷史戾柁》三卷、《歐蘇文彈》一卷、《物服文彈》一卷、《譯文要訣》一卷、《九丘八索》一卷、《遊記類語》五卷、《醫案類語》十二卷、《二南訓闡》二卷、《均繇三十六則》一卷、《淇園文集》十五卷、《淇園文訣》二卷、《淇園答要》三卷、《淇園詩話》一卷、《淇園詩集》三卷、《淇園唱和吟》一卷、《淇園隨筆標衍》一册、《有斐齋文集》七卷等。

十五

淇園先生詩話成，命淡、園二君及僕校之。今既卒業，以授剞劂。僕嘗聞之於先生，夫詩吟詠性情者爾。然高山仰止，景行行止，學者曷可無所仰行焉。如夫宋主骨力，明主聲調，各偏於一端者也。欲學其文質彬彬者，舍唐奚適？然僕亦竊謂，崔氏二童，夙振騷壇之金玉；胡家宿儒，其詩不免酒肆行廚之嘲。則天稟所資非邪？要亦在不以資廢學、以論縛才也歟？此書先生特爲後進示義方者也。

學者由是思之，則庶幾能駸漸開天佳境云。《淇園詩話跋》

十六

唐興，文章承陳隋之風，綺靡相尚，聲律未純。神龍以還，始變雅正，乃穩順聲勢，定爲近體。蓋聲律之於詩道，雖卑卑焉下哉，唐詩之所以爲唐詩，亦唯以其唐律故耳。觀集昌黎詩者之不論律絶長短，謂聲勢穩順者爲律詩，謂音韻拗澀者爲古詩，可以見已。自兹以降，論詩者，率上自商周漢魏，中及六朝四唐，下至趙宋胡元，如宋嚴儀卿《滄浪詩話》，明謝茂秦《四溟詩話》，王元美《藝苑卮言》，小美《藝圃擷餘》，胡元瑞《詩藪》等是已，而於其論聲律，未嘗有成書。蓋西土五尺童子，纔諳吟詠，則能知聲律。我東方則土音既殊，方言又異，是以碩儒鴻生，尚不能知聲律，何況初學邪。此所以彼未有成書，而東方不可無其書也，寬保中，長州林義卿作《諸體詩則》，其書率引嚴儀卿、胡元瑞諸人之説以立論，其意殆似不欲使學者讀其全書矣，且一小册子欲以盡歷代諸體，亦惑矣。而其論聲律，一以于鱗爲準，於唐諸家蓋闕如也。余則嘗謂學近體者，當論聲律於唐詩矣，舍此取彼，意所不解。故今作兹編，一取法於高李之選。書成，名曰《白雲館近體詩式》。庶吾黨小子，知近體之所以爲近體也，亦登高必自卑之意也。若迺論歷代諸體，則前脩成籍具在，是爲序。寬政六年甲寅二月丁亥，白雲館主人撰。《白雲館近體詩式自序》①

① 熊阪臺洲《白雲館近體詩式》一卷，尾陽書肆風月堂寬政九年（1797）刻本。熊坂臺洲（くまさか たいしゅう KUMASAKA-TAISYUU）（1739—1803），江户時代，陸奥（今屬青森縣）伊達郡人，名邦，字子彦，世稱“宇右衛門”，號臺洲、曳尾堂、白雲館。初師於江户入江南溟，入江南溟歿後師事松崎觀海。歸鄉設學舍“海左園”以講授爲業，並曾救濟窮困與墾荒。善詩文，晚年批判“古文辭派”（特别针對服部南郭）。元文四年四月二十三日生，享和三年三月二十一日歿，享年六十五歲。其著

作有:《律詩天眼》一卷、《詩文眼式》《白雲館文罫》一卷、《白雲館詩式》一卷、《白雲館詩眼》一卷、《白雲館九日會集詩》一卷、《白雲館三日會集詩》一卷、《文章緒論》一卷、《海左園寄題詩集》二卷、《西遊紀行附別録》七卷、《信達歌》二卷、《含錫紀事》一卷、《永慕編》三卷、《皇和語林》《道術要論》八卷、《京氏易傳增注》《古文尚書直解》《論語徵補》二卷等。

十七

河内①一屋村有北山元章②，亦名醫。喜交文士。每歲初夏招我社③，江北海、林東溟、龍草廬④輩自京來會，吟詠揮灑，雜以笙竽。元章徒弟日盛，家道年隆。一歲拉余輩偕登金剛山一宿，歸路上千劍破，過觀心寺，鳴門作之記，附以群詠，題曰《那羅延窟草》。那羅延窟，金剛山別名。一行二十餘人，今不知其卷存否。《在津紀事》⑤

① 河内：河内國（今屬大阪府東部）。

② 北山元章：18世紀後期，儒醫。字橘庵。其餘不詳。

③ 我社：指混沌詩社，又稱“北海詩社”，江户時代中期，以片山北海爲盟主結於大坂。

④ 龍草廬（りゅう そうろ RYU-SORO，りゅう さうろ RYU-SAURO）(1714—1792)，江户時代後期儒學者，漢詩人。京都人。儒學者，龍玉淵之長男。本姓武田，名公美，字君玉，世稱“彦次郎”，後改“衛門”，號草廬。一時曾名元亮，字子明，其後恢復原名與字。入京都宇野明霞門。後與宇野明霞不和，稱“無常師”，於烏丸小路開設詩社。寬延三年（1750）仕彦根藩，寶曆六年（1756）任藩儒，在任十八年後返京都。改詩社名爲“幽蘭社”，致力於漢詩文之大衆化。正德四年一月十九日生，寬政四年二月二日歿，享年七十九歲。其著作有《草廬文集》《草廬詩集》《金蘭詩集》《唐詩材》《日本詩册》《論語詮》《毛詩證》等。

⑤ 賴春水《在津紀事》（詩話一卷），按原書二卷。卷下無關詩話。

日本國會圖書館藏刻本。賴春水（らい しゅんすい RAI-SYUNSUI）（1746—1816），江户時代，安藝（今屬廣島縣）竹原人。名惟完、惟寬。字伯栗、千秋。世稱“彌太郎”。號春水、霞崖、拙巢、和亭、青山莊。賴享翁（惟清）之子，賴山陽之父。最初師從竹原人鹽谷風洲，二十一歲時遊學於大阪，加入片山北海等人詩社“混沌社”，由此其才華開始爲外界所知曉。遂於大阪新天滿町開設私塾授業，與尾藤二洲、古賀精里、中井竹山、西山拙齋、菅茶山等人相互往來，致其學識增長。及至讀到洛閩之書（程朱），喜不勝收，拋棄舊學，開始與尾藤二洲、古賀精里一起講究朱子學。且安永八年（1779）迎娶大阪儒醫飯岡義齋之次女靜子，靜子之妹乃尾藤二洲之妻，因此二人關係爲世間所知。天明元年（1781）任廣島藩儒員，翌年営建藩校學問所，於香洲南濱東堂講授古學，於西堂講授朱子學，爲朱子學所统治之藩學作出貢獻。天明五年（1785），發表其名著《學統辯》，斥責異學，認爲應以朱子學作爲古代聖賢之學，並以之來統一藩學。後於江户任職期間，經尾藤二洲、古賀精里推薦任昌平黌之講習。延享三年生，文化十三年二月十九日歿，享年七十一歲。其著作有:《學統辨》（耕獵録）一卷、《在津紀事》二卷、《在江紀事》一卷、《師友誌》一卷、《藝備孝義傳》三十五卷、《小學題辭》一卷、《學館規條》一卷、《鑒古録》一卷、《一誌通惠》《天野屋利兵衛傳》一卷、《石柱礎》(《いしづゑ》)一卷、《引翼編》一卷、同餘編一卷、《養草》《佩文齋書畫譜略》三卷、《十旬花月帖》三册、《浪華一番信》一卷、《東遊負劍録》一卷、《藤衣》《芳山遊草》一卷、《己亥歸覲詩草》《太乙帖》一卷、《霞關掌録》一卷、《霞崖野樵集》三卷、《春水日記》三十五卷、《春水詩草》三卷、《春水軒雜纂詩草》五卷、《春水軒纂文鈔》一卷、《春水遺稿》十二卷、《竹原文集》十二卷、《竹原小録》等。

十八

僧蘭洲名淨芳[①]，住九島院，善詩，有風趣。時招吾社酒茶吟詠，松陰快談爲方外之遊。子琴尤親善蘭洲，常改竄其舊稿爲樂。《在

津紀事》

① 僧蘭洲：名淨芳，大坂九條島九島院之住持，堪能詩文。其餘不詳。

十九

北海詩社[①]，有一富兒時其會而來請曰："弊族在南都者近開壽宴，諸公幸賜詩章，何榮如之？"乃治具，水陸駢陳。南都霙酒，世所珍賞，亦在焉。衆酣暢吟詠，商山[②]詩先成，富兒拜謝惟謹。及傳觀，則平常會集之詩也。子琴[③]叱曰："盍爲壽章？"商山恬然曰："吾不嫺爲龜鶴之祝。"子琴颺言曰："壽章不成，當吐霙酒。"商山曰："恕之恕之。"一坐哄然，遂無一人爲壽詞。《在津紀事》

① 北海詩社：參見"吟詠"第十七條。

② 商山：竹島素房，字子絢，號商山、竹島氏。

一説荒木喬。雖言荒木喬號之松山，竹島素房號之商山，私意以爲二者應正確調換。《蒹陰集（文集）》卷七"与紀世馨"載有"荒木伯遷名喬，以商山自號者"，以此可確認荒木喬有號"商山"。（其他，《懷德堂考》上60頁、下45頁，《池田人物誌》下）。《蒹陰集（文集）》卷四"懷德書院会餞詩序"，兩者皆書"商山"，荒木喬之商山消失，改用"松山"。可能乃訂正部分有誤。

③ 子琴：葛子琴（かつ しきん）（1739—1784），江户時代中期漢詩人、篆刻家。浪華（今屬大阪府）人。姓橋本氏，初名湛，或耽，字子琴，號螙庵，世稱"貞元""橋本貞元"，堂號御風樓、小園叟，本姓葛城氏，襲中國風而名葛子琴。元文四年生，天明四年五月七日歿，享年四十六歲。

二十

程伊川云："某素不作詩，亦非是禁止不作，但不欲爲此閑言語。且如今稱能詩，無如杜甫。如云'穿花蛺蝶深深見，點水晴蜓款款飛'，如此閑言語，道出做甚。某所以不曾作詩。"此與"吹皺一池春水，干卿何事”同一没趣人，頭巾氣極矣。朱子則不然，編《小學》書，初取樂府、杜詩，其《答劉子澄》謂：“古樂府及杜子美詩可取者多，令其喜諷詠，易入心，最爲有益。”今本無載，豈憚煩而删之歟？平生與楊誠齋、陸放翁吟詠甚多，嘗同張南軒遊南岳，唱酬至百餘篇，笑曰：“吾二人得無荒於詩乎？”又愛僧祖可[1]《鼓琴》絶句，大書刻石於庭。真與伊川冰炭矣。《夜航詩話》卷之四

① 僧祖可：北宋丹陽（今屬江蘇省）人，江西詩派詩僧。蘇伯固之子，養直之弟。居廬山。字正平，因患疥疾，人號“癩可”。善詩，長短句尤佳。曾與陳師道、謝逸等結“江西詩社”。其著有《東溪集》《瀑泉集》等。

二十一

《西清詩話》載，吴越王時，宰相皮光業[1]每以詩爲樂，演戲得一聯云：“行人折柳和輕絮；飛燕啣泥帶落花。”自負警策，以示同僚，衆爭歎譽。裴光約[2]曰：“二句偏枯，不爲工。柳當有絮，泥或無花。”歐公《詩話》稱“此論乃得詩之膏肓”矣。又元厚之作《王介甫再相麻》，世以爲工，然未免偏枯。其云：“忠氣貫日，雖金石而爲開；讒波稽天，孰斧斨之敢闕。”上句“忠氣貫日”，則可以襯“雖金石而爲闢”；下句“讒波稽天”，則於“斧斨”了無干涉。此四六之病也。吾輩作詩，動有此失。故每句吟詠，宜審語脈以煉字法也。《夜航詩話》卷六

① 皮光業：字文通，五代吴越詩人。襄阳（今屬湖北省）人，皮日休之子。出生於蘇州，美容儀，善談論，十歲能屬文。

② 裴光約：《西清詩話》載“元帥判官裴光約者，強項之士”。

二十二

松濤女史，名瑢瑢，字玉聲，爲吾友土井德人之妻。性嫺雅，好吟詠。德人爲寫數首見寄，僅録二首。《折菊》云：“小園折取最

繁枝，插得瓶中看也宜。癡蝶定知無著處，飛來依舊繞東籬。”《冬景》云：“一徑蕭條霜後天，老�護緑小橋邊。寒流水淺二三尺，雙鴨尚依枯荻眠。”《五山堂詩話》卷一[①]

① 菊池五山《五山堂詩話》六卷，《日本詩話叢書》本第九冊、第十冊。菊池五山（きくち ござん KIKUCHI-GOZAN）（1769—1849），江户時代，讚岐高松（今屬香川縣）人。名桐孫，字無絃，世稱“左太夫”（一説佐太夫），號五山、娱庵、小釣舍。高松藩儒菊池室山之子。初從學於藩儒後藤芝山，遂至京都師事柴野栗山，又赴江户學於市河寬齋，與柏木如亭、大窪詩佛等入“江湖詩社”。寬政末年（1800前後）獲罪流落伊勢（今屬和歌山縣），文化初年（1804年2月11日始改元）重返江户。文化四年（1807），三十九歲受袁枚《隨園詩話》影響發刊堪稱“漢詩時評誌”之《五山堂詩話》。《五山堂詩話》持續至天保三年（1832），二十六年間共刊行十卷正編、五卷補遺，介紹及批評同時代大量詩人與作品。其開設學塾授業，詩名極高，尊崇“性靈派”。晚年返高松藩任秘書官。菊池半隱（其曾祖父）逝世後家道中落，後經其繼承而振興。明和六年生，嘉永二年六月二十七日歿，享年八十一歲（一説“安永元年〈1772〉生，安政二年〈1855〉六月十七日歿，享年八十四歲”。另一説“安政六年〈1859〉歿，享年八十二歲”）。其著作有：《五山堂詩話》十六卷、同《補遺》五卷、《五山堂詩存》七卷、《清人詠物詩抄》一卷、《明人絶句》二卷、《續西厢才人詩》一卷、《人唐詩》二卷、《水東竹枝》一卷、《西湖竹枝》二卷、《娱庵詠物》一卷等。關於“五山堂號”之由來，《五山堂詩話》中記載：貧窮之時，竹箱内惟留有白香山、李義山、王半山、曾茶山、元遺山五人之書籍，因此而留名。

二十三

寬齋先生主持風雅，愛才如命。其在門牆者，如原長卿、田德郎、勝善長，皆少年能詩。德郎詩情最佳，余亦深喜後起有人。長卿《曉意》云：“無復人來消受涼，獨乘清曉步池塘。星河半落風纔定，占斷荷花自在香。”善長《苦熱》云：“午熱如焚汗似漿，北窗困睡到斜陽。雷聲雨澀兩三點，不送人間一掬涼。”德郎《春曉》云：“曉光漠漠暗窗紗，料峭輕寒一段加。殘夢無端被鶯唤，半庭殘月在梅花。”《晚春》云：“無數清愁付枕邊，春痕況又到啼鵑。下簾不忍看花落，睡過風風雨雨天。”先生嘗有詩云：“白首耽吟詠，纔知脱舊習。後輩多作者，皆言未三十。”《五山堂詩話》卷二

二十四

庭瀨[1]森岡松蔭[2]，名璋，字伯珪，即蠖齋之昆也。風調和雅，真不愧爲士衡矣。余不相見殆十年餘，頃讀詩冊，重接眉宇。《早發松井田》云：“出驛滂沱歇，亂雲多在山。溪喧松檜外，路滑薜蘿間。囊濕奚肩重，輿寒客夢慳。曉鷄時一叫，早已近前關。”《梅雨偶作》云：“梅實離離黄熟時，無朝無夕雨如絲。蒲團坐底醒還睡，書帙牀頭掩又披。鋤圃空過栽竹日，鑿池恰及種魚期。酒朋棋敵絶來往，銷遣閒愁惟是詩。”二子，長爲足庵，次爲柯亭，兄弟俱耽吟詠，又善書畫。一門清雅如此，真美事也。蠖齋無子，以柯亭繼後。《五山堂詩話》卷二

① 庭瀨：江户時代藩鎮名，今屬岡山縣。

② 森岡松蔭：（もりおか しょういん MORIOKA-SHOIN），備中庭瀨藩之家老。其餘不詳。

二十五

桐生[1]佐羽芳[2]，字蘭卿，號淡齋。家道甚豐，而性好吟詠。余再四相逢，未知其詩。頃詩佛見投其一冊，因擷讀之，亦能得宋元風趣者。《春日》云：“閒中情味淡生涯，午睡醒來到日斜。春社清明落梅後，東風一半屬梨花。”《夜泛》云：“潮於淡月上時生，舟向碧蘆深處行。嘎嘎睡禽驚起去，是鷗是鷺不分明。”《村夜》云：“連枷聲裏夜方長，秋老村村打稻忙。月滿平田冷如水，寒光結作五更

霜。”《晚秋足尾山中》云："羊腸細路幾横斜，松上女蘿紅似花。一線炊煙隔溪起，知於山背有人家。”《熊谷道中》云："急喚村蒭澆客愁，酒家樓上雨初收。青山無數長不老，怪底芙蓉獨白頭。”《五山堂詩話》卷二

① 桐生：地名。今屬群馬縣。

② 佐羽芳：佐羽淡齋（さば たんさい SABA-TANSAI）（1772—1825），江户時代後期商人、漢詩人。上野（今屬群馬縣）人。名芳，幼名安之助，字蘭卿，號淡齋。絹仲賣商初代吉右衛門之養子，文化七年繼爲“二代”，上州三富豪之一。好學，善漢詩。明和九年三月十日生，文政八年七月四日歿，享年五十四歲。其著作有《淡齋詩集》。

二十六

余每逢閨秀詩，必抄存以廣流傳。東湖[①]有女弟子林氏文鳳[②]者，年未及笄，頗善吟詠。平生讀書有儒素風，又學書法於東洲老人[③]，殊爲秀媚。《春晚》云："野杏山桃亂晚風，一年春事太忽忽。癡心卻愛蜘蛛巧，更吐纖絲綴墜紅。”其最可喜者。有人持扇，索題清楊次也《西湖竹枝》者，文鳳以詩拒之曰："扇頭求字愧君知，欲寫還嫌多豔詞。瓜李由來人所慎，嬾書次也竹枝詩。”真清操女子也。《五山堂詩話》卷二

① 東湖：藤田東湖（ふじた とうこ FUJITA-TOKO）（1806—1855），江户時代末期（幕末）水户藩士、水户藤田派學者。東湖神社之祭神。改名彪，字斌卿，世稱“虎之助”“虎之介”“武次郎”“誠之進”，號東湖、梅庵，神號“藤田東湖命”。文化三年三月十六日生，安政二年十月二日歿，享年五十歲。其著作有《東湖随筆》《常陸帯》《回天詩史》《正氣歌》（和文天祥正氣歌）、《弘道館記述義》等。

② 林文鳳：高島文鳳（たかしま ぶんぽう TAKASHIMA-BUMPO）（1791—1857），江户時代後期女性儒者。高島竹雨，江户人。幕府儒官林家之女，名文鳳，號竹雨。書道學於佐野東洲，漢籍學於竹村悔齋，茶

道學於宇佐美默齋，且經學師事佐藤一齋。於江户城大奥教授侍女們。以“能筆家”著稱。寬政三年生，安政四年三月歿，享年六十七歲。

③ 東洲老人：佐野東洲（さの とうしゅう SANO-TOSHU）（？—1814），江户時代後期書家。江户人。文化十一年三月十日歿。名潤，字君澤，世稱“文助”。

二十七

越後[①]館機[②]，字樞卿，號柳灣。卷大任[③]，字致遠，號弘齋，一號菱湖。二人同宗中晚，而小異其趣。柳灣仕爲小吏，半世爲風塵所累，然吟詠不絶，和雅醖藉，詩似其人。《讀農書》云：“歸田賦未成，代耕愧微禄。年年爲農吏，時把農書讀。湖鄉論葑田，林野説樵牧。徒將種藝術，緣飾案頭牘。安得脱塵鞅，故丘營茆屋。腰間一雙刀，可換牛與犢。”《雨夜宿小坂驛》云：“衝雨過山橋，投宿小阪口。蕭蕭驛舍中，愁坐與誰偶？寒燈抱孤影，呻吟夜已久。明朝渚村津，舟楫得渡否？歸心炯不眠，溪聲漲如吼。”《詠手爐》云：“炭塹無煙紅未殘，温爐種火度更闌。應同耽古摩鑪鼎，不説學仙燒玉丹。吟坐三冬因汝熱，客居十歲笑吾寒。先春漏暖梅花孔，儲得陽和氣一團。”《山村》云：“松棚草舍兩三椽，斵木編欄護稗田。橡栗秋收無水旱，山村長占小豐年。”《高山竹枝》云：“牙梳月様製來新，雲鬟當中出半輪。清光剛道東山好，何似月梳能照人？”《五山堂詩話》卷三

① 越後：今屬新潟縣。

② 館機：館柳灣（たち りゅうわん TACHI-RYUWAN）（1762—1844），江户時代中期至後期漢詩人、書家。越後人。本姓小山，名機，字樞卿，號柳灣，世稱“雄次郎”。於江户師事龜田鵬齋。後以幕府勘定奉行配下之役人赴任飛驒高山等。與松崎慊堂、大窪詩佛等從交。寶曆十二年三月十一日生，天保十五年四月十三日歿，享年八十三歲。著有詩集《柳湾漁唱》等。

③ 卷大任：卷菱湖（まき りょうこ　MAKI-RYOKO）（1777—1843），江户時代後期書家。館德信之子。越後人。名大任，字致遠，號弘齋，世稱“喜藤太”“右内”。龜田鵬齋門下。與貫名海屋、市河米庵共稱“幕末三筆”。安永六年生，天保十四年四月七日歿，享年六十七歲。其著作有《十體源流》等。

二十八

越後王詰[①]，字不言。頗好吟詠，從余受業。《湖上》云：“荻蘆花發雪成團，雁雜寒鴉帶雨飛。青笠緑蓑風又急，釣舟一棹不須歸。”余昔在浪華，學詩者有高達。亡友梅崖[②]嘗有“歇後唐人在君門”之語，今又得王詰，可謂添一箇空心唐人矣。書以爲笑柄。《五山堂詩話》卷五

① 王詰：不詳。

② 梅崖：十時梅崖（とどき ばいがい　TODOKI-BAIGAI）（1749—1804），江户中期儒學者、南畫家。初名業，後改名賜，初字季長，後改字子羽，號梅崖、顧亭、清夢軒、天臨閣，世稱“半藏”。生於大坂（今屬大阪市）。入伊藤東所門習經學——“古義學”，後信奉朱子學。仕伊勢國長島藩任儒官，天明五年（1785）主講於藩校“文禮館”。豪放文人，善書與篆刻。寬延二年生，享和四年一月二十三日歿，享年五十五歲（一説享保十七年〈1732〉生，享和四年一月二十三日歿，享年七十三歲）。編著有《清夢録》等。

二十九

老杜品鄭虔畫云“滄洲動玉陛，宣鶴誤一響。”今畫院狩法眼寬信[①]蓋近焉。法眼陪侍無閒，歸家則畫絹塞屋，將應需之不給。猶能分意吟詠，使余削潤之。《縱步近村》云：“煙淡春畦十里餘，拖筇閒步夕陽初。落梅疏竹田家裏，聽取琅琅兒誦書。”《春晚》云：“日射西窗送晚霞，焚香閒看篆煙斜。鉤簾欲放梁間燕，却怯傷心看落

花。”皆極可愛。《五山堂詩話》卷六

① 狩法眼寛信：狩野融川（かのう－ゆうせん　KANO-YUSEN）（1778—1815），江户時代後期畫家。狩野閑川之子。名寛信，號融川、友川、青梧齋。寛政四年（1792）繼其父接掌浜町狩野家（第五代），任“奥絵師”（幕府專用畫師之最高級别）。文化五年敍“法眼”（僧位，次於“法印”）。畫學於其父，好文學，善詩，和歌習於橘千蔭。性格豪快。其受大將軍之命親自手繪贈呈朝鮮之屏風，因“金砂子”之使用是否得當，而引起老中不滿，相互口論，其因惱怒於歸途切腹而亡。安永七年生，文化十二年三月十九日歿，享年三十八歲。

三十

《晋書》，董京[①]至洛陽，被髮而行，逍遥吟詠，常宿白社中。白社是洛陽所有，古詩所謂“東北指青門，西南見白社”者。案沈約賦“乍容身於白社”，李義山詩“白社幽閒君暫居”，皆襲董故事。至明人乃云“猶有逢迎白社僧”，“白社可容陶令酒”，遂以白蓮社[②]誤爲白社。《木石園詩話》[③]

① 董京：晋人，字威輦，其餘不詳。

② 白蓮社：念佛結社。東晋時，以慧遠爲中心在家信者等結成。

③ 久保善教《木石園詩話》一卷，《日本詩話叢書》本第七册。久保甫學（くぼ ぜんきょう　KUBO-ZENKYOU），江户時代，越前大野（今屬福井縣大野市）藩士。名善教，號甫學。其他生平不詳。其著作有《木石園詩話》一卷。

三十一

余同藩醫官笹島道忠，號東盧[①]，又號詩瘦道人，詩聖、詩神，皆其别號也。爲人爽邁風流，研精藝術，旁耽吟詠，常學李謫仙之飄逸，頗相肖似。《書懷》云“吾詩源自一家風，爲愛精神句亦工。不識者嘲知者賞，從來任口吐胸中”，可謂神氣勇膽快人意者也。《木

石園詩話》

① 東盧：雨森宗真之侄。於天保八年（1837）刊行所著《医聖堂雜話》。其餘不詳。雨森宗真於《松蔭醫談·跋》中記述"笹島乃予之實家姓氏，予養於叔父之家，襲雨森氏，實家（注：笹島）於越前大野郡，代代任職'道忠'，今之'道忠'東盧乃予之侄"。雨森牛南（あまもり ぎゅうなん　AMAMORI-GYUNAN）(1756—1815)，江户時代醫生、漢詩人。越前（今屬福井縣）人。名宗真，字牙卿，號牛南、松蔭、二翠軒，其家世代爲大野藩（今屬福井縣大野郡）之醫官。本姓笹島，赴江户成爲叔父雨森宗信之養子。師山本北山，擅長詩文。成爲大野藩儒醫官教授"折衷學"。寶曆六年生，文化十二年歿，享年六十歲。其著作有《論語實説》五卷、《詩訟蒲鞭》一卷、《松蔭春秋》三卷、《松蔭醫談·筆京》三十卷、《歲時問答》二卷、《冬窗呵筆》三卷、《傷寒論講義》十二卷、《牛南子·姑存集·藥石外編》十卷、《萬日紀行》《牛南詩鈔》等。

三十二

昔者予讀樂天詩，愀然感悟，當時自謂所得頗多，不啻格調和平，使後來學者無志微噍殺之音。略表數句，告同病相憂者云。誦《罷藥》之作，則知病之近道，曰"此身不要全強健，強健多生人我心"。誦《見元九悼亡詩》之作，而悟情之可遣，曰"人間此病治無藥，唯有楞伽二卷經"。誦《龜兒詠詩》之作，則知苦吟之多損人，曰"莫學二郎吟太苦，纔年四十鬢如霜"。誦《覽鏡喜老》之作，而悟衰老之不足憂，曰"不老即須夭，不夭即須老。晚衰勝早夭，此理決不疑"。又作《讀長慶集》七古一篇以述懷云："七八年前始詠吟，暗生塵世厭離心。爾來流轉東西路，單身得備嘗浮沈。今日扶痾又吟詠，倍知厭離入骨深。行文不必要奇險，情真能徹石與金。至樂處藏至悲旨，極榮地包極衰理。狂言綺語七十卷，成佛因緣存此裏。小蠻細腰樊素脣，料知天女化現身。池上雙鶴門前駱，他生應得變爲人。聽之截斷煩惱苦，詠之解脱生死輪。信口吟了千

萬句，漸炧殘燈冷香獸。信悔茫茫東海東，生晚落在長慶後。一吟一哭天欲明，復沾前淚未干袖。”《竹田莊詩話》[1]

① 田能村竹田《竹田莊詩話》一卷，《日本詩話叢書》本第五册。田能村竹田（たのむら ちくでん TANOMURA-CHIKUDEN）（1776—1834），江户時代，豐後竹田（今屬大分縣竹田市）人，畫家、漢詩人。名孝憲，字君彝，世稱“行藏”，號竹田、紅荳詞人、九重仙史、花竹幽窗主人、隨緣居士、雪月書堂、田舍兒、老畫師等。豐後岡藩（竹田市）侍醫田能碩庵之次子。自幼好學，善詩歌。赴江户師從古屋昔陽、大竹東海，研修“徂徠派”之古學，又向谷文晁習繪畫。於江户一年餘，遂返故鄉，文化三年（1806）赴京都師事村瀨栲亭、皆川淇園。其來往於京阪（京都大阪一帶）之間，與賴山陽、篠崎小竹等相交甚密。其善詩文書畫，繪畫方面，敬仰（中國）明清文人畫家，並開創獨創之境界，畫風清高淡雅。研究填詞，且親自創作。安永五年生，天保五年八月二十六日殁，享年五十九歲。其著作有：《竹田莊詩話》一卷、《山中人饒舌》二卷、《竹田莊師友畫録》二卷、《填詞圖譜》二卷、《瓶花論》一卷、《自畫題語前後編》五卷、《竹田文集》《竹田詩集》《竹田莊茶説》一卷、《隨緣沙彌語録》一卷、《百活矣》一卷、《黄筑紀行》一卷、《今才調集》十三卷、《卜夜快語》一卷、《風竹簾前讀》一卷、《豐後紀行》一卷、《屠赤瑣瑣録》《陪駕日記》《暂遊日記》《花竹幽窗記》等，《田能村竹田全集》一册。

三十三

學詩者只要擇古人之詩可師者，諷誦不倦，久之自得之。董季直[1]所謂“讀書百遍而義自見”者是也。尤忌立奇僻之見，唱穿鑿之説。後之詩人往往不會此意，而作詩話者爲甚。朱子云“《詩》不消得恁地求之太深。他當時只是平説，横看也好，豎看也好。今若要討箇路頭去裹面尋，卻怕迫窄了”，又云“古人獨以爲興於《詩》者，《詩》便有感發人底意思。今讀之無所感發者，正是被諸儒解殺了。死看《詩》義，興起人善意不得”，又云“讀《詩》正在於吟詠諷誦，觀其委曲折旋之意。如吾自作此詩，自然足以感發善心”，又云“讀《詩》之法，只是熟讀涵詠，自然和氣自胸中流出，其妙處不可得而言，不待安排措置務自立説，只恁平讀著，意思自足”。朱子之論詩可謂盡矣。學者宜三復書紳。《侗庵非詩話》卷一[②]

① 董季直：董遇，字季直。三國時期著名學者。

② 古賀侗庵《侗庵非詩話》十卷，昭和二年（1927）崇文院排印本。古賀侗庵（こが とうあん　KOGA-TOUAN）（1788—1847），江户時代後期儒者，肥前（今屬佐賀縣）人。名煜，字季曄，世稱“小太郎”，號侗庵、蠖屈居、古心堂。古賀精里之三子，古賀穀堂之弟。寬正八年（1796），其父出任江户昌平黌儒官，隨父赴江户潛心鑽研。文化六年（1809）被提拔爲幕府儒官見習，同其父一起出仕昌平黌。且受佐賀藩江户櫻田邸内“明善堂”之邀，爲藩士子弟授課。其主修朱子學，亦通曉諸子百家。天明八年一月二十三日生，弘化四年一月三十日歿，享年六十歲。其著作有：《侗庵文抄》二十六卷、《侗庵詩鈔》二十卷、《侗庵題畫詩》一卷、《侗庵小稿》一卷、《侗庵縱言》十卷、《侗庵秘集》二卷、《侗庵筆記》二卷、《侗庵百絶》一卷、《侗庵讚林》一卷、《古心堂詩卷》十七卷、《古心堂詩集》十七卷、《古心堂隨筆》十卷、《古心堂叢書》八十九卷、《古心堂大全備考》一卷、《東武百景詩卷》一卷、《蠖屈居漫録》八卷、《蠖屈居間録》八卷、《蘿月書屋雜鈔》七卷、《蕉林書屋雜鈔》二卷、《焦永鈔稿》二卷、《硯北漫鈔》八卷、《群玉書鈔》三卷、《李杜句集》一卷、《翰墨備忘録》一卷、《古心堂雜考》一卷、《古心堂雜抄》六卷、《文江麗藻集》一卷、《四六鴛鴦編》五卷、《歷代登壇月旦》一卷、《賀六渾黑獡新月旦》一卷、《文誌雜抄》一卷、《谷中别墅記》一卷、《愁賦》一卷、《消魂集》一卷、《横槊余韻》二卷、《蚓操子詩稿》一卷、《崇聖論》一卷、《佛書翰和解》三卷、《今齊諧》三卷、《俗語考稿》一卷、《别集摘要》一卷、《修辭一隅》一卷、《形容語》一卷、《亦樂文雋》四卷、《泰西録話》一卷、《非詩話》十卷、《吉光片羽集》三卷、《七壞集》一卷、《李鄴侯全書》三卷、同《補遺》一卷、《劉子》三十卷、《劉子全集》一百卷、《法書品騭》一

卷、《述古禮考》一卷、《家政要録》五卷、《侗庵困學録》十卷、《般鑒論》（一名《俗儒鍼肓》）一卷、《紺珠小記》一卷、《愚得録》六卷、《新論正續》十七卷、《讀書矩》一卷、《崇程》四卷、《吾道編》四卷、《夏日繙經一得録稿》一卷、《逸經網羅》二卷、《經史一貫稿》《史記糾繆稿》一卷、《論語問答》二十卷、《論語問答備考》一卷、《論語管窺》一卷、《大學問答》四卷、《中庸問答》六卷、《中庸問答補遺》一卷、《孟子集説》四卷、《孟子問答備考》一卷、《孟翼》一卷、《非周禮稿》一卷、《詩朱傳質疑》六卷、《毛詩或問》一卷、《毛詩劉傳稿》一卷、《詩説備考》二卷、《詩徵古稿》一卷、《讀詩折衷》一卷、《左傳雜説》九卷、《左傳探賾》八卷等。

三十四

予絶不讀詩格詩式及當時所盛行《圓機活法》等書，祗好吟詠《楚騷》《十九首》、漢魏李唐諸名家詩以資詩，覺於作詩之道，未始有闕。夫如予詩，豈足以爲法？如予所行，豈足以教人？言此者，蓋欲使人知學詩自有坦坦大路，斷不可假詩格詩式諸書之力也。《侗庵非詩話》卷二

三十五

“顛狂柳絮隨風舞，輕薄桃花逐水流”，洙曰：“柳絮桃花非久固之物，欲隨風逐水無有定止。此詩譏以勢力相交。”杜詩千家注詩人之情優柔和平，山間野外隨所見而有作。怨刺之念毫不萌於胸中，寧得而見於詩乎？老杜備嘗艱難，故詩多諷及時事者，然熟讀自見。此諸篇明明祗吟詠花鳥，而論者之言如此，亦惟泥“可忍、眼猜、顛狂、輕薄”等字而云然。夫醒時不忍見花落，鸕鷀忽見相疑猜，此眼前實景實事。柳絮輕颺，故曰顛狂；桃花艷媚，故曰輕薄。此詩家常語，有何難解，而穿鑿迺爾也。《侗庵非詩話》卷三

三十六

《清平調》詩:“一枝濃豔露凝香，雲雨巫山枉斷腸。借問漢宫誰得似，可憐飛燕倚新妝。”《高唐賦序》謂，神女常薦先王之枕席矣。《後序》文曰，襄王復夢遇焉。此云枉斷腸者，亦譏其曾爲壽王妃，使壽王而未能忘情，是枉斷腸矣。詩人比事引興深切著明，特讀者以爲常事而忽之耳。“名花傾國兩相歡，長得君王帶笑看。解釋春風無限恨，沈香亭北倚闌干。”太白詩用意深遠，非洞悟《三百篇》之旨趣者，未易窺其藩籬。晦庵[①]所謂“聖於詩”者是也。《清平樂》詞，宫中行樂詞。其中數首，全得《國風》諷諫之體。如“玉樓巢翡翠，金殿鎖鴛鴦”是諷其金殿玉樓不爲延賢之地，徒使女子小人居之也。“選妓隨雕輦，徵歌出洞房”，是諷其不好德而好色，不聽雅樂而聽鄭聲也。“宫中誰第一，飛燕在昭陽”，是以飛燕比貴妃，妃與趙飛燕事蹟全相類，蓋欲使明皇以古爲鑒，知飛燕之爲漢禍始，而不惑溺於貴妃也。“君王多樂事，還與萬方同”，是諷其與民同樂也。“今朝風日好，宜向未央遊”，是諷其輟遊宴之樂，而臨政觀事於未央也。是時明皇有聲色之惑，多不視朝，故因及之也。言在於此意在於彼，正得譎諫之體。太白纔得近君，當時人所難言者，即寓諷諫之意於詩内，使明皇因詩而有悟，其社稷蒼生庶有瘳乎。豈曰小補之哉。元蕭士贇李詩補注巫山飛燕，詩家舊物。言薦枕必稱巫山，評美色必引飛燕。振古如兹，奚勞穿鑿。太白天才飄逸，志氣軒昂，視萬乘如僚友，視宦官如奴隸。玉堂之上，彤扆之前，手握椽筆，吟詠花月，滔滔不窮，此太白之所以爲太白。不必篇篇諷君，句句刺詩，然後爲貴也。矧爾時奉勅應制，酩酊之際，咄嗟而成，其於諷刺也固不暇，又事勢之所不應有。爲此論者，不特不知詩，併不知事情與人心矣。夫以飛燕比貴妃，太白有意賤之者，乃高力士構太白於貴妃之言也。士贇之説大與之類。嗚呼！解詩太鑿，説險不情，至與讒者如出一口。可悲也已。《侗庵非詩話》卷四

① 晦庵：朱熹號晦庵。

三十七

古往今來，只此性情，只此風景，固當有不期同而同者。當其睹景生情，觸物詠志也，不復暇規規就古人之詩，句模而字倣之。是故“巧笑倩兮，美目盼兮”，既見乎軼詩，又載乎《衛風》。“喓喓草蟲，趯趯阜螽。未見君子，憂心忡忡”，既詠於《召南》，又録於《小雅》。而作詩話者，必謂某詩出乎某，某句本於某，何其拘也！三唐而還，詩集充棟，麗詞佳句，大抵古人業已道之，後出者學不甚博，且無記性，吟詠之際，隨口吐出，自以爲佳，而不知古人已先之，此亦勢之所必不免。而詩話必以活剝生吞尤之，冤矣。若太白詩“輕風朗月不用一錢買”，而六一居士有“清風明月本無價，可惜只賣四萬錢”之句。六一詩“山色有無中”，而東坡有“記取醉翁山色有無中”。王文海①詩“鳥鳴山更幽”，而荊公有“一鳥不鳴山更幽”。及山谷《黔南絶句》，本樂天詩略加點竄。此則明有所本。然此等人能辨，奚待乎詩話之嘵嘵？其他則非再作作者於九原而問之，決不能知其果爲偶合，果爲剽竊。何也？古今性情同風景同故也。《侗庵非詩話》卷五

① 王文海：王籍（生卒年不詳），字文海，琅邪臨沂（今山東省臨沂市北）人。南朝梁詩人。

三十八

列子終於鄭，今墓在郊藪，謂賢者之跡，而或禁其樵採焉。里有胡生者，性落魄家貧，少爲洗鏡鉸釘之業。倏遇甘果名茶美醞，輒祭於列禦寇之祠壠，以求聰慧。而思學道歷稔，忽夢一人刀劃其腹開，以一卷書置之於心腑。及覺，而吟詠之句皆綺美之詞，所得不由於師友。遠近號爲“胡釘鉸”。王軒少爲詩，寓物皆屬詠。頗聞《淇澳》之篇，遊西小江，泊舟苧蘿山際，題西施石曰：“嶺上千峰秀，江邊細草春。今逢浣紗石，不見浣紗人。”題詩畢，俄見一女

郎振瓊瑺抉石筍，低面而謝曰："妾自吳宮還越國，素衣千載無人識。當時心比金石堅，今日爲君堅不得。"既爲鴛鴦之會，似爲恨别之詞。後有蕭山郭凝素者，聞王軒之遇，亦適於浣溪，日夕長吟，屢題詩於其石上，寂爾無人，乃鬱怏而返。進士朱澤嘲之，聞者莫不嗤笑。凝素内恥，無復遊。朱詩曰："三春桃李本無言，若被殘陽鳥雀喧。借問東鄰效西子，何如郭素擬王軒？"《雲溪友議》此鬼怪而兼女色者也。《侗庵非詩話》卷十

三十九

古之大賢君子，無不善詩者，讀之可以想見其氣象矣。明道先生有句曰"莫辭盞酒十分醉，只惜風花一片飛"，其胸襟灑落，春風愷悌之氣象，自流動於二句中。夫詩賦吟詠，豈非閒言語哉？然君子不廢者，以其忠厚惻怛，温柔和樂，有一唱三歎之妙耳。孔子採匹夫匹婦之辭，與《書》《禮》《春秋》並列於《六經》，豈無意耶？余深愛宗忠簡公《華陰道中》二絶云："煙遮晃白初疑雪，映日斑斕卻是花。馬渡急流行小崦，柳絲如織映人家。""菅茅作屋幾家居，雲碓風帘路不紆。坡側杏花溪畔柳，分明摩詰輞川圖。"公之忠義照映千古，固不可以詞人論也。而其詞藻妙麗如此，非尋常詩家所及也。先君子篤好儒學，交友皆當時豪傑名士。片山北海①、中井竹山、尾藤二洲②、江村君錫、葛子琴、合麗王③、篠安道④、木孔恭⑤諸老，或以道德，或以詩文，郵筒往來如織。嘗會諸名士浪華蟹鳥大勝樓，分韻賦詩，金玉盈座，蓋亦一時盛事也。《松陰快談》卷三⑥

① 片山北海（かたやま ほっかい KATAYAMA HOKKAI）（1723—1790），江户時代中期儒者、漢詩人。名猷，字孝秩，世稱"忠藏"，號北海、孤松館。於大坂（今大阪）興辦"混沌詩社"，賴春水、尾藤二洲、古賀精里、木村蒹葭堂等優秀門弟輩出。與京都江村北海、江户入江北海並稱"三都三北海"。

② 尾藤二洲（びとう じしゅう BITO-JISHU）（1747—1814），江

户時代中期至後期儒者。伊予（今屬愛媛縣）人。名孝肇，字志尹，世稱“良佐”，號二洲、約山。學於片山北海，與賴春水等交往。因自“徂徠學”轉向“朱子學”，寬政三年任昌平黌教授。與古賀精里、柴野栗山並稱“寬政三博士”。延享四年十月八日生，文化十年十二月十四日歿，享年六十七歲。其著作有《正學指掌》、《素餐録》等。

③ 合麗王：細合斗南（ほそあい となん　HOSOAI–TONAN）（1728—1803），江户時代中期至後期儒者。京都人。名離，後改名方明，字麗王，號斗南、半齋、學半齋、白雲山樵、太乙真人、武庫居士。世稱“八郎右衛門”“次郎三郎”。於大坂學於菅甘谷（かん かんこく　KAN–KANKOKU，1691—1764）。善漢詩，入“混沌社”。晚年於伊勢（今屬三重縣）真宗高田派專修寺講授。享保十二年十一月二十八日生，享和三年十一月六日歿，享年七十七歲。其詩文集有《合子家集》等。

④ 篠安道：篠崎三島（しのざき－さんとう　SHINOZAKI–SANTO）（1737—1813），江户時代中期至後期儒者。大坂人。名應道，字安道，號三島、郁洲。世稱“長兵衛”。繼承商家。從菅甘谷（かん かんこく　KAN–KANKOKU，1691—1764）習“徂徠學”，四十歲開設家塾“梅花書屋”。通曉詩書及天文，與尾藤二洲等“朱子學者”從交。篠崎小竹乃其養子。元文二年生，文化十年十月三十日歿，享年七十七歲。其著作有《碧紗籠集》等。

⑤ 木孔恭：木村蒹葭堂（きむら けんかどう　KIMURA–KENKADO）（1736—1802），江户時代中期至後期文人。大坂人。名孔恭（孔龔），世稱“坪井屋吉右衛門”，號蒹葭堂、巽齋。習本草學、繪畫、詩文，收集書畫骨董。其著作有《蒹葭堂日記》等。

⑥ 長野豐山《松陰快談》四卷，《日本詩話叢書》本第四册。長野豐山（ながの ぶざん / ほうざん　NAGANO–BUZAN/HOUZAN）（1783—1837），江户時代，伊予川江（今屬愛媛縣四國中央市）人。名確，字猛確。世稱“友太郎”，號豐山。十九歲時赴大阪從中井竹山學習《詩經》《書經》《左傳》《國語》《史記》《漢書》等。文化二年（1805）二十三歲

赴江户入昌平黌，師從柴野栗山、古賀精里、尾藤二洲。其學問尊崇信奉程朱理學，善詩文，文宗韓柳，詩好李杜及白樂天、杜牧、蘇東坡、陸放翁。文化十年（1813）仕於伊勢神户藩（今屬三重縣鈴鹿市）藩主本多氏，任藩校“教倫堂”教授，在任七年有余，文政二年（1819）因病退職。遂又受召於川越藩（今屬埼玉縣川越市）任藩校“博喻堂”教授，爲刷新學風貢獻甚大。晚年於江户居住。天明三年七月二十八日出生，天保八年八月二十二日歿，享年五十五歲。於東京芝（今屬東京都港區）廣岳院有其墓地。其著作有：《松蔭快談》四卷、《松蔭快談續編》二卷、《嘉聲軒詩略》二卷、《嘉聲軒詩話》二卷、《嘉聲軒詩約》八卷、《嘉聲軒文約》七卷、《治國要法》八卷、《三名士傳》一卷等。另，《松蔭快談》被收録於中國《昭代叢書》。

四十

鍾嶸曰：昔《南風》之詞，《卿雲》之頌，厥義敻矣。夏歌曰“鬱陶乎吾心”，楚謠曰“名予曰正則”，雖詩體未全，然是五言之濫觴也。逮漢李陵，始著五言之目矣。古詩眇邈，人世難詳，推其文體，固是炎漢之製，非衰周之倡也。自王楊枚馬之徒，詞賦競爽，而吟詠靡聞。從李都尉迄班婕妤，將百年間，有婦人焉，一人而已。詩人之風，頓已缺喪。東京二百載中，惟有班固《詠史》，質木無文。降及建安，曹公父子篤好斯文，平原兄弟鬱爲文棟。劉楨王粲爲其羽翼，次有攀龍托鳳自致於屬車者蓋將百計，彬彬之盛，大備於時矣。爾後陵遲衰微，迄於有晋。太康中，三張二陸兩潘一左勃爾復興，踵武前王，風流未沫，亦文章之中興也。永嘉時貴黄老，稍尚虚談。於時篇什，理過其辭，淡乎寡味。爰及江表，微波尚傳。孫綽、許詢、桓庾諸公，詩皆平典似道德論，建安風力盡矣。先是郭景純用儁上之才變創其體，劉越石仗清剛之氣贊成厥美。然彼衆我寡，未能動俗。逮義熙中，謝益壽斐然繼作。元嘉中，有謝靈運，才高詞盛，富艷難蹤，固已含跨劉郭，陵轢潘左。故知陳思爲建安傑，公幹、仲宣爲輔；陸機爲太康之英，安仁、景陽爲輔；謝客爲元嘉之雄，顔延年爲輔。斯皆五言之冠冕，文詞之命世也。《九華山房詩話》①

① 角田九華《九華山房詩話》一卷，竹田市立圖書館（日本大分縣）藏本。角田九華即前文之角田簡。

四十一

又曰：刺美風化，緩而不迫，謂之風。采摭事物，摛華布體，謂之賦。推明政治，莊語得失，謂之雅。形容盛德，揚勵休功，謂之頌。幽憂憤悱，寓之比興，謂之騷。感觸事物，托於文章，謂之辭。程事較功，考實定名，謂之銘。援古刺今，箴戒得失，謂之箴。猗遷抑揚，永言謂之歌。非鼓非鐘，徒歌謂之謠。步驟馳騁，斐然成章，謂之行。品秩先後，敘而推之，謂之引。聲音雜比，高下短長，謂之曲。吁嗟慨歎，悲憂深思，謂之吟。吟詠情性，總合而言志，謂之詩。蘇李而上，高簡古澹，謂之古。沈宋而下，法律精切，謂之律。此詩之語衆體也。帝王之言，出法度以制人者，謂之制。絲綸之語，若日月之垂照者，謂之詔。制與詔同，詔亦制也。道其常而作彝憲者，謂之典。陳其謀而成嘉猷者，謂之謨。順其理而廸之者，謂之訓。屬其人而告之者，謂之誥。即師衆而申之者，謂之誓。因官使而命之者，謂之命。出於上者，謂之教。行於下者，謂之令。時而戒者，勑也。言而諭之者，宣也。諮而揚之者，贊也。登而崇之者，冊也。言其倫而析之者，論也。度其宜而揆之者，議也。別嫌疑而明之者，辨也。正是非而著之者，說也。記者，記其事也。紀者，紀其實也。纂者，纘而述焉者也。策者，條而對焉者也。傳者，傳而信之也。序者，緒而陳之也。碑者，披列事功而載之金石也。碣者，揭示操行而立之墓隧也。誄者，累其素履而質之鬼神也。志者，識其行藏而謹其終始也。檄者，激發人心而喻之禍福也。移者，自近移遠使之周知也。表者，布臣子之心致君父之前也。箋者，修儲后之問伸宫闈之儀也。簡者，質言之而略也。啓者，文言之而詳也。狀者，言之於公上也。牒者，用之於官府也。捷書不緘，羽而傳之者，露布也。尺牘無封，指事而陳之者，劄子也。青黄黼黻，經緯以相成者，總謂之文。此文之異名也。《九華山房詩話》

四十二

夫詩者，言志也。志有邪正，故言有美惡。古昔盛時，自公卿大夫至田父紅女，莫不各言其志，三百篇所載是已。由是考之，則時之治亂、政之佳惡、事之得失、人之賢否，千載之下，瞭若目睹焉。漢魏六朝、唐宋金元以逮乎明清，靡不世有作者，一代有一代之詩，指歸雖同，氣格各異。且以唐一代，猶有初盛中晚之别，王孟、韋柳、李杜、韓白皆異其撰，宋元以下莫不悉然矣。此豈有法令驅之、賞罰導之哉？風氣所趨。雖作者，亦有自不知其然而然也。古云“詩道與政升降”，信不誣矣。我大東①靈淑所鍾，風氣淳厚。洪荒之世，諾冊②天橋之歌、素尊③叢雲之詠，《風雅》之興，實胚於此。自神后西征，三韓率化④，獻經貢儒，文運漸闢。五言之作，昉於大友大津⑤，盛於大同弘仁⑥，《懷風》⑦《淩雲》⑧諸篇所載，粲然可觀，菅江二氏⑨世濟其美，彬彬焉可謂盛矣。然爾時文崇駢儷、詩宗白傅⑩，末流之弊，終於萎苶不振。加之保平⑪以還，皇綱解紐，干戈相尋，海寓鼎沸，靡有寧歲。人不聊生，何有於文辭？天悔禍延，篤生東照大君⑫，經文緯武，撥亂反正，䅘民樂業，大君以馬上得之，不以馬上治之。尊道禮儒，誕敷文教，首擢用羅山林子⑬，以參帷幄。由是經藝之士紛然見於世，延至元禄、享保，作者林立，就中木門蘐社⑭之徒最盛，人人口開天而不舍，羞用唐以後之事，雖持論過高，用典太隘，均不免摸擬餖飣之病，動招後人刺譏。然其有功於藝苑，亦不可廢也。總而論之，建櫜以後之詩，尚沿五山緇徒之陋習，一變於享保，又一變於寬政，又一變於近今。要之，風氣之所趨，豈專人力乎哉！此可以觀世道之升降矣。余幼嗜吟詠，以披覽諸集爲娱。常謂偃武以來，詩道之盛，迥邁前古。其間雖雅鄭並奏、利鈍雜陳，性情所發，斐然成章，皆足以鳴一代之盛矣。間有選本，或止一時，或限一州，未聞有能網羅二百餘年之作者，薈萃菁英，以成一代之鉅典者也。爰不自揣，有志編綴，而家貧，篋衍綦少，所費復多，以故因循未果。後入泮宮，獲遍窺祕府之富，蓄念復動。一日謁祭酒檉宇林公⑮，語次及之。公殷慫慂之，且許諸官給其紙筆之費。於是講肄餘暇，專事編纂，除祕府所藏、家篋所貯外，或借鈔交友，或購收市肆，故紙殘編，搜求摘録，不遺餘力。然一人之耳目有限，恐所漏尚衆，心常歉然。顧瞻持久，河清無期，是以不得已，苟完竣功矣。又做《明詩綜》《湖海詩傳》例，名氏之下，繫以小傳，附以詩話，使覽者得論其時世，辨其源流，此亦所以考世道之升降之一端也。自惟雖譾陋，不足揚於風雅，亦庶幾乎有裨鳴盛之萬一云爾。弘化四年丁未秋八月，江都友野瑍撰。《錦天山房詩話》

① 大東：極東（遠東），此指日本。

② 諾册天橋之歌："諾"即伊奘諾尊（いざなぎのみこと　IZANAGI NOMIKOTO），亦書爲"伊奘諾尊""伊邪那岐命"，日本神話中男神之一。"册"即伊奘册尊（いざなみのみこと　IZANAMINOMIKOTO），亦書爲"伊奘冉尊""伊邪那美命"，日本神話中女神之一。其與伊奘諾尊結婚，並誕下日本國與諸神。因生産火神時而亡故，遂爲支配黄泉國之"黄泉大神"。

③ 素尊：素戔嗚尊（すさのおのみこと　SUSANO-NO-MIKOTO），亦書爲"須佐之男命"，日本神話中男神之一。伊奘諾尊與伊奘冉尊之子，天照大神之弟。因多惡行，觸怒天照大神，被逐出高天原。降於出雲，擊退八岐大蛇，救助奇稻田姬，自大蛇尾得"天叢雲劍"獻與天照大神。

④ 神后西征，三韓率化：神功皇后（神功天皇）。其夫仲哀天皇急死（200年）後，神功皇后自201年至269年政事。仲哀九年（200）三月一日神功皇后入齋宫自稱神主，首先討伐熊襲（九州南部），其後以住吉大神之

神託爲由征討新羅。新羅不戰而降並宣誓朝貢，遂高句麗、百濟亦約朝貢。（《古事記》《日本書紀》）

⑤ 大友大津：大友皇子（弘文天皇），即位於大津宮（今屬滋賀縣大津市）。

⑥ 大同弘仁："大同"，日本年號（806—810）。"弘仁"，日本年號（810年9月19日—824年1月5日）。嵯峨與淳和天皇時期。

⑦《懷風》：《懷風藻》乃現存最古之日本漢詩集。撰者不明，序文稱完成於天平勝寶三年十一月（751年12月10日—752年1月8日）。

⑧《淩雲》：《淩雲集》乃小野岑守、菅原清公等於平安時代初期弘仁五年（814）奉嵯峨天皇之命所編纂之日本最初"勅撰漢詩集"，全一卷。正式名稱"淩雲新集"。作者乃平城天皇、嵯峨天皇、大伴親王（淳和天皇）等二十三人，全九十首。後添加一首而爲九十一首。

⑨ 菅江二氏：桓武天皇（在位781—806）授予歸化人（外國人歸化者）日本姓氏，大江、菅原、秋篠等乃爲代表。稱大江與菅原之後人爲"菅江二氏"，乃後世教授漢學之掌門人。菅原道真、菅原孝標之女（《更級日記》著者）、大江匡衡、大江匡房、大江廣元等均爲"歸化人"之子孫，於日本文化之影響極大。

⑩ 白傅：白居易。

⑪ 保平：保元之亂，平治之亂。1156年（保元元年）與1159年（平治元年）相繼於京都所起内亂，原因均爲宫廷内權力斗爭，經過短期戰鬥即決出勝負，宣告武士時代之到來，亦爲"平氏政權"成立之契機。

⑫ 東照大君：德川家康，自寬永十七年（1640）被稱爲"東照神君"。

⑬ 羅山林子：林羅山，參見"吟誦"第十八條。

⑭ 木門蘐社：木下順庵，參見"吟誦"第十一條；荻生徂徠，參見"吟誦"第十三條。

⑮ 檉宇林公：林檉宇（はやし ていう　HAYASHI-TEIU）（1793—1847），江户時代後期儒者。林述齋之三男，鳥居耀藏（とりい ようぞう TORII-YOZO）之兄。江户人，名皝，字用韜，號檉宇、培齋。師事佐

藤一齋、松崎慊堂。任江户幕府儒官，天保九年（1838）任大學頭。寛政五年五月二十七日生，弘化三年十二月六日歿，享年五十四歲。其著作有《渫泉録》等。

四十三

伊藤維楨[①]卷二十五：字原佐，號仁齋，又號古義堂，平安人。自幼頴異挺發，始習句讀，時意已欲以儒焜燿於一世。及稍長，堅苦自勵。家素業賈，故親舊皆沮之，不聽。家道日墜，儋石不給，而晏如也。初奉伊洛學，後創一家言，排斥宋儒，一時學者靡然從服，執謁者以千數，諸州之人無國不至，唯飛驒、佐渡、壹岐三州人不及門耳，其盛如此。肥後侯[②]聞其名聘之，許以禄千石，以親老辭不就。後德大寺藤公[③]好學，每會諸儒，使其相論難，往復數四，皆辭色激厲，爭競不息，或至詬罵，獨源佐神色夷然，終始不渝，舉坐歎服。性寬厚，未嘗疾言遽色。不設城府，不修邊幅，又不爲詭激之行。每天氣明媚，輒拉子弟數人杖屨徜徉，吟詠而歸。母卒，服朞喪。明年父亦卒，服喪凡四年。以寶永二年卒，年七十九。私謚古學，著有《論孟古義》《中庸發揮》《大學定本》《童子問》《大學非孔書辯》《周易乾坤古義》《春秋經傳通解》《古學文集》十餘種。《錦天山房詩話》卷上

① 伊藤維楨：伊藤仁齋（いとう じんさい ITO-JINSAI）(1627—1705)，江户前期儒學者。古義學之祖。京都人。名維楨，字源佐，號仁齋。因於京都堀川開設“古義堂”，故被稱“堀川學派”，門弟三千餘人。其著作有《論語古義》《孟子古義》《語孟字義》《童子問》等。

② 肥後侯：熊本藩（細川）。

③ 後德大寺藤公：不詳。

四十四

富逸[①]卷五十：字日休，號富春叟，又號桐江，原田中氏，名省

吾，字宗魯，號雲華道人，陸奥人。少好擊劍，後折節讀書，學於徂徠，以儒仕甲侯柳澤吉保。一旦辭去，遍游名山。晚隱居攝之池田，以吟詠自娱。年七十四卒。著有《樵漁餘適》十五卷，門人木定堅子剛[②]輯録傳於世。《錦天山房詩話》卷下

① 富逸：田中桐江（たなか とうこう TANAKA–TOKO）（1668—1742），名省吾，字宗魯。江户時代前期至中期漢詩人。出羽莊内（今屬山形縣）人。晚年改姓富，名逸，字日休。號桐江、富春叟雲華道人，世稱“清太夫”。仕柳澤吉保，識荻生徂徠。後離柳澤家出奔，放浪奥州，後居於攝津池田（今屬大阪府），創詩社“吴江社”。寬文八年二月十二日生，寬保二年六月二十六日歿，享年七十五歲。其著作有《樵漁餘適》《東海漫遊稿》等。

② 木定堅子剛：荒木蘭皋（あらきらんこう ARAKI–RANKO）（1717—1767），江户時代中期漢詩人。大坂人，名鐵、定堅，字子剛，號蘭皋、鐵齋、如竹居。世稱“吉右衛門”。富永芳春之子，富永仲基之弟，荒木適翁之養子。初學於“懷德堂”三宅石庵、中井甃庵，後師事田中桐江。設立詩社“如蘭社”。享保二年生，明和四年十一月六日歿，享年五十一歲。其有詩集《雞肋集》。

四十五

江兼通[①]：字子徹，號若水，攝津人，其家世以釀酒，致資千金。子徹幼好讀書，學詩於島山芝軒。年未四十，屬家政於子，益賣異書以日娱。隱居嵐山，從緇林耆弱而遊，日以吟詠爲事。享保乙酉卒，著有《西山樵唱》。《錦天山房詩話》卷下

① 江兼通：入江若水（いりえ じゃくすい IRIE–JAKUSUI）（1671—1729），江户時代中期漢詩人。名兼通，字子徹，號若水、櫟谷山人、江山人。其家累代爲攝津富田（今屬大阪府）之造酒之家。財産蕩盡，發奮勤學。師事鳥山芝軒。留詩名於各地。晚年隱棲京都西山。寬文十一年一月二十日生，享保十四年十月四日歿，享年五十九歲。其詩集有《西山

樵唱》。

四十六

繩維直[①]：字温卿，稱準可，江都人。少就安清河而學，社中人推爲領袖，清河目爲千里駒。仕大府爲江都尹屬吏，而非其好，終以疾辭去。閉門謝客，大肆力吟詠，聲益著。有《桂林集》六卷，鳥山藤侯忠侯[②]爲敘其首。《錦天山房詩話》卷下

① 繩維直：三繩 桂林（みなわ けいりん MINAWA-KEIRIN）（1744—1808），江户时代中後期，江户人。名維直（一説惟直），字繩卿，世稱“準藏”，號桂林、蒲山。師事安達清河，善詩。寛保四年（2月21日改元延享元年）生，文化五年一月二十八日歿，享年六十五歳。其著作有：《桂林詩集》六卷、《桂林遺稿》三卷、《詩學解蔽》一卷等。

② 藤侯忠侯：不詳。

四十七

香山彰[①]，字吉甫，號適園，又號三樂，平安人。少受業武梅龍，後從江村北海遊，又就源梼亭質問經義，並以精敏見賞。性温雅，篤好詩及書畫。仕廣福親王爲侍讀，眷遇甚優。天明戊申，京師大火，其家亦罹災，乃賣地雒東鷲麓之野，葺小屋以居，命曰“東隴庵”，日延諸友，吟詠以爲娱。王特賜資爲刻其集，即今所傳《東隴庵集》者也。《錦天山房詩話》卷下

① 香山彰：香山適園（かやま てきえん KAYAMA-TEKIEN）（1749—1795），江户時代中期儒者。京都人。名彰，字吉甫，號適園、三樂、東隴庵。世稱“大學”。學於江村北海、村瀨梼亭等。寛延二年生，寛政七年七月十八日歿，享年四十七歳。其著作有《東隴庵集》六卷、《六代詠物詩纂》三册、《適園筆録》等。

四十八

江村綬[①]，字君錫，號北海，稱傳左衛門，播磨人。伊藤龍洲[②]第二子，出爲江村毅庵後，因冒其氏，襲職仕宮津。初龍洲家罹災，妻河村氏寓其兄家，生君錫於播磨。比弱冠，在舅氏許，未嘗知學，好爲俚歌，時人目爲錦心繡腸。赤石梁蜕巖[③]一見愛其才，勸使學，謂曰："以子才氣，專心吟詠，必有聲名。"君錫大威悟，始志於學，晝夜研鑽，手不釋卷，名亞兄。錦里[④]尤長於談論，其講經史，剖析窈眇，精義入神，人稱爲"三珠樹中第一"。以文學仕宮津。九年，其君知有吏才，擢爲京邸留守，兼掌錢穀出納。後侯移封郡上，欲大用之，不果而卒。於是致仕，筑對梢館於平安室町，以翰墨自娱。諸侯聘問，一皆謝絶。其説經一從朱子，又述家祖專齋剛齋之遺説，未曾自發一説，常譏世人以己意駁朱説者。其歌詩播揚遠邇，四方慕悦者甚多，才俊之士多出其門。時大阪片山猷孝秩，江户入江貞子實竝號北海，當時稱曰"三都三海"，以江村氏爲之冠云。天明八年二月二日卒，年七十六，著有《蟲諫》《樂府類解》《授業編》《諸子擷英》《日本詩史》《日本經學考》《杜律删注》《北海詩文鈔》等十數種。《錦天山房詩話》卷下

① 江村綬：江村北海，参見"吟誦"第十條。

② 伊藤龍洲：(いとうりゅうしゅう　ITO-RYUSHU)(1683—1755)，江户中期儒學者。名道基。本姓清田氏，後爲福井藩儒官伊藤坦庵之養子。伊藤錦里、江村北海、清田儋叟之父。仕福井藩。

③ 梁蜕巖：梁田蜕巖，参見"吟誦"第十八條。

④ 錦里：伊藤錦里(いとう きんり　ITO-KINRI)(1710—1772)，江户時代中期儒者。伊藤龍洲之長男。名縉，字君夏，號錦里、鳳陽，世稱"莊治""宗太郎"。學於其父，元文三年越前福井藩之儒官。與其弟江村北海、清田儋叟並稱"伊藤三珠樹"。寶永七年十月生，明和九年三月九日殁，享年六十三歲。其著作有《邀翠館集》等。

四十九

石作貞[①]，字士幹，稱貞五郎，岐岨人，世仕福島山村氏。少而好學，負笈遊學四方，結交名士，學成歸鄉。其君知其有才幹，擢爲計長。時三村氏負財甚重，士幹竭力計度，用度無匱。素長詞賦，簿領之暇，吟詠不廢。著有《翠山樓集》。《錦天山房詩話》卷下

① 石作貞：石作駒石（いしづくり くせき ISHIZUKURI-KUSEKI）（1740—1796），江户時代中期至後期儒者。名貞，字士幹，號駒石、翠山樓，世稱“貞一郎”。自明和三年學於南宫大湫。後於代官山村蘇門任勘定役。元文五年生，寬政八年一月十四日歿，享年五十七歲。其著作有《翠山樓詩集》《莫逆集》等。

五十

北條襄[①]卷一百字子讓，號霞亭，稱讓四郎，志摩人。少而好學，年十八負笈求師，不遠千里。遊江户及京攝，遍與諸名士交。遂卜居嵯峨，吟詠自娱。《錦天山房詩話》卷下

① 北條襄：北條霞亭（ほうじょう かてい HOJO-KATEI）（1780—1823），江户時代後期儒者。志摩（今屬三重縣）人。名襄，字子讓、景陽，號霞亭、天放生，世稱“讓四郎”。於京都師從皆川淇園，後入江户龜田鵬齋塾。文化五年任伊勢（今屬三重縣）林崎文庫長。文化十年備後（今屬廣島）應菅茶山邀任“廉塾”塾頭。文政二年仕備後福山藩。安永九年九月五日生，文政六年八月十七日歿，享年四十四歲。其詩集有《霞亭摘藁》《薇山三觀》等。

五十一

日政[①]卷一百二：字元政，自號妙子，又號不可思議，又號泰堂。俗姓藤原，氏石井。母夢一高僧來，曰賴哉，覺後有娠。元和癸亥生於洛陽桃花坊。生二歲，父携見東山送火曰：“兒識此字乎？”歸家書大字。六歲讀書，一習便誦。八歲遊彦根城下，閑於武伎。

十三事井伊侯直孝。雅好典籍，樂山水，所至終日吟詠不倦。從母至泉州和氣，拜蓮師像，自發三願："一，我必出家。二，父母壽考得盡孝。三，閲天臺三大部。"後皆如其言。時泉涌周律師講《法華》，政往聽之。慕師德，告以欲出家。師曰："子甚少，出家未晚也。"後八年祝髮，從妙顯寺日豐，讀書有所不解，輒不擇僧俗長幼，就而問之，研究不止。故博通内外二典，兼明本邦典故。後剏瑞光寺於草山而居焉。常不脱袈裟，持律誦經，勤修不怠。王公貴人有招之者，皆不應。性至孝，迎父母，舍寺側，晨昏不廢。父母竝年八十七而卒，母卒後旬餘亦病卒，壽四十六，遺命栽竹三竿於木上，不建塔。遺集三十卷，曰《草山集》，其他所著十數部竝傳於世。《錦天山房詩話》卷下

① 日政（にっせい NISSEI）（1623—1668），江户時代前期日蓮宗僧侶、漢詩人。俗名石井元政（いしい もとまさ ISHII-MOTOMASA），幼名源八郎、俊平，號妙子、泰堂、空子、幻子、不可思議，世稱"元政上人"。石井元好之五男。於山城（今屬京都市）開創深草瑞光寺。元和九年二月二十三日生，寬文八年二月十八日歿，享年四十六歲。

五十二

《拈花集》一卷，凡五律百三十餘，咸係唐賢集句，乃篁園野村[①]先生所撰也。冊首繫以清商江芸閣[②]、朱柳橋[③]之二序，江文以長不録，朱序云："夫吟詠一道，作固不易，而集古爲尤難。蓋非讀破萬卷，葉粕取清，兼取衆長，再加以翦裁者不能。茲靜宜先生[④]以集古一冊見示，性耽翰墨，吏隱成名，志在詩書，文壇著望。以繡虎雕龍之手，爲裁云鏤月之篇，集腑成裘，聲同金石，釀花作蜜，字吐珠璣。羅卷軸於胸中，詞源三峽；運化工於腕底，筆挽千鈞。僕誦陽春，未免窺管之誚；謬加月旦，良深附驥之私。是爲序。道光四年仲春月上旬，當湖朱柳橋。"《柳橋詩話》卷上[⑤]

① 篁園野村：野村篁園（のむら こうえん NOMURA-KOEN）

（1775—1843），江户時代後期漢詩人、幕臣。名直温，字君玉，世稱“兵藏”，號篁園、静宜軒。學於古賀精里，後講學於昌平黌，天保三年任幕府儒官。被稱爲江户時代填詞作家之最。與古賀侗庵、小島蕉園等結詩社。安永四年生，天保十四年六月二十九日殁，享年六十九歲。詩集《篁園先生詩集》《採花集》等。

② 江芸閣：生卒年不詳。江户後期多次抵達長崎之清國人。江蘇蘇州人，諱辛夷。與賴山陽、梁川星巖、田能村竹田等從交。

③ 朱柳橋：生卒年不詳。多次抵達長崎之清國人。浙江當湖人。

④ 静宜先生：野村篁園。

⑤ 加藤善庵《柳橋詩話》二卷，《日本詩話叢書》本第六冊。加藤善庵（かとう ぜんあん KATOU-ZENAN）（？—1862），江户時代末期儒者、醫師。名良由，字良白，號善庵、草軒、富春。師從大田錦城。任播磨姬路藩藩士。生年不詳，文久二年八月五日殁。其著作有：《六國史論》《觀虎記》《柳橋詩話》二卷等。

五十三

《高麗人參贊》載宋人詩話，李瀕湖[①]《綱目》所引即是已。近時官蒔人參，培養滋殖，廣被天下，惠民之澤，度越前古。然製法不精，識者憾焉。石阪竽齋[②]法眼曾得東醫之祕訣，因奉旨以董製造之事。於是尹孚之質始發，粹然之德大備，天下之行尸走肉莫不霍然而蘇，翕然而起矣。醫人咸踴躍曰：“自今以往，朝鮮之貢殆爲遼東之豖矣。”昔者孫思邈著《千金方》，藥劑之中多用蟲族，遂獲殺生之譴云。法眼之舉乃反於是，其所仰以奉者，至仁至惠之德意也。所俯以養者，至困至賤之病民也。以是較之，則上天睠命而享白日飛昇之福，孰敢謂不可哉？法眼喜吟詠，語多警拔。其《偶成》云：“架書千萬卷，中列有名人。呼取消閒寂，其談日奇新。”按《人參贊》最古矣，李時珍所引亦陶宏景之説也。茲據《漁隱叢話》蓋因于缺細檢耳。

《柳橋詩話》卷上

① 李瀕湖：明人李時珍，1518—1593。

② 石阪竽齋：石坂宗哲（いしざか そうてつ ISHIZAKA-SOTETSU）（1770—1842），日本鍼醫、江户幕府醫官。名永教，號竿齋。明和年生，天保十二年十一月二十日歿，享年七十三歲。

五十四

常州小川鄉人本間玄調①頃者寄視近製，《摘句》云："常把刀圭在醫壘，儘將鉛槧入儒林。形如枯木槎枒立，心似寒蛩蕭瑟吟。"方讀此二聯，其人品事業、好讀書、耽吟詠，不問而可知矣。《柳橋詩話》卷下

① 本間玄調（ほんま げんちょう HOMMA—GENCHO）（1804—1872），江户時代末期醫師、儒者。生於常陸小川村（今屬茨城縣小美玉市）。名資章，後改名救，字和卿，號棗軒，齋號自準亭。其父本間玄有與其祖父本間玄琢乃"稽醫館"創始者。文政三年（1820）成爲醫者本間道偉之養子，從原南陽習醫學。後赴江户從杉田立卿習蘭學，從太田錦城習儒學。任水户藩醫。文化元年生，明治五年二月八日歿，享年六十九歲。

五十五

魏鶴山①云：除科舉之外，閑賦之詩不必一一以韻爲較，況今所較者特《禮部韻》耳。楊誠齋②云：今之《禮部韻》乃是限制士子程文不許出韻，因難以見其工耳。至於吟詠情性，當以《國風》《離騷》爲法，又奚《禮部韻》之拘哉？貫按《洪武正韻》有東無冬、有陽無江，是張潮③所謂"聲音之道，時代爲變遷"者可見。《詩格集成》④

① 魏鶴山：魏了翁（1178—1237），南宋哲學家，蜀學集大成者。蜀地邛州蒲江（今屬四川省）人。字華父，號鶴山。工書法，尤善篆書、行書。曾爲禮部尚書、端明殿學士，贈太師，謚文靖。

② 楊誠齋：楊萬里，宋代詩人。

③ 張潮：清初著名學者。

④ 長山樗園《詩格集成》一卷，《日本詩話叢書》本第三册。長山樗園（ながやま ちょえん NAGAYAMA–CYOEN），生殁年不詳，江户時代末期。名貫，號樗園。生平不詳。其著作有：《西洋小史》（嘉永二年〈1849〉）、《南木誌》五卷（校，元治元年〈1864〉）、《詩格集成》《砲将須知》十册（安政三年〈1856〉，德弘家資料 B001–A49）。

五十六

先生[①]書《己巳歲初作》後云："夫詩言志。無志之可言，何必以詩爲？近世俗者，每歲旦必具篇什，甚者臘中腹稿以塞索，故大率剽竊駢儷，足嘔噦耳。若夫兒輩初讀《三體》《千家》，以學章句者，豈得有情思乎？若待其有情思，而後吟詠，則口中荊棘長已三尺矣。故姑攟摭韻府之活套，分裂風雲之陳言，以習章句之制度耳。苟舍之，則無有學詩法矣。予平生無憂患，故不能濺杜少陵無位而憂國之淚；又無歡樂，故不能餐李青蓮未仙而乘鸞之霞。茲養痾家居，大得睡鄉之趣，其樂不得不言，聊朗吟以遣興耳。若與鳳曆屠蘇之陳腐同唱，則何啻逕庭而已哉？"又戲録閻羅王《詩盜判》云："爲竊詩句事。盜之屬二，曰強，曰竊，而詩盜不與焉。大辟之刑二，曰絞，曰斬，而詩盜無條焉。何者？罪不容誅也。竊國者侯，竊鉤者誅。故事涉曖昧，法網之密時漏吞舟；怒交前，保赤之愛不能不劾。至神草一指，神羊一觸，則黑白不能掩目，邪正不能惑耳。設令金科玉條或有之宥，而冥府天宫豈有所赦？二百餘年《春秋》，是當三盜與詩盜並書；三千之屬呂刑，雖有千鍰，於詩盜何贖？或闌入古人集中，或捲擄師友卷上。全章負去，夜半有力；斷句剽竊，月攘一雞。潛踰曹劉之垣，擅鑿李杜之壘。爭剝島郊，寒更寒；蠹食顏謝，富何富。驢上吟客，即是梁上君子；社中騷人，不異月中仙娥。緑楊遂成緑林，紅桃變作紅巾。字金玉，篇錦繡，誰知皆是真賊；句瓊瑤，材襪線，可恨併入賊窩。虛而爲盈，欺人誑世，自衒自浼，靦不知恥。風俗之頽莫甚焉。可言而不言，孔子猶以爲甚於穿窬；不能言而盜能言者，無物堪比倫。此輩鷹鸇不能逐，狴犴不能攫，笞杖不能懲，金木不能錮。然而今乃不懲之於蛙鳴蟬噪之時，其奈瓦釜雷鳴之後何哉。其宜與韓擒虎、寇王準②等，重廷議以決罰，姑且送斷阿鼻枷號。"當是之時，蘐苑③之徒太盛，剽竊摸擬之習風靡一時。南海④欲務矯其弊，乃别豎一幟與之抗衡。其言痛快，實中時病。後來葛蠡庵⑤、菅茶山⑥諸子起，而天下之詩始真矣，蓋聞先生之風而後興者。嗚呼！先生真豪傑之士哉。《梅村詩話》卷六

① 先生：此指祇園南海。

② 韓擒虎、寇王準：韓擒虎，隋代武將。寇準，宋代文臣。故後皆爲民間奉作"閻羅王"。

③ 蘐苑：荻生徂徠之蘐園學派。參見"吟誦"第十三條。

④ 南海：祇園南海。

⑤ 葛蠡庵：葛子琴。參見"吟詠"第十九條。

⑥ 菅茶山：參見"吟誦"第十八條。

五十七

蛎洲翁①社中爲長崎浩齋②、清水蕗園③、桑山石蘭④稱梅染屋專助、妙國寺櫟堂⑤、澤田等岳⑥稱澤田屋，後冒扇子屋、石川雪峽⑦名憲，稱新保屋周平、上原龍圃⑧名師古，初稱貞順，後稱迂齋，及桃里鳥郊⑨，而等岳結廬於社前，曰松映房，社中之人以吟詠會於此，是鳳鳴社之所濫觴也。《高岡詩話》卷二⑩

① 蛎洲翁：（てらさき れいしゅう TERASAKI-REISHU）（1761—1822），江户後期高岡漢學者。别名一貫，世稱"三木屋""半左衛門"。

② 長崎浩齋：（ながさき こうさい NAGASAKI-KOUSAI）（1799—1864），江户時代後期蘭方醫。高岡人。幼名哲次郎，名（剛）健，字中正，醫號愿禎。本姓橘氏，累代任越中國高岡町醫（長崎家第五代）。於高岡學於高峰幸庵，於江户學於大槻玄澤等，歸鄉後行醫業。寬政十一年

九月七日生，元治元年九月十四日歿，享年六十六歲。

③ 清水蕗園：不詳。

④ 桑山石蘭：不詳。

⑤ 妙國寺櫟堂：不詳。

⑥ 澤田等岳：不詳。

⑦ 石川雪崍：不詳。

⑧ 上原龍圃：不詳。

⑨ 桃里烏郊：不詳。

⑩ 津島北溪《高岡詩話》五卷，竹田市立圖書館（日本大分縣）藏本。津島北溪（つしま ほっけい TSUSHIMA-HOKKEI）（1813—1862），江户時代末期漢文詩人、醫師。高岡（今屬富山縣高岡市）人，出生於高岡著名町醫世家之一津島家，津島玄逸之子，名佶字叔閑，號北溪，世稱“彦逸”。自幼諸方才能優秀，天保二年（1831）十九歲遊學江户，入昌平黌增島蘭園門下，修研學業三年間交往諸多名流，並隨幕府醫官小島寶素習醫學。且天保四年（1833）赴京都數月，聆聽諸家學説。自天保五年（1834）至天保十年（1839）復折返江户學習。天保十年（1839）因其兄病而返高岡，繼承醫業。且詩文優秀，乃漢詩吟社“娱分吟社”之一員。其所著《高岡詩話》應完成於安政五年（1858）至萬延元年，詳細記述海保青陵、大窪詩佛等漢詩人、文人墨客於高岡之詩作與逸話。文化十年生，文久二年歿，享年五十歲。其著作有：《高岡詩話》等。

五十八

松軒[①]弟秋香[②]名儉，稱儉次能書能畫，皆出天然，非別有師受，又能吟詠，先松軒而歿，所謂苗而不秀者也。《壬子元旦》云：“東窗漸微白，今日是雞晨。松竹千門雨，江山萬里春。滿斟椒柏酒，酬醉太平民。得句時成字，淋漓墨色新。”《高岡詩話》卷二

① 松軒：土肥敏，字遜志，號松軒，稱俊造。知言男。

② 秋香：土肥儉，號秋香，稱儉次。知言男，松軒弟。

五十九

富田南山[①]名思孝，字維則，又號奈園，稱平田屋土左衛門，能畫，又好吟詠，少於余七歲，嘉永元年病歿。今得遺稿於其男秋芳稱五左衛門，採録二三，以存懷舊之意。《秋夕閒居》云："一壺村酒夜孤斟，滿苑蟲聲和醉吟。皎皎簾前山月白，飽收風露入胸襟。"《緑陰垂釣》云："岸樹森森柳作行，蘆葭深處釣滄浪。晚來江上涼如洗，好坐苔磯對夕陽。"《雨後坐月》云："雨晴前苑晚涼佳，竹榻移來騁雅懷。日落方知幽事足，一輪明月照苔階。"《高岡詩話》卷二

① 富田南山：名思孝，字維則，又號奈園，稱平田屋土左衛門，能畫，好吟詠。

六十

閑雲禪師[①]之師爲活湛禪師[②]，頗能吟詠。《題萱草》云："緑葉黄花抽百草，幾回雨露借恩光。長年特愛忘憂色，能使惠風向北堂。"《高岡詩話》卷二

① 閑雲（かんうん　KANUN）（1778—1859），江户時代後期僧侶，瑞龍寺第十八世住持。出生於能登國（今屬石川縣北部）鳳至郡山是清村。字真巖，號雲莊、碧蓮道人、瑞現蒙軒。幼入總持寺。於江户京都修行佛法，從龜田鵬齋等習漢籍、詩文、書法。歸鄉途中於射水郡下村海翁寺講授《碧巖録》及儒學時，受感於瑞龍寺第十六世活湛禪師而定爲法嗣。於京都修行之時，與"尊王"志士多有往來。文政五年（1822）歸鄉接任瑞龍寺第十八世住持。安永七年生，安政六年寂，享年八十二歲。

② 活湛禪師：瑞龍寺第十六世住持靈源活湛（れいげんかったん　REIGENKATTAN）。其餘不詳。

六十一

佐渡葆齋[①]名邦，字達夫，一號山梁詩癡，稱養順，爲人温厚，博學吟

詠，其詩平淡有味。《信玄公分享得陀》[2]云："四海洶湧揚白波，群雄振劍斫蛟鼉。大並小兮強制弱，虎吞狼噬竟如何。武田起此紛亂際，膽略超衆勇番番。精熟弓馬探厥賾，孫吳兵法蔑以加。出軍信野破諸城，勢若輕車下陂陀。後越殊有一敵手，屢角技倆交干戈。鼓螺震地河中島，左右急擊奇功多。十有二年兵未解，麾下輻湊幾爪牙。欲向中原伸威力，引兵西征入三河。此時信長[3]頗握權，猶且禮聘乞親和。惜哉一夜大星隕，陣營從是政令差。孺子不肯守遺誡，漫寵二嬖窮矜誇。天日寥寥冤鬼哭，血淚化露滴草花。唯有軍法傳不朽，士民尚懼武田家。"《高岡詩話》卷四

① 佐渡葆齋：佐渡三良（さど さんりょう　SADO-SANRYO）(1820—1868)，長崎浩齋之甥。著有《和蘭藥性歌》等。其餘不詳。

② 信玄：武田信玄。参見"吟誦"第十八條。

③ 信長：織田信長（おだ のぶなが　ODA-NOBUNAGA），戰國時代至安土桃山時代武將，戰國大名。"三英傑"之一。

六十二

逸見方舟[1]性慎密而善書，最嗜吟詠。道齋[2]曾云："我輩作詩以爲酒資，方舟嗜詩以代酒。"《柳灣歸舟圖》云："千株又萬株，楊柳水西東。蔭密礙暮月，沙灣泠濛濛。欸乃一聲夕，舟移別浦風。依稀篝火影，影落水煙中。"廣瀨旭莊[3]評云："風神肖漁洋。"《秋館雨夜》云："香銷茶冷悄無人，一穗寒燈自可親。梧葉蕉心秋已老，從教夜雨滴叢筠。"《冬夜》云："酒醒寒月落，四境夜沈沈。忽有山陰想，開窗雪滿林。"旭莊評云："高古，邦人所無佳句。"《詠煙草》云："將他湘竹一枝細，吹出巫雲幾朵多。"又云："鑽燧野邊春試屐，吹煙郭外曉憑鞍。"《贈坪井柊里》云："二越往還三日路，兩回歸省十年心。"《題畫》云："楓葉繽紛撲篷背，有人枯坐補漁罾。"《高岡詩話》卷四

① 逸見方舟：逸見又一（へんみ またいち　HEMMI-MATAICHI）

（1825—1875），幕末“尊攘”運動家。越中（今屬富山縣）高岡之町役人。名在綱，字有秋。號舫齋、方舟。世稱“文九郎”。與賴三樹三郎等從交。因於京都與加賀金澤藩之小川幸三來往，元治元年（1864）“禁門之變”時遭連座投獄。明治維新後七尾縣（今屬石川縣能登半島、富山縣西部）史生（下級公文書記官）。文政八年八月一日生，明治八年八月三十一日歿，享年五十一歲。

② 道齋：山本道齋（やまもと どうさい YAMAMOTO-DOSAI）（1814—1856），江户時代後期醫師。名奎，字仲章。於金澤藩藩校“明倫堂”及江户昌平黌習儒學，且向小石元瑞、希博爾特（シーボルト SHIBORUTO，德文 Siebold, Alexander Georg Gustav von）習醫學，於賴山陽之學塾習詩文。返鄉越中（今屬富山縣）高岡，執醫業並以“尊攘”家從事活動。逸見又一之内兄。文化十一年五月生，安政二年十二月二十日歿，享年四十二歲。

③ 廣瀨旭莊（ひろせ きょくそう HIROSE-KYOKUSO）（1807—1863），江户時代後期儒學者、漢詩人。豐後（今屬大分縣）日田人。名謙，字吉甫，初號秋村，後改號旭莊、梅墩。世稱“謙吉”。廣瀨淡窗之弟。師從龜井昭陽（龜井南冥之子）、菅茶山等。監管其兄所創私塾咸宜園，後遊歷各地。記憶力拔群，師龜井昭陽稱其爲“活字典”。好交遊，遊歷各地時，與勤王志士多交往，蘭學者亦多訪其門。文久元年（1861）歸鄉後創立“雪來館”，翌年移居攝津池田（今屬大阪府）。以漢詩人著名。文化四年五月十七日生，文久三年八月十七日歿，享年五十七歲。其著作有《梅墩詩鈔》《追思録》《日間瑣事備忘》（日記）、《九桂草堂隨筆》《明史小批》《塗説》等。

六十三

叔父栗齋[①]君名玄勇，又作玄又，字子仁，又字子禮，稱玄勇《文政紀元歲晚》云：“冰雪不看寒力微，荒園手種緑葱肥。近來風氣如斯少，牆角梅香撲鼻飛。”栗齋君，先君弟，最長本草學，吟詠非所好，是以其詩甚少。文政四年病疫而歿，時年二十九。友人挽詩集爲一卷，浩齋[②]老人爲之序，稱與蛤洲翁[③]、東林[④]、玄妙[⑤]、寶樹[⑥]、懶外四師[⑦]、誠所[⑧]、容齋[⑨]、龍齋[⑩]、元良[⑪]、敬周[⑫]諸子交，優遊唱和云云。蛤洲哭云："難將鴻牘寄幽冥，唯見孤墳秋草青。君是奇才誰不惜，葩經最恨十年螢。"最光寺東林名雪象，字公鮮哭云："年來吟社最相知，内外操心更不移。清夜逢君常戒酒，淨窗迎我共論詩。看書敏捷成功速，臨事殷勤然諾遲。永訣誠如失一臂，從今風月又尋誰。"予幼稚受句讀於君，因想此詩後聯，盡其爲人矣。君最好酒，東林不愛飲，第三句得實。國分癡王名玄妙，字太玄哭云："不向冥冥泣哭來，靈牀今日供樽罍。西方縱有無量樂，卻欠人間般若杯。"稱念寺懶外哭云："君去墓前春草新，同盟今日薦蘩蘋。悲愁豈啻惜吟手，奈爲醫家欠此人。"南當時未贅津田田氏，故稱南氏半村[⑬]哭云："結交風月好因緣，逝水之傷乍一年。今話舊遊真似夢，不知何處接神仙。"長崎浩齋哭云："研精多識笑時珍，一病遂爲泉下身。噫是從今涉山水，草名華號問何人。"東林《看花憶亡友子仁》云："可歎時光似急流，春風復作去年遊。嬌桃依舊呈妍笑，吟友新亡欠唱酬。夢暗江村楊柳路，望迷山寺白雲頭。斜陽影裏蕭蕭雨，不止花愁我亦愁。"《高岡詩話》卷五

① 栗齋：津島栗齋（つしま りっさい　TSUSHIMA-RISSAI）（1791〈1792〉—1821），名玄勇，號栗齋。善本草學及詩。文政四年歿，享年二十九歲。其餘不詳。

② 浩齋：長崎浩齋，參見"吟詠"第五十七條。

③ 蛤洲翁：寺崎蛤洲，參見"吟詠"第五十七條。

④ 東林：東林雪象（1786—1841），長光寺十七世住持。字公鮮、善調伏，號東林、雲松、公谷。堪能漢詩。天明六年生，天保十二年寂，享年五十六歲。

⑤ 玄妙：生平不詳。

⑥ 寶樹：生平不詳。

⑦ 懶外：生平不詳。

⑧ 誠所：生平不詳。

⑨ 容齋：粟田容齋（あわた ようさい AWATA-YOSAI）。生平不詳。

⑩ 龍齋：第八代千代九郎養順（1795—1856），高岡著名産科醫。號龍齋。亦以“文化人”著名。寛政七年十一月二十三日生，安政三年八月十三日歿，享年六十二歲。其餘不詳。

⑪ 元良：生平不詳。

⑫ 敬周：堀川敬周（ほりかわ けいしゅう HORIKAWA-KEISHU）（1789—1858），江户時代末期高岡畫師。赴京都學習後返回高岡，弟子衆多。其餘不詳。

六十四

須是現將那詩來，吟味四五十遍了，方可看註。看了又吟詠三四十遍，使意思自然融液浹洽，方有見處。詩全在諷誦之功。《詩法詳論》卷上[①]

① 石川鴻齋《詩法詳論》二卷，竹田市立圖書館（日本大分縣）藏本。石川鴻齋（いしかわ こうさい ISHIKAWA-KOSAI）（1833—1918），日本詩文家、漢學者、畫家。名英，字君華，世稱“英助”，號鴻齋、芝山外史、雲泥居士、芝山逋客等。生於三河國豐橋（今屬愛知縣）商家。師事西岡翠園、大田晴軒、曾我耐軒等習漢學。明治十年（1877）轉居東京。供職於同爲三河出身之和泉屋市兵衛所經營書店任編集。亦於芝增上寺浄土宗學校開校之際就任漢學教師。同年，清國之全權公使、副使、随員等宿於增上寺，其曾以筆談参加會談，是以作爲漢學者而聞名，於此時期著作及注釋本衆多，並與小野湖山、前田默鳳、依田學海、富岡鐵齋從交。天保四年生，大正九年九月十三日歿，享年八十五歲。

六十五

詩國詩帝詩敵詩戰：江吏部集[①]《九月盡日同賦送秋筆硯中應製

詩序》起手曰“夫本朝者，詩國也。文章昌則主壽，禮樂興則世治”云云，又其《餞越州刺史赴任》詩有“越州便是本詩國”之句。按“詩國”語見白樂天詩曰“境牽吟詠真詩國，興入笙歌好醉鄉”，吏部或本之。田氏家集[②]有“曾在昌齡成帝號”之句，自注曰：“玄宗立王昌齡爲詩帝。”按此事不詳出於何書，然《唐才子傳》昌齡稱“詩家天子”，豈謂此事耶？《江談抄》曰：“公任、齊信，可謂詩敵。”按杜甫詩曰“白也詩無敵”，“詩敵”語或本之。《空華日工集》曰：“貞治元年三月大喜，寄賀書記以八句偈，建長、圓覺寺諸公皆和，余獨和建長諸友偈二十七首而答之。蓋向之所謂詩戰也。”“詩戰”語蓋亦有所本。《梧園詩話》卷上

① 江吏部集：平安時代文人大江匡衡之詩文集。大江匡衡，參見“吟誦”第十八條。

② 田氏家集：平安前期漢詩集。全三卷（上卷69首，中卷60首，下卷86首），完成於891年左右。作者島田忠臣（しまだの ただおみ SHIMADANO-TADAOMI）（828—892〈一説891〉），平安前期學者，號田達音。島田清田之孫，父母不詳。其歷任少外記、大宰少弍、典藥頭。通醫藥，精文才。其女宣來子嫁與菅原道真（參見“吟誦”一③）爲妻。天長五年生，寬平四年歿，享年六十五歲。

六十六

岡本黄石[①]：黄石翁以彥藩元老，當國家多事之日，拮据經營，未嘗少寧處。明治中興，退隱芹川莊。莊在彥根城之西，花木扶疏，亭榭雅潔，殆疑非塵境。翁日會詩徒，嘯傲風月，放浪山水，不復説世事。癸未挈家入都，縉紳貴顯爭先廷接。後賣宅於麴坊貝阪之上，名曰麴坊吟社。海内詩人多執贄，推爲詞壇泰斗。壬辰七月十五日暴雨驟至，雷震其廚房，翁倚柱吟詠自若，幾有夏侯元[②]、諸葛誕[③]之概。知人門生贈詩者數百人，裒然作冊，亦文壇一佳話也。明治甲午三月大婚二十五年慶典，翁恭賦五言排律一章，夫人

三千子畫梅花，裝潢雙幅，以獻闕下，天皇嘉賞焉。蓋翁齡八十有四，夫人七十有九，伉儷方六十年，世幾無其匹云。著有《黄石齋集》十數卷風行海内，今録其未入集者數首。《慶應乙丑十一月赴藝州途中》云："奔走年年不可寬，半生真作磨牛看。一朝跨馬又西下，慘澹海風吹面寒。""自歎老來未能休，兩鬢蕭蕭歲景流。落日海天風雪路，征驂嘶斷暮潮愁。"《慶應丁卯十二月二十八夜下澱江》云："寒雨連江夕未晴，孤舟有底又宵征。六年作客經多難，雙鬢如絲剩一生。群鶩排空風勢急，暗潮拍岸旅魂驚。歲云暮矣仍奔走，老大徒悲負素情。"《明治戊辰四月芹水莊》云："芹水之南湖水東，野莊元占地十弓。一簪白髪歸來了，萬疊青山氣色同。煙弟霞兄如舊約，禽聲鳥語互相通。光陰自是爲吾有，前路何須問碧翁。"《偶感》云："龍蛇深入窟，歲路又崢嶸。欲雪遙山暮，其風遠浪鳴。未知天意定，奚得物情平。只待變寒律，江湖春色生。"《書懷》云："頻年凋落舊新知，鬼伯於我偶脱遺。無事每朝唯自喜，彼天常數復奚疑。梅癯鐵骨神仍健，鶴老仙容相亦奇。歲歲春風可人意，朱門白屋一般吹。"翁之嗣子宣猷[④]，字公熙，號黄竹，又善於詩。明治丙戌以病終東京，詩自有家法。《嘉永六癸丑八月廿日大風雨》云："黑雲捲雨四山濛，天外陰陰起怒風。石走沙飛翻大地，蛇騰龍躍現遙空。聲如萬馬赴軍壘，勢似波濤湧海中。夜半北窗旋寂寞，草間啾唧咽寒蟲。"《與北川賴古游芹水莊》云："暮色生墟落，浮煙抹遠峰。耕人已歸盡，野寺一聲鐘。"《明治己巳三月初七聖上再幸東京，藩侯率兵前驅，恭記盛事》云："天門曉闢旭光明，駘蕩春風閃錦旌。仰見山川多瑞氣，鳳凰輦發落陽城。"《黄石齋雅集》云："百般人事一宵抛，閑酌清吟心拔茅。滿坐群英皆鸑鷟，持家不肖類螭蚴。落花如夢鵑聲度，新樹成陰月影交。莫道寒廚乏供給，高談便當大官肴。"宛然小黄石也。使之長年，其所到不可測也。惜夫！《明治詩話》卷一[⑤]

① 岡本黄石（おかもと こうせき　OKAMOTO-KOSEKI）（1812—

1898)，幕末至明治時代武士、漢詩人。近江（今屬滋賀縣）彦根藩家老。本姓宇津木，名迪、宣迪，字吉甫，號黄石，世稱“半助”（一作“半介”）。師事梁川星巖。因與“尊攘派”大橋訥庵等從交，被藩主井伊直弼疏遠。又因“櫻田門外之變”時有功，而主導藩政。戊辰戰争時率兵支持新政府。明治維新後，於東京創立“麹坊吟社”。文化八年十一月二十一日生，明治三十一年四月十二日歿，享年八十八歲。其著作有《黄石齋詩集》。

② 夏侯元：即夏侯玄（209—254），曹魏時期文學家。

③ 諸葛誕：中國三國時代魏國政治家、武将。字公休。徐州琅邪郡陽都縣人。諸葛亮之族弟。

④ 宣猷：岡本黄石之壻。

⑤ 籾山衣洲《明治詩話》二卷，明治二十八年（1895）青木嵩山堂刊單行本。籾山衣洲：籾山逸也（もみやま いつや　MOMIYAMA-ITSUYA）（1858—1919），三河（今屬愛知縣東部）人，名逸也，字秀才，號衣洲、衣浦漁叟、櫻雨草堂主人等。先後任《國會》《東京朝日新聞》《花香月影》之編輯。於明治三十一年（1898）應聘赴臺灣任《臺灣日日新報》漢文主任。明治三十七年（1904）離臺。翌年（1905）赴天津任《北洋日報》主筆，1906年清國招其譯學之任，擔任保定“陸軍學堂”教習。明治四十二年（1909）返日本，退居大阪專事著述。同年八月出版詩集《燕雲集》（收集四年間所作古今體詩七十餘首，二卷一冊），另著有《明治詩話》《日本國勢一斑》等。大正三年（1914）三月十七日再度赴臺，寓於北投松濤園，同年五月二十八日歸國。其著作有：《明治詩話》一卷（明治二十八年十月）、《桂社詩冬字集》（共著，大正六年）、《支那骨董叢説》（著述，1917年1月）、《桂社詩》（共著，大正五年）、《書畫落款式》（1914年10月）、《支那商業尺牘講習録》（籾山逸也口授，近藤吉太郎筆記，1911年）《穆如吟社集》（編輯，1900年2月）等。

六十七

吉田靜海[1]：甲午夏，久旱無雨，炎熱困人，靜海主人要余泛舟墨水，時方陰曆六月十五夜也。涼月當天，金波滉漾，繫纜於白鬚祠下，風露離離，衣衫爲濕。時菰蒲中微聞蟲聲，盛夏風氣如八九月時。主人有詩云："金龍影落水中央，鼓棹娟娟亂月光。何處參差船笛起，白蘋花發不勝涼。"妍妙可愛。主人名正春，字和成，一字俶載，高知人，幼以神童稱。藩主容堂[2]頗嗜詩文，嘗召少年才子設題賦詩。主人年甫十二，從容口吟曰："春寒恰似昨年寒，黃鳥不啼詩思寬。只怕梅花容易老，一枝仔細插瓶看。"公驚歎曰："是奇才也。只'昨'字未妥，宜改'客'字。"從此其名頓噪。徃年游波斯國，州督哈瑪督侯特延之官舍，貺以廐馬，主人即作《胡馬引》謝之。詩云："君不見，漢武自通西域使，説將駿馬開互市。黷武窮兵由來非，豈獨星槎探源水。茫茫大漠海又海，孰識行程幾萬里。世間空傳衛鶴勳，地志不補龍門史。大漠南距古大宛，駿馬多出苜蓿裏。拆海阻山波斯州，移殖繁鬣與黃耳。胡人慣騎如在座，左右馳射多絶技。方貢不傳東西途，漢武以來自我始。""建鉞南都王之伯，憐我跋涉入窮僻。邈若墜雨説前期，鳴絃照燭永今夕。仳別慅慅表交誼，傳令殿吏餞遠客。牽來後廐卷毛驄，騎之能可度荒磧。八尺龍脊貼連錢，三尋銀蹄白生煙。霜戾秋登眼如電，紅暈衝口欲躍天。遙想奉世在當時，裝得金韁豹皮韉。唯完使事賴此物，上鞍顧盼氣昂然。""卻撫膺門試寄語，至竟榮辱奈何汝。王廩常貯生民膏，燃燒繼晷換寶炬。王廐金粟積如山，飽汝多事因牧圉。一朝誤倣昭君嫁，枯蒭殘荳伴羈旅。炎風熱沙汗血乾，羸瘦他日看似鼠。馬兮長嘶如解心，生遇知己彼何阻。王廐雖好倦思眠，叱鞭時同駑駘侶。出廐舉頭乾坤闊，上霄下壤擅超距。噫嗟人生適意有幾許，孅離徒被羈靮累。雲螭月駟久無聞，英雄濺盡櫪下淚。一杯甘露不增壽，神僊秘訣唯須醉。跨汝直上昆侖巔，俯觀人世小兒戲。"長袖善舞，多錢善賈。使人擲筆而歎不及也。而如近體，《秋燕》云："棲托雕梁近繡幃，無情北雁勸南歸。明年王謝知無恙，相顧遲遲出屋飛。”《秋扇》云：“撲螢輕步玉階叢，掩月嬌羞水殿風。婕妤何憂恩愛絶，將忘猶在未忘中。”辭情並美。主人博覽強記，尤邃經史，於詩不多費力，每謂余曰：“詩，吟詠性情也。情動乎中，不容已於言而後作。故千載之下，誦之猶接鬚眉。若今之詩家，刻苦彫繪，不復問性情爲何物，蓋不讀書之罪也已。”其《贈川北梅山翁論詩》一首，足窺平生持論云：“天地有經緯，森然盡是文。吾人生斯裏，性情成繪紋。有形物既晰，無形聲輒聞。發真以托假，猶花吐奇芬。時流漫擬古，好尚各雖分。綺靡無辭理，測力負山蚊。腐木巧彫鏤，沾沾互自欣。心腸何所適，虛構率爾云。乖情又反性，傀儡著舞裙。畫餅難充食，剪綵豔不薰。文運關世運，昭代筆奏勳。誰能警輕佻，超然獨排群。理應則天地，辭應象風雲。大雅始嗣響，漢魏徒紛紛。捧杯跪而進，世上唯問君。”《明治詩話》卷二

① 吉田静海（よしだ せいかい　YOSHIDA-SEIKAI）：其餘不詳。著有《曆園詩存》（1879年8月出版）。

② 容堂：山内容堂（やまうち ようどう　YAMAUCHI-YODO）幕末土佐藩第十五代藩主，在任期間嘉永元年十二月二十七日（1827年1月21日）至明治五年（1872年）二月。諱豐信，隱居後號容堂。幕末“四賢侯”之一。

六十八

我在北總，得二人詩。一爲秋場桂園[①]，一爲間中雲颿[②]。桂園，名祐，字元吉。家於水海道，以素封稱。余之訪也，適歸自鹽原。刊刻其所得詩，命曰《鹽原雜詩》。今略載之：“來游先聽里人談，春首暴風非所堪。宜矣屋頭皆載石，不看瓦屋與茅庵。”“豪商貴客愛幽深，競筑凉亭占澗潯。何料温泉銷夏地，數弓間土價千金。”“避炎養病客登攀，霜落風寒絶往還。湯户知他生計簡，終年利在夏秋間。”“久滯山樓事舉杯，煙霞況復作詩媒。誰言僻地無鮮

食，日日香魚叫賣來。”“奧區隨處刈蓬蒿，多少凉臺屬富豪。連筧平分溪澗水，家家不費桔槔勞。”鹽溪之風土可以見矣。雲颿，名宜之，字禎卿，巖井人，亦以富豪聞。晚讓家於其子，專以吟詠爲樂。雲颿歿後，子弟相謀，刻其詩集數十卷，命曰《雲颿詩集》。世已傳之，是以不載。《淳軒詩話》

① 秋場桂園：（あきば－けいえん　AKIBA–KEIEN）（1813—1895），江户後期至明治時代儒者。下總結城郡（今屬茨城縣）人。名祐，字元吉，號桂園、天香，世稱“謙吉”。先後師事大野竹軒、佐藤一齋、大窪詩佛。文久三年於京都參與“尊王”派。明治維新後，任鄉里大區長。文化十年一月二十八日生，明治二十八年五月十四日歿，享年八十三歲。

② 間中雲颿：（まなか うんはん　MANAKA–UNHAN）（1818—1893），幕末至明治時代漢詩人。下總猿島郡（今屬茨城縣）人。名宜之，字禎卿，號雲颿。師事朝川善庵、大沼枕山。明治維新後，入職於東京府、長野縣。文政元年生，明治二十六年一月十二日歿，享年七十六歲。

六十九

丙戌歲，余在鄉。一日有不速之客來，未及敘寒暄，開口談《易》，舌鋒精鋭不可當。此爲稻桓衣白①。衣白，名真，西參大濱人，家世以素封聞。初至横濱，學蟹行書。已而廢之，專講《易》理，又以吟詠爲樂。及余來東京，與衣白邂逅。復尋舊交。衣白時破產，一貧如洗，而笑曰：“命焉耳。”不以爲意，亦修《易》之效也。經十餘歲，衣白獲病而歿。聞之，其友籾山衣洲，輯衣白詩，自序而刻之，頒之其所知。余深嘉其厚於故舊，而衣白之名不朽也。噫！衣白歿，墓木已拱，落月屋梁，髣髴若見之也。後又聞之，衣洲序既成，而詩集未刻也。《淳軒詩話》

① 稻桓衣白：生平不詳。

七十

高祖父東巖先生[①]以醫爲業，有暇唯吟詠之耽，所賦積成冊。先生歿後，家數遭舞馬之災，其稿一空無遺。余纔記詠義經首途松詩一首云："飛將栽松松似龍，潛龍倏忽變飛龍。知謀變化龍蛇勢，千歲猶餘一樹龍。"《淳軒詩話》

① 東巖先生：大田玄覺（1715—1778），大田錦城之父，加賀大聖寺藩醫，"本草"學者。生平不詳。妻樫田氏。

七十一

我家高祖父極嗜詩與俳諧，而高祖母善和歌，俱有集數卷。北岸先生[①]亦工和歌，時諷誦吟詠以爲樂云。余往年游加賀，得先生所賦百餘篇而歸。與遺文遺詩，并藏而寶之。唯高祖父母詩歌，終不能得之，深以爲憾。《淳軒詩話》

① 北岸先生：樫田北岸（かしだ ほくがん KASHIDA-HOKUGAN）（1757—1794），江户時代中期至後期醫師、儒者。大田錦城之兄。加賀人。名命真，字伯恒、君岷，號北岸、竹隱，世稱"順格"。安永七年（1778）繼承其父，任加賀（今屬石川縣）大聖寺藩醫。善花道，最擅瓶花。寶曆七年一月二十五日生，寛政六年八月二十一日歿，享年三十八歲。其著作有《旗山集》《瓶花庵集》等。

七十二

或又問女子之詩，余應之曰："女子之詩，蓋昉於有智子内親王[①]，而親王詩多不傳，然如其《奉和巫山高》《奉和關山月》等諸篇，其辭高尚幽麗，可與唐詩崢嶸也。其後數百年，女子而作詩者絶無之。寛文中，豐後有綾部七[②]；元禄中，土佐有野中婉[③]；寶曆中，筑後有立花玉蘭[④]；寶永、正德中，京師有大休了然尼[⑤]：皆有能詩之譽。然女子之詩，猶不甚盛矣。至文化、文政以後，學問極盛，女子作詩者俄然群起。江户有篠田雲鳳[⑥]、關篠箊[⑦]、河秋香[⑧]、海老原南豐⑨、林柳川⑩、土井松濤⑪、多田季婉⑫、大崎小窗⑬、錦岫女史失姓⑭等，京師有張紅蘭⑮、吉田袖蘭⑯、皆川練卿⑰、佐野若鸞⑱、馬杉玉英⑲、馬玉僊⑳、小幡瑶華㉑等，浪華有島文琴㉒，大和有森田無該節齋妻㉓，美濃有江馬細香㉔、村賴雪峽㉕，近江有藤小燕㉖、澀谷松琴㉗，飛驒有白川琴水㉘，丹波有吉見梅農㉙，九江有原采蘋㉚、龜井少琴㉛、伴薰叢㉜，仙臺有高橋玉蕉㉝，安房有平井幽蘭㉞，佐渡有長島青雀㉟，加賀有津田蘭蝶㊱，是皆閨秀之出類拔群者，猶衆音之奏各所也。及至明治初，女子修學者往往課以詩，而無復有足大爲名者，如跡見花蹊㊲、野口小蘋㊳等，亦好吟詠，而二人後皆被畫名掩，亦不以詩人稱也。其後，女子之詩漸衰，今則寥寥絶響。《淳軒詩話》

① 有智子内親王：（うちこないしんのう UCHIKONAISHINNOU）（807—847），平安時代前期，嵯峨天皇之公主，其母乃交野女王。弘仁元年爲初代“賀茂齋院”。善漢詩，弘仁十四年於齋院之花宴作詩，獲父皇賞贊。大同二年生，承和十四年十月二十六日歿，享年四十一歲。

② 綾部七：生平不詳。

③ 野中婉：（のなか えん NONAKA-EN）（1660—1726），江戸時代中期醫師。野中兼山之四女。號安履亭、貢趾亭、柳陰。其父歿後，因追罰被幽禁於土佐（今屬高知縣）宿毛。元禄十六（1703）年返回鄉里土佐高知，開業。儒學師事谷秦山，善詩歌與書道。萬治三年生，享保十年十二月二十九日歿，享年六十六歲。

④ 立花玉蘭：（たちばな ぎょくらん TACHIBANA-GYOKURAN）（？—1794），江戸時代中期漢詩人。字蘊香。筑後（今屬福岡縣）柳河藩主立花貞俶之兄立花茂之女。其詩初學於武宫謙叔及僧大潮元皓。又蒙服部南郭指點作品，寶曆十四年（1764）刊行漢詩集《中山詩稿》。寬政六年三月十八日死去。其著作尚有《巖屋懷古詩集》。

⑤ 大休了然尼：了然元總尼（りょうねん げんそうに RYONEN-GENSONI）（1646—1711），江戸時代前期至中期僧尼（黄檗宗）。京都人。俗名總，號大休。與醫師松田晚翠離婚後，仕東福門院之孫。二十七歲隨

京都寶鏡寺之理忠女王出家。傳其後因江户白翁道泰以其美貌爲由而拒其入門，遂毁容方被應允。於武藏落合（今屬東京都）開設泰雲寺。正保三年生，正德元年九月十八日寂，享年六十六歲。

⑥ 篠田雲鳳:（しのだ うんぽう SHINODA-UMPO）（1810—1883），江户後期至明治時代漢詩人。名儀。伊豆下田（今屬静岡縣）醫師之女。從朝川善庵及中井董齋習儒學。與大沼枕山、小野湖山等往來。明治維新後，開拓使女黌，又於東京芝愛宕山下設塾，專心女子教育。文化七年生，明治十六年五月二十日歿，享年七十四歲。

⑦ 關箖箊：不詳。

⑧ 河秋香：不詳。

⑨ 海老原南豐：不詳。

⑩ 林柳川：不詳。

⑪ 士井松濤：不詳。

⑫ 多田季婉（ただ きえん TADA-KIEN），江户時代中期至後期女性漢詩人。佐野源内之妻。生歿年不詳。名順，字季婉。善詩。

⑬ 大崎小窗：不詳。

⑭ 錦岫女史失姓：不詳。

⑮ 張紅蘭：梁川紅蘭（やながわ こうらん YANAGAWA-KORAN）（1804—1879），江户時代後期至明治時代初期女漢詩人、歌人。名景、景婉、芝香，字玉書、月華（一説道華）、紅鸞，號紅蘭，姓張、張氏，世稱“張 紅蘭”或“張氏紅蘭”。生於美濃國安八郡曾根村（今屬岐阜縣大垣市曾根町）。梁川星巖之妻。十四歲入門梁川星巖之“梨花村草舍”。十七歲與梁川星巖結婚。文政五年，與其夫西遊歷五年。“安政大獄”時被投獄。其夫歿後，晚年開設私塾度過餘生。詩學於其夫，畫學於中林竹洞，善山水花卉。文化元年三月十五日生，明治十二年三月二十九日歿，享年七十六歲。

⑯ 吉田袖蘭:（よしだ しゅうらん YOSHIDA-SHURAN）（1797—1866），江户時代後期畫家。京都人。名佐登（一説佐登子）。吉田南涯之

女。從頼山陽習詩書，從中林竹洞習畫，善繪山水梅竹及蘭。嫁於其父之弟子大倉笠山。寛政九年生，慶應二年四月九日歿，享年七十歲。

⑰ 皆川練卿：不詳。

⑱ 佐野若鸞：不詳。

⑲ 馬杉玉英：不詳。

⑳ 馬玉僊：不詳。

㉑ 小幡瑤華：不詳。

㉒ 島文琴：不詳。

㉓ 森田無絃：（もりた むげん　MORITA-MUGEN）（1826—1896），江户時代末期至明治時代前期儒者。森田節齋之妻。其父乃攝津高槻藩（今屬大阪府）藩士。本姓小倉，名琴子。師從藤澤東畡，以博學聞名。其二十九歲時，森田節齋以漢詩求婚，其即以漢詩應允。與其夫同於備中倉敷（今屬岡山縣）等地教授詩文。文政九年生，明治二十九年二月二十八日歿，享年七十一歲。

㉔ 江馬細香：（えま さいこう　EMA-SAIKO）（1787—1861），江户時代後期畫家、詩人。江馬蘭齋之長女，美濃（今屬岐阜縣）人。名裊、多保。號湘夢、箕山。初從僧玉潾，後從浦上春琴習畫。詩師事頼山陽。傳因其父拒絶頼山陽求婚，故終生獨身。與梁川星巖及小原鐵心等交往，結詩社“白鷗社”。天明七年四月四日生，文久元年九月四日歿，享年七十五歲。其詩集有《湘夢遺稿》。

㉕ 村頼雪峽：村瀬雪峡（むらせせっこう　MURASE-SEKKO）（1830—1879），江户時代末期至明治時代初期南畫家。生於美濃上有知村（今屬岐阜縣美濃市）。名甒，字君尊，世稱“東作”。村瀬秋水之長男。畫學於其父，詩文習於伯父村瀬藤城、佐藤一齋。天保元年生，明治十二年歿，享年五十歲。（然此人並非“女詩人”）

㉖ 藤小燕：不詳。

㉗ 澀谷松琴：不詳。

㉘ 白川琴水：（しらかわ きんすい　SHIRAKAWA-KINSUI）（1856—

1890），明治時代初期女漢詩人、女子教育家。飛驒國大野郡大名田（今屬岐阜縣），白川慈攝之次女。名幸子（一説幸），字友之，號琴水。從菊地三溪習詩，從村田香谷習書。明治十年任京都府女學校助教授（副教授），明治十二年辭職，編纂《列女傳》。明治十三年嫁與青木與助（名古屋人）。明治十七年，其夫歿後與書畫爲友。安政三年八月十五日生，明治二十三年九月一日歿，享年三十五歲，謚號"釋尼慈惠"。其著作有《日本列女傳》《鴨西寓草》《琴水小稿》（詩集）等。

㉙ 吉見梅農：不詳。

㉚ 原采蘋：（はら さいひん　HARA–SAIHIN）（1798—1859），江戶時代後期漢詩人。筑前（今屬福岡縣）秋月藩儒原古處之長女。名猷，號采蘋、霞窗。學於其父。周遊各地，與菅茶山、賴山陽、梁川星巖等交遊，於江戶等地開設私塾。寬政十年四月生，安政六年十月一日於旅途中歿，享年六十二歲。其著作有《采蘋詩集》《東游日記》等。

㉛ 龜井少琴：（かめい しょうきん　KAMEI–SHOKIN）（1798—1857），江戶後期漢詩人、畫家。筑前（今屬福岡縣）人。龜井昭陽之長女，其祖父乃龜井南冥。名友，字小琴。自幼受其父及祖父之熏陶，善詩書畫。文化十三年（1816）與其父門人三苫源吾（號雷首）結婚。文政七年（1824）其夫改姓龜井並分家。其夫執醫業兼授弟子儒學，其輔佐之。寬政十年二月十九日生，安政四年七月六日歿，享年六十歲。

㉜ 伴薰叢：不詳。

㉝ 高橋玉蕉：（たかはし ぎょくしょう　TAKAHASHI–GYOKUSHO）（1802—1868），江戶時代後期詩人。陸奧仙臺（今屬宮城縣）商人之女。名瀧，字水龍、白華。自幼好學，亦善書道。後於江戶教授漢詩，亦爲仙臺藩主夫人講授儒學。享和二年生，慶應四年二月二十七日歿，享年六十七歲。其著作有《玉蕉百絶》等。

㉞ 平井幽蘭：不詳。

㉟ 長島青雀：（ながしま せいじゃく　NAGASHIMA–SEIJAKU）（1821—1847），江戶時代後期漢詩人。佐渡（今屬新潟縣）人。名環，字翠佩。

自幼以才女著稱，於江户從日尾荊山習漢學，從梁川星巖習詩。文政四年生，弘化四年四月二十一日歿，享年二十七歲。其詩見於《玉池吟社詩》、《星巖集》等。

㊱ 津田蘭蝶：横山蘭蝶（よこやま らんちょう YOKOYAMA-RAN CHO）（1795—1815），江户時代後期漢詩人。加賀（今屬石川縣）人。本姓津田，名桂。横山政孝之妻。與其夫一起寫作大量漢詩。其詩留於世間共計两百餘首，其中一百首與其夫所作之詩一百首合刊爲《海棠園合集》。寛政七年七月十四日生，文化十二年一月二十五日因難産而歿，享年二十一歲。此外尚有遺稿集《断香集》。

㊲ 跡見花蹊：（あとみ かけい ATOMI-KAKEI）（1840—1926），明治至大正時代教育家、畫家、書道家。攝津西成郡（今屬大阪府）人。歌人跡見重敬之次女。名瀧野，號花蹊、木花、西成。自幼於其父所營“寺子屋”習書畫。後從石垣東山、圓山應立習畫，從後藤松陰等習漢學。承其父於大坂營學塾“跡見塾”，後於京都開設私塾。明治八年於東京創設“跡見女學校”，進行傳統女子教育。天保十一年四月九日生，大正十五年一月十日歿，享年八十七歲。

㊳ 野口小蘋：（のぐち しょうひん NOGUCHI-SHOHIN）（1847—1917），明治至大正時代日本畫家。大坂（今屬大阪府）人。醫師松邨春岱之長女。名親子（一説親），字清婉。從日根對山習文人畫。明治十年（1877）與同門野口正章結婚，翌年誕女野口小蕙（日本南畫家）。明治三十四年（1901）其所繪《秋草圖》於“日本美術協會展”獲金牌。歷任華族女學校教授、帝室技藝員。弘化四年一月十一日生，大正六年二月十七日歿，享年七十一歲。

七十三

文章氣運隨時代，污隆盛衰幾顯晦。王朝文物粲可見，惜哉北粵猶草昧。世亂問學屬緇流[①]，文運與世互遷逮。五山[②]傳燈有雪村[③]，偉詞獨鑄七百載。霜臺吟詠横槊餘，風雲壯懷何慷慨。慶元韃橐儒學興，文物典章舉百廢。京洛闢左數大儒，威鳳摩空爛文績。或唱格調或性靈，三唐兩宋壘壁對。北粵又接上邦起，隱然拔戟成一隊。穀山香山松貞吉④，崛起草澤見風概。柳灣雲濤南城徒⑤，詞采煥發拔儕輩。即事畢竟無古今，敦厚之旨充銘佩。大雅扶輪定可誰，奮勵揮霍要支持。先生⑥晚出古舟江，五色生花筆一枝。七百年事藏胸臆，片言隻辭搜無遺。江湖臺閣與山林，儒緇閨閤及卜醫。風雲兒女關氣運，鯨魚翡翠兩録之。别裁僞體具精鑒，不遺吉光片羽微。其人八百幾十人，其文冊萬言有奇。渾灝河海掀怒濤，日月涵泳不見涯。忽然花笑百鳥啼，著手成春景離披。忽然白描神活現，龍眠畫法可庶幾。幽泣鬼神微貫蝨，休道説詩鼎解頤。刀尺自然合矩度，剪裁别疑有天機。微言欲絶猶能留，豈啻風流唾落璣。大參國史小家乘，輶軒采風非徒爲。君不見英雄一起驅區宇，風氣人心能鼓舞。即知詞壇亦如此，旗幟變彩萬目覩。先生崛起一號令，三越風靡屬部伍。拮据卅歲辛勤餘，咀嚼豈啻英華吐。披沙揀金談何易，狐裘不妨千腋聚。我知洛陽紙價高，嗟乎快事足千古。香草伊藤復拜稿。《北越詩話·題詞》⑦

① 緇流："緇"乃墨染之衣。"緇流"泛指僧侣。

② 五山：指佛門。受南宋影響，日本自鎌倉時代起亦爲佛寺（臨濟宗爲主）建立"五山制度"。

③ 雪村：參見"吟誦"第十八條。

④ 穀山香山松貞吉：不詳。

⑤ 柳灣雲濤南城徒：不詳。

⑥ 先生：指阪口五峰。

⑦ 阪口五峰《北越詩話》十卷，昭和四十九年（1974）歷史圖書社排印本。阪口五峰（さかぐち ごほう SAKAGUCHI-GOHO）（1859—1923），江户末期—明治—大正時代政治家、漢文詩人。新瀉縣中蒲原郡阿賀浦村人，名恭，字思道、温人，世稱"仁一郎"，號五峰、山樵、七松山人。從學大野恥堂，又從森春濤學詩。明治七年（1874）因其父投機生意

失敗，出走東京，走讀於中村敬宇所創私塾“同人社”學習西洋之學，二年後隨其父回新瀉。善詩，歷新瀉縣議員、議長，明治三十五年（1902）當選日本國會衆議院議員（當選八屆，屬“憲政會”），其間任《新瀉新聞》（報社）社長至終生。安政六年一月初三生，大正十二年十一月二日歿，享年六十五歲（一説“1857—1923，享年六十七歲”）。其著作有《北越詩話》二册、《七松居詩話 · 舟江雜誌 · 新瀉才人詩 · 五峰遺稿》三卷等。

· 吟 哦 ·

一

源爲憲[①]每有文會，携一囊以赴焉。偶有可喜之句，則入其頭於囊中，而吟哦良久。於他人之詩亦然。《史館茗話》

① 源爲憲：（みなもとの－ためのり MINAMOTONO-TAMENORI）（？—1011），平安時代中期官吏、漢詩人。光孝源氏。歷任遠江（今屬静岡縣西部地區）、伊賀（今屬三重縣伊賀市）等地國守。文章生出身，師事源順。其詩文見於《本朝麗藻》等。生年不詳，寬弘八年八月歿。

二

皇子諸王之詩，大友[①]、大津[②]、葛野[③]之外，大石王[④]、山前王[⑤]、仲雄王[⑥]、犬上王[⑦]、境部王[⑧]、大伴王[⑨]等令藻見古選者不過數首，獨長屋王[⑩]則有數十首。要之魯衛之政[⑪]。若論其才俊，無出兼明親王[⑫]。次則具平、輔仁耳。兼明，醍醐皇子，二品中務卿，世稱前中書王是也。自幼好學，才識絶倫。帝愛重之，欲立爲太子。而執政憚其賢明，帝不得已，以承平帝[⑬]爲東宫，兼明爲右大臣，賜姓源氏。復爲執政所忌，不能久居臺司，退隱嵯峨，作《菟裘賦》以見其志。賦中有曰："扶桑豈無影乎，浮雲掩而乍昏。叢蘭豈不芳乎，秋風吹而先敗。"抑欝之懷可想也。嘗詠禁中竹"迸筍纔抽鳴鳳管，蟠根猶點卧龍文"，稱爲警拔。又《詠養生方》三言，《憶龜山》雜言，真情暢達。其餘詩賦見古選者，往往可吟哦。《日本詩史》卷一

① 大友：大友皇子，參見"吟誦"第十八條。

② 大津：大津皇子，參見"吟誦"第十八條。

③ 葛野：葛野王，參見"吟誦"第十八條。

④ 大石王:（おおいしおう　OISHIO），生歿年不詳，飛鳥時代（592—710）至奈良時代（710—794）皇族。官位正四品下，攝津大夫。

⑤ 山前王:（やまくまおう / やまくまのおおきみ　YAMAKUMAO/YAMAKUMANOOKIMI），生年不詳，養老七年十二月二十日（723年1月20日）歿。飛鳥時代至奈良時代皇族，天武天皇之孫，知太政官事忍壁皇子之子。官位從四品下，刑部卿。

⑥ 仲雄王:（なかおおう　NAKAOU），生歿年不詳，平安時代前期官吏、漢詩人。弘仁九年（818）主撰《文華秀麗集》（勅撰漢詩集），書序文，且自選詩作十三首録入其中。是時官職“大舍人頭”兼信濃國（今屬長野縣）之信濃守。與藤原冬嗣、良岑安世、最澄、空海等親交。

⑦ 犬上王:（いぬかみおう　INUKAMIO）（？—709），飛鳥時代官吏。大寶二年（702）任持統上皇喪葬“作殯宮司”，慶雲四年（707）任文武天皇葬儀“御裝司”。和銅元年宮内卿。官至正四品下。和銅二年六月二十八日歿。《懷風藻》録其漢詩一首，以“治部卿”聞於世。

⑧ 境部王:（さかいべのおおきみ　SAKAIBENOOKIMI），生歿年不詳，奈良時代，穗積親王之王子。天武天皇之孫。亦稱“坂合部王”。養老五年（721）任治部卿。任中漢詩两首録於《懷風藻》，和歌一首録於《萬葉集》。享年二十五歲（據《懷風藻》）。

⑨ 大伴王:淳和天皇（參見17“吟誦”第十八條）。

⑩ 長屋王:（ながやおう　NAGAYAO）（684—729），飛鳥時代至奈良時代，高市皇子之王長子。天武天皇之孫。歷任宫内卿、式部卿、大納言、右大臣、左大臣等。神龜六年，被告密參與漆部君足等謀反，自害而亡。天武天皇十三年生，神龜六年二月十二日歿，享年四十六歲。《萬葉集》録其和歌五首，《懷風藻》録有其漢詩。

⑪ 魯衛之政:魯衛之政，兄弟也。（《論語・子路》）。

⑫ 兼明親王:兼明親王（中書王，參見21“吟詠”第四條）。

⑬ 承平帝:朱雀天皇（すざくてんのう　SUZAKUTENNO）（923—952），平安時代中期，第六十一代天皇（930—946在位）。

三

松岡玄達[1]，名成章，號恕庵，又稱怡顔齋，京師人。博學強記，無不該通，最研確《本草》家學。諸國生徒上其席者每以百數，少時頗事操觚，後以講學，遂廢吟哦，故所傳詩篇至罕。余家藏其少作數紙，亦自平實。《日本詩史》卷三

① 松岡玄達：松岡恕庵（まつおか じょあん　MATSUOKA-JOAN）（1668—1746），江户時代中期本草家。京都人。名成章，字玄達，號恕庵、怡顔齋、埴鈴。從山崎闇齋、伊藤仁齋習儒學，從稻生若水習本草。享保六年應幕府召從事藥物鑒定。門弟有小野蘭山、户田旭山。寬文八年生，延享三年七月十一日歿，享年七十九歲。其著作有《用藥須知》《怡顔齋櫻品》等。

四

堀南湖[1]，名正修，字身之，别號習齋。其學廣搜博採，強記絶人，最精《易》理，嘗演蘇氏《易》説，著書數萬言。與景山[2]同爲藝藩文學，而其在京師時，准三宫豫樂藤公[3]，數召對清問，禮遇甚優。其卒也，藤公賜親製碑銘。南湖夙好吟哦，暇日多遊五山諸刹，與僧徒相唱酬。當是之時，海内方宗唐及明詩，而南湖獨祖宋，最尚子瞻。故譽之者曰“一時無二”，毁之者曰“詩無所解”。要之南湖才識出群，如曰“一逕年年蘚，四時日日花”，“梅每枝枝好，雪教樹樹妍”，“曲渚舟横草，深山鐘度花”，雖非大雅，中正之音乎？天造奇逸，自有妙處。且古曰“寧爲雞口，莫爲牛後”，如其言，則南湖亦藝苑夜郎王矣哉。長子名某，長於余數歲。少時有才子稱，已没。今嗣職者爲南湖之孫。《日本詩史》卷三

① 堀南湖：（ほり なんこ　HORI-NANKO）（1684—1753），江户時代中期儒者，京都人。堀杏庵之曾孫，堀景山之從兄，其母乃木下順庵之女。名正脩，字身之，號南湖、習齋，世稱“正藏”。元禄八年仕安藝（今

屬廣島縣）廣島藩主淺野綱長。貞享元年十月九日生，寶曆三年三月七日（一説七月十一日）歿，享年七十歲。其著作有《安藝名勝志》等。

② 景山：堀景山（ほり けいざん HORI-KEIZAN）（1688—1757），江户時代中期儒者，京都人。堀杏庵之曾孫，堀南湖之從弟。名正超，字彦昭、君燕，號景山，世稱“禎助”。從其父堀玄達習儒學、醫學。任安藝廣島藩主淺野吉長之側儒。元禄元年生，寶曆七年九月十九日歿，享年七十歲。

③ 准三宫豫樂藤公：不詳。

五

能登在越中西北，近時僧環空[①]出自其地，爲僧金龍[②]徒弟，從師在京師。弱齡好吟哦，頗有詩才。一朝短折，有遺稿在。《日本詩史》卷五

① 僧環空（かんくう KANKU），生歿年不詳，江户時代中期，天臺宗僧侶。其餘不詳。

② 僧金龍：釋金龍（金龍敬雄）（きんりゅう けいゆう KINRYU-KEIYU）（1712〈一説1713〉—1782），淺草（今屬東京都）人。亦稱“金龍道人”，漢詩人、天臺宗僧侶。正德二年生，天明二年寂，享年七十歲。其著作有《雨新庵詩集》《道樂庵夜話》《濃中風藻》等。

六

近江[①]文雅，必推彦藩[②]，有龍草廬[③]、野公臺[④]二人在。又往有澤村伯揚[⑤]，雖其人没，遺稿行世。伯揚，名維顯，稱宫内，號琴所，享保中人。其詩雖乏藻繪之美鏗鏘之音，而清澹雅整，足稱作家。五言律最當行矣。《早行》中聯云“林聒棲禽散，江平宿霧流。鐘殘黄葉寺，露滿白蘆洲”。江之森山、有宇彦章，時時往來京師，名聲顯著。日野邑[⑥]則有建達夫[⑦]，少時頗稱才穎，而數奇轗軻，糊口方伎，遂廢吟哦。可惜！下迫村[⑧]則有柚木伯華[⑨]，爲仲素[⑩]兄。

好讀書，少時從學義兄青郊[11]先生，辨博且能詩。《日本詩史》卷五

① 近江：今屬滋賀縣。

② 彦藩：彦根藩（今屬滋賀縣彦根市）。

③ 龍草廬：見“吟詠”第十七條。

④ 野公臺：野村東皋（のむら とうこう NOMURA-TOKO）（1717—1784），江户時代中期儒者。近江人，野村澹齋之次子。名公臺，字子賤，號東皋、蘘園。世稱“新（信）左衛門”。師從澤村琴所、服部南郭，善詩文。仕近江（今屬滋賀縣）彦根藩。享保二年生，天明四年三月二十四日歿，享年六十八歲。其著作有《蘘園集》《金龜詩纂》《國語考》等。

⑤ 澤村伯揚：澤村琴所（さわむら きんしょ SAWAMURA-KINSHO）（1686—1739），江户時代中期儒者。近江彦根藩士。名維顯，字伯陽，世稱“九（宮）内”，號琴所。伊藤東涯門弟，後崇尚“徂徠學”。於彦根城南“松雨亭”教授子弟，善詩歌。貞享三年三月五日生，元文四年一月九日歿，享年五十四歲。其著作有《閑窗集》《富強録》。

⑥ 日野邑：山城國宇治郡日野邑（今屬京都府南部）。

⑦ 建達夫：不詳。

⑧ 下迫村：今屬滋賀縣。

⑨ 柚木伯華：柚木知雄（ゆのき ちゆう YUNOKI-CHIYU）（1714—1792），江户時代中期儒者，近江（今屬滋賀縣）人。字伯華，號東谷、半庵，世稱“清兵衛”。柚木太玄之兄。師從江村青郊，執醫業。正德四年生，寛政四年閏二月二十四日歿，享年七十九歲。

⑩ 仲素：柚木太玄（ゆのき たいげん YUNOKI-TAIGEN）（？—1788），江户時代中期醫師。字仲素，號綿山。柚木太淳之父。於京都執醫業（眼科）。從江村北海習儒學。天明八年七月八日歿。其著作有《世説新語補系譜》《綿山詩稿》。

⑪ 青郊：江村青郊（えむら せいこう EMURA-SEIKO）（1691—1734），江户時代中期儒者。名悰實，字若虚。江村毅庵之長子，江村如亭

之兄。仕丹後（今屬京都府）宫津藩。元禄四年生，享保十九年四月十九日歿，享年四十四歲。其著作有《竹墩詩集》。

七

今或云："近體之作拘拘聲律若此者，以播之聲樂也。若不可播之聲樂者，非詩也。"或云："我曾遊長崎，以所作詩質諸清人，問可歌乎，乃曰可歌矣。吾詩是經清人咀嚼者，如吾詩者，真詩也。"此竝可笑。既擬諸聲律，以爲詞，以爲詩，而可觀、可聽、可誦者，則孰不可播之聲樂乎？但其音響節族流離通暢者便於歌，而排奡詰屈者不便於歌耳。如《三百篇》而下樂府諸篇，今日誦之，而覺其通快；彼謂杜韓[1]排奡，不便播筦絃，我誦之，亦覺其排奡。則我之便者即彼之爲便者，彼之爲澀者即我亦澀者，固非待彼而後知之者也。今學詩者，要使吟哦之際不底滯、不粘著者爲近之。然不便於歌，亦無害於家數，則不便於歌，固非所爲病也。《社友詩律論》

① 杜韓：杜甫，韓愈。

八

陸放翁詩云："得米還憂無束薪，今年真欲甑生塵。椎奴跣婢皆辭去，始覺盧仝未苦貧。"近讀如亭[1]《貧居》云："貧居除却吟哦外，一淪清泉學老盧。吹火添新勞赤腳，無如遠汲欠長鬚。"余哂曰："如亭之貧，可謂在季孟之間[2]矣。"《五山堂詩話》卷四

① 如亭：柏木如亭（かしわぎ　じょてい KASHIWAGI-JOTEI）（1763—1819），江户時代後期漢詩人。出生於江户，生家乃幕府之大工（木工）家庭。名昶，字永日，世稱"門作"，號如亭、柏山人、瘦竹、一杖閑客、晚晴堂。親文墨，三十二歲辭職。後半生爲遊歷詩人。漢詩學於市河寬齋，以"江湖詩社"之中心人物，起江户詩壇清新之風。寶曆十三年生，文政二年七月十日歿，享年五十七歲。其著作有《如亭集》《木工集》（詩集）。

② 季孟之間:《論語 · 微子》。

九

善庵[1]《新年作》云:“五雨十風春最温，太平有象亦何論。千門作節松篁緑，幾處趁朝車馬喧。不用耕田歌帝力，只須學道答天恩。自知福分吾能勝，且著萊衣侍二尊。”藹然經儒氣象。其所著《孝經私記》今歲入鐫，佐藤大道[2]爲作序贊。其有至性，觀此末句詢不虛也。其門又有鈴木讓[3]者，號恭齋。學有樹立，詩亦自潔。《秋夕池上》云:“林鴉歸盡晚涼生，閑就池頭眼忽明。赤日茅簷已屏氣，清風竹榻最多情。煙昏荷外魚頻躍，露滴柳梢蟬一鳴。爲覓新詩端坐久，滿身微冷覺衣輕。”《客中至日》云:“佳節飄零猶作客，小窗對酒且吟哦。還愁心繭無由理，又是添來一線多。”《五山堂詩話》卷六

① 善庵: 朝川善庵(あさかわ ぜんあん ASAKAWA-ZENAN)(1781—1849)，江户時代後期儒者。江户人。名鼎，字五鼎，號善庵、學古塾。片山兼山之子。朝川默翁(あさかわ もくおう ASAKAWA-MOKUO)之養子。學於山本北山。應召仕於肥前平户藩(今屬長崎縣平户市)藩主松浦靜山。善詩。詩文集有《樂我室遺稿》等。天明元年四月十八日生，嘉永二年二月七日歿，享年六十九歲。其著作有《大學原本釋義》等。

② 佐藤大道: 佐藤一齋(さとう いっさい SATO-ISSAI)(1772—1859)，江户時代後期儒者。美濃(今屬岐阜縣)巖村藩家老佐藤文永之次子。名信行、坦。字大道，號一齋、愛日樓，世稱“幾久藏”、“捨藏”。與藩主松平乘藴之子林述齋同學。歷“林家”塾頭任昌平黌教授。其具朱子學與陽明學之折衷學風，門人有渡邊華山、佐久間象山等。明和九年十月二十日生，安政六年九月二十四日歿，享年八十八歲。其著作有《言志四録》等。

③ 鈴木讓: 鈴木恭齋(すずき きょうさい SUZUKI-KYOSAI)，江

户時代後期儒者。秋田（今屬秋田縣）人。其著作有《藤蔭叢話》等。其餘不詳。

十

南谷瀧川[①]君，諱利雍。其父扶搖滕公子[②]，風流儒雅，名傾當時。君出冒他姓，頻經劇職，未嘗廢吟哦。詩律之細，殆過前人。源臺山[③]嘗延余相見，自後受知最深。前席談論，輒至丙夜。君爲人謙虚，每獲一詩，必相咨詢芻蕘之言，多蒙嘉納。其《玉芝園稿》篇什太富，記其最雋者。《秋日書懷》云："不才逢盛世，何恨宦情違。東海鄉關遠，孤身兄弟稀。自存經濟意，未製薜蘿衣。十載青雲上，看他鵷鷺飛。"《秋曉》云："陰蟲聲罷草堂幽，殘月窗間影半收。寂寞山園微雨後，牽牛花綻一籬秋。"《鼯鼠逕》云："巖仄通微逕，林深望轉迷。欲尋幽處去，鼯鼠學人啼。"皆不減唐人諸作。他如"梅影先知月，蛙聲已覺春"，"人煙村落曙，鶯語野亭春"，"午雨藤花彈，薰風竹氣移"，"文章終長物，事業奈空論"諸句，亦足接武王岑。《五山堂詩話》卷六

① 南谷瀧川：瀧川南谷（たきがわ なんこく TAKIGAWA-NANKOKU），生平不詳。據《滄溟近體聲律考》載賴杏坪所書序文得知其乃江户時代人。又於古賀侗庵所著《侗庵日録鈔》中"故精里所主辦復原樓詩会"之日。參加者有"伯兄（穀堂）、瀧川安藝守（南谷）、山村伊勢守（蘇門）、樺島石梁、安元八郎、鈴木白藤、川北柴之丞、牧原只次郎（半陶）、土屋七郎、村瀨誨輔、塾生野田希一（笛浦）、那波辰之助（希顔）等也"。得知其與古賀兄弟等人同年代，並相熟。 另，東京都立圖書館藏《渡邊刀水舊藏諸家書簡文庫》中收録有"服部仲山致瀧川南谷書信一封"。其著作有《滄溟近體聲律考》一卷。

② 扶搖滕公子：不詳。

③ 源臺山：不詳。

十一

謝顯道[①]曰:《詩》須諷味以得之。古詩即今之歌曲，今之歌曲往往能使人感動，至學詩卻無感動興起處，只爲泥章句也。明道先生[②]善言詩，未嘗章解句釋，但優游玩詠吟哦上下，使人有得處。《侗庵非詩話》卷一

① 謝顯道：宋人，號紫壺道士，編《海瓊白真人語録》四卷。

② 明道先生：程顥（1032—1085），字伯淳，世稱“明道先生”，北宋洛城伊川人。

十二

丈山先生姓石川[①]，名凹。丈山，其字也。初名重之，稱嘉右衛門，三河泉莊人。年四歲能走六七里，父信定奇之曰:“此兒必名天下。”後從神祖征伐。丈山素有文雅之志，其在駿府，從學於清十三。見寺僧説心。大阪之役，會病，其母貽書責以立勳。丈山強病特至玉造，獲佐佐某，《東遷基業》云名十左衛門[②]，曰:“如是足以報母也。”城陷，有司以爲重之爲行人，妄爲先登，請逐之。遂爲僧，居妙心寺。羅山林子[③]見諸惺窩[④]先生，先生爲説聖人立道之原。於是蓄髮還俗，然終身無復妻，人稱爲似元魯山。後爲家貧母老，出仕紀侯。久之母歿，亡歸叡山，匿一乘寺村，自號曰“四明山人”，或曰“大拙”，以詩賦自娱。詠蟬小河之國歌，終身不入京師。請狩野探幽齋[⑤]畫唐土詩人三十六員，揭諸壁上，蓋倣本邦所謂“三十六歌仙”也，因名其堂曰“詩仙”。卒年九十，實寬文十二年也。丈山幼長干戈之間，風月之樂不忘於心。至從大阪之役，猶不廢吟哦。《鳩巢文集》有《横槊遺物記》，乃丈山所佩墨斗也。在叱咤戰爭之中，苟有所得片言隻語，又從記之。横槊之名，良不誣矣。然其詩往往不免和人習氣，亦時運之所使也。絶句勝八句，五言勝七言。今摘其佳者。五言“窗間殘月影，風際遠鐘聲”，“水減灘聲穩，秋深月色寒”，“高樹秋容早，密林霜氣遲”，“孤燈淡殘夜，

群鳥聒空林”，“曾弄兔園冊，寧希麟閣圖”，“遠山如有雨，高樹似無枝”早行，“斷雲嶺分影，返照水生光”，“溪空鶯韻緩，山盡馬蹄前”，“春雨連三月，風花空一年”，“半壁殘燈影，孤牀草葉聲”，“炙背卧爐火，撑肱讀道書”，“歸鴉天有路，遊蝶囿無風”。七言“謝家子弟雙蘭砌，杜叟乾坤一草堂”，“吳江秋盡水空去，天姥霜遲葉初翻”登高雄，“去年尋藥臺溪道，昨日寄梅江左風”。絶句《漫成》“杖屨相從兩侍童，酒瓢茗盌對殘紅。狂吟隨意過村落，草色無邊楊柳風”，《小園口占》“冬愛似春微暖時，不知何處有梅披。閑園雨過少紅葉，秀色纔殘一兩枝”，《阻雨宿牧方》“浩浩洪河流自東，朝宗西海接長空。水郵山郭知多少，春色朦朧煙雨中”，《題豐國神廟壁》“零落東山古廟廊，蒼苔蔓草上頽墻。英靈飛散無巫祝，秋月春風作主張”，皆隱者之語也。又有戲謔解頤者，《戲題團扇》“團團素質別移天，隨手生涼更颯然。昔日謫仙何不賣？清風明月兩三錢”，《欲赴雄德山前見牡丹，到澱城阻雨》“聞説南山多牡丹，吟興出郭惜春殘。花魂自似羞秋豔，爲雨爲雲不許看”，《寓意》“胸統乾坤似葆真，風花爲友道爲鄰。讀書看盡數千載，自是神仙不死人”。余景慕丈山先生久矣，故不厭其煩，備舉於此。《弊幕詩話》上卷[⑥]

① 石川丈山：參見“吟誦”第十八條。

② 佐佐十左衛門（さっさ じゅうざえもん SASSA-JUZAEMON），安土桃山時代（織田信長、豐臣秀吉掌握政權時代之總稱，約1568—1600年）武將。其餘不詳。

③ 羅山林子：林羅山，參見“吟誦”第十八條。

④ 惺窩：藤原惺窩，參見“吟誦”第十八條。

⑤ 狩野探幽齋：狩野探幽（かのう たんゆう KANO-TANYU）（1602—1674），江户時代前期畫家。狩野孝信之長子。名守信，幼名采女，號探幽、白蓮子。元和三年（1617）任江户幕府御用繪師。元和七年（1621）於鍛冶橋（今屬東京都）興立“狩野家”。後叙“法眼”，稱“探幽齋”。慶長七年一月十四日生，延寶二年十月七日歿，享年七十三歲。

⑥ 西島蘭溪《弊帚詩話》二卷,《日本詩話叢書》本第四册。西島蘭溪(にしじま らんけい NISIJIMA-RANKEI)(1780—1852),江户時代,江户人。名長孫,字元齡,世稱“良佐”,號蘭溪、坤齋、孜孜齋。本姓下條,昌平黌教官西島柳谷之嗣子,主張程朱學,持獨特見解而折衷古今。通詩學,並善書。安永九年生,嘉永五年十二月十五日歿,享年七十三歲,謚號勤憲。其著作有:《孔子家語考》一卷、《晏子春秋考》一卷、《清暑閒談》四卷、《秋堂閒語》三卷、《秋堂閒語續編》一卷、《坤齋日抄》三卷、《讀孟叢鈔》十四卷、《弊箒詩話並附録》三卷、《論語紳書》《讀孟小識》三册、《增説苑拾補》三册、《讀吕氏春秋考》一卷、《讀書雜鈔》五卷、《讀十八史略》二册、《弟子職箋注》一卷、《歷朝詩礎》八卷、《慎夏漫筆》四卷、《江湖放吟 · 撚鬚餘吟》一卷、《歷代題畫詩類抄》四卷、《湖梅庵田園雜興》三卷、《孜孜齋詩話》一卷、《坤齋詩存》三卷、《坤齋文稿》《孜孜齋雜抄》等。

十三

吕徽之[1]家萬山中,以耕漁自給。一日,詣富家易谷種,大雪,立門下,聞閣中有吟哦聲,乃一人分韻得“滕”字,苦吟弗就。徽之不覺失笑,衆詰其故,徽之曰:“我意舉滕王蛺蝶事耳。”衆皆嘆服,固邀入閣,以“藤滕”二字請足成之。徽之即援筆云:“天上九龍施法水,人間二鼠齧枯藤。鶩鵝聲亂功收蔡,蝴蝶飛來妙過滕。”復請和“曇”字韻詩,又隨筆云:“萬里關河凍欲含,渾如天地尚函三。橋邊驢子詩何惡,帳底羔兒酒正酣。竹委長身寒郭索,松埋短髮老瞿曇。不如乘此擒元濟,一洗江南草木慚。”寫訖便出門,留之不可得,問其姓字,亦不答,與之穀,不受,刺船去。遣人遙尾其後,路甚僻,識其所而返。雪晴往訪焉,惟草屋一間,家徒四壁立,忽米桶中有人,乃其妻也,因天寒無衣,故坐其中。時徽之在溪上捕魚,望見諸公,乃隔溪謂曰:“我得魚,當换酒飲諸公也。”少頃,携魚與酒至,盡歡而散。翼旦,復有人躡其蹤,則徽之已遷居矣。

《蘭溪先生元明詩話》卷下

① 吕徽之：元末明初隱士，《南村輟耕録》作者陶宗儀之同鄉，浙江黄巖人（今屬清陶鄉），長年隱居萬山中，能詩擅賦，安貧樂道，以耕漁爲生。

十四

嗚門[①]家在嗚門橋邊，以鼓鑄爲業。性温柔與物無忤，藹然君子人。當時碩學宿儒愛其才，稱千里駒。所著有詩文集若干卷，及《論語徵旁通》《毛詩字詁》《毛詩覽》《田氏載筆》等。特耽吟哦，耳目所觸無不有詩。又嗜點茶，有《茶譃作》八首。《訂期》曰："豈獨耽幽處，飲茶看禮存。諸期隨折簡，限刻踐前言。不拒緇交素，那妨卑伍尊。主人明日賜，先往拜君門。"《赴期》曰："鄉導何曾設，松關半掩扉。習風檐有韻，汛水草含輝。命僕穿新屩，呼箱更上衣。相辭定賓位，秋蘚露方晞。"《迎勞》曰："佇立憩廊底，主人擁帚迎。徑縈石排置，門設木縱横。塵窖收松鬣，盥盂盛水晶。雁行臨斗室，杳聽沸爐聲。"《入室》曰："傴促推圭窬，渾無一點塵。僊壺容膝闊，蘭室駢肩勻。架上香瓷寂，壁間墨蹟神。主賓俱戒飭，心地益清新。"《宴坐》曰："我有山溪想，烏薪白雜玄。花薰爐底火，松響鍑中泉。供給無嫌簡，饌羞感尚鮮。主人施玉露，知是點茶前。"《退休》曰："試茶宜盥漱，退著小廊旁。不雨階前濕，無風領後涼。娱堪忘白首，夢可駭黄粱。嗚磬二三報，微微度短墻。"《點茶》曰："改觀方丈裏，再入别乾坤。羅罡真無俗，插花疑有根。匙頭香霧遲，椀面翠濤翻。調拂窮閒雅，伯熊安足論。"《喫茶》曰："新汲西江水，兹烹北苑叢。一杯當五飲，三啜飽群翁。透骨陰崖氣，通神滿室風。欲求嘉遁地，茶味品題中。"從事茶儀者，試一讀之。則可添多少風趣矣。《浪華詩話》[②]

① 嗚門：不詳。

② 兼康百濟《浪華詩話》一卷，天保六年（1835）刻本。兼康百濟

（かねやす ひゃくさい KANEYASU-HYAKUSAI）（1781—？），江户時代大阪人，名元愷，字孟美，世稱“渡邊久太郎”，號百濟。其家世代以行醫爲業，其本人亦曾學醫，後立志習儒，師事篠崎三島。天明元年生，歿年不詳。其著作有：《浪華詩話》一卷、《浪華雜吟》一卷等。

十五

中井積德①，字處叔，號履軒幽人，竹山②弟也。學務踐履，恬靜自樂，不趨時俗，善書兼諸體。講習餘暇寓意吟哦，獨用古韻，而不循休文所定，故絶不作近體。頗有象棋癖，嘗有一棋手至，幽人欲與之對局，其人曰：“僕輸則當再戰以娛先生，先生若輸請爲賦其詩。”幽人驩然諾之。既而輸矣。不得已援筆賦《象棋引》曰：“方地瓜分垠封疆，中天星墜殺氣揚。閫外秋令元有寄，桂殿春芳擁玉皇。六師死命仰鉞旄，千里成筭下廟廊。步卒九道先啓行，令嚴部伍森成行。前徒知進不知退，五伐七伐聲鏘鏘。威名元傳漢飛將，意氣縱横不可當。輕車衝墉多轗軻，驕馬遭步或玄黄。更把生虜補卒乘，遂鼓死士奪塹隍。從軍有賞皆金印，幕府策勳拜龍章。金將本來數奇者，血戰功就獨相忘。不見夫差心益驕，豈料勾踐膽日嘗。虎賁釋嚴寇伺釁，將軍在外邦無良。疾雷一聲不掩耳，車馬衝虚忽翱翔。金銀葉擲徒資敵，勤王旌旗引領望。且躋且長遡洄道，不遂不退觸藩羊。白虹竟天謫安在，非王是將非將王。股肱移禍雖已矣，天殃寧知弗可攘。左將孤軍天一角，斜指斜突氣激昂。一木胡得支崩廈，櫬璧便看哭路傍。鬥蝸自古夢一覺，留與閒人鑒興亡。寄語多少青衿子，莫動機心徒自荒。”自註云：“詩中所序棋勢，往往凡庸敗局，非高手須有，所謂簾下店頭手段矣。亦只爲吾輩人語，非爲高手謀也。”此等伎倆，他人不易到，韓、蘇遇之亦將把臂。《浪華詩話》

① 中井積德：中井履軒（なかい りけん NAKAI-RIKEN）（1732—1817），江户時代中期至後期儒者。出生於大坂，中井甃庵之次子。名積

德，字處叔，世稱“德二”，號履軒。與其兄中井竹山從大坂學問所“懷德堂”五井蘭洲習朱子學。設私塾“水哉館”。享和四年其兄歿後繼任“懷德堂”學主。享保十七年五月二十六日生，文化十四年二月十五日歿，享年八十六歲。其著作有《七經雕題略》《七經逢原》《通語》等。

② 竹山：中井竹山，見“吟誦”第五條。。

十六

江村綬君錫曰：南湖夙好吟哦，暇日多遊五山諸刹，與僧徒相唱酬。當是時，海内方宗唐及明詩，而南湖獨祖宋，最尚子瞻，故譽之者曰“一時無二”，毀之者曰“詩無所解”。要之，南湖才識出群，如曰“一逕年年蘚，四時日日花”,“梅每枝枝好，雪教樹樹妍”，“曲渚舟横岸，深山鐘度花”，雖非大雅中正之音乎，天造奇逸，自有妙處。且古曰“寧爲鷄口，莫爲牛後”，如其言，則南湖亦藝苑夜郎王矣哉！《錦天山房詩話》卷上

十七

松岡成章[①]：字玄達，號恕庵，又號怡顔齋，京師人，學於伊藤仁齋。博學强記，無不該通。最研確《本草》家學，諸國生徒上其席者每以百數。少時頗事操觚，後以講學廢吟哦，故所傳詩篇至罕。《錦天山房詩話》卷上

① 松岡成章：松岡恕庵，參見“吟哦”第三條。

十八

秋山儀[①]卷六十：一名定政，字子羽，號玉山，又號青柯，稱儀右衛門，肥後人。世仕本藩，從父需庵[②]以醫仕本藩，宿學皆驚歎。於是侯命更養他子嗣醫，使子羽專爲儒學。後扈侯駕來江户，從林鳳岡[③]學。鳳岡奇愛其才，久之，業大進。及其歸國，執贄及門者蓋踰千。寶曆乙亥，建議剏時習館於國都，子羽爲之提學，揭學規

十三則，薦俊才教子弟，於是藩中斐然嚮化，加賜禄二百石。爲人體貌豐舒，眉宇秀發，少美風儀，性磊落奇偉，不喜飾行衒名。丁父母憂，服喪六年，時人難之。其爲學極尚該博，不欲自建門户。工詩古文辭，嘗登富士山爲記三千餘言，其文朗鬯，人爭傳誦。其爲詩一字不苟，其或不穩，沈思累年，定後出之。嘗語人曰："天下不乏作者，不如余之善思也。"其在東都，高松日出宇土諸侯樂山公子④，爭延爲上客，交道日廣，與服南郭父子⑤、高蘭亭⑥、井太室⑦、瀧鶴臺⑧、紀平洲⑨輩最懽，其藩老以下皆待以師禮。性好客，有來訪者必待以酒食，談笑竟日無厭倦色。有請必往，盡懽而歸，故人人皆謂子羽厚己。寶曆十三冬有疾，枕上不廢吟哦。病革，扶起端坐，索紙筆，大書"清鏡無底，水月似我"八字，擲筆而歿，年六十二。嘗語人曰："吾少有三願焉，登富嶽、建學宫，二願遂矣。"人問其一，笑而不答。著有《玉山集》。《錦天山房詩話》卷下

① 秋山儀：秋山玉山，參見"吟誦"第十八條。

② 需庵：秋山需庵（あきやま じゅあん　AKIYAMA-JUAN），江户時代前期熊本藩醫。秋山玉山之叔父。其餘不詳。

③ 林鳳岡：（はやし ほうこう　HAYASHI-HOKO）（1645—1732），江户時代前期至中期儒者。林鵝峰之次子，江户人。名戇、信篤，字直民，號鳳岡、整宇，世稱"春常"。任昌平黌大學頭。寛永二十一年十二月十四日生，享保十七年六月一日殁，享年八十九歲。其著作有《四書講義》，編著有《武德大成記》等。

④ 樂山公子：水户（今屬福島縣）人。其餘不詳。

⑤ 服南郭父子：服部南郭（參見"吟誦"十三①）。服部白賁（はっとり はくひ　HATTORI-HAKUHI）（1714—1767），江户中期漢詩人，攝津（今屬大阪府）人。服部南郭之壻養子。名元雄，字仲英，號白賁。正德四年生，明和四年殁，享年五十四歲。其著作有《蹈海集》等。其餘不詳。

⑥ 高蘭亭：高野蘭亭（たかの らんてい　TAKANO-RANTEI）

（1704—1757），江户時代中期詩人，江户人。高野百里之子。名惟馨，字子式，號蘭亭、東里。師從荻生徂徠。十七歲失明，遂專心於詩，與服部南郭齊名。寶永元年生，寶曆七年七月六日歿，享年五十四歲。其著有《蘭亭先生詩集》。

⑦ 井太室：澀井太室（しぶい たいしつ SHIBUI-TAISHITSU）（1720—1788），江户時代中期儒者，下總佐倉（今屬千葉縣）人。名孝德，字子章，世稱"平左衛門"。下總佐倉藩之藩儒。師從井上蘭臺、林榴岡。爲佐倉藩文教事業盡力。享保五年九月生，天明八年六月十四日歿，享年六十九歲。澀井小室之父。其著作有《左國通義》等。

⑧ 瀧鶴臺：參見"吟誦"第十三條。

⑨ 紀平洲：細井平洲（ほそい へいしゅう HOSOI-HEISHU）（1728—1801），江户時代中期至後期儒者。尾張（今屬愛知縣）豪農之次子。本姓紀，名德民，字世馨，號平洲、如來山人，世稱"甚三郎"。師從中西淡淵，於江户設"嚶鳴館"。明和元年（1764）出任出羽米澤藩（今屬山形縣）世子上杉鷹山之師，參與藩政改革及創設藩校"興讓館"。安永九年（1780）任名古屋藩侍講，天明三年（1783）任藩校"明倫堂"總裁。巡講農村，致力於庶民教育。享保十三年六月二十八日生，享和元年六月二十九日歿，享年七十四歲。其著作有《詩經古傳》《嚶鳴館詩集》等。

十九

小西績[①]：字伯熙，號松江，稱與右衛門，丹後湊邑人。其先石見守正智，永正中據小西城，以勇悍聞。後世失邑，以運船爲業。伯熙好學多才藝，家素豪富，而性磊落不羈，筑聚景樓於松江之上，日夕吟哦其上。客至，輒置酒款待，琴詩酒書畫禪，隨其所好，莫不歡洽者，人稱爲琴詩酒書畫禪道人，遂以自號。嘗遊京攝，從江村北海而學詩，與葛子琴、田子明、片孝秩、岡公翼、賴千秋、菅禮卿輩交，名聲頗著。著有《松江近體詩》。皆川愿伯恭曰：伯熙自少好學，長於詩，其詩不必事摹擬，而其風流蘊藉之超，實與古人合，此固足列作者之林以傳於後世。

筱應道安道曰：伯熙常坐聚景樓，言詠不倦，朝暉夕陰，變異乎外，雨奇晴好，吟哦乎中，亦頗得江山之助，更互秀發。

太田象伯巍曰：伯熙詩富麗瀟灑，體裁興致隨境而變。

《錦天山房詩話》：伯熙詩不甚多，而一時名流，自菅博士胤長以下十數人皆有題言，卷末又附録諸人贈言唱和。蓋生長於僻邑，饒於資而急於名者爾。《錦天山房詩話》卷下

① 小西績：小西松江（こにし しょうこう KONISHI-SHOKO）（1748—1820），江户時代中期至後期漢詩人。名績，字伯熙，世稱“與右衛門”。於丹後熊野郡湊宫村（今屬京都府久美浜町）經營廻船業（江户時代，就航於沿海定期航路之大型貨物船）。師從江村北海。寬政七年（1795）刊行《松江近體詩》。寬延元年生，文政二年十一月十六日歿，享年七十二歲。

二十

源寵[①]□□曰：仲和曩時卓落，不惜千金，揮霍至產業傾圮。既出仕，而又不合。近移京，而年已邁矣，而身志與少壯者無異，驅逐吟哦，毫無萎苶之氣象，蓋内有自怡者也。《錦天山房詩話》卷下

① 源寵：北小路竹窗（きたこうじ ちくそう KITAKOJI-CHIKUSO，亦稱北大路竹窗）（1763—1844），江户時代中期至後期儒者。京都人。典藥寮醫官北小路貞隆（一説北大路貞降）之養子。本姓源氏，名寵，字天錫、天爵，號竹窗、梅莊，世稱“北大路肥後守”。師從皆川淇園，設私塾培養門人。天明四年（1784）任“大炊介”，寬政九年（1797）任“大學助”。寶曆十三年生，天保十五年一月十二日歿，享年八十二歲。

二十一

狩野素川[①]所摸本朝尚齒會横卷，首有鵬齋[②]先生題辭云：“唐白香山九老會、宋文潞公耆英會，當時以爲盛事，後世圖畫而傳之矣。

本邦保元平治擾亂之後，朝廷無事，士民小康。當是之時，上自親王大臣，下至百執事，各以文雅詞藻而賁承平，《詞花集》成於其前，《千載集》成於其後，一世之文明不問而可知矣。承安二年，大宮大進藤原清輔③等設筵於寶莊嚴寺，爲尚齒會，胡耇七人吟哦嘯詠，衎然相樂。其兄弟子孫及當時縉紳，端居堂廡，奉頌禱之歌，都人士女觀者如堵牆，實一時之盛事也。其後爲之畫圖，稱其事而相傳焉。平子德所藏畫院狩野素川畫尚齒會合三頁，精緻巧麗，極有趣焉。今披是圖覽之，一時群老風流餘韻藹然乎赫蹏之上，此會雖景慕香山、潞公之遺蹤而效之，千載之後亦足以觀時世之文明、人物之雅尚矣。時文化癸酉夏六月中浣。”尚齒會凡七人，敦賴八十四，顯廣王七十一，賴政六十九，清輔六十九，維光六十三，詳見《古今著聞集》。《柳橋詩話》卷上

① 狩野信政：（かのう のぶまさ KANO-NOBUMASA）（1607—1658），江户時代前期畫家。號素川，世稱“外記”。狩野祖酉之長子。狩野孝信之壻，後爲狩野探幽之壻。東福門院之御用繪師。其代表作有聖衆來迎寺客殿之障壁畫。慶長十二年生，明曆四年四月十五日歿，享年五十二歲。

② 鵬齋：龜田鵬齋（かめだ ほうさい KAMEDA-HOSAI）（1752—1826），江户後期儒學者，折衷學派。江户人。名長興，字穉龍，世稱“文左衛門”，號鵬齋、善身堂。師事井上金峨。因批判朱子學，觸犯“寛政異學之禁”，門人盡失。書法詩作皆優。寶曆二年十月四日生，文政九年三月九日歿，享年七十五歲。其著作有《論語撮解》《善身堂一家言》《大學私衡》《中庸辨義》《鵬齋詩鈔》《善身堂文集》等。

③ 藤原清輔：（ふじわらの きよすけ FUJIWARANO-KIYOSUKE）（1104—1177），平安時代後期官吏、歌人。藤原顯輔之子。其母乃高階能遠之女。任太皇太后宮“大進”，正四品下。繼歌道之“六條家”，筑造全盛期。著《奥儀抄》《袋草紙》等歌學書，《續詞花和歌集》（私撰）。傳勅撰集之《千載和歌集》以降收録八十九首。長治元年生，安元三年六月

二十日殁，享年七十四歲。其有家集《清輔朝臣集》。

二十二

南海[1]年少時，值春分日，自試其才，自午至子，賦五言律一百首，人或疑其宿構。是歲秋分，置酒宴會。午漏初下，乃進請諸客命題，及夜半百首復成，前後二百篇，無一複句。其師木下順庵[2]贈詩云“十八山東妙，聲名世共聞”。南海有次韻詩，自注云：“喻時年十八云云。”蓋是歲元禄壬申也。白石《停雲集》以此事爲伯玉年十七時，恐誤。南海嘗曰：“明張淮[3]倜儻多才，一日過富人家賞牡丹，主人以中峰《百梅》韻，請淮賦牡丹。淮應聲即成五十首，引杯一醉。日未昃，百首皆成，仍繼以回文一首，可謂古今奇才矣。然是亦有法，非甚難事。我苟有天才，且善記者，先期一歲半歲，貯藏文料數百斛於胸臆中，其佳對好字，大概備成句體。而後臨場觸類，七縱八横，毫飛詞湧，頃刻滿紙，傍觀者咄咄咨嗟，以爲天授。蓋天地間事物雖多，分記題目，觸類長之，莫不可應者。況若牡丹一題，他日廣搆而遠應，豈爲難乎？若其才思鈍遲記憶薄者未足論。”夫以南海之才，能用此法，八面受敵，亦有餘勇，宜乎若牡丹一題，不以爲難也。先是年十六，其父命賦《春日客懷》詩，其體傚中晚云：“昨夜東風過玉關，天涯離恨未曾閒。鳥聲春盡愁中雨，客路家迷夢裏山。雨墜桃花聞不語，雲重鴻雁看皆還。倚欄誰識吟哦苦，十里池塘芳草間。”風調秀媚，真得中晚神髓者。《梅村詩話》卷六

① 南海：祇園南海，參見“吟誦”第十一條。

② 木下順庵：參見“吟誦”第十一條。

③ 張淮（1441—？），明朝政治人物。河南開封府許州襄城縣人，字邦鎮，军籍。進士出身。其詩作有《牡丹百詠》。

二十三

有年弟清水梅顛[①]名晃，字天民，稱槙屋藤右衛門，柔順而才，好吟哦，惜哉天不假年！《秋江晚泊》云："沙禽拍拍夕陽收，眺望維舟古渡頭。潮没江洲知月上，水光雲影盡鄉愁。"《江軒》云："一帶江流霽色開，清風洗暑氣佳哉。晚望好有添詩興，點點螢光入坐來。"《晚步》云："夕照斜斜落，前村未掩關。風吹嫌醉薄，露冷覺衣單。林樹籠煙没，布帆截浪還。不妨歸路遠，山外月彎彎。"《海樓望月》云："風收洲渚片帆懸，過雁聲聲破暮煙。好是海樓清賞處，波心月湧水連天。"山本道齋評云："首首平穩恬雅，如君之爲人，楊子云'書者心畫也'。今讀此詩，可謂詩亦心畫也。"《高岡詩話》卷四

①清水梅顛：不詳。

二十四

戊戌之春，與北小輔[①]名由之從葆素[②]先生遊墨水，聯句云："金波如練蕩嫦娥，葆一片扁舟渡墨沱。縹緲江煙籠遠浦，佶依微漁火隔平沙。由之平沙阡陌行求句，葆略約柳塘徐吟哦。迴趁暗香尋野寺，佶漫踐疏影涉荒坡。慶曆郎官誰比得，昌泰賢相奈讒何。葆妍妍明月雲容掩，灼灼春花風每多。幾許塵寰有歡樂，且逢良夜可酣歌。佶林間相見不期友，笑把詩章囑唱和。佶"第九句初作"慶曆郎官清徹骨"。時夜將半，遇宫户得所[③]稱寬司，素不相識也。問曰："公等何許人？"先生戲云："吾曹江户近村者。"又曰："公爲誰？"先生答以予名。又問："爲何？"先生云："乘月尋花。"因舉所得聯句誦之。至"慶曆郎宫清徹骨"，令得所續之，得所吁嘱久之，卒不能成一句，告别而去。《高岡詩話》卷五

① 北小輔：不詳。

② 葆素：小島寶素（こじま ほうそ　KOJIMA-HOSO）（1797—1849），江户時代後期醫師。江户人。前野良澤之孫。名尚質，字學古，號寶素，

世稱“春庵”。江户幕府醫官。歷任“西丸奥醫師”“醫學館世話役”等。通書誌，致力於醫書校訂與傳寫。寬政九年生，嘉永元年十二月七日歿，享年五十二歲。

③ 宫户得所：不詳。

二十五

八月四日，會於坦坦亭，適石堤長光寺公溪①至，余賦云：“飄然時至山中客，偏喜吟哦三世交。”盖公溪之父爲南塘②，南塘之父爲東林③，共爲舊相識。東林贈余詩載《清淨閣集》，東林既爲異物，南塘安政乙卯在京師,《奉觀皇上遷幸之儀衛》云：“咄哉祝融威燄獰，狂風助虐上承明。乾坤豈欠回旋氣，卻向燒痕青草生。災後踰年新殿就，子來民庶力經營。自從倉皇移黼扆，率土人心慘不寧。惟歲乙卯律黄鐘，昨日雪兮今日晴。乃知天意同人意，須臾光景冬春更。家家禁火如寒食，滿城虔肅寂無聲。通衢洒掃官令遍，杖矛排列護門閎。誰歟啓行大相國，牛車衝夜行宫迎。儀仗整齊明萬燎，清道幻成不夜城。頃之鳳輦御初陽，五雲搖曳向天庭。隊合千官列萬馬，護衛三公與九卿。噫嘻聖恩如海大，縱觀夾道蚩蚩氓。北陲貧道何倖倖，雲遊偶爾客天京。敝裟委地經夕坐，滿袖恩霑沐餘清。”其前夕欲拜儀衛④，與貫名菘翁⑤、池内陶所⑥、鬼島廣蔭⑦、荻原廣道⑧，及三井敏鈴江曼⑨，集於畑柳平⑩醫學院。時官令禁酒，衆顏蒼然。南塘竊携一瓢，衆爲歡然。因賦一絶云：“大醉菩提狂遠公，憐佗陶陸一顰長。縱令官令禁杯酒，携得自家般若湯。”南塘名藏海。《高岡詩話補遺》

① 公溪：不詳。

② 南塘：不詳。

③ 東林：不詳。

④ 儀衛：儀仗及衛隊。

⑤ 貫名菘翁：（ぬきな すうおう　NUKINA-SUO）（1778—1863），

江户時代後期儒學者、書家、文人畫家，德島人。姓吉井，後復歸家祖舊姓貫名，名直知、直友、苞，字君茂、子善，號海仙、林屋、海客、海屋、海屋生、海叟、摘菘人、摘菘翁、菘翁、鴨干漁夫，世稱“政三郎”、“省吾”“泰次郎”。其室號勝春園、方竹園、須静堂、須静書堂、三緘堂。另有“笑青園海屋”與“菘翁”爲一般所知。江户後期文人畫家之巨匠，其師事西宣行習書法（宋法），有“幕末三筆”之稱。安永七年三月生，文久三年五月六日歿，享年八十六歲。

⑥ 池内陶所（いけうち とうしょ IKEUCHI-TOSHO）（1814—1863），名奉時，號陶所，世稱“退（泰）藏”。師從貫名海屋、賴山陽習儒學。“安政大獄”時被捕，幽囚於江户。赦免後移住大坂。文化十一年生，文久三年（1863）歿，享年五十歲。

⑦ 鬼島廣蔭:（きじま ひろかげ KIJIMA-HIROKAGE）（1793—1873），江户後期至明治時代初期國學者、語學者。紀伊（今屬和歌山縣）人。本姓井手，名言幸舍。初嘗自稱姓富樫，嘉永三年（1850）於伊勢桑名繼姓三崎春日社（現桑名神社、中臣神社）神職鬼島氏，後復姓富樫。師事本居大平、本居春庭。研究語法。寬政五年生，明治六年八月二十四日歿，享年八十一歲。其著作有《古事記正傳》《詞之玉襷》《詞之玉橋》等。

⑧ 荻原廣道（1813—1863），於嘉永二年（1849）十月編刊《近世名家遺文集覧》（春星堂·墨香居刊）。其餘不詳。

⑨ 三井敏鈴江曼：不詳。

⑩ 畑柳平：不詳。

二十六

劉公嘉話[①]云：賈島初赴舉京師，一日於驢上得句云“鳥宿池邊樹，僧敲月下門。”始欲著“推”字，又欲著“敲”字，煉之未定，遂於驢上吟哦，時時引手作推敲之勢。時韓愈吏部權京兆，島不覺沖至第三節。左右擁至尹前，島具對所得詩句云云。韓立馬良久，

謂島曰："作'敲'字佳矣。"遂與並轡歸。留連論詩，與爲布衣之交。自此名著。後世"推敲"之語蓋始於此。《詩法詳論》卷下

① 劉公嘉話：《劉公嘉話録》，（唐）韋絢 撰。本書因皆爲記述聞劉禹錫所言之事，故以此爲書名。現傳本名爲《劉賓客嘉話録》。

二十七

大村斐[①]，號桐陽，作州津山人。今茲甲午年七十八，猶不廢吟哦。其《爲石州人野田某寄題斷魚溪》云："泉石風煙形勝全，危橋一架可通仙。篠深不礙數條水，澗闊似敷千丈氈。特地峨洋天弄巧，四方題詠筆爭權。近來幸值君披摘，神秘鬼藏寰宇傳。"能言所欲言。《壽川田甕江華甲》摘句云："博學洽聞才不盡，行雲流水筆無窮"，"壽杯白映梅花雪，綺席緑搖楊柳風"，"君居輦下名尤著，我在山中鬢已皤。"皆有行雲流水之趣。其他有《祝伊達春山公一百歲》七律，疊韻一百五十首，使少年才子揭降旗，可謂詞壇馬將軍矣。《明治詩話》卷一

① 大村斐：大村桐陽（おおむら とうよう OMURA-TOYO）（1818—1896），幕末至明治時代前期儒者。美作（今屬岡山縣）津山藩士。名成章，字斐夫。初師事津山藩稻垣寒翠，遂學於江户古賀侗庵。明治元年（1868）任津山藩學問教授頭取。明治十年（1877）任東京女子師範學校教授。文政元年十一月十日生，明治二十九年四月二十四日殁，享年七十九歲。其著作有《晁山記勝》《備作人鑒》等。

二十八

大沼枕山[①]：枕山翁名厚，字子壽，幼字捨吉，江户人。少時在尾張鷲津益齋塾，偶森春濤[②]翁亦來學。二人嗜詩甚於色食，行止起卧，口不絕吟哦。一日同塾者相集，曝書庭中，使春翁護之。翁擁膝思詩，不知雨至，書帙盡濕。枕翁亦吟行郊外，偶失足墜溝，衣塗泥土，同塾因相戲曰："捨吉帶水，浩甫漂書。"浩甫，春翁幼字

也。後枕翁還江都，春翁寓浪越，東西角立，詩名大噪。枕翁跌宕詩酒，氣韻高尚，前後及門之士殆以千數。明治廿四年以病亡，聞者歎云："詩道從此衰矣。"其爲世所推重如此。詩集十餘卷及遺稿一卷既行於世，今録一二存胸臆者。《李杜合圖》云："飯顆漫説太瘦生，樽酒相逢此時情。杜公沈吟李公醉，玉山欲傾猶未傾。認郭汾陽何明智，救房太尉何高義。須知慷慨百年心，豈啻文章千古事。"《金澤》云："樓下雙橋列小虹，醉吟快受早秋風。晴村牧笛涼聲白，暗浦漁篝暮色紅。鷗鳥招來詩眼際，鱸魚葬在酒腸中。緣湖游賞連宿成，千古香山約略同。"《阿累歌》云："手中之鎌明如月，頭顱帶血江底落。怨恨飛出魚腹裂，天陰雨濕夜蕭索。燐火碧然枯荻洲，隔雲何物哭啾啾。鬒髪鬖髿形太瘦，鬼也一目見人羞。絹水東流跡不泯，惡緣千刧磨難盡。高岸今掛如鎌月，髑髏無聲泥裏没。"皆係晚年作。《明治詩話》卷二

① 大沼枕山：（おおぬま ちんざん ONUMA-CHINZAN）（1818—1891），江户末期至明治初期漢詩人，江户人。名厚，字子壽，號湖山。開設詩塾"下谷吟社"，活躍江户詩壇。著有《枕山詩鈔》。

② 森春濤：（もり しゅんとう MORI-SHUNTO）（1819—1889），江户幕末至明治時代漢詩人，尾張（今屬愛知縣）人。名魯直，字希黄，世稱"浩甫"，號春濤。從鷲津益齋、梁川星巖習詩。明治七年（1874）於東京興辦"茉莉吟社"，翌年創刊《新文詩》雜誌，引領明治詩壇。文政二年四月二日生，明治二十二年十一月二十一日歿，享年七十一歲。遺稿詩集有《春濤詩鈔》。

二十九

六如上人[①]晚居桃花坊，謝客養病，所往來者，獨備後菅信卿[②]及余二人焉耳，相知最晚而交最親也。二人往，則忻然下榻，揮麈玄譚竟日云。上人學德淵博，其詩最稱釋門亡雙焉。蓋上人平素與同志吟哦也，遂至香燼燈灺之時，亦自擁鼻鼓膝爲嗚嗚聲，每得一

篇，乃視余及信卿評焉。信卿嘗謂："襟韻沈鬱，英英乎霞舉，何其肖蘇眉山歟？氣岸瓌偉，琅琅然玉振，何其類陸渭南歟？"上人笑曰："否。二子之詩，其源出於少陵而拔其萃者也。跛鱉之行，不可以追逸驥，我何望哉？吾唱宋詩者，欲折明人之弊也。滄溟不取唐以下，弇州韙其説，遂無敢談宋詩者，況於南渡以後乎？吾邦享元之間，蘐園之徒輩出，李王之毒流於海内。今也點竄蘇李曹劉，刻畫王楊沈宋，卓犖乎楚之咻者，千百人中無一人也。挽近雖有梁景鸞、衹伯玉稍覺其非，然不能脱其窠窟。"上人始讀宋詩，而知蘇、陸之詩，實爲少陵之階梯也。古人稱少陵爲"詩史"，立言忠厚，可以垂教萬世。傳曰："温柔敦厚，詩之教也。"又曰："可以興觀群怨，邇事父，遠事君。"詩關係於世教者大矣。少陵詩出肺肝，咸切於忠孝大義，不當以字句體裁論之。少陵數遭屯蹇，挺節不撓，其奔走流離，或酬知遣懷之作，有一不係屬朝廷，不恫瘝斯民者乎？至情之所激發，可興可觀，可群可怨，豈不立言忠厚者耶？古所謂"頌其詩不知其人可乎"，是以論其世，想其爲人，以意逆志，斯之爲得焉。讀詩者必沈潛反復，求淵源所在，庶幾得作者苦惱於千百年之上。既已知少陵之苦心，見其光熖萬丈，所謂龍遊天門，鳳翔雲衢，奇語妙境，自然發露，可謂詩家之大上乘也。是上人之言也。蓋其學德淵博，詩之有源委可以見矣。

嗚乎！上人逝矣，緒論不可復聞。上人向著《葛原詩話》已行於世，摭拾其餘，以爲後篇，命信卿録且序。既而信卿歿，近書肆請刻之，乃謂此編上人禪餘之緒言，以遣興已。余及信卿之言插入編中，固無公世之意，是以紬繹不完，論説闕如。二公已作土中人，余復何言！余復何言！獨悲此編爲蠹魚滅，因應其請貽之同志，弁以上人平昔之言，追感之情無已，拈毫之時，涙落紙上。文化紀元甲子春二月，橘洲畑元禎[3]撰。《葛原詩話·後編序》[4]

① 六如上人：釋慈周（しゃくじしゅう　SHAKU-JISHU）（1737—1801），江户時代詩僧，近江（今屬滋賀縣）人，名慈周，字六如，號葛

原、無著庵、白樓。本姓苗村氏。自幼好讀書，跟随彦根（今屬滋賀縣彦根市）野村東皐學習詩文。初住於比叡山北谷善光寺，明和四年（1767）被削除僧籍，安永元年（1772）被召還如正覺院。後赴江户從宫瀨龍門學修辭。未久，因悟所學之非，厭惡當時流行之僞唐詩而提倡宋詩，成爲專學陸放翁之進行詩風革新之先驅者。喜用尖新熟字，林蓀坡（1781—1836）於《梧窗詩話》中道："近人好用奇字，蓋六如老衲爲之張本"。晚年於京都真葛原（今京都市東山區圓山町）惠恩院閑居，或住於愛宕山（今屬京都市右京區山西部）白雲教寺。元文二年生，享和元年三月十日歿，享年六十五歲（一説六十七歲）。其著作有《葛原詩話》四卷、同《後編》四卷、《六如庵詩鈔》六卷等。

② 菅信卿：菅恥庵（かん ちあん KAN-CHIAN）（1768—1800），江户時代後期儒者、詩人，備後（今屬廣島縣）人。名晋寶，字信卿、圭二。菅茶山之弟。學於西山拙齋。後於京都興儒學。明和五年生，寬政十二年八月二十七日歿，享年三十三歲。其著作有《菅氏詩文稿》等。

③ 橘洲畑元禎：畑柳泰（はた りゅうたい HATA-RYUTAI）（1765—1832），江户時代後期醫師。京都人。本姓上林，名維禎，字世吉，號橘州。赴江户習儒學。後歸鄉里，成爲畑黄山之養子，修醫學。享和三年（1803）任"法橋"，文政十年（1827）任"法眼"。明和二年生，天保三年三月十日歿，享年六十八歲。其編著有《六如庵詩鈔》。

④ 釋六如《葛原詩話後篇》四卷，《日本詩話叢書》本第五册。

三十

嘗聞宇先生欲作《語辭解》，不成而歿，唯譯詩文以見其義。今見大典禪師《詩語解》①，涉獵唐詩，發明語辭，可謂能承宇子之志，而更擴大之者矣。凡學詩者能玩味諳熟，比其吟哦之際，罔有凝滯，縱横唯其志之所之也。古稱"詩者，言志也"，今學詩者不能言其所言者，何也？坐不知語辭之斡旋也。是書一出，海内學詩者取以爲軌轍，則豈云小補哉！刻成，喜而書其尾云爾。寶曆癸未季

春，文章博士菅原世長題。《詩語解·跋》[②]

① 釋大典：（しゃく だいてん SHAKU–DAITEN）（1719—1801），江户時代，近江（今屬滋賀縣）人，俗姓今堀，法名顯常，字梅莊，一名淡海竺常，號大典，雅號蕉中、東湖、小雲棲、北禪書院等。初，入黄檗山修禪，漢學學於宇野明霞，漢詩學於釋大潮。後，成爲臨濟宗相國寺第一百一十三世傳人，被稱爲“京都禪林中最高詩僧”。享保四年生，享和元年二月八日歿，享年八十三歲。其著作有：《詩語解》《詩家推敲》二卷、《文語解》《皇朝事苑》《初學文談》《昨非集》《北禪文草》《北禪詩草》等。

② 釋大典《詩語解》二卷，寶曆壬午（1762）平安書林刊本。

·吟諷·

一

然則蕭賾[①]永明元年，即魏高祖孝文皇帝大和之六年也。昔永嘉之末，天下分崩，關河之地，文章殄滅。魏昭成、道武之世，明元、太武之時，經營四方，所未遑也。雖復網羅俊乂，獻納左右；而文多古質，未營聲調耳。及太和任運，志在辭彩，上之化下，風俗俄移。故《後魏文苑序》云："高祖馭天，鋭情文學，蓋以頡頏漢徹，淹跨曹丕。氣遠韻高，豔藻獨構。衣冠仰止，咸慕新風，律調頗殊，曲度遂改。辭罕淵源，言多胸臆，練古雕今，有所未値。至於雅言麗則之奇，綺合繡聯之美，眇歷年歲，未聞獨得。既而陳郡袁翻、河内常景，晚拔疇類，稍革其風。及肅宗御曆，文雅大盛，學者如牛毛，成者如麟角。孔子曰：'才難，不其然乎。'"從此之後，才子比肩，聲韻抑揚，文情婉麗，洛陽之下，吟諷成群。及徙宅鄴中，辭人間出，風流弘雅，泉湧雲奔，動合宮商，韻諧金石者，蓋以千數，海内莫之比也。鬱哉焕乎，於斯爲盛。乃甕牖繩樞之士，綺襦紈袴之童，習俗已久，漸以成性。假使對賓談論，聽訟斷決，運筆吐辭，皆莫之犯。《文鏡秘府論·天》

①蕭賾：（440—493），齊武帝，字宣遠，齊高帝蕭道成之長子，母刘智容。南朝齊第二任皇帝，病死時五十四歲，葬景安陵。年號永明。

又曰：古今詩人吟諷弔古多矣，斷煙平蕪，凄風澹月，荒寒蕭瑟之狀，讀者往往慨然以悲。工則工矣，而於世道未有云補也。惟杜牧之[①]、王介甫[②]，高才遠韻，超邁絶出，其賦息嬀[③]、留侯[④]等作，足以訂千古是非。性理。《文章達德綱領》卷五

① 杜牧之：唐杜牧。

② 王介甫：宋王安石。

③ 息嬀：桃花夫人、息夫人，春秋時期息國國君之夫人，出生於陳國（今屬河南淮陽縣）嬀姓世家。因嫁於息國（今屬河南息縣）又稱息嬀。〈唐〉杜牧途經洛陽時曾有《題桃花夫人廟》之作。

④ 留侯：漢張良。王安石有《張良》詩。

二

《三百篇》固詩之源也。然孔門之教，以詩爲先者，其意本非尚夫田畯紅女之謠也。詩者，蓋聖人採其民所謳歌之辭，因纂緝以次序之，編列以先後之，而於其纂緝編列之間，因以言天下所宜志之志，因以立天下所宜道之道者也。是故謂温柔敦厚者，亦唯稱於夫所立之道，與所言之志，而初非稱其辭氣文彩也已。後之論作詩者，昧乎斯義，動輒引《禮記》，口風雅而不置，然而彼且連篇累章，月鍛日鍊，曷嘗見有益於其爲人也？於虖！誣矣。雖然，吟情詠性，哦風弄月，人所必有之事，而其既有辭之，則安得不又文之哉？其既已辭之，則必五言七言。其已文之，則必體裁格調。舍此數者，詩不詩矣。則不以足託情感於吟諷，而寄興趣於百載也。且吉甫不有“清風”之頌乎？夫子不有《龜山》之操乎？蓋有暇而學，有感而作，君子未必譏之。抑又後進小子速習於文字，莫善學作詩，蓋數其用文邇其情故也。是故余不敢以今歌詩儕之《三百篇》者，而以吟情詠性，則又未欲其輒廢之也。《淇園詩話》

三

駱賓王《靈隱寺》詩，唐孟棨《本事詩》以爲宋之問詩，曰：“宋考功以事貶黜，至江南遊靈隱寺。夜月極明，長廊吟行，且爲詩曰‘鷲嶺鬱岧嶢，龍宮隱寂寥’。第二聯搜奇思，終不如意。有老僧點長明燈坐大禪牀，曰：‘少年夜久不寐，而吟諷甚苦，何邪？’

之問答曰：‘弟子業詩，適欲題此寺，而興思不屬。’僧曰：‘試吟上聯。’即吟之。僧再三吟諷，因曰：‘何不云樓觀滄海日，門聽浙江潮？’之問愕然，訝其遒麗。又續終篇曰‘桂子月中落，天香雲外飄’云云，僧所贈句乃爲一篇之警策。遲明更訪之，則不復見矣。寺僧有知者曰：‘此駱賓王也。賓王當敬業之敗，而亦落髮，遍遊名山，至靈隱寺，以周歲卒。”今曰，此詩唯以三四二句，何爲駱賓王作？太可疑也。今《唐詩選》“隱”作“鎖”，“聽”作“對”。《作詩質的》

四

賈浪仙[①]鍊推敲字，舉手作勢，不覺衝京尹節。其用力苦心，何止“吟安一個字，撚斷數莖鬚”耶？蓋詩一字之用，係全句死活，畫龍點睛手段，其妙在於穩。故學者每作一篇，須與人商推，以求無片言不穩，不可等閒放過也。僧齊已[②]喜吟，鄭谷[③]在袁州，齊已投詩詣之，有“自封修藥院，別下著僧牀”之句，谷覽之曰：“善則善矣，一字未安。”經數日再謁曰：“改下爲掃，如何？”谷大嘉賞，結爲詩友。後又有《早梅》詩云“前村深雪裹，昨夜數枝開”，谷曰：“數枝非早，未若一枝。”齊已不覺叩地膜拜，自是士林以谷爲齊已一字之師。張迥[④]《寄遠》詩曰“蟬鬢凋將盡，虬髯白也無”，携謁齊已，已點頭吟諷，爲改“虬髯黑在無”，迥拜爲一字師。李頻[⑤]《題四皓廟》中二聯云“天下已歸漢，山中猶避秦。龍樓曾作客，鶴氅不爲臣”，以示方干，干曰：“善則善矣。內‘作’字太粗難換，‘爲’字甚不當。率土之濱，莫非王臣，能不爲臣耶？當改‘稱’字。”頻慚而服。任翻[⑥]《遊天臺巾子峰題寺壁》曰：“絶頂新秋生夜涼，鶴翻松露滴衣裳。前峰月照一江水，僧在翠微開竹房。”既去，觀者取筆，改“一”字爲“半”字。翻行數十里，乃得“半”字，亟回欲易之。及到題處，則已改矣。因歎曰：“台州有人。”王貞白[⑦]作《御溝》詩，前聯云“此波涵帝澤，無處濯塵纓”，示僧貫休[8]。休曰："甚善。只是剩一字。"貞白揚袂而去。休曰："此公思敏，當即來。"乃取筆書字於掌心以待。貞白果回，忻然曰："已得一字。"云此"中"涵帝澤，休展手示之，無異所改，遂訂深契。唐人於詩極力體認，一字不苟如此，所以深臻其妙也。宋乖崖張公[9]詠嘗有一詩云"獨恨太平無一事，江南閒殺老尚書"，蕭楚材[10]就几案見之，改"恨"爲"幸"字，張出視稿曰："誰改吾詩？"蕭曰："爲公全身。公功高位重，奸人側目之秋。今天下一統，公獨恨太平耶？"張喜謝曰："楚材吾一字之師。"此則匪直詩之巧拙也。元薩都剌[11]《送濬天淵入朝》云"地濕厭聞天竺雨，月明本聽景陽鐘"[12]，聞者無不膾炙，唯山東有一叟鄙之。薩以素愜意，特步訪問其故。叟曰："此聯措詞固善，但聞字與聽字一合耳。"薩曰："當以何字易之？"叟曰："宜改作厭看。"薩詰其看字，叟曰："唐人有'林下老僧來看雨'。"薩俯首拜謝。明楊慎[13]登眺山寺，見雨霽虹霓下飲澗水，日射其旁如盼睞，得句云"渴虹下飲玉池水，斜日横分蒼嶺霞"，自謂切景。張愈光[14]曰："'斜'字猶未稱'渴'字。"後閲《莊子》"日方晲"，《衍義》云"日斜如人晲目"，遂改作"晲日"。愈光曰："渴虹晲日，古今奇句也。"清袁枚[15]《送人巡邊》云"秋色玉門涼"，蔣心餘[16]曰："門字不響，應改關字。"又《贈張某》云"我慚靈運稱山賊"，劉霞裳[17]曰："稱字不亮，應改呼字。"袁從來諫如流，不待其詞之畢。自言："詩得一字之師，如紅爐點雪，樂不可言。"此亦皆可鑒觀矣。《夜航詩話》卷三

① 賈浪仙：唐詩人賈島。

② 僧齊己：863—937，唐朝晚期著名詩僧。出家前俗名胡德生，晚年自號衡岳沙門，湖南長沙寧鄉縣塔祖鄉人。

③ 鄭谷：849—911，唐代詩人。字守愚，江西袁州（今屬宜春）人。

④ 張迥：五代時人。《南唐野史》載張迥《寄遠詩》："蟬鬢凋将盡，虬髭白也無。"齊己改爲'虬髭黑在無'，迥拜爲一字師。陶岳《五代史補》：齊己携詩詣鄭谷，詠早梅云："前村深雪里，昨夜數枝开。"谷曰：

“數枝非早也，未若一枝。”齊己拜谷爲一字師。一謂張迥禮齊己，一謂齊己禮鄭谷，豈一事訛爲兩人，將齊己以其師人者還爲人師耶？然改白也爲黑在，則是兩字師也。

⑤ 李頻：818—876，唐代詩人。字德新，壽昌長汀源（今屬建德李家鎮）人。

⑥ 任翻：唐末詩人。亦書任蕃，或任藩，江南人。

⑦ 王貞白：875—958，唐末五代十國著名詩人。字有道，號靈溪。信州永豐（今屬江西省廣豐）人。

⑧ 僧貫休：823—912，唐末五代著名畫僧。俗姓姜，字德隱，婺州兰谿（一説爲江西進賢縣）人。

⑨ 張乖崖：946—1015，即張詠，亦稱張忠定，北宋太宗、真宗两朝名臣，山東鄄城人。謚號忠定。

⑩ 蕭楚材：唐代詩人。

⑪ 薩都剌：約1272—1355，元代詩人、畫家、書法家。字天錫，號直齋。回族（一説蒙古族）。其先世爲西域人，出生於雁門（今屬山西省代縣）。

⑫ 薩都剌詩《送欣笑隱住龍翔寺》云：“東南隱者人不識，一日才名動九重。地濕厭聞天竺雨，月明本聽景陽鐘。衲衣香暖留春麝，石鉢雲寒卧夜龍。何日相從陪杖屨？秋風江上採芙蓉。”虞伯生見之，謂“詩固好，但聞、聽字義重。”……伯生曰：唐人詩有云“林下老僧來看雨。”薩歎服，拜爲“一字師”。

⑬ 楊慎：1488—1559，明代文人。字用修，號升庵、博南山人、博南戍史。謚號文憲。

⑭ 張愈光：張含，明代文人。

⑮ 袁枚：清代著名詩人。

⑯ 蔣心餘：清代中葉詩人。

⑰ 劉霞裳：清代著名詩人。

五

程嘉燧[①]曰：學古人之詩，不當但學其詩，知古人之爲人，而後其詩可得而學也。其志潔，其行芳，温柔而敦厚，色不淫而怨不亂，此古人之人，而古人之所以爲詩也。知古人之所以爲詩，然後取古人之清詞麗句，涵詠吟諷，深思而自得之。久之於意言音節之間，往往若與其人遇者，而後可以言詩。《侗庵非詩話》卷一

① 程嘉燧：1565—1643，明代書畫家、詩人。字孟陽，號松圓、偈庵，又號松圓老人、松圓道人、偈庵居士、偈庵老人、偈庵道人。晚年皈依佛教，釋名海能。南直隸徽州府休寧縣（今屬安徽省休寧）人。

六

野三竹子苞[①]曰：石徵君[②]致仕之後，以詩自樂。純正圓美，高古雄渾，出類拔群。蚤淑李杜之學，而傑然爲一家之法矣。以故，所吟諷多傳遐方，日章之聲，振於京師。雖然，君者武林之名士而元不以詩爲意。卓行絶倫，識度超遠。完養思慮，輕世肆志，悠悠巖阿，陶陶林曲。夕雪朝雨馳其懷，梧煙柳風遣其興。隱行高躅，非世之所彷彿。與懷片善寸勳喋喋者，寧可同年而語耶？《錦天山房詩話》卷上

① 野三竹子苞：野間三竹（のま さんちく NOMA-SANCHIKU）（1608—1676），江户時代前期醫師、儒者，京都人。野間玄琢之長子。名成大，字子苞，號静軒、柳谷、潛樓。儒學師事松永尺五，與漢詩人石川丈山親交。以“奥医師”仕東福門院，繼其父號“壽昌院”。慶長十三年生，延寶四年八月十七日歿，享年六十九歲。其著作有《古今考》《沈静録》等。

② 石徵君：不詳。

七

筒井秋水[①]，名載，字元卿，三河西尾人。性孤峭，不與人苟

合。余少時就受句讀，訓誨甚嚴，稍有倦色則叱咤退之，以故子弟往往逃去不敢近，獨余與浮屠石窗晨夕受業，十年如一日。翁深慕水户西山[②]、備前芳烈[③]諸公爲人，有客談及之，乃起而盥漱，下席聞之，其謹嚴率類此。詩思清苦，一首往往踰月而成。神韻縹緲，有不盡之妙。甲戌之春，余將入都，翁送别云："瑽琤簷滴幾時休，二月江天風雨愁。莫是深泥行不易，故人今日向東州。"《雨日與管千齡話詩》云："不談人事只談詩，檐滴疏疏聽自宜。消受浮世閑半日，杏花春雨薄寒時。"《野步》云："後先相逐燕差池，行傍田家短竹籬。一路入林人語寂，落花吹亂古神祠。"《湖上春景》云："滿湖春水緑浮天，湖裏流通湖外田。一夜東風吹暝雨，幾家門繫釣魚船。"皆爲絶唱。又《桶峽懷古》云："戰破招亡初志非，英魂終古果何依。煙横荒峽茫無際，鳥掠平蕪鳴且飛。一代威名青史記，千秋遺恨碧山圍。斜陽照我經過跡，滿目蒼涼草自肥。"《縱筆》云："才盡爭期筆有神，墨場祠苑易逡巡。眼前惟酒能娱我，天下何花獨擅春。造物附來疏懶性，閑雲讓與自由身。枉將狂放酬清世，説道風流一輩人。"翁尤喜漁洋絶句，抄出其會心者若干首，朝暮吟諷不絶，以故其詩髣髴相似。又妙文章，極愛魏叔子云。翁今年八十，矍鑠善飲，此可殊喜。唯恨石窗早夭，詩亦散逸，無由拾取。白玉樓中若讀此書，當嗔余疏懶耳。《明治詩話》卷一

① 筒井秋水：（つつい しゅうすい TSUTSUI-SHIYUSUI）（1815—1894），幕府末年至明治時代前期儒者。三河（今屬愛知縣）人。名載，字元卿，號秋水。師從齊藤拙堂。仕西尾藩（今屬愛知縣西尾市）。

② 水户西山：德川光國（とくがわ みつくに TOKUGAWA-MITSUKUNI）（1628—1701），水户藩第二代藩主，世稱"水户黄門"。爲奨励儒學設置"彰考館"，編纂《大日本史》。因其曾隱棲水户之西山梅林，故被稱"西山公"。

③ 備前芳烈：池田光政（いけだ みつまさ IKEDA-MITSUMASA）（1609—1682），江户初期備前（今屬岡山縣）大名。幼名幸隆，世稱"新

太郎”，謚號芳烈公。任岡山藩主時，信奉儒教，招聘陽明學者熊澤蕃山。寬永十八年（1641），創立全國第一所藩校“花町教場”。寬文十年（1670）開設日本最古之庶民學校“閑谷學校”（備前市。講堂現爲國寶）。慶長十四年生，天和二年歿，享年七十四歲。

八

問：蕭亭先生[①]曰：“所云以音節爲頓挫者，此爲第三第五等句而言耳。蓋字有抑有揚。如平聲爲揚，入聲爲抑。去聲爲揚，上聲爲抑。凡單句住腳字，必錯綜用之，方有音節。如以入聲爲韻，第三句或用平聲，第五句或用上聲，第七句或用去聲。大約用平聲者多，然亦不可泥，須相其音節變换用之。但不可於入聲韻單句中，再用入聲字住腳耳。”此説是盡音節頓挫之旨否？

漁洋[②]答：此説是也。然其義不盡於此，此亦其一端耳。且此語專爲七言古詩而發。當取唐杜岑韓三家、宋歐蘇黄陸四家七古諸大篇，日吟諷之，自得其解。《參訂古詩平仄論》[③]

① 蕭亭先生：張實居，字賓公，號蕭亭。王士禎内兄，鄒平人。清代隱逸派山水詩人之一。

③ 漁洋：王士禎。

③ 森槐南《參訂古詩平仄論》一卷，明治十六年（1883）刊本。森槐南（もり かいなん　MORI-KAINAN）（1863—1911），明治時代漢詩人。名公泰，字大來，世稱“泰二郎”，號槐南、秋波禪侶、菊如澹人等。森春濤之子，出生於名古屋。初從父學詩，從清國人金嘉穗習漢學。上京後師事鷲津毅堂、三島中洲。明治十四年（1881），其十九歲時出仕司法省，遂轉入“修史館”從事歷史編纂，歷任太政官、樞密院屬圖書寮編集官、式部官、東京帝國大學文科講師（講授中國文學）。標榜承繼於其父之清詩，才氣横溢，詩風絢爛，明治二十三年（1890）興辦“星社”，明治三十七年（1904）創立“随鷗吟社”，君臨詩壇。因蒙三條實美、伊藤博文等明治政府要人之愛顧，明治四十二年（1909）十月出任伊藤博文之秘書官，辭任

東京大學講師，隨伊藤博文赴哈爾濱一同遇難而負槍傷，兩年後去世。文久三年十一月十六日生，明治四十四年三月七日歿，享年四十八歲。其著作有：《槐南集》八册、《中國詩學概説—森槐南遺稿》（森槐南著，神田喜一郎編）、《補春天傳奇》《唐詩選釋》等，《参訂古詩平仄論》（翁方綱原本）及其父所編《新新文詩》（第1—15集）。

·吟 弄·

伊藤長嵐原歲①曰：予昔丱角時有肩輿而造門者，眉龐言徐，頹然坐於中堂，與先君子敘舊，晤語移日，暫而出腰扇覩之，扇面有小楷數行，今尚依稀記得，《漫興》十絶也。予時稍知屬詩，翁索而觀之，吟弄數四，勸予成立。既歸而問之，先君子曰："彼村上友佺翁，今之博雅聞人也。"既而翁退休，與先君子及諸文儒頻頻會集，賦詩讀書，予每與焉。尤善詩，有新詩，每必題扇頭。少有不穩字，與諸人評搉，挼濕紙揩去，更填好字。又與北村篤所氏諸人會讀《二十一史》，月率六日，不避寒暑伏臘，其耽學亦厚矣。《錦天山房詩話》卷上

① 伊藤長嵐原歲：不詳。

·吟 玩·

一

上杉謙信[①]，天正二年九月伐龍州，攻七尾城破之。遊佐彈正弑其君町山義隆，據城屬織田氏，故謙信伐而滅之。會十三夜，海月清明，軍中置酒宴賞，即席賦詩云“露下軍營秋氣清，數行過雁月三更。越山並得能州景，遮莫家鄉念遠征”，蓋爲將士慰勞，令遣興拚飲也。將士解作歌詩者各有詠言罄歡罷。此亦可備一典故也。武田信玄[②]新年口號“淑氣未融春尚遲，霜辛雪苦豈言詩。此情愧被東風笑，吟斷江南梅一枝”，亦可吟玩矣。夫甲越二氏兵家之泰斗，顧又嫺風雅如是，真横槊賦詩，一世之雄也。今之兵家多忌歌詩，何耶？自護固陋耳。《夜航詩話》卷一

① 上杉謙信：參見“吟誦”第十八條。

② 武田信玄：參見“吟誦”第十八條。

二

眼字隋而穩，殊可吟玩。五言第三字、七言第五字，謂之眼字。五言，唐太宗“雲凝愁半嶺，霞碎纈高天”，王維“泉聲咽危石，日色冷青松”，杜甫“峽雲籠樹小，湖日盪船明”，“雲氣噓青壁，江聲走白沙”，“竹光團野色，舍影漾江流”，“石角鉤衣破，藤枝刺眼新”，岑參“澗水吞樵路，山花醉藥欄”，“澗花然暮雨，潭樹暖春雲”，“孤燈然客夢，寒杵擣鄉愁”，劉禹錫“秋蟲鏤宫樹，野水齧荒墳”，白居易“露竹偷燈影，煙松護月明”，“仁風扇道路，陰雨膏閭閻”，“石片擡琴匣，松林閡酒杯”，吴融“林風移宿鳥，池雨定流螢”，賈島“流星透疏木，走月逆行雲”，“曉角吹人夢，秋風卷雁群”，許渾

“晴煙和草色，夜雨長溪痕”，温庭筠“葦花編虎落，松癭鬥欒櫨”，姚合“萬愁生旅夜，百病湊衰年”，馬戴“紅韁跑駿馬，金鏇掣秋鷹”，周繇“海濤摺砌檻，山雨灑窗燈”，廖凝“衆木排疏影，寒流疊細紋”，薛能“戰血粘秋草，征塵攪夕陽”，僧齊己“湖雲粘雁重，廟樹刮風乾”，僧靈徹“窗風枯硯水，山雨慢琴絃”，王安石“城雲漏日晚，樹凍裹春深”，宋祁“水落呈全嶼，雲生失半山”，陸游“灘急回魚隊，天低襯雁行”，楊萬里“雨蒲拳病葉，風篠禿危梢”，真山民“櫓聲搖客夢，帆影掛離愁”，沈德符“釃日圓鶯吻，柔泥固燕基”。七言，杜甫“返照入江翻石壁，歸雲擁樹失山村”，李洞“藥杵聲中擣殘夢，茶鐺影裏煮孤燈”，許渾“青山有雪諳松性，碧落無雲稱鶴心”，楊萬里“幾絲微雨㔶前山，半點輕寒健牡丹”，“稻花雪白糝柳絮，柘子猩紅團荔枝”，范成大“誰從天上牢遮月，不管人間大欠詩”，李覯“天放舊光還日月，地將濃秀與山川”，渾然圓妥，工而無痕。眼字亦謂之響字，要活，活則自響。《夜航詩話》卷五

三

余諭詩弟子：“下學工夫，由邇涉遠，宜憑我爲階梯，枕藉鄙集，務摸放之，即在此中作賊，生吞活剝，任爾伎倆，只要螟蛉化蜂，既至其小成，輒脱屣超乘，直攀古人之域。三唐宋明自在也，於是各寫一本，吟玩自資，體裁相肖，漸近自然。故雌黄易施，而上達殊速。師弟俱省勞，方便之捷徑也。”此亦教之一術，爲書以貽後進。但師非其人，賊夫人之子，不可不擇也。《夜航詩話》卷五

四

大來[①]按：柳下惠則可，吾則不可。是太白長短句之定案，滄冥[②]英雄欺人一語非篤論也。太白天才豪放不羈，前無古人，後無來者。效之而無其才，則豪放之極動涉叫囂，率句累句層見疊出，此雖欲學不能耳，不可以“不必學”三字一筆抹倒也。初學者才思鬱

勃，無可發抒，時一效之，實在不妨，豈莊容矜持如魯男子，而乃謂之善學者哉？且世論太白詩者，必以不拘格律爲定評。不知此篇抑揚頓挫，音節自然，以漁洋[③]三平之調言之，皆是合格。於其換平韻處熟讀吟玩自知，此不必言矣。便以方綱多寡匀停之説論之，仍不失爲合格。蓋前後無數長短句皆用平韻，中間忽然插仄韻二句以攝收之。雖是變化之極，實齊整之至也。豈控前絶後之一大作非耶？學人若認得此理，然後效之，尚何不可之有？則先生此説，方綱以爲究非定論，斯得之矣。《參訂古詩平仄論》

① 大來：森槐南，參見“行吟”第四條。

② 滄冥：明李攀龍字于鱗，號滄溟。

③ 漁洋：清王士禎號漁洋。

·吟 味·

須是現將那詩來，吟味四五十遍了，方可看註。看了又吟詠三四十遍，使意思自然融液浹洽，方有見處。詩全在諷誦之功。《詩法詳論》卷上

·吟 詩·

一

典藥頭清原某①，暮春之日曾謁兼明親王②。親王見庭前黄花，吟曰："點著雌黄天有意，款冬誤綻暮春風。"清某問曰："是誰人所作？"親王答曰："或人於朱雀院作之，以爲佳句。故吟之。"清曰："款冬，倭名'山不岐'。然見《本草》，其花冬開，非春花也。"親王感悟曰："自今汝來時，不可妄吟詩也。"然則國俗以款冬爲酴醿，傳襲之誤久矣。或曰："此二句者，清慎公所詠也。"《史館茗話》

① 典藥頭清原某：清原滋秀，參見"吟詠"第四條。

② 兼明親王：參見"吟詠"第四條。

二

詩不可強解，不可淺解，唯優柔厭飫，久而乃得，此其真味。從來解杜詩者，數十百家，率皆措大穿鑿附會，謬妄居半，何足取哉？陶靖節①"好詩書，不求甚解"，此真善讀書者。余故謂：吟詩不求甚解，此真善解詩者。《丹丘詩話》卷三

① 陶靖節：陶淵明私謚靖節先生。

三

隱者之詩罕傳。蓋非無隱者，無隱者而能詩者也。本朝《遯史》首載惟喬親王①。親王，文德帝長子，以藤原氏故不得立爲皇太子，居水無瀨宫，後遷居於京北小野山中。吟詩詠和歌以爲娱樂，亦唯遣其悒悒爾。其詩今無傳者，唯《聞琴》詩載《朗詠集》，而非完篇也。《日本詩史》卷二

① 惟喬親王:（これたかしんのう KORETAKASHINNO）（844—897），平安時代前期，文德天皇第一皇子。母紀靜子。因藤原明子誕惟仁親王（清和天皇），未能被立爲皇太子。歷任大宰帥、彈正尹、常陸太守、上野太守等職。貞觀十四年出家，隱於比叡山麓小野。承和十一年生，寬平九年二月二十日歿，享年五十四歲。法名素覺，世稱“小野宮”。

四

入江兼通[①]，字子徹，號若水，攝州富田邑人。釀酒爲業，家累千金。爲人不羈，少時好遊狹邪，資產蕩盡。於是憤激讀書學詩，後著山人服，携詩囊遊放諸州。到處聞有聞人，則必以詩爲質，造詣會晤，是以“江山人”詩名顯著四方，最後結廬京師西山，稱櫟谷山人，日與天龍寺僧徒往來唱和。其詩輯爲二卷，名《西山樵唱》，序者四人：徂徠、服子遷、富春叟、韓人申維翰。並論其詩爲晚唐。以余觀之，其詩頗肖宋陸放翁，但剪裁欠工，容易下筆，故動失諸麁率，可惜已。然詩詩自肺腑出，句句流動，較諸近時諸人藉口盛唐、勦竊嘉靖七子糟粕、飣餖陳腐者，反有可觀。五言《題水竹園》曰:“幽居宜懶性，水竹伴閑吟。洗硯釣魚瀨，題詩棲鳳林。清流聲漱玉，明月影篩金。唯見七賢侶，過橋日訪尋。”又《春日訪詩仙堂》曰:“草堂依嶽麓，花竹足風煙。梁引雙雙燕，壁描六六仙。書殘多蝕字，琴古自無絃。欲弔徵君墓，捫蘿陟翠巔。”七言《西山卜居》曰:“城西十里避塵緣，卜筑溪邊第數椽。門外誰曾栽翠柳，竹間本自引清泉。群峰競秀連崖寺，一水中分入野田。日日行吟詩是業，煙霞痼疾未全痊。”《日本詩史》卷三

① 入江兼通：參見“行吟”第一條。

② 徂徠：荻生徂徠。參見“吟誦”第十三條。

③ 服子遷：服部南郭。參見“吟誦”第十三條。

④ 富春叟：田中桐江。參見“吟詠”第四十四條。

⑤ 申維翰：參見“行吟”第一條。

五

陸放翁云:“有神降於鄭涔家，吟詩曰‘忽然湖上片雲飛，不覺舟中雨濕衣。折得蓮花渾忘卻，空將荷葉蓋頭歸’。”此詩晚唐興象，其以爲鬼神之吟者，寓言耳。蓋是放翁自作。《作詩質的》

六

余西遊之日，途出信濃[①]，宿小諸[②]稻垣伯弓[③]之家三四日，城下人士來求詩者數十人。有僧觀禪者亦來見余，稱嘆余詩不凡，因問曰:“公在都下，知瘦梅先生[④]乎？”余曰:“知之矣。和尚何以獨記瘦梅之名？”僧曰:“瘦竹先生曾遊此地，我得見之矣。我聞都下有瘦竹、瘦梅二先生以詩鳴一時，余觀公詩非尋常之人，必二先生之徒，我是以問之。”余笑曰:“和尚具一隻眼觀我，瘦梅是我也。”僧愕然曰:“聞先生之名之久矣，何圖得今日相見？豈不一大因緣乎！”乃作詩贈余，有“若無瘦竹吟詩瘦，誰與瘦梅同比肩”之語。余席間次韻答之云:“如今許作詩人否，一箇詩囊擔在肩。”瘦竹，柏舒亭之别號也。《詩聖堂詩話》[⑤]

① 信濃：今屬長野縣。

② 小諸：今屬長野縣小諸市。

③ 稻垣伯弓：不詳。

④ 瘦梅先生：大窪詩佛。

⑤ 大窪詩佛《詩聖堂詩話》一卷，《日本詩話叢書》本第三册。

七

信中[①]詩學，如亭[②]實開壇坫，所得人才不下數人，而以木百年[③]、高聖誕[④]二子爲翹楚。高則余未及識。木名壽，近日出都，始相遇於詩佛席間。風貌偉然，詩筆最高，佳句云“心冷句中因説水，腳勞夢裏爲登山”，“一生好事皆兒戲，數卷吟詩半酒媒”，“尋常鶯囀朝暾外，一半花開夜雨中”,“别後故人頻入夢，春來燕子已歸家”，五言如《秋日》云“雲氣生危石，風聲聚急瀧”,《山中》云“樹冷新秋雨，峰高太古雲”，皆趣。其社號“晚晴吟社”，晚晴者，如亭信中讀書堂名也。《五山堂詩話》卷一

① 信中：今屬長野縣中野市。

② 如亭：柏木如亭。参見“吟誦”第十八條。

③木敷百年（きしく ひゃくねん KISHIKU-HYAKUNEN）：1768—1821。文化三年（1808）應邀赴江户，五十三歲歿。其餘不詳。

④高聖誕：高梨聖誕，亦稱畔上聖誕（あぜがみ せいたん AZEGAMI-SEITAN），1774—1822。高乃修姓，字聖誕，名魯、一魯，號紅葉。柏木如亭之門人。與木敷百年堪稱“晚晴吟社双壁”（注：“晚晴吟社”乃寛政年間柏木如亭於信州中野開設）。其餘不詳。

八

米庵[①]以書法盛開壇坫，一時從遊者如雲，其中悟吟詩者僅得三人焉。源晴山[②]《郊行》云：“麥翠菜黄春幾畦，人家柳暗小橋西。一聲野雉無尋處，遙向晚煙深處啼。”西櫟齋[③]《夏日》云：“手臨晋帖半時來，雨窗獨坐興悠哉。小紅忽映端池上，始認榴花際緑開。”島成齋[④]《雜興》云：“柳鎖柴門菊繞籬，小齋弄筆自題詩。忽聞鄰壁槽聲滴，唤作陶家酒熟時。”晴山，名諧；櫟齋，名鏡；成齋，名親長。《五山堂詩話》卷四

① 米庵：市河米庵（いちかわ べいあん ICHIKAWA-BEIAN）(1779—1858），江户時代後期書法家，江户人。名三亥，字孔陽，號米庵、樂齋。從其父市河寛齋、林述齋、柴野栗山習儒學及書法。研究中國宋代米芾書法。繼其父仕富山藩、金澤藩。開設書塾“小山林堂”，門人達五千餘人。幕末“三筆”之一。安永八年九月六日生，安政五年七月十八日歿，享年八十歲。其著作有《米家書訣》《米庵墨談》等。

② 源晴山：不詳。

③ 西櫟齋：不詳。

④ 島成齋：不詳。

九

余在伊勢，大抵居北，故舉其人多略於南。北勢最著者，藏書則高果亭[①]吉，好事則伊篗亭[②]伴。二亭皆嘗爲余皋伯通[③]。果亭有園池之勝，其間起書樓，緗帙萬卷，井然倫次，清致殊可喜。篗亭尤愛人物，客之東西上下者來投刺其門，必置紙筆以要其伎，無賢無愚，相對驩然。故其所蓄古今書畫，殆不勝鴻富。篗亭一兒名秀，距今六七年尚在髫齔。近日篗亭書來云"兒已十三矣，頗喜讀書吟詩"。見寄示其《山行》一絶云："山深村遠見人稀，一徑穿雲度翠微。籜葉無風聲蔌蔌，揺鞭收豎出林歸。"其名爲"秀"，詢不虚也。《五山堂詩話》卷四

① 高果亭：不詳。

② 伊篗亭：不詳。

③ 皋伯通：皋伯通（生卒年不詳）。東漢吴人。《後漢書》有傳。

十

丁巳歲，余病疥痁，踰月不起。中村進甫[①]者居最相近，日來慰問，屢蒙饋贈。余感其意，至今不忘。進甫今爲昌平學小吏，頗好吟詩。《驟雨》云："夕雨跳珠小池上，蘋花荇葉水横縱。兒童也是癡騃甚，只怕金魚化赤龍。"其他句云"楓葉孤村晚，菊花蕭寺秋"，"榴花紅照水，蕉葉緑成林"，"溪客煙昏初罷釣，鄰翁月上未收棋"，皆佳。《五山堂詩話》卷四

① 中村進甫：不詳。

十一

善庵[①]告余曰："生平作詩，筆剛而不能柔，易流晦滯。"余謂經

生詩，另自存氣魄，猶是僧家有蔬筍氣，女子有脂粉氣，秖足見其風格。廣平梅花，人人豈可望哉？誦其《送人赴北邊》詩云："北地承嚴命，堂堂一膽存。服人寧在力，治狄不須煩。四海原兄弟，群黎況子孫。祁寒良苦極，自愛答君恩。"雄健乃爾，恐非軟弱詩人所能矣。又《山櫻》一絶云："落日風前輕似雪，清宵月下白於雲。偶然看做雲還雪，不道山櫻開十分。"清真委婉，極摹櫻花之神。我知善庵竟非純乎剛者。其門吟詩者，却得三人焉。《五山堂詩話》卷五

① 善庵：朝川善庵（あさかわ ぜんあん ASAKAWA-ZENAN）（1781—1849），江户時代後期儒者，江户人。名鼎，字五鼎，號善庵、學古塾。片山兼山之子。朝川默翁之養子。學於山本北山。應召仕於肥前平户藩（今屬長崎縣平户市）藩主松浦静山。善詩。詩文集有《樂我室遺稿》等。天明元年四月十八日生，嘉永二年二月七日歿，享年六十九歲。其著作有《大學原本釋義》等。朝川善庵應與菊池五山有交。

十二

鴻巢横田裕[①]，字好問。釀酒家富，好問嘗自著《醉鄉董史》若干卷，考證不遺，實杜康忠臣矣。性好吟詩，如有宿悟。《初夏曉行》云："水田漠漠緑生波，濕透蓑衣奈冷何。出盡村莊天未曙，秧雞啼處雨聲多。"《雪夜》云："雪聲簌簌水聲乾，月黑窗間夜欲殘。喚起吾家麴道士，爐頭相對護清寒。"淡雅如此，不似豪富筆墨。《五山堂詩話》卷五

① 横田裕：不詳。

十三

僧鴻漸[①]，自以雲室爲號，蓋取精廬不住之意，今却住持西窪光明寺。先輩松窗、兔道有《雲室記》，太室寬齋有《雲室詩》，又徵余詩，余竟不欲爲狗尾之續。雲室生平喜談儒家濂洛之言，又性嗜畫，每一援毫，寢食總廢。詩則一出率意。絶句云："對景詩漫酬，

遇勝圖可作。一圖還一吟，悠然意獨樂。”僅僅廿字，胸襟畢露。雲室昔日唱“小不朽社”，當時訂盟者桐君蘭石②、柏如亭③、平梅溪④、源臺山⑤、邊赤水⑥、高西巷⑦、田好古⑧等八九人，輪流爲主，盛作詩畫之會。後如亭去都，梅溪下世，此會中絶。二三年來，雲室繼而新之。新参者西圭齋⑨、野西湖⑩、藤琢齋⑪、服古顛⑫、藤三林⑬，而臺山、西巷巋然尚在。數子皆累於畫，吟詩者唯臺山、西巷、琢齋三人耳。今録三人詩。《五山堂詩話》卷五

① 僧鴻漸：雲室（うんしつ　UNSHITSU）（1753—1827），江户時代中期至後期儒者、畫僧，信濃（今屬長野縣）人。名鴻漸、了軌，字元儀、公範，號雲室、証範。初師於宇佐美灊水，後入門“林家”，師事市河寛齋。天明八年於武藏上尾（今屬埼玉縣）開設“聚正”義塾。寛政四年任江户之浄土真宗本願寺派光明寺住職。善詩文及山水畫。寶曆三年三月五日生，文政十年五月九日寂，享年七十五歲。其著作有《雲室随筆》《宋詩畫傳》等。

② 桐蘭石：片桐桐隱（かたぎり　とういん　KATAGIRI-TOIN）（1759—1819），江户時代後期畫家，江户人。名隱，字所翁，號桐隱、蘭石軒、泊然叟。片桐宗幽之子。師於第二代狩野榮川、渡邊玄對。繪花鳥山水畫。且獨習元明（中國）之畫法，善人物畫。寶曆九年生，文政二年七月二十六日歿，享年六十一歲。

③ 柏如亭：柏木如亭。参見“吟誦”第十七條。

④ 平梅溪：鏑木梅溪（かぶらぎ　ばいけい　KABURAGI BAIKEI）（1749—1803），江户時代中期至後期長崎派畫家，長崎人。名世胤、世融，字君胄，世稱“彌十郎”。本姓平氏（一説田中），故亦稱平世胤。師事“長崎派”荒木元融。寛延二年（一説寛延三年）生，享和三年閏一月三日歿，享年五十五歲。

⑤ 源臺山：廣瀬臺山（ひろせ　たいざん　HIROSE-TAIZAN）（1751—1813），江户中期至後期文人畫家，大坂人。津山藩（今屬岡山縣）藩士。初名惟馨，後改名清風，字穆甫，號臺山、白雲窩、書畫齋，世稱“周藏”“雲大夫”。師事福原五岳。寶曆元年生，文化十年十月十三

日歿，享年六十三歲。

⑥ 邊赤水：渡邊赤水（わたなべ せきすい　WATANABE-SEKISUI）（1776—1833），江户時代後期畫家，江户人。渡邊玄對之子。名昂，字伯顒，號赤水，世稱“忠藏”。從其父習畫，善山水畫。安永五年生，天保四年十月二十九日歿，享年五十八歲。

⑦ 高西巷：不詳。

⑧ 田好古：不詳。

⑨ 西圭齋：大西圭齋（おおにし けいさい　ONISHI-KEISAI）（1773—1829），江户時代後期畫家，江户人。名允，字叔明，號圭齋、幽溪。傳初師從宋紫山，後入谷文晁門。善花鳥畫。仕豐前中津藩（今屬大分縣）奥平家。安永二年生，文政十二年六月十一日歿，享年五十七歲。

⑩ 野西湖：淺野西湖（あさの せいこ ASANO-SEIKO），生歿年不詳，江户時代後期畫家。名晁敬，號西湖、桂齋白毫，世稱“莊五郎”。谷文晁之門人。文政年間（1818—1830）活躍於江户。

⑪ 藤琢齋：不詳。

⑫ 服古顛：不詳。

⑬ 藤三林：不詳。

十四

北勢[①]才子村田明[②]，字月渚，號水莊。家資甚殷，雅好文墨，以吟詩自娱。其百絶句近已行世，舉其尤者。《惜花》云：“春來一日無晴好，一日纔晴春欲空。又是閒愁亂難理，小樓三面落花風。”《秋曉》云：“蟲聲破夢唤清愁，殘月曉風涼意稠。巖桂未開蓮已謝，秋容只在碧牽牛。”《鐮倉山中》云：“健竹行行穿翠微，緑苔滿地屐痕稀。山深柳絮錯時節，過了三春始解飛。”今方弱冠，而吐屬如此。特奉杜陸，手自糊二家詩於齋壁上，遂扁曰“杜陸堂”，蓋倣袁氏“白蘇齋”也。又倩因是爲作堂記，其趨向可想矣。余聞村田氏家世崇佛，長齋竟歲，素不喜儒者。而後嗣生此等文種人，可謂五

天出麟哉。但北勢今日詩派，多出余及如亭[3]兩人。獨月渚則出於詩佛[4]，未爲全無佛緣也。《五山堂詩話》卷六

① 北勢：今屬三重縣。

② 村田明：村田水莊，文政年間（1818—1830）人。其作品載於《西遊詩草》。其餘不詳。

③ 如亭：柏木如亭。參見“吟誦”第十八條。

④ 詩佛：大窪詩佛。參見“吟誦”第十八條。

十五

醉石[1]云：“有閨秀多田氏[2]者，安永間人也。名順，字季婉。誦書吟詩，極有青衿風。常愛讀《資治通鑒》。其遺詩名《綽約集》，繡梓無人，將蠹篋底。其及知季婉者，意欲倩君手提取數首，插《詩話》中，以圖不朽。”余遂取其集讀之，真女丈夫詩也。遂就中抄稍優柔者，以酬其意。《夜坐》云：“靜夜憑軒坐，春風衣袖寒。孤貧人易厭，多苦自難寬。柳暗煙初淡，花明月未殘。笙歌何處起，空憶昔時歡。”《春日》云：“春風户外一株梅，獨向花前吟幾回。自是無人問孤寂，鶯聲何事報儂來？”《暮春有感》云：“憔悴花前自恨春，花開花落白頭新。顛狂柳絮今相似，昔日深窗詠雪人。”《秋日郊行》云：“一徑蕭條沿水斜，炊煙遙認兩三家。荒邨落日稀人語，無限秋風動稻花。”其負抱可想者，《偶成》一絶云：“嘗將筆硯學男兒，不趁春風試粉脂。天壤王郎空有恨，謝家門巷落暉時。”《五山堂詩話》卷六

① 醉石：野澤醉石。參見“微吟”第四條。

② 多田氏：多田季婉，參見“吟詠”第七十二條。

十六

杜《己上人茅齋》詩，歐陽修曰：“僧齊己[1]也。善吟詩，知名於唐。”千家注。《侗庵非詩話》卷九

① 僧齊己：參見“吟諷”第五條。

十七

余之僑居京城也，軒外有古松一株，夭矯翥軒，遊龍舞鳳，余撫而愛之。及日之没，山月之飛空，則涼影參差，中庭如流。時有稚子高吟曰：“水上輕風非有著，松間明月本無塵。”余卧而聽之，不覺躍然而起，拍手和之。已而歎曰：“此境界一味，恨無人共享之矣。”居久之，聞足音跫然，則有二三客提携而來，余爲設席松陰，與之啜苦茗，酌淡酒，陶然以樂。古人云“又得浮生半日閑”，我輩之閑豈特半日而已哉。於是余爲之商榷古今，評品文詩，其餘及山水花木，書畫筆墨之末。衝口而發，無所擇也。一談二笑，未嘗不抵掌稱快也。乃謂客曰：“子亦曾聽稚子之吟詩乎？水風不著，松月無塵，是得我談之意，且彼偶然高吟以自快焉。我聽而悦之，不知客亦能悦吾之談否？然悦之亦可，不悦亦可。我快吾談，奚必問人之悦與不悦哉？”客啞然而笑，且去又來，固無妨於我之閑也。積日累月，談益多端。因自録之，稍積爲卷，名曰《松陰快談》。亦非以快人也，以自快耳。夫月之夕，松之陰，乃繙我書而快誦之，安知不復有旁人拍手稱快者哉？文政庚辰仲夏，豐山長野確書於京城僑居老松之陰。《松陰快談自序》

十八

江村北海[①]曰：“曹學佺[②]《明詩選》載日本僧天祥[③]詩十一首，機先[④]詩二首。二僧被賞乎中土，而湮晦乎我邦，甚可嘆惜。”朝鮮徐剛中[⑤]所著《東人詩話》以“清磬月高知遠寺，長林雲盡辨遙山”爲日本僧梵吟詩，余未考梵吟何人。《鉏雨亭隨筆》卷中

① 江村北海：參見“吟誦”第十條。

② 曹學佺：1574—1646，字能始，號雁澤、石倉居士、西峰居士。福建福州府侯官縣人，明末政治人物，東林黨人，著名官員、學者、藏書家

及殉國者。

③ 釋天祥:（しゃくてんしょう　SHAKU-TENSHO），《滄海遺珠》録其詩十一首。其餘不詳。

④ 機先:《滄海遺珠》録其詩十八首。其餘不詳。

⑤ 徐剛中：朝鮮詩人徐居正字剛中。

十九

《鍾山語録》，皇甫冉①詩"暝色赴春愁"，下得"赴"字最好，若下"起"字，即小兒語矣。足見吟詩要一字兩字工也。按王世貞②"秋陰生檜早，暝色赴花遲"，蓋祖皇甫句，"生"字欠工夫。李長吉③詩"眼逐春暝醉"亦佳。《鉏雨亭隨筆》卷中

① 皇甫冉：714—767，一説716—769，唐代詩人。安定（甘肅省涇川北）人。字茂政。後移居潤州丹陽（今屬江蘇省丹陽市）。

② 王世貞：明代復古派詩人。

③ 李長吉：唐代詩人李賀。

二十

原善公道①曰：舜水②不好作詩，與奥村庸禮③書曰:"吟詩作賦非學也，而棄日廢時必不可者也。'空梁落燕泥'工則工矣，曾何益於治理？'僧推月下門'，覈則覈矣，曾何補於民事？'雞聲茅店月，人跡板橋霜'，新則新矣，曾何當於事機？而且撚髭嘔心，儻或不能工緻，徒足供人指摘，又何益詩名？"然猶評李杜曰:"李不如杜。李秀而杜老，李奇險而杜平淡，李用成仙等語更不經，煉丹等殊不雅，不若杜家常茶飲有味也。然不奇奥不極，造不得平淡。有意學平淡，便水平煎豆腐湯矣。"《錦天山房詩話》卷上

① 原公道：參見"朗吟"第八條。

② 舜水：朱舜水（1600—1682），明末儒者。後流亡日本。

③ 奥村庸禮:（おくむら やすひろ　OKUMURA-YASUHIRO）（1627—

1687），任加賀藩年寄。加賀八家奥村分家第二代當主。寛永四年十一月七日生，貞享四年六月八日歿，享年六十歲。

二十一

相書鼻爲山根，山根有疾，恐非佳兆矣。然東晋謝安①、北宋劉貢父②俱有是疾，一則德望蓋世，一則博識該覽，居一代諸賢之右。予友吴士甯③精於賞鑒，人咸謂今之貢父也。每吟詩則使諸友雌黄，咸歎曰："擁鼻之吟，何可容喙？"《曉看海棠》云："睡眼揩摩破曉天，三盃卯酒占人先。耽梅一病今將瘉，又爲海棠重欲顛。"《秋日偶成》云："秋風渺渺雁南翺，蘭秀菊芳霜氣高。忽有故人分薄俸，呼妻先擬購綈袍。"《秋江獨釣》云："雨蓑煙笠冷秋潭，獨繭綸輕向夕嵐。細逕歸來蘆荻暮，沙禽飛上小魚籃。"《柳橋詩話》卷上

① 謝安：320—385，東晋政治家。字安石。

② 劉貢父：劉攽（1023—1089），北宋史學家。字貢夫（一作貢父）、贛父（或贑父），號公非，新喻（今屬江西省樟樹市黄土鎮）人，劉敞弟。與劉敞同登慶曆六年進士。

③ 吴士甯：不詳。

二十二

叔父北嶽君名之篤①，字子信，又號一笠齋，初稱俊五，後稱元桂，學山本中郎②於京師，又學村瀨栲亭③。《上家大人》云："奉命辭來北越間。即今無恙人逢關。茫茫學海認難得。題柱駟車何日還。"《歲晚》云："徒重犬馬歲，春色客中催。縱無添華髪，慷慨肝膽摧。"《山家看雪》云："草堂人不到，偶坐養天真。偏愛滿籬雪，總如花樹新。"《賞雪》云："六出翻簾外，隨風落玉杯。難分庭裏樹，幾個是真梅。"《午睡夢友人》云："曲肱夏日午時初，夢裏逢君又別君。落枕鐘聲北窗下，舉頭几上讀殘書。"《中秋與山中郎及諸子遊廣澤》云："萬里異鄉客。來遊廣澤傍。誰言秋月好，總是斷人腸。"《塞下曲》

云："胡天秋色夜淒淒，蕭瑟非風征馬嘶。月下霜寒三尺劍，人傳虜在陰山西。"《花月吟，送建養益歸鄉》云："新月映花夜如霜，花梢月影照離腸。賦花弄月春宵短，嘯月感花別恨長。花月看時爾憶否，月花餞宴何時忘。月前花下吟詩客，花月吟成空斷腸。"《伏見途中》云："冬風何處來，颯颯塵埃起。回首望北天，雲重千萬里。""叡嶽何隱秀，鯨音古寺邊。暮過千里客，所思湧如泉。轣轆牛車去，大陽復已斜。寒風吹六出，忽見滿林花。"又云："篁間深鎖兩三家，牆下柚橙自發香。返景青苔相照去，東山削出一寒光。"《仝有感》云："少年學劍一書生，來往幾回功未成。水上月明難悟得，不知何日止斯行。"蓋君學擊劍於伏見河田伏水④稱左助，先生畢究其蘊奧，同門有孫福齋宮⑤者，演戲伊勢音頭，福岡貢⑥是也。□□□嘗來訪君，時新雪降數尺，兩人揮劍馳驅於雪上，恰如走平地。予家"文政火災"前，宅櫳内隙地，雪深二尺餘，東西四間。兩人時在此間演武，若飛鳥在空相搏，毫無所支梧。祖母妙順君時話次及之，君以其長武事也，旗下之士有欲薦幕府者，於是潛至江户，開演武場，教以劍法，及門者三百餘人云。偶病而還，歿於越後梶屋敷，時年二十六。《高岡詩話》卷五

① 津島元桂：字子信，號北岳（北嶽）、一笠齋，初稱俊五，後稱元桂，於江户師從山本中郎，後師從村瀨栲亭。赴江户開設劍術道場，門人多達三百餘人。二十六歲歿。其餘不詳。

② 山本中郎：山本封山（やまもと ほうざん　YAMAMOTO-HOZAN）（1742—1813），江户時代中期醫者、儒學者。越中國高岡（今屬富山縣高岡市）人。日下莊兵衛之次子，名有香，字蘭卿，號封山、月榭、蘭卿，世稱"仲郎"。初學於加賀藩（今屬石川縣金澤市）藩醫内藤彦助，後師從京都"古醫方"吉益東洞。後赴京都成爲第七代儒醫山本貞德之養子。任本願寺之侍讀，法主賜其堂號"讀書室"。寬保二年生，文化十年三月歿，享年七十二歲。其次子爲山本亡羊。

③ 村瀨栲亭：（むらせ こうてい　MURASE-KOTEI）（1744—1818，

一説1819年），江户後期儒學者，京都人。名之熙，字君績，世稱“嘉右衛門”，號栲亭、神洲、土岐中書。從武田梅龍習古注學。仕秋田藩（今屬秋田縣），参與藩政。晚年辭官返京都。以博學聞名，詩文兼優。延享元年五月二十一日生，文政元年歿，享年七十五歲。其著作有《藝苑日涉》《栲亭稿》等。

④ 河田伏水：河田仲行（かわた なかゆき KAWATA-NAKAYUKI）（？—1789），江户時代中期武道家，伏見（今屬鳥取縣）人。世稱“河田左助”“河田伊織”。鳥取藩士（伏見藩邸留守居役，河田家第五代）。寬政元年歿。

⑤ 福齋宫：不詳。

⑥ 福岡貢（ふくおか みつぎ FUKUOKA-MITSUGI）：江户時代歌舞伎《伊勢音頭戀寢刃》之主人公，以寬政八年（1796）發生於伊勢（今屬三重縣）之真實事件爲題材。

二十三

結城凡鳥①：凡鳥，一奇士也。與土居香國②交善，香國爲立其傳，其略云：“凡鳥，予莫逆友也。初名琢磨，字子猷，年甫十三入鄉黌，嶄然露頭角。好作韻語，夙有七步八叉之才。後入東京，遊共立學舍，暇則散金結交，友道大開。淪落殊甚，寄食人家，間或不食者累日，意晏如也，人目以狂。乙亥歲予游東京，爲寄其家人所托數丁金。凡鳥揮霍三日而盡。是歲四月，舉陸軍軍吏試補，從福原大佐③航清國。其發前一日，囊盛數百金，訪往所寄食，或十金，或二三十金，照其厚薄贈之，人皆呆然。凡鳥語予曰：‘漂母一飯，今而得報，亦一快事矣。’凡鳥一夜與友人飲酒樓，會失火，其友倉皇來曰：‘咄！咄！火將焚子屋。’凡鳥曰：‘天矣，有何？’益談笑自若。嘗在清國時所購古書畫珍器爲蕩然。罷官之日，邀友聘妓，詩酒優游，曰：‘人生貴適意，何問貧富？’資財消散，落魄如舊，妓阿鳴憫之，寄食其家。阿鳴，蓼莪坊妓也。襟度洒落，頗有俠氣，無幾從良。凡鳥再就官陸軍省，於是矯心正行自警，大書米櫝以代佩絃曰‘一粥一飯當思來處不易’，蓋朱文公之語也。”余讀之慨然曰：“噫！凡鳥反非凡矣。其放曠闊達固不易及，而矯正心行是最不易及也。惜年僅二十九病肺而亡，天何奪才之速也！”著有《橋北十七名花譜》《逆水四時雜誌》《濟勝志適》《花月緣話》及詩文集若干卷。香國爲寄遺詩數首，《石上》云：“石上題名緑蘚穿，何須辛苦畫淩煙。偶吟詩句嘲風月，時拜歌姬乞酒錢。遺世心存仙佛外，尋花夢落水樓邊。江湖回首誰知己，我是都門貧少年。”《牡丹》云：“豔骨豐肌壓一場，公然自稱百花王。勾欄暖護東風色，瑤圃輕飄羅袖香。有酒爲君終日醉，凝妝使我半生狂。芳根移托魏家後，開口偏慵評紫黃。”可見才氣非凡矣。《明治詩話》卷一

① 結城凡鳥：（ゆうき ぼんちょう YUKI-BONCHO）（1853—1881），明治時代漢學者、軍人，土佐（今屬高知縣）人。本姓山田，名寅衛、贊，字子猷，世稱“琢磨”。學於土佐高知藩之藩校“致道館”，赴東京習英語。入陸軍省，明治十年（1877）參加“西南戰爭”。後講授於中村正直所創私塾“同人社”。嘉永六年八月十一日生，明治十四年三月二十三日歿，享年二十九歲。其著作有《逆水四時雜詞》《橋北十七名花譜》等。

② 土居香國：（どい こうこく DOI-KOKOKU）（1850—1921），明治至大正時代漢詩人，土佐（今屬高知縣）人。本姓越智，名通予，字子順，世稱“莞爾”“龍輔”。入遞信省，任東京郵便電信局長等職。繼森槐南主持“隨鷗吟社”，編集雜誌《隨鷗集》。嘉永三年八月十八日生，大正十年十二月十三日歿，享年七十二歲。其作品有《仙壽山房詩文鈔》等。

③ 福原大佐：福原和勝（ふくばら かずかつ FUKUBARA-KAZUKATSU）（1846—1877），江户時代末期至明治時代前期長府藩（今屬山口縣）藩士、陸軍軍人。明治二年（1869）赴英國留學，明治五年（1872）十一月歸國。曾任初代駐清國公使館武官。最終階級陸軍大佐。慶應三年（1867）四月渡航上海。弘化三年五月十一日生，明治十年三月二十三日歿，享年三十二歲。

· 微 吟 ·

一

凡詩賦之體，悉以第二句末與第四句末以爲韻端。若諸雜筆不束以韻者，其第二句末即不得與第四句同聲，俗呼爲隔句上尾，必不得犯之。如魏文帝《與吳質書》曰“同乘共載，北遊後園。輿輪徐動，賓從無聲。清風夜起，悲笳微吟”是也。

劉滔[①]云：“下句之末，文章之韻，手筆之樞要。在文不可奪韻，在筆不可奪聲。且筆之兩句，比文之一句，文事三句之内，筆事六句之中，第二、第四、第六，此六句之末，不宜相犯。”此即是也。《文鏡秘府論·西》

① 劉滔：梁代大同年間，聲律學家。

二

服伯和[①]，名天游，號嘯翁，又稱蘇門居士，京師人。家業織造，伯和以多病故不服其業，以講説授徒。其爲學也專務博洽，兼窺佛典，性好論駁，撰著頗多。年垂半百，以疾之故，褊急日甚，遂以此没焉。門人永俊平[②]擕其遺稿，就余請檢校。其詩雖欠精細工夫，氣格竝合。五言《登愛宕山》云：“平安西北鎮，石磴幾千盤。峰插層霄起，雨分衆壑看。鶴歸華表古，僧住白云寒。時有仙軿度，依稀聽玉鑾。”七言《宿山寺》云：“微吟曳杖此相尋，纔到上方落照深。倚檻寒雲歸洞口，遶階暗水咽苔陰。山房寧有人間夢，溪月偏閒物外心。只爲社中容酒客，淵明一夜在東林。”《日本詩史》卷三

① 服伯和：服部蘇門（はっとり そもん　HATTORI-SOMON）（1724—1769），江户時代中期儒者。名天游，字伯和，號嘯翁，世稱“六藏”。於

京都“觀自在堂”講授儒學。初爲荻生徂徠學説傾倒，後改爲攻擊。於佛教老莊之學亦詳，自稱“三教主人”。享保九年閏四月十六日生，明和六年九月十六日歿，享年四十六歲。其著作有《燃犀録》《赤倮倮》等。

② 永俊平：永田觀鵝（ながた かんが　NAGATA-KANGA）（1738—1792），江户時代中期書法家。京都人。名忠原，字俊平，號觀鵝、東皋、黎祀道人。書法學李北海，儒學師從江村北海、服部蘇門。元文三年生，寛政四年八月二十五日歿，享年五十五歲。其著作有《觀鵝堂詩集》《詩語碎錦》等。

三

醉石[①]與三詩友約遊梅園，會疾不赴。是日三人彷徨花下，俄有宫娃擁隊而至。内一人微吟扇上詩云：“春風澹蕩暖煙凝，重到梅邊拄杖藤。憶得去年人日雪，寒侵吟帽鬢生冰。”三人傾聽，便是醉石舊日重到杉田之作，相共誇豔上美人檀口。余戲贈醉石以一絶云：“梅花絶唱扇頭詩，著意愛吟知是誰。却自人間到天上，宫溝亦有倒流時。”《五山堂詩話》卷五

① 醉石：野澤醉石（のざわ すいせき　NOZAWA-SUISEKI）（1781—1842），江户時代幕臣、歌人、文學者。名恒，字寧恒，號醉石，世稱“彦六”。天明元年正月生，天保十三年八月十一日歿，享年六十二歲。其餘不詳。

四

静山岡先生[①]，諱輔幹，字正弼，一號軸雲，耆德宿學，山斗於一時，四方後學從之如麕。余自髫齔侍坐絳帳，日得仰瞻風采。先生之於詩，音節天然，最其所長也。奇句警語，信口而出，隨筆而成，長篇則《鐮倉》百韻、《贈九山先生》八十韻，皆可謂魄力之作。今特就全集，擇其上乘者，以示巨刃摩天之手。《觀一乘瀑布》云“山排天閽淵地軸，天淵中懸千尺瀑。奔流欲落觸巉巖，乍爲花散

爲煙簇。千條素絲綴珠璣，萬點柳絮風相逐。棲棲紅塵陌頭人，那知奇觀在幽谷”，《病中寄友人》云“數株楊柳鎖衡茅，晝靜柴門無可敲。蛺蝶逐芳眠几席，嬌鶯求友唤林梢。微吟常愛詩兼酒，多病時違漆與膠。何日吕公重命駕，笑言携手共論交”，《伊振嶠秋望》云“伊振高峨鬱崢嶸，氣霽雲飛斜景清。不見仙翁採藥去，時隨樵者負薪行。碧波秋漲龍頭水，粉堞晴開龜背城。日暮家園何處是，千門樹裏炊煙平”，《小谷懷古》云“扳登小谷古城隅，極目蕭條夕日孤。荒壘草滋人不見，深林花落鳥相呼。虎山猶勒三軍績，姊水遥分八陣圖。更爲陰風來惹恨，幽蹊曳杖獨踟躕”，《秋懷》云“西山短景彩霞流，楊柳蕭疏玉露秋。終夕懷憂貪對酒，頻年抱病懶登樓。一行雲雁飛高舉，三徑草蟲鳴不休。官拙自羞勞五斗，何時歸去卧林丘”，頗存少陵之風味。《木石園詩話》

① 静山岡先生：岡田輔幹（おかだ すけもと OKADA-SUKEMOTO）（1775—1831），江户時代中期漢學者、國學者，越前大野（今屬福井縣）人。名寛、寛翁、幹，字正弼，號静山，世稱“八郎左衛門”。漢學師於松村九山約四十年，晚年國學師於田中大秀，乃本居宣長“本居系皇學”之私淑弟子。堪能詩歌。安永四年生，天保二年四月二十九日殁，享年五十七歲。其著作有《深山木》（江户時代唯壹大野郡志）等。

五

得天保甲午、乙未鳳鳴社吟稿於氏家慎齋①，中載松籟雀齋②、三龍葆齋③，一號、冠齋④、慎齋山窩⑤、有年⑥、敬介⑦、隆介⑧、宗明⑨、謙齋⑩、南山⑪、有峰⑫、蘭窩⑬、梅圃⑭、由齋⑮所作。既經著録居多，今收前所遺。服部冠齋名信，字履吉，稱修道《秋日登古城》云：“吟會古城萬水中，眼前池水色青葱。西風一陣偶回首，栗殼山頭夕日紅。”《秋夜不寐》云：“閒敲窗紙動愁情，不是雨聲是葉聲。撫枕終宵眠不得，更更數盡到天明。”《雪後出遊》云：“門外雪晴云又收，醉中乘興作閒遊。放歌一曲斜陽路，獨木橋邊駭睡鷗。”服部有年

《晚景即事》云:“晚逃炎暑趁涼飆，三兩吟朋到埜橋。時有漁夫繫舟去，幾多螢火逐波飄。”《秋夜枕上》云:“夜雨蕭蕭燈火昏，芭蕉葉上滴聲繁。閑眠一覺難重覓，曉下階除步小園。”《秋晚閒居》云:“門前幾株樹，紛紛落葉深。白蘆半汀雪，黄菊滿園金。窗下試新茗，松陰調玉琴。頃來無客到，又見夕陽沈。”《秋夜不寐》云:“一雨晴來夜氣清，詩魔惱我到殘更。風吹古木琴音細，月上書窗樹影明。遠寺鐘於枕邊落，鄰家雞隔屋頭鳴。定知征客侵晨發，認得門前馱鐸聲。”《雪晴晚望》云:“晚際風收雨雪微，閒人乘興出柴扉。水仙花發香方動，松樹枝垂聲已稀。漁叟斷崖霑醉立，樵童小巡印痕歸。前山添得好詩料，幾樹著花明夕暉。”佳句如《冬日郊行》云“方識牧童吹笛去，黄牛繫在晚楓陰”,《雨夜小集》云“席上薰香是何事，主人笑指一瓶梅”，皆妙。澤田君亨[16]稱敬輔早雲義子《紅葉》云“霜林染出一庭中，光景幾般黄又紅。日日品題情不盡，唯愁夜雨與朝風。”《聞落葉》云:“門外無人夜寂寥，唯聞落葉逐風飄。颼颼颯颯眠難得，騷客如何此一宵。”《牧童》云:“驅牛叱叱傍溪流，簑笠風寒山色幽。短笛數聲斜日裏，歸來一路石橋頭。”富隆介名元敬，字謀人《晚景即事》云:“黄昏眠覺思深哉，簾外微吟帙未開。忽喜蠻童能解意。桔槔取水灌青苔。”南謙齋一號旦里，稱建齋，今住冰見《紅葉》云:“清霜染出滿林紅，不用飄飄舞晚風。過雨無妨卻增色，晴來如洗映秋空。”《秋夜聞落葉》云:“寒風幾陣逼秋衾，顛轉難眠夜正深。軒外蕭蕭楓葉落，恰如輕雨打窗音。”《江村雜興》云:“霜嚴兩岸草皆枯，處處園林葉似朱。靜景詩人尋句去，江頭沽酒又沽鱸。”川上有峰名秀實，字士穀，一號軌齋，稱菱屋二郎四郎《冬日遊山寺》云:“淒風滿山岳，霜葉染如丹。塔影跨溪冷，磬聲度水寒。既看修竹瘦，又愛菊花殘。共約來春日，探花又結歡。”《春晴登樓》云:“以詩會友陸舟樓，席上探題分韻籌。雪解連山帶雲聳，水添新漲抱欄流。喜晴野雀群相喚，向暖庭梅香正浮。偏愛軒前幽味足，共傳杯酒倚窗頭。”《早起涉園》云:“閒夢醒來醉尚存，一伸一欠涉前園。蹣跚直爲驅疏懶，緑樹陰中又出門。”《雪中聞鶯》云：“從來北越深寒氣，正月梅花猶未開。忽聽黄鸝三兩囀，誤看雪片作殘梅。”山本蘭窩時稱禮樓造，今仕本藩，稱内藤宗安《竹笛》云：“龍孫迸出破苔紋，雨後數竿緑十分。粉籜斑斑如玳瑁，庭前屹立欲淩雲。”《夏日宴池亭》云：“一樽呼客坐池亭，酬酢頻煩醉又醒。今夜不妨纖月暗，分明照水數群螢。”桑山梅浦名仁山，字粥糟，稱梅染屋浦之丞，今稱吟左衛門《冬日遊山寺》云：“一望田園紅葉深，登來古寺醉高吟。暮煙籠處鳴鐘起，倚遍闌干送斷鴻。”《遊是性庵》云：“獨步春園柳蔭風，黄鸝日暖囀幽叢。茅堂寂寂松濤起，雲外連山斜照紅。”津田由齋名景完，字苟好，稱鶴來屋喜三次《山村書所見》云：“山村雪霽暖於春，屋後屋前堆玉塵。開户時望灞橋趣，吟行緩緩是詩人。”《春雨》云：“鳩聲何處去求雌，煙霧濛濛雨若絲。牆角梅花玉肌濕，池邊楊柳緑眉垂。”《詠柳》云：“數株煙鎖野橋湄，婀娜新枝掃岸垂。滌雨染成千縷緑，含風織出萬條絲。差池紫燕時藏影，宛轉黄鸝不見姿。好景何妨日西没，更懸纖月最清奇。”《高岡詩話》卷四

① 氏家慎齋：不詳。

② 松籟雀齋：不詳。

③ 三龍葆齋：不詳。

④ 冠齋：服部冠齋，名信，字履吉，稱修道。其餘不詳。

⑤ 慎齋山窩：不詳。

⑥ 有年：服部有年。其餘不詳。

⑦ 敬介：不詳。

⑧ 隆介：富隆介，名元敬，字謀人。其餘不詳。

⑨ 宗明：不詳。

⑩ 謙齋：南謙齋，一號旦里，稱建齋。其餘不詳。

⑪ 南山：不詳。

⑫ 有峰：川上有峰，名秀實，字士穀，一號軌齋，稱菱屋二郎四郎。其餘不詳。

⑬ 蘭窩：山本蘭窩，時稱禮樓造，仕本藩，稱内藤宗安。其餘不詳。

⑭ 梅圃：桑山梅浦，名仁山，字粥糟，稱梅染屋浦之丞，今稱吟左衛門。其餘不詳。

⑮ 由齋：津田由齋，名景完，字苟好，稱鶴來屋喜三次。其餘不詳。

⑮ 澤田君亨：不詳。

六

友人示一冊，題曰《閒居三十首》，荒木伯遷[①]所作。伯遷字廷喬，號松山，不詳何許人。此冊首有自序，末有中井竹山[②]跋。蓋竹山密友也。余憫其有詩才而其名不顯，録而傳之如左。其一《擬杜甫》曰："魯鈍應吾分，幽棲水竹村。花開仍苦雨，鳥返復黄昏。自得田夫道，誰承國士恩。香醪充藥餌，一病鎖柴門。"其二《擬李白》曰："明月中天出，蕭然彈我琴。不眠多古意，兀坐豁幽襟。露下芙蓉渚，風生桂樹林。故人若相問，清夜玉壺吟。"其三《擬王維》曰："田園人境近，車馬到來稀。茅舍依花塢，茶煙上翠微。行携青竹杖，回掩白雲扉。牀上琴書在，柴桑思不違。"其四《擬孟浩然》曰："草舍青山下，居然忘是非。歲時風物換，丘壑道情微。樵徑乘晴去，漁舟帶雨歸。簪紳余不起，已製芰荷衣。"其五《擬高適》曰："州縣勞何限，徒然都匪才。不期豪吏到，但望故人來。籬菊尊中馥，紅梅瓶裏開。暮年甘伏櫪，誰復向燕臺。"其六《擬岑參》曰："繡軛都門道，煙蓑野水隈。金魚何敢戀，白鳥莫相猜。草色乘春出，花陰蹈月回。長安車馬客，那問釣徒來。"其七《擬錢起》曰："幸閒須滅跡，天地有清真。流水幽人意，青山太古春。仙雲生枕席，彩翠濕衣巾。耽著滄州趣，元非戀主身。"其八《擬劉長卿》曰："舊隱長無倦，猶怡幽趣新。露花煙裏曙，瑤草雨餘春。上界唯聞磬，中林不見人。衡門風自啓，疑是好鵝賓。"其九《擬皇甫冉》曰："野墅沈冥跡，天朝供奉班。誰騎驄馬去，當解綬章還。風日棲花鳥，煙霞臨水山。逢人何所説，塵事不相關。"其十《擬司空曙》曰："僻處人多静，深居事總閒。時求林果往，或摘野蔬還。片雨僧留錫，陰雲猿叩關。寂寥曾不厭，江上有青山。"其十一《擬韓愈》曰："林館無公事，池塘亦静虚。苔含芳潤媆，花入緑蔭疏。野處長云得，衷襟誰與舒。虞卿唯著作，奚必鄴侯書。"其十二《擬白居易》曰："遠隔青雲路，閑棲緑竹廬。每朝衹服藥，無日不觀書。期友留春酒，充飧釣夜魚。應須來遣興，風月在吾居。"其十三《擬賈島》曰："此生長好静，不媿草堂靈。華髮忘年至，滄州惜夢醒。苔埋題石句，花繽汲泉瓶。載酒誰能問，一牀揚子經。"其十四《擬姚合》曰："稍得林丘趣，幽莊思獨醒。泉明魚繞石，蘚静鳥過庭。詩任閑吟就，酒因多病停。山中無甲子，不復愧驢齡。"其十五《擬許用晦》曰："故園書劍返，世路倦周旋。客況慚前事，家居勝舊年。苔香花下露，雲冷石間泉。雖失桑蓬志，乾坤獨晏然。"其十六《擬李商隱》曰："竊荷明時澤，那言野外賢。浮生疇自得，幽跡獨翛然。書几多隨竹，茶爐卻在船。因詩堪避世，寧比謝臨川。"其十七《擬周元公》曰："聖世斯文重，胡言吾道深。淑人依汗簡，會友賴鳴禽。雀乳新篁徑，蓮開剩水潯。明廷君子滿，孰合話胸襟。"其十八《擬林逋》曰："羸馬曾游郭，幽人還入林。決然安坐卧，不復問浮沈。鶴共鄰僧聽，梅隨牧豎尋。從佗詩句僻，衹是費微吟。"其十九《擬歐陽修》曰："林麓稀賢友，琴觴且遣憂。山嵐含樹起，野水帶花流。遵道須無愧，虚心何所求。讀書時睡著，夢與古人游。"其二十《擬蘇軾》曰："郭外仙田懇，叨言榮故侯。東坡時喜雨，西圃可期秋。栽樹人應笑，經綸志自休。刈藜猶製杖，欲掛百錢游。"其二十一《擬黄庭堅》曰："蕪穢陳蕃室，彷徨范冉車。讀書時感激，安命豈咨嗟。携儷春挑菜，招僧雪煮茶。錦鯖吾不羡，乖隔五侯家。"其二十二《擬陳無己》曰："山霽雲含翠，江清水見沙。貧居仍自適，榮禄莫相誇。聽雨開茶社，期晴向酒家。聖朝真棄物，詎用謝黄麻。"其二十三《擬陸游》曰："浸梅和麴糵，劚筍試苞蘆。既拓三條徑，曾無二仲徒。晚行將犬子，晨起弄雞雛。一氣龍潛窟，深居虎負隅。”其二十四《擬翁靈舒》曰：“那尋丹穴去，虚館即玄都。賣石苔啣字，栽花蝶造圖。鄙生如蠛蠓，塵路避夔魖。世故過初定，唯安野性愚。”其二十五《擬高啓》曰：“匹馬歸家後，冥棲不負期。春風花底酒，夜雨竹間棋。蹇劣寧應世，文章誰得時。當年慷慨志，但有二毛知。”其二十六《擬林鴻》曰：“長憑烏几嘯，自得白雲期。清夢風塵表，芳洲煙月時。秋蘭行紉佩，春草坐題詩。韜晦求真侶，寂寥瓊樹枝。”其二十七《擬李夢陽》曰：“吾自從吾命，蹉跎笑此躬。燕金違宿志，晋竹趁高風。花逕軒裳外，茅堂水石中。不知年少日，一氣爲誰雄。”其二十八《擬何景明》曰：“麟閣丹青古，雲臺氣象雄。聖圖千載狀，德澤四方同。嚴子垂綸客，龐公採藥翁。倘知隱顯理，天地玉壺中。”其二十九《擬李攀龍》曰：“濁酒堪閑酌，吾曹無宦情。雲霄終吏事，湖海自詩名。高枕青山出，開軒夜月明。傲然天地外，一笑見浮生。”其三十《擬王世貞》曰：“潛夫宜偃蹇，薦疏是浮名。人怪墻東隱，吾忘柱下情。才寧餘二斗，價不抵連城。經業尤慷慨，升沈閔穆生。”其三十一《擬袁宏道》曰：“白社尋幽徑，青帘望故城。人評賢從事，僧禮古先生。處世如逃世，隳名或得名。耽詩兼嗜茗，儘剩陸盧情。”其三十二《擬李漁》曰：“不被人間笑，烏知林下情。忙唯書畫癖，閑是布韋榮。歲月花三畝，風煙水一泓。疏慵惟曠達，恐惹晋賢名。”前曰三十首，而實多二首，蓋舉大數也。《梧園詩話》卷上

① 荒木伯遷：伯遷字廷喬，號松山。其餘不詳。

② 中井竹山：參見“吟哦”第十七條。

·朗 吟·

一

絶句實難於律矣。然亦因其人之稟性，而自有所長所短也。若李白長於絶句，斯可謂其天性也。是乃如李于鱗[①]所評焉，蓋以不用意得之，而巧者反失矣。白之詩云“廬山西南五老峰，青天削出金芙蓉。九江秀色可攬結，吾將此地巢雲松”，此詩從首至“九江秀色”，則入看而出於口，自然之調，其不用意者也。“可攬結”三字，些用工夫。結句造意，巧而失勢者歟？其他五七言絶句，若于鱗之選所載焉，則最其秀逸者，作者宜以法效焉也。朱元晦[②]詩云“我來萬里駕長風，絶壑層雲許盪胸。濁酒三杯豪興發，朗吟飛下祝融峰”，此詩出於李白之豪放，而可謂首尾不失勢矣。《作詩質的》

① 李于鱗：李攀龍（1514—1570），字于鱗，號滄溟。歷城（今屬山东省濟南市）人。著名文學家。

② 朱元晦：宋朱熹。

二

輕薄兒好向人自誦其詩，抗聲朗吟，鼻間栩栩然，面貌可憎也。昔郭功甫[①]携詩一軸示東坡，先自吟誦，聲振左右。既罷，謂坡曰：“祥正此詩幾分？”東坡曰：“十分。”功甫驚喜問之，坡曰：“七分來是讀，三分是詩。豈不是十分耶？”予每舉此以戒之。凡示長者，宜書以呈之，不可自誦也。《夜航詩話》卷一

① 郭功甫：郭祥正（1035—1113），字功父，一作功甫，自號謝公山人、醉引居士、净空居士、漳南浪士等。當塗（今屬安徽省）人。北宋詩人。

三

杜[①]爲御史，分務洛陽。時李司徒罷鎮閑居，聲伎豪華，爲當時第一。洛中名士咸謁見之，李乃大開筵席。當時朝客高流，無不臻赴。以杜持憲，不敢邀置。杜遣座客達意，願與斯會。李不得已馳書，方對花獨酌，亦已酣暢，聞命遽來。時會中已飲酒，女奴百餘人皆絶藝殊色，杜獨坐南行，瞪目注視。引滿三卮，問李云："聞有紫雲者，孰是？"李指示之。杜凝睇良久，曰："名不虚得，宜以見惠。"李俯而笑，諸妓亦皆廻首破顔。杜又自飲三爵，朗吟而起曰："華堂今日綺筵開，誰唤分司御史來。忽發狂言驚滿座，兩行紅粉一時廻。"意氣閑逸，傍若無人。本事詩。《侗庵非詩話》卷十

① 杜：唐代詩人杜牧。

四

余在朝鮮，與韓客數人會飲於草梁項，吴引儀[①]、金泰敬[②]、李明叟[③]在焉。一館生袖《南山環翠園》十律來示韓客，衆共圍觀之。讀到"雁歸、梅發"一聯，爲之靖然改容曰："日本亦有此一聯耶？"明叟便起在東廂上，往來數遍，朗吟不已。引儀曰："明叟來！卿知此詩意乎？"明叟曰："音調高，所以朗吟也。"引儀笑曰："還卿實録話。此非卿所能知也。"泰敬曰："此一聯妙則妙矣，惟'暗'字似乎婦人語。"引儀曰："卿欲何字代之？"泰敬曰："'卻'字如何？"引儀曰："若用'卻'字，非詩也。"泰敬閉目半晌曰："我誤矣。"以上三則，共系芳洲口授。《弊帚詩話》卷下

① 吴引儀：不詳。

② 金泰敬：不詳。

③ 李明叟：不詳。

五

松石[①]，賈人而有士行，老益健，灑落脱俗，好劇談評騭古今人物。每對人朗吟自作詩，句句以聲色形狀隨之。如“雲穿松蓋重”，便兩手相疊爲偃蓋狀。又如“水淺柳絲垂”，至自起折腰，見者莫不哄堂。《浪華詩話》

① 松石：不詳。

六

有人偶來敝廬，朗吟自作詩，其尾句云：“霸王樹畔美人草，匹似虞兮待項王。”可謂能取譬。忘其姓名，蓋讃丸龜隱士云。《浪華詩話》

七

莊田靜[①]：字子默，號琳庵，稱萬右衛門，武藏人。少從谷一齋學，資稟特異，尤長於談論。龜山侯松平忠晴聞其講《通鑒綱目》，喜之，以禄百五十石聘之。天資温柔，退然若不勝衣，而至論辯得失，不避利害，人皆忌憚其謇諤。寬文十年侯卒，柄臣恣志，抗疏論之，奸黨深忌害之。遂抵罪，囚於城中獄四年，延寶二年十月棄市。將就刑，神色不變，南向拜君曰：“死酬知己而無愧於地下。”又東向拜母曰：“萱砌春輝之鞠育，豈得報寸草之芒乎？今復先而貽大耋之嗟，不肖之戾孰大焉？我匪弗懷私恩，其奈公義何？”乃朗吟絶命辭而死，時年三十六。其在獄中著《獄吏問答》，援引該博，皆取諸臆，不舛一字，人皆惜焉。《錦天山房詩話》卷上

① 莊田靜：莊田琳庵（しょうだ りんあん　SHODA-RINAN）（1639—1674），江户時代前期儒者，武藏（今屬東京都府中市）人。名靜，字子默，號琳庵，世稱“萬右衛門”。師從谷一齋，任丹波龜山藩（今屬京都府）侍講。寬文十年（1671）藩主松平忠晴歿，後因藩内抗争失敗而刑死。寬永十六年生，延寶二年十月歿，享年三十六歲。其著作有《獄吏問

答》。

八

原善公道[①]曰：蜕巖[②]以詩豪壓一時，而意見屢改，格調屢變，皆足以驚人。自言初學宋歐蘇而旁放翁、簡齋，中年學唐，祖禰李杜，緣飾以錢劉諸家，又退學明，甘爲王李銀鹿，亡幾爲袁中郎、爲徐文長，而遂以初盛唐爲表準，弇州濟南爲門户。復鳴歸德書云："一旦大夢覺、宿酲解，乃斷然以開天爲關，七子爲引。陽春白雪，每奏彌高；斗文紫氣，每望彌昌。季子裘敝猶可改，吕虔刀鈍尚可磨。寧爲王李取履不敢辭，遂使雨血之鷙爪化爲食椹之柔吻也。"又嘗小集賦詩，有一人以"石見國如硯"求對。苦思皆未得，蜕巖忽朗吟曰："竹生島似笙。"四座驚歎。《錦天山房詩話》卷上

① 原善公道：原念齋（はら ねんさい HARA-NENSAI）（1774—1820），江户時代後期儒者，下總古河（今屬茨城縣）人。原恭胤之子，原双桂之孫。名善，字公道，號念齋，世稱"三右衛門"。師從山本北山。文化十三年（1816）著《先哲叢談》。後經林述齋推舉於昌平黌從事幕府之修史事業。安永三年生，文政三年三月十九日病歿，享年四十七歲。編著《史氏備考》，著《古河志》等。

② 蜕巖：梁田蜕巖。參見"吟誦"第十八條。

九

原善公道[①]曰：常山[②]嘗奉侯命赴讚之丸龜，海上風濤驟起，舟將覆没，衆皆無生色。常山神色自若，朗吟曰："南溟奉使使臣槎，直破長風萬里波。忽值怒濤似奔馬，起提雄劍叱黿鼉。"其豪氣如此。《錦天山房詩話》卷下

① 原善公道：原 念齋。參見"朗吟"第八條。

② 常山：湯淺常山。參見"吟誦"第十三條。

十

出淵爺[①]、角田哥[②]、綿貫叔[③]，俱遊芒花樓矣。芒花樓，蓋深川娼館之傑然者也。出淵擘頭朗吟曰："越女一笑三年留。韓退之"角田應聲曰："不知身世自悠悠。李商隱"綿貫續曰："百年三萬六千朝。王建"爺復曰："傷心不獨爲悲秋。李益"自是一韻透底，綿連不已，殆三十韻皆以集唐賢句也。蓋狐腋成裘，咄嗟即辨，可謂唐伯虎、祝允明之後塵矣。篇以長不具録。予嘗欲刊是詩以繫近人《深川竹枝》之後，二十年前舊板橋，所以不能已於懷也。《柳橋詩話》卷上

① 出淵爺：不詳。

② 角田哥：不詳。

③ 綿貫叔：不詳。

·豪 吟·

一

朱子《雨》詩“孤燈耿寒焰，烈此一窗幽。卧聽簷前雨，浪浪殊未休”，直是王右丞佳境。又《醉下祝融峰作》“我來萬里駕長風，絶壑層雲許盪胸。濁酒三杯豪氣發，朗吟飛下祝融峰”，讀之令人盪胸。不意朱子而作此放膽豪吟，若匿名示人，疑李謫仙作，不然决爲明李何李王輩詩矣。《夜航詩話》卷四

二

正德辛卯，韓使來聘也，江户學士就其館中，唱和相競。如高玄岱①三百九十韻，室鳩巢②二百二十韻，豪吟鉅構，可謂盛矣。然究無益，長語徒費紙耳。《夜航詩話》卷六

① 高玄岱：深見玄岱（ふかみ げんたい　FUKAMI-GENTAI）（1648〈一説1649〉—1722），江户時代前期至中期儒者、書法家。字子新、斗膽，號天漪，世稱“新兵衛”、“新右衛門”。高大誦之子，先祖乃明（中國）福建省人，自其父始居長崎取姓深見氏。儒學師從獨立性易，通書法於醫學。經新井白石推舉任江户幕府儒官。慶安元年（一説慶安二年）二月十五日生，享保七年八月八日歿，享年七十四（七十五）歲。

② 室鳩巢（むろ きゅうそう　MURO-KYUSO）（1658—1734），江户中期儒學者。江户人。名直清，字師禮，世稱“新助”“信助”，號鳩巢、滄浪。仕加賀藩（今屬滋賀縣），受藩命師從木下順庵習“朱子學”。後因新井白石之舉薦任江户幕府儒官，大将軍德川吉宗之侍講。萬治元年二月二十六日生，享保十九年八月十二日歿，享年七十七歲。其著作有《六諭衍義大意》（《六諭衍義》之日譯）《赤穗義人録》《駿臺雜話》《五常名義》《五倫名義》《獻可録》《兼山秘策》等。

·行 吟·

一

入江兼通[1]，字子徹，號若水，攝州富田邑人。釀酒爲業，家累千金。爲人不羈，少時好遊狹邪，資產蕩盡。於是憤激讀書學詩，後著山人服，携詩囊遊放諸州。到處聞有聞人，則必以詩爲質，造詣會晤，是以“江山人”詩名顯著四方，最後結廬京師西山，稱櫟谷山人，日與天龍寺僧徒往來唱和。其詩輯爲二卷，名《西山樵唱》，序者四人：徂徠[2]、服子遷[3]、富春叟[4]、韓人申維翰[5]。並論其詩爲晚唐。以余觀之，其詩頗肖宋陸放翁，但剪裁欠工，容易下筆，故動失諸麁率，可惜已。然詩詩自肺腑出，句句流動，較諸近時諸人藉口盛唐、勦竊嘉靖七子糟粕、飣餖陳腐者，反有可觀。五言《題水竹園》曰：“幽居宜懶性，水竹伴閑吟。洗硯釣魚瀨，題詩棲鳳林。清流聲漱玉，明月影篩金。唯見七賢侶，過橋日訪尋。”又《春日訪詩仙堂》曰：“草堂依嶽麓，花竹足風煙。梁引雙雙燕，壁描六六仙。書殘多蝕字，琴古自無絃。欲弔徵君墓，捫蘿陟翠巔。”七言《西山卜居》曰：“城西十里避塵緣，卜筑溪邊第數椽。門外誰曾栽翠柳，竹間本自引清泉。群峰競秀連崖寺，一水中分入野田。日日行吟詩是業，煙霞痼疾未全痊。”《日本詩史》卷三

① 入江兼通：入江若水（いりえ じゃくすい IRIE-JAKUSUI）（1671—1729），江户時代中期漢詩人。名兼通，自子徹，號若水、櫟谷山人。師事鳥山芝軒。晚年隱棲京都西山。寛文十一年一月二十日生，享保十四年十月四日歿，享年五十九歲。其詩集有《西山樵唱》等。

② 徂徠：荻生徂徠。參見“吟誦”第十三條。

③ 服子遷：服部南郭。參見“吟誦”第十三條。

④ 富春叟：田中桐江。参見“吟詠”第四十五條。

⑤ 申維翰：（しん いかん SHIN-IKAN）（1681—？），朝鮮王朝文官。字周伯，號菁川、青泉。享保四年（1719）以祝賀德川吉宗襲将軍職之朝鮮通信使製述官（書記官）來日。與對馬（今屬長崎縣）府中藩雨森芳洲從交。著《海游録》。肅宗七年生，歿年不詳。

二

杜牧詩“誰家洛浦神，十四五來人”，羅隱[①]詩“中和節後奉瓊瑰，坐讀行吟數月來”，來，言已來，猶云許也。杜光庭[②]《麻姑洞記》中，有約五尺以來，高六寸以來，方二丈以來，闊一尺六寸來，相去三里以來等文，蓋當時語也。楊萬里[③]好用此字，“清愁舊是天來遠”，“竹扉日影針來大”，“西湖瘦得盆來大”，“道是荒城斗來大”，“放出釣臺寸來許”，諸餘不遑枚舉。范成大詩“新秋病骨頓成衰，不度溪橋半月來”，本羅隱句也。《夜航詩話》卷六

① 羅隱：833—909，字昭諫，新城（今屬浙江省富陽縣新登鎮）人，唐末五代時期道家學者。著有《讒書》《太平兩同書》等。

② 杜光庭：850—933，字聖賓，號東瀛子，縉雲（今屬浙江省麗水市）人。唐五代時期道家學者。

③ 楊萬里：1127—1206，字廷秀，號誠齋。吉州吉水（今屬江西省吉水縣黄橋鎮湴塘村）人。南宋著名文學家、詩人、官員。

三

一日登岳，歸途出朝熊村[①]，行吟朱子“濁酒三盃豪氣發，朗吟飛下祝融峰”之句，疾如丸之走阪，頃刻抵村，頗不覺疲。《鉏雨亭隨筆》卷三[②]

① 朝熊村：地名，今屬三重縣。

② 東夢亭《鉏雨亭隨筆》三卷，《日本詩話叢書》本第五冊。東夢亭（ひがし むてい HIGASI-MUTEI）（1796—1849），江户時代後期儒者，

伊勢山田（今屬三重縣）人。儒醫，名褧，字伯頎，世稱“文亮”，後被稱“一學”，號悔庵、夢亭。從山本凹庵學經史，曾結交菅茶山、篠崎小竹、梁川星巖、貫名海屋等人。長於詩文，且擅書，從其學者甚衆。寬政八年生，嘉永二年六月十二日歿，享年五十四歲。其著作有:《五代史注》二十卷、《唐詩正聲箋注》二十卷、《王建宮詞百首箋注》二卷、《詠史百絶》一卷、《瘟疫論注》二卷、《病間隨筆》《夢亭詩鈔》三卷、《鉏雨隨筆》三卷等。

·詠吟·

凡俗説者，世俗所傳之説也。其説云：“作詩之時，唯非按題避病，兼可勞其破文調聲云。”何者？則破文難讀，詞澀義疑。調聲不勞有妨詠吟，或執忌諱爲人所笑。“朱門赤烏發，枝柯感無端”之類是也。或人賦花之詩用“發枝柯”三字，至於同音朗詠，似驗僧之咒放。又或人賦花之詩用“感無端”三字，至於讀其破文，似貧家之稱無紙端。如此類，宜避俗忌也。

已上朝綱[1]撰。曰後江相公也。《作文大體》

① 朝綱：大江朝綱。參見“吟誦”第二條。

·謳吟·

一

詩境:《隨園詩話》曰：詩境最寬。有學士大夫讀破萬卷、窮老盡氣而不能得其閫奥者；有婦人女子、村氓淺學，偶有一二句，雖李杜復生必低首者。此詩之所以大也。趙翼[①]曰：雖小夫室女之謳吟，亦與聖賢歌詠竝傳，以各言其志而已。《松陰快談》卷四

① 趙翼：1727—1812，清朝考証學之代表人物。江蘇省武進縣人。字耘松，號甌北。

二

石川鴻齋[①]，歲六十以後，每年歲旦賦自壽詩，以求諸友賡和。其殁也，歲八十六。乃六十至八十六，每歲賦六七首，當得百數十首。自壽詩之多，近世詩家所希覯也。《六秩自壽》詩云："東海菰蘆一老儒，吟風嘯月侶鷗鳧。暖姝學古私爲悦，謇諤乖時自守愚。東閣書編供蠹飽，横窗梅影與吾臞。未遺八百桑田計，笑畫溪山歸隱圖。""青年入學志登瀛，繼晷焚膏特究精。何計蟹文遮鳥跡，更驚鴃舌亂鶯聲。殷盤周誥空收篋，馬史班書僅束釁。愸作儒生無用世，聊售詩畫代耘耕。""今是昨非慚尚多，春秋六秩亦徒過。常逃麴蘗忘顔皺，還聽絃歌嘆鬢皤。著述等身招笑耳，謳吟任口奈譏何。鶴長鳧短天攸賦，豈以武玞施琢磨。"初鴻齋入我先大父之門，大父見其詩文，歎賞不措曰："此子後來必博文名。"果然著述甚富。《夜窗綺談》一書，以文章絶妙見稱。《淳軒詩話》

① 石川鴻齋：參見"吟詠"第六十五條。

·狂吟·

《漫成》:“杖屨相從兩侍童,酒瓢茗盌對殘紅。狂吟隨意過村落,草色無邊楊柳風。”安樂窩風味,吟了溢齒牙,況酒茗澆胸。《詩評》[①]

①石川丈山《詩評》一卷,元禄五年(1692)華雒娸教軒繍梓,書林植村藤右衛門、同藤五郎梓行《北山紀聞》卷六。石川丈山(いしかわ じょうざん　ISHIKAWA JOZAN)(1583—1672),江户初期漢文詩人,三河泉鄉人。名凹,初名重之,世稱“嘉右衛門”,字丈山,號六六山人、四名山人、凹凸窩、東溪、詩仙堂。雖自其祖輩開始即仕於德川家康,元和元年(1615)“大坂(阪)夏之陣”亦有僞勳戰功,但由於違背軍令而受罰,遂於京都妙心寺出家爲僧。其所作題爲《富士山》“仙客來遊雲外巔,神龍棲老洞中淵。雪如紈素煙如柄,白扇倒懸東海天”之詩作真可謂膾炙人口,且善書畫長隸書,遊樂於詩文,終生未娶。因其置身於獨尊漢文詩文或儒學的江户初期,於儒學不甚關心,而對於詩文的狂熱,故被尊爲江户時代漢文詩人之祖。享年九十歲。其著作除詩文集《覆醬集》十二卷外,尚有《詩仙詩》一卷、《詩法正義》一卷、《北山紀聞》六卷、《詩仙圖像》七卷、《詩仙堂志》四卷、《丈山夜譚》十卷、《丈山壁書》一卷、《凹凸窩先生詩集》二卷等。

·獨 吟·

松田逸齋[①]名晋，稱良順，山本道齋[②]弟，丁夢無子，養爲子，因冒松田氏，頗有才學，惜哉夭折。《送諫山夕翠》云："君曾來訪百花時，纔到秋風忽别離。他日笑談都是夢，從今文字奈無師。孤身萬里留遺蹟，瘦馬獨吟勞所思。俱上江亭天將晚，一杯杯酒更遲遲。"福尾莎洲[③]稱井波屋太助，稍有詩，差可觀。《遊能州》云："青青兩岸幾重山，杜宇聲中出海關。新月滄溟波不駭，扁舟晚泊甲村灣。"《雨後訪清足軒》云："埜橋半板夕陽斜，驟雨洗炎涼氣加。藥草滿畦花正好，香風一路到君家。"《初夏即事》云："半輪殘月落林西，翠靄模糊杜宇啼。昨夜山中桃李雨，紅波一道漲前溪。"《高岡詩話》卷四

① 松田逸齋：高岡松田家第十代眼科醫。其餘不詳。

② 山本道齋：參見"吟詠"第六十三條。

③ 福尾莎洲：不詳。

·清 吟·

一

酬答羅山先生自東武來洛與桂子春齋偕款隱窟所賦於詩仙堂

清吟劘眼出凡塵，況又情親語最諄。東壁二星移此地，照臨詩選畫中人。

高拶汗顇。《詩評》

二

菅丞相[1]撰進其三代家集二十八卷以獻延喜帝[2]，帝賜御製律詩褒之。其詩曰："門風自古是儒林，今日文華皆悉金。唯詠一聯知氣味，況連三代飽清吟。琢磨寒玉聲聲麗，裁製餘霞句句侵。更有菅家勝白樣，從茲抛卻匣塵深。"時人榮之。先是，渤海大使裴頲[3]與菅相贈答，謂其詩體似樂天[4]，故御製云爾。末句意旨難解，蓋"讀此集則白集[5]可抛擲"之義乎？三代者，謂清公[6]是善[7]及右相[8]也。右相文藻，今猶存焉。二代集不傳，可以惜焉。《史館茗話》

① 菅丞相：菅原道真。參見"吟誦"第一條。

② 延喜帝：醍醐天皇（だいごてんのう　DAIGOTENNO），元慶九年一月十八日（885年2月6日）—延長八年九月二十九日（930年10月23日）。平安時代第60代天皇，在位：寬平九年七月十三日（897年8月14日）—延長八年九月二十二日（930年10月16日）。

③ 裴頲（はい てい　HAI-TEI），生歿年不詳，渤海國官吏。元慶六年（882）及寬平六年（894）以大使身份來日。擅長詩作，嘗於鴻臚館與菅原道真、島田忠臣等贈答詩文。其子裴璆（はい きゅう　HAI-KYU）亦爲渤海使，嘗三度來日，與大江朝綱等唱和。詩作收於《文華秀麗集》

《菅家文草》等。

④ 樂天：白居易。

⑤ 白集：指《白氏長慶集》。

⑥ 清公：菅原清公（すがわら の きよきみ SUGAWARA-NO-KI YOKIMI 或すがわら の きよとも SUGAWARA-NO-KIYOTOMO）（770—842），平安時代初期公家、文人。遠江介（遠江國，今屬東海道）名儒菅原古人之第四子。官位三品，左京大夫。菅原是善之父，菅原道真之祖。寶龜元年（一説寶龜二年）生，承和九年十月十七日歿，享年七十三歲。

⑦ 是善：菅原是善（すがわらの これよし SUGAWARANO-KORE YOSHI）（812—880），平安時代前期公卿、學者。菅原清公之第四子，菅原道真之父。歷任文章博士、東宮學士、大學頭、式部大輔、參議。文德天皇與清和天皇之侍讀，參與編修《日本文德天皇實録》《貞觀格式》。世稱“菅相公”。從三品。弘仁三年生，元慶四年八月三十日歿，享年六十九歲。

⑧ 右相：菅原道真。參見“吟誦”第一條。

三

山極盤[①]，字鴻人，號吉堂。上侯[②]遊信中[③]，以詩爲其館客。忽介上侯來蒙相見。《春晚》云：“老白殘紅送寂寥，落花時節雨連宵。何方倩得春寒力，更駐韶光三四朝。”《冬日遊山寺》云：“寺前寺後削重峰，棲鶻歸來雪後松。半日浮生閑未了，夕陽先報一聲鐘。”清絶可愛。聞吉堂驅鄉人就文墨，誘掖不置，最爲美事。又其社有僧拙庵[④]，工詩善書。《訪細庵客居》一絶云：“枯藤踏月夜敲門，一夜清吟役盡魂。多謝春風吹不斷，梅花香裏坐輕温。”細庵，上侯别號也。《五山堂詩話》卷六

① 山極盤：不詳。

② 上侯：不詳。

③ 信中：今屬長野縣中野市。

④ 僧拙庵：不詳。

四

高須松尾世良[①]，字子顯，號東萊。年過宿肉，詩力益健。《梅雨》云："輕黄梅已熟，窗下坐憑梧。簷雨鳩追婦，梁泥燕養雛。黴將上衣桁，濕稍透書廚。却愛無人問，清吟興不孤。"《秋夜讀書》云："雨聲點點滴芭蕉，窗下挑燈坐寂寥。讀史最耽遊俠傳，老來豪氣未全消。"《五山堂詩話》卷六

① 松尾世良：字子顯，號東萊。高須藩（今屬岐阜縣）醫師。從尾張藩"明倫堂"教授岡田新川習詩。與川内當當、川合春川、菊池五山、大窪天民等從交。稻毛屋山所編集《采風集》（文化五年刊）載有"松尾世良，字子顯、東萊，高須侯醫官"之《尋花》《和淺野生韻》二篇。其著書有《東萊焚餘》（文化十三年刊行）。其餘不詳。

·漫 吟·

一

麓谷[①]初集、二集，文晁[②]先已入梓。翁以今秋没矣。近讀其二集，覺更勝初集，皆有駘宕之致。余尤愛其《自詠》云："心遊浮世外，齡出衆人先。一榼如江海，三杯到聖賢。漫吟雖得句，拗體不成聯。究竟求何事，秖應稱醉仙。"《信步近村》云："稻田岸水水盈溝，溝水流邊水馬浮。水馬浮遊能似我，幾回來去幾回留。"他如"鳩呼三四處，麥秀百千莖"，"蝴蝶多尋露，薔薇半壓牆"，"山似開顔笑，人宜鼓腹歌"，"柯陰蟻王國，窗下羲皇人"，"老自無三惑，餐聊有五辛"諸句，亦老成之典型。《五山堂詩話》卷四

① 麓谷：谷麓谷（たに－ろっこく TANI-ROKKOKU）（1729—1809），江户時代中期至後期漢詩人，江户人。谷本教之子，谷文晁之父。名本修（脩），字務卿，世稱"十次郎"。師事入江南溟。享保十四年生，文化六年九月五日歿，享年八十一歲。其漢詩集有《麓谷初集》等。

② 文晁：谷文晁（たに ぶんちょう TANI-BUNCHO）（1763—1840），江户後期畫家，江户人。名正安，世稱"文五郎"，號文晁、寫山樓、畫學樓等。廣學和漢洋之畫法，自成南畫一家。

二

門田朴齋[①]：門田朴齋夙以詩著，而有氣概可傳者。聞翁不嗜酒，衣服儉素，不喜百戲玩，好讀書作詩。其講書極精，且事關氣節，輒音吐洪壯，聞者悚然。晚講《易》至《剝》卦而病，曰："吾不起矣。"日使兒孫讀書，在褥聽之。病革，賦詩言志曰："父母教吾學仲尼，忍看天下化爲夷。病而不死亦良苦，待盡青山埋骨時。"

書畢，溘焉瞑目。蓋翁志在攘夷，其憂國之誠死而不變也，其《偶興》云：“孤吟待月步庭陰，未見清輝生遠岑。小院無人螢獨照，數竿幽竹夜沈沈。”《村夜》云：“寒林月上鹿窺園，曲巷人行犬吠門。礱穀有聲宵將半，風燈明滅隔溪村。”《初夏新晴》云：“蛙聲帶喜水盈田，槐葉成陰樹引煙。新霽無寒復無暑，可人風日夏初天。”皆眼前光景搖曳出之，尤有不盡之妙。又《客夜聽鵑》一首著想殊奇，云：“枕上孤燈照夜闌，杜鵑啼徹峽雲間。如何只勸人歸去，不許安眠夢故山。”山陽翁[2]嘗讀此詩，激賞不措，竊以爲後生可畏。翁諱重鄰，字堯佐，舊福山藩儒員。嗣子杉東[3]嘗約余寄其遺詩，以其遼遠，猶未接手，惜不能具載耳。杉東名重長，嘗受業安積艮齋、藤森天山諸老，現在鄉里福山授徒中學校。其《初春散策》云：“開歲風日麗，佳游億斜川。相携兩三侶，閒步郭外田。極目平疇麥，青青似鋪氈。四望山與水，靄靄拖翠煙。野梅傳幽馥，澗流動微漣。草生沙路狹，鶯囀柳絲懸。滿目皆陽和，無物不欣然。團坐幽樹蔭，披榼夕陽前。漫吟陶公句，難繼陶公賢。”詩不太刻琢，反見身分，惜不使乃翁讀之。《明治詩話》卷一

① 門田朴齋：（もんでん ぼくさい　MONDEN-BOKUSAI）（1797—1873），江户時代後期至明治時代初福山藩儒官、藩校“誠之館”教授。備後國安那郡百谷村（今屬岡山縣福山市）生，山手八右衛門重武之第三子。幼名小三郎、正三郎、東作，諱惟隣、重鄰、鄰，字堯佐、堯助。號百溪、緑峰、千千齋、朴齋、樸齋、朴翁，世稱“堯佐”。寬政九年生，明治六年一月十一日歿，享年七十七歲。其著作有《朴齋詩鈔》（二編六卷）、《葦北詩鈔》（四卷）等詩集。

② 山陽翁：賴山陽，參見“吟誦”第十四條。

③ 杉東：門田杉東（もんでん さんとう　MONDEN-SANTO）（1831—1915）。江户時代幕末—明治時代—大正初期學者。東京本鄉丸山邸生，門田朴齋之次子。幼名二郎太，諱重長，號温齋、杉東。自幼從其父及齋藤竹堂、藤森弘庵、安積艮齋等習漢學、詩文，從江木鰐水習兵學，從鈴

木重胤、松本良遠習皇學，從小島五一（成齋）習書道。福山藩（今屬岡山縣福山市）藩校“誠之館”教授、福山師範學校教員、福山誠之館教師。天保二年生，大正四年歿，享年八十五歲。其著作有《朴齋先生詩鈔》等。

·悲 吟·

詩最難事也。吾於他文不至蹇澀，惟作詩甚苦悲吟，累日僅能成篇。初讀時未見可羞處，姑置之，明日取讀，瑕疵百出。輒復悲吟累日，反復改正，比之前時稍稍有加焉。復數日取出讀之，疵病復出。凡如此數四，方敢示人，然終不能奇。李賀母責賀曰："是兒必欲嘔出心乃已。"非過論也。今之君子動輒千百言，略不經意，真可責哉。唐子西語録。《詩法詳論》卷下

·愁　吟·

一

比來閨秀鍾於北山先生一家，先生之室，緗桃女史[①]善畫卉翎，女弟子文姬[②]號小窗，聰慧能詩，摘句云："梅子欲肥先釀雨，竹孫稍長不禁風"，"瓶花改換經旬水，綿服成褫連夜寒"，皆嫺雅可愛，故詩佛贈詩云："莫把清愁吟向天，人間謫墮有深緣。如今誰怪香薰骨，元是玉皇前殿仙。"又有雲章，年纔過笄，極愛誦書，不願適人，亦奇女子也。先生絳帷講書，此二人每捧冊侍側，殆有南郡家風。《五山堂詩話》卷五

① 緗桃女史：山本緗桃（やまもと しょうとう YAMAMOTO-SHOTO）(1757—1832)，江户時代後期畫家，江户人。字如雪，世稱"多美"。儒者山本北山之後妻。善花鳥畫。寶曆七年生，天保二年十二月十六日歿，享年七十五歲。

② 文姬：大崎榮。參見"吟詠"第七十三第條。

二

室鳩巢[①]：鳩巢詩，五言學陶，而未得其自然；七言古風，五言近體，師法少陵，而尚阻垣牆；七言近體，祖襲盛唐諸家，而往往不能脱明七子氣習；集中五言排律最多，有至百韻二百韻者，蓋其所長也。《秋興》七律，當時推爲傑作。詩云："蕭瑟秋風動碧林，天邊樹色鬱森森。鯨鯢蹴浪海氛惡，猿狖嘯雲山氣陰。鬢際霜侵多病日，腰間龍泣未灰心。樓前一片如鉤月，別恨誰家送夜砧。""歲晚滄江日易斜，病來分外減容華。人間空負思歸膾，天上難浮乘月槎。千載悲秋傳楚詞，萬家牽恨入胡笳。尊中緑酒香新熟，欲傍東

籬摘菊花。”“十年遊學愧無功，爲客逢秋京洛中。清曉夢殘荷葉雨，黄昏笛斷柳條風。異鄉到處眼終白，同侣幾人顔共紅。書劍歸來最蕭瑟，滄浪一曲和漁翁。”“遠林平楚渺逶迤，萬頃秋田匝鄭陂。野外荒墳碑仆草，村中古廟鳥棲枝。山阿長對白雲在，人代寧知滄海移。誰子杖黎懷古久，愁吟隴上日將垂。”其他如“關中豪傑推王猛，江左風流起謝安”“天上雙懸新日月，人間相看舊衣冠”“天連蒼海長雲絶，月滿大江灝氣浮”“輦下衣冠尊五品，日邊花萼共三春”“蘭省春傳紅葉賦，鳳池波動紫霞袍”“薦賦何人逢狗監，求才幾處出龍媒”數聯，高華雄整，不減明人。余最愛其《春遲》一絶云：“楊柳未垂花未紅，家家簾幙捲東風。春歸江上無尋處，只在青青草色中。”甚有風致。而“春歸”似是春歸去，改作“春回“可也。《梅郵詩話》卷七

① 室鳩巢：參見“豪吟”第二條。

·苦 吟·

一

《全唐詩話》曰，裴説[①]以苦吟難得爲工，且拘格律，嘗有詩曰“苦吟僧入定，得句將成功”，又云“是事精皆易，唯詩會卻難”，其密如此，恐不可有此紕漏也。方虛谷[②]評孟郊此詩曰：“東野不作近體詩，唯此近乎律。”據此，要皆難於取準矣。明詩嚴整，唯程希武[③]善爲變態，孫一元[④]、王世貞[⑤]、王立道[⑥]亞之，不知多變之餘，或遂致橫逸邪？華察[⑦]、李攀龍[⑧]、唐順之[⑨]、王維禎[⑩]、穆文熙[⑪]亦偶墮此套耳，則爲不及宋氏之粹矣。夫唐所不敢而明善爲，所謂雖多亦何以爲者，其俱不足以爲正據也的矣。學者苟用心於若是之際，得以免世之頑習乎，則始可與言詩。《詩律兆》卷一

① 裴説：約唐哀帝天佑末前後在世（約906年前後）。生歿均不詳。工詩得名。

② 方虛谷：方回（1227—1306），字萬里，號虛谷，徽州歙縣人。元朝著名詩人、詩論家，江西詩派殿軍。

③ 程希武：不詳。

④ 孫一元：不詳。《明史》（卷二百九十八 列傳第一百八十六 隱逸）載：孫一元，字太初，不知何許人，問其邑里，曰：“我秦人也。”嘗棲太白之巔，故號太白山人。或曰安化王宗人，王坐不軌誅，故变姓名避難也。一元姿性絶人，善爲詩，風儀秀朗，蹤跡奇譎，烏巾白帢，携鐵笛鶴瓢，遍遊中原，東逾齊魯，南涉江淮，歷荆抵吴越，所至賦詩，談神仙，論當世事，往往傾其座人。铅山費宏罢相，訪之杭州南屏山，值其晝寢，就卧内與語。送之及門，了不酬答。宏出語人曰：“吾一生未嘗見此人。”時劉麟以知府罢歸，龍霓以僉事謝政，並客湖州，與郡人故御史陵昆善，而長

興吴琉隱居好客，三人者並主於其家。琉因招一元入社，稱“苕溪五隱”。一元賣田溪上，將老焉。舉人施侃雅善一元，妻以妻妹張氏，生一女而卒，年止三十七。琉等葬之道場山。

⑤ 王世貞：參見“諷詠”第六條。

⑥ 王立道：（1510—1547）字懋中，無錫人。嘉靖十四年（1535）進士，翰林院編修。明武宗正德五年生，世宗嘉靖二十六年歿，享年三十八歲。

⑦ 華察：1497—1574，明代政治人物。南直隸常州府無錫縣（今屬江蘇省無錫市）人，無錫華氏宗族通四怡隱支十六世傳人，乃華幼武之次子。字子潛，號鴻山。嘉靖五年（1526）進士。歷兵部郎中，翰林修撰，使朝鮮。劾罷。歷侍講學士，南京翰林院掌院學士。其性樸素，工詩。明孝宗弘治十年生，神宗萬曆二年歿，享年七十八歲。其著作有《巖居稿》《翰苑稿》《皇華集》等。華察即民間小説《三笑姻緣》（俗稱“唐伯虎點秋香”）中“華太師”之原型。

⑧ 李攀龍：參見“吟詠”第十三條。

⑨ 唐順之：參見“吟詠”第十三條。。

⑩ 王維禎：1507（？）—1556，明朝華州平定里（今屬陝西省渭南市華縣）人。號槐野。嘉靖十四年（1535）進士，選授翰林院庶吉士，三年後授翰林院檢討，累任翰林院修撰、署南京翰林院事、南京國子監祭酒。嘉靖二十四年（1545）參與續修《明會典》。嘉靖三十四年十二月十三日遇難而亡，享年四十九歲。其著作有《槐野先生存笥稿》《李律七言頗解》《杜律七言頗解》等。

⑪ 穆文熙：1532—1617，明代文學家。東明（今屬山東省菏澤市東明縣）人，字敬甫。明世宗嘉靖四十一年（1562）進士，歷任工部郎中、尚寶寺寺丞、吏部考功司員外郎、廣東按察使、户部侍郎、兵部侍郎。

二

文詞之才，有敏有遲。於其作文，相如①之遲，鄒陽②之敏，其稟才之異，不可相誣也。於詩亦爾。李白之不用意，杜甫之苦吟，是亦其才不可相誣也。明都穆[③]云：“世人作詩，以敏捷爲奇，以連篇累冊爲富，非知詩者也。老杜云‘語不驚人死不休’，蓋詩須苦吟，則語方妙。不特杜爲然也。賈閬仙云‘兩句三年得，一吟雙淚流’，孟東野云‘夜吟曉不休，苦吟鬼神愁’。”此都穆之言，非不是也。今世作詩者亦多欲敏捷，然不有其才，而初不得趣向。徒索搜文字，強疾作句，則終不成詩，故不可敢喜敏捷。若得其趣向，而首尾相應，乃成一篇詩。然不可以直以示人，熟吟誦之，可以鍊其風調也。然亦不可必至苦心，唯伸其志情，而因其興象，乃欲以使人感焉耳。非敢可以文詞驚人也。故子美之苦吟，亦非敢所以可慕也。欧陽修云：“孟郊、賈島皆以詩窮至死，而平生尤自喜爲窮苦之句”。又李白戲杜甫云“借問別來太瘦生，總爲從前作詩苦”，此杜甫及賈島、孟郊之徒終身太苦於詩者，則亦非學者之所以敢美也。《作詩質的》

① 相如：司馬相如，西漢辭賦家。

② 鄒陽：約前206—前129，西漢散文家。齊（今屬山東省）人。文帝時，爲吴王劉濞之門客，以文辯著名於世。

③ 都穆：1458—1525，字玄敬（一作元敬），世稱“南濠先生”。明代大臣、金石學家、藏書家。吴縣相城（今屬江蘇省蘇州市）人。都昂（字維明）之子。少與唐寅交好，七歲能詩文。遂博覽群籍。弘治十二年（1499）己未進士。歷任工部主事、禮部郎中、加太僕少卿。其著作有《西使記》《金薤琳琅》《南濠詩略》《南濠詩話》等。

三

作詩篇成，有一二字於心不安，苦思力索，竟不能得，遂倦而廢。他日於無意中得之，忽然而來，渾然而就，若神助，喜不可言，蓋由先積精思，因機發而得也。若初不思索，非僥倖可得也。因憶《左氏》所載裨諶謀事，失於邑而獲於野，良有以也。蓋鄭之蕞爾，當晉楚爭霸之日，介於其間，事之甚苦，而國窮民困，爲政尤難，其處分事作辭命，苟謀之或失，動係國存亡，豈不深慎乎？故方事之難裁，焦思凝慮，未得其所以處。恐深泥滋惑，乃舍而去，放浪於野。盪滌欝胸，優遊遣興，逍遙自適，則暢然神王，智囊便開，於觸物感事之次，躍然有所發揮焉。猶詩人舍苦吟忘於懷，不求之求，自然而得也。是別墅行館之設，亦所以不可已耶？然唯賢者能之，非凡庸之所庶幾也。《夜航詩話》卷一

四

詩佛[1]長於七律，短於七絶。余長於七絶，短於七律。雖是世人所口，其實詩佛七絶未必短，而余何肯有其長？今摘《詩聖堂集》中尤者，駢出二體，以示不容軒輊。律則《病起》云："病起茅齋坐晚晴，竹梢微動見風行。試操筆處不如意，新換衣時聊愜情。酒作沈痾餘後患，詩思往事隔前生。猶知神氣未全復，欲整架書無力擎。"《詠愁》云："鬢邊抽出數莖苗，牢似長城來似潮。三日苦吟無句穩，半宵殘夢覺魂消。簾垂深院伴幽獨，雨滴空階送寂寥。爭得望僊臺上酒，心中萬斛一時澆。"《漁蓑》云："誰采嫩莎衣樣製，短篷相伴釣滄浪。蘆邊露重蒙茸濕，蘋末風生獨速涼。當酒又愁明日雨，眠花猶帶昨宵香。可憐渭上封侯日，初把渠儂博冕裳。"絶則《春夜》云："殘雪不消如待伴，紬衾冷透睡醒初。夜深知是寒威重，滴月簷聲聽漸疏。"《春寒》云："寒食自今無幾日，梅花零落杏花開。春寒釀雪力不足，卻向黄昏作雨來。"《晚步》云："園底扶筇步晚霞，春風輕軟弄巾紗。蜘蛛何事太早計，密網先緘欲發花。"《偶作》云："世間無限事紛紛，耳冷如今百厭聞。自笑懶慵蘇學士，總將家政付朝雲。"嘗與寬齋先生[2]言，詩佛能於淡處著力，是其所以樹一幟也。《五山堂詩話》卷一

① 詩佛：大窪詩佛，參見"吟誦"第十八條。

② 寬齋先生：市河寬齋，參見"吟誦"第十八條。

五

（木芸亭[①]，名雄飛）又嘗題《訪戴圖》云："水浸玻璃峰削銀，扁舟凍殺苦吟身。原來緣愛剡中好，興在溪山不在人。"偶讀元人詩云："月照梅花雪點春，小舟危坐醉中身。一時爲愛溪山去，本是無心見故人。"立意用韻皆相吻合，所謂"閉門造車出門同轍"者。《五山堂詩話》卷二

① 木芸亭：不詳。

六

井敬義伯直[①]，書宗董文敏[②]，自號董堂。人但知書法妍妙，而不知詩才故自清警。《中秋無月》云："幾日祈晴賞月期，無如風雨許來癡。腹藁今宵不中用，又是詩人失意時。"《苦吟》云："佳句耽來抵死尋，涼窗不睡意沈沈。庭蟲聲調苦於我，風露多邊徹夜吟。"《暮秋》云："炊煙縷縷兩三家，晚樹風寒噪宿鴉。寂寞園牆枯蔓底，栝樓自把老紅誇。"《五山堂詩話》卷二

① 井敬義伯直：中井董堂（なかい とうどう NAKAI-TODO）（1758—1821），江户時代後期書法家、狂歌師、戲作者，江户人。名敬義，狂號腹唐秋人，戲作名島田金谷。書法宗明朝（中國）董其昌。寶曆八年生，文政四年七月二十六日歿，享年六十四歲。

② 董文敏：1555—1636，明代書畫家。字玄宰，號思白，又號香光居士，華亭（今屬上海松江）人。"華亭派"之主要代表。明萬曆十六年（1588）進士，官至尚書。謚後"文敏"。

七

迪齋[①]《春晴出遊》云："村近一牛鳴，春雲始放晴。溪鶯如案譜，野草不知名。酒旆分林出，茶煙隔竹生。有花何處好，只趁蝶蜂行。"《初冬夜坐》云："獨坐小齋中，竹爐星火紅。燈昏窗有月，葉脱樹無風。人定寒先動，酒醒愁復攻。苦吟全讓我，階下斷鳴

蟲。"真楊陸也。《五山堂詩話》卷四

① 迪齋：河田迪齋（一作川田）（かわだ てきさい　KAWADA-TEKI SAI）(1806—1859)，江户後期朱子學派之儒學者，讃岐（今屬香川縣）人。高松藩藩士之子，佐藤一齋之養子。名興，字猶興，號迪齋、屏淑、恵迪齋，世稱"八之助"。師事近藤篤山。任昌平黌之儒官。文化三年一月十五日生，安政六年一月十七日歿，享年五十四歲。其著書有《恵迪齋全集》《水雲問答》等。

八

老友蓁桃宜[①]報知，棕軒[②]今僑居根津，繼爲致《寄懷》二律詩云："自憐落魄老生涯，占得頹茅類鷦鷯。觸物易揮懷舊淚，逢人先誦解嘲詞。雲埋古刹鐘來遠，雪滿疏松月上遲。不恨寒廚鮭菜少，幾回下酒讀君詩。""鶴夢空林覺每遲，癡心久已許君知。苦吟徒費殘生力，補過深欽一字師。近水幽居須自愜，鄰山冷巷頗相宜。若能雪裏來乘興，門掃銀沙何敢辭。"前年《詩話》所收其《竹夫人》詩中"末路歎"，"歎"字原作"悔"字，余爲改之，所謂"一字師"者蓋指此也。《五山堂詩話》卷四

① 蓁桃宜：不詳。

② 棕軒：阿部正精（あべ－まさきよ　ABE-MASAKIYO）(1775—1826)，江户時代後期大名。阿部正倫之第三子。字子純，號棕軒。享和三年繼其父爲備後（今屬廣島縣）福山藩主阿部家第五代。再建藩財政，設立義倉對處凶作。獎励文教。安永三年十二月二十四日生，文政九年六月二十日歿，享年五十三歲。

九

梅所君，諱成章，竹所之子。詩筆亦清，有《夏日園中》十詠，今録其二。《萱草》云："嫩緑亭亭夏未深，淡黄鵠觜破芳心。庭萱只道忘憂著，不爲吾儂療苦吟。"《新荷》云："池頭雨過緑萍開，幾

點荷錢水面堆。似爲醉人先作地，涼宵剪取碧筩杯。”君家每夏日池上會飲，必用碧筩杯。《五山堂詩話》卷五

十

仙臺滕瑨，字子璞，號崑山。年齒已高，詩興不寢。每至秋日，輒設詩席延余及詩佛於其邸舍，霜葉殘霞來射窗几，殊覺助詩酒之賞。其《新歲》云："青帝行時豈有私，今朝星暖袖先知。水浮鴨緑風披凍，柳蘸鵝黄煙弄絲。未必頽齡歎駒隙，却緣新曆檢花期。全家迎歲傳盃酒，一笑屠蘇到手遲。"《燈花》云："苦吟微倦夜方中，燈火無端綴玉蟲。一月幾回能得笑，不知何喜報衰翁？"皆達者之言，亦自有味。《五山堂詩話》卷五

十一

會津兒島翮，字沖夫，號楊皋。余邂逅於谷盤梯許，已而以詩來見。自云："苦吟半生，誤走旁蹊。今齡已過艾，願收之桑榆。"誦《詠蝶》一律云："輕舉褊襹高又低，緑眠紅醉夢魂迷。暖煙蕙徑多舒翅，細雨花房暫借棲。戲舞自能存舊態，風流先已入新題。前身只合竊香掾，猶是尋芳近玉閨。"可謂合作矣。楊皋精醫理，嘗著《千年眼》，痛斥古醫方之非。卓立如此，亦可想見其不凡。《五山堂詩話》卷五

十二

東奧熊阪秀[①]，字君實，號盤谷。家資巨萬，累世好施。大父霸陵山人[②]，頗喜禪理，好誦蘇黄詩。至迺翁臺州[③]，嗜學益深，藏書殆萬卷。自稱"邑中文不識"，海内知名之士無不交投縞紵。盤谷能繼箕裘，家聲赫著。近因國華見貽詩冊，多係唱酬賡和之作。僅録《中秋無月》一律云："雨冷風淒雲作堆，嫦娥潛影鎖瑤臺。苦吟懶覓新詩句，薄醉強傾濁酒盃。園裏只聞梨葉戰，天邊不見桂花開。

通宵懊惱難成睡，又到簾前曙色回。”亦善學唐明者。《五山堂詩話》卷六

① 熊阪秀：熊坂盤谷（くまさか ばんこく KUMASAKA-BANKOKU）（1767—1830），江户時代後期儒學者，陸奥伊達郡（今屬福島縣）人。熊坂霸陵之孫，熊坂臺洲之子。名秀（一説定秀），字君實，號盤谷。其餘不詳。

② 霸陵山人：熊坂霸陵（くまさかはりょう KUMASAKA-HARIOU）（1709—1764），江户時代中期儒者、教育家，陸奥伊達郡（今屬福島縣）人。中村（今屬保原町）豪商家之長子。名定昭，號霸陵。享保年間，結婚時移居高子村（今屬保原町）。募集各地文人墨客吟詠全國“二十境”之漢詩，創設江户時代中期名勝“高子二十境”。於自宅設私塾“白雲館”，教育郡内子弟。乃於貧民樂善好施之仁德者，民衆因懷感謝之情，於各地立“熊坂神”之碑。並將其子臺洲及其孫盤谷育爲出色漢學者與儒學者。

③ 臺州：熊坂臺洲（くまさか たいしゅう KUMASAKA-TAISYUU）（1739—1803），江户時代陸奥伊達郡（今屬福島縣）人，名邦（一説“定邦”），字子彦，世稱“宇右衛門”，號臺洲、曳尾堂、白雲館。最初學於江户入江南溟，入江南溟歿後師事松崎觀海。歸鄉設學舍“海左園”以講授爲業，並曾救濟窮困與墾荒。善詩文，晚年批判“古文辭派”（特别针對服部南郭）。元文四年四月二十三日生，享和三年三月二十一日歿，享年六十五歲。其著作有：《律詩天眼》一卷、《詩文眼式》《白雲館文罫》一卷、《白雲館詩式》一卷、《白雲館詩眼》一卷、《白雲館九日會集詩》一卷、《白雲館三日會集詩》一卷、《文章緒論》一卷、《海左園寄題詩集》二卷、《西遊紀行附别録》七卷、《信達歌》二卷、《含錫紀事》一卷、《永慕編》三卷、《皇和語林》《道術要論》八卷、《京氏易傳增注》《古文尚書直解》《論語徵補》二卷等。

十三

高田室方高，字子山。刻苦作詩，自號“詩瘦”。吟筒相寄，殆

無虚月。《晚春雜興》云:“幽窗寂寞坐春深，纔輟讐書懶又侵。芥圃開花釀辛味，梅園垂子結酸心。忘憂酒只宜微醉，得意詩來自苦吟。日永如年消不得，更移茶竈就松陰。”《春寒》云:“惻惻春寒去復來，爐頭癡坐欲呼盃。一園紅紫無消息，三尺盆中出窖梅。”皆爲平生出色之作。《五山堂詩話》卷六

十四

昔者予讀樂天①詩，愀然感悟，當時自謂所得頗多，不啻格調和平，使後來學者無志微噍殺之音。略表數句，告同病相憂者云。誦《罷藥》之作，則知病之近道，曰“此身不要全強健，強健多生人我心”。誦《見元九悼亡詩》之作，而悟情之可遺，曰“人間此病治無藥，唯有楞伽二卷經”。誦《龜兒詠詩》之作，則知苦吟之多損人，曰“莫學二郎吟太苦，纔年四十鬢如霜”。誦《覽鏡喜老》之作，而悟衰老之不足憂，曰“不老即須夭，不夭即須老。晚衰勝早夭，此理決不疑”。又作《讀長慶集》七古一篇以述懷云:“七八年前始詠吟，暗生塵世厭離心。爾來流轉東西路，單身得備嘗浮沈。今日扶痾又吟詠，倍知厭離入骨深。行文不必要奇險，情真能徹石與金。至樂處藏至悲旨，極榮地包極衰理。狂言綺語七十卷，成佛因緣存此裏。小蠻細腰樊素脣，料知天女化現身。池上雙鶴門前駱，他生應得變爲人。聽之截斷煩惱苦，詠之解脱生死輪。信口吟了千萬句，漸炧殘燈冷香獸。信悔茫茫東海東，生晚落在長慶後。一吟一哭天欲明，復沾前淚未干袖。”《竹田莊詩話》

① 樂天:白居易，字樂天。

十五

世人作詩以敏捷爲奇，以連篇累冊爲富，非知詩者也。老杜云“語不驚人死不休”，蓋詩須苦吟則語方妙，不特杜爲然也。賈閬仙云“兩句三年得，一吟雙淚流”，孟東野云“夜吟曉不休，苦吟鬼神

愁”，盧延遜[①]云“險覓天應悶，狂搜海亦枯”，杜荀鶴云“生應無輟日，死是不吟時”。予由是知詩之不工，以不用心之故，蓋未有苦吟而無好詩者，唐山人題詩瓢云“作者方知吾苦心”，亦此意也。南濠詩話。《倜庵非詩話》卷九

① 盧延遜：唐五代詩人。

十六

詩非苦吟不工，信乎。古人如孟浩然眉毛盡落，裴祐袖手衣袖至穿，王維走入醋甕，皆苦吟之驗也。存餘堂詩話〇煜桉：孟浩然以下三人事出雲仙散録，蓋子虛烏有之談耳。《倜庵非詩話》卷九

十七

詩必待苦吟然後工，固也。但當察其所以苦吟如何耳。老杜一飯不忘君，其性情正也。讀書破萬卷，其學力優也。其所謂語不驚人死不休者，蓋思欲裁掀天翻地之作，所志者至大，與後世矻矻以一字一句見工者殊科。若夫賈島、孟郊之倫，良非後來詩人所能翹企，顧其險覓狂搜，已失其性情之和，又無有學以爲之資，是以徒勞於字句之間，而不能有進。“食薺腸亦苦”，“好詩抱空山”，“鳥宿池中樹，僧敲月下門”，伎倆盡乎此。而“獨行潭底影，數息樹邊身”，三年二句，自以爲至，可哀也。乃若齊己下拜，一字師之，其苦心至矣。但李杜決不如是之局促。蓋李杜專用力於全篇，自以氣韻勝，而字句亦無瑕。晚唐諸子專求工於字句，故一字一句間有可意，而全篇則寥寥矣。此小大之辨也。古來詩話皆貴苦吟而賤輕作，不惟都穆[①]、朱承爵[②]等爲然，其説良是。但談詩之徒大抵才力萎薾，見聞不廣，是以吟不得不苦，而自謂與老杜同道。以此誨人，漸不可長也。輓近詩人尤患無學，枯腸無物，苦吟終日，不能道劉長卿一句者，動以古人藉口。予故論而析之。《倜庵非詩話》卷九

① 都穆：參見“苦吟”第二條。

② 朱承爵：1480—1527，字子儋，號舜城漫士、左庵。明代藏書家、刻書家。江陰（今屬江蘇省）人，其先世爲江西婺源籍。

十八

賈浪仙詩云："兩句三年得，一吟雙唳流。知音若不賞，歸卧故山秋。"又《金門歲節》載賈島以歲除取一年所得詩，以酒酹之。可見古人用心如此，又能自矜重。老杜"爲人性癖耽佳句，語不驚人死不休"，孟東野"夜吟曉不休，苦吟鬼神愁"，盧延遜"險覓天應悶，狂搜海亦枯"，又如僧貫休[①]"得句先呈佛"，亦浪仙之類也。蓋詩能爲苦吟，則何語不妙？今人作詩多以敏捷爲能事，倉卒苟且之間連篇累章，而讀之，淺薄無味，唯使人頭岑岑而白日思睡，更無足道者，是以不用心之故也。古人有言"疾行無善述矣"，實然。《梧窗詩話》卷一[②]

① 僧貫休：參見"吟諷"第五條。

② 林蓀坡《梧窗詩話》二卷，文化壬申（1812）刻本。林蓀坡（はやし そんば HAYASI-SONBA）（1781—1836），江户時代加賀（今屬石川縣）人。名瑜，字孚尹，世稱"周輔"，號蓀坡。金澤藩（今分屬金澤、石川、富山三縣）藩學助教林翼之養子，本姓澀谷。於昌平黌學習，任金澤藩儒臣，藩主前田齋泰之侍讀。受聘於大聖寺、丸龜、小倉等諸侯。安永十年生，天保七年七月二十二日歿，享年五十六歲，謚號恭貞。其著作有：《梧户詩話》二卷、《螢窗漫筆》《篋中集》一卷、《晚香园詩增评》一册、《晚晴閣詩文集》《蓀坡百絶》一卷、《立山温泉記》一册、《尚書通讀》《正學旨歸》《詩小攝》《正學指南》一册、《讀朱要語》等。

十九

居士之稱本出於《禮記》及《韓非子》，謂道藝處士也，而婦人亦有稱居士者。明陳孟賢有侍姬辨慧知書，號曰梅花居士。孟賢苦吟，忽忽多所遺忘，姬輒能記之云。《梧窗詩話》卷二

二十

杜少陵詩甚巧，蓋由苦吟得之。觀太白“飯顆山頭”之詩，可以見焉。太白天才，所謂以不用意得之者。賈浪仙云“兩句三年得，一吟雙淚流”，孟東野云“夜吟曉不休，苦吟鬼神愁”，如孟浩然眉毫盡落，裴祐袖手衣袖至穿，王維走入醋甕，薛道衡構思聞人聲則怒，陳後山有詩思，急歸擁被，卧而思之，呻吟如病者，家人爲之逐去貓犬，嬰兒皆寄别家，可謂苦心篤好矣。古人有句云“閉門覓句陳無己，對客揮毫秦少遊”，無己蓋少陵之流，少游蓋青蓮之流。

《松陰快談》卷三

二十一

又曰：李太伯初自蜀至京師，舍於逆旅。賀監知章聞其名，首訪之。既奇其姿，復請所爲文。出《蜀道難》以示之，讀未竟，稱嘆者數四，號爲“謫仙”，解金龜换酒，與傾盡醉，期不間日，由是稱譽光赫。賀又見其《烏棲曲》，嘆賞苦吟曰：“此詩可以泣鬼神矣。”故杜子美贈詩及焉。白才逸氣高，與陳拾遺齊名，先後合德，其論詩云：“梁陳以來，艷薄斯極，沈休文①又尚以聲律。將復古道，非我而誰？”與故陳、李二集律詩殊少。嘗言：“興寄深微，五言不如四言，七言又其靡也。況使束於聲調俳優哉？”故戲杜曰：“飯顆山頭逢杜甫，頭戴笠子日卓午。借問何來太瘦生，總爲從前作詩苦。”蓋譏其拘束也。玄宗聞之，召入翰林，以其才藻絶人，器識兼茂，便以上位處之，故未命以官。嘗因宫人行樂，謂高力士曰：“對此良辰美景，豈可獨以聲伎爲娱？倘時得逸才詞人詠出之，可以誇耀於後。”遂命召白。時寧王邀白飲酒已醉，既至，拜舞頹然。上知其薄聲律，謂非所長，命爲宫中行樂五言律詩十首。白頓首曰：“寧王賜臣酒，今已醉。倘陛下賜臣無畏，始可盡臣薄技。”上曰：“可。”即遣二内臣掖扶之，命研墨濡筆以授之。又令二人張朱絲欄於其前，白取筆抒思，略不停綴，十篇立就，更無加點，筆迹遒利，鳳跱龍拏，律度對屬，無不精絶。常出入宫中，恩禮殊厚，竟以疏縱乞歸。上亦以非廊廟器，優詔罷遣之。後以不羈流落江外，又以永王招禮，累謫於夜郎。及放還，卒於宣城。杜所贈二十韻，備敘其事，讀其文，盡得其故跡。杜逢禄山之難，流離隴蜀，畢陳於詩。推見至隱，殆無遺事，故當時號爲“詩史”。《九華山房詩話》

① 沈休文：沈約（441—513），字休文，吴興武康（今屬浙江德清）人，南朝史學家、文學家。

二十二

朱承爵[1]曰：詩非苦吟不工，信乎古人如孟浩然眉毛盡落，裴祐袖手衣袖至穿，王維走入醋甕，皆苦吟之驗也。《九華山房詩話》

① 朱承爵：參見“苦吟”第十七條。

二十三

古今閨秀，有文才者往往失節，末路浮沈，不如無學之女。翁志琦[1]《答女口號》云：“左家嬌女稟夙慧，把卷問耶欲學吟。耶窮正緣苦吟誤，爾何學吟費苦心。不聞郝鍾[2]禮法重大義，婦德何嘗在識字？”《鈕雨亭隨筆》卷中

① 翁志琦：清代。其餘不詳。

② 郝鍾：南朝宋劉義慶《世説新語·賢媛》：“王汝南少無婚，自求郝普女。司空以其癡，會無婚處，任其意，便許之。既婚，果有令姿淑德。生東海，遂爲王氏母儀……王司徒婦，鍾氏女，太傅曾孫，亦有俊才女德。鍾郝爲娣姒，雅相親重。鍾不以貴凌郝，郝亦不以賤下鍾。東海家内，則郝夫人之法。京陵家内，範鍾夫人之禮。”後世因以“郝鍾”並稱，用爲婦德賢淑之典。兄媳弟媳，賢惠妯娌。

二十四

陳簡齋[①]《春日》詩云："朝來庭樹有鳴禽，紅緑扶春上遠林。忽有好詩生眼底，安排句法已難尋。"余謂轉結二句，善盡詩人情狀。然非苦吟之徒，不能知之。又《對酒》詩云"新詩滿眼不能裁，鳥度雲移落酒盃"，此亦同意。范仲立畫工山水，得荊浩、關仝之妙。既而歎曰："師人不若師造化。"詩畫雖二途，其妙解一也。《鉏雨亭隨筆》卷下

① 陳簡齋：陳與義（1090—1138），字去非，號簡齋，洛陽（今屬河南省）人。宋徽宗政和三年（1113）登甲科進士，歷任府學教授、太學博士、秘書省著作佐郎。

二十五

林清《八音詩》[①]載在諸書，賴春風[②]傚其體，《初冬閑興》云："金菊錦楓嬉小春，石門柴户未知貧。絲桐彈月留歡客，竹筧引泉分與鄰。匏腹醪盈苦吟處，土毛食足自耕身。革言何聽山林裏，木者田翁我等倫。"《柳東軒詩話》[③]

① 林清《八音詩》：宋遺民福建林清無意仕途，隱居山寺作《八音（金石絲竹匏土革木）詩》："金紫何曾一掛懷，石田茅屋自天開。絲竿釣月江頭住，竹杖挑雲嶺上來。匏實曉收栽藥圃，土花春長讀書臺。革除一點浮雲慮，木筆題詩酒數杯。"

② 賴春風：（らい しゅんぷう RAI-SYUNPU）（1753—1825），江户時代中期至後期醫師、儒者。名惟彊，字千齡、叔義。賴春水之弟，賴杏坪之兄。於大坂從古林見宜習醫術，與尾藤二洲從交。安永二年返歸鄉里安藝（今屬廣島縣），於竹原開業。創立鄉塾"竹原書院"。寶曆三年生，文政八年九月十二日歿，享年七十三歲。其著作有《春風館詩鈔》等。

③ 日柳燕石《柳東軒詩話》一卷，昭和二年（1927）香川新報社排印本。日柳燕石（くさなぎ えんせき KUSANAGI-ENSEKI）（1817—1869），江户時代末期志士，讚岐（今屬香川縣）人，名政章，字士煥，世

稱“長次郎”“耕吉”，號燕石、柳東、春園、白堂、呑象樓，十四歲師事琴平（今屬香川縣仲多度郡琴平町）醫者三井雪航，從三井雪航、巖村南里學經史詩文，從奈良松莊學國學及歌學。用功史學，善詩文書畫。勤王之志深厚，結交吉田松陰等“尊王攘夷”志士，明治維新時期因擁戴仁和寺宮（小松宮彰仁親王、日本皇族、伏見宮邦家親王第八王子）而從軍，任史官。病逝於越後柏崎（今屬新瀉縣柏崎市）。文化十四年生，明治元年八月二十五日歿，終年五十二歲。其著作有：《柳東軒詩話》一卷、《柳東軒略稿》一卷、《柳東軒雜話》一卷、《呑象樓遺稿》八卷、《呑象樓詩鈔》一卷、《呑象樓雜纂》一卷、《呑象樓消夏録》一册、《山陽詩註》一册、《象山竹枝》一卷等。

二十六

詩人詠櫻甚多，抄數首於此。石川丈山①云：“一樹千絲二丈長，繁英向下發幽香。此花若在唐園里，何使楊妃比海棠。”伊藤仁齋②云：“日本名花擅古今，一支何翅價千金。開時須愛落還好，亭榭高巒共可尋。”從祖伯父雄飛先生③云：“素艷看來數朵新，爲君當作苦吟身。名花二十四番外，天向東方別惜春。”釋道光④云：“自是三春第一芳，杏桃粗俗豈爭光。若使唐山生此樹，牡丹不敢僭花王。”藤森弘庵⑤云：“牡丹濃艷寵明皇，早被胡塵污國香。萬古依然天上種，我櫻真個是花王。”又云：“獨托芳根向八洲，天然富貴自無儔。牡丹已讓花王號，休問人間第幾流。”安吉艮宅⑥云：“仙人綽約在蓬瀛，霧縠雲綃絶世清。海外信風無此種，長教豎子浪成名。”草場船山⑦云：“西土牡丹徒自誇，不知東海有名葩。徐生當日求仙處，看作祥雲是此花。”闕雪江⑧云：“東方奇卉在，海外少人知。獨有金華叟，春風香雪詩。”又云：“東方名種世皆推，海外何曾見一支。欲識我邦人品美，温而如玉此花姿。”家里松濤⑨云：“凡桃俗李虛鳴世，魏紫姚黃漫僭王。獨有櫻花鍾正氣，春風萬古瑞雪香。”奧野小山⑩云：“紅紫叢中一大家，天然麗質更誰加。欲言西土無春色，四百餘州欠此花。”秋元甲山[11]云：“日本花王真絶倫，獨專六十六州春。古來苦有蠻夷乞，不許一支投外人。”多賀鏡湖[12]云：“誰裁五色日邊霞，巧作東方第一花。自是太平天子物，長沿金殿護雲車。”小栗活堂[13]云：“濃淡籠春爛熳櫻，充葩單瓣媚新晴。異邦漫賞棠妃艷，比此名花是強名。”泉澤正直[14]云：“爛熳山櫻映曉霞，綿連如錦接天涯。非梅非李又非杏，正是東方第一花。”皆稱櫻花獨在於我也。余亦嘗賦云：“櫻花真個百花王，堪賞風流京様妝。我欲一支投海外，偏教萬國仰殊芳。”《淳軒詩話》

① 石川丈山：參見“吟誦”第十八條。

② 伊藤仁齋：參見“吟詠”第四十四條。

③ 雄飛先生：大田雄飛，應爲大田晴軒（大田淳軒之祖父）之堂兄。其餘不詳。

④ 釋道光：河村若芝（かわむら じゃくし　KAWAMURA–ZYAKUSI）（1638—1707），江户時代前期畫家、工藝家。字蘭溪，法號道光，號煙霞比丘（襲其師畫號）、風狂子、紫陽山人、散逸道人、普馨，亦被稱“釋道光”“意山和尚”。傳其出自肥前國佐嘉之豪族龍造寺家。因由而隱遁生活，赴長崎與黄檗僧交友，後師從逸然習畫。與渡邊秀石並爲“長崎漢畫”之代表畫人。寬永十五年生，寶永四年十月一日寂，享年七十歲。

⑤ 藤森弘庵：（ふじもり こうあん　FUJIMORI–KOAN）（1799—1862），江户時代後期儒者，江户人。名大雅，字淳風，號弘庵、天山，世稱“恭助”。師從長野豐山。仕播磨小野藩、常陸土浦藩。弘化四年於江户設塾。“安政大獄”遭逐出江户，後赦免。寬政十一年三月十一日生，文久二年十月八日歿，享年六十四歲。

⑥ 安吉艮宅：不詳。

⑦ 草場船山：（くさば せんざん　KUSABA–SENZAN）（1819—1887），江户時代後期至明治時代初期儒者。肥前（今屬佐賀縣）儒者草場佩川之子，名廉，字立大，號船山。初從其父修家學，後赴江户昌平黌師事古賀侗庵，亦習於篠崎小竹及梁川星巖等。歸鄉後於鄉校“多久聖堂”講

授，且任對馬藩（今屬長崎縣）學頭。文政二年生，明治二十年歿，享年六十九歲。

⑧ 關雪江:（せき せっこう　SEKI-SEKKO）（1827—1877），江户時代幕末至明治時代初期儒者。名思敬，字鐵卿，世稱“鐵藏”“忠藏”，號雪江、弘道、雪香樓。關思亮之子，關思恭之五代孫（思恭、其寧、克明、思亮、思敬）。常陸（今屬茨城縣）土浦藩士。世代書家，工詩，詳書法論。從其祖父、其父習家學後，師事糟谷磐梯，並開設私塾“雪香樓”。慶應三年於江户下谷御徒町設書道塾。其間，與大沼枕山及長谷川昆溪等作詩爲樂。經小野湖山介紹而成爲“舊雨社”之同仁。文政十年生，明治十年十月二十四日歿，享年五十一歲。其編著有《六書十體考》、詩集《雪香樓詩鈔》等。

⑨ 家里松濤:（いえさと しょうとう　IESATO-SHOTO）（1827—1863），幕末“尊攘”運動家。伊勢（今屬三重縣）松坂儒者家里悠然之養子。本姓近藤，名衡，字誠縣，號松濤、堅齋，世稱“新太郎”。師從齋藤拙堂等習儒學。於江户與世古格太郎，及於京都與梁川星巖等爲“尊王運動”奔走。文政十年生，文久三年五月十九日遭暗殺，享年三十七歲。

⑩ 奥野小山:（おくの しょうざん　OKUNO-SHOZAN）（1800—1858），江户時代後期儒者。大坂人。名純，字温夫，號小山、寸碧樓，世稱“彌太郎”。師從篠崎小竹。天保年間應招於和泉伯太藩（今屬大阪府）。後仕近江三上藩（今屬滋賀縣）。任大坂藏屋敷留守居役，教授藩士子弟。寛政十二年生，安政五年八月二十日歿，享年五十九歲。其著作有《小山堂文鈔》《小山堂詩鈔》等。

⑪ 秋元甲山：不詳。

⑫ 多賀鏡湖：不詳。

⑬ 小栗活堂：不詳。

⑭ 泉澤正直：不詳。

·長吟·

一

老杜云“新詩改罷自長吟”，文字頻改，工夫自出。近世歐公作文先貼於壁，時加竄定，有終篇不留一字者。魯直[1]長年多改定前作。玉屑。《初學詩法》

① 魯直：宋黄庭堅字魯直。

二

《花木考》載《惜花人》《别花人》之二篇，極説愛花之情狀。文意雅逸，頗可愛誦，可知古人襟抱風流有餘也。《惜花人》篇曰：“種花而弗愛，猶弗種也。愛花而弗惜，猶弗愛也。愛有貪情，惜兼痛意。辟諸學，知不如好，好不如樂也。古之括香使、司花女、移春檻、選勝亭，賣之千金，賜之九錫，無非愛之深耳。懸金鈴，燒紅燭，付酒盞，藉枕幃，武仲不啓關，子美不掃徑，無非惜之至耳。韓子云‘直把春償酒，都將命乞花’，禪家所謂觸緣受、受緣愛、愛緣取，有生老死十二因緣不能解脱者，此也。杜子美云‘一片花飛減卻春，花飄萬點正愁人’，所謂從愛生憂者也。又云‘且看欲盡花經眼，莫厭傷多酒入脣’，所謂從憂生愛也者也。綺窗紛紛，無可奈何，非與花爲命者又何足以知之也哉！甲子春三月六日，香宇薔薇十二屏花開甚盛，黄昏風雨大作，無策蔽覆，勉強就枕。子玹趣田子起曰：‘爭忍群芳落莫耶？亟宜秉燭，往探平安也。’至則紅愁緑慘，俛首垂泣，若訴若怨，不忍相見者。田子方太息，而子玹忽鼲然大笑，田子曰：‘何謂也？’子玹曰：‘獨不念蘇子之詩乎？’曰：‘蘇子詩云何？’因長吟曰：‘東風陳陳泛寒光，大雨沈沈水滿廊。只恐夜深花褪去，故燒高燭照紅妝。’子藝不覺抵掌絶倒，持燭翻滅，俳佪竚惜者久之。忍寒不能反，且曰：‘此大佳話也！不可無紀。’遂口占一篇用慰花神云耳。‘雨過三日便爲霖，何況春來兩月陰。撫景忽思燒燭味，不眠重起惜花心。紅妝冷落燈光濕，翠屋淋漓夜色深。扶病細君能解事，當年誰復伴知音。’噫！亦庶幾不負賞花者矣。褪，吞稛切，上聲，水流物去也，其去聲即爲褪，蓋方言也。”今案東坡詩諸本所載與此不同，起承句作“東風渺渺泛崇光，香霧空濛月轉廊”，“褪去”又作“睡去”，異同何由如此？可疑矣。“東風”“大雨”二句語意淺近，不如“香霧空濛”爲幽麗稍優，且《花木考》所載於“褪去”字上最著眼，而比之“睡去”卻欠景情，諸本所作當以爲正矣。雖然，《花木考》亦有據依。“褪”字用從上聲，所未曾見也，備可以爲後來一證。《別花人》篇曰：“惜花人固難得，而別花人亦難得，未有能別花而不惜花者。今俗人不惟不種花，雖好事種之，彼亦不知其名，視之如凡草、鄙之如惡木，真殺風景也！所以古人謂難得別花人。夫紫薇、薔薇，特常植耳，而白樂天猶惜之，故其詩曰‘除卻微之見應愛，世間少有別花人’，又云‘移他到此須爲主，不別花人莫使看’，是則太傅可謂之別花主，而微之可謂之別花人矣。然古之文人亦有極殺風景事，蓋折花，極俗人惡事也，而蘇子瞻、歐陽永叔亦嘗犯之。子瞻在東武南禪資福寺大會賓客，剪芍葉七千餘朵置瓶盎中供佛賞翫；永叔在揚州會客，取荷花千朵插畫盆中圍繞坐席，命客傳花，人摘一葉，盡處飲酒。此皆忍心人也，惜花之情安在？余嘗於花開日大書粉牌懸諸花間，曰：‘名花猶美人也，可翫而不可褻，可愛而不可折。擷葉一瓣者，是裂美人之裳也；掐花一痕者，是撓美人之膚也；拗花一枝者，是折美人之肱也；以酒噴花者，是唾美人之面也；以香觸花，是熏美人之目也；解衣對花，狼藉可厭者，是與美人裎裸相逐也。近而覷者謂之盲，屈而嗅謂之齆。’語曰：‘寧逢惡獶，莫殺風景。論而不省，誓不再請。’”嗚呼！此雖戲詞，無非憐芳菲而惜香豔耳。余亦甚愛花，

園庭種衆花木，每盛開，書此語以爲花前甲令。《梧窗詩話》卷一

三

今閲杜甫詩云“晚節漸於詩律細”，又云“新詩改罷且長吟”。改作長吟之間，勉強思索，而爲聲病乎！其細於詩律者改作長吟，則格律體裁實千古不易之法則也。《全唐聲律論》卷一①

① 谷斗南《全唐聲律論》二十五卷，天保十年（1839）刊本。谷斗南（たに となん TANI–TONAN），生歿年不詳，江户時代人，名立木、立悳，世稱“太公”，號斗南、梅花長者。赤穗（今屬兵庫縣赤穗郡）醫官，師從井上金峨，修儒學。其著作有：《聲律詳解》十卷、《全唐聲律論》二十五卷、《唐詩選評注》三卷、《唐詩後選》十五卷、《唐宋元明变體僞集》一卷、《談唐詩選》一卷、《詠物三百首》三卷、《梅花九百集》四卷、《百首如一集》三卷、《東海道名胜詩》二卷、《斗南遺書》十卷、《墨子全書注》六卷、《張注列子補》四卷、《晏子春秋全書注》四卷、《劉向新序注》五卷、《家相圖説》一卷、《義士姓名録》一卷、《古事附談》一卷、《傷寒論章句注》三卷、《金匱要略注》三卷、《静壽館醫談》一卷等。

四

李太白一斗，百篇援筆立成。杜子美改罷長吟，一字不苟。二公蓋亦互相譏嘲。太白贈子美云“借問因何太瘦生，只爲從前作詩苦”。“苦”之一辭，譏其困瑚鐫也。子美寄太白云“何時一尊酒，重與細論文”。“細”之一字，譏其欠縝密也。《詩法詳論》卷下

·高 吟·

一

宗岡秋津[①]奉試登第，天皇賜書曰："秋津久在學館，齡算已積。頻逢數年之課試，常歎一身之淪落。方今適擅摛藻之美，以入桂攀之列。云云。"秋津感詔旨之辱，拜戴捧出，舞蹈大庭。乘興之餘，且歌且行。白髮戴霜，青衫乘月，不覺到建禮門。忽得兩句曰："今霄奉詔歡無極，建禮門前舞蹈人。"高吟三四，傍若無人。衛士異之，問曰："何人？"答曰："新進士老學生宗岡秋津也。"衛士責曰："此處是建禮門也。匪汝之所到也，況高吟驚耳乎？"秋津愕然謝之。《史館茗話》

① 宗岡秋津：參見"吟詠"第四條。

二

富春山人[①]作《鳥碩夫傳》略云，洛陽伏江隱士鳥輔寬[②]，字碩夫，號鳴春者，雖非抗顏爲人師，其詩極精鍊，爲四方嚮慕。且見其詩，感不與世之耳剽目掇輩同其調也。加旃家屢空，不爲禄仕。舉白彈琴，高吟自得，放浪於得喪之外。一子輔門，與其母安枯澹，門庭瀟灑，依稀謝無逸[③]、蘇養直[④]也。輔寬行年六十一歲，没於家。輔門與其徒相謀編遺稿，名曰《芝軒吟稿》。輔門不墜箕裘，孜孜教授者若干年。一病不起，年僅四十餘而没。於戲！關以西風雅，推鳥氏父子爲巨擘，況卓然有高尚之操者，石大拙後其誰也？余按：碩夫姓鳥山，稱佐太夫。《詩史》云"名輔賢"，誤矣。其詩宗尚晚唐，清新秀整，實一時之碩匠也。《斃幕詩話》卷上

① 富春山人：田中桐江，參見"吟詠"第四十五條。

② 鳥輔寬：鳥山芝軒（とりやま しけん TORIYAMA-SHIKEN）（1655—1715），江户時代前期至中期漢詩人，京都人。鳥山巽甫之子。鳥山香軒之父。名輔寬，字碩夫，號入齋、鳴春。習儒學，殊好唐詩，自稱“詩人”。終生不仕，專念授詩。甚善書法。明曆元年十一月四日生，正德五年六月十一日歿，享年六十一歲。其詩集有《芝軒吟稿》等。

③ 謝無逸：謝逸，字無逸，號溪堂，宋朝臨川縣城南（今屬撫州市人）。少孤，家境艱窘，屢試不中。遂絶意仕途，終身隱居，以詩文自娱，其詞與堂弟謝邁並稱“二謝”，江西詩派二十五法嗣之一，名列《江西詩社宗派圖》。因“吟《蝴蝶詩》三百首，人呼爲謝蝴蝶”。黄魯直見其詩，嘆曰：“使在館閣，當不減晁、張。”南宋劉克莊稱“其高節亦不可及”。毛晋稱：“溪堂小令，皆輕倩可人。”《詞苑叢談》稱其詞“標致雋永。”代表作品有《江城子》。政和三年卒。有《溪堂詞》，存詞六十多首。《宋史》無傳。

④ 蘇養直：蘇庠（1065—1147），字養直，號眚翁。澶州（今屬河南省濮陽）人。蘇堅之子。隨父徙居丹陽（今屬江蘇）後湖，又自號後湖病民。少能詩，不事科舉。蘇軾甚爲欣賞其《清江曲》。高宗紹興年間居廬山，與徐俯同召，獨不赴，隱逸以終。紹興十七年卒。有《後湖詞》一卷。

三

松永龜年昌三[①]曰：石川丈山[②]公者，累代官閥，奕葉將種。性嗜聖學，潛心於詩律。少時敲磕濟洞兩禪窟，求於指心傳要。後悔前非，斷葉禪説，焚蕩外書，掃盡餘習，其正大之情可見矣。元和元年，東照大權現[③]圍攝之大城之日，石公亦屬白旄麾下。先登之功，抗衡曹參，塊看吳漢。雖奮軍中獨進之勇，常抱退耕之志。從之，避功名不出仕數年。明月照波，浮光躍金，則棹輕舟，高吟金聲玉音於嚴島之絶景；晴日有暇，逍遙操觚，則飛華鑣，永記絺句繪章於彌山之頂石。凜乎出塵之標，確乎避世之想。《錦天山房詩話》卷上

① 松永龜年昌三：松永尺五（まつなが せきご MATSUNAGA-SEKIGO）（1592—1657），江户時代初期儒學者，京都人。松永貞德之子。名昌三，字遐年，號尺五。藤原惺窩之高弟。於京都設講習堂，木下順庵、貝原益軒等出其門下。其著作有《彝倫抄》《四書事文實録》等。

② 石川丈山：參見“吟誦”第十八條。

③ 東照大權現（とうしょう だいごんげん TOSHO-DAIGONGEN）：德川家康之神號。1617年，後水尾天皇敕謚。

·閑 吟·

一

杭州靈隱山玄順庵主①，姓錢氏，嗣福州支提悟禪師。始入雁蕩山卓庵，復止杭州靈隱山。其離雁山有頌云："浪宕閑吟下翠微，更無一法可思惟。有人問我出山意，藜杖頭挑破衲衣。"歸天竺山有偈云："事事無能一不前，喜歸天竺過殘年。饑餐困睡無餘事，休説壺中别有天。"又有臨終偈數句，《廣燈》載之備矣。而《雲卧記談》云，熙寧間，有僧清順②往來靈隱天竺，以偈句寫閑中趣味曰云云，前偈。凡雲卧所談，多正古傳之謬，皆如有據。然此二偈已收《廣燈》中，挍瑩所談一字無差。豈瑩之所聞之玄順與清未皎如乎？又前偈離雁山作，後偈歸天竺作，《紀談》所載似一時之什，若雲卧以二偈置天聖前，猶或恕焉，況熙寧間乎？反復二事，李撰③得之。以此見之雲卧所談之諸書，恐有未然之處。《濟北詩話》④

① 玄順庵主：《天聖廣燈録》卷第二十八：杭州靈隱山玄順庵主，師蕭山人也，姓錢，幼投福州支提山了悟禪師出家受具。後入温州雁蕩山卓庵，後止杭州靈隱寺。師因離雁蕩有頌："浪宕閑吟下翠微，更無一法可思惟。有人問我出山意，藜杖頭挑破衲衣。"因皈天竺山。"事事無能一不前，喜歸天竺過殘年。饑餐困睡無餘事，休説壺中别有天。"師至祥符中復有偈云"生也孰來，死也孰去。生死去來，是尋常事。多幻之方，電光相似。諸方亦然，我亦如是。本無言説，余今强舉。請便荼毗，更莫停止。"師言訖，端坐而終。僧臘五十，俗壽七十。

② 僧清順：即玄順庵主。《雲卧紀譚》卷三：熙寧間，西湖有僧清順，字怡然。居湖山勝處，往來靈隱、天竺。以偈句陶寫閑中趣味曰："浪宕閑吟下翠微，更無一法可思惟。有人問我出山意，藜杖頭挑破衲衣。"又

曰："事事無能一不前，喜歸天竺過殘年。饑餐困卧無餘事，休説壺中别有天。"石林葉丞相少藴謂順爲人清約介静，不妄與人交，無大故不至城市。士大夫多往就見，時有饋之米者。所取不過數斗，以瓶貯置幾上，日三二合食之。雖蔬茹，亦不常有。東坡在嶺南，時因人往西湖。有筆語曰："垂云順闍梨，乃余監郡日往還詩友也。清介貧甚，食僅足而已，幾於不足也，然未嘗有憂色。老矣，不知尚健不？"

③ 李撰：指《天聖廣燈録》三十卷，宋鎮國軍節度使李遵勖（？—1038）撰。

④虎關師錬《濟北詩話》一卷，《日本詩話叢書》本第六册。虎關師錬（こかん しれん KOKAN-SHIREN，一説こさい しれん KOSAI-SHIREN）（1278—1346），鎌倉時代末期至南北朝時代临濟宗之學僧。京都人，名師錬，號虎關，俗姓藤原。自幼喜讀書，被稱爲"文殊童子"。十歲時落髮爲禪僧。十七歲隨儒官菅原在輔習《文選》，且從源有房學《易》。正安元年（1299），本欲渡元（中國），遇母制止而放棄，遂赴鎌倉，爲來自南宋之禪僧一山一寧所傾倒，德治二年（1307）入其門，學習"外學"。正和二年（1313）返京都，翌年於白川北岸建寺院"濟北庵"。因受後醍醐天皇與光明天皇恩寵，住持南禪寺，晚年退隱東福寺之海藏院。因其詩文才華優秀，被尊爲"五山文學之祖"。弘安元年四月十六日生，正平元年（南朝年號。北朝貞和二年）七月二十四日歿，享年六十九歲。其著作有：《元亨釋書》三十卷、《佛語心論》八卷、《十禪支録》三卷、《禪餘或問》二卷、《禪儀外文》二卷、《正修論》一卷、《禪戒規》一卷、《聚文韻略》五卷、《濟北集》二十卷。

二

唐人書詩文必用熟紙。韓文公①《與陳給事書》云"送孟郊序用生紙寫"，急於自解不暇擇耳。蓋生紙當是草上所用，故以用此録文爲不敏也。熟謂搥熟。《唐書·百官志》"秘書監有熟紙匠八人"，蓋打紙工也。薛能②詩"越臺隨厚俸，剡硾得尤名"，自注"近相傳，擣熟紙名硾”。陸放翁詩“硾教紙熟脩温卷，就得驢騎候熱官”，其義尤明。或人“寫詩必用礬紙”，誤矣。放翁又云“閑吟寄友唯生紙，草具留僧只野蔬”，則宋人不必用熟紙也。其詳載諸《薈瓚録》。《邵氏聞見録》所云，恐謬説耳。《夜航詩話》卷五

① 韓文公：唐代韓愈。

② 薛能：817？—880？，晚唐著名詩人。仕宦顯達，官至工部尚書。時人稱其“詩古賦縱橫，令人畏後生”。其主要作品有《蒲中齋後晚望》等。

三

余昔歲有《送島梅外遊信中》詩云：“二瘦多年賦北遊，山奇水麗總相酬。信中元與詩爲地，不遇島家便得休。”近今信中[①]詩人之盛，雲蒸霞起，如江自芳蘭腸、山靜太古、須田勤子稷輩，國自有名手，不須假他，殆所謂江南金錫不復爲用者矣。蘭腸[②]《春日》云：“日烘簾額漏聲遲，一鼎茶煙細似絲。雪白梨花春寂寞，香風爛醉小貓兒。”《春夜》云：“玉蟲影冷枕屏寒，幽夢和詩未便殘。裂帛一聲天欲曉，杜鵑飛過小欄干。”太古《夏日》云：“亭午焦天日氣紅，槐西有路夢纔通。覺來窗下無殘照，緑動芭蕉一扇風。”《秋晴》云：“水天一色雨初收，天外雲山水上浮。今古幾人同此景，閑吟倚遍夕陽樓。”子稷《客中首夏》云：“今朝早已換春衣，杜宇催人猶未歸。只有薰風來解悶，舍前舍後野薔薇。”《睡起》六言云：“夢回山月如洗，酒醒水風頓涼。知是睡中過雨，秋生一面荷香。”清詞腴句，皆越流俗。聖誕每對余稱栩此三人，實詩壇之選也。《五山堂詩話》卷六

① 信中：今屬長野縣。

② 蘭腸：山岸蘭腸（やまぎし らんちょう　YAMAGISHI-RANCHO）（1776—1837），江户時代後期醫者、漢詩人。修姓江，名自芳，字蘭腸，號梅堂，世稱“魯庵”。於信州中野執醫業。入“晚晴吟社”，善詩及俳諧。

四

浩齋老人[①]，博識多聞，其《壽大槻盤水[②]先生七十》，五言百句，不重用一字，其筆力可見矣，老人好千字文，蓋效其體也。新宮涼亭[③]評曰："大作驚老眼，與中島棕軒所贈碩之五言一百韻相敵。"篇長不能録。浩容《春興》廿首，文政紀元戊寅刻石堤，東林評云："風韻灑脱，殊覺奇警。"今摘其最者。浩齋老人《春寒》云："寒風吹雨打茅茨，社日清明前後時。猶愛蒲團兼火閤，只愁櫻朵點燈遲。"自注，櫻將開花，俗稱之點燈。粟田容齋《春月》云："良夜與吾如有期，穿簾春月十分奇。閑吟獨坐書窗下，無限清光浮硯池。"《早春》云："健竹穿煙吟步來，江頭十里獨徘徊。客冬爲是無深雪，兩岸梅花花已開。"今茲老人題其後云："四十年前舊拙詩，看來堪愧又堪嗤。"《高岡詩話》卷二

① 浩齋老人：長崎浩齋，參见"吟詠"第五十八條。

② 大槻盤水：大槻玄澤（おおつき げんたく OTUKI-GENTAKU）（1757—1827），江户時代中期至後期醫師、蘭學者，陸奥磐井郡（今屬巖手縣）人。名茂質，字子焕，號磐水、半醉半醒。從一關藩（巖手縣）藩醫建部清庵習醫學，赴江户從杉田玄白、前野良澤習蘭學。遊學長崎以後，天明六年於江户任仙臺藩醫，於京橋（今屬東京都）開設日本最初蘭學塾"芝蘭堂"。寶曆七年九月二十八日生，文政十年三月三十日歿，享年七十一歲。其著作有《重訂解體新書》《蘭學階梯》等。

③ 新宮涼亭：（しんぐう りょうてい SINGU-RYOTEI）（1787—1854），江户時代後期蘭方醫，丹後（今屬京都府）人。名碩，號駆豎齋、鬼國山人。赴長崎學於吉雄權之助以及荷蘭人醫師。於京都開業行醫之時開設"順正書院"，推行西洋醫學教育。天明七年三月十三日生，嘉永七年元月九日歿，享年六十八歲。其譯書有《解體則》等。

·吟·

一

不是花中偏愛菊，此花開後更無花。十日菊花，元。

隱君子鼓琴時，元稹靈託人稱曰："件詩'開盡'也，'後'字不可然。"或謂，嵯峨隱君子吟此詩彈琴，從天如絲者下來云："我自愛此句之貴。"其靈依有宿執，聞琴不堪甚感。《江談抄》卷四

二

裴文籍後聞君久，菅禮部孤見我新。逢渤海裴大使有感，淳茂。

故老曰，裴公吟此句泣血云云。裴繆者，裴頲子也。頲以文籍少監入朝，菅相公以禮部侍郎贈答有此句。《江談抄》卷四

三

吁嗟慨歌，悲憂深思謂之吟。珊瑚辨體

吟宜沈潛細詠，讀之使人思怨。文式《文章達德綱領》

·諷 詠·

一

作五言詩者，善用四聲，則諷詠而流靡；能達八體，則陸離而華潔。明各有所施，不相妨廢。昔周、孔所以不論四聲者，正以春爲陽中，德澤不偏，即平聲之象；夏草木茂盛，炎熾如火，即上聲之象；秋霜凝木落，去根離本，即去聲之象；冬天地閉藏，萬物盡收，即入聲之象。以其四時之中，合有其義，故不標出之耳。是以《中庸》云："聖人有所不知，匹夫匹婦，猶有所知焉。"斯之謂也。《文鏡秘府論·天》

二

或曰以明義理爲主，後世之詩其有之乎？曰《三百五篇》之詩，其正言義理者蓋無幾，而諷詠之間悠然得其性情之正，即所謂義理也。後世之作雖未可同日而語，然其間興寄高遠，讀之使人忘寵辱、去係吝，翛然有自得之越，而於君親臣子大義，亦時有發焉。其爲性情心術之助，凡有過於他文者，蓋不必顯言性命，而後爲關於義理也。讀者以是求之，斯得之矣。正宗。《文章達德綱領》卷四

三

詩之比興，舊來以《關雎》之類爲興，《鶴鳴》之類爲比。嘗爲之說甚詳，大概興詩不甚取義，特以上句引起下句，亦有取義者，此詩則全以彼物譬喻此物，有都不說破者，有下文卻結在所比之事上者，其體蓋不同也。上蔡言學《詩》要先識六義，而諷詠以得之，此學詩之要，若迂迴穿鑿則便不濟事。《文章達德綱領》卷四

四

工夫須從上做下，不可從下做上。先須熟讀《楚詞》，朝夕諷詠，以爲之本。及讀《古詩十九首》、樂府四篇，李陵、蘇武、漢魏五言，皆須熟讀。即以李杜二集枕藉觀之，如今人之治經。然後博取盛唐諸名家詩醖釀胸中，久之自然悟入。雖學之不至，不失正路。滄浪。《初學詩法》

五

魏莊渠[1]曰：日諷詠《三百篇》，旁採漢魏以及盛唐，其調每下。漢初語意尚渾涵，魏晋漸覺發露，其後費雕琢矣，沖澹閒遠之趣爲之頓衰。學老杜詩，所謂"刻鵠不成尚類鶩"也。學晚唐諸人詩，所謂"作法於涼，其弊猶貪。作法於貪，弊將若何"。黄魯直與趙伯充書。《初學詩法》

① 魏莊渠：魏校（1483—1543），明代官員、學者，其先本姓李。魏校居蘇州葑門之莊渠，故自號莊渠，字子才，一作子材。嘉靖二十二年（1543）歿，享年六十一歲，謚號莊簡。著有《大學指歸》等。

六

王世貞[1]曰：賈島"三月正當三十日"，與顧況"野人自愛山中宿"同一法，以拙起喚出巧意，結語俱堪諷詠。《初學詩法》

① 王世貞：1526—1590，明代南直隸蘇州府太倉州人。字元美，號鳳洲、弇州山人。嘉靖五年十一月五日生，萬曆十八年十一月二十七日歿，享年六十五歲。

七

余嘗謂荊軻一刺客也，臨别而歌，其辭僅兩句；項羽一猛將也，臨死而歌，其辭僅四句：夫此二歌者風清調高，不爲奇語險辭，而千載之下，生色不變，今諷詠之可以想見當時氣象，豈不妙哉？試使後之詩人焦心思索，七日七夜，無能得焉。是知至言不在多，多言無實不可不戒也。昔者菟道[①]僧喜撰[②]善和歌，其歌二首，一曰《吾廬》，二曰《樹間》，世之所傳唯此二首，而他無聞也。然撰歌二首，可以敵他多作者之千首萬首，則不可謂少也。他人徒多作至於千首萬首，而不及撰歌，則所謂“雖多亦奚以爲”者也。杜子美雖稱多作，然若《秋興》《詠懷》《雜詩》，重篇疊章者，蓋非一日所爲也。贈答敘别遊宴賞詠歡樂悲哀之詩，一時興感之作，罕有重篇疊章者。蓋詩者，歌辭也。且如與人離别，送者當酌酒而歌，送者非一人，其詩豈宜重篇疊章哉？若人皆重篇疊章，則恐歌者倦聽者厭，是失惜别之情也。故凡一時臨事之作，尚短簡也。明人則不然，苟開口輒重篇疊章，要在鬥其才，去温柔敦厚之致遠矣，鄙哉！余少不好明詩，老而滋甚。徂徠先生[③]選明詩，而名以《唐後詩》。中載李于鱗[④]七言絶句三百首，先生謂明詩以于鱗爲至，于鱗七言絶句無一首不佳，故載之最多。純謂于鱗所爲唐詩非唐，而七言絶句爲甚。因而暇取《唐後詩》，就先生所選，而指摘于鱗七言絶句之瑕疵，以示童蒙如左。《詩論》[⑤]

① 菟道：地名，今屬京都府。

② 僧喜撰：喜撰法師（きせんほうし KISENHOSHI），生歿年不詳，平安初期歌人。“六歌仙”之一。山城（今屬京都府）人。《古今集》收録有其作品一首。傳其爲《喜撰式》（歌學書）之著者。

③ 徂徠先生：荻生徂徠，參見“吟誦”第十三條。

④ 李于鱗：李攀龍，參見“吟詠”第十三條。

⑤ 太宰春臺《詩論》一卷，《日本詩話叢書》本第四冊。太宰春臺（だざい しゅんだい DAZAI-SYUNDAI）（1680—1747），江户時代信州飯田（今屬長野縣飯田市）人，名純，幼名千之助，字德夫，世稱“彌右衛門”（一説“彌左衛門”），號春臺、紫芝園。本姓平手，過繼於姻親太宰氏。起初跟隨其父前往江户，從中野撝謙習程朱之學。效命於但馬出石侯，

後因病辭退，流落京都十年，經同門安藤東野相勸拋棄舊學成爲荻生徂徠之門下研究古學。荻生徂徠歿後，以繼承荻生徂徠而聞名，然晚年於荻生徂徠之説稍有不服之處，詩文方面斥責李王之古文辭。其博學，通曉天文、律曆、字學、音韻等，還特别留心於經濟學。其性情剛毅狷介，自筑高格，直言不諱。延寶八年九月十四日生，延亨四年五月三十一日歿，享年六十八歲。其著作有：《論語古訓》十卷、《論語古訓外傳》二十卷、《論語正文》二卷、《六經略説》一卷、《和讀要領》三卷、《倭楷正訛》一卷、《辨道書》一卷、《斥非》二卷、《古文孝經正文》一卷、《古文孝經孔安國傳校正音注》一卷、《古文孝經略解》一卷、《詩書古傳》三十四卷、《朱子詩朱傳膏肓》二卷、《孔子家語增注》十卷、《易占要略》一卷、《易道撥亂》一卷、《周易反》十二卷、《春秋三家異同》《老子特解》二卷、《聖學問答》二卷、《修删阿彌陀經》一卷、《律吕通考》一卷、《和漢帝王年表》三卷、《詩論》一卷、《近體詩韻》一卷、《文論》一卷、《三王外紀》一卷、《獨語》二卷、《産語》二卷、《經濟録》十卷、《紫芝園國字書》一卷、《紫芝園漫筆》十卷、《紫芝園稿》二十卷、《春臺詩抄》十卷、《新選唐詩六體集》等。

八

胡蘭溪[①]云：對起則杜之“風急天高猿嘯哀，渚清沙白鳥飛廻”實爲妙絶。而岑參“雞鳴紫陌”“柳𨙻鶯嬌”二起，工麗婉約，亦可諷詠。右丞多仄韻對起，無風韻，不足多效。蓋仄起宜五言，不宜七言。義卿[②]按：世詩式或稱，七言律對起，則首句脚尾不押韻，非對則必照韻起也，此七亦五言所同。非也，不可從矣。《諸體詩則》卷上

① 胡蘭溪：明胡應麟（1551—1602），字元瑞，號少室山人，浙江省蘭溪縣城北隅人。語見《詩藪·内編》卷五。

② 義卿：即林東溟。參見“吟詠”第十條。

九

都氏，本桑原氏[①]，相傳後漢靈帝之後。宮作[②]《伏枕吟》用賦體，語多悽惻。廣田《詠水中影》[③]五言律雖頗工，語不雅馴。至腹赤[④]更姓都氏，其子文章博士良香[⑤]，詩名最著。如“氣霽風梳新柳髪，冰消波洗舊苔鬚”，“三千世界眼中盡，十二因緣心裏空”等膾炙於世，皆非全章。集若干卷，今存文三卷。後來都在中[⑥]《擣衣篇》稍可諷詠。《日本詩史》卷一

① 桑原氏：有新羅歸化人説、菅原氏説、以及地名説。

② 宮作：桑原宮作（くははらのみやつくり KUHAHARA-NO-MIYATSUKURI），陸奥國（今屬日本東北地區），少目從八品下。其餘不詳。

③ 廣田：桑原廣田有詩《冷然院各賦一物，得水中影，應製一首》。

④ 腹赤：都腹赤（みやこの はらか MIYAKONO-HARAKA）（789—825），平安時代前期官吏、漢詩人。遣渤海副使桑原秋成之子。與其弟都貞繼一起上奏，改氏姓爲“都宿禰”。任少内記時參與《文華秀麗集》編撰，弘仁十二年（821）任文章博士兼大内記，編集《内裏式》。都良香乃其侄。延暦八年生，天長二年七月七日歿，享年三十一歲。

⑤ 良香：都良香（みやこの よしか MIYAKONO-YOSHIKA）（834—879），平安時代前期官吏、漢詩人。都貞繼之子。初名言道。貞觀十五年（873）任大内記，貞觀十七年（875）任文章博士。《日本文德天皇實録》之主要編者。詩文著名，承和元年生，元慶三年二月二十五日歿，享年四十六歲。家集有《都氏文集》。

⑥ 都在中（みやこの ありなか MIYAKONO-ARINAKA）：生歿年不詳，平安時代中期漢詩人。都良香之子。官歷越前權掾。與渤海使裴璆從交。《和漢朗詠集》收録其詩句。

十

寛文中稱詩豪者，無過於石川丈山[①]、僧元政[②]。丈山出處在

世之口碑，已武且文，隱操亦卓然，年九十卒，可謂偉人也。至今京師東北一乘寺邑有詩仙堂，暨其遺留琴硯等，依然尚存。當時嘯詠其中，誓不入城市。諸名士每經過，談論唱和以爲娛樂。所著一《覆醬集》，韓人權侙[③]者爲之序，稱曰“日東李杜”。余覽其集，句多拙累，往往不免俗習。權侙溢美，不俟辯論。然當時諸儒詠言，率出於性理之緒餘，乏温柔旨。而丈山獨夢寐山林，襟懷瀟灑，如“窗間殘月影，枕上遠鐘聲”，“風柳起鶯懶，山花留馬蹄”，“半壁殘燈影，孤牀落葉聲”等，意象閒雅，殊可諷詠。《日本詩史》卷三

① 石川丈山：參見“吟誦”第十八條。

② 僧元政：元政（げんせい　GENSEI）（1623—1668），江户時代前期僧侶。原乃近江（今屬滋賀縣）彦根藩士。俗名石井吉兵衛，法名日政，號不可思議、妙子。慶安元年於京都日蓮宗妙顯寺出家。明曆元年京都郊外深草（地名）結“稱心庵”。善詩文。與北村季吟、熊澤蕃山、陳元贇等從交。元和九年二月二十三日生，寬文八年二月十八日寂，享年四十六歲。其著作有《草山集》《元元唱和集》等。

③ 權侙（けんちよく　KENCHIYOKU）：朝鮮安東人，蔭經歷韞庶子，韠從子，李恒福壻。號菊軒。仁祖辛巳登文科，以文藝神捷迎接天使，爲儐使從事。屢赴日本。十歲作《三色桃花詩》曰：“夭桃灼灼暎疏籬，三色如何共一枝。恰似佳人梳洗後，滿顔紅粉未均時。”入《箕雅》。以其文章鳴世，李植以文衡才單薦。官止通政。

十一

辭無彼我，而有彼我者音也。音矢之口，故異。辭涉之筆，故同。詩之工拙，格之高下，在辭而不在音。夫既在辭，我焉不可得而爲彼之所爲乎？彼稱雄渾悲壯者，我亦知其雄渾悲壯；彼稱沈著痛快者，我亦知其沈著痛快：我焉不可得而爲彼之所爲乎？而世之僅知象胥家[①]之言者輒曰：“我邦之人，不通華音，故雖詩工，有不入華人之詠者。華人則五尺童子亦能協音律，以自然之音故也。”斯

言最誤人矣。夫詩論聲律，本便於諷詠也。古人唯論平仄，而不論四聲，但《謝山人詩話》②論四聲抑揚而已。若彼人自然而然，則固當無平仄之法。且華人之音，亦有雅俗之別：俗音則臧穫所言，猶我邦平常談話也；雅音則學而後知之，猶我邦和歌和文之語也。雅音殊密，雖彼人或亦誤之，故有飜切之法，有韻學之書，豈五尺童子所不學而能乎？且歌者永言，四聲皆可引其聲而長短合節焉，猶今人唱笙笛之譜也。則何詩不可爲詠乎？向者余友草循仲在崎，使清人歌其詩，與歌彼詩無以異云。若既有平仄之法，而猶且有難爲詠者，則古體之無拘聲律，何用得爲詠乎？若曰別有便於歌詠之法，則平仄之式，不知何爲而設也。且盛唐諸公之作，至奇拔之語，則往往有不拘聲律者，如積水不可極、草木歲月暮是也。可見聲律之失猶無害於其工，何況有別便於諷詠之論乎？《詩學解蔽》③

① 象胥家：翻譯家。

②《謝山人詩話》：《謝四溟山人詩話》，謝榛（1495—1575），字茂秦，號四溟山人，山東臨清人，明朝作家。

③ 三繩桂林《詩學解蔽》一卷，文化二年乙丑（1805）江户大和田安兵衛刊本。三繩桂林（みなわ けいりん　MINAWA-KEIRIN）（1744—1808），江户时代中後期江户人。名維直（一説“惟直”），字繩卿，世稱“準藏”，號桂林、蒲山。師事安達清河，善詩。寬保四年（2月21日改元延享元年）生，文化五年一月二十八日歿，享年六十五歲。其著作有：《桂林詩集》六卷、《桂林遺稿》三卷、《詩學解蔽》一卷等。

十二

風雅之變，爲騷爲賦，乃至稱詩。而其成句，或短而至三言，或長而至九言，然五言七言斯爲後世之通用。而五言則祖李陵、蘇武，七言則祖柏梁臺。而後建安、正始之體，及六朝之體，其時世之變，而風裁格調雖或不同，都稱之古詩。至於李唐，乃王績、王勃、沈佺期、宋之問之輩研竅音韻，精練聲調，專主諷詠，而絕句與律，五言七言，其格調初定，斯謂之近體，然且有初盛中晚唐之異焉。趙宋以還則偏原於唐人，絶句與律以爲通體，而或有好初盛之風者焉，或有好中晚之風者焉，乃其所作之詩，各擬議於其所好焉耳。則非更可以目宋體、明體也。但從宋至明，其風調之異，則亦因其時俗之變也。而不知者，更以爲宋元體，以爲明體，可謂誤矣。小子欲作詩者，先知斯時世風體之變，而可與言詩也已。《作詩質的》

十三

詩者主諷詠。諷詠之調，古之詩者在五音宫商之協焉，近體之詩則在四聲之協焉。而我方作詩者，徒分字之平仄耳，而不得辨四聲。故雖巧作句，或聲調不協，將有不可以諷詠者。作者雖不能悉辨四聲，尤於入聲字不可以不用心也。《作詩質的》

十四

我邦凡百稱呼多不雅馴，而地名特甚也。先輩病其難入詩，往往私修改之。蓋詩者爲諷詠之物，妙在化俗爲雅，故其不勝野樸者，不得不莊飾就雅馴耳。然徂徠[①]、南郭[②]輩如改諏訪湖爲鵝湖，岡崎城爲豐沛，目黑山爲驪山，白山爲商山，胡亂牽彊，是誠何義也？自來好奇之徒，雖其不必陋者，亦強欲擬漢土，即輒擅自换易，使人不能辨其爲何地。楊萬里詩云“里名只道新名好，不道新名誤後人”，可見此弊宋人作俑，至明李王[③]輩謂燕京爲長安，以便其聲調，遂波及此方，致紊輿志，名實俱亡，不唯風雅之罪人也。《夜航詩話》卷一

① 徂徠：荻生徂徠，參見“吟誦”第十三條。

② 南郭：服部南郭，參見“吟誦”第十三條。

③ 李王：李攀龍，王世貞。

十五

程伊川[①]云:“某素不作詩，亦非是禁止不作，但不欲爲此閑言語。且如今稱能詩，無如杜甫。如云‘穿花蛺蝶深深見，點水晴蜓款款飛’，如此閑言語，道出做甚。某所以不曾作詩。”此與“吹皺一池春水，干卿何事”同一没趣人，頭巾氣極矣。朱子則不然，編《小學》書，初取樂府、杜詩，其《答劉子澄》謂:“古樂府及杜子美詩可取者多，令其喜諷詠，易入心，最爲有益。”今本無載，豈憚煩而删之歟？平生與楊誠齋、陸放翁吟詠甚多，嘗同張南軒[②]遊南岳，唱酬至百餘篇，笑曰:“吾二人得無荒於詩乎？”又愛僧祖可[③]《鼓琴》絶句，大書刻石於庭。真與伊川冰炭矣。《夜航詩話》卷四

① 程伊川：宋代理學家程頤。

② 張南軒：張栻（1133—1180），南宋儒學者、政治家。廣漢（今屬四川省）人。字敬夫、樂齋，稱“南軒先生”。

③ 僧祖可：參見“吟詠”第二十一條。

十六

故詩之有古風，猶歌之有長短不齊者也，其節奏未定也。節奏已定矣，而猶爲之者，以馳騁才情耳。苟資諷詠，非三十一字不可，非近體不可。夫宋以後，不唱近體而歌詩餘矣，然詩餘之按譜填字比近體更嚴，是知律之嚴所以諧音調，故愈諧則愈嚴。及其廢也，人不見其諧而苦其嚴，是所以生足下之疑也。《社友詩律論》

十七

古稱“隨陸無武，絳灌無文”，如此間戰國時信謙二公，皆能臨陣賦詩，殆有曹孟德之風。國初則仙臺黄門貞山公[①]，英武之資兼及詞藻，《馬上少年》一絶，胸襟氣象今尚可想。片倉氏應運佐公，勳業巍巍，子孫世爲柱石。治白石城[②]，官比之國高之守。今白石嗣君景貞[③]，字子元，號醉月。韜鈐之餘，諷詠自娱。余從松井長民[④]得

誦其詩，《郊行》云："清和時節雨晴天，新緑家家濃似煙。聽得村民多吉語，蠶䗅今歲小豐年。"《晚興》云："讐書課輟到斜陽，閑趁微涼步小廊。滿腹經綸吾愛汝，獨看蛛子補絲忙。"其家人能詩者亦多，爲抄以傳世。柏貞宜[5]，字叔通，號夢江。《早秋》云："秋淺莎蛩未解鳴，孤牀只覺睡思輕。窗風何敢驚幽夢，微觸簷鈴細細聲。"《夜意》云："一味新涼雨後天，二更人定月方妍。不知孤影成山聳，早有詩思上半肩。"高成然[6]，字俊民，號月庭。《春雨》云："廉纖細雨濕簾櫳，妝點春光這箇中。看到牆桃偏著力，今朝打出上番紅。"《村居雜詠》云："場圃泥乾下種遲，甜瓜蘿蔔恐違時。明朝有雨須看事，蠛蠓一團春水湄。"野乙朝[7]，字悳甫。《春草》云："又值春風魂見招，漫山連蕩緑迢迢。只將消長換人眼，不似從前野火燒。"佐義近[8]，字恭夫。《晚秋舟行》云："灣頭一帶暮煙交，水落短篙分葦梢。無數蟹兒沙上聚，波搖驚走入寒巢。"非唯家人能之也，治下詩流亦復不尠。道士則有清商[9]，號箏湖，才尤超著。《首夏》云："茅齋無事晝如年，正是清和御袷天。芍藥花殘初褪粉，芭蕉葉長漸舒箋。詩篇和睡曾無味，棋手關心猶未圓。早見蓴絲來上擔，饞腸對此口流涎。"釋子則有大疑[10]，住蓮藏寺。《晚步》云："疏鐘聲裏夕陽收，步出山門暮色幽。松影模糊看在地，一痕眉月逗峰頭。"閨媛則有橋氏春琴[11]，爲高俊民妻。《晝倦》云："春陰黯淡鎖窗櫳，煙嫋沈爐細細風。倦倚繡牀無藉在，桃梢數盡落殘紅。"又有布衣乾子節[12]者，年已耆矣。《春日雜詠》云："蛛絲欲掃還停手，看渠得失忽關情。妨礙小蟲元不分，網羅落蘂可憐生。"皆不凡也。《五山堂詩話》卷三

① 黄門貞山公：伊達政宗戒名與法名。參見"吟誦"第十八條。

② 白石城：今屬宮城縣白石市，别名"益岡城"。

③ 景貞：片倉景貞（かたくら かげさだ KATAKURA-KAGESADA）（1775—1840），江户時代伊達氏重臣，白石片倉家第十代當主。安永四年生，天保十一年九月九日歿，享年六十六歲。

④ 松井長民：松井梅屋（まつい ばいおく MATSUI-BAIOKU）（1785—1826），江户時代仙臺醫者。名元輔，字長民。元絢男，世稱“玄輔”，號梅屋、梅花道人。著有《澄心堂遺稿》。其妻松井溶溶（まつい ようよう MATSUI-YOYO）乃日本著名俳人。

⑤ 柏貞宜：柏夢江（かしわ むこう KASHIWA-MUKO）（1756—1824），江户時代中期儒者，名貞宜，字叔通，號夢江，世稱“紺野九郎衛門”“九郎左衛門”。詩書習於畑中荷澤。任陸前白石邑主片倉家儒臣、鄉校督學。著有《夢江詩鈔》。

⑥ 高成然：不詳。

⑦ 野乙朝：不詳。

⑧ 佐義近：不詳。

⑨ 清商：不詳。

⑩ 大疑：不詳。

⑪ 橋氏春琴：不詳。

⑫ 乾子節：不詳。

十八

初學既篤信性情之説，其學詩之序，則首《三百篇》，次《楚辭》《十九首》，次漢魏諸家《文選》李杜，以漸及初盛中晚諸名家，反覆諷詠，循循不倦，則聲律格調體裁結構自然通曉。此皆古來儒先之常談，人之所同知，學詩之道盡於此，不待多言也。初學尤不可觀詩話。初學之時，識見未定，一耽嗜詩話，則沾沾然欲以字句之間見巧，以奇新之語驚人，安於小成而不能大達。予閱於人，蹈斯弊者衆矣。後生戒之。《侗庵非詩話》卷一

十九

余於詩無所偏好，唐宋元明諸家之詩，或雄渾或飄逸，或巧緻或清麗，凡足以悦吾心者，無所不愛。於時人之詩亦然，不問其風

調之異同，佳者取之。但生硬拙俗，諷詠無韵致者，雖曰名人之所作，我則不取也。譬猶肉炙魚膾，凡味於我口者無所不嗜，而獨糟糠則非所嗜也。《松陰快談》卷三

二十

漢人言語，平日用韻辨其輕重，是故其詩固有巧拙不同，尚能調和可以諷詠焉。《詩律》①

① 赤澤一堂《詩律》一卷，《日本詩話叢書》本第四冊。赤澤一堂（あかざわ いちどう AKAZAWA-ICHIDOU）(1796—1847)，江户時代讃岐（今屬香川縣）人，名一、萬，字太乙，號一堂。寛政八年生，弘化四年六月五日歿，享年五十二歲。其著作有:《詩律》一卷、《四書集注講義》四卷、《詩經講義》八卷、《孝經講義》一卷、《左傳講義》五卷、《孫子算注》二卷、《聖學百問》二卷、《三代字義》二卷、《逸語》二十卷、《雞肋集》《歸塘集》《盛於集》一卷、《文壇一叱》一卷、《剪綵花叢》一卷、《反故紙囊》五卷、《龍威秘録》二十四卷、《時日異名考》一卷、《茶故事》二卷、《歷代度量衡考》三卷、《傷寒論甘露味》四卷、《傷寒論醍醐味》五卷、《傷寒論狐白裘》一卷、《傷寒論脈説金不换》一卷、《金匱要略是正》四卷、《辨古事醫言》五卷、《古今蘊秘録》五卷、《譯小倉百首》五卷、《爵禄考》一卷、《心事詩》一卷、《碧巖聯珠》二卷、《三稱》一卷、《十敬論》一卷等。

二十一

不知音韻，漫擬其辭者，乍散乍縮，乍寬乍急，喉嚨之間開合無當，固不可諷詠之矣。《詩律》

二十二

胡東越①云：對起，則杜之“風急天高猿嘯哀，渚清沙白鳥飛廻”，實爲妙絶。而岑參“雞鳴紫陌”“柳蟬鶯嬌”二起工麗婉約，

亦可諷詠。右丞多仄韻對起，無風韻，不足多效。蓋仄起宜在五律，不宜七律也。　又云：崔顥《黄鶴樓》，歌行短章耳，起句結句文字重複相似者。沈佺期《龍池篇》云“龍池龍躍龍已飛，龍德先天天不違”，崔顥“昔人已乘黄鶴去，此地空餘黄鶴樓”，李白“鳳凰臺上鳳凰遊”云云，非近體篇首之正體也，然亦妙絶也。《詩規》卷下[②]

① 胡東越：胡應麟，浙東（東越）蘭溪縣城北隅人，深諳浙東學術之真諦，故稱。

② 野口蘇庵《詩規》二卷，竹田市立圖書館（日本大分縣）藏弘化二年（1845）回春園刊本。野口景張（のくち けいちょう NOKUCHI-KEICHO），江户時代中後期漢詩人。曾参與《平安人物誌》“文政十三年版”（1830）、“天保九年版”（1838）修訂，自此得知其名。俗稱野口友亮，號蘇庵，字方祖。“文政十三年版”署有“室町綾小路南”之京都地名，“天保九年版”署有“富小路錦小路北 常行寺”之寺院名（注：即位於“富小路”與“錦小路”交叉路口之常行寺），可见其應爲江户時代中後期之人。其餘不詳。

二十三

《送左子巖序》曰：“茂卿[①]少小潛心風雅，誦其詩，尚友其人。世代夐邈，其聲音笑貌之不可知，而諷詠所至，神之與遇。轉眄之間，交一臂而失之，則悵然久之。遂歷選鴻匠，肇自屈宋、西京、魏晋、唐之初盛，以迄有明，亡慮六十人。人采一詩，精神所在，形之丹青，旦暮可遇，是豈俗工之所能哉？則非子巖[②]不可也。子巖唯唯。云云。畫成寄於余，六十古人旦暮一堂之上。”據此，則徂徠屬子巖畫六十人，各采一詩以揭其堂，蓋亦效石丈山[③]詩仙堂者歟？詩仙堂之名久傳海内，而徂徠之所選，子巖所圖，想有大可觀者。而人無知之者，其徒亦未曾一言及之，何也？子巖號洞巖，仙臺人，善書畫，好與天下名士交。其與白石[④]贈答書，後集爲《新佐手簡》三冊。嘗壽徂徠五十，貽以王元美[⑤]真跡。自製松島圖及白石

雲麵，徂徠有謝詩，小序云："仙臺地靈，故當有此風流人。"《梅邨詩話》卷二

① 茂卿：荻生徂徠，參見"吟誦"第十三條。

② 子嚴：佐久間洞嚴（さくま どうがん SAKUMA-DOGAN）（1653—1736），江户時代前期至中期儒者、畫家、書法家。佐久間友德之養嗣子。其本姓新田，名義和，字子嚴，號洞嚴、容軒、太白山人，世稱"彦四郎"。從狩野洞雲習畫，從佐佐木志頭磨習書法，從遊佐木齋習儒學。任陸奥仙臺藩（今屬宫城縣）國史編修之史官。承應二年六月七日生，享保二十一年二月十一日歿，享年八十四歲。其著作有《奥羽觀跡聞老志》，畫作有《孔子像》等。

③ 石丈山：石川丈山，參見"吟誦"第十八條。

④ 白石：新井白石，參見"吟誦"第十八條。

⑤ 王元美：明朝王世貞字元美。

二十四

氏家慎齋[①]爲人清楚，有士人之風，善書，好諷詠。《春曉聞鶯》云："獨立簷前未敢行，滿眸春色總詩情。彩霞段段天將曙，聞得新鶯第一聲。"《密雪望行人》云："溪上模糊天未晴，閑排窗户遣幽情。何人早要問梅信，籊笠莎簑帶雪行。"《高岡詩話》卷四

① 氏家慎齋：不詳。

二十五

朱晦庵[①]曰：《詩》之爲經，所以人事浹於下，天道備於上，而無一理之不具。學詩者當本之《二南》以求其端，參之列《國》以盡其變，正之於《雅》以大其規，和之於《頌》以要其止。此學詩之大旨也。於是乎章句以綱之，訓詁以紀之，諷詠以昌之，涵濡以體之，察之情性隱微之間，審之言行樞機之始，則修身及家、平均天下之道，其亦不待他求，而得之於此矣。《詩法詳論》卷上

① 朱晦庵：宋朱熹。

二十六

末廣雙竹[①]：末廣鐵腸[②]，以政治文章著名海内，其乃尊雙竹翁，名重舒，字思道，性卓犖有膽勇。嘗腰間發瘍，痛甚，醫曰："是極難治，非割肉刮骨然後敷藥不可。但恐其不能堪耳。"翁笑曰："昔關壯穆敲棋療創，我則敲詩以代之。"既而曰："此瘍三旬必愈，我當拈平聲三十韻，日敲一詩。"屆期詩成，果如其言，瘍亦從愈。性極嗜酒，日邀同人對酌數斗。時赴醼席，亦必極飲大醉。途上遇人，不問有素與否，必相挈而歸復飲，閭里以"醉仙"目之。然勤勉公事，雖大風暴雨，未嘗一日廢也。晚卜筑城南某邑，峰巒攢簇，水竹清瑟，扁曰"洗心書屋"，朝吟暮哦，不復問世事。其《岐蘇途上》云："行行人語異，客路入蘇山。飛瀑危梁上，奇花怪石間。秋深饑猿簇，郭近暮禽還。一霎何來雨，雲埋福島關。"《江上楓》云："映水紅楓淡又濃，匹如嬌女醉餘容。可憐霜後衰無力，紛落江村薄暮鐘。"《寄長尾恕齋》云："别來獨酌又孤吟，東役記曾交斷金。一病聞君似張籍，縱令盲目不盲心。"並有奇氣。其義子靜園主人[③]亦嗜詩，其退後詩草自序云："竹谿散人名靜，字成侯，幼爲伯舅雙竹君所養。君早捐館舍，散人既自識才學譾劣，不當襲家職，然二弟皆幼，欲讓而不得。年四十始得辭官，乃補葺洗心書屋居之，更稱靜古園。性愛淵明爲人，不談時事，不營產業，囊無餘財，而亦不甚貧，每與親戚故舊置酒陶然。嗣子重恭，實義父第二子也。幼好讀書，今既成家，不肖散人，亦足藉以償過矣。山人賴有先人遺書數百卷，閑繙以自樂。興到則吟嘯諷詠，不知老之將至，是散人之夙志也。"其胸襟洒脱如此。《閑適》云："流落人間四十年，浮沈榮辱付茫然。初心未報首陽志，晚節欲追彭澤賢。遯世枕高閑日月，繙書眼放舊林泉。休言恬退乖時好，境靜山中一洞天。"其志可知。

《明治詩話》卷下

① 末廣雙竹：（すえひろ　そうちく）（1806—1860），江户時代後期儒者。名重舒，字思道。伊予（今屬愛媛縣）藩士。文化三年生，萬延元年歿，享年五十五歲。著有《優然集》等。

② 末廣鐵腸：（すえひろ てっちょう SUEHIRO-TETCHO）（1849—1896），日本明治時代反政府政論家、新聞記者、衆議院議員、政治小説家。宇和島藩（今屬愛媛縣）人。幼名雄次郎、後改名重恭，號鐵腸、子儉、浩齋。主導政治活動，倡導民權論。嘉永二年二月二一日生，明治二十九年二月五日歿，享年四十八歲。著有政治小説《二十三年未來記》《雪中梅》《花間鶯》等。

③ 静園主人：末廣静古園（すえひろ せいこえん SUEHIRO-SEIKOEN）（1832—1889），江户時代後期至明治前期教育者，宇和島藩士。名静修，字成侯。橋本武昌之次子，末廣雙竹之養子。學識豐厚，通經史、詩文、算數、書道。仕宇和島藩，參與藩政，教育藩士之青少年。因無子嗣，收義弟末廣鐵腸爲養子。世事超然，弟子有求必應。仰慕陶淵明，詩作亦襲其風。天保三年生，明治二十二年四月十六日歿，享年五十七歲。

二十七

我隣鄉楡木有鈴木樂山[①]者，通稱五兵衛，樂山其號，一號雲外，本鋸匠也，性甚嗜詩，執贄於梁川星巖門。余歲十八九，樂山已踰耳順，每出入余家，與余尤相親，有佳作必出而示之，使余拍案嘆賞者亦時有之。明治己丑歲，樂山化爲異物，平生所作漫漶散佚，不可收拾。余記《冬柳》一首云："蕭蕭枯柳不堪看，霜折雪摧疏影寒。尚記春風江上路，一枝和雨送征鞍。"樂山中年好歷遊，足跡殆半於海内。其西遊到赤石也。通刺河野鐵兜[②]，出詩篇於懷以視之。鐵兜諷詠數四，曰："善，請復來，我與子語"。次日訪之，置酒款洽。鐵兜素以強記有名，曰："昨日所示，若某詩某句甚好，如某詩某句未佳，須改作某字。"一一暗誦，不差隻字。鐵兜又言："子之以鋸匠而嗜詩，與古之詩人隱於鑷工衣工木工等相類，請子勉旃。”因贈以詩云：“打油釘鉸傳佳話，唐代風流彼一時。見得皇和文運旺，青山鋸匠解聲詩。”此事，樂山親自語之。《淳軒詩話》

① 鈴木樂山：不詳。

② 河野鐵兜（こうの てっとう KONO-TETTO）（1825—1867），江户後期醫者、漢詩人，播州（今屬兵庫縣）人。稱俊造，號鐵兜、秀野人。自幼好學，有“神童”之稱。執醫業，後入梁川星巖門。因好詩學遊學全國各地，遂於江户開設家塾。文政八年生，慶應三年歿，享年四十三歲。其著作有《覆醬詩談》《鐵兜遺稿》等。

二十八

《詩三百》以降，前賢詩作各各不同也，如其面相異矣。蓋詩道之正在乎斯。明二李氏①不知詩爲何物，欲以後今復乎前古，以我同乎人，詩道之亂莫甚焉。二李而果是，則不若直就古人詩集而諷詠之爲愈也。吾北山先生唱反正之學，曩者有《作文志彀》之作，而操觚之士始知文章之正矣。今兹復作爲此書，以援世溺時詩者，亦是撥亂之一端耳。此書之行也，不特吾党諸子之幸，海内言詩者又始知詩道之正矣。嗟呼！先生固不淫詞章以競勝於一時，亦唯稽古餘力，自逮於此耳。天明壬寅仲冬朔，門人陸奥高井邦淑謹譔。《作詩志彀·跋》②

① 明二李氏：明代復古詩派前後七子領袖李夢陽、李攀龍。

② 山本北山《作詩志彀》一卷，《日本詩話叢書》本第八册。山本北山（やまもと ほくさん YAMAMOTO-HOKUSAN）（1752—1812），江户時代儒者，江户人。名信有，字天禧，世稱“喜六”，號北山、孝經樓、奚疑翁。自幼随山崎桃溪學習素讀，後從“折衷學派”井上金峨而奉折衷學。經學則以《孝經》爲本，二十二歲時著《孝經集覽》二卷。著《作詩志彀》《作文志彀》排擊荻生徂徠等之“古文辭派”，文據韓柳，詩倡“性靈説”主張清新，所創詩社名“竹堤吟社”，遊學入門者達數百人，門下有市河寬齋、大窪詩佛等，令詩風一轉。“寬政異學之禁”時，因與龜田鵬齋、

冢田大峰、豐島豐洲、市川鶴鳴等共同反抗，被稱爲“江户五鬼”。寬政四年（1792），應秋田藩主佐竹義和之聘成爲儒臣，任江户藩邸“日知館”教授。其家境殷實，常購求奇書而博覽。亦被稱爲“述古先生”。爲人豪邁卓絶，重然諾，具俠客風范，其印章刻有“儒中俠”三字。寶曆二年生，文化九年五月十八日歿，享年六十一岁歲。其著作有：《作文志彀》一卷、《作詩志彀》一卷、《詩藻行潦》四卷、《作文率》四卷、《作文例証》一卷、《文用例証》三卷、《作文例証續編》三卷、《文事原始》三卷、《文事証據》五卷、《文事考》五卷、《文事証誤》七卷、《文藻行潦》三卷、《廣文藻行潦》七卷、《詩藻行潦》四卷、《詩率》一卷、《作文率》四卷、《助字率》十卷、《孝經樓詩話》二卷、《孝經樓漫筆》四卷、《孝經樓文集》五十卷、《論語正義・北山先生論語説》二十卷、《學庸正義・大學辯》二卷、《北山先生大學説》一卷、《中庸辯》一卷、《北山先生中庸説》二卷、《孝經集覽》二卷、《校訂孝經》一卷、《古文尚書勤王師》三卷、《尚書後辯辯》十卷、《經義掫説》一卷、《古今學派考》等。

二十九

世知淡窗師[①]妙於詩，而不知其最深於知詩。唯其深於知詩，是以妙於詩。師平居無事，每諷詠古詩以當琴瑟之御，故自《三百篇》以及唐宋之作，沈潛涵泳，心會意融，於古人性情與古詩神味，莫不契合。歷代諸家詩皆有抄本，去取極精，爲古來選家所未有。及其自發爲歌詩，乃精深澹遠，風格逌上，澤於古而絶其跡，卓然獨妙天下。此編論詩數十則，門人所筆記，言雖簡率，亦可以見其深奥矣。今世作詩者未嘗窺晋唐藩籬，況《三百篇》乎？但僅讀近人一二卷詩，則吞剝剽竊，肆然以誇於人，豈不傎哉？何不讀此編以破其淺陋乎？明治十六年癸未狀月，門人長光[②]書於秋心閣。《淡窗詩話・跋》[③]

① 淡窗師：廣瀨淡窗，参見“諷詠”第二十九條。

② 長光（ちょう ひかる CHO-HIKARU）：長三洲（ちょう さん

しゅう　CHO-SANSHU）（1833—1895），江户時代後期至明治時代前期“勤皇”志士、官僚、漢學者、書家、漢詩人，豐後（今屬大分縣）人。豐後國日田郡馬原村儒家長梅外之第三子。本姓長谷，名光，字世章、秋史，號三洲。自幼受其父之薰陶，十五歲入廣瀨淡窗門，後於廣瀨旭莊（廣瀨淡窗之弟）之學塾教授塾生。入長門（今屬山口縣）萩藩“奇兵隊”，投身“尊王攘夷”運動。明治維新後，歷任文部省、宫内省等，指導明治天皇書道。善詩、書、畫、篆刻，詩與書尤爲有名。書法堅守“顔體”（顔真卿），明治十年（1877）刊行其以顔體書寫之《小學校習字本》。天保四年九月二十三日生，明治二十八年三月十三日歿，享年六十三歲。其著有《三洲居士集》（詩集，全11卷，約2000首）。

③ 廣瀨淡窗《淡窗詩話》二卷，《日本詩話叢書》本第四冊。廣瀨淡窗（ひろせ たんそう　HIROSE-TANSO）（1782—1856），江户時代儒者、教育家，豐後日田（今屬大分縣日田市）人。名建，字子基，世稱“寅之助”，號淡窗、苓陽、青溪、遠思樓主人。傳其歿後，弟子尊其“文玄先生”。其爲廣瀨三郎之長子，乃豐後國日田郡豆田町累代商家“博多屋”之後。自幼聰慧，十歲時師事出入於日田代官所（江户時代地方衙門俗稱）之久留米浪人松下筑蔭，寛政九年（1797）十六歲時赴博多（今屬福岡縣福岡市）龜井塾從龜井南冥、龜井昭陽父子修經業。其十九歲時因大病退塾歸鄉。後久病，遂将家業生意交予其弟廣瀨久兵衛打理。其生平因病未能遊歷四方，於鄉里開辦私塾“咸宜園”（創辦於1805年，初爲長福寺學塾，後改“桂林莊”）教育弟子。前來學習者多達四千餘人，門人中有高野長英、大村益次郎、長三洲等。其學不偏重一道一派，兼修經學與老莊之學，形成獨特學風，“敬天”乃其一貫之根本思想。因善詩，人稱“西海詩聖”，《桂林莊雜詠 示諸生》與刻有此詩之詩碑一起廣爲世間所知而著名。天明二年四月十一日生，安政三年十一月一日歿，享年七十五歲。其著作有：《約言》一卷、《約言補》一卷、《約言或問》一卷、《讀論語》一卷、《讀孟子》一卷、《老子摘解》二卷、《析玄》一卷、《讀左傳》一卷、《義府》一卷、《儒林評》一卷、《迂言》三卷、《再新録》一卷、《申聞書》一

卷、《性善論》一卷、《論語三言解》一卷、《萬善簿》十卷、《夜雨寮記》四卷、《宜園規約》一卷、《家譜及系圖》一卷、《淡窗日記》八十二卷、《淡窗小品》二卷、《六橋紀聞》十卷、《文稿拾遺》一卷、《遠思樓詩鈔》四卷、《懷舊樓筆記》五十六卷、《淡窗詩話》二卷、《醒齋詩話》一卷等。其弟廣瀨旭莊（1807—1863），嘗代兄長督導家塾"咸宜園"。咸宜園歷經第二代廣瀨青邨（廣瀨淡窗之學生，後爲養子）和第三代廣瀨林外（廣瀨旭莊之子）等相繼十代"塾長"，存續至明治三十年（1897）。

· 附　録 ·

韓國書目

1.《白雲小説》
2.《百家詩話抄》
3.《稗官雜記》
4.《筆苑散語》
5.《筆苑雜記》
6.《别本東人詩話》
7.《並世才彦録》
8.《補閑集》
9.《蟾泉漫筆》
10.《長貧居士胡撰》
11.《樗湖隨録》
12.《東國名賢抄》
13.《東國詩話》
14.《東國詩話彙成》
15.《東人詩話》
16.《東詩叢話》
17.《東詩話》
18.《東詩奇談》
19.《東洋詩學源流》
20.《二旬録》
21.《方是閒輯》
22.《楓巖輯語》
23.《艮翁疣墨》
24.《古今詩話》
25.《龜磵詩話》
26.《海東詩話》
27.《海東野言》
28.《海東雜録》
29.《鶴岡散筆》
30.《弘齋日得録》
31.《壺谷詩話》
32.《晦隱瑣録》
33.《己卯録》
34.《霽湖詩話》
35.《槿域詩話》
36.《菊堂排語》
37.《蘭室詩話》
38.《櫟翁稗説》
39.《龍泉談寂記》
40.《旅庵論詩》
41.《緑帆詩話》
42.《南遷日録》

43.《寧齋詩話》
44.《農巖雜識》
45.《破閒集》
46.《遣閑雜録》
47.《清脾録》
48.《青邱詩話拾遺稿》
49.《青邱韻鉢》
50.《晴窗軟談》
51.《秋江冷話》
52.《三溟詩話》
53.《詩話抄成》
54.《詩話叢林》
55.《詩話類聚》
56.《詩家點燈》
57.《詩家點燈續集》
58.《詩家諸話隨録》
59.《詩林叢話》
60.《詩評補遺》
61.《詩史序》
62.《詩文清話》
63.《師友名行録》
64.《恕庵評詩文》
65.《水村漫録》
66.《思齋摭言》
67.《松溪漫録》
68.《陶谷雜著》
69.《體意聲三字注解》
70.《文章雜評》
71.《五山説林草藁》
72.《西京詩話》
73.《西浦漫筆》
74.《閑中筆録》
75.《小華詩評》
76.《謏聞瑣録》
77.《星湖僿説》
78.《學詩準的》
79.《暘葩談苑》
80.《逸士遺事》
81.《慵齋叢話》
82.《於于野談》
83.《玉溜山莊詩話》
84.《玉磬觚賸記》
85.《月汀漫筆》
86.《芸窗瑣録》
87.《昭代風謠附詩話》
88.《芝峰類説》
89.《智水拈筆》
90.《終南叢志》
91.《左海裒談》

日本書目

1.《白雲館近體詩式》
2.《北越詩話》
3.《弊帚詩話》
4.《參訂古詩平仄論》
5.《鉏雨亭隨筆》
6.《初學詩法》
7.《淳軒詩話》
8.《丹丘詩話》
9.《淡窗詩話》
10.《高岡詩話》
11.《葛原詩話》
12.《濟北詩話》
13.《江談抄》
14.《錦天山房詩話》
15.《九華山房詩話》
16.《蘭溪先生元明詩話》
17.《浪華詩話》
18.《柳東軒詩話》
19.《柳橋詩話》
20.《梅郊詩話》
21.《明治詩話》
22.《木石園詩話》
23.《淇園詩話》
24.《全唐聲律論》
25.《日本詩史》
26.《社友詩律論》
27.《詩法詳論》
28.《詩格集成》
29.《詩規》
30.《詩論》
31.《詩律兆》
32.《詩評》
33.《詩聖堂詩話》
34.《詩學解蔽》
35.《詩學新論》
36.《詩語解》
37.《史館茗話》
38.《松陰快談》
39.《侗庵非詩話》
40.《文鏡秘府論》
41.《文章達德綱領》
42.《梧窗詩話》
43.《梧園詩話》
44.《五山堂詩話》
45.《熙朝詩薈序》
46.《夜航詩話》
47.《在津紀事》
48.《諸體詩則》
49.《竹田莊詩話》
50.《作詩質的》
51.《作詩志彀》
52.《作文大體》